제4판

헌법학개론

고문현

박영사

제4판 머리말

제4차 산업혁명 시대의 핵심인 AI 기반 ESG를 구현하여 국민이 행복한 지속가능한 대한민국을 만들기 위해, 1987년 민주화항쟁의 산물인 현행 헌법은 이제 개정될 때가 되었다고 생각한다. 현행 헌법은 민주화에 기여한 헌정사적 소임을 다했으나, 30년이 넘는 시간 동안 변화된 사회 환경을 반영하지 못하고 있다. 따라서 여야 정치권의 이해관계를 넘어선 역사적 사명감을 가지고, 2026년 지방선거에 맞추어 개헌을 추진할 필요가 있다.

이 책은 헌법에 관한 표준적인 내용을 소개하는 입문서로서, 2025년 7월 31일까지의 판례와 법령을 기준으로 제3개정판을 대폭적으로 개정하였다. 특히, 통치구조론의 편제를 새롭게 구성하여 전면적으로 개정했다. 기존의 통치구조론이 다소 파편적으로 구성되어 있었다면, 이번 개정판에서는 제1장 통치구조론의 이론적 기초와 체계, 제2장 통치구조의 구성원리, 제3장 통치구조의 형태, 제4장 통치작용, 제5장 통치의 기구 등으로 재편하여 보다 체계적인 학습이 가능하도록 했다.

언제나 그렇듯이 이 책을 집필하는 데 많은 분들의 도움이 있었다. 우선, 고인이 되셨지만 학문적 엄격함과 자상함으로 가르쳐주신 서울대학교 권영성 명예교수님의 학은에 깊이 감사드린다. 선생님의 불후의 명저인 『헌법학원론』이 2010년 이후 간행되지 않아, 이 책의 상당 부분에 선생님의 이론을 담으려고 노력했다. 또한, 저자에게 많은 학문적 및 인생적 가르침을 주셨던 고인이 되신 서울대학교 김철수 명예교수님께도 깊이 감사드린다. 아울러 서울대학교 최대권 명예교수님, 이정전 명예교수님, 정운찬 명예교수님, 조동성 명예교수님, 동아대학교 김효전 명예교수님, 이화여대 김문현 명예교수님, 경북대학교 김윤상 명예교수님 등 대석학이신 여러 은사님들의 가르치심에 깊이 감사드린다. 지면 관계상 일일이 나열하지 못했지만, 책의 기술이나 교재 채택 등으로 도움을 주신 모든 분들께도 감사드린다. 이 책을 이용하는 모든 분들이 헌법을 깊이 이해하고 입헌주의 발전의 파수꾼이 되기를 간절히 바란다.

마지막으로, 이 책이 출간될 수 있도록 배려해주신 박영사 안종만 회장님, 안상준 대표님, 조성호 이사님, 김민규 대리님께 감사드린다. 또한, 표지부터 내용까지 완벽하게 편집해주신 이수연 대리님의 고마움을 잊을 수 없다.

2025. 8. 8.
저 자

제3판 머리말

주지하다시피 헌법은 한 국가의 최고법이다. 현행 헌법은 1987년 민주화항쟁의 산물로서 대한민국의 민주화에 크게 기여하여 어느 정도 그 소임을 다하였다고 생각된다. 그러나 현행 헌법이 30여 년 이상 개정되지 아니하여 헌법의 현실적응력이 많이 저하되고 있다. 더 나아가 제4차 산업혁명시대, ESG(Environmental, Social, Governance; 환경, 사회, 지배구조)와 통일에 대비하기 위하여 현행 헌법은 개정될 필요가 있다 하겠다. 모든 것을 개정하려다가 아무것도 못 개정할 바에는 여야의 이해관계가 첨예하게 대립하는 정치적인 쟁점을 제외한 원포인트 정도의 개헌이 필요하다고 하겠다. 현재로서는 2024년 총선에 맞추어 원포인트 개헌안을 추진할 필요가 있다 하겠다.

이 책은 헌법에 관한 표준적인 내용을 개괄적으로 소개한 입문서로서 저자가 2022년 7월 31일까지의 판례와 법령을 기준으로 「헌법학개론」 제2개정판의 제1편 헌법일반이론 제1장 헌법의 기초 제6절 헌법의 제정과 개정 그리고 변천(변질)에서 대한민국 헌정사를 제3항으로 추가하고 제3편 통치구조론 제5장 헌법재판소 제7절 헌법재판소에 의한 규범통제와 그 주요사례 제1항 헌법재판소의 판단을 받은 법규개관에서 헌법재판소의 최신 중요 결정을 반영한 것이 주된 골자이다. 필자가 미국 풀브라이트(Fulbright)재단 지원으로 지난 1년간 미국 버클리대학교(UC Berkeley) 로스쿨에 방문교수로 연구하면서 제2개정판의 보완이 필요한 부분을 수정·보완하여 제3개정판을 출간하게 된 것을 매우 기쁘게 생각한다.

언제나 그렇듯이 「헌법학개론」을 집필하는 데에도 지면관계상 일일이 나열할 수 없을 정도의 많은 분의 도움이 있었다. 우선, 저자를 학문적 엄격함과 자상함으로 가르쳐 주셨으나 고인이 되신 서울대학교 권영성 명예교수님의 학은에 깊이 감사드린다. 이 책의 상당 부분은 선생님의 이론을 최대한 많이 소개하려고 노력하였다. 필자가 버클리대학교 로스쿨에 방문교수로 있을 때 저자에게 많은 가르치심을 주셨던 서울대학교 김철수 명예교수님께서 갑자기 유명을 달리하셔서 직접 조문을 못 드려 무척 안타깝게 생각한다. 김철수 명예교수님은 필자가 서울대학교 대학원에 입학할 수 있도록 실질적으로 도와주신 학문상의 은인이시기에 더욱더 깊이 감사드리며 김철수 선생님의 명복을 간절히 기원합니다. 김철수 선생님과의 인연은 김철수 선생님의 경북고 은사님이신 안병태

선생님이 제 문경종합고등학교 교장선생님이셔서 더욱더 각별한 사이가 되었다. 필자가 서울대학교 환경대학원에 재학 중일 때 필자의 문경종합고등학교 은사님이신 안병태 교장선생님께서 서울대학교에 김철수 교수님을 만나러 오셨을 때 김철수 선생님의 연구실로 직접 안내해드린 것이 김철수 선생님을 직접 뵙게 되는 계기가 되었다. 일찍이 버클리대학교에서 공부를 하셔서 버클리대학교를 편안하게 느끼게 해 주신 서울대학교 최대권 명예교수님 등의 학은에 깊이 감사드린다. 위의 여러 선생님 외에도 많은 분이 책의 기술이나 교재채택 등으로 직접 도움을 주셨지만 지면 관계상 일일이 소개하지 못해 무척 안타깝게 생각한다.

이 책을 이용하는 모든 분에게 헌법과 그 현실에 대한 이해에 조금이나마 도움이 되어 입헌주의 발전의 파수꾼이 되기를 바라는 마음 간절하다. 이 책이 나올 수 있도록 배려하여 주신 박영사 안종만 회장님, 안상준 대표님, 조성호 이사님, 정성혁 대리님 등께 감사드린다. 이 책의 표지부터 내용을 완벽하게 잘 편집하여 주신 양수정 선생님의 고마움을 잊을 수가 없다.

2022. 8. 30.
저 자

제2판 머리말

헌법은 한 국가의 최고법(最高法)이자 기본법이다. 그렇기 때문에 헌법의 중요성을 아무리 강조해도 지나치지 않다. 현행 헌법은 1987년에 개정된 것으로 어느덧 성년을 넘어 30여 년이 경과하였다. 이렇게 오랜 세월 동안 헌법이 개정되지 아니함으로써 헌법규정의 현실적응력이 저하되어 헌법개정론이 정치권과 학계를 중심으로 단골 메뉴로 등장하고 있다. 저자가 2018년 한국헌법학회 회장으로 봉사할 때 한국헌법학회 산하에 헌법개정연구위원회가 만든 헌법개정안을 2018년 3월 22일 국회정론관에서 기자회견의 형태로 발표를 한 후 정세균 국회의장을 비롯하여 주요 관계기관에 전달한 바 있다. 이제는 바야흐로 다가올 통일과 제4차 산업혁명의 시대에 대비하기 위하여 현실적응력이 저하된 헌법을 개정해야 할 때가 되었다. 이를 반영하듯 최근에 경제정의실천시민연합, 참여연대, 대한민국헌정회, 전국민주노동조합총연맹, 한국노동조합총연맹, 주권자전국회의 등 26개 시민단체가 중심이 되어 구성한 국민발안개헌연대와 20대 국회 여·야 의원들이 2020년 2월 11일 국민발안개헌추진위원회(공동대표 강창일·김무성)를 발족하여 2020년 4월 15일 총선에 맞추어 국민개헌발안권을 담은 원포인트 개헌안을 추진하였는데 많은 주목을 받았다.

이 책은 헌법에 관한 표준적인 내용을 개괄적으로 소개한 입문서로서 저자가 2019년 12월 31일까지의 판례와 법령을 기준으로 「헌법학개론」 초판의 제2편 기본권론 제2장 기본권각론 제9절 제6항의 환경권, 제3편 통치구조론 제1장 통치구조 총론 제5절의 통치행위론, 제3편 통치구조론 제2장 입법부 제3절 탄핵제도, 제5절 면책특권, 제5장 헌법재판소 제7절 헌법재판소에 의한 규범통제와 그 주요사례 등을 수정·보완하고, 제3편 통치구조론 제3장 집행부 제1절 헌법 제66조 제4항의 행정권, 제2절 대통령, 제3절 대통령의 권한 등을 추가한 것이다.

「헌법학개론」을 집필하는 데에도 지면관계상 일일이 매거할 수 없을 정도의 많은 분들의 도움이 있었다. 우선, 저자를 학문적 엄격함과 자상함으로 가르쳐주셨으나 고인이 되신 서울대학교 권영성 명예교수님의 학은에 깊이 감사드린다. 이 책의 상당부분은 선생님의 이론을 최대한 많이 소개하려고 노력하였다. 헌법학을 집대성하셨을 뿐만 아니라 환경권을 국내 최초로 소개하셔서 저자에게 많은 지적 자극을 주신 서울대학교 김철수 명예교수님, 입법학에 대한 가르치심을 베풀어 주신 서울대학교 최대권 명예교수님, 학문에 뜻을 두고 공부할때부터 지금까지 많은 가르치심을 베풀어 주신 전(前) 고려대학교 김남진 교수님, 고려대학교 계희열 명예교수님, 서울대학교 김안제 명예교수님, 단국대학교 석종현 명예교수님, 동아대학교 김효전 명예교수님, 한양대학교 권형준 명예교수님, 경북대학교 김윤상 석좌교수님, 서울대학교 성낙인 총장님, 이화여자대학교 김문현 명예교수님, 전 연세대학교 홍정선 교수님, 전 한국외국어대학교 김해룡 부총장님, 전 서강대학교 법학전문대학원 홍성방 원장님, 한국방송통신대학교 강경선 명예교수님, 전 용인대학교 전원배 교수님, 울산대학교 법학과 도회근 교수님, 이인복 前 대법관님, 중앙대학교 법학전문대학원 한수웅 교수님, 강원대학교 법학전문대학원 김학성 원장님, 서울대학교 행정대학원 홍준형 교수님, 한국해양대학교 해사법학부 한병호 교수님, 유남석 헌법재판소장님, 서울대학교 법학전문대학원 박정훈(朴正勳) 교수님, 박종보 헌법재판연구원장님, 서울대학교 법학전문대학원 조홍식 교수님, 고려대학교 법학전문대학원 김하열 교수님, 중앙대학교 법학전문대학원 신우철 교수님, 충남대학교 법학전문대학원 정주백 교수님, 한양대학교 법학전문대학원 황성기 교수님, 정광현 교수님 등께 깊이 감사드린다. 위의 여러 선생님들의 학문적 가르침과 성과들을 제대로 소화하여 앞으로 더욱더 발전시켜 나가도록 노력하겠다고 다짐을 해본다.

이 책을 이용하는 모든 분들에게 헌법과 그 현실에 대한 이해에 조금이나마 도움이 되어 입헌주의 발전의 파수꾼이 되기를 바라는 마음 간절하다. 이 책이 나올 수 있도록 배려하여 주신 박영사 안종만 회장님, 안상준 대표님, 조성호 이사님, 정성혁 대리님, 마찬옥 편집위원님 등의 고마움을 잊을 수가 없다.

2020. 2. 20.

저 자

머리말

헌법은 한 국가의 최고법(最高法)이자 기본법이다. 그렇기 때문에 헌법의 중요성을 아무리 강조해도 지나치지 않다. 현행 헌법은 1987년에 개정된 것으로 어느덧 성년을 넘어 30년이 경과하였다. 이렇게 오랜 세월 동안 헌법이 개정되지 아니함으로써 헌법규정의 현실적응력이 저하되어 헌법개정론이 정치권과 학계를 중심으로 단골 메뉴로 등장하고 있다. 저자가 2018년 한국헌법학회 회장으로 봉사할 때 한국헌법학회 산하에 헌법개정연구위원회가 헌법개정안을 완성하여 정세균 국회의장을 비롯하여 주요 관계기관에 전달한 바 있다. 이제는 바야흐로 다가올 통일에 대비하고 현실적응력이 저하된 헌법을 개정해야 할 때가 되었다.

이 책은 헌법에 관한 표준적인 내용을 개괄적으로 소개한 입문서로서 저자가 2019년 7월 31일까지의 판례와 법령을 기준으로 정리한 것이다. 「헌법학개론」을 집필하는 데에도 지면관계상 일일이 매거할 수 없을 정도의 많은 분들의 도움이 있었다. 우선, 저자를 학문적 엄격함과 자상함으로 가르쳐 주셨으나 고인이 되신 서울대학교 권영성 명예교수님의 학은에 깊이 감사드린다. 이 책의 상당부분은 선생님의 이론을 최대한 많이 소개하려고 노력하였다. 헌법학을 집대성하셨을 뿐만 아니라 환경권을 국내 최초로 소개하셔서 저자에게 많은 자극을 주신 서울대학교 김철수 명예교수님, 입법학에 대한 가르치심을 베풀어 주신 서울대학교 최대권 명예교수님, 학문에 뜻을 두고 공부할 때부터 지금까지 많은 가르치심을 베풀어 주신 대한민국학술원 김남진 회원님, 고려대학교 계희열 명예교수님, 서울대학교 김안제 명예교수님, 단국대학교 석종현 명예교수님, 대한민국학술원 김효전 회원님, 한양대학교 권형준 명예교수님, 경북대학교 김윤상 석좌교수님, 서울대학교 성낙인 총장님, 이화여자대학교 김문현 명예교수님, 전 연세대학교 홍정선 교수님, 전 한국외국어대학교 김해룡 부총장님, 전 서강대학교 법학전문대학원 홍성방 원장님, 한국방송통신대학교 강경선 명예교수님, 전원배 박사님, 울산대학교 법학과 도회근 교수님, 이인복 前 대법관님, 중앙대학교 법학전문대학원 한수웅 교수님, 서울대학교 행정대학원 홍준형 교수님, 한국해양대학교 해사법학부 한병호 교수님, 유남석 헌법재판소장님, 서울대학교 법학전문대학원 박정훈(朴正勳) 교수님, 박종보 헌법재판연구원장님, 서울대학교 법학전문대학원 조홍식 교수님, 중앙대학교 법학전문대학원 신우철 교수님, 충남대학교 법학전문대학원 정주백 교수님, 한양대학교 법학전문대학원 황성기 교수님 등께 깊이 감사를 드린다. 위의 여러 선생님들의 학문적 가르침과 성과들을 제대로 소화하여 앞으로 더욱더 발전시켜 나가도록 노력하겠다고 다짐을 해본다.

이 책을 이용하는 모든 분들에게 헌법과 그 현실에 대한 이해에 조금이나마 도움이 되어 입헌주의 발전의 파수꾼이 되기를 바라는 마음 간절하다. 이 책이 나올 수 있도록 배려하여 주신 박영사 안종만 회장님, 조성호 이사님, 정성혁 대리님, 마찬옥 편집위원님 등께 깊이 감사드린다.

2019. 8. 20.

저 자

차례

제1편 헌법일반이론

제2편 기본권론

제3편 통치구조론

헌법학개론(제4판)의 참고문헌 및 부록은 위의 QR코드를 통해 확인하실 수 있습니다.

제1편

헌법일반이론

제1장 헌법의 기초

제2장 헌법의 기본원리

제3장 헌법의 기본제도

국내의 헌법교재들을 보면 대체로 헌법일반이론, 기본권론, 통치구조론의 3부분으로 나누어져 있음을 알 수 있다. 헌법소송부분이나 헌법보장부분을 독립시키기도 하고 그보다 더 세분할 수 있기도 하지만 3분법은 나름의 효율성이 있다. 물론 3개 부분은 유기적으로 상호 연결되는 것이어서 별개로 분리하는 것이 타당한 것은 아니지만 헌법의 초보자들은 이들을 별개의 체계로 생각하고 공부하고 난 후에 나중에 헌법을 어느 정도 이해하고 나면 자연스럽게 그 3부분의 상호연관성을 찾을 수 있게 될 것이다. 위와 같은 이유로 여기에서도 헌법이론을 위의 3부분으로 나누어서 살펴보기로 한다.

제1장

헌법의 기초

제1절 국가의 이해

제1항 · 국가의 개념

헌법은 개인, 사회, 국가 및 초국가적 차원에서 이루어지는 행위와 관련되는데 특히 국가가 헌법의 주된 대상이자 전제 조건이 된다. 헌법은 국가 없이는 이해될 수 없고, 헌법이 없는 국가 또한 존재하지 아니한다.[1)]

그러나 국가는 복합적인 총체일 뿐만 아니라 그 기능과 역할은 시간과 환경에 따라 가변적이어서 국가에 대한 정의를 한 마디로 정의하기가 매우 어렵다. 국가에 대한 가장 유명한 정의는 베버(M. Weber)의 정의이다. 그에 의하면, 국가는 그 목적이나 기능으로써는 정의할 수 없고, 그 수단으로써만 정의될 수 있다고 하면서, '물리적 폭력의 정당한 행사의 독점'을 성공적으로 관철할 수 있는 강제적인 정치조직을 근대국가라고 정의하고 있다.

옐리네크(G. Jellinek)는 국가는 국민, 영토, 주권 등 3요소로 구성되어 있다(국가개념의 3요소)[2)]고 하면서, 국가권력은 국민과 영토에 대한 배타적(다른 국가에 대한) 지배력으로서 일방적인 규율이나 명령을 행할 수 있고, 필요시 강제력을 행사할 수 있다고 하였다(정당한 물

---

1) 김하열, 『헌법강의』, 제5판, 박영사, 2023, 3쪽.

2) 이에 대하여 클뢰퍼(M. Kloepfer) 교수는 생존능력이 있는 국가는 오늘날 국민, 주권 그리고 영토 그 이상을 필요로 하기 때문에 오늘날의 환경상황하에서 전통적인 국가 3요소설은 지나치게 협소하다고 주장하고 있다. 즉 국가는 자기의 계속적인 생존을 위태롭게 하지 아니할 영토상의 그리고 영토를 둘러싼 환경을 필요로 한다. 따라서 한 국가의 최고법인 헌법에서 환경에 관하여 어떠한 형태로든지 규정하는 것이 필요하다. 고문현, 『환경헌법의 모델연구』, 대윤, 2011, 6쪽.

리력의 독점적 보유). 이러한 국가권력은 헌법에 의하여 창설되고 정당화되며, 국민주권주의 하에서의 국가권력의 원천은 국민이고, 국가권력의 정당성 또한 민주적 정당성이다.

제2항 ‣ 국가의 목적

국가의 목적은 역사적으로 변화하여 왔다. 초창기에는 질서유지를 초점으로 하는 안전에 중점을 두었다. 권력독점에 의하여 국민 상호간의 안전을 보장한다는 것이다. 근대 입헌주의 국가에서는 국가권력의 침해로부터 국민의 자유를 보장하는 것이 헌법의 주된 관심사였다. 그런데 근대 입헌주의 국가의 기반인 고전적 권력분립과 형식적 법치주의로는 '복지와 문화'라는 새로운 과제[3]에 적극적으로 대처하지 못하게 되자 이를 해결하기 위하여 국가(정부)가 이에 적극 개입하는 행정국가, 사회적 법치국가가 등장하게 되었다.

제2절 헌법의 개념과 기능

제1항 ‣ 헌법의 개념

1. 헌법의 양면성에 따른 헌법개념

헌법은 국가적 공동체의 존재형태와 기본적 가치질서에 관한 국민적 합의를 법규범체계로 정립한 것이므로, 사실적 권력관계를 외면한 헌법규범론은 물론이고 헌법의 규범성을 무시한 권력관계론도 진정한 의미에서의 헌법이해가 아니다. 따라서 헌법을 정확하게 파악하려면 사실적 측면과 규범적 측면을 동시에 주목하여 이중적으로 접근해야 한다. 요컨대 헌법이란 정치적 공동체의 존재형태(국가형태와 통치구조 등)와 기본적 가치질서(국가의 기본질서와 국민의 기본권보장체계 등)에 관한 국민적 합의(사실성)를 법규범적인 논리체계로 정립한 국가의 기본법이다.[4]

2. 형식적 의미의 헌법과 실질적 의미의 헌법

형식적 의미의 헌법이란 성문의 헌법전을 말한다. 1948년 7월 12일 제정되고 1987년

---

3) 한수웅, 『헌법학입문』, 제6판, 법문사, 2022, 4쪽.

4) 권영성, 『헌법학원론』, 법문사, 2010, 6쪽.

10월 29일 전부개정(제9차 개헌)된 대한민국헌법이 이러한 의미의 헌법이다. 형식적 의미의 헌법은 헌법사항, 즉 국가권력의 소재와 상호관계, 그 행사의 방법과 한계 등에 관하여 규정하는데, 여기에 관한 모든 사항을 규정할 수가 없으므로 중요한 사항만 규정하고 나머지는 법률과 같은 하위규범에 위임한다. 여기서의 법률의 대표적인 것으로는 「공직선거법」, 「정부조직법」 등이 있다. 헌법의 최고규범성과 같은 헌법의 특성, 헌법재판의 심사기준은 모두 형식적 의미의 헌법에만 관련된다. 실질적 의미의 헌법이란 위의 「공직선거법」과 같이 법형식과 상관없이 헌법의 개념요소인 헌법사항을 규정하고 있는 규범을 말한다.

제2항 · 헌법의 기능

1. 국가권력의 창설 · 배분

헌법은 국가권력을 창설·배분한다. 이를 통하여 정치적 공동체인 국가를 형성하고, 국가의 법적인 존재양식의 토대를 제공한다.

대한민국 헌법은 국민주권에 기초하여(제1조 제2항), 입법권을 국회에(제40조), 집행권을 대통령을 수반으로 하는 정부에(제66조 제4항), 일반사법권을 법원에(제101조), 헌법재판권을 헌법재판소에(제111조) 각각 부여하고 있다. 대한민국 헌법은 위 국가기관들의 권한 행사의 조건과 방법, 한계 등을 규정함으로써 권력 상호간의 견제와 균형을 꾀하고 있다. 따라서 헌법은 권력의 수권(授權)규범이자 제한규범이다. 이와 같이 헌법이 국가권력에 대하여 수권과 동시에 제한을 가하고 있는 것은 국가의 존립목적을 달성함과 아울러 국민의 기본권을 보장하기 위한 것이다.

2. 국민의 기본권 보장

헌법은 국민의 기본권을 보장한다. 대한민국 헌법은 제2장에서 기본권에 관하여 규정하고 있는바, 제10조에서 인간의 존엄과 가치를 규정하여 기본권 보장의 궁극적 목적을 선언한 후, 제12조 내지 제37조 제1항에서 개별 기본권들을 규정하고, 제37조 제2항에서 기본권 제한의 일반원칙을 규정하고 있다. 모든 국가기관이 기본권 보장기관이지만(제10조 제2문) 최후의 기본권 보장기관은 헌법재판소이다(제111조).

제3절 헌법의 분류

제1항 · 전통적 분류방법

1. 성문헌법 · 불문헌법

헌법의 존재형식이 성문(成文)이냐 불문(不文)이냐에 의하여 성문의 헌법전을 지칭하는 성문헌법과 한 국가에서 용인되고 있는 헌법적 가치를 갖는 관습적 규범의 총체를 의미하는 관습(불문)헌법[5]으로 나누어진다.

---

5) 성문헌법 속에 헌법사항을 구체적으로 모두 규정하기는 불가능할 뿐만 아니라 성문헌법에서 헌법적 가치를 갖는 사항이 누락되거나 모자랄 수도 있으므로 관습헌법의 필요성과 그 규범력을 인정함이 타당하다. 성낙인, 『헌법학』, 법문사, 2019, 20쪽; 헌법재판소는 신행정수도의건설을위한특별조치법위헌확인사건에서 1) 우리 헌법상 관습헌법이 인정될 수 있는지 여부(적극), 2) 관습헌법 인정의 헌법적 근거, 3) 관습헌법의 일반적 성립요건, 4) '우리나라의 수도가 서울인 점'이 자명하고 전제된 헌법규범으로서 불문헌법으로 인정될 수 있는지 여부(적극), 5) '우리나라의 수도가 서울인 점'이 관습헌법으로 인정될 수 있는지 여부(적극) 등에 대하여 각각 다음과 같이 판시하였다: 1) 우리나라는 성문헌법을 가진 나라로서 기본적으로 우리 헌법전(憲法典)이 헌법의 법원(法源)이 된다. 그러나 성문헌법이라고 하여도 그 속에 모든 헌법사항을 빠짐없이 완전히 규율하는 것은 불가능하고 또한 헌법은 국가의 기본법으로서 간결성과 함축성을 추구하기 때문에 형식적 헌법전에는 기재되지 아니한 사항이라도 이를 불문헌법 내지 관습헌법으로 인정할 소지가 있다. 특히 헌법제정 당시 자명하거나 전제(前提)된 사항 및 보편적 헌법원리와 같은 것은 반드시 명문의 규정을 두지 아니하는 경우도 있다. 그렇다고 해서 헌법사항에 관하여 형성되는 관행 내지 관례가 전부 관습헌법이 되는 것은 아니고 강제력이 있는 헌법규범으로서 인정되려면 엄격한 요건들이 충족되어야만 하며, 이러한 요건이 충족된 관습만이 관습헌법으로서 성문의 헌법과 동일한 법적 효력을 가진다. 2) 헌법 제1조 제2항은 '대한민국의 주권은 국민에게 있고, 모든 권력은 국민으로부터 나온다.'고 규정한다. 이와 같이 국민이 대한민국의 주권자이며, 국민은 최고의 헌법제정권력이기 때문에 성문헌법의 제·개정에 참여할 뿐만 아니라 헌법전에 포함되지 아니한 헌법사항을 필요에 따라 관습의 형태로 직접 형성할 수 있다. 그렇다면 관습헌법도 성문헌법과 마찬가지로 주권자인 국민의 헌법적 결단의 의사의 표현이며 성문헌법과 동등한 효력을 가진다고 보아야 한다. 국민주권주의는 성문이든 관습이든 실정법 전체의 정립에의 국민의 참여를 요구한다고 할 것이며, 국민에 의하여 정립된 관습헌법은 입법권자를 구속하며 헌법으로서의 효력을 가진다. 3) 관습헌법이 성립하기 위하여서는 관습법의 성립에서 요구되는 일반적 성립 요건이 충족되어야 한다. 첫째, 기본적 헌법사항에 관하여 어떠한 관행 내지 관례가 존재하고, 둘째, 그 관행은 국민이 그 존재를 인식하고 사라지지 않을 관행이라고 인정할 만큼 충분한 기간 동안 반복 내지 계속되어야 하며(반복·계속성), 셋째, 관행은 지속성을 가져야 하는 것으로서 그 중간에 반대되는 관행이 이루어져서는 아니 되고(항상성), 넷째, 관행은 여러 가지 해석이 가능할 정도로 모호한 것이 아닌 명확한 내용을 가진 것이어야 한다(명료성). 또한 다섯째, 이러한 관행이 헌법관습으로서 국민들의 승인 내지 확신 또는 폭넓은 컨센서스를 얻어 국민이 강제력을 가진다고 믿고 있어야 한다(국민적 합의). 4) 우리 헌법전상으로는 '수도가 서울'이라는 명문의 조항이 존재하지 아니한다. 그러나 현재의 서울 지역이 수도인 것은 그 명칭상으로도 자명한 것으로서, 대한민국의 성립 이전부터 국민들이 이미 역사적, 전통적 사실로 의식적 혹은 무의식적으로 인식하고 있었으며, 대한민국의 건국에 즈음하여서도 국가의 기본구성에 관한 당연한 전제사실 내지 자명한 사실로서 아무런 의문도 제기될 수 없는 것이었다. 따라서 제헌헌법 등 우리 헌법제정의 시초부터 '서울에 수도(서울)를 둔다.'는 등의 동어반복적인 당연한 사실을 확인하는 헌법조항을

헌법재판소는 불문헌법으로서 관습헌법을 헌법의 법원(法源)으로 인정하고 있다(헌재 2004. 10. 21. 2004헌마554등(병합)). 이에 대하여는 많은 비판이 제기되었다. 첫째, 관습헌법을 인정한다는 것은 성문헌법국가의 기본취지에 반한다는 것이다. 성문헌법국가는 구조적으로 헌법과 법률의 기능분담을 직접 예정하고 있기 때문에 헌법관습법이 형성될 가능성이 없다는 것이다. 둘째, 관습헌법론은 헌법재판소가 헌법규범을 창설할 위험을 초래한다는 것이다. 헌법재판소가 성문헌법에 어긋나지 않는 성문법률을 관습헌법의 이름으로 폐기하는 것은 국민주권과 민주주의원리와 조화를 이루기 어렵다는 것이다. 셋째, 관습헌법의 변경을 위해 헌법개정절차를 거쳐야 한다고 할 수는 없다는 점이다. 헌법개정은 성문헌법을 전제로 한 개념이고, 관습헌법의 변경은 관습의 자연적 변화로 가능하다고 한다.[6)]

2. 경성헌법 · 연성헌법

개정방법이 일반법률과 동일한 절차와 방법이냐 아니면 일반법률보다 더 까다로운 절차와 방법으로 하느냐에 따라 연성(軟性)헌법(헌법 제49조 참조)과 경성(硬性)헌법(헌법 제128조 제1항, 제130조 제1항)으로 나누어진다.

3. 흠정헌법 · 민정헌법 · 협약헌법 · 국약헌법

헌법의 제정주체를 기준으로 흠정(欽定)헌법(군주), 민정(民定)헌법(국민), 협약헌법[군주와 국민(국민의 대표)], 국약(國約)헌법(둘 이상의 국가의 합의에 의하여 국가연합을 구성하는 경우) 등으로 나누어진다. 이러한 분류는 주권의 소재와 관련하여 군주주권과 국민주권이 대립

설치하는 것은 무의미하고 불필요한 것이었다. 서울이 바로 수도인 것은 국가생활의 오랜 전통과 관습에서 확고하게 형성된 자명한 사실 또는 전제된 사실로서 모든 국민이 우리나라의 국가구성에 관한 강제력 있는 법규범으로 인식하고 있는 것이다. 5) 서울이 우리나라의 수도인 것은 조선시대 이래 600여 년간 우리나라의 국가생활에 관한 당연한 규범적 사실이 되어 왔으므로 우리나라의 국가생활에 있어서 전통적으로 형성되어 있는 계속적 관행이라고 평가할 수 있고(계속성), 이러한 관행은 변함없이 오랜 기간 실효적으로 지속되어 중간에 깨어진 일이 없으며(항상성), 서울이 수도라는 사실은 우리나라의 국민이라면 개인적 견해 차이를 보일 수 없는 명확한 내용을 가진 것이며(명료성), 나아가 이러한 관행은 오랜 세월간 굳어져 와서 국민들의 승인과 폭넓은 컨센서스를 이미 얻어(국민적 합의) 국민이 실효성과 강제력을 가진다고 믿고 있는 국가생활의 기본사항이라고 할 것이다. 따라서 서울이 수도라는 점은 우리의 제정헌법이 있기 전부터 전통적으로 존재하여 온 헌법적 관습이며 우리 헌법조항에서 명문으로 밝힌 것은 아니지만 자명하고 헌법에 전제된 규범으로서, 관습헌법으로 성립된 불문헌법에 해당한다. 헌재 2004. 10. 21. 2004헌마554 등(병합), 판례집 16-2, 0-6; 여기에 대하여는 김승대, "관습헌법의 법규범성에 관한 고찰", 「헌법논총」, 15집, 2004. 12, 133-176쪽 참조.

6) 김하열, 『헌법강의』, 제5판, 박영사, 2023, 10-11쪽.

하는 시기에는 구별의 실익이 있었지만 오늘날에는 의미가 없다.

제2항 · 새로운 분류방법

헌법의 분류에 대한 새로운 분류방법으로 케네드 위어(K. C. Wheare)의 분류와 칼 뢰벤슈타인(K. Loewenstein)의 분류가 있다.

케네드 위어는 첫째, 중앙정부와 지방정부간에 통치권력이 어떻게 배분되어 있는가에 따라 헌법을 연방국가헌법, 국가연합(confederation)헌법,[7] 단일국가헌법으로, 둘째, 중앙정부를 구성하는 각 기관에 통치권력이 어떻게 배분되어 있는가에 따라 대통령제 헌법·의원내각제 헌법·의회정부제(회의제) 헌법으로 분류하고 있다.[8]

칼 뢰벤슈타인(K. Loewenstein)은 (1) 독창성의 유무에 의하여 1787년의 미연방헌법의 대통령제나 1935년의 폴란드의 필수츠키(Pilsudski)헌법의 신(新)대통령제[9] 등과 같이 외국헌법을 모방하지 아니하고 독창적 내용을 가진 독창적 헌법과 외국의 기존헌법을 자국의 정치적 현실에 적합하도록 재구성한 모방적 헌법으로 분류하고, (2) 헌법규범과 정치적 현실의 일치 여부(헌법의 존재론적 분류)를 기준으로 서구의 헌법들과 같이 헌법규범과 정치적 현실이 일치하는 규범적 헌법,[10] 헌법규범은 이상적으로 정립되어 있지만 정치적 현실과 일치하지 아니한 명목적 헌법,[11] 대외적인 과시용으로 제정된 헌법이기 때문에 본질적으로 정치적 현실에 적용될 수 없는 의미론적(semantisch, 장식적) 헌법[12]으로 나누었다.

---

7) Wheare 교수는 국가연합은 전체국가의 정부(government of the whole country)가 전체를 이루는 개별 정부(the government of the parts)에 종속한다는 점과 공통된 조직(common organization)이 정부(a government)라고 불릴 만큼 충분한 힘(power)을 가지고 있다고 보기가 의심스럽다는 점 등의 이유로 국가연합의 헌법(constitution)이라는 용어 대신에 협약이나 조약(an agreement, a covenant, or a treaty)이라고 부르는 것이 더 적절하다고 지적하고 있다. K. C. Wheare, Modern Constitutions, London: Oxford University Press, third impression of second edition, 1975, 23-24쪽.

8) K. C. Wheare, 위의 책, 14-31쪽.

9) K. Loewenstein, Verfassungslehre, 3. Auflage, Tübingen: J. C. B. MOHR, 1975, 63쪽; 칼 뢰벤슈타인(K. Loewenstein)은 필수츠키 외에도 1937년의 브라질 Vargas의 외견적 헌법(Scheinverfassung), 1956년의 이집트 Nasser헌법, 1956년의 월남의 Ngo Diem헌법, 이승만(Syngman Rhee)헌법 등을 신대통령제 헌법의 종류로 들어 설명하고 있다. K. Loewenstein, 위의 책, 63-64쪽.

10) K. Loewenstein, 위의 책, 152쪽.

11) K. Loewenstein, 위의 책, 152-153쪽.

12) Loewenstein 교수는 장식적 헌법 유형 속에 대부분의 신대통령제 국가와 Mussolini와 같은 전체주의가 속한다고 한다. K. Loewenstein, 위의 책, 155-156쪽.

제4절 헌법의 특성

헌법의 특성문제는 헌법현상과 헌법규범이 그 밖의 사회현상이나 법규범에 비하여 어떠한 특성을 가지고 있는가 하는 문제이다. 헌법의 특성은 1) 사실적 특성, 2) 규범적 특성, 3) 구조적 특성을 지니고 있다.

제1항 · 사실적 특성

헌법의 사실적 특성에는 정치성, 이념성, 역사성 등이 있다.

1. 정치성

헌법의 경우 그 제정과 개정 자체가 정치적인 것이다. 헌법제정이나 개정의 경우에 군주제를 택할 것인가 공화제를 택할 것인가, 대통령제를 채택할 것인가 의원내각제를 채택할 것인가, 자유시장경제를 택할 것인가 통제적 계획경제를 택할 것인가 하는 헌법체제의 문제는 정치적 선택의 문제이다. 헌법의 영역은 여러 정치적 세력들이 각축하는 정치의 장이다.

2. 이념성

헌법은 어느 것이나 그 특유의 이념과 가치질서를 내용으로 하고 있다는데 그 특징이 있다. 각 헌법에 내재하는 특정한 이념 또는 가치질서야말로 그 헌법의 핵심적 내용이라 할 수 있다. 예컨대 근대시민국가의 헌법은 시민계급의 정치적 헤게모니와 개인적 자유의 보장을 내실로 하는 시민적 자유주의를, 현대사회국가(복지국가)의 헌법은 법치주의와 사회국가의 원리를 내실로 하는 사회적 법치국가를 그 특유의 이념 내지 가치질서로 하고 있다.

3. 역사성

헌법이 그 내용으로 하는 특유의 이념 또는 가치질서는 선험적인 것도 영원불멸의 것이거나 보편적인 것도 아니다. 그것은 그때그때의 역사적 조건과 지배상황에 의하여 제약을 받는 역사적 이념이고 가치인 것이다.

제2항 ‣ 규범적 특성

헌법의 규범적 특성에는 최고법규성, 기본권보장규범성, 조직·수권규범성, 권력제한규범성, 자기보장규범성 등이 있다.

1. 최고법규성

헌법은 국내의 법단계구조에서 최고의 법규범이다. 헌법의 최고법규성은 헌법이 국민적 합의를 내용으로 하고 주권자인 국민에 의하여 제정되었다는 점에서 유래한다. 헌법은 최고법규이므로 법률·명령 등 하위법령의 입법기준과 해석기준이 된다. 대한민국 헌법은 미연방헌법(제6조 제2항)이나 일본국헌법(제98조)과 달리 헌법의 최고법규성에 관하여 명문의 규정을 두고 있지 아니하지만 헌법의 최고법규성을 보장하거나 시사하는 규정(제107조 제1항, 제2항와 제111조 제1항 제1호, 제128조, 제130조 등)을 두고 있다.

2. 기본권보장규범성

현대민주국가의 헌법은 민주국가적 질서와 더불어 기본권의 보장을 그 이념으로 하기 때문에 기본권 보장에 관한 규정을 두고 있다. 헌법에서 직접 기본권의 보장을 선언하고 그 불가침성을 규정(제10조)할 때에만 국민은 자유와 권리를 실효적으로 향유할 수 있기 때문이다.

3. 조직·수권규범성

헌법은 통치의 기본구조를 정하는 조직규범이다. 모든 국가기구는 헌법에 의하여 조직되고, 모든 국가작용은 헌법으로부터 위임이 있는 경우에만 발동될 수 있다. 한 국가의 통치기구와 통치작용은 헌법에 바탕을 두고 헌법에 의거한 것일 때에만 민주적 정당성과 절차적 정당성을 구비하게 된다.

4. 권력제한규범성

헌법이 조직규범 내지 수권규범으로서의 성격을 가진다는 것은 동시에 권력제한규범으로서의 성격을 가진다는 뜻이다. 수권이라는 것은 수임기관의 권한과 활동을 법적으로 한정한다는 의미를 가지기 때문이다. 헌법은 인권보장과 권력통제를 위하여 국가권력의 분립을 규정하고, 공권력행사의 요건까지도 엄격하게 규정함으로써 국가권력의 자의적

(恣意的) 행사와 남용을 방지하려 하고 있다.

5. 자기보장규범성

헌법은 법률과 명령 등 하위규범과는 달리 그 규범적 실효성을 확보하거나 그 내용을 직접 강제할 수 있는 기관이나 수단을 구비하고 있지 아니하다. 헌법은 국가권력 상호간의 통제와 권력적 균형이라는 메커니즘을 통해 그 실효성을 유지한다. 이 점에서 헌법은 그 밖의 법규범과는 상이한 특성을 가지고 있다.

제3항 · 구조적 특성

헌법의 규범구조는 일반법령의 그것과 상이하다. 헌법은 국가생활 전반에 관한 대강을 총체적으로 규정하는 규범이기 때문에, 규범구조가 간결하고 미완결의 경우가 허다하다[규범구조의 간결성·미완결성(미완성성)]. 또한, 그 규제대상이 동태적이고 유동적인 것이므로 규범내용이 추상적·불확정적·개방적인 경우가 많다(규범내용의 추상성·불확정성·개방성).[13] 이러한 헌법의 구조적 특성 때문에 헌법은 다른 법령에 비하여 해석을 통한 보완의 필요성과 하위법령을 통한 구체적 형성의 요청이 비교적 크다.

제5절 입헌주의

제1항 · 입헌주의의 의의와 연혁

1. 입헌주의의 의의

입헌주의(立憲主義, Constitutionalism)란 국민의 자유와 권리가 국가권력으로부터 침해당하지 않도록 보호하기 위하여 통치관계를 헌법에 규정하고, 국가가 국민에 대하여 행하는 권력작용을 헌법에 구속되도록 하는 '헌법에 의한 통치의 원리'를 말한다. 이와 같

---

13) 헌법은 다른 실정법보다 추상성이 더 강하다. 이것은 헌법이 기본법이라는 점과 연관된다. 헌법은 기본법이기 때문에 국가의 구성과 국민생활의 기본적인 사항만을 규정하며, 따라서 상대적으로 더 추상적일 수밖에 없다. 이러한 추상성을 통하여 헌법은 변화하는 현실에 따라 탄력적으로 해석되고 운용될 수 있다. 이 점에서 헌법의 추상성은 헌법의 개방성과 연결된다. 양건, 『헌법강의』, 법문사, 2019, 16쪽.

은 헌법에 의한 통치의 원리는 Thomas Paine이 "헌법은 정부의 결의가 아니라 정부를 구성하는 인민의 결의이며, 헌법 없는 정부는 권리 없는 권력이다. 헌법은 정부에 선행하는 것이며 정부는 헌법의 소산일 뿐이다."라고 한 것에서 잘 나타나고 있다.[14] 이러한 내용을 규정한 헌법을 입헌주의적 헌법이라고 하며, 입헌주의적 헌법에 따라 운용되는 국가 내지 정치형태를 헌법국가(Verfassungsstaat) 또는 입헌정치(constitutional government)라고 한다.[15]

2. 입헌주의의 본질

입헌주의는 헌법에 규정된 모든 규정과 제한, 그리고 헌법이 전제하는 기본원칙들은 모든 국가작용의 권원과 정당성의 근거를 이루며, 따라서 헌법은 국가작용의 범위와 한계를 규정하게 되며 헌법에 따라 통치하여야 한다는 것이다.

입헌주의의 목적은 첫째, 국가권력의 통제로부터 피치자를 해방시키고, 둘째, 피치자에게 정당하게 권력과정에 참여하는 것을 인정하는 것이라고 할 것이다. 이러한 목적을 달성하기 위하여는 국가권력보유자도 준수할 의무를 가지는 일정한 규칙과 절차에 따라서 정치권력이 행사되어야 하며, 권력보유자가 국가권력을 독점하지 않고 다수의 권력보유자에 분배하여 상호 협동과 견제와 균형의 원리에 따라 국가권력을 행사할 것을 요구하게 되었다. 그러므로 입헌주의는 본질적으로 자유주의적 이데올로기의 산물이며, 대의제에 의한 피치자의 정치과정에의 참여를 보장하고 있다.

입헌주의는 미국이나 프랑스에 있어서는 근대시민혁명과 함께 정치생활의 원리로 등장하였다. 1789년 프랑스 인권선언의 제16조(권리의 보장이 확보되지 아니하고 권력분립이 규정되어 있지 않은 사회는 헌법을 가진 것이라고 할 수 없다)가 근대 입헌주의의 본질을 잘 나타내고 있다. 이러한 미국이나 프랑스의 근대 입헌주의는 권력담당자에 대한 불신에 근거하고 있었다. Thomas Jefferson은 "신뢰는 어디에서나 전제(專制)의 어버이이다. 자유로운 정부는 신뢰에서가 아니고 시의(猜疑)에 기하여 건설된다. 우리들의 권력을 위탁하지 않으면 안 될 사람들을 제약적인 헌법에 의하여 구속하는 것은 신뢰에서가 아니고 시의에 유래한다. 권력의 문제에 있어서는 사람에 대한 신뢰에 귀기울이지 아니하고 헌법의 쇠사슬에 의하여 비행을 하지 않도록 구속할 필요가 있다."라고 하고 있다.[16]

---

14) Rights of Man in The Complete Words of Thomas Paine, London, pp. 302-303.

15) 김철수, 『헌법과 정치』, 진원사, 2012, 3쪽; 김철수, 『헌법학개론』, 박영사, 2007, 3쪽.

16) 김철수, 『헌법학개론』, 박영사, 2007, 6-7쪽.

Wheare 교수는 진정한 의미에 있어서 입헌주의적 의미의 헌법은 최소한 다음과 같은 본질적인 구성요건을 갖출 것을 요구하고 있다. 첫째, 국가권력이 단일의 독재적 권력담당자에게 집중되는 것을 방지하기 위하여 국가의 모든 기능을 분리시키고, 이들을 각각 상이한 국가기관 또는 권력담당자에게 위탁해야 한다. 둘째, 이러한 여러 권력담당자들의 견제와 균형의 원리가 필요하다. 셋째, 여러 자율적인 권력담당자들의 협동이 달성되지 못한 경우에 혼란과 독재의 발생을 억지할 수 있는 계획적인 기구가 필요한데, 결국은 주권자로서의 국민이 최고의 조정자로서 선거에 의하여 문제를 해결한다. 넷째, 비합법적인 폭력이나 혁명을 방지하기 위하여 국가의 기본적 질서를 변화하는 사회적·정치적 조건들에 평화적으로 적응시키는 합리적인 방법이 미리 확정되어 있어야 한다. 이것은 헌법개정의 합리성의 문제이다. 다섯째, 헌법은 개인의 권리와 기본적 자유를 명확하게 승인하고 국가권력의 침해로부터 보호되어야 한다.[17]

제2항 · 근대 입헌주의의 기본요소

입헌주의는 국가권력에 대한 헌법의 우위로서 다음과 같은 것들을 그 전제로 하고 있다. 첫째, 입법·집행·사법을 포함한 모든 국가권력은 그 행사의 근거로서의 헌법에 구속되며, 둘째, 헌법은 국가권력에 선행하는 것이며, 셋째, 헌법이란 주권자로서의 국민이 국가권력의 근원이라는 권위로서의 의미를 가지기 때문에 국가권력이 그 권한행사에 있어서 헌법이 제한하는 한계를 넘어서서는 아니 되며, 넷째, 만약 국가권력이 헌법이 규정하는 근거와 한계를 무시하고 헌법이 인정하지 아니한 권력을 행사하거나 그 제한을 넘어서 권한을 행사한다면 이를 규제할 수 있는 강제력과 실질적인 제도적 장치가 마련되어야 한다.

근대 입헌주의는 기본권의 목적성을 인정하고 국가권력의 수단성을 긍정한다. 권력과 그 담당자는 기본권을 보장하기 위하여 존재한다. 이러한 수단으로서의 권력은 국민주권주의와 권력분립주의에 입각하여야 한다. 또한, 헌법은 성문헌법이어야 하며, 국민의 합의에 의하여 제정한 헌법은 그 개정이 어려워야 한다. 따라서 근대 입헌주의는 기본권보장주의·국민주권주의(주권재민의 원리)·권력분립주의·법치주의·대의제의 원리·성

17) K. C. Wheare, Modern Constitutions, London: Oxford University Press, third impression of second edition, 1975, 32-51쪽 참조. 여기에서 Wheare 교수는 특히 법치주의(rules of law)가 가장 최소한의 기본(minimum)이라고 강조한다. K. C. Wheare, 위의 책, 33-34쪽.

문헌법주의·경성(硬性)헌법주의를 그 기본요소로 하고 있다.[18)]

1. 기본권보장주의

기본권보장주의는 원래 영국 스튜어트왕조의 전제정치(專制政治)에 대한 청교도혁명에서 출발하여 J. Locke, J. J. Rousseau 등 자연법학자들에 의하여 체계화되었고, 미국의 독립전쟁, 프랑스대혁명을 거치면서 확립되었는데, 이는 전제주의적 절대제에 반항하는 개인주의사상을 기초로 하고 있었다. 즉 인간은 각각의 개인이 독립해서 자기의 요구를 충족시킬 수 있으며, 국가는 개인을 위하여 존재하며 개인의 자유를 확보하고 실현하는 데 존재의의가 있는 것이다. 이때 개인의 자유는 천부(天賦)의 것으로서 절대로 침범할 수 없는 인권으로서 인간의 발달을 촉진시키는 것은 개인의 자유뿐이며, 국가 등 외부로부터의 간섭이나 자유의 제한은 그 발달을 저해한다는 것이다. 이와 같이 입헌주의는 이론적으로 천부인권설(天賦人權說)을 기초로 자유와 평등의 원리를 중심사상으로 하여 이러한 자연권은 국가권력의 어떠한 기관도 이를 침해할 수가 없다고 한다. 영국에서는 이미 대헌장과 인신보호법에서 이를 명시하였으며, 미국의 수정헌법 제1조[19)]에서도 이를 확인하고 있다. 이러한 자유와 평등을 보장하기 위하여 권력분립주의, 법치주의, 평등의 원리 등을 제도적으로 보장하게 되었다.

2. 권력분립주의

권력분립주의란 국민의 자유와 권리를 보장하기 위하여 국가권력을 입법권·집행권·사법권으로 분할하고, 이들 권력을 각각 분리·독립된 별개의 국가기관들에 분산시킴으로써, 특정의 개인이나 집단에게 국가권력이 집중되지 아니하도록 함은 물론 권력 상호간에 권력적 균형관계가 유지되도록 하는 통치구조의 구성원리를 말한다. 근대 입헌주의사상의 산물인 권력분립주의는 다음과 같은 것을 개념적 요소로 한다. 첫째, 국가작용을

18) 김철수, 『헌법학개론』, 박영사, 2007, 8쪽.

19) 1787년 제정된 미국 헌법 전문(全文)의 본체는 오늘날까지도 전혀 수정 없이 보존되어 세계에서 가장 오래된 헌법으로 되어 있다. 그러나 시대의 변천에 맞게 현재까지 27개의 새로운 조항이 추가되었는데, 이 추가조항을 수정(Amendment) 헌법 내지 수정 조항이라 한다. 이 가운데 1789년에 발의되어 1791년 발효한 수정 헌법 제1조부터 제10조까지를 보통 미국의 '권리장전'이라고 한다.
수정 제1조(종교, 언론 및 출판의 자유와 집회 및 청원의 권리) 연방 의회는 국교를 정하거나 또는 자유로운 신앙 행위를 금지하는 법률을 제정할 수 없다. 또한, 언론·출판의 자유나 국민이 평화로이 집회할 수 있는 권리 및 불만 사항의 구제를 위하여 정부에게 청원할 수 있는 권리를 제한하는 법률을 제정할 수 없다.
수정 제2조(무기 휴대의 권리) 규율 있는 민병은 자유로운 주의 안보에 필요하므로 무기를 소장하고 휴대하는 인민의 권리를 침해할 수 없다.

기능적 관점에서 입법·집행·사법작용으로 구분한다. 둘째, 이들 작용을 각기 분리·독립된 입법부·집행부·사법부에 귀속시킨다. 이들 기관은 자신에게 귀속된 통치작용만을 행사하고 다른 기관에게 귀속된 통치작용은 행사할 수 없다. 셋째, 국가기관 상호간에 견제와 균형(checks and balances)관계가 성립함으로써 어떤 기관도 국가의 모든 통치기구를 지배할 수 없게 한다.[20]

3. 대의제의 원리

대의제라 함은 주권자인 국민이 국가의사나 국가정책을 직접 결정하지 아니하고 대표자를 선출하여 그들로 하여금 국민을 대신하여 국가의사나 국가정책 등을 결정하게 하는 통치구조의 구성원리를 말한다. 대의제는 다음과 같은 개념적 징표를 가지고 있다. ① 국민에 의하여 선출된 국민의 대표자인 통치자와 이를 선출하는 국민인 주권자가 통치질서 내에서 구별되고 있다. ② 국가기관구성권과 국가의사결정권이 분리되어 있다. ③ 대표자는 민주적 정당성을 위하여 직접선거에 의하여 선출된다. ④ 통치자는 자신을 선출한 선거구민만의 대표가 아니라 전체국민을 대표한다.[21] ⑤ 명령적[기속적(羈束的)] 위임이 배제되고 자유(무기속)위임의 원리가 지배한다. ⑥ 부분이익보다 전체이익을 우선해야 한다. ⑦ 대표자는 국민에 대하여 정치적 책임을 진다. 대의제의 기본적 기능은 ① 국민에 의하여 선출된 대표자가 국민을 대신하여 국가의사를 결정한다는 대의기능, ② 대표자는 합의의 과정을 거쳐 국가의사를 결정한다는 합의기능, ③ 민주적인 공직선거제도의 발전에 기여하고 책임정치를 구현하는 기능, ④ 공개정치의 실현에 기여하고 이성적 토론이 전제된 다수결원리를 존중하는 정치문화의 신장에 기여하는 기능 등을 한다.[22] 대의제에 관한 자세한 것은 제3편 통치구조론에서 살펴보기로 한다.

제3항 · 현대 사회국가적 헌법

근대 입헌주의적 헌법이 개인주의·자유주의·법치주의·의회주의 등과 같은 일정한 이데올로기를 지향하면서, 권력분립에 의한 개인의 자유와 권리를 보장하려는 헌법인 데 반하여, 현대 사회국가적 헌법은 모든 국민에게 생활의 기본적 수요를 충족시켜 줌으로

20) 권영성, 『헌법학원론』, 법문사, 2010, 739쪽.

21) 헌법 제46조 제2항: 국회의원은 국가이익을 우선하여 양심에 따라 직무를 행한다.

22) 권영성, 앞의 책, 730-731쪽.

써 건강하고 문화적인 생활을 보장하는 것이 국가의 책무인 동시에 그에 대한 요구가 국민의 권리로서 인정된다는 이념에 입각한 헌법이다. 현대 사회국가적 헌법은 실질적·절차적 법치주의, 사회적 시장경제질서, 사회적 기본권의 수용(受容), 산업화와 도시화에 따라 복잡하고 해결하기 어려운 사회국가적 과제가 발생하였는데도 입법부에서 전문성 결여와 국민대표성 저하 등으로 인하여 이를 해결하지 못하게 되자 국회에서 법률의 윤곽만을 정하고 위임입법의 형태로 집행부에 그 해결을 요구하게 되는 바야흐로 '법령의 홍수'의 시대가 되었다. 이러한 결과 집행부의 기능이 비대해지게 되는 행정국가화 경향,[23] 헌법수호제도의 확대·강화, 정당제도의 수용, 국제평화주의 등을 그 기본원리로 하고 있다.

제6절 헌법의 제정과 개정 그리고 변천(변질)

제1항 ‣ 헌법의 제정

1. 헌법제정의 의의

사회공동체는 헌법의 제정을 통하여 정치공동체인 국가적 공동체로 탄생한다. 실질적 의미에서의 헌법의 제정은 정치적 공동체의 형태와 기본적 가치질서에 관한 국민적 합의를 법규범체계로 정립하는 것을 말한다. 형식적 의미에서의 헌법의 제정이라 함은 헌법제정권자가 헌법사항을 성문의 헌법으로 법전화하는 것(성문헌법전의 편찬)을 말한다.

헌법의 제정을 실질적 의미로 이해하여 국민적 합의를 규범체계화하는 것이라고 할 때, 헌법의 제정은 누가 하는가(헌법제정권력의 주체), 어떻게 하는가(헌법제정권력의 행사), 무엇을 그 내용으로 하는가(헌법제정의 내용), 어떠한 구속과 제한을 받는가(헌법제정권력의 한계) 등의 문제들이 제기된다.

23) 정정길, 『정책결정론』, 대명출판사, 1988, 174-175쪽, 197-202쪽; 행정국가에 관하여 자세한 것은 F. Morstein Marx저(The Administrative State, University of Chicago Press, 1957), 안해균 역, 『행정국가와 관료제』, 박영사, 1987, 2-20쪽; 手島孝, 『現代行政國家論』, 勁草書房, 1969, 79-96쪽; 서원우, 『현대행정법론(상)』, 수정판, 박영사, 1988, 47-55쪽; 서원우, 『전환기의 행정법이론』, 박영사, 1997, 111-124쪽 참조.

2. 헌법제정권력

(1) 헌법제정권력의 의의

헌법제정권력이란 헌법을 시원적(始原的)으로 제정할 수 있는 힘을 말한다. 헌법제정권력은 사실상의 힘을 뜻하는 것이 아니라 정치적 공동체에 있어서 국민적 합의를 규범체계화하는 정치적 권력인 동시에 헌법에 정당성을 부여하는 권위라는 이중성을 가진 것이다.

(2) 헌법제정권력이론의 발전

헌법제정권력의 이론을 처음으로 체계화시킨 사람은 프랑스 혁명기의 시에예스(Emmanuel Joseph Sieyes)다. 시에예스에 의하면, 헌법의 제정주체는 제3신분 곧 국민이고, 국민이 보유하는 헌법제정권력은 단일불가분이며 절차면에서 일체의 법적 제한을 받지 않는 권력이라고 하였다. 헌법제정권력은 선재하는 실정법적 근거 없이도 법창조능력을 가지는 시원적 권력이며, 바로 그 시원성에서 자기정당화의 논리가 나온다고 하였다.

헌법제정권력의 이론은 19세기에서 20세기 초에 걸쳐 독일을 풍미한 법실증주의적 국법학에서 전면적으로 부인되었다. 법실증주의적 국법학은 헌법제정권력과 헌법개정권력과 입법권을 구별하지 아니하고, 헌법제정권력＝헌법개정권력＝입법권으로 이해하였다.

칼 슈미트(C. Schmitt)는 결단주의적 헌법론에 기초하여 법실증주의자들이 부인한 헌법제정권력론을 부활시켜 이론화하고 체계화하였다. 슈미트는 헌법제정권력에 의하여 정치적 통일체의 종류와 형태에 관한 근본적 결단으로서의 헌법이 제정되고, 이 헌법을 기초로 하여 헌법률이 성립한다고 보았다. 슈미트는 헌법의 정당성의 근거를 규범에서가 아니라, 정치적 결단에서 구하고 있으므로 헌법제정권력을 제약하는 한계란 있을 수 없다고 하였다. 시원적 권력으로서의 헌법제정권력은 헌법에 의하여 조직된 그 밖의 권력인 헌법개정권력 및 입법권과 동렬에 위치하는 권력이 아니라 이들 권력의 포괄적 기초가 되는 권력이라고 하였다. 다만 헌법개정권력은 헌법률을 대상으로 하고 입법권과는 달리 가중된 절차적 요건에 따라야 한다는 점에서 입법권보다는 상위에 있다는 것이다. 따라서 헌법제정권력〉헌법개정권력〉입법권의 도식이 성립한다.

(3) 헌법제정권력의 주체

헌법제정권력의 주체는 중세에는 신, 프랑스 혁명때는 국민, 왕정복고기에는 군주,

과두국가에서는 소수자의 조직이었다. 국민주권이 확립된 현대에서 헌법제정권력의 주체는 국민이다.

(4) 헌법제정권력의 행사

헌법제정권력은 신생국가의 독립이나 혁명으로 인하여 헌법이 제정되는 경우에 행사된다. 헌법제정권력의 행사방법을 구속하는 절차는 존재하지 아니하며 그 행사방법을 미리 정할 수도 없다. 헌법제정권력의 행사방법을 미리 정한다 하여도 법적 구속력이 인정되지 않는다. 헌법제정권력은 법질서를 창조하는 권력이어서 형식이나 절차규정에 구속되지 않기 때문이다.

(5) 헌법제정권력의 특성

헌법제정권력은 국가질서를 시원적으로 창조하는 권력이며(시원적 창조성), 어떠한 법형식이나 절차에도 구애받지 아니하는 권력으로, 스스로 의도한 바에 따라 발동되고(자율성) 헌법제정권력은 헌법에 의하여 조직되고 제도화된 권력인 헌법개정권력이나 통치권(입법권·집행권·사법권)과 나란히 있는 것이 아니라, 이들 권력의 포괄적 기초가 되며 그 자체 불가분적 권력의 성격을 가진다(단일불가분성). 헌법제정권력은 실정헌법 속에 규범적으로 존재하는 권력이기 때문에 한 번 행사되었다고 소멸하는 권력이 아니다(항구성). 민주국가에서의 헌법제정권력은 오로지 국민에게만 있다는 의미에서 양도될 수 없는 것이다(불가양성).

(6) 헌법제정권력의 한계

헌법제정권력은 어떠한 제약도 받지 않는 권력인지, 만일 무제한의 권력이 아니라면 헌법제정권력을 제약하는 원리가 무엇인지가 문제이다.

시에예스는 헌법제정권력의 시원성에 근거하여 헌법제정권력은 어떠한 법원리의 구속도 받지 아니한다고 하였다. 칼 슈미트도 헌법제정권력은 규범적 정당성이나 사실적 정당성에 의존하지 아니하는 권력이기 때문에 이것을 제약하는 한계란 있을 수 없다고 한다(무한계설). 그러나 헌법제정권력이라도 모든 규범적 구속으로부터 자유로운 절대적 실력이나 힘으로 볼 수는 없다. 헌법제정권력의 행사에 한계가 있다고 하는 한계긍정설(유한계설)이 다수설이며 구체적으로는 인간의 존엄성 존중이나 정의와 같은 자연법적 한계, 이데올로기적 한계(평화주의), 패전국의 헌법의 제정에 타국(승전국)의 영향력이 미치는 국제법적 한계(일본국 헌법 제9조) 등이 있다.

제2항 • 헌법의 개정(改正)

1. 헌법개정의 의의

헌법개정은 헌법에 규정된 개정절차에 따라(형식적 요건) 기존의 헌법과 기본적 동일성을 유지하면서(실질적 요건) 헌법의 특정조항을 의식적으로 수정 또는 삭제하거나 새로운 조항을 추가(증보)함으로써 헌법의 형식이나 내용에 변경을 가하는 행위를 말한다.[24]

2. 헌법개정의 불가피성

현대 민주국가의 헌법은 성문화(成文化)와 경성(硬性)헌법성이 특징이다. 헌법의 성문화와 개정의 곤란성은 국민의 기본권보장을 강화하고 집권의 편의를 위한 빈번한 헌법개정에서 결과하는 국가기본질서의 불안정을 방지하려는 것이 목적이다. 그런데 헌법규범은 현실을 규율하는 것이고 현실은 끊임없이 변천하는 것이므로 일정한 시간이 지나면 헌법규범과 헌법현실간에 괴리(gap)가 발생한다. 이러한 괴리가 일정한 한도를 넘어서게 되면, 헌법규범이 규범력을 상실하고 단순한 문자에 지나지 않게 된다. 따라서 변화된 정치적·경제적 상황에 대응하여 그때마다 헌법의 불비와 흠결을 보완하여 헌법의 규범력을 유지하려면 헌법의 개정이 불가피하다(헌법의 현실적응성과 실효성의 유지). 헌법의 개정을 전적으로 금지하면 헌법에 불만을 가진 정치세력들이 혁명이나 쿠데타 등 폭력적 방법으로 헌법을 파괴하는 사태가 발생할 수 있으므로 이러한 폭력에 의한 헌법파괴를 미연에 방지하고 정치세력간의 갈등과 대립을 해소하기 위하여 헌법의 개정이 필요하다(헌법파괴의 방지). 헌법제·개정 당시에 그 제·개정과정에 참여하지 못한 새로이 형성된 정치집단들에게도 헌법형성에 참여할 기회를 제공하기 위해서 헌법의 개정이 불가피하다(기회균등이라는 헌법정책적 이유).

3. 헌법개정의 유형

헌법개정의 유형에는 미연방헌법처럼 기존의 조항들을 그대로 둔 채 개정조항만을 추가하는 증보형식의 유형(additional amendment)과 우리나라의 현행 헌법처럼 기존의 조항을 수정 또는 삭제하거나 새로운 조항을 삽입하는 수정형식의 유형(revision)이 있다. 또한 헌법전(憲法典)을 전면적으로 수정 또는 재편성하는 전면개정과 헌법전의 일부조항

24) 권영성, 앞의 책, 49-50쪽.

만을 수정하는 부분개정이 있다.

4. 헌법개정의 방법과 절차

헌법개정의 방법과 절차는 다양한 유형이 있다. 첫째, 국민투표를 경유하지 않고 의회의 의결로 헌법을 개정하는 방법으로, 일반적으로 일반 법률개정보다 가중된 다수의 찬성을 요구하고 있는데 독일 기본법(연방 상하양원 재적 3분의 2 이상의 찬성)과 한국의 1948년 헌법이 대표적이다. 둘째, 국민투표에 의하여 헌법의 개정을 확정하는 유형으로 프랑스 제5공화국헌법과 한국의 1987년 헌법이 그 대표적인 예이다. 셋째, 연방국가헌법에 특유한 것으로 일정수에 달하는 연방구성주의 동의를 헌법개정의 요건으로 하는 유형으로 미연방헌법이 대표적이다.

5. 헌법개정의 한계

헌법개정의 한계에 대하여는 1) 무한계설과 2) 한계설이 대립하고 있다. 전자는 헌법에 규정된 개정절차를 밟기만 하면 어떠한 조항과 어떠한 내용도 개정할 수 있으며, 심지어 명문으로 금지하고 있는 조항까지도 개정할 수 있다고 하는 견해로서 그 논거로 ① 헌법의 현실적응성의 요청, ② 헌법제정권과 헌법개정권의 구별의 부인, ③ 헌법규범등가성(等價性) 등을 들고 있다. 후자는 헌법에 규정된 개정절차에 따를지라도 특정한 조항이나 일정한 내용은 자구수정(字句修正)은 별도로 하고 개정할 수 없다고 하는 견해(독일과 우리나라의 통설)로서 그 논거로 ① 자연법원리에 의한 제약, ② 헌법제정권과 헌법개정권의 구별에 의한 제약, ③ 헌법규범의 위계질서에 의한 제약 등을 들고 있다. 우리나라 헌법 제128조 제2항은 대통령의 임기연장 또는 중임변경을 위한 헌법개정을 금지한다는 실정헌법상의 개정금지 조항이 아니라, 대통령의 임기연장이나 중임변경을 위한 헌법개정도 가능하지만 다만 대통령의 장기집권을 방지하기 위하여 헌법개정 제안당시의 대통령에 대해서만 개정의 효력을 배제한다는 헌법개정효력의 적용대상제한조항을 의미한다.[25)]

우리 헌법재판소는 신행정수도의건설을위한특별조치법위헌확인사건(이하 '이 사건 법률'이라 한다)에서 1) '우리나라의 수도가 서울인 점'에 대한 관습헌법을 폐지하기 위해서는 헌법개정이 필요한지 여부(적극), 2) 이 사건 법률이 헌법 제130조에 따라 헌법개정절차에 있어 국민이 가지는 국민투표권을 침해하여 위헌인지 여부(적극) 등의 쟁점에 대하여

---

25) 권영성, 앞의 책, 52-59쪽.

각각 다음과 같이 결정을 내렸다.

1) 우리나라의 수도가 서울이라는 점에 대한 관습헌법을 폐지하기 위해서는 헌법이 정한 절차에 따른 헌법개정이 이루어져야 한다. 이 경우 성문의 조항과 다른 것은 성문의 수도조항이 존재한다면 이를 삭제하는 내용의 개정이 필요하겠지만 관습헌법은 이에 반하는 내용의 새로운 수도설정조항을 헌법에 넣는 것만으로 그 폐지가 이루어지는 점에 있다. 다만 헌법규범으로 정립된 관습이라고 하더라도 세월의 흐름과 헌법적 상황의 변화에 따라 이에 대한 침범이 발생하고 나아가 그 위반이 일반화되어 그 법적 효력에 대한 국민적 합의가 상실되기에 이른 경우에는 관습헌법은 자연히 사멸하게 된다. 이와 같은 사멸을 인정하기 위하여서는 국민에 대한 종합적 의사의 확인으로서 국민투표 등 모두가 신뢰할 수 있는 방법이 고려될 여지도 있을 것이다. 그러나 이 사건의 경우에 이러한 사멸의 사정은 확인되지 않는다. 따라서 우리나라의 수도가 서울인 것은 우리 헌법상 관습헌법으로 정립된 사항이며 여기에는 아무런 사정의 변화도 없다고 할 것이므로 이를 폐지하기 위해서는 반드시 헌법개정의 절차에 의하여야 한다.

2) 서울이 우리나라의 수도인 점은 불문의 관습헌법이므로 헌법개정절차에 의하여 새로운 수도 설정의 헌법조항을 신설함으로써 실효되지 아니하는 한 헌법으로서의 효력을 가진다. 따라서 헌법개정의 절차를 거치지 아니한 채 수도를 충청권의 일부지역으로 이전하는 것을 내용으로 한 이 사건 법률을 제정하는 것은 헌법개정사항을 헌법보다 하위의 일반 법률에 의하여 개정하는 것이 된다. 한편 헌법 제130조에 의하면 헌법의 개정은 반드시 국민투표를 거쳐야만 하므로 국민은 헌법개정에 관하여 찬반투표를 통하여 그 의견을 표명할 권리를 가진다. 그런데 이 사건 법률은 헌법개정사항인 수도의 이전을 헌법개정의 절차를 밟지 아니하고 단지 단순법률의 형태로 실현시킨 것으로서 결국 헌법 제130조에 따라 헌법개정에 있어서 국민이 가지는 참정권적 기본권인 국민투표권의 행사를 배제한 것이므로 동 권리를 침해하여 헌법에 위반된다.[26]

---

26) 헌재 2004. 10. 21. 2004헌마554·566(병합)등, 판례집 16-2, 0-6. 이 사건에서 헌법재판소는 1) 헌법상 수도의 개념, 2) 신행정수도의건설을위한특별조치법(이하 '이 사건 법률'이라 한다)이 수도이전의 의사결정을 포함하는지 여부(적극), 3) 수도의 설정과 이전의 헌법적 의의 등에 대하여 각각 다음과 같이 판시하고 있다. [결정요지] 1) 일반적으로 한 나라의 수도는 국가권력의 핵심적 사항을 수행하는 국가기관들이 집중 소재하여 정치·행정의 중추적 기능을 실현하고 대외적으로 그 국가를 상징하는 곳을 의미한다. 헌법기관들 중에서 국민의 대표기관으로서 국민의 정치적 의사를 결정하는 국회와 행정을 통할하며 국가를 대표하는 대통령의 소재지가 어디인가 하는 것은 수도를 결정하는데 있어서 특히 결정적인 요소가 된다. 대통령은 국가원수로서 국가를 상징하고 정부의 수반으로서 국가운용의 최고 통치권자이며 의회는 주권자인 국민이 선출한 대표들로 구성된 대의기관으로서 오늘날의 간접민주주의 통치구조하에서 주권자의 의사를 대변하고 중요한 국

헌법개정에 대한 현행 헌법규정의 문제점으로 첫째, 여당은 대통령이 헌법개정안을 제안할 수 있어 언제나 헌법개정안을 발안할 수 있는 반면, 야당이 헌법개정안을 제안하기 위해서는 반드시 국회재적의원 과반수 이상을 확보해야 하기 때문에 여당에는 유리하나 야당에는 불리하다는 점, 둘째, 헌법개정안 발안 이전부터 개헌에 대한 논의가 시작된다고는 하지만 본격적인 논의는 헌법개정안의 공고와 더불어 시작된다는 점을 감안하면 20일이라는 단기간의 공고기간[27]은 찬·반토론을 통하여 국민적 합의를 도출해 내기 위해서는 충분하지 않다는 점 등이 있다.[28]

가의사를 결정하는 중추적 역할을 담당하므로 이들 두 개의 국가기관은 국가권력의 중심에 있고 국가의 존재와 특성을 외부적으로 표현하는 중심이 되기 때문이다. 2) 이 사건 법률은 신행정수도를 국가 정치·행정의 중추기능을 가지는 수도로 새로 건설되는 지역으로서 …… 법률로 정하여지는 지역이라고 하고(제2조 제1호), 신행정수도의 예정지역을 주요 헌법기관과 중앙행정기관 등의 이전을 위하여 …… 지정·고시하는 지역이라고 규정하여(같은 조 제2호), 결국 신행정수도는 주요 헌법기관과 중앙 행정기관들이 소재하여 국가의 정치·행정의 중추기능을 가지는 수도가 되어야 함을 명확히 하고 있다. 따라서 이 사건 법률은 비록 이전되는 주요 국가기관의 범위를 개별적으로 확정하고 있지는 아니하지만, 그 이전의 범위는 신행정수도가 국가의 정치·행정의 중추기능을 담당하기에 충분한 정도가 되어야 함을 요구하고 있다. 그렇다면 이 사건 법률은 국가의 정치·행정의 중추적 기능을 수행하는 국가기관의 소재지로서 헌법상의 수도개념에 포함되는 국가의 수도를 이전하는 내용을 가지는 것이며, 이 사건 법률에 의한 신행정수도의 이전은 곧 우리나라의 수도의 이전을 의미한다. 3) 헌법기관의 소재지, 특히 국가를 대표하는 대통령과 민주주의적 통치원리에 핵심적 역할을 하는 의회의 소재지를 정하는 문제는 국가의 정체성(正體性)을 표현하는 실질적 헌법사항의 하나이다. 여기서 국가의 정체성이란 국가의 정서적 통일의 원천으로서 그 국민의 역사와 경험, 문화와 정치 및 경제, 그 권력구조나 정신적 상징 등이 종합적으로 표출됨으로써 형성되는 국가적 특성이라 할 수 있다. 수도를 설정하는 것 이외에도 국명(國名)을 정하는 것, 우리말을 국어로 하고 우리글을 한글로 하는 것, 영토를 획정하고 국가주권의 소재를 밝히는 것 등이 국가의 정체성에 관한 기본적 헌법사항이 된다고 할 것이다. 수도를 설정하거나 이전하는 것은 국회와 대통령 등 최고 헌법기관들의 위치를 설정하여 국가조직의 근간을 장소적으로 배치하는 것으로서, 국가생활에 관한 국민의 근본적 결단임과 동시에 국가를 구성하는 기반이 되는 핵심적 헌법사항에 속한다.

27) 건국헌법에서부터 제3공화국헌법까지 개헌안의 공고기간은 30일 이상이었으나[건국(1948년)헌법 제98조 제2항, 제2공화국(1960년 11월)헌법 제98조 제2항, 제3공화국(1962년)헌법 제119조 제2항)], 1972년 소위 유신헌법 제125조 제1항에서 20일로 단축되었고 그 후 오늘날까지 이 규정은 존속되고 있다[제5공화국(1980년)헌법 제130조]. 정종섭, 『한국헌법사문류』, 박영사, 2002, 239쪽, 298쪽, 318쪽, 357쪽, 380쪽. 국가의 기본법을 그처럼 속전속결의 방법으로 개정할 이유가 없다. 따라서 이 문제는 재고되어야 할 것이다. 계희열, 『헌법학(상)』, 박영사, 2004, 154쪽.

28) 홍성방, 『헌법학』, 현암사, 2009, 46쪽.

제3항 › 대한민국 헌정사

1. 개설

대한민국의 헌정사는 1919년 4월 11일 대한민국 임시 정부에서 제정한 대한민국 임시 헌장과 같은 해 9월 11일 제정한 대한민국 임시 헌법을 뿌리로 하여, 1948년 7월 17일에 제헌 국회에서 제정한 1948년 헌법 이후 9차에 걸쳐 개정된 대한민국 헌법의 역사이다.

2. 1948년 헌법

1948년 7월 제정된 헌법을 제헌헌법이라고도 하지만 용어가 애매해서 그냥 1948년 헌법으로 표기하기로 한다. 1948년 헌법은 전문(前文)과 본문 10장 103조로 구성되었다. 주요 내용으로는 헌법 전문에서 3·1 운동을 통해 대한민국을 건립한 독립정신을 계승한다고 규정하고 있다. 정부형태는 대통령을 국가원수로 하는 대통령제를 채택하고 있지만, 1948년 헌법 초안의 의원내각제의 내용도 포함하고 있어 순수한 형태의 대통령제는 아니다. 대통령은 행정부의 수반이며 국가원수이지만, 국회에서 대통령 및 부통령을 선출하게 함으로써 의원내각제의 총리의 선출과 동일한 형식을 취하고 있다. 또한, 대통령은 국무총리 및 국무위원의 임명권을 가지며, 국회에서 제출한 법률안을 거부할 권한을 가진다. 대통령의 임기는 4년으로, 1회 중임이 가능하다.

국회는 단원제로 하고, 의원의 임기는 4년이다. 다만, 제헌국회의 의원의 임기는 국회 개회일로부터 2년이다. 국회는 입법권 외에도 예산안 심의·결정권, 조약의 비준과 선전포고에 대한 동의권, 국정감사권, 국무총리 및 국무위원·정부위원의 국회 출석 및 발언 요구권, 대통령 및 각료에 대한 탄핵소추권, 국무총리 임명시 국회 동의권 등의 권한을 가진다.

법원은 법관으로 구성된 독립된 재판기관이다. 대법원장은 대통령이 임명하지만, 국회의 승인이 필요하다. 대법원은 명령·규칙·처분의 위헌·위법 심사권을 갖지만, 위헌법률심사권은 대법원이 아니라 부통령을 위원장으로 하고, 대법관 5명과 국회의원 5명으로 구성되는 헌법위원회가 가진다. 탄핵심판은 탄핵재판소가 담당하였다.

자유권을 비롯하여 사회적 기본권, 참정권 등의 다양한 권리와 의무를 규정하고, 사기업에서 근로자가 법률이 정하는 바에 따라 이익을 균점할 권리가 인정되었다는 점이 특징이다.

3. 제1차 개헌(발췌개헌, 1952년)

1950년 5·30 선거 결과 야당이 압승하여 대통령 이승만의 재선이 어려워지자 1951년 11월 30일, 정부는 대통령 직선제와 양원제를 골자로 한 개헌안을 국회에 제출하였다. 그러나, 1952년 1월 18일에 국회가 이를 부결함으로써 정부와 국회간의 알력이 나타났다. 이에 정부는 국회해산을 요구하는 '관제민의(官製民意)'를 동원하여 국회 의원을 위협하는 한편, 5월 25일에 국회해산을 강행하기 위하여 부산과 경상남도, 전라남도, 전라북도의 23개 시·군에 계엄령을 선포하였다. 이렇게 정국이 혼란스러운 가운데, 국회의원 장택상을 중심으로 한 신라회(新羅會)가 주축이 되어 대통령 직선제를 골자로 하는 정부안과 내각책임제를 골자로 하는 국회안을 발췌하고 혼합한 이른바, 발췌개헌안을 1952년 7월 4일 군경이 국회의사당을 포위한 가운데 국회의원들은 기립하는 방식으로 투표하여 출석의원 166명 중 찬성 163표, 반대 0표, 기권 3표로 발췌개헌안을 통과시켰다. 이로써 이승만 독재 정권의 기반을 마련하였으나 이 개헌은 일사부재의의 원칙에 위배되고, 토론의 자유가 보장되지 않았으며, 의결이 강제되었다(기립의결)는 점 등에서 위헌인 개정이다.

4. 제2차 개헌(사사오입개헌, 1954)

사사오입(四捨五入, 반올림) 개헌은 대한민국의 제1공화국 시절의 집권 세력이었던 자유당이 사사오입이라는 명분으로 당초 정족수 미달이었던 헌법개정안을 무리하게 통과시킨 개헌이다.

1954년 5월 20일, 국회의원 선거에서 원내 다수를 차지한 자유당은 이승만의 종신집권을 가능하게 하기 위하여 "초대 대통령에 한해 중임 제한을 없앤다."는 것을 주요 골자로 한 개헌안을 동년 9월 6일 자유당 소속 의원 136명 중 서명을 거부한 김두한 의원을 제외한 135명과 무소속 윤재욱 의원 등 총 136명의 서명을 받아 발의하였다. 그러나 동년 11월 27일, 국회 표결 결과 '재적의원 203명 중 2/3가 찬성해야 한다.'라는 원칙에 따른 가결정족수 136명에서 한 명이 모자라는 찬성 135표, 반대 60표, 기권 7표라는 결과가 나왔다. 이에 따라 당시 국회부의장 최순주(자유당 소속)는 부결을 선포했으나, 이틀 후인 11월 29일 자유당은 사사오입의 원리를 내세워 이를 번복하였다.

원래 재적의원 203명의 2/3은 135.33…명으로서 정족수의 경우 이 숫자보다 많아야 하기 때문에 보통 올림한 숫자인 136명이 맞았다. 그러나 자유당은 당시 대한수학회장인 서울대학교 최윤식 교수까지 동원하여 사사오입, 즉 반올림을 하는 것이 맞다는 궤변을 내세워 정족수를 135명으로 하여 가결된 것으로 정정 선포하였다.

이 개헌은 절차적인 면에서뿐만 아니라 내용적인 면에서도 헌법의 기본 정신에 위배되는 위헌적인 헌법개정이었고, 이 헌법개정으로 1956년 대통령 선거에서 이승만이 또 다시 선출되어 1인 장기집권과 독재를 하기 위해 헌법개정을 악용한 나쁜 선례였다.

5. 제3차 개헌(4·19 혁명)

이승만 정부는 3선 개헌 이후 정치적 자유를 말살하는 분위기를 조성하고, 독재정치를 자행하였다. 결국 4번째 대통령이 되기 위하여 1960년 3월 15일의 제4대 정·부통령 선거에서 투표 및 개표 조작 등의 부정을 통해 이승만 및 이기붕이 당선되었다고 공표하였다.

하지만 부정선거를 규탄하는 시위가 전국적으로 확산되어 경찰과 시위대간의 충돌이 이어져, 결국 4월 11일 마산에서 시위에 참여했던 고교생 김주열의 얼굴이 최루탄이 박힌 채로 시체로 마산 앞바다에 떠오르면서, 이승만 독재에 대한 국민들의 시위는 더욱 격화되었다.

정부는 비상계엄령을 선포하고 강한 대처에 나섰지만, 시위는 그치지 않았다. 결국 4월 24일에는 이승만이 자유당 총재직을 사임하고, 이기붕은 부통령 당선을 사퇴하였다. 그럼에도 불구하고 시위가 그치지 않은데다, 25일에는 대학교수까지 시위에 나서면서, 26일 이승만은 하야할 의사를 밝히고, 27일에는 대통령 사임서를 국회에 제출하였다. 국회는 개헌과 총선거를 통하여 시국을 수습하기로 결의하고, 5월 2일 허정을 수반으로 한 과도정부를 수립하였다.

국회는 의원내각제로 헌법을 개정하기 위해 기초위원을 선임하고, 본격적인 개헌에 착수하여 6월 7일 국회법을 개정하고 헌법개정안의 표결시에는 기명투표로 하도록 하였다. 6월 11일 제출된 개헌안은, 15일 국회에서 찬성 208표, 반대 3표로 가결되었다. 이로써 헌정사에서 처음으로 합헌적인 절차를 통한 개헌이 이루어졌다.

제3차 헌법개정은 국민의 기본적 권리의 보장을 강화한 것으로, 자유권에 대한 유보조항을 삭제하고, 국민의 자유와 권리를 제한하는 법률은 그 본질적 내용을 훼손하지 않도록 하며, 언론·출판·집회·결사의 사전허가 또는 검열제를 금지하는 등 자유권의 강화가 이루어졌다.

또한, 종래의 대통령제에서 의원내각제로 전환하여 대통령의 지위를 원칙적으로 의례적·형식적 지위에 한정하고, 국회의 양원 합동회의에서 선출되도록 개정하였다. 실질적 행정권은 국무원(내각)에 속하고, 내각수반인 국무총리는 민의원에서 선출하고 대통령이 임명한다. 국무총리와 국무위원 과반수는 국회의원이어야 하며, 국회는 내각 불신임권을 갖고, 내각은 민의원 해산권을 가진다.

대법원장과 대법관은 선거를 통해 선출되며, 위헌입법의 심사와 기타 헌법사항을 관할하는 헌법재판소를 설치하고, 선거의 공정을 기하기 위하여 중앙선거위원회를 헌법기관으로 하고, 지방자치단체장을 선거를 통해 선출하도록 하였다.

그러나 의원내각제는 1961년의 5·16 군사 쿠데타로 막을 내렸다.

6. 제4차 개헌(3·15 부정선거관련자 처벌특례)

3·15 부정선거의 주모자와 4·19 혁명의 전후에 있었던 일련의 시위에서 군중들을 살상한 관련자를 처벌하라는 요구가 점점 강해졌고, 1960년 10월 11일에는 학생들이 국회의사당을 점거하고 민주반역자를 처벌하는 특별법의 제정을 호소하였다. 이에 10월 17일, 민의원에는 헌법 부칙에 특별처벌법의 제정 근거를 마련하는 것을 목적으로 하는 개헌안이 제출되어, 11월 29일 반민주행위 처벌을 목적으로 하는 소급입법의 근거가 되는 제4차 헌법개정이 이루어졌다.

헌법 부칙에 헌법 시행 당시의 국회가 3·15 부정선거에 관련된 자와 그에 항의하는 국민에 대해 살상 기타의 행위를 한 자를 처벌하거나, 특정한 지위에 있음을 이용하여 1960년 4월 26일 이전에 반민주행위를 한 자의 공민권을 제한하기 위한 특별법을 제정할 수 있다고 명시하였다. 또한, 1960년 4월 26일 이전에 지위 또는 권력을 이용하여 부정한 방법으로 재산을 축적한 자에 대한 행정·형사상의 처리를 위한 특별법을 제정할 수 있다는 내용을 추가하였다. 이를 위해 특별재판소와 특별검찰부를 둘 수 있다고 규정하였다.

제4차 개헌은 소급입법금지원칙에 위배되어 위헌이라는 논란이 있었지만 헌법에 명문으로 특례 규정을 둠으로써 위헌소지를 제거하였다.

7. 제5차 개헌(5·16 군사 쿠데타)

1961년 5월 16일, 박정희 소장을 중심으로 하는 일부 군사 세력은 쿠데타를 일으켜 정권을 장악했다. 이들 세력은 포고 제4호로 민의원·참의원 및 지방의원 등 헌법기관을 해산하고 5월 22일 국가재건최고회의 포고 제6호로 정당 및 사회단체를 해산하여 정치활동을 완전히 금지하였다. 이에 헌정이 중단되고 헌정 공백을 메꾸기 위해 국가재건최고회의는 6월 6일 국가재건비상조치법을 제정·공포하였다. 이 법은 국가재건최고회의에 입법·사법·행정의 삼권을 부여하고, 국민의 기본적 인권은 혁명과업수행에 지장을 주지 않는 범위 내에서 인정하며, 제2공화국 헌법은 국가재건비상조치법에 저촉되지 않는 범위 내에서 효력을 인정한다고 규정하였다. 8월 12일에는 박정희가 민정이양을 약속하고 그 사전작업으로써 헌법개정에 착수한다.

헌법개정을 위해 1962년 7월 11일 국가재건최고회의는 제54차 상임위원회에서 최고위원내에 헌법개정특별심의위원회를 발족하고, 7월 16일에는 9인소위원회를 구성하여 약 3개월간의 심의 끝에 1962년 11월 3일 전문 5장 121조 부칙 9조로 된 헌법개정안을 최종적으로 확정했다. 1962년 11월 5일 국가재건최고회의는 헌법개정안을 만장일치로 의결하고 대통령권한대행 박정희 명의로 발의·공고하였다. 국가재건최고회의는 30일간의 공고기간을 거친 후 개정안을 재적 위원 25명 중 22명 찬성, 3명 불참으로 통과시켰다. 헌법개정안의 주요골자는 다음과 같다.

헌법전문에 4.19의거와 5.16혁명이념을 명시하고, 소급입법에의 의한 참정권의 제한 또는 재산권의 박탈 금지. 인간의 존엄성 조항 등을 신설(독일 기본법 제1조의 영향)하였다. 또한, 정당제도를 신설하고 복수정당제도를 보장하였다.

정부형태는 대통령제로 환원하고, 국회는 단원제로 환원하였다.

국회의원의 정당공천제를 채택하여 무소속출마를 불허하고 국회의원의 당적이탈시 의원직을 상실하게 하여 극단적 정당국가를 지향하였다.

부대통령제를 폐지하고 국무총리제를 채택하고 심의기관으로 국무회의와 자문기관으로 국가안전보장회의와 경제과학심의회의를 설치하였다.

헌법개정에 대한 국민투표제를 신설하였다. 요컨대, 우리 헌정사에서 처음으로 국민투표로 확정된 개헌이다.

8. 제6차 개헌(박정희 3선 개헌)

제6차 개헌은 국회의원의 정수 상한을 250명으로 늘리고, 대통령의 연임을 3선까지 허용하며, 대통령 탄핵소추의 발의(국회재적의원 과반수)와 의결(국회재적의원 3분의2 이상 찬성) 요건을 강화하고, 국회의원이 각료를 겸임할 수 있는 것을 내용으로 한다.

9. 제7차 개헌(유신헌법)

민주주의의 한국적 토착화라는 명목하에 통일주체국민회의를 신설하여, 대통령과 대통령이 추천한 국회의원 정수의 3분의 1을 선출하고, 국회가 제출한 개헌안을 의결하도록 하였다.

또한, 임기 6년의 대통령은 중임이나 연임에 대한 규정이 없어, 사실상 무제한적으로 연임이 가능하게 되었다. 또한, 대통령이 헌법개정안을 발의하였을 때에는 통일주체국민회의가 아닌 국민투표를 통하여 결정하도록 하였다. 긴급조치권, 국회해산권, 국민투표부의권 등을 부여하는 한편, 국회는 회기를 단축시키고, 국정감사권의 삭제 등을 규정하였다.

한편 위헌법률심사권을 법원에서 박탈하여 헌법위원회에 부여하고, 탄핵 및 정당 해산 심판권도 부여하였다. 지방자치는 통일이 이루어질 때까지 지방의회를 구성하지 않을 것을 명시하였다(부칙 제10조).

국민의 기본권에 대해서는 구속적부심제도를 폐지하는 한편, 거의 모든 규정에 "법률에 의하지 아니하고는"이라는 부분을 첨가하고, 법률을 통하여 기본권의 본질적 내용의 침해를 금지하는 규정을 삭제함으로써 기본권의 약화를 도모하였다.

10. 제8차 개헌(전두환 신군부)

제8차 개헌에서는 유신헌법에서 나타난 여러 독소조항들을 많이 삭제하였다. 주요 내용으로는 국군의 국가안전보장의무 신설, 정당운영국고보조금 조항 신설하였다. 기본권에 대해서도 대체적으로 제3공화국의 조항 수준으로 회귀했고, 기본적 인권의 불가침성을 명시하고, 연좌제를 폐지하고, 행복추구권이나 형사피고인의 무죄추정원칙, 사생활의 보호, 근로자의 적정임금의 보장, 환경권 등의 조항을 신설하였다. 대통령은 대통령선거인단에서 간접선출이지만 7년 단임제로 규정했다. 또한, 임기 또는 중임금지에 관한 헌법개정은 개정당시의 대통령에게는 효력이 없도록 규정하여 장기집권을 배제하고, 긴급조치를 폐지하는 한편, 이를 대신하는 비상조치의 요건 등은 강화하였다. 또한, 통일주체국민회의를 폐지하고, 국정조사권을 인정하며, 법관의 임명권을 다시 대법원장에게 부여함으로써 사법부의 독립을 도모했다.

11. 제9차 개헌(6·10항쟁을 통해 쟁취한 헌정사상 최초의 여야합의 개헌)

제5공화국에서 국민들의 민주화에 대한 열망은, 1987년 6월 항쟁으로 폭발하였다. 대통령의 간선제에 반발하는 국민과 야당은 직선제로의 개헌을 강력하게 요구하여 결국 당시 민주정의당 노태우 대표위원은 6월 29일에 6·29 선언을 발표하였다. 6·29 선언은 여야 합의하의 대통령직선제 개헌을 통한 평화적인 정권 이양, 정치범의 전면적 사면과 복권, 언론의 자유 보장을 위한 제도의 개선, 대학 자율화 등의 8개항을 약속하였다. 이로 인해 대통령 직선제로의 개헌은 가속이 붙어, 여야 8인정치회담을 통해 헌법개정을 논의하여 1987년 9월 18일에 여야 공동으로 헌법개정안이 국회에 발의되었다. 10월 12일 의결된 개헌안은 27일 국민투표로 확정되었고, 10월 29일 공포되었다.

제6공화국 헌법, 즉 현행헌법은 전문과 본문 10장, 130조, 부칙 6조로 구성되어 있다. 이전의 다른 헌법과 비교할 때 특징적인 점은 여러 가지가 있다.

먼저 적법절차조항의 신설, 형사피의자보상청구권, 범죄피해자구조청구권, 언론·출판·집회·결사에 대한 허가나 검열의 금지, 최저임금제 명시와 같은 사회적 기본권의 강화 등을 통한 기본권의 보장이 강화되었다. 또한, 군의 정치적 중립성을 강조하였다. 아울러 대통령을 국민이 직접 선거하도록 규정하고 있으며, 임기는 5년으로 중임할 수 없다. 또한, 대통령은 국회해산권을 가지지 않으며, 비상조치권이 아니라 긴급명령권, 긴급재정·경제처분 및 명령권을 가진다. 국회는 국정감사권을 가지고, 국회의 회기제한이 폐지되었다. 또한, 임시회의 소집 요건이 완화되었다. 이처럼 이전의 헌법과 비교할 때, 대통령의 권한이 상대적으로 약화되고 국회의 지위가 강화되었다.

헌법위원회 제도가 폐지되고 헌법재판소가 설치되어 한국헌법이 규범적 헌법이 되는데 그 중심적 역할을 담당하고 있다.

제4항 · 헌법의 변천(변질)

1. 헌법의 변천(변질)의 의의

헌법의 변천(변질)이란 특정의 헌법조항이 헌법에 규정된 개정절차에 따라 의식적으로 수정·변경되는 것(헌법개정)과는 달리, 당해 조문은 원상태로 존속하면서 그 의미내용만이 실질적으로 변화하는 경우를 말한다.

2. 헌법의 변천(변질)의 예

헌법변천(변질)의 실례에는 미국의 1803년의 Marbury v. Madison사건판결[29]을 계기로 대법원이 행사하게 된 위헌법률심사제도, 미국 대통령의 선출방식이 간선제로 되어 있지만 직선제와 사실상 동일한 의미를 지니는 것(미 연방헌법 제2조), 일본의 평화헌법조항(제9조)[30]의 변질로 사실상의 군사력(자위대)을 지속적으로 증강해 오고 있는 것, 우리나라 1962년 헌법 이래 역대 헌법이 지방자치를 위한 지방의회규정이 있었지만 조국통일이 이루어질 때까지 라든지,[31] 재정의 자립도가 충족될 때까지 그 실시를 유보하겠다는[32] 등의 사유로 입법이 지연되어 1991년 상반기까지 지방의회가 구성됨이 없이 관치행정(官治行政)으로 운용되어 온 것 등이 있다.

제7절 헌법의 적용범위

제1항 • 인적 적용범위

1. 국 민

대한민국헌법은 원칙적으로 대한민국 국민에게 적용된다. 국민이란 대한민국 국적을 가진 사람을 말한다. 외국인이나 무국적자는 국민이 아니다. 대한민국 국민이 외국에 있더라도 헌법의 적용대상이다. 재외국민은 국가의 보호를 받는다(헌법 제2조 제2항). 「재외동포의 출입국과 법적 지위에 관한 법률」은 재외동포에게 출입국과 체류, 부동산 및 금

---

29) Marbury v. Madison, 5 U.S. 137[1803]사건의 판결요지: 성문헌법의 기초자들은 헌법을 국가의 기본법 내지 최고법이라 인식하였으므로, 헌법에 위반하는 의회입법은 무효가 된다. 그리고 무엇이 법인가를 선언하는 것은 사법부의 권한이며 임무이다. 만일에 2개의 법이 충돌한다면, 법원은 각 법원의 효력을 결정하지 않으면 아니 된다. 헌법과 법률이 모순되는 경우라면 법원은 당연히 법률을 무효로 하지 않으면 아니 된다.

30) 제1항: 일본국민은 정의와 질서를 기조로 하는 국제평화를 성실히 희구하며 국권의 발동인 전쟁과 무력에 의한 위하(威嚇) 또는 무력의 행사는 국제분쟁을 해결하는 수단으로서는 영구히 이를 방기(放棄)한다. 제2항: 전항의 목적을 달성하기 위하여 육, 해, 공군 기타의 전력(戰力)은 이를 보지(保持)하지 아니한다. 국가의 교전권(交戰權)은 이를 인정하지 아니한다. 구병삭, 『헌법학 I』, 박영사, 1981, 878쪽; 김철수, 『비교헌법론(상)』, 박영사, 1980, 868쪽.

31) 1972년 헌법 부칙 제10조: 이 헌법에 의한 지방의회는 조국통일이 이루어질 때까지 구성하지 아니한다.

32) 1980년 헌법 부칙 제10조: 이 헌법에 의한 지방의회는 지방자치단체의 재정자립도를 감안하여 순차적으로 구성하되, 그 구성시기는 법률로 정한다.

융의 거래, 건강보험 적용 등에 있어 혜택을 제공하고 있다. 여기서 재외동포란 재외국민(대한민국 국민으로서 외국의 영주권을 취득한 자 또는 영주할 목적으로 외국에 거주하고 있는 자)과 외국국적동포(대한민국 국적을 보유하였던 자와 그 직계비속으로서 외국국적을 취득한 자)를 포함한다.

2. 국 적

국적이라 함은 국민으로서의 신분 또는 국민이 되는 법적 자격을 말한다. 헌법 제2조 제1항은 국적법정주의를 규정하고 있고 이에 근거하여 국적법은 국적의 취득, 변경, 상실 등에 관하여 규정하고 있다.

국적법은 단일국적주의, 국적취득에 관하여 원칙적으로 부모양계혈통주의에 기초한 속인주의를 채택하고 있다. 국적의 후천적 취득으로는 귀화, 인지 등이 있다. 국적 선택, 변경의 자유는 거주·이전의 자유에 의한 보호를 받는다.

제2항 › 공간적 적용범위

1. 영역의 의의

국가는 일정한 범위의 공간을 그 존립의 기초로 한다. 이 공간이 영역이다. 영역은 국가의 법이 적용되는 공간적 범위를 의미하면서 국가적 지배(통치권)의 물적 대상을 의미하기도 한다. 영역은 영토·영해·영공으로 구성된다. 영역을 자유로이 사용·수익·처분하고 영역 내의 인(人)과 물(物)을 독점적·배타적으로 지배할 수 있는 국가권력을 영역권 또는 영토고권이라 한다.

2. 영역의 범위

(1) 영 토

영토라 함은 국가영역의 기초가 되는 일정한 범위의 육지를 말한다. 입법례로서는 영토의 범위를 헌법에 규정하는 국가와 규정하지 아니하는 국가로 갈린다. 대한민국헌법은 제3조에서 이를 규정하고 있다.

(2) 영 해

영해라 함은 영토에 속한 일정한 범위의 해역을 말한다. 영해의 범위는 과거에는 착

탄거리설에 따라 영토로부터 3해리로 하는 것이 원칙이었지만, 최근에는 6해리·12해리·200해리 등이 주장되고 있다. 우리나라는 「영해및접속수역법」에 의하여 한반도와 부속도서에 접속한 12해리까지 영해로 보고 있다.

(3) 영 공

영공이라 함은 영토와 영해의 수직상공을 말한다. 영공의 범위에 대하여 영공무한계설·인공위성설·대기권설 등이 있으나, 일반적으로 지배가능한 상공에 한정된다고 보고 있다(실효적 지배설).

3. 대한민국의 영역

(1) 현행 헌법의 영토조항

우리 헌법은 그 제3조에서 우리나라의 영역의 범위를 명백히 하고 있다. 이 조항이 갖는 정치적 의미는 1) 대한민국의 영역은 구한말(舊韓末)시대의 국가영역을 기초로 한다는 것(구한말영토승계론)과 2) 우리나라의 영토의 범위를 명백히 함으로써 타국의 영토에 대한 야심이 없음을 선언한다는 것(국제평화지향론)이라는 의미를 가진다. 이 조항이 갖는 규범적 의미는 1) 한반도에서의 유일한 합법정부는 대한민국뿐(유일합법정부론)이라거나 휴전선 이북지역은 인민공화국이 불법적으로 점령한 미수복지역(미수복지역론 또는 반국가적 불법단체론)이라는 해석론의 근거로 삼을 수 있다는 점에 있다. 이러한 규범적 해석논리에 따라 대한민국의 헌법과 법률은 휴전선 남방지역뿐만 아니라 북한지역에도 적용되는 것이어서 조선민주주의인민공화국의 지배체제를 찬양하거나 지지하는 자는 처벌을 받고 그에 관한 구체적인 법률이 국가보안법이다.[33]

(2) 평화통일조항

우리 헌법 전문(조국의 평화적 통일의 사명), 제4조(평화적 통일정책을 수립하고 추진), 제66조 제3항(대통령의 조국의 평화적 통일을 위한 성실한 의무) 등에서 일련의 평화통일에 관한 조항이 있다. 이들 평화통일조항들을 근거로 1990년에는 「남북교류협력에 관한 법률」이 제정되고, 1991년에는 「남북사이의화해와불가침및교류·협력에 관한합의서」(약칭 남북합의서)까지 교환되었다.

33) 권영성, 앞의 책, 124-125쪽.

(3) 영토조항과 평화통일조항의 규범조화적 해석

군사분계선북방지역까지도 대한민국의 영토로 의제하는 영토조항(제3조)과 남북한 분단 및 북한의 실체인정을 전제로 하는 평화통일조항(제4조)은 그 규범적 의미와 내용이 양립할 수 없는 것이므로, 두 개의 조항은 상충관계에 있다고 할 수 있다. 영토조항과 평화통일조항의 상호관계에 관한 헌법해석론이 갈리는데, 제1설은 영토조항우위론(유일합법정부론, 흡수통일론), 제2설은 평화통일조항우위론(헌법변천론, 국제정치적 현실론), 제3설은 양조항등가론(북한정권의 2중적 성격론) 등으로 갈린다.[34] 제3설은 영토조항을 근거로 하여 북한을 반국가단체로 규정하면서도, 평화통일조항을 근거로 북한을 대화와 협력의 동반자로 규정하고 있다는 점에서, 양조항의 규범조화적 해석을 시도한 견해로서 우리 헌법재판소의 입장[35]이기도 하다. 요컨대 헌법상의 영토조항은 궁극적으로는 헌법개정을 통하여 현실에 맞도록 수정하는 것이 가장 이상적이다.[36] 그러나 헌법개정의 정족수가 가중되어 헌법개정이 매우 어려우므로 헌법개정시까지 차선책으로 양조항을 각각 별개의 조항으로 해석할 것이 아니라 상호조화적으로 해석하여야 할 것이다. 영토조항은 한반도 전체를 영토로 하는 국가형성이라는 미래 달성하여야 할 목표를 제시하고 있는 미래지향적·역사적·미완성적·개방적 성격을 가진 조항인 반면에 평화통일조항은 대한민국은 통일을 지향한다고 선언함으로써 영토조항이 제시하고 있는 목표를 재확인한 후, 이를 달성하기 위하여 현재 국가가 취해야 할 절차와 방법과 내용을 규정하고 있는 현실적·구체적·법적 성격을 가진 조항이라 할 것이다.[37]

---

34) 여기에 대하여는 도회근, "헌법 제3조(영토조항)의 해석", 『헌법규범과 헌법현실』, 권영성교수정년기념논문집, 법문사, 1999, 849-869쪽 참조.

35) 현단계에 있어서의 북한은 조국의 평화적 통일을 위한 대화와 협력의 동반자임과 동시에 대남적화노선을 고수하면서 우리 자유민주주의체제의 전복을 획책하고 있는 반국가단체라는 성격도 함께 갖고 있음이 엄연한 현실이다. 헌재 1997. 1. 16. 92헌바6등, 판례집 9-1, 1, 23-24.

36) 홍성방, 앞의 책, 64쪽.

37) 도회근, "헌법 제3조(영토조항)의 해석", 867쪽.

제2장

헌법의 기본원리

제1절 헌법의 기본원리와 헌법 전문(前文)

제1항 ‣ 헌법의 기본원리의 의의

헌법의 기본원리란 헌법의 이념적 기초가 되는 것이면서 헌법을 총체적으로 지배하는 지도원리를 의미한다. 이것은 헌법의 전문과 본문 중에 명시되어 있거나 헌법전 중에 추상적으로 반영되어 있다. 헌법의 기본적 원리가 가지는 규범적 의미는 1) 헌법의 각 조항을 비롯한 모든 법령의 해석기준이 되고, 2) 입법권의 범위와 한계 그리고 국가정책 결정의 방향을 제시하며, 3) 국가기관과 국민이 함께 존중하고 준수해야 할 최고의 가치 규범이 되며, 4) 헌법개정에 있어서 개정금지대상이 된다. 우리 헌법의 기본원리로는 자유민주주의, 국민주권주의, 법치주의(법치국가의 원리), 사회국가의 원리, 문화국가의 원리, 평화국가의 원리 등을 들 수 있다.

제2항 ‣ 헌법 전문(前文)

헌법 전문이라 함은 헌법의 본문 앞에 위치한 문장으로서 헌법전(憲法典)의 일부를 구성하는 헌법서문을 말한다. 헌법 전문이 형식적으로 헌법전의 일부를 구성하지만 그 내용이 규범적 효력을 가지는지 여부에 대하여는 견해가 갈린다. 부정설은 헌법 전문이 헌법의 유래라든가 헌법제정의 목적 등을 기술한 것에 불과하다고 보는 견해로서 법실증주의자들과 미국연방대법원 등이 취하는 입장이다. 긍정설은 우리헌법 전문에는 헌법의 제정과 개정과정에 관한 역사적 서술 이외에 대한민국의 국가적 이념과 국가적 질서를 지배하는 지도이념과 지도원리가 구체적으로 규정되어 있기 때문에 헌법 전문이 단순히 선언적 의미만 있는 것에 그치지 않고 법규범으로서의 효력을 지니며, 경우에 따라서는 재판규범으로 기능할 수도 있다. 헌법 전문의 법적 효력을 인정하는 견해로서 독일연방헌법재판소, 프랑스 헌법원, 우리 헌법재판소[38] 등이 취하는 입장이다.[39]

제2절 민주주의원리

제1항 · 개념과 기능

1. 헌법규정

법개념으로서 민주주의를 이해하는 궁극적 근거는 실정헌법이므로 실정헌법의 해석을 통하여 합당한 민주주의원리를 구축하여야 한다. 그런데 우리 헌법은 "자유민주적 기본질서(헌법 전문, 제4조)"나 "민주공화국(제1조 제1항)", "민주주의원칙(제32조 제2항)" 등의 표현을 사용하고 있을 뿐 '민주주의'라는 개념이나 내용에 관하여 직접적으로 명시하고 있지 않다.

2. 개념과 기능

(1) 개 념

영국 총리 윌리엄 글래드스톤(William Ewart Gladstone)의 가방처럼 외국출장을 갈 때마다 가방에 넣는 서류가 다르듯이 민주주의 개념은 다의적이어서 한마디로 개념정의를 내리기는 거의 불가능하다. 그럼에도, 일반적으로는 국민주권을 비롯하여 자유·평등·정의 등을 민주주의의 본질적 내용으로 들고 있다.

민주주의의 정신적 기초를 이루는 것은 다원적 개방성, 관용성(Tolerance)이다. 특정한 이념이나 가치를 절대시하지 않고 다른 혹은 대립되는 입장의 자유로운 표명, 그것과의 공존을 허용하고 대화와 타협을 중시한다.

---

38) 헌재 2005. 6. 30. 2004헌마859 참조.

39) 권영성, 앞의 책, 126-127쪽.

(2) 기 능

민주주의는 국가권력을 창설하고, 국가권력에 근거를 부여한다. 이는 국민주권의 원리로서 민주주의원리의 불가결의 기초를 이룬다. 민주주의는 정치과정을 합리화한다. 민주주의 정치에서는 국민의 정치적 의사가 자유롭게 형성되어야 한다. 정치적 의사는 다원적 개방성이 유지되는 가운데 이성적 토론에 의하여 공개적으로 형성되어야 한다. 민주주의는 국가권력을 제한한다. 국가권력은 자기목적적이 아니라 위임된 권력이므로 위임의 뜻에 맞게 행사되어야 하고, 선거 등을 통하여 권력의 교체가 가능해야 한다.

제2항 · 민주적 기본질서

1. 개 념

민주적 기본질서는 헌법적 질서의 하나로서 자유민주주의와 사회민주주의를 비롯한 모든 민주주의를 그 내용으로 포괄하는 공통분모적 상위개념이다.[40)]

2. 자유민주적 기본질서

자유민주적 기본질서에 관한 우리나라의 학설과 판례는 독일헌법재판소가 독일 기본법 제18조(기본권상실제)와 제21조 제2항(위헌정당해산제)의 자유민주적 기본질서에 관하여 판시한 것과 같은 내용으로 이해하고 있다. 우리 헌법재판소는 구 국가보안법 제7조 등에 대한 위헌심판에서 자유민주적 기본질서를 "모든 지배와 자의적 지배, 즉 반국가단체의 일인 독재 내지 일당 독재를 배제하고 다수의 의사에 의한 국민의 자치·자유·평등의 기본원칙에 바탕한 법치국가적 통치질서"라고 판시[41)]하고 있다.

우리 헌법재판소는 자유민주적 기본질서의 내용이 되는 기본원칙으로 기본권의 존중, 권력분립, 의회제도, 복수정당제, 선거제도, 사유재산제와 원칙적으로 시장경제에 입각한 경제질서, 사법권의 독립 등을 판시하고 있다.

3. 사회민주적 기본질서

사회민주주의는 자유민주주의를 부정하거나 배격하는 것이 아니라 자유민주주의를 전제로 하면서 사회정의와 국민복지의 실현을 위하여 자유의 체계에 적절한 제한을 가

40) 권영성, 앞의 책, 157쪽.

41) 헌재 1990. 4. 2. 89헌가113.

하는 민주주의라고 할 수 있다. 현대적 사회민주주의는 인간의 존엄과 가치를 최우선시하고, 평등의 이념을 자유 못지않게 중요시한다. 그러나 사회민주주의는 자의적 지배를 가능하게 할 여지가 있다는 이유로 프롤레타리아독재를 거부하며 중앙집권적 경제체제에도 반대한다. 따라서 계획경제는 최소한으로 하고 경제에 대한 간섭도 간접적인 규제와 조정을 원칙으로 한다. 요컨대 사회민주주의는 자유민주주의를 전제로 하면서 실질적인 평등을 지향하는 민주주의의 한 유형이다.

4. 두 질서의 관계

민주적 기본질서는 자유민주적 기본질서와 사회민주적 기본질서를 포괄하는 상위의 개념이다. 그런데 우리 헌법이 역점을 두고 있는 것은 자유민주적 기본질서이다(헌법 전문, 제4조).

제3절 국민주권주의

제1항 · 고전적 국민주권론

국민주권이 구체적으로 무엇을 뜻하는가에 대해서 '주권'이라는 개념에 큰 비중을 두고 주권론적인 시각에서 그 본질을 설명하려는 고전적이고 전통적인 입장이 있다. 이 설명에 따르면 '주권'의 주체가 국민이어야 한다는 요청이 국민주권이고, 이때 주권이란 국가의사를 결정하는 최고의 독립적이고 불가분적이고, 불가양적(不可讓的)인 권력을 뜻한다고 한다. 따라서 국민주권이란 '주권'의 귀속주체가 보댕(J. Bodin)이 강조했던 '군주'도 '국가'도 아닌 국민이라는 점을 강조하려는 데 그 개념의 참뜻이 있다고 한다. 이 입장은 '주권'이라는 개념 자체를 여전히 하나의 실체적인 개념으로 이해하고 있다는 데 그 특징과 고전성(古典性)이 있다('주권'개념실체설).[42]

---

42) 여기에 대하여는 주권개념실체설은 선재(先在)하는 '주권'을 전제로 해서 국민이 이를 쟁취한 정치형태를 '국민주권'이라고 이해하고 있지만, 오늘날 국민을 떠나서 선재하는 '주권'이라는 실체가 과연 존재할 수 있는 것인지 의문이 든다는 비판이 있다. 허 영, 『한국헌법론』, 박영사, 2019, 157쪽.

제2항 • 현대적 국민주권론

위와 같은 국민주권의 본질에 대한 고전적인 주권론과는 달리, 국민주권을 국가권력의 정당화원리로 이해하려는 현대적인 입장이 있다. 여기에 따르면 고전적인 주권이론이 본래 군주의 절대권력을 정당화시키기 위해서 탄생되었던 것이고 그것이 이데올로기적인 투쟁과정을 거쳐 오늘의 '국민주권론'으로 발전한 것이기 때문에 이미 고전적인 '주권론'과 현대적인 '국민주권론' 사이에는 이념적인 동질성을 찾을 수 없다는 것이다. 그렇기 때문에 오늘의 '국민주권'을 설명하기 위해서 그 이념적인 바탕을 달리하는 고전적인 '주권론'을 끌어들이는 것은 옳지 않고 오히려 국민주권의 본질을 오도할 위험성이 있다는 것이다.43)

'국민주권'이란 국가권력의 정당성이 국민에게 있고, 국가 내의 모든 통치권력의 행사를 이념적으로 국민의 의사에 귀착시킬 수 있다는 것을 뜻한다. 따라서 '국민주권'의 가치세계에서는 국민의 정치적 의사형성이 자유로운 분위기 속에서 '상향식으로' 이루어질 것이 요청된다. 이 점이 하향식인 국가의사조작에 의해서 통치되는 비민주적인 권위적 통치형태와 다른 점이다. 주기적으로 실시되는 각종 선거나 국민투표는 상향식인 국민의 정치적 의사형성을 보장하고 통치권행사를 국민의 의사에 귀착시키기 위한 하나의 수단이기 때문에 '국민주권'이 통하는 곳에서는 국민투표제도나 각종 선거제도가 불가피하게 된다. 즉, 국민주권은 반드시 국민 스스로가 모든 국사(國事)에 국민투표의 형식으로 직접 참여하거나 국민이 직접 국가기관 내지 주권행사기관으로서 통치권을 손에 쥐고 행사하는 것만을 그 내용으로 하는 것이 아니고 그가 선출한 대표자를 통해서 국사를 처리시키는 간접적인 방법을 동시에 그 내용으로 하고 있기 때문에 직접민주주의와 간접민주주의가 모두 국민주권의 이념과 조화된다.44)

따라서 국민주권의 현대적 의미는 국민이 '국가기관'으로서 직접 통치권을 행사하는 데 있는 것이 아니고, 주권자인 국민은 모든 '국가권력의 원천'으로서 헌법제정권력으로 기능하고, 선거권을 통해서 헌법상의 여러 국가권력을 창조하고, 그 권능행사에 민주적 정당성을 제공해 줄 뿐만 아니라 국가의 정치적인 의사결정과정에 여론의 힘으로 영향력을 행사함으로써 국가작용의 민주적인 조종자로서 기능하는 데 있다고 보는 것이 타당하다. 그렇기 때문에 자유민주국가에서 통치를 위한 여러 국가기관은 국민주권의 이러

43) 허 영, 위의 책, 156-157쪽.

44) 허 영, 위의 책, 157-158쪽.

한 이념을 실현시키고 그 현대적 의의가 존중될 수 있도록 조직되고 구성되어야 한다.[45]

제4절 법치주의

법치주의라 함은 국가가 국민의 자유와 권리를 제한하거나 국민에게 새로운 의무를 부과하려고 할 때에는 반드시 의회가 제정한 법률에 의하거나 그에 근거가 있어야 한다는 원리를 말한다. 법치주의 또는 법치국가의 원리는 사람이 아닌 법의 지배(rule of law, not man)를 의미한다는 점에서,[46] 그것은 특히 대의제 민주국가의 통치구조를 지배하는 기본원리의 하나가 되고 있다. 그러므로 대의제 민주국가에 있어 모든 공권력의 행사는 그것이 법치주의의 원리를 존중하고 법치주의의 원리에 합치하는 것일 때에만 민주적 정당성과 절차적 정당성을 확보할 수 있다.

이러한 의미에서 현대 민주국가에서는 국민의 자유와 권리를 제한하거나 새로운 의무를 부과하는 법률의 제정은 헌법에 규정된 입법기관인 의회가 헌법에 규정된 입법절차에 따라 해야 하고, 집행과 사법(司法)도 법률의 존재를 전제로 그에 따라 행해지지 않으면 아니 된다. 이렇게 볼 때, 법치주의의 원리는 곧 법률의 우위·행정의 합법률성·법률에 의한 재판을 의미하는 것이라고도 할 수 있다. 아무튼 법치주의의 원리가 법에 의한 통치를 의미한다고 할 때, 그 법은 적극적으로는 국가권력발동의 근거 내지 수단으로서의 기능을 수행하고, 소극적으로는 국가권력을 제한하고 통제하는 기능을 수행한다.[47]

제5절 사회국가원리

사회국가에 대한 개념을 일의적으로 개념 정의하는 것은 어렵다. 대체로 사회국가란 사회적·경제적 약자를 비롯하여 국가공동체의 모든 구성원이 인간답게 살아갈 수 있도

---

45) 허 영, 위의 책, 158쪽.

46) Brian Z. Tamanaha, On The Rule Of Law-History, Politics, Theory-, Cambridge: Cambridge University Press, 2004, 122쪽. 법치주의에 대하여 자세한 것은 위의 책, 91-126쪽 참조; 현대적인 법률은 아니지만 제갈량이 아끼던 마속을 군령에 따라 처형한 것[읍참마속(泣斬馬謖)]도 법치주의의 선례로 볼 수도 있다.

47) 권영성, 앞의 책, 755쪽.

록 물질적 급부 등의 적절한 조치와 배려를 하는 것을 그 목적과 과제로 하는 국가라고 할 수 있다. 요컨대 시장질서와 같은 사회질서에 대한 국가의 개입을 요구하는 국가라고 할 수 있다.

자유주의 법치국가는 개인의 자유와 권리 보장을 목표로 이를 실현하기 위한 여러 원리와 제도를 구상하였지만, 자유의 실질적 조건이 마련되지 않으면 이러한 법치주의적 보장은 의미가 거의 없다. 사회국가원리는 자유의 실질적 조건 마련을 국가의 과제와 의무로 인정하는 국가로서 우리 헌법 전문의 “사회적 폐습과 불의를 타파하며”, “각인의 기회를 균등히 하고”, “국민생활의 균등한 향상을 기하고” 등이 이와 관련되고, 인간의 존엄과 가치의 보장(제10조), 재산권의 사회구속성(제23조 제2항), 사회적 기본권조항(제31조-제35조), 경제의 민주화를 위한 규제와 조정(제119조 제2항) 등의 조항이 이와 관련이 된다.

사회국가는 개인이나 가족이 할 수 있는 일을 국가의 활동으로 삼아서는 아니 된다는 한계가 있다(보충성원리). 사회국가를 실현하기 위해서는 재정적 뒷받침이 필요하다. 사회국가는 재정의 범위 내에서 점진적으로 그 목표를 실현할 수 있다.

제3장

헌법의 기본제도

제1절 헌법과 제도적 보장

제1항 · 헌법과 제도적 보장

I 제도적 보장의 의의

제도적 보장(institutionelle Garantien)이라 함은 정당제도, 선거제도, 공무원제도, 지방자치제, 교육제도, 대학 자치제, 군사제도, 사유재산제, 가족제도 등 국가존립의 기반이 되는 일정한 제도를 헌법의 수준에서 보장함으로써 당해 제도의 본질을 유지하려는 것을 말한다. 헌법에 의하여 일정한 제도가 보장되면, 입법부는 그 제도를 설정하고 유지할 입법의 의무를 지게 될 뿐만 아니라 그 제도를 법률로써 폐지하거나 그 본질을 훼손할 수 없는 구속을 받게 된다. 따라서 제도적 보장을 제도의 헌법적 보장이라고도 한다. 우리 헌법재판소에 따르면 “제도적 보장은 객관적 제도를 헌법에 규정하여 당해 제도의 본질을 유지하려는 것으로서, 헌법제정권자가 특히 중요하고도 가치가 있다고 인정되고 헌법적으로 보장할 필요가 있다고 생각하는 국가제도를 헌법에 규정함으로써 장래의 법발전, 법 형성의 방침과 범주를 미리 규율하려는 데 있다. 헌법에 의하여 일정한 제도가 보장되면 입법자는 그 제도를 설정하고 유지할 입법의무를 지게 될 뿐만 아니라 헌법에 규정되어 있기 때문에 법률로써 이를 폐지할 수 없고, 비록 내용을 제한한다고 하더라도 그 본질적 내용을 침해할 수가 없다.”라고 판시하였다.[48]

제도적 보장론은 직접적으로는 바이마르공화국 출범 당시에 사회주의적 질서의 채택

---

48) 헌재 1997. 4. 24. 95헌바48.

과 같은 혁명적 개혁으로부터 전통적인 개인주의적·자유주의적 질서와 제도의 최소한을 수호하려는 것이 본래의 목적이었지만, 간접적으로는 입법부의 일방적·자의적 입법으로 인한 기존제도의 폐지 등 법률만능주의 내지 법실증주의로부터 기본적 인권을 수호하려는 의도가 깔려 있었다. 이와 같이 제도적 보장의 궁극적 목적은 기존의 전통적 제도의 유지·수호이지만, 이러한 제도적 보장은 인권보장의 강화에도 기여하는 것이 된다.

Ⅱ 제도적 보장의 성격

제도적 보장에 있어서 보장의 직접적인 대상은 특정의 객관적 보장이다. 제도적 보장은 집행권과 사법권은 물론이고 입법권까지도 구속한다는 점에서 단순한 프로그램적 성격의 것이 아니라 직접적 효력을 가지는 재판규범(裁判規範)이다.

Ⅲ 제도적 보장의 내용

제도적 보장론에 있어서 제도란 의원내각제나 대통령제 등과 같이 헌법규정에 의하여 비로소 창설되는 제도가 아니라 국가적 공동체 내에서 역사적으로 형성되어 온 기존의 전통적 제도를 말한다. 그러나 제도적 보장은 전국가적인 것이 아니므로 그 구체적인 내용은 법률에 의하여 규율된다. 그리고 제도적 보장에 있어서 헌법이 보장하려는 것은 특정한 제도의 본질적 내용이지 기존의 제도를 현상 그대로 유지하려는 것은 아니다. 따라서 제도적 보장에는 최소한보장(最小限保障)의 원칙이 적용되어 제도의 본질적 내용을 훼손하지 아니하는 범위 내에서라면 법률로써 그 제도의 내용을 자유로이 형성할 수 있다.

Ⅳ 제도적 보장과 기본권보장의 관계

제도적 보장에는 기본권보장과는 직접 관련이 없이 제도 그 자체만이 독자적으로 보장되는 경우(직업공무원제, 지방자치제 등)가 있는가 하면, 어떠한 형태로든 기본권보장과 일정한 관련을 가지는 경우가 있다. 양자가 일정한 관련을 가지는 경우에도 관련형태에는 다음과 같은 세 유형이 있다. ① 정치적 기본권(정치과정에 참여할 권리 등)의 실효성을 확보하기 위해서는 민주적 선거제도의 보장이 필요한 것과 같이 특정의 기본권을 확보하기 위한 수단으로서 특정한 제도의 보장이 필요한 경우(제도보장의 기본권수반형), ② 재산권의 보장이 동시에 사유재산제도의 보장을 의미하는 것과 같이 특정의 기본권보장이 동시에 특정한 제도의 보장을 의미하는 경우(양자의 보장병존형), ③ 복수정당제가 보장됨으로써 그 결과 국민 개개인에게 정당설립·정당가입·정당탈퇴의 자유 등이 보장되는 것(칼 슈미트의 부진정한 기본권)과 같이 특정의 제도가 보장됨으로써 부수적 내지 간접적으로 특정의 기본권이 보호받는 경우(기본권의 제도종속형) 등이 있다.

아무튼 제도적 보장은 기본권의 보장 그 자체와는 개념상 구별되어야 한다. 제도적 보장은 그 본질적 내용을 침해하지 아니하는 범위 안에서 제도의 구체적 내용과 형태를 형성할 권한을 입법자에게 인정하는 것이지만, 그러한 입법권의 행사로 말미암아 개인의 기본권이 간접적으로 제약을 받을 여지가 없는 것은 아니다. 이와는 달리 기본권의 보장을 기본권이 가지는 주관적 공권으로서의 측면 외에 그 제도로서의 측면까지도 중시하여 제도에 대한 기본권의 구속성을 특히 강조하는 견해(P. Häberle 등의 제도우위론)가 없지 아니하다. 그러나 통설적 견해를 따를 때, 제도적 보장은 직·간접으로 개인의 기본권을 보충하고 강화하는 것이어야지 기본권을 약화 또는 제한하는 것이 되어서는 아니된다(기본권우위론).

V 현행헌법과 제도적 보장

현행헌법이 보장하는 기본적 제도로는 구체적으로 어떠한 것이 있는가에 관해서는 견해가 갈리고 있다. 그러나 ① 복수정당제, ② 민주적 선거제도, ③ 직업공무원제, ④ 지방자치제, ⑤ 민주적 교육제도와 대학자치제, ⑥ 민주적 군사제도, ⑦ 사유재산제, ⑧ 민주적 혼인제도와 가족제도, ⑨ 자율적인 언론·출판제도 등은 현행헌법에 의해 보장되는 기본적 제도라고 할 수 있다. 아래에서는 헌법상 보장되는 기본제도 중에서 핵심적인 제도들만을 다루고, 사유재산제와 언론·출판제도는 각각 해당부문에서 설명하기로 한다.

제2항 · 정당제도(복수정당제)

I 정당과 정당제민주주의

1. 현대민주국가에 있어서 정당의 기능과 역할

현대민주국가에 있어서 정당은 분산된 국민의 정치적 의사를 일정한 방향으로 유도하고 결집하여 상향적으로 국가의사결정에 반영하는 매개체(媒介體) 또는 중개자역할을 담당한다. 이러한 헌법적 기능과 역할을 수행하기 위하여 정당은 여론을 적극적으로 형성하고, 각계 각층의 이익을 대변하며, 대중을 정치적으로 교육하고, 정치지도자를 육성하고 선택하며, 정부를 비판하고 대안을 제시한다. 이러한 공적 기능과 역할을 수행하기 때문에 헌법은 정당을 일반결사에 비하여 보다 더 두텁게 보호한다.

2. 정당제도의 헌법적 수용

현대민주국가에서 정당이 수행하는 공적 기능을 제도적으로 보장하고 반의회주의적 정당의 폐해를 방지하기 위하여 제2차대전 이후에는 정당제도를 헌법에 수용하는 국가들이 증가하고 있다. 제2차대전 이후 정당제도의 헌법적 수용이 가속화된 데에는 역사적인 요인도 크게 작용하였다. 특히 독일에서는 바이마르공화제하에서 나치당이 의회제민주주의의 구조를 이용하여 정권을 장악하였으나 집권 이후에는 의회제민주주의 그 자체를 파괴해 버린 것에서 교훈을 얻어, 「민주주의의 적에게는 민주주의적 관용(寬容)을 베풀지 말자」라는 방어적 민주주의론이 반나치즘경향과 더불어 등장하였고, 또 때마침 냉전을 배경으로 한 동서분열의 상황에서 방어적 민주주의론은 반공산주의의 성격을 띠고 확산되었다. 독일기본법 제21조가 정당에게 자유민주적 기본질서를 존중할 의무를 부과하고, 정당에 대한 위헌심사권을 연방헌법재판소에 부여한 것은 이러한 경향을 반영한 것이었다. 실제로 연방헌법재판소는 1952년에 신나치당인 사회주의국가당(SRP)을, 1956년에는 독일공산당(KPD)을 위헌정당이라 하여 해산시킨 바 있다.

3. 대의제민주주의에서 정당제민주주의로

18·9세기적 대의제민주주의를 기반으로 하는 헌법은 예외 없이 국민주권의 원리, 국가권력의 분립, 의원의 국민대표성과 독립성, 민주적 선거제도 등을 기본적인 헌법원리로 규정하였다. 그러나 정당이 헌법상 중요한 기능을 담당할 뿐만 아니라 국정운영의 중심이 되어 있는 20세기적 정당제민주주의(parteienstaatliche Demokratie)하에서는 종래의 대의제민주주의의 원리가 크게 변질되고 있다. 라이프홀츠(G. Leibholz)교수는 대의제민주주의가 오늘날에는 정당국가적 경향을 띤 정당제민주주의를 의미한다고 하면서 양자의 특징을 다음과 같이 대비하고 있다.

첫째, 대의제민주주의에서는 주권적 국민은 이념적·추상적 통일체를 의미하고 유권자집단(有權者集團)도 선거가 실시되는 경우에만 간헐적으로 투표에 참가할 뿐이다. 하지만 정당제민주주의에서는 주권적 국민이 정당이라는 중개체를 통해 실질적이고 현실적인 행동통일체가 된다. 둘째, 대의제민주주의에서는 국가권력의 분할이 특징이지만, 정당제민주주의에서는 국가권력의 통합이 특징이다. 집권당의 수중에 집행부는 물론이고 입법부에 대한 지배권까지도 집중되기 때문이다. 셋째, 대의제민주주의에 있어서 의원은 전국민의 대표이므로 누구의 지시에도 따르지 아니하는 의원의 독립성(무기속위임의 원칙)이 존중되지만, 정당제민주주의에서는 의원의 정당에의 예속이 당연한 것으로 간주되어 무기속위임의 원칙이 명목적인 것이 되고 있다. 넷째, 대의제민주주의에서는 선거의 기능이 국민의 대표를 선출하고 국가기관을 구성한다는 의미를 가지지만, 정당제민주주의에서는 선거가 국가기관의 구성이라는 의미 외에 어느 정당에게 국가권력을 담당하게 할 것이냐 하는 정부선택을 위한 국민투표제적(plebiscitary) 성격도 아울러 가진다.

아무튼 정당제민주주의에서는 정당이 국가의사를 적극적으로 형성하고 의회의 운영을 주도하는 등 국정의 실제적 담당자로서 기능한다. 이러한 형상은 콘라드 헷세(K.Hesse)가 지적하고 있다시피 국민(國民)에 의한 지배가 아니라 정당(政黨)에 의한 지배를 의미한다고도 할 수 있다.

Ⅱ 현행헌법과 정당제도

1. 정당조항과 그 규범적 의미

(1) 현행헌법의 정당조항

현행헌법에 있어서 정당에 관한 기본조항은 제8조이다. 동조 제1항은 정당의 설립·활동의 자유와 더불어 복수정당제를 보장하고, 제2항은 정당의 목적·조직과 활동의 민주성, 정당의 헌법상 기능·조직의 계속성과 공고성 등을 규정하고 있다. 제3항은 정당에 대한 국가적 보호와 정당의 운영자금국 고지원을 규정하고, 제4항은 정당의 의무와 정당활동의 자유의 한계를 명시하고 헌법재판소의 의한 위헌정당의 강제해산제를 규정하고 있다.

(2) 헌법 제8조의 규범적 의미

이러한 내용의 헌법 제8조(정당조항)는 다음과 같은 규범적 의미를 가진다. 첫째, 정당도 결사의 일종인 정치적 결사이지만, 제8조는 정당의 특권과 그 국가적 보호를 규정한 조항이므로 정당에 관한 한 헌법 제8조는 일반결사에 관한 헌법 제21조에 대한 특별법적 규정이다. 그러므로 정당에 관해서는 제8조 가 우선적으로 적용된다. 둘째, 제8조는

「제도」의 하나로서 복수정당제를 보장하는 조항이므로 우리나라에서 정당제의 전면적 부정이나 일당제는 허용되지 아니한다. 셋째, 제8조는 직접적으로는 정당설립의 자유를 보장하는 조항이지만, 간접적으로는 모든 국민에게 정당을 설립할 자유(자유로운 정당결성권)와 정당에의 가입과 그로부터의 탈퇴의 자유를 보장하는 조항이다. 넷째, 제8조에 의한 정당설립의 자유와 복수정당제의 보장은 자유민주적 기본질서의 핵심적 구성요소가 되는 것이므로, 제8조는 헌법개정에 의해서도 폐지할 수 없는 개정금지조항이라는 의미를 가지는 것이다.

2. 헌법적 정당의 개념

정당이라 함은 일반적으로 선거에 참여하거나 의정활동 등을 통해 국민의 정치적 의사형성에 참여함을 목적으로 하는 자발적인 정치적 결사를 말한다. 헌법 제8조와 정당법의 적용대상이 되는 정당이기 위해 갖추어야 할 개념적 요소를 들면 다음과 같다고 할 수 있다. (ㄱ) 국가와 자유민주주의를 긍정할 것, (ㄴ) 공익의 실현에 노력할 것, (ㄷ) 선거에 참여할 것, (ㄹ) 정강이나 정책을 가질 것, (ㅁ) 국민의 정치적 의사형성에 참여할 것, (ㅂ) 계속적이고 공고한 조직을 구비할 것, (ㅅ) 구성원들이 당원이 될 수 있는 자격을 구비할 것 등이 그것이다.

3. 정당의 헌법상 지위

(1) 학 설

정당의 헌법상 지위는 일률적으로 규정할 수는 없지만, 대체로 헌법기관설·국가기관설·중개체설 등으로 요약할 수 있다. (ㄱ) 헌법기관설은 정당을 헌법기관으로 보는 견해이다. 헌법기관이라 함은 의회·대통령·법원·헌법재판소·선거관리위원회 등과 같이 직접 헌법규정에 의거하여 구성되는 기관으로서 그 기관의 의사가 곧 국가의사로서 효력이 발생하는 것을 말한다. (ㄴ) 국가기관설은 정당을 헌법기관은 아니나 법률에 의하여 설립되는 국가적 기관으로 보는 견해이다. (ㄷ) 매개체설은 정당을 국민의 의사와 국가의사를 연결시키는 기구로 보는 견해이다.

(2) 사 견

정당의 헌법상 지위는 오늘날 정당이 수행하는 헌법상의 기능 내지 그 정치적 역할에 비추어 볼 때, 국민의 의사와 국가의사를 연결하는 매개체로서의 지위를 가진다고 할 수 있다. 그 논거는 다음과 같다. 첫째, 정당은 직접 헌법규정에 따라 결성된 것이 아니고 시민의 자발적 조직체일 뿐이며 정당의 의사가 곧 국가의사가 되는 것도 아니기 때문에 헌법기관이라 할 수는 없다. 둘째, 어떤 조직이 국가기관이기 위해서는 그 설립·폐지·해산과 조직·기능 등이 정부조직법과 같은 공법에 의하여 규율되고 그 구성원도 공무원 또는 그에 준하는 신분을 가져야 하나, 정당원은 국가공무원의 경우처럼 국법상의 규제에 따르지 아니한다. 셋째, 정당은 국민의 다양한 정치적 의사를 자체 내에 수렴하여 정책을 제시하거나 국정운영을 감시·비판하는 기능을 수행하므로, 국민의 의사와 국가의사를 매개하는 일종의 매개체라 할 수 있다.

4. 정당의 법적 형태

(1) 학설과 판례

정당의 법적 형태에 관해서도 학설이 갈리고 있다. (ㄱ) 법인격없는 사단설, (ㄴ) 사적 정치결사설 (ㄷ) 헌법제도와 사적 결사의 혼성체설 등이 그것이다. 정당의 법적 형태의 문제는 정당의 본질에 관련된 문제일 뿐 아니라 현실적으로 정당간에 분쟁이 발생한 경우 또는 정당내부에서 분쟁이 발생한 경우에 그 분쟁을 공법적 절차에 따라 해결할 것인가 사법적 절차에 따라 해결 할 것인가 하는 문제와도 관련이 있다. 이 점에 관해 판례는 정당을 법인격 없는 사단으로 해석한다.[49)]

(2) 사 견

정당은 국민의 정치적 의사형성에 참여함을 목적으로 하는 정치적 결사이기 때문에, 헌법과 정당법 등에 의하여 특수한 지위와 기능이 부여되어 있을 뿐 그 법적 형태는 당원들에 의하여 자발적으로 구성된 단체로서 법인격 없는 사법상의 사단의 일종으로 보아야 할 것이다.

5. 정당의 조직과 기구

정당은 중앙당과 시·도당으로 구성하고, 종래의 법정지구당은 폐지한다. 정당은 5 이상의 시·도당을 가져야 하고, 각 시·도당은 1천인 이상의 당원을 가져야 한다. 정당을 민주적인 내부질서를 유지하기 위하여 당원의 총의를 반영할 수 있는 대의기관과 집행기관 그리고 소속국회의원이 있는 경우에는 의원총회를 가져야 한다. 이러한 기관의 조

49) 헌재 1993. 7. 29. 92헌마262.

직, 권한 그 밖의 사항에 관하여는 당헌으로 이를 정해야 한다. 그리고 중앙당은 정당의 재정에 관한 사항을 확인·검사하기 위하여 예산결산위원회를 두어야 하고, 국고보조금 배분대상정당은 중앙당에 별도의 법인으로 정책연구소를 설치·운영해야 한다.

6. 정당의 특권과 의무

(1) 정당의 특권

(가) 설립·활동 및 존립상의 특권

(ㄱ) 정당은 결성과 등록에 있어 특권을 누린다. (ㄴ) 정당은 헌법과 법률에 의하여 활동의 자유를 가진다. (ㄷ) 정당은 국회의원지역구 및 지치구·시·군·읍·면·동별로 당원협의회를 둘 수 있다. 정당은 정책이나 정치적 현안에 대한 입장을 인쇄물·시설물 ·광고 등을 이용하여 홍보하거나 당원을 모집하기 위한 활동을 할 수 있다. (ㄹ) 정당은 헌법재판소의 심판에 의하여 해산되는 경우를 제외하고는 강제 해산당하지 아니한다.

(나) 정치적 특권

정당은 공직선거에 참여하거나 여론을 형성하고 주도하는 등의 방법으로 국민의 정치적 의사형성에 참여할 권리, 균등한 경쟁기회 등을 헌법에 의하여 보장받고 있다.

(다) 재정·경제상의 특권

정당은 법률이 정하는 바에 의하여 그 운영에 필요한 자금을 국가로부터 보조받을 수 있다. 정당운영자금의 국고보조에 관한 규정은 1980년 헌법에서 신설된 조항이다. 또한 정당은 선거 공영제에 따라 선거에 관한 경비를 원칙적으로 부담하지 아니할 권리와 정당이 수령하는 기부나 찬조 기타 재산상의 출연에 대한 면세특혜를 받는다.

(2) 정당의 의무

(가) 국가긍정의 의무

정당의 국가긍정의 의무가 현행헌법에는 규정되어 있지 않지만, 정당이 대한민국을 부인하거나 국가의 존립을 위태롭게 하는 행위는 할 수 없다. 국가는 정당이 존립할 수 있는 법적·제도적 기반이기 때문이다.

(나) 자유민주적 기본질서의 존중의무

정당의 목적·조직과 활동은 민주적이어야 한다. 정당의 목적·조직과 활동의 민주화라 함은 당내민주주의를 말한다. 당내민주주의라는 것은 당의 정치적 주장, 당기구의 구성, 당의 운영, 당의사의 결정, 공직선거후보자의 추천, 당활동 등이 민주주의적 원칙에 따라 이루어져야 한다는 뜻이다.

(다) 당내민주화의 의무

정당의 목적·조직과 활동은 민주적이어야 한다. 정당의 목적·조직과 활동의 민주화라 함은 당내민주주의를 말한다. 당내민주주의라는 것은 당의 정치적 주장, 당기구의 구성, 당의 운영, 당의사의 결정, 공직선거후보자의 추천, 당활동 등이 민주주의적 원칙에 따라 이루어져야 한다는 뜻이다.

(라) 재원의 공개의무

정당은 재원을 공개할 의무가 있다. 재원의 공개라 함은 정당이 그 회계(특히 수입란)를 공개적으로 설명하는 것을 말한다. 정치자금에관한법률은 「정치자금은 국민의 의혹을 사는 일이 없도록 공명정대하게 운용되어야 하고, 그 회계는 공개되어야 한다」라고 하여 회계의 공개를 규정하고 있다.

(마) 정책의 보고

정당은 중앙당은 당해연도의 정책추진내용 및 추진결과와 다음 연도의 주요정책추진계획을 중앙선거관리위원회에 보고해야 한다.

(3) 정당의 등록취소

정당법에 의하면, 중앙선거관리위원회는 (ㄱ) 국회의원총선거에서 의석을 얻지 못하고 유효투표총수의 100분의 2 이상을 득표하지 못한 때, (ㄴ) 최근 4년간 국회의원총선거 또는 동시지방선거에 참여하지 아니한 때, (ㄷ) 정당법 제25조(법정 시·도당 수) 및 동법 제27조(시·도당의 법정당원 수)의 요건을 구비하지 못하게 된 때에는 정당의 등록을 취소한다. 등록이 취소되거나 자진해산한 정당의 잔여재산은 당헌이 정하는 바에 따르고, 당헌에 규정이 없으면 국고에 귀속된다.

7. 위헌정당의 해산

(1) 위헌정당해산조항(제8조 제4항)의 규범적 의미

헌법 제8조 제4항은 「정당의 목적이나 활동이 민주적 기본질서에 위배될 때에는 정부는 헌법재판소에 그 해산을 제소할 수 있고, 정당은 헌법재판소의 심판에 의하여 해산된다.」라고 하고 있다. 정당의 강제해산을 규정한 이 조항은 정당의 특권을 보장한 것이면서 정당활동의 자유에 한계를 설정한 조항이기도 하다(통설). 위헌정당의 금지는 자유민주주의의 적으로부터 자유민주주의와 국가의 예방적 수호를 위한 것이라는 규범적 의미를 가지는 것이라 할 수 있다.

(2) 위헌정당해산의 실질적 요건

(가) 정당

강제해산의 대상이 되는 정당은 정당으로서 등록을 필한 기성정당을 말한다. 정당의 방계조직·위장조직·대체정당 등은 여기서 말하는 정당에 해당하지 아니하고, 헌법 제21조의 일반결사에 해당하는 것이다. 정당성립의 시기는 중앙당이 중앙선거관리위원회에 등록을 필한 때이다.

(나) 목적과 활동

정당은 그 목적이나 활동이 자유민주적 기본질서에 위배될 때에 한하여 해산된다. 정당의 목적을 인식할 수 있는 자료는 정당의 강령이나 기본정책 또는 당헌, 당수와 당간부의 연설·당기관지·출판물·선전자료 등이다. 정당의 활동에는 당수의 당간부의 활동은 물론이고 평당원의 활동도 포함된다.

(다) 민주적 기본질서

헌법 제8조 제4항에서 말하는 민주적 기본질서는 자유민주적 기본질서를 의미한다(통설). 민주주의는 이미 본 바와 같이 다양한 민주주의의 상위개념이기 때문에, 자유민주주의만이 아니라 사회민주주의 등 그 밖의 민주주의도 그 내포로 한다. 하지만 헌법 제8조 제4항이 민주적 기본질서에서의 민주주의는 오로지 자유민주주의만을 의미한다. 정당해산조항의 민주적 기본질서를 자유민주적 기본질서와 그 개념이 다르다고 할 뿐 아니라 「제8조 제4항의 민주적 기본질서는 사회민주적 기본질서를 구가하고 있는 것」이라는 이설이 있지만, 정당조항의 민주적 기본질서만은 자유민주적 기본질서로 해석해야 한다.

그 이유는 첫째, 현행헌법의 경우, 사회민주주의의 중요한 내용을 이루는 사회국가의 원리·사회정의의 실현·사회적 시장경제질서 등은 여러 헌법조항에서 따로이 규정하고 있으므로, 제8조 제4항의 민주적 기본질서 중에 반드시 사회민주주의를 포함시켜야 할 이유가 없기 때문이다. 사회적 법치국가인 독일의 기본법조차도 정당해산의 사유로는 동법 제21조에서 명문으로 자유민주적 기본질서만으로 제한하여 규정하고 있다. 국가적 기본질서가 자유민주주의와 사회민주주의를 포괄하는 것이라고 하여, 정당의 해산사유까지 반드시 양자를 포괄하는 것으로 보아야 할 이유는 없기 때문이다. 국가적 성격이나 기본질서가 사회민주주의까지 수용하는 것일지라도 정당의 해산사유는 그와는 별개의 문제이기 때문에 자유민주주의에의 위배만을 그 해산의 사유로 규정할 수 있는 것이다.

둘째, 헌법 제8조 제4항이 민주적 기본질서를 정당의 해산사유로 규정하고 있는 것은, 일면으로는 정당의 존립과 활동의 자유에 일정한 한계를 설정한 것이면서 또 다른 일면으로는 정당의 존립과 활동의 자유를 최대한으로 보장하기 위한 것이다. 그러므로 정당해산의 구실을 극소화하기 위해서라도 이 때의 민주적 기본질서는 자유민주적 기본질서만을 의미하는 것으로 제한적 해석을 해야 한다. 제8조 제4항은 정당에 대하여 최소한 자유민주적 기본질서를 존중해야 한다는 의무를 규정한 것이지 사회주의적 기본질서까지 존중할 의무를 규정한 것은 아니기 때문이다. 만일에 제8조 제4항의 민주적 기본질서를 자유민주적 기본질서와 사회민주적 기본질서를 포괄하는 개념으로 이해하거나 사회민주적 기본질서를 구가하는 것으로 이해한다면, 자유민주주의를 부정하는 정당은 말할 것도 없고 사회민주주의에 찬동하지 아니하는 정당까지도 해산의 대상이 되는 불합리하고 비극적인 결과를 초래하게 될 것이다.

셋째, 헌법전문에서 대한민국의 국가적 이념이 자유민주적 기본질서를 더욱 확고히 하는 것임을 강조하고 있는 것에서 알 수 있듯이, 자유민주적 기본질서야말로 대한민국의 헌법질서에 있어서 중핵이 되는 것이며, 어떠한 경우에도 수호하지 않으면 아니될 헌법의 최후보루이다. 이것을 정당해산조항과 관련시켜 해석한다면, 동조항은 정당에 대해서는 그 목적과 활동의 자유를 최대한으로 보장하지만, 자유민주적 기본질서를 부정하거나 전체주의를 지향할 경우에는 이를 방임할 수 없다는 민주주의를 위한 확고한 신념고백인 것이다.

(3) 위헌정당해산의 절차적 요건

(가) 해산의 제소

정당의 목적이나 활동이 민주적 기본질서에 위배될 때에는 정부는 헌법재판소에 해산을 제소할 수 있다. 위헌정당의 해산제소권은 집행부수반인 대통령의 권한에 속하지만 대통령은 제소에 앞서 국무회의의 심의를 거쳐야 한다. 정부에 위헌정당해산제소권을 부여한 결과, 특정정당에 대한 위헌 여부의 제1차적 판단은 정부의 권한이고 의무이다. 헌법재판소가 정당의 위헌 여부를 심리한 결과, 일단 위헌이 아니라고 결정한 경우에는 동일한 정당에 대하여 동일한 사유로 다시 제소할 수 없다(일사부재리의 원칙).

(나) 헌법재판소의 해산결정

헌법재판소는 9인의 재판관 중 6인 이상의 찬성으로 정당의 해산결정을 할 수 있다. 정당해산심판에는 헌법재판소법에 특별한 규정이 있는 경우를 제외하고는 민사소송에 관한 법령과 행정소송법에 준용한다.

(다) 해산결정의 집행

헌법재판소가 해산결정을 한 때에는 결정서를 피청구인(정당의 대표자)과 국회·정부·중앙선거관리위원회에 송달하여야 한다. 헌법재판소의 해산결정은 중앙선거관리위원회가 정당법에 따라 집행한다. 해산결정의 통지를 받은 중앙선거관리위원회는 그 정당의 등록을 말소하고 그 뜻을 지체없이 공고한다. 해산결정의 선고를 받은 정당은 선고와 동시에 불법결사가 된다.

(라) 강제해산의 효과

헌법재판소의 해산결정이 있으면 당해 정당은 모든 정당특권을 상실한다. 첫째, 정당의 대표자와 간부는 해산된 정당의 강령과 동일하거나 유사한 대체정당을 창설하지 못하며, 해산된 정당의 명칭과 동일한 명칭은 정당의 명칭으로 다시 사용하지 못한다. 둘째, 해산된 정당의 잔여재산은 국고에 귀속된다. 셋째, 소속의원이 자격을 상실하는가에 관해서는 명문의 규정이 없지만, 헌법재판소의 결정에 의하여 강제해산된 경우에는 의원의 자격을 상실한다고 보아야 한다. 오늘날의 정당제민주주의하에서는 유권자가 각급 공직선거에서 후보자 개인의 인물보다는 그가 소속하는 정당을 투표의 기준으로 하는 것이 일반적이다. 그러므로 위헌정당임을 이유로 해산된 정당에 소속하는 의원들로 하여금 계속 의원직을 보유하게 한다면, 그것은 정당제민주주의의 원리와 모순되고 방어적 민주주의의 원리에도 위배될 뿐 아니라 위헌결정 그 자체를 무의미한 것이 되게 하기 때문이다.

Ⅲ 방어적 민주주의

1. 논의의 배경

2003년 6월 9일 노무현대통령이 일본 공산당의 시이 가즈오 위원장을 만난 자리에서 “나는 한국에서도 공산당활동이 허용될 때라야 비로소 완전한 민주주의가 될 수 있다고 생각한다.”라고 밝힌 것을 두고 ‘바른 통일과 튼튼한 안보를 생각하는 국회의원모임(회장 김용갑)’ 등을 위시한 우리나라 보수정치인들과 언론은 발칵 뒤집어진 적이 있는데 바로

공산주의 허용 여부와 관련하여 가장 자주 사용되는 표현이 바로 '방어적 민주주의'이다.[50)]

2. 방어적 민주주의의 의의 및 실정제도

방어적 민주주의라 함은 민주주의의 이름으로 민주주의 그 자체를 파괴하거나 자유의 이름으로 자유의 체계 그 자체를 말살하려는 민주적·법치국가적 헌법질서의 적(敵)으로부터 민주주의가 그 자신을 효과적으로 방어하고 그와 투쟁하기 위한 자기방어적·자기수호적 민주주의를 말한다.[51)] 방어적 민주주의론은 민주주의의 상대주의적 가치중립성에 대한 한계이론으로서 1930년대 후반 칼 뢰벤슈타인(K. Loewenstein)이나 칼 만하임(K. Manheim) 등에 의하여 주창되었다. 방어적 민주주의를 위한 실정(實定)제도로서 위헌정당강제해산제, 기본권상실제 등이 있다. 우리나라는 전자만을 채택하고 있는데(헌법 제8조 제4항)[52)] 최근 통합진보당 해산사건에서 헌법재판소는 인용결정을 선고한 바가 있다.[53)] 후자는 독일 기본법 제18조에 규정되어 있다.[54)]

---

50) 김두식, 『헌법의 풍경』, 교양인, 2004, 227-231쪽.

51) 여기에 대하여는 장영수, "헌법의 기본원리로서의 민주주의", 「안암법학」, 창간호, 1993, 67-147쪽 참조.

52) 헌법 제8조 제4항: 정당의 목적이나 활동이 민주적 기본질서에 위배될 때에는 정부는 헌법재판소에 그 해산을 제소할 수 있고, 정당은 헌법재판소의 심판에 의하여 해산된다.

53) 통합진보당 해산사건: 헌재 2014. 12. 19. 2013헌다1, 판례집 26-2하, 1 [인용(해산)]

1. 당 사 자

청구인: 대한민국 정부법률상 대표자 법무부장관 황교안

대리인 검사 정점식 외 12인 법무법인(유) 에이펙스담당변호사 김동윤 변호사 권성 외 1인

피청구인: 통합진보당대표자 이○희

대리인 법무법인 시민 담당변호사 김선수 외 3인 등

2. 사건의 개요 및 심판의 대상

(1) 피청구인(대표 이○희)은 2011. 12. 13. 민주노동당, 국민참여당이 진보신당 탈당파 주도 하에 설립된 조직인 '새로운 진보정당 건설을 위한 통합연대(이하 '새진보통합연대'라 한다)'와 함께 신설합당 형식으로 창당한 정당이다. 청구인은 2013. 11. 5. 국무회의의 심의·의결을 거쳐, 피청구인의 목적과 활동이 민주적 기본질서에 위배된다고 주장하면서 피청구인의 해산 및 피청구인 소속 국회의원에 대한 의원직 상실을 구하는 이 사건 심판을 청구하였다.

(2) 이 사건 심판의 대상은 피청구인의 목적이나 활동이 민주적 기본질서에 위배되는지, 피청구인에 대한 해산결정을 선고할 것인지 및 만약 해산결정을 선고할 경우 피청구인 소속 국회의원에 대한 의원직 상실을 선고할 것인지 여부이다. 민주노동당의 목적과 활동은 피청구인의 목적과 활동과의 관련성이 인정되는 범위에서 이 사건 판단의 자료로 삼을 수는 있겠으나, 민주노동당의 목적이나 활동 그 자체가 이 사건의 판단 대상이 되는 것은 아니다.

3. 주 문

(1) 피청구인 통합진보당을 해산한다.

(2) 피청구인 소속 국회의원 김○희, 김○연, 오○윤, 이○규, 이○기는 의원직을 상실한다.

3. 방어적 민주주의의 한계

방어적 민주주의론은 독일 연방헌법재판소의 사회주의국가당(SRP)판례와 독일공산당(KPD)판결 등을 통하여 확인되고 구체화되었다. 가치지향적·가치구속적 민주주의관의 산물인 방어적 민주주의를 긍정한다 하더라도 이를 지나치게 확대 적용할 경우에는 오히려 진정한 민주주의를 저해할 우려가 있으므로 방어적 민주주의에도 민주주의의 본질 그 자체를 침해하거나 국민주권·법치국가의 원리 등 그 밖의 헌법원리의 본질을 침해할 수 없으며 방어적 민주주의는 소극적·방어적인 것이어야 하고 적극적인 것이거나 공격적인 것이어서는 아니 되는 등 일정한 한계가 있다.

Ⅳ 정당과 정치자금

1. 정치자금의 의의

정치자금이라 함은 정치인·정당 또는 그 밖의 정치단체기 정치적 활동을 하는 데 필요한 재원을 말한다. 정치자금법 제3조는 「당비, 후원금, 기탁금, 보조금, 후원회의 모집금품과 정당의 당헌·당규 등에서 정한 부대수입 기타 정치활동을 위하여 정당, 공직선거법에 의하여 당선된 자, 공직선거의 후보자 또는 후보자가 되고자 하는 자, 후원회, 정당의 간부 또는 유급사무직원 그 밖에 정치활동을 하는 자에게 제공되는 금전이나 유가증권 그 밖의 물건과 그 자의 정치활동에 소요되는 비용」을 정치자금이라고 입법적 해석을 하고 있다.

2. 정치자금에 대한 규제의 필요성

정당이 책임있는 정책을 추진하고, 공직선거에 후보자를 추천 또는 지지함으로써 국민의 정치적 의사형성에 적극적으로 참여하기 위해서는 정치자금이 필요하다. 그러나 정당이 압력단체나 재벌들과 결탁하여 막대한 정치자금을 조달하고 사용하는 과정에서 심각한 부패문제가 파생할 수 있다. 「피리부는 자에게 돈을 낸 자는 곡목을 청할 권리가 있다」는 서양속담이 암시하듯이 정치자금을 제공한 자는 반대급부를 주문하기 마련이다.

---

54) 독일 기본법 제18조(기본권의 상실): 의사표현의 자유, 특히 신문의 자유(제5조 제1항), 교수의 자유(제5조 제3항), 집회의 자유(제8조), 결사의 자유(제9조), 서신, 우편 및 전신의 비밀(제10조), 재산권(제14조) 또는 망명권(제16a조)을 자유민주적 기본질서에 대한 공격을 위해 남용하는 자는 이 기본권들의 효력을 상실한다. 상실과 그 범위는 연방헌법재판소에 의하여 선고된다. 콘라드 헷세 저, 계희열 역, 『통일독일헌법원론』, 제20판, 박영사, 2001, 506-507쪽.

정당과 재벌의 결탁은 재벌의 정당 및 정치가지배를 초래하고, 비공개로 조달된 악성배후자금은 국민경제에도 막대한 영향을 끼치게 된다. 이 때문에 각국은 정치자금의 조달을 원활히 하면서도 정치적 부패를 방지하기 위한 입법을 하고 있다. 우리나라의 경우, 정치자금법에서 정하지 아니한 방법으로 정치자금을 기부하거나 기부받은 경우에는 5년 이하의 징역 또는 1,000만원 이하의 벌금에 처하고 제공된 금품 기타 재산상의 이익은 몰수하며 이를 몰수할 수 없을 때에는 그 가액을 추징한다.

3. 현행법상 정치자금원

정치자금법은 정치자금원으로서 네 가지를 규정하고 있다.

(1) 당비

당비는 명칭 여하의 불문하고 정당의 당헌 또는 당규에 의하여 정당의 당원이 부담하는 금전이나 유가증권 기타 물권을 말한다. 정당은 소속당원에게 일정액의 당비를 받을 수 있고, 당원은 이를 납부할 의무를 진다.

(2) 후원회의 후원금

후원회라 함은 정치자금법 제7조(후원회) 제1항의 규정에 의한 후원회지정권자에 대한 정치자금의 기부를 목적으로 설립·운영되는 단체로서 관할선거관리위원회에 등록된 것을 말한다. 정당후원회는 2006. 3. 13.자로 폐지되고 개인후원회와 대통령선거의 후보자 및 예비후보자의 후원회만 존속한다.

(3) 기탁금

기탁금이라 함은 정치자금을 정당에 기부하고자 하는 개인이 정치자금법의 규정에 의하여 선거관리위원회에 기탁한 금전이나 유가증권 기타 물건을 말한다. 정치자금법의 개정으로 법인과 단체의 정치자금 기부행위는 일체 금지되고 개인의 기부한도는 연 2,000만원까지이다. 정당에 정치자금을 기부하고자 하는 자는 기명으로 선거관리위원회에 직접 기탁해야 한다. 중앙선거관리위원회는 기탁된 정치자금을 기탁 당시 국고보조금 배분비율에 따라 배분·지급한다.

그리고 노동단체의 정치자금기부금지조항에 대한 헌법재판소의 위헌결정에 따라 정치자금법은 사업 또는 사업장별로 조직된 단위노동조합을 제외한 노동조합의 정치자금 기부를 허용하게 되었다.

(4) 국고보조금

국고보조금이라 함은 정당의 보호·육성을 위해 국가가 정당에 지급하는 금전이나 유가증권을 말한다. 국가는 정당에 대한 보조금으로, 최근 실시한 국회의원총선거의 선거권자 총수에 800원을 곱한 금액을 매년 예산에 계상하여야 한다. 대통령선거, 국회의원총선거 또는 공직선거법 제203조 제1항에 의한 동시지방선거가 있는 년도에는 각 선거마다 선거권자 총수에 800원씩을 계상해야 한다.

선거관리위원회는 국고보조금을 동일정당의 소속의원으로 교섭단체를 구성한 정당에 대하여 100분의 50을 정당별로 균등하게 분할하여 배분·지급한다. 최근에 실시된 국회의원총선거에 참여한 정당의 경우에는 국회의원선거의 득표비율이 2% 이상인 정당과 광역의회의원선거에서 2% 이상을 득표한 정당에 대해 국고보조금의 2%를 지급한다. 또한 임기만료에 의한 지역구 시·도의회의원선거의 후보자 중 100분의 5 이상을 여성으로 추천한 정당에 대해서는 여성후보자 추천비율에 따라 여성후보추천보조금을 지급한다. 그러나 회계보고를 허위로 하거나 보조금을 법적용도 이외의 용도로 사용하거나 회계책임자가 선관위에 회계보고를 하지 아니한 때에는 보조금을 감액할 수 있다.

제3항 · 선거제도

I 선거제도의 법적 성격과 정치적 기능

1. 선거의 의의

선거라 함은 국민적 합의에 바탕한 대의제 민주정치를 구현하기 위하여 주권자인 국민이 그들을 대표할 국가기관을 선임하는 행위를 말한다. 선거에서 선거인이 누구를 대표자로 선택할 것인가에 대한 의사표시를 투표라고 한다. 현대민주국가는 대의제를 기반으로 하고 있는 까닭에 선거제도와 그 운용은 대의제 민주주의의 성패를 가름하는 관건이 된다. 그러나 현대정당제민주국가에서는 선거의 의미가 변질되어 선거가 인물선정이라는 성격 외에 여러 가능한 정부 중에서 그 하나를 선택한다고 하는 정부선택적 국민표결의 성격도 아울러 가지고 있다.

2. 선거제도의 법적 성격

선거는 법적으로 유권자의 집단인 선거인단이 국회의원이나 대통령 등 국민을 대표할 국가기관을 선임하는 집합적 합성행위라는 성질을 가진 것이다. 선거는 일종의 합동행위적 다수의사의 표명이기 때문에, 선거는 각 선거인의 개별적 투표행위 그 자체를 지칭하는 것이 아닐 뿐더러 하향식선임행위인 공무원임명행위와도 성질이 상이하다. 또한, 선거는 단순한 지명행위라는 점에서 특정의 공무수행기능을 위임하는 위임행위와도 구별된다.

3. 선거제도의 정치적 기능

선거는 (ㄱ) 국가기관(대의기관)을 구성하는 기능, (ㄴ) 국가권력에 대하여 민주적 정당성을 부여하는 기능, (ㄷ) 국민의 참정권을 현실화하는 기능, (ㄹ) 통치기관에 신탁을 부여하는 기능, (ㅁ) 국가기관을 정치적으로 통제하는 기능 등 다양한 정치적 기능을 수행한다. 뿐만 아니라 선거인이 주권자의식을 자각하고 그 선거권을 행사한다면, 대표자를 교체까지 할 수 있어 집행부와 입법부의 쇄신을 기할 수 있음은 물론이고 또한 민의에 의한 정치를 가능하게 하며, 폭력혁명이나 쿠데타 등 헌정중단을 예방할 수도 있다. 이것은 평화적인 민주질서형성과 민의에 바탕한 정부구성을 기대할 수 있다는 의미이다. 이와는 달리 선거가 타락·부정·불공정한 것이 되면, 선거는 단지 금권정치나 폭력적 지배를 정당화시켜 주는 번거로운 의식으로 전락하고 말 것이다.

Ⅱ 선거인과 대의기관의 관계

민주국가에 있어서 선거인은 선거권의 행사를 통해 대표자(피선거권자)를 선임한다. 이 경우 선거인과 대표자 사이에 법적 유대관계를 인정할 것인가에 관해서는 긍정설과 부정설이 대립하고 있다. 생각건대 선거에 있어서 투표권의 행사는 대표자에게 국민의 의사를 존중하고 국민의 의사를 국정에 반영할 정치적·도의적 의무를 부과한다는 의미를 가지기 때문에, 선거인과 대표자를 전혀 무관계한 것으로 보는 견해는 정당하다고 할 수 없다. 다만 대의제 민주주의에 있어서 선거인과 대표자의 관계는 무기속위임을 원칙으로 하기 때문에, 법적 대표관계가 아니라 대표자에게 선거인의 의사를 존중해야 할 정치적 책임을 지우는 정치적 대표관계에 지나지 않는 것이다. 헌법은 제7조 제1항에서 "공무원은 국민전체에 대한 봉사자이며"라고 하고, 제46조 제2항에서 "국회의원은 국가이익을 우선하여 양심에 따라 직무를 행한다."라고 규정함으로써 무기속위임의 원칙을 강조하고 있다.

Ⅲ 선거제도의 기본원칙

선거라 함은 국민적 합의에 바탕한 대의민주정치를 구현하기 위하여 주권자인 국민이 그들을 대표할 국가기관(대의기관)을 선임하는 행위로서 선거제도의 기본원칙으로 보통·평등·직접·비밀·자유선거의 원칙이 있다.

우리 헌법도 제41조 제1항과 제67조 제1항에서 "국민의 보통·평등·직접·비밀선거"를 선거제도의 기본원칙으로 규정하고 있다.

1. 보통선거의 원칙

보통선거는 제한선거에 대응하는 선거원칙이다. 보통선거란 재력이나 납세액 또는 그 밖의 사회적 신분·인종·신앙·성별·교육 등을 요건으로 하지 아니하고, 원칙적으로 일정한 연령(18세, 「공직선거법」 제15조 제1항)에 달한 모든 국민에게 선거권을 인정하는 원칙을 말한다.

2. 평등선거의 원칙

(1) 평등선거의 의의

평등선거의 원칙은 차등선거 내지 불평등선거에 대응하는 선거원칙이다. 평등선거의 원칙이란 평등의 원칙이 선거제도에 적용된 것으로서 첫째, 모든 선거인에게 1인1표(one man one vote)씩을 인정하는 투표의 수적(數的) 평등을 요구한다. 둘째, 1표의 가치가 대표자 선정에 기여한 정도면에서 평등하여야 함을 의미하는 투표의 성과가치의 평등(1표1가제, one vote one value)을 요구한다. 선거구 인구의 불균형적인 선거구 분할, 투표가치가 무시된 의원정수의 배분은 평등선거의 원칙에 반한다. 셋째, 평등선거의 원칙은 모든 선거참여자에게 균등한 기회가 보장됨을 요구한다.[55] 특히 피선거권의 측면에서 무소속 입후보자나 정당 이외의 단체를 정당과 차별해서는 아니 된다.

(2) 평등선거의 원칙과 선거구 인구불균형

평등선거의 원칙에도 불구하고 선거구획정 여하에 따라서는 평등선거의 원칙이 사실상 왜곡되는 경우가 없지 않다. 투표가치가 표면상으로는 평등하지만 실질적으로는 어느 지역의 표가 다른 지역의 표의 몇 분의 1 가치밖에 되지 아니하는 경우도 있기 때문이

55) 여기에 관하여 자세한 것은 고문현, "평등선거의 원칙과 선거구 인구의 불균형", 「공법연구」, 제31집 제3호, 한국공법학회, 2003. 3, 331-364쪽 참조.

다. 특히 문제가 되는 것은 불합리한 선거구획정 등으로 선거구간에 인구비례라든가 의원정수배분에 불균형이 초래되는 경우인데 그 대표적인 헌법재판소 결정을 통하여 살펴보면 다음과 같다.[56)]

(가) 재판관 5인의 의견[57)]

현재 우리나라의 제반여건 아래에서는 적어도 국회의원선거에 관한 한, 전국선거구의 평균인구수에 그 100분의 60을 더하거나 뺀 수를 넘거나 미달하는 선거구가 있을 경우에는, 그러한 선거구의 획정은 국회의 합리적인 재량의 범위를 일탈한 것으로서 헌법에 위반된다고 보아야 할 것이다. 선거구획정에 있어서 인구비례의 원칙이 가장 중요하고 기본적인 원칙이며, 평등선거의 원칙을 엄격히 적용하는 경우에는 최대선거구 인구수가 최소선거구 인구수의 2배 이상인 때에는 위헌이라고 한다면, 여타의 2차적 요소를 아무리 크게 고려한다 하여도 그 갑절인 4배를 넘는 경우, 즉 최대선거구와 최소선거구의 인구비율이 4:1을 넘는 경우에는 헌법합치적 설명이 불가능할 것이고, 이를 전국선거구의 평균인구수를 기준으로 하여 그 상하 편차를 계산하면 상하 60%의 편차가 되므로 60%의 편차론은 상당한 정도의 합리적 근거가 있다고 생각한다.

(나) 재판관 4인의 의견[58)]

인구비례의 원칙에 따라 전국선거구의 인구편차를 1차적인 기준으로 삼아야 할 것이나, 지역대표성과 도·농간의 극심한 인구편차 등 특수사정에 맞지 않는 불합리한 결과가 생기므로, 위 기준 이외에 도시 유형의 선거구와 농어촌 유형의 선거구를 따로 나누어 각각의 인구편차를 다른 하나의 기준으로 삼아야 한다. 즉 우리의 국회제도 등과 외국 입법례 등에 비추어 보면, 전국적인 선거구간의 인구편차의 한계는 전국 선거구 평균인구수에서 상하 60%(상, 하한 비율 4:1), 도시 유형의 선거구 상호간과 농어촌 유형의 선거

56) 헌재 1995. 12. 27. 95헌마224·239·285·373(병합), 「헌법재판소판례집」, 제7권 2집, 1995, 760쪽, 766-797쪽.

57) 김용준재판관, 김진우재판관, 김문희재판관, 황도연재판관, 신창언재판관.

58) 이재화재판관, 조승형재판관, 정경식재판관, 고중석재판관; 여기에 대하여는 "이 소수의견이 제시한 농촌선거구와 도시선거구의 구별이론도 일응 수긍이 가는 측면도 있기는 하지만, 현실적으로 도농통합이 가속화되고 있는 상황에서 농촌선거구와 도시선거구의 구별 자체도 불명확할 뿐만 아니라 그것은 자칫 새로운 불평등과 불명확성을 야기할 소지도 배제할 수 없다"는 비판(성낙인, "지역구국회의원선거구획정에 있어서 인구편차의 기준", 『서울대법학』, 제43권 제1호, 통권 122호, 2002. 3, 92쪽)과 "국회의원의 지역대표성, 도·농간의 인구격차는 인구편차의 허용한도를 결정하는 법적 요인이 될 수 없다. 먼저 그러한 요인들을 고려하여할 헌법적 근거를 찾을 수 없으며, 또 설사 근거를 찾을 수 있다고 하더라도 그 요인의 비중을 측정할 수도 없다."는 비판(정태호, "민주주의와 정치적 평등", 헌법재판소 독일헌법연구회 발표문, 2003. 1. 17, 8쪽) 등이 있다.

구 상호간의 인구편차의 허용한계는, 각 유형의 선거구 평균 인구수에서 상하 50%(상, 하한의 비율 3:1)로 봄이 상당하다. 따라서 전국 선거구 평균 인구수에서 그 상하 60%의 편차를 초과함과 동시에 같은 유형의 선거구 평균 인구수에서 그 상하 50%의 편차를 초과하는 선거구의 획정은 국회의 입법형성의 재량범위를 일탈하는 것으로서 헌법에 위반된다.

(다) 위 헌법재판소결정의 문제점과 헌법사적 의의

(ㄱ) 본 결정의 문제점

1) 인구편차의 허용한계 문제

헌법재판소의 다수의견은 인구편차의 허용한계에 대하여 전국선거구의 평균인구수 기준 4:1(상하 60%)을 제시하였다. 그러나 국회의원은 사람을 대표하는 것이지 나무(trees)나 땅(acres)을 대표하는 것이 아니므로[59] 이와 같은 4:1의 편차는 지나치게 큰 것이어서[60] 선거구 인구불균형에 대한 위헌확인의 의의를 반감시켰다.[61] 헌법재판소가 4:1이라는 편차를 기준으로 판단하게 된 것은, 보다 엄격한 편차를 기준으로 하게 될 경우에는 대부분 선거구가 위헌으로 될 수 있다는 현실적 고려를 하였기 때문인 것으로 보인다. 그러나 선거구가 위헌이라면 어차피 그 조정이 불가피한 것이고, 이 기회에 장래에 위헌의 시비가 일어나지 않을 엄격한 기준에 따라 판단하여야 했을 것이다. 특히 이 결정에서 최대 선거구 인구 : 최소 선거구 인구의 비율이 2:1을 넘어서는 안 된다는 것을 선언하면서도 결국 위헌 여부를 판단하는 기준으로 4:1로 한 오류를 범하였다. 4:1을 기준으로 하여 위헌 여부를 판단하는 것에는 투표가치의 평등과 평등선거의 원칙에 비추어 볼 때 합리적인 근거가 없다.[62]

2) 인구편차 정당화사유의 문제점

① 결론 도출상 논리적 오류

4:1이라는 인구편차에 이르는 결론 도출과정은 더욱 문제가 있다. 헌법재판소의 다수의견은, "평등선거의 원칙에 따르면 1차적 고려요소인 인구비례의 원칙상 2:1 이상은 위

---

59) Peter Irons & Stephanie Guitton, May It Please the Court, New York: The New Press, 1993, 15쪽.

60) 양 건, 『헌법연구』, 법문사, 1995, 486쪽; 통합선거법상 선거구의 인구편차의 불균형에 대하여 헌법소원을 낸 목적은 가능한 한 농촌선거구를 살리되, 인구가 20만 이상이 되는 대도시 선거구를 분구함으로써 인구편차를 3:1의 범위 내에서 시정하려는 의도였으나 결과는 정반대였다. 이석연, "현행 통합선거법 위헌요소 많다", 「시민과 변호사」, 통권 제26호, 1996년 3월, 75-76쪽.

61) 홍성방, 『헌법Ⅱ』, 현암사, 2001, 57쪽, 각주 204).

62) 정종섭, 『헌법연구(2)』, 박영사, 2001, 69-70쪽.

헌이 되는데, 기타 2차적 고려요소를 아무리 크게 고려한다고 해도 그 갑절인 4:1을 넘으면 헌법합치적 설명이 불가능하므로 상하 60%의 편차론은 상당한 정당성을 가진다."고 하였다. 그러나 이러한 판단은 논리적 근거가 빈약하다. 평등선거의 원칙은 2:1 정도의 편차를 허용하는 원칙이 아니고 원칙적으로 투표의 성과가치가 1:1로 평등할 것을 요구하는 원칙이며, 2차적 고려요소는 1:1로부터 어느 정도의 편차를 정당화시켜 주는 역할을 할 뿐인 것이다. 이와 같은 태도는, 외국의 판례가 1인1표의 원칙으로부터 출발하여 정당화 사유를 고려한 편차가 어느 정도 허용될 수 있는가 판단하고 있다는 점에 비추어 볼 때 그 논리에 문제가 있는 것이다. 결국 헌법재판소의 판단은 1:1의 원칙에서 출발하여야 하였는데 2:1을 당연한 출발점으로 잡은 점에서 논리적인 오류를 범하고 있는 것이다.

② 2차적 정당화사유의 문제

헌법재판소가 제시한 4:1의 기준은 충분한 논거가 되지 못한다. 왜냐하면 헌법재판소가 스스로 판시한 바와 같이 선거구획정에 있어서 인구기준이 가장 중요하고 본질적인 부분임에 틀림없다면 이를 여타의 다른 고려사항과 동일한 범주로 묶어서 2배수 한 4:1의 기준은 설득력이 약하다. 이는 1차적 요소와 2차적 요소를 같은 정도로 고려한 것으로 위 헌법재판소 결정에서 "인구비례의 원칙을 가장 중요하고 기본적인 기준으로 삼아야 한다."라고 판시한 것과 조화될 수 없는 것이다.[63)]

(ㄴ) 본 결정의 헌법사적 의의

본 결정은 우리나라 선거사상 항시 미제(未濟)사건화되었던 선거구획정에 대하여 헌정사상 처음으로 사법적 판단을 내린 것으로 획기적이다.[64)] 본 결정은 평등선거의 원칙은 단순히 1인1표를 인정함을 넘어서 투표의 성과가치의 평등까지 요구하는 것이고, 상하 60% 편차 이상은 한국의 특수한 사정에 의해서도 정당화될 수 없다고 하여 최초로 인구편차의 허용 기준을 제시하였다는 점에서 평등선거 특히 투표가치의 평등에 대한

63) 여기에 대하여 가장 본질적인 부분이 되지 못하는 여타 부분을 본질적인 부분과 동일시할 것이 아니라 본질적인 부분의 반 정도로 하는 것이 본질적인 부분의 의미를 살릴 수 있다고 본다면, 헌법재판소의 논리대로 한다 하더라도 적어도 상하 50% 즉, 인구편차 3:1을 준거로 제시하는 것이 이상과 현실을 접목시킬 수 있는 수준이어서 바람직하다는 견해가 제시되었다. 성낙인, "지역구국회의원선거구획정에 있어서 인구편차의 기준", 92쪽; 실제 그 후의 결정에서 헌법재판소는 이러한 입장을 취하게 되었다. 헌재 2001. 10. 25. 2000헌마92·240(병합)[공직선거및선거부정방지법[별표1]'국회의원지역선거구구역표'위헌확인]결정, 헌법재판소 판례집 제13권 2집, 2001, 502, 513-516쪽.

64) 성낙인, "지역구국회의원선거구획정에 있어서 인구편차의 기준", 91쪽, 99쪽; 이윤환, "선거구 인구불균형과 평등선거의 원칙",「헌법학연구」, 제2집, 1996. 11, 270쪽.

지침적 성격을 가진 판결이라 할 수 있다. 위 결정에서 선거구의 획정에 있어서는 무엇보다 인구비례의 원칙을 가장 중요하고 기본적인 기준으로 삼아야 한다고 판시하여 선거구획정의 원리를 분명히 제시한 것은 돋보인다. 이 결정을 발전시켜 2001년 결정에서 평균인구수 기준으로 종전의 4:1보다 더 엄격한 3:1이라는 새로운 타협적 기준[65]을 제시한 것은 바람직한 방향[66]이라고 할 수 있지만 입법자에게 이 문제와 관련하여 2차례나 시간적 여지를 부여하는 것은 정당화될 수 없기에[67] 앞으로 인구편차를 합리적으로 조정하는 데 더욱 더 심혈을 기울여야 할 것이다.[68] 이와 관련하여 최근에 공직선거법 제25조 제2항 별표 1 위헌확인 등 사건에서 헌법재판소는 헌법불합치 결정을 내리면서 공직선거법(2012. 2. 29. 법률 제11374호로 개정된 것) 제25조 제2항 별표 1 국회의원지역선거구구역표는 2015. 12. 31.을 시한으로 입법자가 개정할 때까지 계속 적용된다고 판시하였다.[69]

---

65) 헌재 2001. 10. 25. 2000헌마92·240(병합)[공직선거및선거부정방지법[별표1]'국회의원지역선거구구역표'위헌확인]결정, 헌법재판소판례집 제13권 2집, 2001, 502, 513-516쪽.

66) 성낙인, "지역구국회의원선거구획정에 있어서 인구편차의 기준", 97-98쪽, 101쪽; 성낙인교수는 "특히 우리나라의 특수사정 즉 단원제 국회 및 급격한 도시화에도 불구하고 여전히 강한 귀소의식을 고려한다면 3:1로 결정한 것은 충분히 그 설득력을 가진다. 실제로 인구편차에 관해서 엄격한 기준을 설정하고 있는 외국의 입법례는 대부분 국민의 보통·평등·직접·비밀선거로 치러지는 하원의원선거에 관한 규정임을 염두에 둘 필요가 있다. 즉 이들 국가에서 상원은 이와 같은 엄격한 인구비례원칙이 적용되지 아니하고 각국의 특유한 역사와 전통에 따라 상원을 구성하고 있다는 점도 고려되어야 할 것"이라는 이유로 3:1의 편차를 남북한 통일이 될 때까지 잠정적으로 지지하는 견해를 피력하고 있다. 성낙인, "지역구국회의원선거구획정에 있어서 인구편차의 기준", 100-101쪽.

67) 정태호, 앞의 논문, 8-9쪽.

68) "통일 한국이 구현된다면 남북한의 이질성을 극복하기 위하여 양원제 국회 도입이 불가피하고 이 경우 상원은 남북한의 특수성을 반영한 원구성이 되겠지만 하원은 엄격한 인구비례에 따른 원구성이 되어야 할 것이다. 이때 인구편차의 기준은 자연스럽게 2:1로 정립될 수 있을 것"이라는 탁견도 있다. 성낙인, "지역구국회의원선거구획정에 있어서 인구편차의 기준", 101쪽.

69) 헌재 2014. 10. 30. 2012헌마192 등, 공보 제217호, 1725 [헌법불합치].

1. 판시사항

공직선거법(2012. 2. 29. 법률 제11374호로 개정된 것) 제25조 제2항 별표 1 국회의원지역선거구구역표 중 "대전광역시 동구 선거구" 부분, "경기도 수원시 병선거구" 부분, "경기도 용인시 갑선거구" 부분, "경기도 용인시 을선거구" 부분, "충청남도 천안시 갑선거구" 부분, "충청남도 천안시 을선거구" 부분, "충청북도 청주시 상당구 선거구" 부분, "서울특별시 강남구 갑선거구" 부분, "서울특별시 강서구 갑선거구" 부분, "인천광역시 남동구 갑선거구" 부분(이하 공직선거법 제25조 제2항 별표 1 국회의원지역선거구구역표 전체는 '이 사건 선거구구역표 전체', 심판대상이 되는 국회의원지역선거구구역표 부분은 '심판대상 선거구구역표'라 한다)이 국회의원 지역선거구들 사이에 허용되는 인구편차의 범위를 벗어나서 청구인들의 선거권 및 평등권을 침해하는지 여부(일부 적극)

2. 결정요지

인구편차 상하 33⅓%(2:1)를 넘어 인구편차를 완화하는 것은 지나친 투표가치의 불평등을 야기하는 것으

3. 직접선거의 원칙

직접선거는 간접선거에 대응하는 선거원칙으로서, 일반선거인이 대표자를 직접 선출하는 선거제도이다. 간접선거에서는 일반선거인은 중간선거인을 선거하는 데 그치고 중간선거인이 대표자를 선출한다. 하지만 중간선거인이 일반선거인의 의사와 합치되는 결과를 가져온다면 그것은 무용(無用)의 절차가 될 것이고, 반대로 일반선거인의 의사와 상이한 결과를 초래한다면 비민주적인 것이 될 것이다.

4. 비밀선거의 원칙

비밀선거는 공개선거에 대응하는 선거원칙으로서, 비밀선거의 원칙은 선거인이 누구에게 투표하였는가를 제3자가 알지 못하게 하는 선거원칙이다. 비밀선거의 전형은 무기명투표와 투표내용에 관한 진술거부제이다. 공개투표에 의할 때에는 매수·유혹·위협 등으로 자유롭고 공정한 선거의 실시가 기대하기 어려울 수 있다.

5. 자유선거의 원칙

자유선거의 원칙은 강제선거(강제투표)에 대응하는 선거제도이다. 헌법은 자유선거를 직접 규정하고 있지는 않지만, 이 원칙은 선거권을 법적 공의무로 보지 않는 것을 전제로 하는 것이다. 강제투표란 정당한 이유 없이 기권하는 자에 대하여 과태료나 벌과금의 부과 등 일정한 제재를 가함으로써 선거권의 행사를 공적 의무가 되게 하는 제도이다.

로, 이는 대의민주주의의 관점에서 바람직하지 아니하고, 국회를 구성함에 있어 국회의원의 지역대표성이 고려되어야 한다고 할지라도 이것이 국민주권주의의 출발점인 투표가치의 평등보다 우선시될 수는 없다. 특히, 현재는 지방자치제도가 정착되어 지역대표성을 이유로 헌법상 원칙인 투표가치의 평등을 현저히 완화할 필요성이 예전에 비해 크지 아니하다.

또한, 인구편차의 허용기준을 완화하면 할수록 과대대표되는 지역과 과소대표되는 지역이 생길 가능성 또한 높아지는데, 이는 지역정당구조를 심화시키는 부작용을 야기할 수 있다. 같은 농·어촌 지역 사이에서도 나타날 수 있는 이와 같은 불균형은 농·어촌 지역의 합리적인 변화를 저해할 수 있으며, 국토의 균형발전에도 도움이 되지 아니한다.

나아가, 인구편차의 허용기준을 점차로 엄격하게 하는 것이 외국의 판례와 입법추세임을 고려할 때, 우리도 인구편차의 허용기준을 엄격하게 하는 일을 더 이상 미룰 수 없다.

이러한 사정들을 고려할 때, 현재의 시점에서 헌법이 허용하는 인구편차의 기준을 인구편차 상하 33⅓%를 넘어서지 않는 것으로 봄이 타당하다. 따라서 심판대상 선거구구역표 중 인구편차 상하 33⅓%의 기준을 넘어서는 선거구에 관한 부분은 위 선거구가 속한 지역에 주민등록을 마친 청구인들의 선거권 및 평등권을 침해한다.

Ⅳ 대표제와 선거구제

1. 대표제와 선거구제의 의의

선거제도의 구체적 내용이 되는 것은 대표제와 선거구제이다. 대표제라 함은 대표결정방식 또는 의원정수배분방법을 말하고, 선거구제라 함은 선거인단을 지역단위로 분할하는 방식을 말한다. 대표제와 선거구제는 대체로 표리(表裏)관계에 있다. 대표제와 선거구제는 단순한 기술적인 문제에 그치는 것이 아니라 일국의 헌정운용에 중대한 영향을 미친다. 선거제도의 기본목표는 민의를 정확하게 반영할 수 있는 대표를 선출하고 안정된 국정운영을 확보하는 데 있으므로, 이 두 가지 목표를 조화롭게 실현할 수 있는 선거제도가 바람직하다.

2. 대표제의 유형

대표제에는 여러 가지 유형이 있는바, 다수대표제는 대표의 선출을 선거구에 거주하는 다수자의 의사에 따르게 하는 것으로 다수자만이 대표자를 낼 수 있고 소수자는 대표를 내는 것이 불가능한 대표제를 말하는데 이에는 과반수득표와 같은 일정한 득표수를 요건으로 하는 절대다수대표제와 상대적 다수를 요하는 상대다수대표제가 있다. 다수대표제가 소선거구제와 결합하면 양당제의 형성에 기여하는 장점이 있으나, 유효소수표가 대표관계에 반영되지 아니하고 사표(死票)가 되는 단점이 있다. 소수대표제라 함은 한 선거구에서 2인 이상의 대표를 선출하는 제도를 말하며 소수당도 대표자를 낼 수 있는 대표제이다. 비례대표제라 함은 각 정당에게 득표수에 비례하여 의석을 배분하는 대표제를 말한다. 우리나라는 국회의원선거 등에서 지역후보자와 비례대표 후보자에게 각각 1표씩을 투표하는 1인2표제를 도입함으로써 순위가 고정된 정당명부식 비례대표제를 채택하였다. 직능대표제라 함은 선거인단을 각 직능별로 분할하고 직능을 단위로 대표를 선출하게 하는 제도를 말한다.

3. 선거구제의 유형

선거구제에는 여러 유형이 있는바, 소선거구제는 1선거구에서 1명의 대표자를 선출하는 제도로서 소선거구제도하에서는 선거구획정에 있어 다수당에 의한 당리당략적 선거구획정(Gerrymandering)을 할 소지가 있어 이 폐해를 방지하고 공정한 선거구획정을 위하여 국회에 선거구획정위원회를 두고 있다. 선거구획정위원회의 위원은 명예직으로 하고, 위 위원회는 선거구획정안을 마련하고, 그 이유 기타 필요한 사항을 기재한 보고서를 늦어도 당해 국회의원의 임기만료에 따른 국회의원선거의 선거일 전 13개월까지 국회의장에게 제출하여야 한다. 국회가 국회의원 지역선거구에 관한 규정을 개정할 때에는 선거구획정위원회의 선거구획정안을 존중하여야 한다. 중선거구제는 한 선거구에서 2-4인의 대표자를 선출하는 선거구제를 말하고, 대선거구제는 한 선거구에서 5인 이상의 대표자를 선출하는 선거구제를 말한다.

우리나라는 소선거구 상대다수대표제를 취하고 있다. 국회의 의원정수는 지역구국회의원 254명과 비례대표국회의원 46명을 합하여 300명으로 한다(공직선거법 제21조).

제4항 · 공무원제도

I 공무원의 개념 및 역사적 변천

공무원이란 직접·간접적으로 국민에 의하여 선출되어 국가나 공공단체의 공무를 담당하고 있는 사람을 의미한다. 공무원은 크게 국가공무원과 지방공무원으로 구분되며, 국가공무원은 다시 경력직공무원과 특수경력직공무원으로 대별된다. 경력직공무원은 실적과 자격에 의해 임용되며, 신분과 정치적 중립성이 보장되고 평생 동안 공무원으로 근무할 것이 예정되는 공무원으로 일반직과 특정직으로 구분된다. 일반직공무원은 기술·연구 또는 행정 일반에 대한 업무를 담당하며, 직군(職群)과 직렬(職列)별로 분류된다. 특정직공무원은 법관, 검사, 외무공무원, 경찰공무원, 소방공무원, 교육공무원, 군인, 군무원, 헌법재판소 헌법연구관, 국가정보원 직원 등 특수 분야의 업무를 담당하며 다른 법률에서 특정직공무원으로 지정하는 공무원이다.

특수경력직공무원은 경력직공무원 이외의 공무원을 말하며, 정무직공무원(선거로 취임하거나 국회/지방의회 동의가 필요한 공무원, 고도의 정책결정 업무 담당자 등)과 별정직공무원(비서관·비서 등 보좌 업무 수행자 등) 등이 포함된다.

이러한 상세한 분류 체계는 현대 공공 행정의 복잡하고 전문화된 특성을 반영한다. 각 분류는 고유한 직무 특성과 요구 역량을 가지며, 이에 따라 상이한 법적 근거와 인사관리 방식이 적용된다. 이는 공무원 제도가 단순히 획일적인 인력 관리를 넘어, 다양한 공공 서비스 분야의 특수성을 고려하고 있음을 보여준다.

Ⅱ 공무원제도의 일반적 원칙

공무원제도는 몇 가지 핵심적인 일반 원칙을 기반으로 한다. 첫째, 민주적 공무원제도를 취하고 있다. 이는 「헌법」 제7조 1항에서 "공무원은 국민 전체에 대한 봉사자이며 국민에 대하여 책임을 진다."고 명시한 것에서 잘 드러난다. 둘째, 직업공무원제를 지향한다. 셋째, 실적주의제를 근간으로 한다. 넷째, 공무원들의 정치적 중립을 강조한다.

이 네 가지 원칙은 서로 유기적으로 연결되어 현대 한국 공무원제도의 철학적, 실천적 토대를 이룬다. 전근대적 관인 체제나 식민지 경험과 같은 역사적 배경을 고려할 때, 이러한 원칙들은 과거의 정실주의나 정치적 예속과 같은 폐해를 극복하고 민주적이고 효율적인 행정을 구현하기 위한 제도적 장치로서 도입되었다. 실적주의는 능력 있는 인재를 공정하게 선발하는 기반을 제공하며, 직업공무원제는 이들의 신분을 보장하여 행정의 안정성과 전문성을 확보한다. 또한, 신분보장은 공무원이 정치적 압력으로부터 독립하여 정치적 중립성을 유지할 수 있는 환경을 조성함으로써, 행정의 공정성과 신뢰성을 높이는 데 기여한다.

Ⅲ 국민 전체에 대한 봉사자로서의 공무원

1. 헌법 제7조 제1항의 의미와 공무원의 지위

헌법 제7조 제1항은 "공무원은 국민전체에 대한 봉사자이며, 국민에 대하여 책임을 진다."고 명시하고 있다. 이 조항은 한국 공무원제도의 가장 핵심적인 원칙이자 민주주의적 공무원제도의 초석이다. 이는 공무원의 지위를 과거 군주나 특정 집권 세력의 하수인이 아닌, 주권을 가진 국민 전체의 대리인이자 공복(公僕)으로 명확히 규정한다. 이 헌법적 규정은 국가와 시민 간의 관계를 근본적으로 재정의하며, 상명하복식의 권위주의적 모델에서 벗어나 서비스 지향적이고 책임 있는 행정으로의 전환을 의미한다. 공무원은 국민의 신뢰를 바탕으로 공공의 이익을 최우선으로 추구해야 하는 존재임을 강조하는 것이다.

2. 국민의 공복으로서의 역할과 공익 추구 의무

공무원은 주권자인 국민의 수임자로서 언제든지 국민에 대하여 책임을 지며, 공익을 추구하고 맡은 바 임무를 성실히 수행할 의무를 진다. 이는 공무원이 특정 정당이나 특정 상급자를 위하여 충성하는 것이 아니라, 법과 공공의 이익에 따라 국민 전체를 위해 봉사해야 함을 의미한다. 공복으로서의 역할은 단순히 주어진 명령을 기계적으로 수행하는 것을 넘어, 적극적으로 국민의 편익을 증진하고 사회 전체의 후생을 도모하는 능동적인 자세를 요구한다. 이러한 공익 추구 의무는 공무원 개인의 윤리적 판단과 직무 수행의 방향성을 결정하는 중요한 기준이 된다. 공무원의 충성의무는 「국가공무원법」에 따로 명시되어 있지 않지만, 한국의 법체제상 당연한 의무로 여겨진다.

3. 공무원의 민주성 및 능률성 확보의 중요성

「국가공무원법」의 목적 자체가 공무원이 국민 전체의 봉사자로서 민주적이고 능률적인 행정을 하도록 하는 것이다. 이는 공무원 제도가 단순히 업무를 처리하는 것을 넘어, 민주적 가치(국민에 대한 책임, 투명성, 참여)를 실현하고 동시에 효율성(신속성, 정확성, 생산성)을 추구해야 하는 이중적 목표를 가지고 있음을 보여준다. 민주성은 행정 과정의 정당성을 확보하고 국민의 요구를 반영하는 데 필수적이며, 능률성은 제한된 자원을 효과적으로 활용하여 최대의 공공 가치를 창출하는 데 기여한다. 이 두 가지 목표는 때로는 상충될 수 있지만, 현대 행정에서는 이들 사이의 균형과 조화를 통해 국민의 신뢰를 얻고 행정 서비스의 질을 높이는 것이 중요한 과제로 인식된다.

Ⅳ 공무원의 국민에 대한 책임

1. 헌법 및 법률에 명시된 책임의 근거

공무원의 책임은 헌법과 법률에 명확히 근거를 두고 있다. 헌법 제7조 제1항은 "공무원은 국민전체에 대한 봉사자이며, 국민에 대하여 책임을 진다."고 명시함으로써 공무원 책임의 헌법적 근거를 제공한다. 이는 공무원의 책임이 단순한 직무상의 의무를 넘어 민주주의의 기본 원리에 뿌리를 두고 있음을 의미한다. 「국가공무원법」 제56조(성실 의무)는 모든 공무원이 법령을 준수하며 성실히 직무를 수행해야 한다고 규정하여 법률적 책임의 기초를 마련한다. 이러한 헌법과 법률의 연계는 공무원의 책임이 단순한 행정적 의무가 아니라, 국민에 대한 봉사자로서의 본질적 역할에서 비롯되는 포괄적인 의무임을 강조한다.

2. 주요 복무 의무와 책임

공무원에게는 국민에 대한 봉사자로서 맡은 바 임무를 충실히 수행하기 위한 다양한 복무 의무가 주어진다. 주요 의무로는 성실의 의무, 복종의 의무, 직장 이탈 금지, 친절·공정의 의무, 비밀 엄수의 의무, 청렴의 의무, 품위 유지의 의무 등이 있다.

특히, 복종의 의무는 계층제 조직에서 질서유지와 기강 확립을 위해 필수적이지만, 그 한계에 대한 논의가 중요하다. 공무원은 상관의 직무상 명령에 복종해야 하지만, 위법하거나 부당한 명령에 대해서는 복종의 한계가 발생한다. 대법원 판례는 명백히 위법한 명령은 직무상 명령으로 볼 수 없으므로 공무원이 이에 따를 의무가 없다고 본다. 독일의 '이의제기 제도(Remonstration)'는 공무원이 명령의 합법성에 의심이 있을 때 상급자에게 이의를 제기하고, 최종적으로 명령이 유지될 경우 개인적 책임에서 면제될 수 있는 메커니즘을 제공한다. 한국에서도 위법·부당 명령 거부권에 대한 입법 논의가 있었으며, 이는 공무원 개인의 책임과 복종의무 간의 긴장 관계를 조정하고 법치국가 원칙을 실현하려는 노력의 일환이다. 이는 행정의 효율성 유지와 민주적 원칙 준수 사이의 균형을 모색하는 중요한 지점이다.

3. 공무원의 법적 책임 유형

공무원은 직무수행과 관련하여 다양한 법적 책임을 부담한다. 이는 행정상 책임, 형사책임, 민사책임으로 구분된다.

1) 행정상 책임

(1) 징계책임

공무원이 법령 위반, 직무상 의무 위반 또는 직무 태만, 직무 내외를 불문한 체면 또는 위신 손상 행위 등을 했을 때 받는 행정상 제재이다. 징계의 종류는 파면, 해임, 강등, 정직(중징계)과 감봉, 견책(경징계)의 6가지가 있다. 또한, 금품 및 향응 수수, 공금 횡령·유용 등의 비위에 대해서는 징계 처분 외에 해당 금액의 5배 이내의 징계부가금을 병과할 수 있다. 이러한 징계 제도는 공무원의 직무상 의무이행을 강제하고 공직 기강을 확립하는 중요한 수단이다.

(2) 변상책임

회계 관계 공무원이 고의 또는 중대한 과실로 법령에 위반하여 국가나 지방자치단체의 재산에 손해를 끼쳤을 때 지는 책임이다. 현금이나 물품을 출납·보관하는 자가 이를 망실·훼손했을 경우에도 선량한 관리자의 주의를 태만히 하지 않았음을 증명하지 못하면 변상 책임을 부담한다. 변상 책임의 유무 및 변상액은 감사원이 판정한다.

2) 형사책임

공무원의 행위가 형법상 범죄를 구성하는 경우 지는 책임으로, 형법상의 '공무원의 직무에 관한 죄'(예: 수뢰죄) 등이 대표적이다. 또한, 행정법규를 위반한 데 대하여 형법이 정한 벌을 받게 되는 행정형벌책임도 포함된다(예: 정치운동 금지 위반).

3) 민사책임

공무원이 직무상 불법 행위로 개인에게 재산상 손해를 가한 경우에 발생하는 책임이다. 「국가배상법」에 따라 공무원의 고의 또는 과실로 법령에 위반하여 타인에게 손해를 가했을 때 국가 또는 지방자치단체가 그 손해를 배상할 책임이 있다. 이 경우 공무원에게 고의나 중대한 과실이 있을 때에는 국가 또는 공공단체가 해당 공무원에게 구상할 수 있다. 이는 국민의 피해를 우선적으로 구제하면서도, 책임 있는 공무원에게 최종적인 책임을 묻는 균형 잡힌 제도이다.

4) 적극행정 및 소극행정의 개념과 책임성 확보 방안

최근 공무원의 책임성 논의는 '적극행정'과 '소극행정'이라는 개념을 통해 더욱 구체화되고 있다. 적극행정은 공무원이 공공의 이익을 위해 창의성과 전문성을 바탕으로 불합리한 규정을 개선하고, 새로운 행정 수요나 환경 변화에 선제적으로 대응하며, 이해충돌 상황에서 적극적인 이해 조정을 통해 업무를 처리하는 행위를 의미한다. 이는 공무원이 단순히 법규를 준수하는 것을 넘어, 능동적으로 문제를 해결하고 공공 가치를 창출해야 한다는 현대적 요구를 반영한다.

반면, 소극행정은 공무원의 무사안일이나 직무 태만으로 국민의 권리를 침해하거나 국가에 재산상 손실을 초래하는 행위를 말한다. 그 유형으로는 적당편의(표면적 문제 처리), 업무해태(업무 방치), 탁상행정(시대착오적 규정 고수), 기타 관 중심 행정(사익 추구) 등이 제시된다. 이러한 소극행정은 공무원으로서의 기본 의무를 위반하는 행위로 간주되며 징계 사유가 될 수 있다.

공무원의 책임성을 실질적으로 확보하기 위해서는 적극행정을 장려하고 소극행정을 방지하기 위한 제도적 노력이 필수적이다. 이는 공무원의 책임 범위를 명확히 하고, 국민에 대한 봉사자로서의 역할을 실질적으로 구현하기 위한 핵심 과제이다. 적극행정을 통해 공무원은 변화하는 사회에 능동적으로 대응하고, 소극행정을 근절함으로써 국민의 신뢰를 확보할 수 있다.

V 직업공무원제도

1. 의의

직업공무원제는 공무원이 공직을 평생의 직업으로 선택하고 근무할 수 있도록 인사업무를 조직·운영하는 공무원제도이다. 이는 명예직 공무원(주로 선거로 선출되며 임시적으로 공무를 담당)과 대립되는 개념으로, 공무원제도에서는 직업공무원을 원칙으로 한다.

직업공무원제도는 헌법적 근거를 가진다. 「대한민국 헌법」 제7조 제1항("공무원은 국민전체에 대한 봉사자이며, 국민에 대하여 책임을 진다.")과 제2항("공무원의 신분과 정치적 중립성은 법률이 정하는 바에 의하여 보장된다.")은 직업공무원제도의 헌법적 근거로 해석된다. 특히 제2항은 공무원의 신분 보장과 정치적 중립성을 법률로 보장함으로써, 공직이 정권 교체에 따른 정치적 영향으로부터 독립성을 유지하고 장기적인 안정성과 전문성을 확보하도록 하는 명확한 의지를 담고 있다. 이는 정치적 불안정성과 비실적주의적 임용의 역사적 경험에 대한 직접적인 대응으로 볼 수 있다. 직업공무원제는 제2공화국 헌법 개정을 통해 처음으로 국가 최상위 법령에 명문화되었으며, 이후 60년 이상 한국 공직사회의 인사제도 근간으로 자리매김해 왔다.

2. 직업공무원제의 주요 특색

직업공무원제의 주요 특색은 세 가지로 요약된다. 첫째, 시험을 통한 임용이다. 공무원의 임용은 당파성이나 정실·연고 관계를 떠나 개인의 자격과 능력, 실적을 기준으로 하는 시험제로 이루어진다. 둘째, 신분 보장이다. 공무원의 신분이 법적으로 보장되며, 직업공무원 관계의 기본 유형은 종신직 공무원이다. 이는 공무원이 안정적인 환경에서 직무에 전념할 수 있도록 한다. 셋째, 정치적 중립성 유지이다. 공무원이 정치적 영향으로부터 독립하여 공정하게 직무를 수행하도록 한다. 이 세 가지 특색은 상호 의존적이며, 함께 전문적이고 안정적이며 공정한 공직 사회를 구현하는 데 기여한다. 신분 보장은 정치적 중립성을 강화하고, 이 둘은 실적에 기반한 임용을 통해 더욱 견고해진다.

3. 직업공무원제도의 위기 요인 및 개선 방향

최근 한국의 직업공무원제도는 여러 위기 요인에 직면하고 있다는 논의가 활발하다. 개방형 인사제도, 정년 단축, 계급정년제 도입, 탈관료제 및 대표관료제의 대두와 같은 외부적 변화뿐만 아니라, 내부적으로도 높은 의원면직률, 낮은 정년퇴직률, 저연차 공무원들의 공직 이탈 심화, 그리고 보상에 대한 불공정성 인식 증가 등은 직업공무원제의 핵심 구성요소가 흔들리고 있음을 시사한다.

이러한 문제들은 한국의 직업공무원제가 역사·문화적으로 충분한 경험과 맥락적 이해 없이 도입되면서 제도와 실제 운영 사이에 괴리 현상이 나타난 결과로 풀이될 수 있다. 따라서, 직업공무원제도의 본질적 가치인 안정성과 중립성을 유지하면서도, 변화하는 공직 환경과 공무원의 가치관을 반영하여 제도를 수정·보완하는 것이 필수적이다. 이는 공직의 매력을 유지하고 유능한 인재를 지속적으로 유치하며, 급변하는 행정 수요에 유연하게 대응하기 위한 중요한 과제이다.

VI 공무원의 임면과 권리의무

1. 임용의 원칙 및 임용권자

공무원 임용의 기본원칙은 실적주의(능력주의)이다. 이는 공직에의 임용을 당파성이나 정실·연고 관계를 떠나 개인의 자격과 능력, 그리고 실적 등을 기준으로 하는 것을 말한다. 신규 채용은 주로 공개경쟁채용시험 또는 특별채용시험을 통해 이루어진다.

공무원의 임용권은 계층적으로 분배된다. 대통령은 5급 이상 공무원 및 고위공무원단에 속하는 공무원의 임용권을 가지며, 그 외의 임용권은 소속 장관이 가진다. 대통령은 임용권의 일부를 소속 장관에게 위임할 수 있고, 소속 장관은 이를 다시 소속 기관장에게 위임하거나 재위임할 수 있다. 지방공무원의 경우, 지방자치단체의 장과 지방의회의 의장이 그 소속 공무원의 임명, 휴직, 면직, 징계 권한(임용권)을 가진다. 이 권한의 일부는 지방자치단체의 조례로 정하는 바에 따라 보조기관, 소속 기관의 장 등에게 위임될 수 있다. 이러한 임용권의 분배는 중앙집권적인 인사관리 체계를 유지하면서도, 각급 기관의 자율적인 인사 운영을 가능하게 한다.

2. 임용 절차

공무원 임용 절차는 직무의 특성과 직급에 따라 다양하게 구성된다. 일반적으로는 공개경쟁채용시험을 통해 이루어지며, 이는 필기시험, 실기시험, 면접시험, 서류심사 등의 다단계 과정을 포함한다. 이러한 다단계 평가는 응시자의 지식, 기술, 태도 등 종합적인 역량을 평가하여 가장 적합한 인재를 선발하기 위함이다.

특정 전문지식이나 기술이 요구되거나 임용 관리에 특수성이 요구되는 업무를 담당하게 하기 위해서는 일정 기간을 정하여 근무하는 임기제공무원을 임용할 수 있다. 또한, 특정 경력이나 자격을 갖춘 인재를 채용하기 위한 경력경쟁임용시험도 운영된다. 이러한 다양한 임용 경로는 공무원 제도가 변화하는 행정 환경에 맞춰 전문성과 유연성을 확보하려는 노력을 보여준다.

3. 면직(免職)

면직은 공무원의 신분 관계를 종료시키는 행위로, 크게 의원면직, 직권면직, 징계면직으로 나뉜다. 의원면직은 공무원 본인의 사의(辭意) 표시에 따라 임용권자가 이를 수리하여 신분 관계를 종료시키는 처분이다. 공무원 명예퇴직도 넓은 의미의 의원면직에 해당한다. 징계를 피하기 위한 퇴직을 막기 위해 퇴직 허용 전에 징계 사유나 형사 사건이 있는지 확인하는 절차가 있다. 직권면직은 공무원이 법이 정한 일정한 사유에 해당할 때, 본인의 의사와 관계없이 임용권자가 그의 공무원 신분을 박탈하여 공직으로부터 배제하는 제도이다. 주요 직권면직 사유로는 직제·정원의 개폐 또는 예산 감소로 인한 과원, 휴직 기간 만료 후 직무 복귀 불가능 또는 직무 감당 불가, 직위해제 후 능력 향상 기대 불가, 전직 시험 3회 이상 불합격, 직무 수행에 필요한 자격증 효력 상실 등이 있다. 직권면직 시에는 징계위원회의 의견을 들어야 하며, 이는 공무원의 신분보장을 위한 절차적 통제 장치로 작용한다.

징계면직은 징계처분 중 가장 무거운 파면과 해임에 해당하며, 공무원 신분을 완전히 해제하는 처분이다. 이러한 면직 유형과 각 사유 및 절차는 공무원에게 부여된 강력한 신분보장을 보여준다. 직업공무원제의 핵심 요소인 신분보장은 공무원이 정치적 압력이나 자의적인 인사 조치로부터 보호받으며 안정적으로 직무를 수행할 수 있도록 한다. 동시에, 직권면직 및 징계면직 제도는 공직의 효율성과 공공의 이익을 위해 필요한 경우 부적격하거나 비위 공무원을 공직에서 배제할 수 있는 균형적인 장치로 기능한다.

4. 권리

공무원은 특별한 의무를 부담하는 동시에, 그에 상응하는 다양한 권리를 가진다.

1) 신분상의 권리

공무원은 법에 의해 강력한 신분보장을 받으며, 법률의 규정에 의하지 않고는 면직, 휴직, 강임 등 신분상의 불이익 처분을 받지 않는다. 이는 공무원이 정치적 중립성을 유지하고 안정적으로 직무에 전념할 수 있도록 하는 핵심적인 장치이다. 만약 불이익 처분을 받았을 경우, 공무원은 소청심사 청구권을 통해 이에 이의를 제기할 수 있다. 소청심사는 행정심판 전치주의가 적용되는 제도로, 공무원의 권익을 보호하고 인사 행정의 공정성을 확보하는 중요한 절차이다.

2) 재산상의 권리

공무원은 직무 수행에 대한 대가로 보수를 받을 권리를 가지며, 퇴직 후에는 연금을 지급받는다. 또한, 직무 수행 중 질병, 부상, 폐질, 사망 또는 재해를 입었을 경우 본인 또는 유족에게 법률이 정하는 바에 따라 적절한 공무원 재해보상 급여가 지급된다. 이 외에도 주택 지원, 생활 원조 활동(급식, 구매 등), 공제 금융·보험 혜택, 문화·체육·레크리에이션 시설 이용 등 다양한 후생복지사업의 혜택을 받는다. 이러한 경제적·후생적 권리들은 유능한 인재를 공직으로 유치하고 장기적으로 근무하도록 유도함으로써 공직의 전문성과 안정성을 높이는 데 기여한다.

3) 직무수행권 및 제안 제도

공무원은 법령에 따라 부여된 직무를 수행할 권리를 가진다. 또한, 행정 개선에 도움이 되는 창의적인 제안을 할 수 있는 제안 제도가 운영된다. 채택 및 시행으로 국가 예산 절약 등 현저한 공헌을 한 경우, 상여금, 특별 승진 또는 특별 승급의 기회가 부여되기도 한다. 이는 공무원이 단순히 주어진 업무를 처리하는 것을 넘어, 능동적으로 행정 발전에 기여할 수 있는 기회를 제공하며, 조직 내 혁신과 효율성 증진을 장려하는 효과가 있다.

5. 의무

공무원의 의무는 국민에 대한 봉사자로서의 역할을 충실히 이행하기 위한 행동 규범이자 책임의 근거가 된다.

공무원의 주요 복무 의무는 다음과 같다.

1) 성실의 의무

모든 공무원은 법령을 준수하며 성실히 직무를 수행해야 한다. 이는 공무원의 가장 기본적인 의무이자 다른 모든 의무의 전제가 된다.

2) 복종의 의무

공무원은 직무를 수행함에 있어서 소속 상관의 직무상 명령에 복종해야 한다. 다만, 위법하거나 부당한 명령에 대해서는 이의를 제기할 수 있는 한계가 존재한다.

3) 친절 · 공정의 의무

공무원은 국민 전체의 봉사자로서 친절하고 공정하게 집무해야 한다. 이는 국민과의 접점에서 공직에 대한 신뢰를 형성하는 데 매우 중요하다.

4) 비밀 엄수의 의무

공무원은 재직 중은 물론, 퇴직 후에도 직무상 알게 된 비밀을 엄격히 지켜야 한다.

5) 청렴의 의무

공무원은 직무와 관련하여 직접적으로나 간접적으로 사례 · 증여 또는 향응을 주거나 받을 수 없다.

6) 품위 유지의 의무

공무원은 직무의 내외를 불문하고 그 품위를 손상하는 행위를 해서는 안 된다.

7) 금지 의무

공무원에게는 공직의 공정성과 신뢰성을 유지하기 위한 몇 가지 금지 의무가 있다.

(1) 직장 이탈 금지

공무원은 소속 상관의 허가 또는 정당한 이유 없이 직장을 이탈하지 못한다.

(2) 영리 업무 및 겸직 금지

공무원은 공무 이외의 영리를 목적으로 하는 업무에 종사하지 못하며, 소속 기관장의 허가 없이 다른 직무를 겸할 수 없다. 이는 직무 수행 능률 저하 및 공익과 상반되는 사익 취득의 위험을 방지하기 위함이다.

(3) 정치 운동 금지

선거에 의해 취임하거나 정치적으로 임용되는 공무원을 제외한 다른 공무원들은 정당 기타 정치단체의 결성에 관여하거나 이에 가입할 수 없다. 이는 공무원의 정치적 중립성을 확보하여 행정의 공정성을 유지하기 위함이다.

(4) 집단 행위 금지

공무원은 노동운동 기타 공무 이외의 일을 위한 집단 행위를 할 수 없다. 다만, 사실상 노무에 종사하는 공무원은 예외이다. 이러한 규범 때문에 대부분의 공무원은 근로자로서 누려야 할 노동삼권을 일부 포기해야 하며, 이는 공무원의 특수한 지위와 공공성에 기인한다.

Ⅶ 소결

한국 공무원제도는 헌법적 가치인 '국민 전체에 대한 봉사자'라는 의의를 바탕으로, 직업공무원제를 통해 행정의 안정성, 전문성, 정치적 중립성을 확보하고자 한다. 이는 신라시대부터 이어져 온 관료 체제의 역사적 경험과 해방 이후 민주주의적 가치 도입의 산물이다. 다양한 임용 절차와 권리 및 의무 규정, 그리고 다층적인 책임 시스템(징계, 변상, 형사, 민사)은 공무원의 공정하고 능률적인 직무 수행을 담보하는 핵심 기제이다. 특히, 공무원의 신분 보장과 정치적 중립성 보장은 공직의 안정성과 전문성을 유지하는 데 필수적인 요소로 기능한다.

그러나 급변하는 사회 환경 속에서 직업공무원제는 내부적 위기 요인(예: 낮은 정년퇴직률, 저연차 공무원 이탈 심화, 보상 불공정성 인식)과 외부적 요구(예: 개방성, 유연성, 적극행정의 필요성)에 직면하고 있다. 이러한 현상은 제도의 이상과 현실 운영 사이의 괴리에서 비롯될 수 있으며, 공무원 제도가 끊임없이 변화하는 시대적 요구에 적응해야 함을 보여준다.

미래 공무원제도는 국민의 신뢰를 바탕으로 한 '적극행정'을 더욱 장려하고, '소극행정'을 근절하는 방향으로 나아가야 한다. 이는 공무원이 단순히 법규를 준수하는 것을 넘어, 능동적으로 문제를 해결하고 공공 가치를 창출하는 역할로 확장되어야 함을 의미한다. 공무원의 신분보장과 정치적 중립성을 유지하면서도, 민주적 통제를 강화하고 행정의 유연성과 전문성을 제고하는 방안이 지속적으로 모색되어야 한다. 궁극적으로, 공무원이 국민의 기대에 부응하는 진정한 봉사자로서의 역할을 수행하며, 변화하는 시대적 요구에 능동적으로 대응할 수 있도록 제도적·문화적 개선이 필요하다. 이는 공무원제도의 지속적인 발전과 공공 서비스의 질적 향상을 위한 중요한 과제이다.

제5항 · 지방자치제도

Ⅰ 지방자치제도의 의의

1. 개념 및 본질

지방자치는 국가별 제도의 차이에도 불구하고, 지방을 단위로 중앙정부의 관여를 일정 수준에서 벗어나 자율적인 행정을 수행하는 공통적 속성을 지닌다. 이는 지역에 거주하는 주민들과 자치단체가 자신들의 입장에서 지역 공동체의 과제 및 공공행정을 다루는 정치제도를 의미한다. 지방자치는 크게 주민자치와 단체자치의 두 가지 본질적 특성을 포괄한다. 주민자치는 지방행정의 제반 과정에 주민 참여 제도를 운용하여 주민의 의사를 반영하는 것을 의미하며, 단체자치는 국가의 권한과 사무를 지방자치단체에 배분하는 지방분권 정책을 통해 실현된다.

「지방자치법」 제1조는 지방자치행정의 민주적이고 능률적인 운영을 통해 지방의 균형발전과 국가의 민주적 발전을 도모하는 것을 목적으로 명시하고 있다. 지방자치는 단순히 민주주의적 이상만을 추구하는 것이 아니라, 실제 행정의 효율성이라는 실용적 목표와도 긴밀하게 연결되어 있다. 주민 참여를 통한 민주적 정당성 확보와 동시에, 분권화를 통한 행정의 능률성 증진이라는 두 가지 상충될 수 있는 가치를 어떻게 조화시키는지가 지방자치제도 설계의 핵심 과제이다. 이러한 조화가 이루어질 때 비로소 지방자치는 지속 가능하고 국민에게 실질적인 혜택을 제공할 수 있다.

지방자치의 목적이 "지방의 균형발전과 국가의 민주적 발전"으로 명시된 것은 지방자치가 단순히 지역의 문제해결을 넘어, 국가 전체의 민주주의 심화와 지역 간 불균형 해소에 기여하는 거시적인 역할을 수행함을 의미한다. 즉, 지방자치는 국가 발전의 하위 개념이 아니라, 국가의 민주적 기반을 강화하고 지속 가능한 성장을 이루기 위한 필수적인 요소로 인식되고 있다. 이는 지방자치의 중요성을 국가적 관점에서 재조명하게 한다.

2. 역사적 배경 및 변천

지방자치제도는 해방 이후부터 현재까지 긴 여정을 거쳐왔다. 해방 직후 여운형을 주축으로 한 건국준비위원회와 인민위원회 등 자치 조직이 시도되었으나, 미군정의 현상유지 정책과 함께 해체되거나 성격이 변화되었다. 1948년 헌법(제8장 지방자치, 제96조, 제97조)에 지방자치에 관한 내용이 포함되어 민주주의적 지방자치의 원칙을 명시했다.

대한민국 정부 수립 직후인 1949년 7월 4일, 1948년 헌법에 따라 「지방자치법」이 공포되었다. 이 법은 서울시장과 도지사는 임명하되, 시·읍·면장은 지방의회에서 선출하도록 규정했다. 또한 지방의회가 단체장 불신임 결의권을, 단체장이 의회 해산권을 가지는 내각책임제적 특성을 포함했다. 그러나 이승만 정권은 지방선거를 정치적 목적으로 활용하다가, 1958년 「지방자치법」을 개정하여 시·읍·면장 선출제를 폐지하고 임명제로 전환하며 중앙집권화를 강화했다. 이는 4월 혁명으로 이승만 정권이 붕괴하는 원인 중 하나가 되었다. 한국 지방자치의 역사는 중앙 정치 권력의 필요에 따라 시행과 중단을 반복해 왔음을 명확히 보여주고 있다. 이승만 정권은 자신의 지지 기반 확대를 위해 지방선거를 활용했으나, 통제 불능이 되자 선출제를 폐지했다. 이는 지방자치가 본질적인 민주주의 원리로서 존중되기보다는, 중앙 정치의 안정과 권력 유지의 도구로 악용되어 왔음을 시사한다.

제2공화국 등장 이후 1960년 11월 1일「지방자치법」이 개정되었고, 12월에는 지방자치선거가 실시되었다. 그러나 이듬해 5·16 쿠데타가 발생하면서 군사혁명위원회는 포고 제4호로 전국의 지방의회를 해산시켰다.「지방자치에 관한 임시조치법」(1961년 9월 1일)을 공포하여 서울특별시장, 도지사를 비롯한 자치단체장에 대한 임명제를 다시 실시하고, 기존의 읍·면 자치에서 군(郡) 자치제로 전환했다. 1972년 헌법 부칙 제10조에는 "조국통일이 이루어질 때까지" 지방의회를 구성하지 않는다고 명시하여 지방자치제는 사실상 중단되었다. 이 시기 지방자치는 중앙정부의 하위 행정기관 역할에 머물렀다. 군사정권은 효율성과 경제 성장을 명분으로 지방자치를 장기간 중단시켰다. 이러한 역사적 경험은 현재 지방자치가 직면한 중앙 종속성 문제의 뿌리가 되고 있다. 즉, 형식적 제도의 부활만으로는 진정한 자치가 어렵고, 중앙 권력의 인식 변화와 실질적인 권한 이양이 필수적임을 알 수 있다.

1987년 민주화 이후 지방자치제 실시가 재개되어, 1991년 3월 26일 기초의회 의원 선거를 시작으로 1995년 6월 27일 광역 및 기초 단체장과 의회 의원 선거가 전국적으로 실시되며 지방자치가 본격적으로 부활했다. 그러나 1991년과 1995년 지방자치가 재개되었음에도 불구하고, 중앙 종속적인 양상이 여전하다는 지적이 있다. 이는 수십 년간 이어진 중앙집권적 지배 구조가 법적, 제도적 변화만으로는 쉽게 해소되지 않는 깊은 관행과 문화적 유산을 남겼음을 의미한다. 중앙 정부의 과도한 지배, 불충분한 권한 및 재원 이양 등은 과거의 중앙집권적 행정 체제가 현재 지방자치의 질적 발전을 저해하는 핵심 과제로 남아있음을 보여주고 있다. 이러한 역사적 맥락을 이해하는 것은 현재 지방자치의 한계와 미래 과제를 분석하는 데 필수적이다.

3. 지방자치의 기능 및 필요성

지방자치는 다양한 측면에서 국가 및 지역 사회에 필수적인 기능을 수행한다. 첫째, 국가 기능의 확대와 관료화에 대응하여 일정한 독립성을 통해 적절한 견제 기능을 담당할 수 있다. 둘째, 중앙정부의 정권교체 등 정국 변동에 따른 국정의 전반적인 마비와 혼란을 방지하는 역할을 수행할 수 있다. 이는 지방자치가 단순한 행정 분담을 넘어, 국가

전체의 안정성과 지속 가능한 발전을 위한 중요한 전략적 기제임을 시사한다. 중앙집중식 시스템이 외부 충격에 취약하거나 획일적인 정책으로 인해 지역 특수성을 반영하지 못할 때, 지방자치는 유연하고 다각적인 대응을 가능하게 하여 국가 전체의 회복 탄력성과 경쟁력을 높이는 역할을 한다.

셋째, 중앙정부와 달리 일정한 지역 안에서 여러 분야의 행정을 종합적으로 수행함으로써 지역 주민의 편의를 증진시킨다. 넷째, 지방자치단체와 지역 주민이 지역 발전의 주체가 되어 상호 경쟁을 촉발하고, 지역별 특수한 자원에 기반한 소규모의 다양한 산업 정책을 촉진한다. 마지막으로, 중앙정부의 획일적인 행정 서비스 공급이 아닌, 지역 주민의 선호에 초점을 맞춘 다양성을 중시하여 맞춤형 서비스를 제공한다.

4. 장점과 단점

지방자치는 여러 가지 장점과 동시에 극복해야 할 단점들을 내포하고 있다.

1) 장점

(1) 민주적 정당성

지역 주민들이 지방의원, 지방자치단체장을 직접 선출하므로 민주적 정당성을 제고에 기여한다.

(2) 지역 전문성

지방의회 의원들은 자기 관할 구역 내 사무에 대해서만 판단하면 되기 때문에 지역의 문제에 대해 국회의원들보다 전문성을 가질 수 있다.

(3) 행정 효율성 및 경제성

중앙정부의 과도한 업무 부담을 분담하여 효율적인 행정을 추구하며, 지방 정부의 작은 규모로 인해 능률성과 경제성을 확보할 수 있다.

(4) 사회 통합 및 시민의식 신장

지역 주민의 참여권이 폭넓게 보장되어 사회 통합과 소통에 기여하며, 정치 권한 분산을 통해 개인의 권리와 책임 의식을 고취시켜 시민의식을 신장시킨다.

(5) 정부 경쟁력 강화

지방 정부 간의 선의의 경쟁을 유발시켜 정부 경쟁력을 강화하고 주민 복지를 효율적으로 증진시킨다.

2) 단점

(1) 전문성 저해 우려

지방의회 의원이나 지방자치단체장의 전문성이 중앙 정부 수준에 비해 떨어지는 경우가 많아 주민 의사가 제대로 반영되지 못할 수 있다.

(2) 행정의 독립성 부족

지방자치단체가 자치 사무보다 위임 사무의 비율이 높아 중앙정부의 하부 기관처럼 여겨지는 경우가 많아 행정의 독립성 확보가 어렵다. 지방자치의 단점으로 "자치 사무의 비율보다 위임 사무의 비율이 높아서 중앙정부의 하부 기관처럼 여겨지는 경우가 적지 않다."는 지적은 지방자치의 실질적 자율성에 큰 영향을 미친다. 이는 법적으로 지방자치가 보장되어 있지만, 실제 운영에 있어서는 중앙 정부의 지시를 따르는 위임 사무의 비중이 높아 지방 정부가 진정한 자율성을 행사하기 어렵다는 것을 의미한다. 이러한 괴리는 지방자치의 민주적 정당성을 약화시키고, 지역 특성에 맞는 정책 수립을 저해하여 지방자치의 본래 의의를 퇴색시킬 수 있다. 이는 과거 중앙집권적 유산이 현재까지도 지방자치의 발목을 잡고 있음을 보여주는 핵심적인 문제이다.

(3) 재정자립도 격차

지역별 재정자립도 차이가 커서 재정이 부유한 지역에서는 자치가 원만하나, 그렇지 못한 지역에서는 제대로 수행되지 못하는 문제가 있다. "지역별로 재정자립도에 차이가 크기 때문에 재정이 부유한 지방에서는 지방자치가 원만하게 수행되지만, 그렇지 못한 지역에서는 지방자치가 제대로 수행되지 못한다."는 점은 지방자치가 모든 지역에 걸쳐 균등하게 실현되지 못하고 있음을 의미하며, 부유한 지역만이 진정한 자치권을 행사할 수 있는 불평등한 상황을 초래한다. 이는 지방자치의 본래 목적 중 하나인 "지방의 균형 발전"을 저해하며, 재정적 격차가 지역 주민의 민주적 참여 기회와 행정 서비스의 질적 차이로 이어질 수 있다는 점에서 심각한 사회적 함의를 가진다. 이는 중앙-지방 간의 재정 관계 개편이 시급한 과제임을 뒷받침한다.

(4) 소수 이익 대변 우려

지방자치에 대한 주민 참여가 소수에 불과할 경우, 소수 기득권 세력의 이익을 대변하는 수단으로 전락할 위험이 있다.

Ⅱ 지방자치선거법제

1. 지방선거의 종류 및 임기

지방선거는 지방의회의원, 지방자치단체장 및 교육감을 선출하는 선거를 포함한다. 지방의회의원, 지방자치단체장, 교육감 모두 임기는 4년이다. 지방의회의원은 재임(재선)이 가능하며, 지방자치단체장 및 교육감은 3번까지 재임(연임)이 가능하다. 이는 「지방자치법」 제87조 제1항에 명시된 규정으로, 계속 재임을 3기로 제한하고 있다. 임기 만료에 따른 선거일은 임기 만료일 전 30일 이후 첫 번째 수요일로 정해진다.

지방자치단체장 및 교육감의 3선 연임 제한은 「지방자치법」 제87조 제1항에 명시된 중요한 규제이다. 헌법재판소는 이 규정이 장기 집권으로 인한 지역 발전 저해, 부패 및 행정 부실 방지, 유능한 인재의 공직 진출 촉진 등 정당한 공익 목적을 가진다고 판단했다. 이는 민주적 정당성을 가진 선출직 공무원의 권한 남용 가능성을 견제하고, 새로운 인물의 등용을 통해 지방 행정의 활력과 투명성을 확보하려는 입법자의 의지를 반영하고 있다. 즉, 재임 허용을 통한 행정의 연속성과 책임성 확보와 동시에, 연임 제한을 통한 권력의 독점 방지 및 견제라는 두 가지 가치를 동시에 추구하는 제도적 균형점이다.

2. 선거권 및 피선거권

지방선거에서 선거권자의 연령은 선거일 현재 「공직선거법」 제17조에 따라 산정하며, 18세 이상의 주민이 선거권을 가진다. 「지방자치법」 제12조에 따르면 지방자치단체의 구역 내에 주소를 가진 자는 국적·성별·연령을 불문하고 주민이 된다. 이는 외국인도 주민이 될 수 있음을 의미한다. 피선거권은 선거에서 당선인이 될 수 있는 자격을 말하며, 주민은 법령이 정하는 바에 따라 지방의회의원과 지방자치단체장에 대한 피선거권을 가진다.

「지방자치법」 제12조에 명시된 "국적·성별·연령을 불문하고 주민이 된다."는 규정은 지방선거의 선거권자 범위를 국적과 무관하게 확대하는 중요한 의미를 가진다. 이는 국가적 차원의 선거와 달리, 지방의 문제는 해당 지역에 거주하는 모든 사람에게 영향을 미친다는 현실적 인식을 반영한 것이다. 외국인 거주자에게도 선거권을 부여함으로써, 지방 행정의 민주적 정당성을 강화하고, 실제 지역 사회 구성원들의 다양한 목소리를 행정에 반영하려는 의지를 보여준다. 이는 지방자치가 단순한 행정 구역 단위의 통치를 넘어, 실질적인 지역 공동체로서의 포괄적 민주주의를 지향함을 시사한다.

3. 후보자 등록 및 선거운동 규제

「공직선거법」에 따라 후보자 등록 절차가 진행되며, 선거기간 개시일 전까지는 선거운동이 제한될 수 있다. 현행 선거법은 정당 또는 후보자 등의 선거운동 방법을 포괄적이기보다는 구체적이고 세부적으로 규제하고 있다. 법 제64조(선거벽보)부터 제83조(교통편의 제공)까지는 허용되는 선거운동 방법을 규정하고, 제84조에서는 무소속 후보자의 정당 표방 제한 등을 명시하고 있다.

「공직선거법」이 선거운동 방법을 "구체적 세부적으로 규제"하고 "허용되는 선거운동 방법을 규정"하는 방식은 선거의 공정성과 투명성을 확보하려는 강력한 의지를 보여주고 있다. 이는 과거 선거 부정이나 과열 경쟁의 경험에서 비롯된 것으로 해석될 수 있다. 그러나 이러한 세부적 규제는 동시에 후보자와 정당의 정치적 표현의 자유를 제한할 수 있다는 점에서 논란의 여지다. 선거운동의 자유를 최대한 보장하면서도, 금권 선거나 불법 선거운동을 방지하여 공정한 경쟁 환경을 조성하는 것이 선거법제의 핵심 과제이다.

4. 투표 및 개표 절차

지방선거의 투표는 일반선거인 투표 외에 사전투표, 거소투표, 선상투표 등 다양한 투표 방법이 운영되어 유권자의 편의를 도모하고 있다. 개표는 투표함이 개표소로 도착하면 관련 서류 확인, 투표함 정리, 개표 참관인의 참관하에 진행된다. 개표는 투표구별로 구분하여 투표수를 계산하며, 사전투표 및 거소투표는 일반투표함과 별도로 먼저 개표될 수 있다. 개표 결과는 즉시 공표되며, 개표록, 집계록, 선거록이 작성되어 관할 선거관리위원회에 송부된다. 이 기록에는 위원장과 출석 위원 전원이 기명하고 서명 또는 날인해야 한다.

투표 및 개표 절차에 있어 "시민들로 구성된 개표 참관인이 모든 상황을 지켜봅니다"와 같이 투명성을 강조하는 규정은 매우 중요하다. 이는 선거 결과의 공정성에 대한 국민적 의구심을 해소하고, 민주주의의 핵심인 선거 과정에 대한 신뢰를 높이기 위한 제도적 장치이다. 특히 한국 현대사에서 선거 부정의 아픈 경험이 있었음을 고려할 때, 이러한 투명성 강화 노력은 단순한 절차적 준수를 넘어 민주주의의 정착과 발전을 위한 필수적인 요소로 기능하고 있다.

Ⅲ 헌법과 지방자치

1. 헌법상 지방자치 보장의 원칙

대한민국 헌법은 지방자치를 명시적으로 보장하고 있다. 헌법 제117조 제1항은 지방자치단체가 주민의 복리에 관한 사무를 처리하고 재산을 관리하며, 법령의 범위 안에서 자치에 관한 규정을 제정할 수 있다고 규정한다. 또한 지방자치단체의 종류는 법률로 정하도록 규정하고 있다. 헌법 제118조 제1항은 지방자치단체에 의회를 두도록 명시하며, 제2항은 지방의회의 조직·권한·의원 선거와 지방자치단체의 장의 선임 방법 등 지방자치단체의 조직과 운영에 관한 사항은 법률로 정하도록 규정하고 있다.

헌법 제117조와 제118조는 지방자치를 헌법적으로 보장하는 근거 조항이다. 그러나 두 조항 모두 "법령의 범위 안에서" 또는 "법률로 정한다."는 단서를 명시하고 있다. 이는 헌법이 지방자치의 존재와 기본 틀을 보장하지만, 그 구체적인 내용과 범위는 국회의 입법에 맡기고 있음을 의미한다. 이러한 구조는 지방자치의 자율성을 헌법적으로 인정하면서도, 중앙 정부(국회)가 지방자치의 실질적 내용을 통제할 수 있는 여지를 남겨두어, 지방자치의 본질적 내용 침해 가능성을 내포한다. 이는 앞서 언급된 지방자치의 중앙 종속성 문제의 헌법적 근거가 될 수 있다.

2. 지방자치의 제도적 보장

지방자치는 헌법상 "제도적 보장"이다. 이는 헌법 제정자가 특히 중요하고 가치 있다고 판단하는 국가 제도를 헌법에 규정함으로써, 입법자에게 해당 제도의 설립 및 유지 의무를 부여하고 그 본질적 내용을 침해할 수 없도록 하는 객관적 법규범이다. 제도적 보장은 개인의 주관적 권리인 기본권과는 달리 객관적 법규범이다. 기본권이 '최대 보장의 원칙'을 따르는 반면, 제도적 보장은 '최소 보장의 원칙'을 따르므로, 입법자에게 그 구체적인 내용과 형태를 형성할 넓은 입법형성권이 인정된다.

지방자치가 헌법상 '제도적 보장'으로서 '최소 보장의 원칙'을 따른다는 헌법재판소의 해석은 지방자치의 실질적 자율성에 중대한 함의를 가진다. 이는 입법자(국회)에게 지방자치의 구체적 내용을 형성할 광범위한 재량권을 부여하며, 헌법이 정한 '최소한'의 범위만 지켜지면 입법자의 재량적 결정이 존중된다는 의미이다. 결과적으로, 중앙정부의 입법을 통해 지방자치의 범위와 권한이 축소되거나 제한될 수 있는 헌법적 근거를 제공하며, 이는 지방 정부가 중앙 정부의 하위 기관처럼 기능하는 현실을 정당화하는 요인으로 작용할 수 있다.

3. 헌법재판소의 해석 및 주요 판례

헌법재판소는 지방자치의 범위와 한계에 대해 여러 차례 판단을 내렸다. 특히 지방자치법 제87조 제1항의 지방자치단체장 3선 연임 제한 규정이 헌법에 위반되지 않는다고 결정했다. 헌법재판소는 이 규정이 지방자치단체장들의 공무담임권, 선거권, 평등권 등 기본권을 침해하지 않으며, 장기 집권으로 인한 지역 발전 저해, 부패 방지, 유능한 인재 등용 촉진 등 정당한 공익 목적을 달성하기 위한 것으로 보았다.

또한, 헌법재판소는 헌법 제25조에 따라 공무담임권의 내용에 대해 입법자에게 넓은 입법형성권이 인정된다고 보았으며, 주민자치권 역시 개인에게 인정되는 기본권이 아니며, 핵심 영역이 아닌 한 법률에 의해 제한될 수 있다고 판시했다. 헌법재판소가 지방자치단체장 연임 제한을 합헌으로 결정한 것은, 지방자치의 헌법적 보장에도 불구하고 그 구체적 운영 방식에 대한 중앙 입법권의 우위를 인정한 중요한 판례이다. 특히 공무담임권과 주민자치권이 입법자의 광범위한 형성권에 의해 제한될 수 있음을 명확히 함으로써, 지방자치의 실질적 내용은 중앙 법률에 의해 크게 좌우될 수 있음을 재확인했다. 이는 지방자치의 본질적 가치와 중앙 통제 사이의 균형점에서 사법부가 중앙의 입법적 재량을 폭넓게 인정하고 있음을 보여주며, 지방분권의 질적 심화를 위해서는 입법부의 자율적 노력이 더욱 중요함을 시사한다.

4. 공무원 관련 헌법적 가치와 지방자치

공무원의 역할과 지위에 대한 헌법적 가치는 지방자치 시스템에서도 중요하게 적용된다. 헌법 제7조 제1항은 “공무원은 국민 전체에 대한 봉사자이며, 국민에 대하여 책임을 진다.”고 규정하고 있다. 이는 지방공무원에게도 동일하게 적용되는 헌법적 가치이다. 헌법 제7조 제2항은 “공무원의 신분과 정치적 중립성은 법률이 정하는 바에 의하여 보장된다.”고 명시하여, 직업공무원제도의 헌법적 근거를 제공한다. 이는 공무원의 국가에 대한 충성의무, 신분보장, 정치적 중립성, 실적주의를 핵심 요소로 한다.

헌법 제7조가 공무원을 “국민 전체에 대한 봉사자”로 규정하고 신분과 정치적 중립성을 보장하는 것은 지방공무원에게도 동일하게 적용된다. 이는 지방공무원이 소속 지방자치단체의 주민에 대한 책임뿐만 아니라, 국가 전체의 공익에 대한 책임도 동시에 지는 이중적 책임 구조를 형성함을 의미한다. 이러한 구조는 지방공무원이 지역적 특수성을 반영하면서도 국가적 통일성과 공정성을 유지해야 하는 복합적인 역할을 수행하도록 한다. 이는 중앙 정부가 지방 공무원의 복무나 징계에 관여할 수 있는 헌법적 정당성을 제공하며, 지방자치의 '국가적 통일성 및 계속성 확보'라는 장점과도 연결된다.

Ⅳ 지방자치법제

1. 지방자치단체의 종류, 조직 및 사무 범위

「지방자치법」은 지방자치단체의 종류와 그 사무 범위를 규정하고 있다. 지방자치단체는 광역 지방자치단체(특별시, 광역시, 특별자치시, 도, 특별자치도)와 기초 지방자치단체(시, 군, 구)로 구분된다. 지방자치단체는 관할 구역의 자치사무와 법령으로부터 위임받은 사무를 처리한다.

주요 자치사무의 예시로는 지방자치단체의 구역, 조직 및 행정관리(조례 제정·개폐, 공무원 인사, 지방세 부과·징수, 예산 편성·집행), 주민 복지 증진(사회복지시설 설치·운영, 보건진료), 농림·상공업 진흥, 지역 개발 및 생활환경 시설 설치·관리(상하수도, 공원), 교육·체육·문화·예술 진흥, 지역 민방위 및 소방, 국제 교류·협력 등이 있다.

지방자치단체가 '자치사무'와 '법령 위임 사무'를 동시에 처리한다는 점은 지방자치의 실질적 자율성에 큰 영향을 미친다. 위임 사무의 비중이 높을수록 지방 정부는 중앙 정부의 대리인 역할에 머물게 되어, 지역 특성과 주민의 선호를 반영한 독자적인 정책 수립 및 집행 역량이 저해될 수 있다. 이는 지방자치의 '행정의 독립성 부족'이라는 단점과 직접적으로 연결되며, 지방분권의 질적 수준을 평가하는 핵심 지표가 된다. 따라서 향후 지방자치의 발전 방향은 자치사무의 확대와 위임 사무에 대한 지방 정부의 자율성 강화에 초점을 맞춰야 한다.

2. 지방자치단체장과 지방의회의 역할 및 견제

「지방자치법」은 지방자치단체장과 지방의회의 역할 및 상호 견제 시스템을 명시하고 있다. 지방자치단체장은 지방자치단체를 대표하고 그 사무를 총괄하며, 지방자치단체의 사무와 법령에 따라 위임된 사무를 관리하고 집행한다. 지방의회는 주민의 대표기관으로서 조례의 제정·개폐, 예산 심의·확정, 결산 승인, 사용료·수수료 부과·징수, 재산 취득·처분, 공공시설 설치·처분, 청원 수리·처리, 감사 및 조사 등의 권한을 가진다.

지방자치단체장과 지방의회 간에는 상호 견제와 균형을 위한 장치가 마련되어 있다.

지방의회의 의결이 월권, 법령 위반, 공익 현저 저해 시 단체장은 재의를 요구할 수 있으며, 재의결된 사항이 법령에 위반될 경우 대법원에 소송을 제기할 수 있다. 또한 지방의회는 매년 지방자치단체의 사무를 감사하고, 특정 사항에 대해 조사할 수 있으며, 필요한 경우 단체장에게 증인으로서 의견 진술을 요구할 수 있다.

지방자치단체장과 지방의회 간의 역할 분담 및 상호 견제 시스템은 지방 민주주의의 핵심 요소이다. 이는 중앙 정부의 삼권분립 원칙을 지방 수준에 적용한 것으로, 권력 남용을 방지하고 주민에 대한 책임성을 강화하기 위함이다. 단체장의 재의 요구권과 의회의 감사·조사권은 이러한 견제와 균형을 가능하게 하는 법적 장치이다. 그러나 이러한 제도가 실제 얼마나 효과적으로 작동하는지는 지방 정치의 성숙도, 주민 참여 수준, 그리고 중앙정부의 개입 여부에 따라 달라질 수 있다. 특히 지방의회 의원들의 전문성 부족이나 소수 이익 대변우려는 이러한 견제 기능이 제대로 발휘되지 못할 수 있는 약점으로 작용할 수 있다.

V 소결

지방자치제도는 해방 이후 1948년 헌법에 그 원칙이 명시된 이래, 중앙 정치 권력의 부침 속에서 시행과 중단을 반복하며 긴 변천 과정을 겪었다. 특히 이승만 정권과 군사정권 시기에는 중앙집권적 통치의 도구로 활용되거나 사실상 중단되는 시련을 겪었으며, 이러한 역사적 경험은 현재 지방자치가 직면한 중앙 종속성 문제의 뿌리가 되었다. 1990년대 이후 재실시된 지방자치는 민주적 정당성을 확보하고 지역 특성을 반영한 행정 서비스 제공에 기여하고 있으나, 여전히 중앙정부의 과도한 개입, 불충분한 재정자립도, 그리고 주민 참여의 한계라는 과제를 안고 있다.

헌법은 지방자치를 '제도적 보장'으로 규정하며 그 존재와 기본 틀을 보장하지만, '최소 보장의 원칙'과 '법률 유보의 원칙'에 따라 그 구체적 내용은 입법자의 광범위한 형성권에 맡겨져 있다. 헌법재판소의 판례 역시 지방자치단체장 연임 제한 등을 합헌으로 인정하며 중앙 입법권의 우위를 확인하고 있다. 이는 지방자치의 실질적 자율성 확보를 위해 법률적, 제도적 개선 노력이 지속적으로 필요함을 시사한다.

지방선거법제는 지방의회의원, 지방자치단체장, 교육감 선출을 통해 지방 권력의 민주적 정당성을 부여하고 있다. 특히 지방자치단체장의 3선 연임 제한은 권력 독점을 방지하고 새로운 인재의 등용을 촉진하는 중요한 제도적 장치이다. 외국인에게도 선거권을 부여하는 등 지방 민주주의의 포괄성을 강화하려는 노력은 지역 공동체의 실질적 구성원들의 목소리를 반영하려는 의지를 보여준다. 투표 및 개표 과정의 투명성 강화는 선거의 공정성과 국민 신뢰를 확보하는 데 필수적이다.

지방공무원법은 직업공무원제도의 원칙을 지방 행정에 구현하여 전문성과 안정성을 확보하고 있다. 공무원에게는 '국민 전체에 대한 봉사자'라는 헌법적 가치에 기반한 광범위한 의무와 엄격한 책임이 부과된다. 신분보장과 다층적인 책임 시스템(행정상, 형사상, 민사상)은 공무원의 공정하고 성실한 직무 수행을 담보하며 공공 신뢰를 구축하는 데 기여한다.

결론적으로, 한국의 지방자치제도는 민주주의의 심화와 지역 균형발전을 위한 핵심 기제로서 중요한 역할을 수행하고 있다. 그러나 중앙집권적 유산의 지속적인 영향, 재정적 불균형, 그리고 형식적 자치와 실질적 자치의 괴리 등은 여전히 해결해야 할 과제로 남아있다. 향후 지방자치의 질적 발전을 위해서는 자치사무의 확대, 재정 분권의 실질화, 그리고 주민 참여의 실질적 보장을 위한 법제적, 제도적 노력이 지속적으로 이루어져야 할 것이다. 이를 통해 지방자치가 지역 주민의 삶에 더욱 밀착하고, 국가 전체의 민주적 발전과 지속 가능한 성장에 기여할 수 있을 것이다.

제2편

기본권론

제1장

기본권총론

제1절 기본권의 일반적 특질

기본권은 인종·성별·신앙·사회적 신분 등에 구애받지 아니하고 모든 인간이 보편적으로 누리는 권리이며(인권의 보편성),[70] 기본권은 인간이 인간으로서 생존하기 위해 당연히 누려야 할 인간에게 고유한 권리이지 국가에 의하여 창설된 권리가 아니며[인권의 천부성(天賦性)], 기본권은 일정기간에만 보장되는 권리가 아니라 영구히 보장되고 또 박탈당하지 아니하는 항구적 권리이고(인권의 항구성), 기본권은 인간이 향유하는 불가침의 권리이다(인권의 불가침성). 따라서 국가권력은 국민의 기본권을 가능한 한 최대한으로 존중하고 보장할 의무를 지며, 기본권의 본질적 내용은 어떠한 경우에도 침해될 수 없다.[71]

70) 이것과 관련하여 아프리카에서 종래 관습적으로 행하여 오던 할례가 인권의 보편성에 반하는 것이라고 할 수 있다.

71) 권영성, 앞의 책, 285쪽.

제2절 기본권의 역사적 전개

제1항 · 자유권적 기본권의 역사적 전개

Ⅰ 원기본권(Ur-Grundrecht)

1. 부뜨미(Emile Boutmy)

사상사적 측면에서 18세기의 계몽철학, 특히 루소의 사상이 인권의 효시를 이룬다고 주장하였다.

2. 옐리네크(G. Jellinek)

제도사적 측면을 강조하여 인권의 역사는 미연방헌법 및 주헌법에 보장된 종교의 자유에서 비롯된다고 주장하였다.

3. 최초의 기본권

기본권을 헌법문서에 성문화된 권리로 개념규정한다면, 최초의 기본권은 1679년의 '인신보호령'에 규정된 자의적인 체포 및 형사소추로부터 보호받을 권리, 곧 인신의 보호에 대한 권리이다. 그러나 인신의 보호에 대한 선구를 이룬 것은 1215년 영국 대헌장 제39조에 규정된 신체의 자유이며, 그러한 한에서 신체의 자유를 최초의 기본권이라 할 수 있다.

Ⅱ 영 국

1. 1628년 '권리청원'(Petition of Right)

(1) 코크(Sir E. Coke)가 기초하였다.
(2) 대헌장을 근거로 찰스 1세로부터 신민의 자유와 권리를 재확인하였다.
(3) 특히 의회의 동의 없는 과세와 자의적인 체포를 금지하였다.

2. 1679년 '인신보호령'

(1) 찰스 2세가 서명하였다.
(2) 문서로 된 체포영장 없이 영국신민의 인신을 체포하는 것을 금지하였다.

(3) 체포된 자는 늦어도 30일 이내에 법관에게 구인되어 그 체포가 허용되는 것인가 여부를 심사할 것을 규정하였다.

3. 1689년 '권리장전'(Bill of Right)

(1) 1688~89년의 무혈혁명의 결과로 성립하였다.

(2) 의회의 동의 없이 법률을 제정하거나 폐지하는 것을 금지하였다.

(3) 대표자를 자유로운 선거에 의하여 선출할 것을 규정하였다.

4. 영국의 헌법발전과 기본권발전의 특징

대정부투쟁과 종교투쟁을 통하여 일반적인 권리와 자유를 개인에게 국민의 권리로서 보장하고 그를 위해서 국가권력을 제한하고 있는 것이 특징이다.

Ⅲ 미 국

1. 1776년 6월 12일의 '버지니아권리장전'(Virginia Bill of Right, 1776. 6. 12.)

(1) 전문 16개 조항으로 구성되어 있다.

(2) 전국가적(前國家的) 자연법사상에 기초한 기본적 인권을 확인한 최초의 기본권 목록으로 평가된다.

(3) 중요내용

① 전국가적 인권에 대한 확인을 하였다.

② 주권재민의 원칙을 선언하였다.

③ 혁명권을 인정하였다.

④ 특권과 세습제를 부정하였다.

⑤ 공정한 소송절차와 배심제도를 보장하였다.

⑥ 언론의 자유와 종교의 자유는 국가권력에 의하여 침해될 수 없다.

2. 미국독립선언(Declaration of Independence, 1776. 7. 4.)

(1) 엄격한 의미에서 인권선언의 성격을 가지는 것은 아니다.

(2) 로크식의 자연법사상에 기초한 자유주의적 국가관을 공표하였다.

(3) 자연권적 인권의 승인, 국민주권, 혁명권 등을 선언하였다.

3. 미연방헌법(1787)

(1) 제정 당시에는 권리장전에 대한 부분이 없었다.

(2) 1791년에 권리장전에 해당하는 수정헌법 제1~10조를 증보하였는데, 그 주요내용으로 종교·언론·출판·집회의 자유, 신체의 자유, 적법절차·사유재산의 보장 등을 규정하였다.

(3) 1865~70년에 수정헌법 제13~15조, 1920년에 수정헌법 제19조 등 현재까지 수정헌법 제27조까지 증보하였는데, 그 주요내용으로 노예제와 강제노역의 폐지, 인종에 따른 참정권의 차별금지, 부인참정권의 인정 등이다.

4. 미국인권선언의 특이성

(1) 권리장전과 헌법이 의회가 아닌 특별한 회의체에서 통과되었다.

(2) 그 개정은 입법부로부터 구별되는 헌법개정기관에 의해서만 가능한 것으로 의제(擬制)됨으로써 헌법의 우위가 확립되어 위헌법률심사가 제도화되었다.

Ⅳ 프랑스

1. 인간과 시민의 권리선언(1789. 8. 26.)

(1) 라파이예트(Marquis de la Fayette, 1757~1834)가 작성하였으며, 전문 17개 조항으로 구성되어 있다.

(2) 주요내용

① 인간은 자유롭고 평등한 존재로서 출생하고 존재한다.

② 모든 정치적 결합의 목적은 인간의 '소멸되지 아니하는 자연의 권리'를 보지(保持)하기 위한 것이다.

③ 국민주권의 원리를 선언하였다.

④ 법률은 일반의지의 표현이다.

⑤ 종교의 자유와 언론의 자유를 보장하였다.

⑥ 권리의 보장과 권력의 분립은 근대적 헌법의 필수적 내용이다.

⑦ 재산권은 신성불가침의 권리이며 법률로 규정된 공적 필요성을 위하여 사전의 정의로운 보상을 통해서만 침해될 수 있다.

(3) 이 인권선언은 2년 후에 제정된 1791년의 프랑스 헌법에 편입되어 헌법의 구성

요소가 되었다.

2. 1791년 헌법

(1) 정치적 결사(국가)의 궁극목적은 프랑스국민에만 한정되지 않는 모든 인간의 자연적·절대적 인권을 보장하는 데 있다는 것을 명시적으로 규정하였다.

(2) 1789년에 선언된 권리 외에도 거주·이전의 자유, 결사권, 청원권 및 언론의 자유와 예배의 자유를 추가하였다.

3. 1793년 헌법

(1) 35개의 인권목록을 수용하였다.

(2) 인권의 자연권성·불가양성을 강조하였다.

(3) 공안위원회의 독재를 정당화하는 수단으로 전락하는 불운을 겪었다.

4. 1795년 제1공화국헌법

(1) 22개 조항의 권리와 9개 조항의 의무를 규정하였다.

(2) 자연권적·불가양적 권리가 아닌 공동체 내에서의 권리를 규정하였다.

(3) 법 앞의 형식적 평등보장, 법원의 절차에 대한 규정을 두었다.

5. 1946년 제4공화국헌법, 1958년 제5공화국헌법

현대적 의미의 기본권목록이 채택되었다.

6. 2000년 이후의 헌법개정

지방분권에 관한 규정, 환경헌장 등 의미 있는 규정을 두었다.

V 독 일

1. 독일인권발전의 실마리

독일인권발전의 실마리는 1807년 베스트팔렌왕국헌법에서 종교의 자유와 평등규정을 둔 데서 비롯되었다.

2. 1849년 프랑크푸르트헌법

(1) '독일국민의 기본권'이라는 표현을 처음으로 사용하였다.

(2) 60개 조항에 달하는 자유주의적 기본권목록을 수용하였다.

(3) 평등권, 거주·이전의 자유, 영업의 자유, 언론의 자유, 출판의 자유, 재산권뿐만 아니라 출국의 자유, 외교관에 대한 보호까지 규정하였다.

(4) 기본권에 대한 규정은 헌법이 명시하는 경우에만 가능하도록 하고, 헌법소원에 대한 규정도 두었다.

(5) 개인적 자유를 보호함과 동시에 기본권을 통하여 연방국가건설을 고무하고자 한 것이 프랑크푸르트 국민회의의 기도였다.

(6) 복고세력의 재등장으로 효력을 발휘하지는 못했고, 1851년에는 폐지되었다.

(7) 1919년의 바이마르헌법에 커다란 영향을 미쳤다.

3. 1871년 비스마르크헌법

기본권목록을 수용하지 않았다.

4. 1919년 바이마르헌법

모든 고전적 기본권과 아울러 사회적 기본권까지 규정하였다.

5. 1949년 본(Bonn)기본법

제1조에 히틀러의 유태인 학살을 반성하고 다시는 이러한 불행한 사태가 되풀이 되어서는 아니 된다는 의미에서 인간의 존엄의 불가침을 규정하고 국가와 국가권력은 인간의 존엄성을 위해 존재한다는 것을 명시하였다.

제2항 · 사회적 기본권의 등장과 전개

I 사회적 기본권 등장의 원인

1. 사회적 기본권을 등장시킨 원인을 한 마디로 요약하기는 어렵다.

2. 사회적 기본권에는 여러 인권선언 이후의 사회적 대변혁—기술과 산업적 분업, 고도의 인구증가, 독점자본주의의 등장, 세계경제의 흥망, 두 차례의 세계대전, 환경오염

그리고 그 결과 단 하나의 '중립적 권력'인 국가에 부여된 통합역할 — 의 산물인 우리 시대의 사회상황이 반영되어 있다.

Ⅱ 프랑스대혁명 전후의 사회적 기본권

1. 루이 16세의 포고문과 사회권

(1) 사회적 문제가 처음으로 국가문서에 나타난 것은 1776년 2월의 프랑스 루이 16세의 포고문에서였다.

(2) 이 포고문에서는 동업조합(=길드)을 폐지함과 동시에 중농학파의 영향을 받아 근로의 권리를 제일의 가장 신성하고 없어서는 안 될 인권으로 공포하였다.

2. 프랑스대혁명과 사회권

프랑스인권선언과 1791년의 프랑스헌법에서는 사회적 기본권에 대한 언급이 전혀 없다.

3. 자코뱅당 헌법초안

1793년 자코뱅당 헌법초안 제21조와 제22조는 근로의 권리, 공적 구호청구권, 교육을 받을 권리를 처음으로 규정하였으나 이 헌법은 발효되지 못하였다.

Ⅲ 영국의 차티즘운동과 사회적 기본권

영국에서는 대륙과는 달리 사회적 기본권을 성문화하는 대신, 차티스트운동에서 노동자들에게 선거권을 부여하여 스스로를 의회 내에서 대변하게 하고 그렇게 함으로써 사회변혁의 전제요건을 확보하여 무산자를 정치적으로 해방시키려 하였다.

Ⅳ 1848년 혁명기의 사회적 기본권

1. 1848년의 프랑스혁명

(1) 1848년 11월 4일의 헌법은 제13조에서 근로의 자유와 영업의 자유를 보장하였다.

(2) 그러나 이 규정은 강령규정으로 이해되었다.

2. 1848~49년의 프랑크푸르트헌법

(1) 1848년 5월 18일 프랑크푸르트의 바오로성당에서 회동한 독일국민회의는 독일헌정사에서는 처음으로 사회적 기본권을 헌법에 수용하는 문제를 논의하였으나 결국 부결되었다.

(2) 몰(Robert von Mohl)은 국가의 원조를 청구할 권리는 직접 소의 대상이 될 수 없을 것이라 하여 국가의 원조를 청구할 권리를 헌법에 수용하는 것에 반대하였다.

(3) 초등학교와 하급실업학교에서 무료로 교육받을 권리는 헌법 제157조에 명문화되었다. 무료초등교육은 1850년의 프러시아헌법 제25조 3항에도 규정되었다.

V 바이마르헌법

1. 1919년 8월 11일의 바이마르헌법은 사회적 기본권의 헌법적 수용과 관련하여 결정적인 역할을 수행한 헌법으로 평가를 받고 있다.

2. 사회적 기본권을 헌법에 수용하는 데 커다란 역할을 수행한 것은 나우만(Friedrich Naumann)이었다. 그러나 바이얼레(K. Beyerle)는 사회적 기본권 도입에 반대하였다.

3. 바이마르헌법은 제2편 제5장 경제생활에서 매우 상세한 사회적 기본권규정들을 규정하였음에도 불구하고, 그것들은 현실적 효력을 가지는 권리라기보다는 오히려 윤리적·정치적 호소에 가까운 것이었으며, 헌법재판을 통하여 제소될 수 없는 것이었다.

VI 그리스도교회의 사회논리와 사회적 기본권

1. 사회적 기본권의 발달에는 그리스도교회의 사회윤리 또한 커다란 영향력을 행사하였다.

2. 특히 1891년 레오 13세 교황의 '노동헌장'(Rerum novarum)은 사회문제에 대한 그리스도교회의 입장을 압축해 놓은 것으로 평가된다.

3. 가톨릭교회의 사회관련 문헌들은 한결같이 사회정책과 사회배려에 대한 국가의 의무를 강조했으며, 세계복지국가를 가톨릭 사회윤리의 이념형으로 공포하였다.

제3항 · 1945년 이후의 인권보장 — 인권보장의 현대적 전개 —

I 일반론

1945년 이후를 현대로 볼 때 인권의 자연권성을 기초로 한 인권보장의 국제화와 사회적 기본권의 헌법적 수용 및 환경권을 중심으로 하는 제3세대인권의 등장이 인권보장의 현대적 추세이다.

II 인권보장의 국제화

1. 인권보장의 국제화현상

인권보장의 국제화현상은 이미 제1차 세계대전 후에 시작되었다. 특히 1919년의 베르사이유 강화조약의 결과로 1919년 6월 28일 설립된 '국제노동기구' (ILO)가 그 예이다.

2. 2차 대전 후 인권의 본격적인 보장 추세

인권이 본격적으로 국제적 선언·결의·협약 등에서 보장되기 시작된 것은 제2차 세계대전 후의 일이다.

3. 국제연합헌장(1945년)

1945년 6월 26일의 '국제연합헌장'은 '인간의 기본권과 인격의 가치에 대한 믿음'을 선언하고 인간의 존엄과 가치, 기본적 인권과 평등 및 경제적·사회적 기본권 등을 선언하고 있다.

4. 세계인권선언(1948년 12월 10일)

(1) 인간의 존엄성, 평등권, 신체의 자유, 표현의 자유, 정보수집의 자유, 망명자보호청구권 등 모든 중요한 인권들이 망라되어 있다.

(2) 이 선언은 단순한 권고사항이자 구속력 없는 선언에 지나지 않았지만 국제인권보장사에 획기적 전기를 마련하였다.

5. 유럽인권협약

1950년 11월 4일에는 회원국에 대하여 구속력을 가지는 '인권과 기본적 자유의 보호를 위한 유럽협약'(=약칭 유럽인권협약)이 채택되었다.

6. 국제인권규약(1966년)

(1) 전문 31개조로 구성된 '경제적·사회적·문화적 권리에 관한 규약'(A규약)과 전문 53개조로 된 '시민적·정치적 권리에 관한 규약'(B규약) 및 B규약 선택의정서로 구성되어 있다.

(2) 이 규약은 세계인권선언을 한층 더 상세하게 규정하고 시행규정을 두어 서명국의 의무에 대하여 상세히 규정한 것이다.

(3) 이 규약은 1977년부터 서명국에 대하여 효력을 발생하기 시작하였다. 우리나라의 경우는 1990년 7월 10일부터 발효하였다.

Ⅲ 사회적 기본권의 헌법적 수용

1. 1945년 이후 사회적 안전과 사회적 정의는 시대의 커다란 관심사로 등장하였다.

2. 1946년 10월의 프랑스 제4공화국헌법은 전문에서 1789년의 인권선언을 재확인하고 나서 노동권, 건강권, 휴식권, 물질적 수급권, 교육을 받을 권리와 같은 여러 가지 사회적 기본권을 규정하였다.

3. 1946년 11월의 일본헌법도 사회적 기본권을 규정하고 있다.

4. 1949년 5월의 독일 Bonn기본법은 사회국가조항만을 두고 있다.

5. 1976년의 포르투갈헌법과 1978년의 스페인헌법은 상세한 사회적 기본권규정을 두고 있다.

6. 우리 헌법도 1948년 헌법 이래 자세한 사회적 기본권조항을 두고 있다.

Ⅳ 제3세대인권의 등장

1. 1972년 바작(K. Vasak)은 인권의 개념을 변화된 상황에 적용하기 위하여 '새로운 인권', 곧 제3세대인권이란 개념을 고안해 내었다.

2. 제3세대인권에 속하는 권리

경제발전권, 평화권, 환경권, 인류공동의 유산에 대한 소유권 및 인간적 도움을 요구할 권리 등이 제3세대인권에 속한다.

3. 제3세대인권의 이념

프랑스대혁명의 3대구호 중 하나인 형제애(박애)의 현대적 표현인 연대성을 이념으로 한다.

4. 제3세대인권의 특색

(1) 제3세대인권은 제1세대인권과 제2세대인권에 비하여 정치적 색채가 적다.

(2) 제1세대인권과 제2세대인권이 법적 강제수단을 통하여 국가에 의하여 실현됨에 반하여, 제3세대인권은 사회동반자, 곧 개인, 국가, 공·사의 단체 및 국제공동체가 연대책임을 인정하는 것을 전제로 해서만 그 실현이 가능하다.

(3) 제1세대인권과 제2세대인권이 국가내부의 문제로 제기되어 국내법의 차원에서 해결되고 국제법적인 인정을 받은 것과는 달리, 제3세대인권은 국내법적 차원이 아닌 국제법적 차원에서 제기되고 그 인정을 요구하고 있다.

(4) 제1세대인권과 제2세대인권의 주체가 개인임에 반하여, 제3세대인권의 주체는 그것이 민족이든 국가이든 집단이다.

5. 제3세대인권에 대한 비판

(1) 모든 인권은 분리될 수 없고 상호 종속적이기 때문에 인권을 세대별로 구분하는 것은 합리적이 아니다.

(2) 제3세대인권이란 새 이념은 전통적 인권론의 범위 내에서 그리고 국제연합의 인권기구 내에서 실현될 수 없다.

(3) 사 견

제3세대인권론은 새로운 인권이라는 도구를 사용하여 개별국가의 권한을 넘어서는 문제들을 해결하려는 시도로서 주목할 가치가 있다.

제3절 기본권의 개념과 분류

제1항 · 기본권의 개념

I 기본권의 개념

1. 보통의 정의

보통 기본권은 헌법에 규정된 개인의 권리라고 정의된다.

2. 협의의 기본권개념(법 기술적 의미의 기본권개념)

기본권을 주관적 공권에 한정하여 "개별국민을 위하여 헌법문서, 즉 객관적 법에 포함되어 있는 보장으로 국민들이 국가에 대하여 그것을 존중할 것을 요구하고 경우에 따라서는 사법적(司法的)인 방법으로 관철할 수 있는 보장"으로 이해한다.

3. 광의의 기본권개념

특정의 법적 결과를 고려함이 없이 동일한 문제를 발생시키는 부분 영역을 총괄하여, 기본권은 "국가에 대한 국민의 관계(또는 지위)를 규율하는 객관적 헌법 규범"으로 정의된다.

4. 사 견

우리 헌법 제2장(국민의 권리와 의무)에 규정되어 있는 국민의 권리들을 보면 주관적 공권으로만 볼 수 없고, 법적 구속력을 가지고 국가에게 특정 과제를 지속적으로 이행해야 할 의무를 부과하는 헌법규범인 국가목표규정[Staatszielbestimmung, 통일의 지향(헌법 제4조), 환경의 보전(헌법 제35조 제1항)],[72] 입법자에게 특정한 사안이나 영역을 규율해야 할 의무를 부과하는 입법위임[Gesetzgebungsauftrage, 국민이 되는 요건을 정해야 할 입법자의 의무(헌법 제2조 제1항), 선거에 관하여 규율해야 할 의무(헌법 제41조 제3항, 제67조 제5항)][73]으로 이해하지 않으면 안 되거나 주관적 권리와 이들 규정들 중 하나를 결합해서 설명하는 것이 더 합리적인 규정들이 존재한다. 그러한 한에서 기본권의 개념은 광의로 이해되는 것이 바람직하다.

Ⅱ 인권과 기본권의 상관관계

(1) 일반적으로 인권은 인간의 존엄에 상응하는 생활을 확보하는 데 필수적이며 그 구속력이 자연법으로부터만 결과되는, 인간이라는 이유만으로 모든 사람에게 마땅히 귀속되는 권리라 정의된다. 즉, 인권이란 인간이기 때문에 당연히 향유하는 인간 생래의 권리라 할 수 있다.

(2) 그에 반하여 인권이 각국의 실정헌법에 성문화되면 그것을 기본권이라 한다. 따

72) 한수웅, 『헌법학』, 제6판, 법문사, 2022, 26－27쪽.

73) 한수웅, 『헌법학』, 제6판, 법문사, 2022, 25쪽.

라서 기본권이란 헌법에 실정화(實定化)된 인권이다.

(3) 특히 인권과 기본권은 법학적·법이론적으로도 구별하지 않으면 안 된다.

① 기본권은 실정법상의 권리이고 인권은 자연권이다.

② 기본권은 객관적 효력은 물론 주관적 효력도 아울러 가지고 있는 권리이다. 기본권은 사법심사 내지 구제의 대상이 된다. 기본권은 권력에 일정한 제약을 가하고 있다.

(4) 인간의 권리와 국민의 권리

① 기본권은 내·외국인을 불문하고 모든 인간에게 인정되는 권리와 국민에게만 인정되는 권리를 구별할 수 있다는 것이 국내의 통설적 입장이다.

② 자연법론에 따르면 기본권은 국가 이전에 존재하는 것이며, 국가는 그것을 선언하고 인정할 권한만을 가지는 자연적 권리라고 한다. 그에 반하여 법실증주의에 따르면 기본권은 헌법에 의하여 보증되는 권리, 곧 국가적 권리라고 한다.

제2항 · 기본권의 분류

I 학설의 개관

1. 주체에 따른 분류

(1) 인간의 권리와 국민의 권리

인간의 권리는 모든 인간에게 귀속되는 권리로서 초국가적·자연법상의 권리를 말한다. 인간의 권리는 내·외국인의 구별없이 이를 향유할 수 있음을 원칙으로 한다. 이에 대하여 국민의 권리는 실정법에 의하여 비로소 보장되는 권리로서 국적보유자만이 누릴 수 있고 외국인에게는 원칙적으로 인정되지 아니하는 권리이다.

(2) 자연인의 권리와 국민의 권리

기본권은 원칙적으로 자연인을 그 주체로 하지만, 기본권에 따라서는 법인도 그 주체가 될 수 있는 것이 없지 아니하다. 예컨대 평등권, 재산권, 직업선택의 자유, 거주·이전의 자유, 통신의 자유, 결사의 자유, 재판을 받을 권리 등은 법인도 그 주체가 될 수 있다.

2. 성질에 따른 분류

(1) 초국가적 기본권과 실정법상의 기본권

초국가적 기본권은 자연법상의 권리 또는 천부적 인권이라고도 한다. 초국가적 기본권은 국가에 의하여 창설된 권리가 아니라 인간의 생래적 권리로서 국가에 의하여 제한되거나 박탈될 수 없으며, 모든 인간에게 귀속되는 권리이다. 행복추구권, 생명권, 인격권, 사생활의 비밀과 자유, 표현의 자유, 수면권, 일조권, 휴식권, 저항권 등이 이에 속한다. 이에 대하여 실정법상의 기본권은 국가에 의하여 비로소 창설된 권리로서, 그 내용이 실정법에 의하여 확정되고 입법자에 의하여 구체적으로 형성될 수 있는 권리이다. 선거권, 공무담임권, 재판청구권 등이 이에 해당한다.

(2) 절대적 기본권과 상대적 기본권

절대적 기본권은 어떠한 경우에도 또 어떠한 이유로도 제한되거나 침해될 수 없는 기본권을 말한다. 내심의 작용으로서의 신앙의 자유, 양심형성과 침묵의 자유, 연구와 창작의 자유 등이 이에 해당한다. 따라서 초국가적·자연법상의 권리와 절대적 기본권은 그 내용이 반드시 일치하지 아니한다. 전자는 내재적 제약에 따르지만, 후자는 내재적 제약에도 따르지 아니하기 때문이다. 상대적 기본권은 국가적 질서나 국가적 목적을 위해 제한이 가능한 기본권을 말한다. 내심의 작용(의사)을 내용으로 하지 아니하는 모든 자유와 권리가 이에 해당한다.

3. 내용을 기준으로 한 분류

기본권은 그 내용을 기준으로 할 때, 행복의 실현을 내용으로 하는 행복추구권, 불합리한 차별적 처우를 받지 아니함을 내용으로 하는 평등권, 국가의 부작위를 내용으로 하는 자유권적 기본권, 경제적 이익의 확보를 내용으로 하는 경제적 기본권, 정치질서형성에의 참여나 자유로운 정치적 활동을 내용으로 하는 정치적 기본권, 기본권보장을 위해 일정한 국가적 행위를 청구할 수 있는 청구권적 기본권, 인간다운 생활의 보장을 내용으로 하는 사회적 기본권 등으로 분류할 수 있다.

4. 효력을 기준으로 한 분류

(1) 구체적 기본권과 추상적 기본권

구체적 기본권이라 함은 모든 국가권력을 직접 구속하는 효력을 가진 기본권을 말한다. 이에 대하여 추상적 기본권이라 함은 입법에 의하여 비로소 구체적 권리가 되는 기본권으로서, 입법자에 대해 입법의 의무만을 부과하는 것일 뿐 집행권과 사법권에 대해서는 직접적 구속력이 없는 기본권을 말한다. 사회적 기본권의 법적 성격에 대하여 추상적 기본권으로 보는 것이 다수설이다.

(2) 대국가적 기본권과 제3자적 효력의 기본권

대국가적(對國家的) 기본권은 국가에 대해서만 구속력(효력)을 가지는 기본권을 말하고, 제3자적 효력의 기본권은 대국가적 구속력은 물론이고 제3자인 사인(私人)에 대해서도 구속력을 가지는 기본권을 말한다. 어떠한 기본권이 제3자적 효력을 가지는 것인가에 관해서는 견해가 갈리고 있지만, 평등권·사생활의 비밀과 자유·표현의 자유·근로3권·환경권 등은 제3자적 효력의 기본권(대사인적 기본권)이라 할 수 있다.

Ⅱ 옐리네크의 지위론과 그 현대적 변용

1. 옐리네크의 기본권이론

옐리네크(G. Jellinek)의 기본권이론은 '주관적 공권이론'과 '지위론'을 중심으로 이루어져 있다.

2. 주관적 공권이론

(1) 모든 주관적 권리는 객관적 법질서의 존재를 전제로 하여, 이 법질서에 의하여 권리는 형성되고 인정되며 보호된다.

(2) 권리는 오직 인격(체) 또는 인간만에 한정된 권리주체 사이의 관계에서 성립되며 고립된 권리주체는 상상할 수 없다.

(3) 주관적 권리는 법(질서)에 의하여 인정되는 특정의 사물이나 이익에 대한 인간의 의사력을 말하며, 이에는 개인에게 '능력'(Können)만을 부여하는 주관적 공권이 있다.

3. 지위론

(1) 옐리네크는 선험적으로 존재하는 '시원적'이며 '저항할 수 없는' 지배권을 가진 지배주체로서의 국가와 국가에 복종하는 복종주체로서의 개인을 전제하고 있다.

(2) 국가 내에서 국민의 국가와의 관계를 나타내는 법적 '상태', 곧 '지위'를 '수동적 지위', '소극적 지위', '적극적 지위', '능동적 지위'로 나누었다.

(3) 수동적 지위는 개개의 국민이 국가의 구성원으로서 국가의 통치권에 복종하는 지위를 말하는데, 이 지위에서 의무가 생겨난다.

(4) 소극적 지위는 국민이 국가생활을 영위함에 있어 국가권력으로부터 자유인 지위를 말한다. 옐리네크는 기본권을 본질상 소극적 지위에 속하는 것으로 이해하고 있다.

(5) 적극적 지위는 국민이 국가에 대하여 적극적인 청구권을 가지는 지위를 말하는데, 이로부터 청원권, 재판을 받을 권리 등 고전적 청구권이 나온다.

(6) 능동적 지위는 국민이 국가의사의 형성에 참여하는 지위를 말하는데, 그로부터 참정권이 생겨난다.

4. 지위론에 대한 비판

(1) 소극적인 지위에 일차적인 지위를 부여하고 있다.

(2) 구체적인 인간이 아닌 국가에 의해서 창조되는 추상적 인격에 권리·의무의 주체성을 인정하고 있다.

(3) 옐리네크가 말하는 권리는 언제나 회수할 수 있는 것이다.

5. 현대적 변용

지위론을 근거로 하면서도 그간의 현실적 변화와 기본권관의 변화를 반영하여 기본권을 방어권, 참여권, 급부권으로 3분하거나 자유권, 시민권, 사회적 기본권으로 3분하는 방법이 일반적이다.

Ⅲ 사 견

따라서 우리 헌법의 기본권목록은 크게 기본권의 이념적 전제로서의 인간의 존엄과 가치, 평등원리와 개별평등권, 자유권, 참정권, 사회권, (기본권 보장을 위한) 절차기본권 등으로 분류된다.

제4절 기본권의 본질과 기능

제1항 · 기본권이론

I 일반론

1. 국가에 대한 이해가 헌법에 대한 이해를 좌우하듯이, 헌법에 대한 이해는 기본권에 대한 이해를 좌우한다. 그러한 한에서 법실증주의 헌법관, 결단론적 헌법관, 통합론적 헌법관에 따라 기본권의 본질에 대한 이해도 달라질 수밖에 없다.
그러나 기본권이론을 법실증주의 헌법관, 결단론적 헌법관, 통합론적 헌법관에 따라 이해하는 것은 오늘날 기본권이론의 발전과정에 미치지 못하는 설명방법이다.

2. 현재 기본권이론에는 자유주의적 기본권이론, 제도적 기본권이론, 가치이론, 민주적 기능이론, 사회국가적 기본권이론 등이 있다.

3. 자유주의적 기본권이론은 결단론적 헌법관에서 본 기본권관에 해당되는 것이고, 사회국가적 기본권이론은 사회적 기본권을 규정하고 있지 않은 본(Bonn)기본법하에서 그 결함을 보완하기 위하여 고안된 이론이다. 제도적 기본권이론, 가치이론, 민주적 기능이론은 기본권의 객관법적 기능을 강조하고 있다는 점에서 스멘트(즉 통합론적 헌법관)의 기본권관의 영향을 받은 것이라고 할 수 있다.

II 자유주의적(시민적·법치국가적) 기본권이론

1. 내 용

(1) 국가와 사회의 엄격한 분리를 이론적 전제로 하고 '법치국가적 분배원리'를 근거로 슈미트(C. Schmitt)가 정립하였다.

(2) 기본권은 국가에 대한 자유권이며, 개인의 자유는 전(前)국가적인 것으로 무제한임에 반하여 국가의 침해권한은 제한적이라고 한다.

(3) 그 결과 기본권은 국가권력에 대하여 방어적 또는 경계설정적 성격을 가지며, 따라서 국가는 이러한 개인의 자유영역과 개인이(그 목적과 동기가 어떻든) 자신의 자유를 사용하는 방법에 대해서 간섭해서는 안 된다고 한다.

2. 평 가

(1) 공 적

천부적 자유라는 개념을 통하여 국가권력을 통제하고 제한하려고 노력함으로써 자유를 더욱 확실하게 보장하고 자유를 더욱 강화하려고 한 점은 그 공적이라 할 수 있다.

(2) 문제점

① 국가관의 문제점

기본권을 방어권으로 해석하는 것은 자유입헌주의적 국가관에서 비롯된 것이기 때문에 의회민주정적 현대국가의 기본권이해로서는 문제가 있다.

② 기본권적 자유를 실현하는 사회적 전제에 대한 안목의 부족

오늘날 자유의 실현은 다양한 방법으로 지도하고 원조하며, 조정하고 분배하는 급부국가의 활동에 의존하고 있다는 사실에 대한 인식이 부족하다.

③ '기본권이론'(Grundrechtsdogmatik)상의 수많은 문제들, 예컨대 기본권의 제3자적 효력을 설명하고 해결할 수 없다.

(3) 현대적 의미

① 독일연방헌법재판소는 많은 판결에서 기본권은 일차적으로 공권력에 대한 국민의 방어권이라는 것을 확인하고 있다.

② 국가의 급부의무가 강화된 권위주의적 복지국가에서는 방어권으로서의 기본권이 침해되고 있기 때문에 기본권의 방어권적 성격을 강조하는 것은 여전히 중요한 의미를 갖는다.

Ⅲ 제도적 기본권이론

1. 제도이론의 유래

법학의 경우 제도이론은 특히 프랑스의 오류(M. Hauriou)에 의하여 시작되어 바이마르 시대에 볼프(M. Wolff)가 재산권을 해석하는 데 도입하였고 슈미트(C. Schmitt)에 의하여 체계화되었다.

2. 슈미트의 제도보장이론

(1) 전 제

자유와 제도는 다르다.

(2) 광의의 제도적 보장과 협의의 제도적 보장

① 넓은 의미에서 헌법상의 제도적 보장이란 입법자를 구속하는 헌법의 모든 개별법문을 뜻한다.

② 좁은 의미의, 본래적 의미의 제도적 보장이란 법률로 규율되는 특정의 규범복합체, 예컨대 재산제도나 혼인제도에 대한 헌법상의 보장만을 의미한다.

③ 좁은 의미의 본래의 제도적 보장의 전형적인 것으로는 지방자치, 대학의 자치, 직업공무원제도의 전래된 제 원리 및 재산권과 상속권의 보호를 들 수 있다.

(3) 제도적 보장의 목적

제도의 전래된 법적 규정을 입법자가 변경(개정)하지 못하도록 보호하는 것이다.

(4) 기본권과 제도적 보장의 상관관계

하나의 기본권으로부터 제도적 보장이 흘러나온다 하더라도 양자의 보호영역은 반드시 일치되지 않는다. 따라서 재산권은 민법상의 재산 외에도 모든 '재산적 이익'을 보호함에 반하여, 제도적 보장은 민법적 의미의 물적 재산을 보호하는 데 제한된다.

(5) 제도적 보장의 기능

제도적 보장은 입법자의 헌법에 대한 구속을 근거지우는 단 하나의 기능만을 가진다.

(6) 평 가

슈미트(C. Schmitt)의 제도보장이론은 자유권과는 구별되는 기본권의 다른 측면을 명백히 함으로써 기본권의 본질과 기능을 이해하는 데 커다란 기여를 한 것으로 평가된다.

3. 해벌레(P. Häberle)의 제도적 기본권이론

(1) 전 제

자유는 제도일 수밖에 없다.

(2) 이론적 출발점

자유는 개인적 임의에 전적으로 놓여있는 것이 아니라 처음부터 객관적 전체 질서에 포함되어 있다는 자유권에 대한 스멘트(R. Smend)의 제도적 해석을 출발점으로 삼고 있다.

(3) 내 용

① 제도적 기본권이론은 기본권은 개인권적 측면을 부정하지는 않으나, 그것을 기본권의 제도적 측면과 불가분적으로 결합되어 있는 것으로 본다.

② 기본권은 헌법의 가치체계의 부분으로 파악되며 다른 헌법상의 이익들과 서로 제약적인 관계에 있다.

③ 제도는 개별기본권의 이념에 근거를 두고 있으며, 이 이념은 입법을 통한 형성을 통하여 생활에 이식되지 않으면 안 된다.

④ 결국 가장 중요한 것은 해당 기본권의 이념이 입법자의 형성을 통하여 생활현실에서 완성되는 것이며, 그러한 일은 개인들이 기본권과 입법자의 기본권형성에 상응하는 생활을 하고 행동을 함으로써 이루어진다.

(4) 평 가

① 공 적

형식적으로 자유를 헌법에 보장하는 것만으로는 자유를 실현하는 데 부족하다는 것을 지적한 점은 그 공적으로 볼 수 있다.

② 문제점

첫째, 개인적 자유와 그에 따른 개인적 결정을 불신하고 입법자를 무제한적으로 신뢰하여 제2의 법실증주의로 전락할 수 있다.

둘째, 결국 제도적 기본권이론에서 염려되는 점은 개인의 주관적 방어권의 적용범위를 제한하는 결과를 가져올 수 있다는 점이다.

Ⅳ 가치이론

1. 내 용

(1) 독일연방헌법재판소에 의하여 발전된 가치이론은 기본권을 국가의 전체 법질서를

포괄하고 관통하는 것으로 이해한다.

(2) 이 견해에 따르면 기본권은 기초가 되는 공동체의 가치를 확정하고 있기 때문에 '국가건설(형성)의 요소이자 수단'이며, 자유는 기본권을 통하여 총체적으로 세워진 가치질서를 본질로 한다.

(3) 기본권은 객관적 규범이지 주관적 청구권이 아니다.

(4) 독일연방헌법재판소는 기본권으로부터 방어권적 청구권 이외의 기능을 근거지우려고 할 때 특히 가치질서를 원용하고 있다. 예컨대 독일연방헌법재판소는 기본권의 간접적 제3자효와 전체 법질서에 대한 방사효 및 사법을 통한 불확정개념의 '확정'을 기본법의 가치질서를 원용하여 근거지웠다.

2. 평 가

(1) 공 적

기본권으로부터 모든 방향에서 절대적으로 보호받는 제 가치와 제 법익을 끌어내고, 그렇게 함으로써 기본권은 국가에 대한 방어권이라는 좁은 의미를 탈피하여 제3자에게도 효력을 주장할 수 있도록 한 것은 가치이론의 커다란 공적이다.

(2) 비 판

독일연방헌법재판소가 사용하고 있는 기본권적 '가치체계'란 개념은 지나치게 불명료하다.

V 민주적 기능이론

1. 내 용

(1) 민주적 기능이론은 기본권을 일차적으로 국가적 통일의 갱신과 지속적 발전을 위한 그리고 국가의사의 방향결정을 위한 정치적 권리라고 이해하는 스멘트의 생각을 기초로 하고 있다.

(2) 이 견해에 따르면 기본권의 일차적인 목적은 민주적 의사형성의 자유로운 과정을 촉진하는 것이다. 따라서 기본권은 개인의 주관적·자의적 자유를 보호하는 것이 아니라 민주적 의사형성과정을 지향하는 자유를 가능하게 하는 것이어야 한다.

(3) 따라서 특히 언론의 자유와 집회의 자유가 중요시된다.

(4) 우리 헌법재판소는 이 이론과 유사한 결정을 내린 적이 있다.[74]

2. 평 가

(1) 공 적

시민에게 전적으로 자유로운, 비구속적인 개인으로서 기본권이 보장되는 것이 아니라 동시에 사회의 구성원으로서 기본권이 보장된다는 것을 인식시켜 준 점이 그 공적이다.

(2) 비 판

이 이론에서는 다른 비정치적인 자유의 행사에 대해 정치적으로 지향된 자유의 사용만이 보호받을 가치가 있는 것으로, 선호되는 것으로 그리고 더 나아가서 특별취급을 받고 있는 것으로 생각되고 있다.

Ⅵ 사회국가적 기본권이론

1. 내 용

(1) 독일연방헌법재판소에 의하여 전개된 이 이론은 기본권을 '절대적' 자유주의적으로 관찰하는 데 대한 반작용으로 성립되었다.

(2) 이 이론에 따르면 기본권은 기본권적 자유의 실현을 위하여 요구되는 사회적 전제요건을 창조할 국가의 의무까지를 포함하며, 각 개인은 이러한 국가적 급부와 국가에 의하여 창설된 여러 제도에 참여할 청구권을 갖는다.

(3) 이렇게 사회국가원리의 영향하에 자유권을 참여권으로 해석하는 것은 '자유권적 기본권으로부터 추론되는 객관적이며 법원리적인 내용이 명확해진 것'으로 자명한 것이다.

2. 평 가

(1) 공 적

이 이론은 국가는 모든 사람이 법적으로 뿐만 아니라 현실적으로도 기본권을 가질 수 있도록 하는 실제적 조건을 마련하여야 한다고 함으로써 개인적 자유의 영역을 넓혔다.

---

74) 헌재 1991. 9. 16. 89헌마165 결정.

(2) 비 판

① 자유보장의 범위가 국가재정상태에 종속되게 된다.

② 기본권의 사회적 영역이 박탈되어 단순한 헌법위임으로 축소(환원)되는 경우 전체주의국가로 발전될 가능성도 배제할 수 없다.

③ 만일 법원이 막대한 물자의 분배와 국가정책과 사회정책상의 결정권을 자기의 것이라고 주장한다면 그것은 권력분립원리를 침해하는 것이 된다.

Ⅶ 우리 헌법의 기본권 이해

기본권이론은 국가관과 헌법관을 기초로 하면서도 우리 실정헌법상의 기본권목록을 근거로 한 것이어야 한다. 이러한 점에서 우리 헌법의 기본권이론은 다음과 같은 두 가지 점을 지침으로 하여야 할 것이다.

첫째, 그것은 인간의 존엄을 궁극목표로 하여 기본권의 인권성을 천명(闡明)하는 것, 인간의 존엄을 실현하기 위하여 자유권과 사회적 기본권을 양자택일 관계가 아닌 최적의 상태로 결합시켜 최대한 보장하는 것, 더 나아가서 국가에 참여하는 자유를 확보하는 것이어야 한다.

둘째, 그것은 헌법의 다른 부분과의 관련성, 즉 헌법의 통일성을 염두에 둔 것이어야 한다.

제2항 · 기본권의 기능

Ⅰ 일반론

1. 기본권은 이념상 국가의 권력행사에 대한 국민의 주관적 방어권에서 출발하였다고 할 수 있다. 그러나 오늘날 기본권에 대한 이해는 예나 지금이나 기본권의 중심작용범위로 특징지워지는 이러한 기본권의 본래의 기능을 훨씬 넘어서고 있다.

2. 우리 헌법의 기본권은 주관적 공권과 객관적 법질서로서 기능하며, 부분적으로는 제도적 보장으로서 기능하고 있다.

Ⅱ 주관적 공권으로서의 기본권

1. 주관적 공권

주관적 공권이란 특정의 개인을 위하여 기본권규정으로부터 이끌어낼 수 있는 권리, 즉 공법관계에서 권리주체가 '고권담당자'에 대하여 작위 또는 부작위를 요구할 수 있는 법적 청구권을 뜻한다.

2. 기본권의 기능

기본권은 방어권적 기능, 참여권적 기능, 청구권적 기능, 급부권적 기능 등을 가지고 있다.

(1) 방어권적 기능

방어권으로서 기능하는 기본권은 공권력이 기본권의 보호영역에 간섭하는 것을 배제할 수 있는 법적 힘을 의미한다. 이러한 개인권적 방어기능은 주관적 공권으로서의 기본권이 가지는 '원래의 그리고 현재까지도 남아 있는 의미'이다.

(2) 참여권적 기능

참여권은 개인이 자신의 권리나 이익과 관련된 결정에 동참할 것을 요구하는 권리이다.

(3) 청구권적 기능

기본권은 청구권으로도 기능한다. 우리 헌법에 규정되어 있는 청원권, 재판청구권, 국가배상청구권 등이 청구권의 대표적 예이다.

(4) 급부권적 기능

급부권은 국가적 급부에 시민이 참여하는 것을 보장한다. 예컨대 근로의 권리나 교육을 받을 권리와 같은 사회적 기본권이 급부권의 전형적인 것이다.

3. 특히 사회적 기본권에 대하여

(1) 어떤 권리가 기본권목록에 포함되어 있는 이상 그것은 주관적 공권의 의미로 해석하는 것이 바람직하다.

(2) 사회적 기본권의 경우 그 보호목표로부터 개인적 권리와 그에 대한 국가권력의 구속 사이에 주관적 공권에서 관찰할 수 있는 규범적 등가성을 인정할 수 없다. 곧 자유

권은 직접적인 효력을 가지는 소구(訴求)할 수 있는 권리임에 반하여, 사회적 기본권은 극히 예외적인 경우를 제외하고는 헌법에 그것이 규정되어 있다는 사실만으로 개인의 주관적인 청구권이 인정될 수 없는 국가의 의무에 지나지 않는다.

(3) 우리 헌법에 규정되어 있는 사회적 기본권들은 주관적 공권이 아니라, 일차적으로 기본전제를 형성하라는 입법자에 대한 헌법위임규정으로 이해해야 할 것이다.

Ⅲ 객관적 가치질서(법질서, 법원리)로서의 기본권

1. 기본권은 그것이 주관적 공권인 것과는 관계없이 '객관적 가치질서'로서 기능한다. 따라서 기본권은 객관적 의미의 법이며, 이는 전체 법질서, 곧 모든 자연인과 법인의 공동생활을 규율하고 원칙적으로 강제할 수 있는 모든 규정을 의미한다. 달리 표현한다면 기본권은 추상적·일반적으로 특정의 법적 상태를 확정하는 객관적 법이며 법적 규정이다.

2. 기본권을 헌법의 객관적 규범으로 특징지우는 것은 특히 헷세(K. Hesse)가 강조하고 있다. 햇세에 의하면 기본권은 주관적 권리이자 객관적 질서의 기본요소라는 '이중성'을 갖는다.

3. 객관적 헌법으로서의 기본권은 다른 법들, 특히 법률보다 상위에 있는 법이다. 따라서 다른 모든 법규정들은 기본권에 합치되지 않으면 안 된다. 객관적 가치질서 속에서 기본권의 효력은 강화된다. 이러한 가치질서는 헌법의 기본적 결단으로서 모든 법분야에 적용되지 않으면 안 된다.

4. 이렇듯 기본권이 객관적 법질서로 작용한다고 해서 원래의 기본권의 기능, 곧 기본권의 방어권으로서의 기능이 후퇴한다고 할 수는 없다. 기본권은 여전히 주관적 권리로서 작용한다. 곧 기본권의 객관적 법질서로서의 기능은 방어권으로부터 독립된, 방어권적 기능을 무시하고 인정될 수 있는 독자적인 기능은 아니다.

Ⅳ 제도적 보장으로서의 기본권

1. 기본권 중 어떤 것은 제도적 보장으로서의 성격을 가진다.

예컨대 언론·출판의 자유를 보장하고 있는 헌법 제21조, 재산권을 보장하고 있는 헌법 제23조, 대학의 자율성을 규정하고 있는 헌법 제31조 제4항 및 혼인과 가족생활에 대한 국가의 보장의무를 규정하고 있는 헌법 제36조의 규정들이 그에 속한다.

2. 제도보장은 인간과 직접 관계를 맺는 것이 아니라 제도 자체만을 보호한다.

3. 그러나 제도적 보장과 관련된 보장은 기본권의 개별적 보호작용으로부터 독립된 것으로 이해될 수는 없다. 곧 제도적 보장은 개인적 자유를 보호하는 데 이바지한다.

제5절 기본권의 주체

제1항 · 자연인

I 국 민

자연인인 국민은 누구나 헌법이 보장하는 기본권향유의 주체가 된다. 국민이란 대한민국의 국적을 가진 모든 사람을 가리키며, 여기에는 예외가 없다. 기본권의 주체성은 기본권보유능력과 기본권행사능력으로 나누어진다.

II 외국인

1. 외국인의 범위

외국인은 대한민국의 국적을 갖지 않은 자를 말한다. 외국인에는 외국국적자, 다국적자 및 무국적자가 포함된다. 이때의 외국인은 국내에 거주(체류)하고 있는 외국인만을 말한다.

2. 외국인의 기본권향유주체성에 대한 학설

(1) 법실증주의적 헌법관

기본권을 법률 속의 자유라고 보는 법실증주의에서는 기본권은 헌법(률)에 의하여 비로소 국민에게 허용되는 것이기 때문에 마땅히 외국인은 기본권을 향유할 수 없다.

(2) 결단론적 헌법관

기본권을 천부적·전국가적 자유로 이해하는 결단론적 헌법관에서는 기본권은 모든 인간의 권리이기 때문에 외국인의 기본권향유주체성은 무제한적으로 인정된다.

(3) 통합론적 헌법관

기본권의 권리적 측면보다 정치기능적 측면을 강조하는 통합론적 헌법관의 경우에는 외국인에게 기본권을 향유하게 하는 데에는 무리가 있게 된다.

(4) 국내의 학설

현재 국내에서 외국인의 기본권향유주체성을 부정하는 견해는 없다. 그러나 그 근거에 대하여는 견해를 달리하는 세 가지 입장이 있다.

① 천부인권을 근거로 외국인의 기본권향유주체성을 인정하면서도 국가내적인 참정권과 사회권적 기본권에 대해서는 유보를 두는 입장이 있다.

② 통합론적 입장에서 "외국인은 우리 민족의 동화적 통합을 해치지 않고 그들을 우리 사회에 동화시키는 데 필요한 범위 내에서 기본권의 주체가 될 수 있다"고 하는 입장이 있다.

③ 세계의 1일생활권화, 기본권보장의 국제화, 내국인과 외국인의 법적 지위의 유사화 추세 등을 들어 외국인의 기본권향유주체성을 인정하는 입장이 있다.

(5) 사 견

모든 기본권은 인권에서 유래하는 것이기 때문에 기본권은 원칙적으로 외국인에게도 보장된다. 그러나 예외적으로 호혜주의적인 입장(헌법 제6조 제2항)에서 외국인의 기본권향유주체성을 개별적·부분적으로 제한하는 것은 실제적으로 국가가 우리 생활의 최대단위가 되어 있는 현실에서는 이론적으로도 정책적으로도 그리고 법실무상으로도 피할 수 없는 결론이다. 따라서 어떤 기본권을 외국인이 향유할 수 있느냐 없느냐를 처음부터 획일적으로 정하는 것은 무의미한 일이다.

Ⅲ 기본권의 보유능력과 기본권의 행사능력

1. 기본권의 보유능력

(1) 기본권의 보유능력은 기본권을 보유할 수 있는 기본권귀속능력을 의미한다. 기본권의 보유능력은 국민이면 누구나 가지므로, 이때의 국민 중에는 미성년자, 심신상실자, 수형자 등도 포함된다.

(2) 헌법적으로는 사망한 자도 인간의 존엄권의 주체가 될 수 있다. 예컨대 사망한 자의 명예를 실추시킨 소설, 사망자의 사망 전 승낙 없는 장기이식, 시체에 대한 의학적 실험 등과 관련해서는 사자의 인간의 존엄권이 침해된 것으로 본다. 또한 태아의 경우 원칙적으로 생명권과 신체적 완전성의 권리 등의 주체가 된다. 또한 민법상 권리 능력이

없는 사단이 기본권능력을 갖는 경우가 있다.

2. 기본권의 행사능력

(1) 기본권의 행사능력은 기본권의 주체가 독립적으로 자신의 책임하에 기본권을 행사할 수 있는 능력을 의미한다. 선거권·피선거권·투표권 등 특정한 기본권은 그것을 현실적으로 행사하기 위해서는 일정한 연령요건을 구비하고 결격사유가 없어야 하는 등 기본권행사능력이 요구되는 경우가 있다.

(2) 기본권의 행사가 제한되는 경우

① 기본권의 성격상 기본권의 행사능력이 제한되는 경우가 있다.

② 법 자체에서 기본권의 행사능력 자체를 제한하는 경우

이에는 헌법 자체가 규정하는 경우, 헌법의 위임을 받아 법률이 정하는 경우, 헌법상의 명문규정이 없지만 개별법률의 규정에 의한 경우로 나눌 수 있다. 특히 세 번째 경우는 민주국가에서 입법권자에게 주어진 광범위한 입법형성권에 근거한 것이다.

제2항 · 법　인

I 법인의 기본권향유주체성의 근거

1. 법실증주의자

법실증주의자들은 자연인이나 법인 모두 법질서에 의하여 법인격을 부여받기 때문에 법인도 기본권을 향유할 수 있다고 주장하였다.

2. 결단론자

슈미트는 기본권을 순수한 인권으로 파악하고, 기본권의 개인적 성격 때문에 법인은 그 주체가 될 수 없다고 하였다.

3. 통합론자

통합론의 입장에서는 법인의 기본권향유주체성은 인정될 수 있다고 한다.

4. 사 견

기본권은 인간과 국가 사이의 기본적 관계를 형성한다. 그러므로 기본권은 일차적으로 자연인에게만 귀속된다. 그러나 기본권의 성질상 법인에게 적용될 수 있는 것인 한(限) 법인도 기본권의 주체가 된다. 법인에게 기본권의 주체성이 인정되는 것은 그 구성원인 자연인의 기본권행사를 용이하게 해 주고 촉진시켜 주기 때문이다.

II 내국법인

1. 사법상의 법인

기본권이 그 성질상 법인에게 적용될 수 있는 것인 한 사법상의 법인은 자연인의 결합체이든 그렇지 않든 기본권의 주체가 된다. 기본권의 주체로서의 법인은 넓게 개념정의된다. 즉 기본권의 주체로서의 법인은 민법적 의미에서 권리능력을 필요로 하지 않으며, 통일적으로 의사를 형성할 수 있는 인적 결합체이기만 하면 그것으로 족하다.

2. 공법상의 법인

(1) 학설상으로는 공법상의 법인에게 기본권의 주체성을 인정하지 않으려는 견해가 다수설이다.

(2) 독일연방헌법재판소는 법인에 기본권의 주체성을 부여하는 것이 정당화되기 위해서는 법인의 형성과 활동이 자연인의 자유로운 '발현'의 표현이어야 하며 '특히 그 배후의 인간들에 대한 조치가 의미 있고 필요한 것'이 되어야 하기 때문에 공법상의 법인은 공적 업무를 수행하는 한 원칙적으로 기본권의 주체가 될 수 없다고 한다. 기본권은 공권력에 대한 개별시민의 관계에 대한 것이기 때문에, 국가 자신이 기본권의 관여자가 되거나 수익자가 될 수는 없으며, 더 나아가서 국가는 기본권의 소지자도 주체도 될 수 없다는 것이다.

(3) 예외적으로 공법상의 법인이 기본권에 의하여 보호되는 생활영역에 속하여 있으며, 시민의 개인적 기본권을 실현하는 데 기여하고 있을 뿐만 아니라 국가로부터 독립된 또는 어쨌든 국가와는 구별되는 실체를 가지고 있는 경우에는 기본권주체성이 인정된다. 그러한 한에서 국립대학과 방송국은 기본권의 주체가 된다.

(4) 우리 헌법재판소도 서울대학교 입시요강사건에서 서울대학교가 공권력행사의 주체인 동시에 학문의 자유의 주체가 되며 대학의 자율성은 헌법 제22조 제1항이 보장하

고 있는 학문적 자유의 확실한 보장수단으로 꼭 필요한 것으로서 이는 대학에게 부여된 헌법상의 기본권이라고 보았다.[75)]

Ⅲ 외국법인

외국법인의 경우에는 호혜주의의 원칙에 따라 외국인에게 주체성을 인정할 수 있는 것 중에서 성질상 법인에게도 적용될 수 있는 기본권에 대해서만 기본권주체성이 인정된다.

Ⅳ 성질상 법인에게 적용될 수 있는 기본권

1. 기 준

개별기본권의 특수한 내용이 인간의 인격 자체, 곧 지·정·육의 합일체와 분리될 수 없을 정도로 결합되어 있는 경우에 그러한 기본권은 법인에 적용될 수 없다.

2. 성질상 법인에게 적용될 수 있는 기본권

이러한 기준에 비추어 볼 때 우리 헌법상의 다음과 같은 기본권들은 법인에게도 주체성이 인정된다. 즉, 남녀평등을 제외한 평등권, 종교의 자유, 학문의 자유, 언론·출판·집회·결사의 자유, 거주·이전의 자유, 직업의 자유, 주거의 자유, 통신의 자유, 재산권, 소비자의 권리, 청원권, 재판청구권, 국가배상청구권, 근로3권 등이 그것이다.

제6절 기본권의 성격

제1항 ‣ 구체적 권리성

기본권이 개인을 위한 구체적인 주관적 공권이라는 것은, 기본권 중 사회적 기본권을 제외한 기본권은 개인이 국가를 상대로 자신의 이익을 위하여 국가의 작위나 부작위를 요구할 수 있는 권리라는 의미이다.

---

75) 헌재 1994. 12. 29. 93헌마120 결정.

제2항 · 자연적 권리성

헌법상의 기본권을 구체적인 주관적 공권으로 이해하는 경우에도 그것이 자연법상의 권리인가 아니면 실정법상의 권리인가에 관해서 견해가 갈리고 있다. 전자에 의하면 기본권은 본질적으로 인간의 본성에 근거한 것이고, 기본권의 항의적(抗議的) 성격은 오늘날에도 이를 부인할 수 없으며, 모든 국가권력은 기본권존중이라는 시대정신에 구속되어야 한다는 점을 그 논거로 하고 있고, 후자에 의하면 기본권도 실정헌법에 규정된 이상 실정법상의 권리로 보아야 하고, 절대군주제하에서는 자연권설이 국가권력에 대하여 항의적·방어적 의미를 가졌었지만, 현대민주국가에서는 치자와 피치자의 동일성의 원리 때문에 그러한 의미를 이미 상실하였으며, 권리는 실정법을 떠나서는 성립할 수 없는 것이고, 자유는 전국가적이라고 하더라도 자유권은 후국가적이라는 점을 그 논거로 들고 있다. 결국 양자의 대립은 헌법선존설(憲法先存說)과 기본권선존설(基本權先存說)의 대립으로 볼 수 있는데, 현행 헌법은 헌법 제10조에서 자연법상의 원리라고 볼 수 있는 인간으로서의 존엄과 가치 및 기본적 인권의 불가침성을 확인하고 있고, 또 기본적 인권의 보장을 국가의 의무로 규정하고 있을 뿐만 아니라 제37조 제1항에서 "국민의 자유와 권리는 헌법에 열거되지 아니한 이유로 경시되지 아니한다."라고 하여 실정헌법이 규정하고 있는 권리 이외의 자유와 권리까지도 예상하고 있는 점 등에 비추어 기본권선존설과 자연권설을 따르고 있다고 볼 수 있다.[76]

제3항 · 이중적 성격(양면성)

기본권은 주관적으로는 개인을 위한 대국가적 공권을 의미하지만, 객관적으로는 국가의 기본적 법질서를 구성하는 요소라고 할 수 있는 측면을 지니기 때문에 기본권의 이중적 성격(또는 양면성)이라 한다. 이 이론은 스멘트(R. Smend)·헷세(K. Hesse)·해벌레(P. Häberle) 등에 의하여 대표되는 통합주의 헌법관에서 강조되는 이론이다. 기본권이 객관적 법질서로 작용한다고 하여 기본권의 주관적 공권성(특히 방어권)이 약화되는 것이 아니라, 오히려 기본권의 객관적 성격을 강조함으로써 기본권의 주관적 성격이 강화될 수 있는바, 사법의 해석·적용, 기본권의 제3자적[대사인적(對私人的)] 효력, 국가의 기본권보호의무를 도출해 낼 수 있다. 우리 헌법재판소도 기본권의 이중적 성격을 인정하고 있다.[77]

76) 권영성, 앞의 책, 300-301쪽.

제7절 기본권의 효력

기본권의 효력이라 함은 기본권이 그 의미와 내용대로 실현될 수 있는 힘, 즉 기본권의 구속력을 말한다. 기본권의 효력에 관해서는 전통적인 이론과 최근의 헌법해석론 간에 견해가 갈리고 있다. 그 주된 쟁점은 (ㄱ) 기본권은 대국가적(對國家的) 구속력과 관련하여 특정의 국가기관만을 구속하는가 아니면 모든 국가기관을 구속하는가, (ㄴ) 기본권은 국가기관의 공권력발동만을 구속하는가 아니면 관리행위와 국고적(國庫的) 행위까지도 구속하는가, (ㄷ) 기본권은 대국가적 효력만을 가지는가 아니면 사인 간의 법률행위도 구속하는가, (ㄹ) 기본권이 상호간에 갈등을 빚을 경우 그 해결방안은 무엇인가 하는 점이다.

---

77) 「정기간행물의등록등에관한법률」이 정한 정정보도청구권은 정기간행물의 보도에 의한 인격권 등의 침해를 받는 피해자에게 반론의 게재를 요구할 수 있는 즉 이른바 "반론권"을 뜻하는 것으로서 헌법상 보장된 인격권, 사생활의 비밀과 자유에 그 바탕을 둔 것이며, 나아가 피해자에게 반박의 기회를 허용함으로써 언론보도의 공정성과 객관성을 향상시켜 제도로서의 언론보장을 더욱 충실하게 할 수도 있다는 뜻도 함께 지닌 것이다. 오늘날 자유민주적 기본질서를 유지하기 위한 여론의 형성에서 언론이 차지하는 비중은 결코 과소평가될 수 없고, 민주주의를 지키고 발전시켜 나가기 위하여 표현의 자유의 우월적 지위는 반드시 보장되어야 한다. 그러나 한편 개인의 명예와 사생활이 거대한 언론의 전파력과 언론기관의 배후에서 영향력을 행사하는 영리적인 언론기업의 막강한 위세와 편견에 의하여 부당히 침해되고 노출된 경우에는 개인의 권익을 신속·적절히 보호하고 반론을 제기할 수 있는 법적인 장치 또한 마련되지 않으면 아니 된다.
물론 부당한 보도에 의하여 피해를 입은 사람이 민법과 민사소송법에 정한 전통적인 일반원칙과 절차에 따라 명예훼손 등을 원인으로 하여 소로써 손해배상에 갈음하거나 또는 손해배상과 함께 명예회복에 적당한 처분을 구할 수는 있다. 그러나 피해자가 강력한 전파력을 가진 대중매체인 정기간행물에 의하여 침해를 입게 된 경우에는 일반 민사소송절차에 따른 손해배상 또는 명예회복의 방법은 사후적인 것이고 귀책사유에 대한 입증의 곤란 등으로 말미암아 많은 시간과 노력이 소요됨으로써 명예회복의 구제수단으로서의 기능을 다하기에는 부족함이 적지 아니하다. 이에 반하여 반론권은 신속한 권리구제의 필요성에서 보도가 행해진 시간과 근접하여 그 사실 주장을 반박할 기회를 주는 점을 특색으로 하는 것이므로 반론의 제도와 언론의 자유의 관계는 단순히 제도의 평면적 비교나 판단보다 기본권간의 조화라는 전체적인 관점에서 평가되어야 한다.
현행 정정보도청구권제도는 그 명칭에 불구하고 피해자의 반론게재청구권으로 해석되고 이는 언론의 자유와는 비록 서로 충돌되는 면이 없지 아니하나 전체적으로는 상충되는 기본권 사이에 합리적인 조화를 이루고 있는 것으로 판단된다. 따라서 이 사건 심판대상인 「정기간행물의등록등에관한법률」 제16조 제3항, 제19조 제3항은 결코 평등의 원칙에 반하지 아니하고, 언론의 자유의 본질적 내용을 침해하거나 언론기관의 재판청구권을 부당히 침해하는 것으로도 볼 수 없어 헌법에 위반되지 아니하므로 주문과 같이 결정한다. 헌재 1991. 9. 16. 89헌마165, 판례집 3, 518, 534-535.

제1항 ‣ 기본권의 대국가적 효력

I 공권력적 국가작용에 대한 효력

국가작용은 권력작용(공권력의 행사)과 비권력작용(관리작용·국고작용)으로 구분된다. 기본권은 모든 공권력적 국가작용을 직접 구속하는 효력을 가진다. 이것을 공권력적 국가작용의 기본권기속성이라고 하며, 이것은 자유민주주의의 통치이념으로 인식되고 있다. 우리 헌법도 제10조 제2문에서 "국가는 개인이 가지는 불가침의 기본적 인권을 … 보장할 의무를 진다."라고 규정하여 이를 뒷받침하고 있다. 이와 같이 기본권은 원칙적으로 입법·집행·사법 등 모든 공권력적 국가작용을 구속하기 때문에, 입법부는 기본권을 침해하는 법률을 제정할 수 없고, 사법부는 재판을 통하여 기본권을 침해할 수 없으며, 집행부도 법을 집행함에 있어 기본권에 구속된다. 그러므로 공권력적 국가작용에 의한 위헌적 기본권침해는 불법행위가 되어 무효가 되거나 손해배상 등의 책임을 지게 된다.

II 관리행위와 국고적 행위에 대한 효력

국가작용 중 공권력의 발동인 권력작용은 그것이 국가기관에 의한 것이든 지방자치단체에 의한 것이든 공권력수탁자(公權力受託者, 공무수탁사인)에 의한 것이든 그 모두가 기본권에 기속된다. 그러나 영조물의 설치·관리, 예산재원의 조달, 공공수요의 충족 등 경제활동을 내용으로 하는 관리작용과 국고작용 등 경제적 비권력작용까지도 기본권에 기속되는가에 관해서는 견해가 갈리고 있다.

부정설에 의하면, 경제적 비권력작용은 공권력의 행사가 아닐뿐더러 그것은 사법적 형식으로 행해지기 때문에, 이 영역에는 헌법이나 행정법 등 공법이 적용되지 않는다고 한다. 그러나 최근에는 관리작용과 국고작용에도 기본권규정이 적용된다고 보는 긍정설이 다수설이고 타당하다고 본다. 그 논거는 다음과 같다. (ㄱ) 오늘날에는 종래의 국고적 행위 = 사법적 행위라는 국고이론 대신에 국고와 국가가 동일체로 간주되고 있으므로, 국고작용도 기본권에 기속되어야 한다. (ㄴ) 오늘날에는 기본권의 대사인적 효력까지 인정되고 있는 실정이므로 국가의 관리행위와 국고행위에는 당연히 기본권규정이 적용되어야 한다. (ㄷ) 헌법은 불가침적 기본권의 보장을 국가의 의무로 규정(헌법 제10조)하고 있지만, 이때의 국가를 공권력주체로서의 국가에 한정하고 비권력적·경제적 주체로서의 국가를 여기에서 제외해야 할 특별한 이유를 발견할 수 없다고 한다.[78)]

제2항 · 기본권의 제3자적 효력

기본권이 사인의 법률행위나 사인 상호간의 법률관계에도 적용되는가 하는 기본권의 제3자적 효력 여하에 관해서는 각국헌법에 명문의 규정이 거의 없으며 학설도 갈리고 있다. "권리와 자유 및 그 보장에 관한 헌법규정은 공·사 조직체에 직접 적용되어 구속력을 가진다."라는 포르투갈헌법 제18조 제1항이 기본권의 제3자적 효력을 명문화하고 있는 정도이다.

I 기본권의 효력확장론

근대 입헌주의헌법에 규정된 기본권은 그 수용과정이나 법적 성격으로 보아 원칙적으로 국가기관에 의한 침해로부터 개인의 자유와 권리를 방어하기 위한 대국가적 방어권이었고, 현대민주국가의 헌법들도 기본권의 보장을 위하여 국가권력을 제한하는 규정들을 기본권조항의 중심내용으로 하고 있다. 그러나 기본권이 본래 대국가적 방어권이었다는 이유로 또 공권인 기본권과 사법상의 권리간에는 이론적 관련이 없다는 이유로 기본권의 제3자적 효력을 전면적으로 부인할 수는 없다. 종전에는 주로 국가기관에 의한 침해의 위협하에 있었던 개인의 자유와 권리가 이제는 국가기관만이 아니라 사적 단체나 조직체 그리고 사인에 의하여 위협당하는 사례가 빈발하고 있기 때문이다. 기본권의 적용범위를 사인 간의 법률관계에까지 확장하려는 기본권의 제3자적 효력 내지 대사인적(對私人的) 효력의 문제는 이러한 사회적 상황에서 제기된 것이다. 따라서 오늘날에는 "헌법은 특정의 역사적 상황과 관련하여 존재하는 것이므로 이러한 상황에 적합하도록 재해석되지 않으면 아니 된다."는 관점에서 기본권의 의미변화 또는 기본권의 효력확장론이 전개되고 있다.[79]

II 독일에서의 이론전개

독일에서는 기본법 시행 이후 동법 제3조의 「남녀동등권」 조항이 사인 간에 직접 적용되고, 「동일근로에 대한 남녀의 동일임금」의 요구가 직접 이 조항으로부터 도출될 수 있는가 하는 것이 계기가 되어 기본권의 제3자적 효력의 문제가 활발하게 논의되기 시작하였다.

78) 권영성, 앞의 책, 324쪽.

79) 권영성, 앞의 책, 327쪽.

1. 효력부인설(제3자적 효력부정설)

효력부인설 내지 적용부인설(사법관계적용부인설)은 사인 간의 법률관계에는 기본권규정이 적용되지 아니한다는 견해로서, (ㄱ) 기본권은 대국가적 방어권이므로 국가기관만을 구속한다는 것(독일 기본법 제1조 제3항), (ㄴ) 사인 간에는 합의에 따라 자신의 자유를 스스로 제한하는 것이 반드시 부당하지 않다는 것, (ㄷ) 사인에 의한 침해행위로부터 기본권을 보호하는 것은 법률로써도 충분하기 때문에, 헌법차원의 특별한 보장이 불필요하다는 것 등을 그 논거로 들고 있다. 그러나 이 효력부인설은 현대적 실정에 부합하는 헌법해석론이 될 수 없고, 기본권규정과 사법규정(私法規定)이 하나의 헌법질서에 포섭되고 있다는 점을 간과한 것으로서 이 주장에 동조하는 견해를 찾아보기 힘들다.

2. 직접효력설(직접적용설)

직접효력설의 경우, 모든 기본권규정이 예외 없이 사인 간의 법률관계에 직접 적용되어야 한다는 전면적 직접효력설을 주장하는 이는 찾아볼 수 없다. 기본권규정 중 일정한 기본권규정만이 사인 간의 법률관계를 직접 규율하는 효력을 가진다는 한정적 직접효력설이 니퍼다이(H. Nipperdey)가 주장하고 있는데, 그 논거로는 (ㄱ) 헌법은 국가적 공동체의 생활질서 전반에 관한 가치질서를 규정한 최고의 규범이므로, 국가 대 국민의 공법관계만이 아니라 사인 대 사인의 사법관계도 헌법규정에 위반될 수 없고, (ㄴ) 개인의 자유와 권리가 사인 간의 법률관계에서 전혀 보장되지 아니한다면 헌법상의 기본권보장은 그 의미가 반감되고 말 것이라는 점을 들고 있다. 독일의 연방노동법원이 이 입장에 있다.

그러나 직접효력설에 따른다면, 자신의 자유를 자신의 자유로운 의사에 따라 구속하는 계약까지도 기본권의 침해로 보고 전부 금지하게 되어 계약의 자유 내지 사적 자치를 부인하는 것이 된다. 따라서 직접효력설에 대해서는 공·사법의 이원적 구별체계의 존속과 사인 상호간의 법률관계에서는 사적 자치의 원리가 존중되어야 한다는 관점에서 비판이 가해지고 있다.[80]

3. 간접적용설(간접효력설)

간접적용설이 독일의 다수설이다. 간접적용설을 대표하는 권터 뒤리히(G. Dürig)에 의하면 "직접효력설은 공·사법의 이원적 구별체계를 파괴하는 것이고, 헌법체계에 대한

80) 권영성, 앞의 책, 326쪽.

사법의 기본적 독자성과 고유법칙성을 부인하는 것이다. 그러나 사법관계가 헌법에 위반하여도 무방하다는 것은 아니고, 사법행위 내지 사법관계도 기본권규정에 합치하지 않으면 아니 된다. 다만 기본권규정이 사법질서에 적용되는 것은 직접 적용되는 것이 아니라 사법상의 일반조항을 통하여 간접적으로 적용되어야 한다."고 직접효력설을 비판하면서 간접적용설을 주장하고 있다. 그에 의하면 기본권규정은, 헌법규범이 사법에 "진입하는 관문"이라고 할 수 있는 사법상의 일반조항을 통하여 간접적으로 사법질서에 적용되어야 한다고 한다. 바꾸어 말하면 사법상의 일반원칙도 헌법질서의 내용의 일부가 되는 것이고 그렇다면 사법상의 일반원칙에 위배되는 사인 간의 법률관계는 간접적으로 헌법에 위배된다는 것이다. 한국민법 제103조에 상응하는 독일민법 제138조가 공서양속에 관한 조항이므로 뒤리히의 간접효력설을 공서양속설(公序良俗說)이라고도 한다.

Ⅲ 한국헌법과 기본권의 제3자적 효력

우리나라에서도 헌법에 명문의 규정이 없는 경우 간접적용설(공서양속설)에 따른 기본권규정이 사법상의 일반원칙을 통해 사법관계에 적용된다고 보는 것이 다수설의 입장이다.

1. 직접적용되는 기본권규정

특정의 기본권규정을 사법관계에도 적용한다는 명문의 규정이 있거나 명문의 규정이 없을지라도 성질상 직접 적용될 수 있는 기본권은 사인 간의 법률관계에도 직접 적용되는 것으로 보고 있다. 예를 들면 헌법 제33조는 근로3권이 사용자와 근로자의 근로관계에 직접 적용된다고 규정하고 있지는 않지만, 근로자의 단결권·단체교섭권·단체행동권은 본질적으로 근로관계를 전제로 하는 것이기 때문에 근로3권조항은 사용자에게도 당연히 직접 적용된다고 보는 것이다.

2. 간접적용되는 기본권규정

그 밖의 경우에는 간접적용설(공서양속설)의 입장에서 성질상 사법관계에 적용될 수 있는 기본권(헌법 제11조 평등권, 제17조 사생활의 자유, 제18조 통신의 자유, 제21조 표현의 자유 등)은 사법상의 일반원칙을 규정한 조항들(민법 제2조, 제103조, 제750조 등)을 통해 간접적으로 적용되는 것으로 보고 있다. 이러한 통설의 입장은 공·사법질서의 이원적 구별체계에 혼란을 야기하지 아니하면서 헌법의 기본권보장을 구현할 수 있는 헌법해석론이라는 의미에서 이론적으로 타당하다고 본다.

3. 사 견

우리 헌법의 경우, 앞에서 살펴본 바와 같이 기본권규정을 사인 상호간의 법률관계에도 직접 적용한다는 명문규정은 두고 있지 아니하나 성질상 사인 상호간의 법률관계에도 직접 적용될 수 있는 성질의 기본권은 명문규정 여부에 관계없이 제3자적 효력을 가진다. 문제가 되는 것은 명문규정도 없고 성질상 사인 상호간의 법률관계에 '직접'적용될 수도 없는 기본권(예컨대 평등권, 사생활의 자유와 비밀, 통신의 자유 등)에 대해서는 제3자적 효력을 어떻게 할 것인가 하는 점이다. 생각건대 바로 이러한 기본권, 즉 공법관계·사법관계를 막론하고 모든 법률관계에서 존중되는 것이 헌법정신에 부합한다고 해석되는 기본권인 경우에는, 간접적용설에 따라 사법상의 법률관계에도 적용되는 것으로 보아야 할 것이다. 그러한 해석의 헌법적 근거는 바로 헌법 제10조 제2문 "국가는 개인이 가지는 불가침의 기본적 인권을 확인하고 이를 보장할 의무를 진다."에서 구할 수 있다고 본다. 헌법 제10조 제2문의 "국가의 기본권보장의 의무"는 국가와 개인 간의 관계에서만 기본권을 보장할 의무를 규정한 것이 아니라 사인과 사인 간의 관계에서도 기본권의 부당한 침해가 이루어지지 않도록 할 의무까지 규정한 것으로 볼 수 있기 때문이다.[81] 우리 헌법재판소도 "우리 헌법은 제10조에서 국가는 개인이 가지는 불가침의 기본적 인권을 확인하고 이를 보장할 의무를 진다고 규정함으로써, 소극적으로 국가권력이 국민의 기본권을 침해하는 것을 금지하는 데 그치지 아니하고, 나아가 적극적으로 국민의 기본권을 타인의 침해로부터 보호할 의무를 부과하고 있다."[82]라고 설시함으로써, 이러한 해석론을 뒷받침하고 있다.

제3항 · 기본권의 갈등

I 기본권갈등의 의의

헌법의 기본권규정들은 각기 고립하여 존재하는 것이 아니라 어떠한 형태로든 다른 기본권규정들과 관련을 가지고 있으며, 때로는 기본권 상호간에 마찰과 모순을 드러내는

81) 권영성, 앞의 책, 332쪽.

82) 헌재 1997. 1. 16. 90헌마111 등(병합).

경우도 없지 아니하다. 기본권간의 마찰과 모순으로부터 야기되는 제반문제를 "기본권의 갈등"이라 한다. 기본권의 갈등은 단일의 기본권주체가 동시에 여러 기본권의 적용을 주장하는 경우(기본권의 경합)와 복수의 기본권주체가 서로 대립되는 상이한 기본권의 적용을 주장하는 경우(기본권의 충돌)를 포괄하는 개념이다.[83]

이러한 기본권의 갈등은 (ㄱ) 기본권규정을 어떻게 해석하느냐에 따라 그것이 과연 기본권의 갈등에 해당하는 경우인지 아닌지 또 그 갈등의 범위가 어느 정도인지 명백히 된다는 점에서 기본적으로는 "기본권의 해석"에 관한 문제라고 할 수도 있다. 하지만 (ㄴ) 갈등관계에 있는 기본권들의 효력을 어느 정도로 인정할 것인가를 결정해야 한다는 점에서는 "기본권의 효력"에 관한 문제이기도 하고, (ㄷ) 이러한 갈등을 해소하기 위해서는 결국 헌법이 예정한 기분권제한의 원칙을 문제해결의 준거로 삼을 수밖에 없다는 점에서 "기본권의 제한"에 관한 문제라고 할 수도 있다.

II 기본권의 경합

1. 기본권경합의 의의

(1) 기본권경합의 개념

기본권의 경합이라 함은 단일의(한 사람의) 기본권주체가 국가에 대해 동시에 여러 기본권의 적용을 주장하는 경우를 말한다. 일반적으로 기본권경합의 문제는 상이한 제한의 정도를 규정한 법률유보가 부가됨으로써 그 제한의 가능성이 각기 상이한 여러 기본권을 단일의 기본권주체가 동시에 주장하는 경우에 발생한다. 이러한 경우 제한의 가능성이 보다 더 큰(효력이 보다 약한) 기본권과 제한의 가능성이 보다 더 작은(효력이 보다 강한) 기본권 중에서 어느 것을 우선적으로 적용할 것인가가 헌법문제로서 제기된다.

(2) 기본권의 경합(진정경합)과 유사경합(부진정경합)

기본권이 경합되는 경우는 어떠한 행위가 여러 기본권의 구성요건에 해당하는 경우이지만, 그러한 기본권구성요건들이 일반법과 특별법의 관계에 있는 경우에도 기본권의 경합을 인정할 것인가가 문제된다. 이 점에 대해서는 (ㄱ) 각 기본권은 그 자체로서 독자적인 것이며 따라서 기본권규정 상호간에는 법조경합이라는 것이 존재할 수 없으며, 원칙적으로 어떤 기본권도 다른 기본권의 특수범주로 볼 수 없기 때문에, 기본권간에는 경

83) 권영성, 앞의 책, 333쪽.

합이 있을 수 있다고 보는 견해가 있는가 하면, (ㄴ) 어떠한 행위가 일반규범과 특수규범에 각각 해당하는 경우에는 특수적 기본권의 침해 여부만이 문제되어야 한다는 견해가 있다.

그러므로 기본권이 경합하는 경우에도 진정한 기본권경합과 “유사경합”, 즉 부진정경합이라는 문제가 제기될 수 있다. 예컨대 학문적 표현이나 예술적 수단을 이용한 광고 또는 선전행위를 하는 경우에 영업의 자유나 재산권 이외에 학문과 예술의 자유까지도 경합적으로 주장할 수 있는가가 문제된다. 생각건대 상업적 목적의 광고나 선전행위는 학문적 지식이나 예술적 관념을 전파하는 전형적인 수단이 아니므로, 그러한 행위는 학문의 자유나 예술의 자유로서 보호받을 수는 없는 것이고, 따라서 이러한 경우에는 진정한 기본권경합의 문제는 발생하지 아니한다.

2. 기본권경합의 유형

진정한 기본권경합의 사례로는 (ㄱ) 집회나 시위에 참여하려는 사람을 체포·구속한 경우 신체의 자유와 집회의 자유를 동시에 주장한다거나, (ㄴ) 정치적 단체에 가입하였다는 이유로 교사를 파면한 경우 결사의 자유·직업수행의 자유·수업권 등을 동시에 주장한다거나, (ㄷ) 직업음악가의 연주회개최나 성직자의 설교를 제한한 경우 예술의 자유 또는 종교의 자유와 직업수행의 자유를 동시에 주장한다거나, (ㄹ) 벽화 등 재산적 가치가 있는 예술작품을 강제로 철거하는 경우 예술의 자유와 재산권을 동시에 주장한다거나, (ㅁ) 신문배달의 자동차를 압수한 경우 언론의 자유와 재산권을 동시에 주장하는 경우 등을 들 수 있다.[84]

3. 기본권경합의 해결이론

(1) 학 설

독일에서는 제한의 가능성이 각기 상이한 여러 기본권이 경합하는 경우에, (ㄱ) 소수설은 제한의 가능성이 보다 더 큰 기본권을 우선시켜야 한다고 주장하지만, 이러한 주장은 기본권은 최대한으로 존중되고 보장되어야 한다는 헌법이념에 부합하지 아니하므로 타당하지 않다. (ㄴ) 다수설은 제한의 가능성이 보다 더 작은 기본권을 우선시켜야 한다고 주장한다. 다시 말하면 경합하는 기본권의 효력이 그 정도에 있어 각기 상이할 때에는 “그 효력이 보다 더 강한” 기본권을 우선시켜야 한다는 것이다. 그러나 효력이 보다 더

84) 권영성, 앞의 책, 334-335쪽.

강한 기본권을 우선적으로 적용해야 한다고 할지라도 "당해 사안과 직접적으로 관련되는 기본권"이 존중되어야 하며, 동등한 효력의 기본권들이 모두 직접적으로 관련될 경우에는 "당해 사안과 관련이 있는 기본권적 가치내용은 모두 실현되어야 한다."는 원칙에 따라 모든 기본권이 적용되어야 한다고 한다.

(2) 사 견

생각건대 기본권이 경합하는 경우에는 (ㄱ) 여러 기본권 중에서 문제의 사안과 직접적인 관련이 있는 기본권이 우선적으로 적용되고, (ㄴ) 사안과의 관련성이 동일한 경우에는 그 효력이 가장 강력한 기본권이 적용되며, (ㄷ) 문제의 사안과 관련이 있는 모든 기본권의 효력이 동일한 경우에는 관련이 있는 기본권 모두가 적용될 수밖에 없을 것이다. 이러한 해결방법은 합리적이고 적절한 것이면서 기본권의 효력을 가능한 한 강화하는 방안이 될 수 있기 때문이다.[85)]

Ⅲ 기본권의 충돌

1. 헌법문제로서의 기본권충돌의 문제

기본권충돌의 문제가 헌법문제로서 제기되기 시작한 것은 독일에서 기본권의 객관적 (가치) 질서론과 이를 근거로 한 기본권의 제3자적 효력론이 대두된 것과 그 맥락을 같이 한다. 기본권은 본질적으로 대국가적 공권일 뿐이라고 해석하는 전통적인 기본권관을 고수하는 한, 이러한 기본권충돌이라는 현상은 헌법문제가 될 여지가 없다. 그러나 기본권을 주관적 공권이면서 동시에 "법질서 전체에 대한 원칙규범"으로 이해하게 되면서, "객관적 질서"로서의 기본권은 사인 상호간의 관계에서도 직접 또는 간접적으로 효력을 가지는 것으로 관념하게 되었고, 이에 따라 사인 간에 대립하는 권익의 실현을 기본권에 근거하여 주장하는 것이 가능하게 되면서 기본권 충돌의 문제가 헌법문제로서 부각되게 된 것이다.

85) 권영성, 앞의 책, 335-336쪽.

2. 기본권충돌의 의의

(1) 기본권충돌의 개념

기본권의 충돌이라 함은 복수의 기본권주체가 서로 충돌하는 권익을 실현하기 위하여 국가에 대해 각기 대립되는 기본권의 적용을 주장하는 경우를 말한다. 기본권의 충돌은 다음을 그 개념적 요소로 한다. (ㄱ) "복수의 기본권주체"를 전제로 한다. (ㄴ) 원칙적으로 "국가에 대하여" 기본권을 주장하는 경우를 말한다. 실질적으로는 "사인 상호간에 이해관계가 충돌"하는 경우라 하더라도 기본권규정의 적용과 관련된 권리자와 의무자는 국가와 사인일 수밖에 없다. 왜냐하면 기본권의 충돌이란 국가공권력이 한 사인의 기본권을 보호하려는 의도를 가지고 이와 대립하는 다른 사인의 기본권을 제한하는 경우를 의미하기 때문이다.

(2) 기본권의 충돌(진정충돌)과 유사충돌(부진정충돌)

기본권의 적용을 주장하는 자의 행위가 당해 기본권규정의 보호범위를 벗어난 것인 때에는 진정한 의미에서의 기본권충돌의 문제는 발생하지 아니한다. 이러한 경우는 진정한 의미에서의 기본권충돌이 아니라 기본권의 "유사충돌", 즉 부진정충돌의 경우에 불과하기 때문이다. 예컨대, 출판업자가 출판을 위해 종이를 절취하고서 종이소유자의 재산권침해주장에 대하여 출판의 자유를 주장한다거나, 연극배우가 무대 위에서 살인을 하고서 피살자의 생명권침해주장에 대하여 예술의 자유를 주장하는 경우는 본래의(진정한) 기본권충돌에 해당하지 아니한다. 헌법이 출판의 자유를 보장하고 있다고 하여 출판업자의 종이절취행위까지 정당화될 수는 없는 것이며, 예술의 자유가 보장된다고 하여 무대에서의 살인까지 용인될 수는 없기 때문이다. 그러한 행위는 헌법에 보장하고 있는 기본권의 보호범위를 이미 벗어난 것이 되므로 "일반법률"의 적용을 받아야 하는 경우이다. 따라서 이러한 경우에는 출판의 자유나 예술의 자유와 재산권이나 생명권과의 충돌문제는 처음부터 제기될 여지가 없는 경우이다. 요컨대 진정한 의미에서의 기본권의 충돌이라 함은 어떠한 기본권이 그 보호범위 안에서 행사되는 경우임에도 불구하고 다른 기본권이 이를 현실적으로 제한하게 되는 경우를 말한다.[86)]

86) 권영성, 앞의 책, 335-336쪽.

3. 기본권충돌의 유형

기본권충돌에 관한 위의 개념규정을 고려할 때, 진정한 의미에서의 기본권충돌에 해당하는 사례를 든다는 것은 쉽지 않다. 기본권의 보호범위를 어떻게 규정하느냐에 따라 기본권충돌에 해당하는 경우의 범위도 달라질 수 있는 것이므로, 일견 기본권충돌에 해당하는 사안으로 볼 수 있는 경우라 하더라도 관점에 따라서는 그 경우를 기본권의 유사충돌로 볼 수 있는 여지가 있기 때문이다. 예컨대 교통방해를 초래하는 집회의 경우 그것이 집회의 자유의 보호범위 내에 속하는 것이냐의 여부에 따라 그것이 진정한 기본권충돌의 문제가 될 수도 있고 되지 않을 수도 있기 때문이다. 더욱이 기본권충돌은 기본권의 핵심영역에서보다는 그 주변영역에서, 그것도 비전형적인 기본권행사방식과 관련하여 발생하는 경우가 흔히 있는 것이므로, 그러한 영역이 과연 당해 기본권의 보호범위 내에 속하는 것인지 그 여부를 결정하는 것은 용이한 일이 아니다.

판례와 학설에서 일반적으로 지적하고 있는 사례들을 예시하면, (ㄱ) 문학작품에서 개인의 사생활에 관한 사항을 구체적으로 언급함으로써 작가의 예술의 자유(헌법 제22조)와 개인의 사생활자유(헌법 제17조)가 충돌하는 경우, (ㄴ) 언론기관이 특정인의 과거의 범죄사건을 보도함으로써 언론기관의 보도의 자유(헌법 제21조)와 범인의 인격권(헌법 제10조)이 충돌하는 경우, (ㄷ) 사원채용에서 합리적인 이유없이 특정인을 자의적으로 배제함으로써 고용자측의 계약의 자유(헌법 제10조)와 피고용자측의 평등권(헌법 제11조)이 충돌하는 경우, (ㄹ) 사용자가 반노조적 의사표현을 함으로써 사용자의 언론의 자유(헌법 제21조)와 근로자의 단결권(헌법 제33조)이 충돌하는 경우, (ㅁ) 기업주가 공해사업을 운영함으로써 기업주의 직업의 자유(또는 재산권)와 인근주민의 건강권(환경권)이 충돌하는 경우, (ㅂ) 종교단체가 거리에서 종교적 집회를 함으로써 종교단체의 종교의 자유와 시민의 교통권이 충돌하는 경우, (ㅅ) 흡연권과 혐연권(嫌煙權, 비흡연자가 담배연기를 꺼리고 흡연으로부터 자유로울 권리[87])이 충돌하는 경우[88] 등등을 들 수 있다.

87) 정재황, 『신헌법입문』, 박영사, 2010, 239쪽.

88) 헌재 2004. 8. 26. 2003헌마457.

4. 기본권충돌의 해결이론

(1) 독일에서의 학설

① 입법의 자유영역이론(입법자 역할론)

입법의 자유영역이론은 입법의 기능을 도외시하고 헌법해석론만으로 기본권충돌의 문제를 해결하려는 입장은 비현실적인 것이라고 비판하면서, 기본권충돌의 문제를 해결할 역할은 자유로운 입법형성을 그 과제로 하는 입법자의 임무라고 하는 이론이다. 그러나 이 이론은 ㈀ 기본권충돌의 문제가 1차적으로는 기본권의 내용을 확정하는 헌법해석의 문제라는 점을 간과한 것이고, ㈁ 입법부의 역할을 지나치게 과대평가한 것이며, ㈂ 기본권이 충돌하는 상황의 다양성에 비추어 일반적 법률로써 문제를 해결하는 데에는 한계가 있을 수밖에 없다는 점을 도외시하고 있다는 점에서 비판이 있다.

② 기본권의 서열이론(기본권 등급론)

기본권의 서열이론은 기본권간에 서열을 규정한 다음 그 기본권에 의해 보호되는 보호법익을 형량함으로써 보다 우위에 있는 것으로 판단되는 기본권을 우선시키려는 이론이다. 이를 위하여 ㈀ 개별적 기본권에 수반된 상이한 법률유보로부터 기본권의 서열을 추론해내려는 시도라든가, ㈁ 헌법의 근본가치이며 핵심이라 할 수 있는 인간의 존엄성 보장에 대한 각 기본권의 원근정도를 기준으로 하여 그 서열을 결정하려는 시도가 있으며, 이 외에도 ㈂ 인적 가치이냐 물적 가치이냐, 자유권이냐 평등권이냐, 공익에 관련된 기본권이냐 사익에 관련된 기본권이냐에 따라 서열을 결정하려는 견해도 제시되고 있다. 하지만 기본권 서열이론도 각 기본권은 그 자체로서 독자적으로 보장되는 것이므로 원칙적으로 동등한 서열을 가지는 것이며, 상이한 법률유보는 곧 상이한 가치서열을 의미하는 것은 아니라는 점에서 비판을 받고 있다. 그리하여 ㈃ 기본권 상호간에 어떤 추상적 가치서열을 상정하고 이에 따라 특정의 기본권을 우선시하는 방법(추상적 법익형량)으로 기본권충돌을 해결하려는 시도에 반대하면서, 개별사안의 구체적 상황을 고려한 구체적 법익형량이 이루어져야 한다는 입장도 제시되고 있다. 그러나 이 입장 역시 법익형량을 "어떻게" 할 것이냐에 관해서는 구체적 기준을 제시하지 못하고 있다는 점에서 불완전한 것이라 하지 않을 수 없다.

③ 실제적 조화(규범조화적 해석)의 이론

실제적 조화의 이론은 여러 기본권이 충돌하는 경우에 특정의 기본권이 상위서열에 있다는 이유만으로 그 효력을 절대화하고 그 밖의 기본권을 전적으로 배제할 것이 아니라, 충돌하는 기본권 모두의 본질적 내용을 훼손하지 아니하면서 그 효력을 최적정화할 수 있도록 기본권들을 조화시켜야 한다는 이론이다. 실제적 조화를 실현하기 위한 다양한 방안들이 제시되고 있지만, 이러한 방안들의 공통된 기본목표는 구체적 충돌사안에서 형평성이 유지되는 해결방안을 모색하려는 데에 있다. 그 방안들의 내용이 되는 대표적인 원칙들로는 비례적 제한의 원칙, 대안제시의 원칙, 과잉금지의 원칙 등을 들 수 있다. 구체적으로 말하면 (ㄱ) 충돌하는 기본권 상호간에 비례적인 제한을 가함으로써 관련이 있는 기본권 모두의 효력을 양립시키되(비례적 제한의 원칙), (ㄴ) 각 기본권이 서로를 배척하지 아니하고서는 실현될 수 없을 경우에는 대안을 제시하며(대안제시의 원칙), (ㄷ) 대안을 발견할 수 없을 경우에도 후퇴시키는 기본권을 과도하게 제한해서는 아니 된다는 내용이다(과잉금지의 원칙).

(2) 사 견

위에서 살펴본 입법의 자유영역이론과 기본권의 서열이론은 문제가 있으므로 실제적 조화의 이론을 통하여 기본권의 충돌을 해결하여야 할 것이다.

제8절 기본권의 한계와 제한

헌법 제10조 제2문이 "국가는 개인이 가지는 불가침의 기본적 인권을 확인하고 보장할 의무"를 규정하고 있기 때문에, 이러한 기본권의 불가침성과 기본권의 국가적 보장을 이유로, 기본권은 어떠한 제약도 받지 아니하고 어떠한 경우에도 제한될 수 없는 절대적·무제한적 권리인가가 문제되고 있다.

현대 민주국가의 헌법은 기본권의 한계와 제한을 명시하는 것이 일반적이다. 헌법이 명문의 규정을 가지고 기본권에 일정한 한계를 설정하거나 제한을 가할 때에 이것을 기본권의 명시적 제약이라 한다. 그러나 기본권은 그 제약에 관한 명문의 규정이 없는 경우에도 무제한적인 것이 아니고 불문율에 따라 제약을 받는 것으로 보고 있다. 그것은 기본권 자체에 내재하는 암묵적 제약성, 즉 기본권의 내재적 한계성 때문이다.

제1항 ‣ 기본권의 한계: 내재적 한계성

타인과의 접촉·교류를 전제로 하는 국가적 공동생활에서는 개개인은 타인의 생활영역을 존중하지 않으면 아니 된다. 타인의 생활영역에 대한 방해나 위협 여부가 바로 국가적 공동생활에 있어서 행위의 준칙이 되고, 행동의 자유를 제약하는 사유가 된다. 기본권이 불가침이라는 것도 타인에게 해악을 끼치지 않는 범위 내에서만 그러한 것이다. "나의 자유는 남의 자유가 시작하는 곳에서 멈춘다."라는 법언이 있으며, 프랑스인권선언도 "자유란 다른 사람을 해하지 아니하는 한도 내에서 모든 것을 할 수 있는 것임을 의미한다."라고 하여, 타인의 존재로 인한 자유의 한계를 명시하고 있다. 이와 같이 자유도 정의·인도·도덕률·윤리규범 등에 어긋나지 아니하는 범위 안에서 원하는 것을 할 수 있다는 것을 의미하므로, 자유는 절대적인 것이 아니라 상대적인 것일 뿐이다. 따라서 개인의 자유의 영역은 전국가적이지만 전사회적인 것은 아니며, 순수한 내심의 작용(의사)을 제외한 그 밖의 자유와 권리는 헌법유보나 법률유보가 없다고 하여 무제한적으로 행사될 수 있는 것이 아니다. 자유와 권리는 그 내재적 한계 내에서만 행사될 수 있고 내재적 한계 내에서만 보장된다.

독일 기본법은 "권리의 행사가 타인의 권리를 침해하는 것이어서는 아니 되고, 헌법질서에 위배되는 것이어서는 아니 되며, 도덕률에 반하는 것이어서는 아니 된다."라고 규정(제2조 제1항)하고 있다. 타인의 권리의 불가침·도덕률의 준수·헌법질서의 존중 등은 그에 관한 명문의 규정을 두고 있지 아니한 헌법의 경우에도, 국가적 공동생활을 위해 기본권에 필연적으로 내재하는 한계적 요소라고 할 수 있다. 우리 한국헌법도 언론·출판의 자유에 관해서는 "타인의 명예나 권리 또는 공중도덕이나 사회윤리를 침해하여서는 아니 된다."라고 하고 있고(헌법 제21조 제4항), 정당의 목적과 활동은 "민주적 기본질서에 위배되어서는 아니 된다."(헌법 제8조 제4항)라고 하여, 그 내재적 한계(사회적 책임성)를 명시하고 있다. 이와 같이 헌법이 기본권 자체에 내재하는 한계성을 명문화하고 있는 경우(헌법 제21 제4항 제1문)에, 그것은 입법에 의한 기본권의 창설적 제한이 아니라 기본권의 내재적 한계성을 재확인하고 명시한 것일 뿐이다. 우리 헌법재판소 역시 "기본권도 국가적·사회적 공동생활의 테두리 안에서 타인의 권리·공중도덕·사회윤리·공공복리 등의 존중에 의한 내재적 한계가 있는 것이며, 따라서 절대적으로 보장되는 것이 아니다."라고 판시하고 있다.[89)]

제2항 › 기본권의 제한

기본권의 제한이라 함은 기본권의 효력이나 그 적용범위를 축소하거나 한정하는 것을 말한다. 기본권을 제한하는 방식에는 헌법유보에 의한 제한과 법률유보에 의한 제한의 두 가지가 있다.

I 헌법유보에 의한 기본권의 제한

1. 헌법유보의 의미

기본권에 당연히 내재하는 한계성을 명문화한 것이든 새로운 제한을 창설한 것이든, 헌법이 명문의 규정을 가지고 직접 기본권의 제약(제한)을 규정하고 있는 경우(그 기본권을 제한하기 위한 새로운 입법이 불필요한 경우)에, 그것을 기본권제한에 관한 헌법유보 또는 헌법직접적 기본권제약이라 한다. 헌법유보에는 헌법이 직접 기본권 '전반'에 대하여 제약을 규정하는 일반적 헌법유보와 '특정'의 기본권에 한하여 제약을 규정하는 개별적 헌법유보가 있다.

2. 헌법유보의 유형

(1) 일반적 헌법유보

현행 헌법에는 독일 기본법 제2조 제1항과 같은 일반적 헌법유보에 해당하는 규정이 없다. 그러나 일반적 헌법유보에 관한 조항이 없을지라도 타인의 권리·도덕률·헌법질서 등의 존중은 국가적 공동생활을 위하여 기본권에 당연히 내재하는 제약사유이다.

(2) 개별적 헌법유보

현행 헌법에서도 정당의 목적과 활동에 관한 제한(제8조 제4항), 언론·출판의 사회적 책임의 강조(제21조 제4항), 재산권의 행사의 제약(제23조 제2항) 등에 관한 조항은 개별적 헌법유보라고 할 수 있다. 헌법 제8조 제4항은 "정당의 목적이나 활동이 민주적 기본질서에 위배될 때에는…해산된다."라고 하고 있고, 제21조 제4항은 "언론·출판은 타인의 명예나 권리 또는 공중도덕이나 사회윤리를 침해하여서는 아니 된다."라고 하고 있으며, 제23조 제2항은 "재산권의 행사는 공공복리에 적합하도록 하여야 한다."라고 하여, 헌법

---

89) 헌재 1990. 9. 10. 89헌마82.

이 특정의 기본권을 제한하고 있기 때문이다. 이와 같이 헌법은 민주적 기본질서와 타인의 권리·공중도덕·사회윤리 그리고 공공복리 등을 정당의 설립과 활동의 자유, 언론·출판의 자유 및 재산권의 행사 등에 관한 제약사유로 명기하고 있으므로, 이들 조항은 개별적 헌법유보에 해당하는 것이다.

Ⅱ 법률유보에 의한 기본권의 제한

1. 법률유보의 의미

헌법이 기본권의 제한을 직접 규정하지 아니하고 그 제한을 법률에 위임하고 있는 경우(법률로써 기본권제한이 가능한 경우)에 그것을 기본권제한에 관한 법률유보 또는 헌법간접적 기본권제약이라 한다. 법률유보에도 헌법이 특정의 기본권에 한하여 법률로써 제한할 수 있다고 규정하는 개별적 법률유보(헌법 제12조 제1항, 제23조 제3항, 제33조 제3항)와 기본권전반이 법률에 의하여 제한될 수 있다고 규정하는 일반적 법률유보(헌법 제37조 제2항 전단)가 있다.

2. 법률유보의 형태

기본권조항 중에는 "…자유 또는 권리는 법률에 의하지 아니하고는 제한되지 아니한다."라든가 "…○○권리는 법률이 정하는 바에 의하여…가진다."라는 조항이 있는데, 이는 법률유보를 규정한 조항들이다. 전자의 경우는 기본권제한적 법률유보라고 하고, 후자의 경우는 기본권구체화적 법률유보라 한다. 행복추구권, 평등권, 자유권적 기본권 등은 그에 관한 구체적 입법을 기다릴 필요 없이 직접 실현할 수 있는 직접적 효력을 가진 기본권을 의미하므로, 그에 관한 법률유보는 기본권제한적 법률유보를 의미한다. 하지만 청구권적 기본권·정치적 기본권·사회적 기본권 등은 법률에 의하여 비로소 그 행사절차나 내용이 구체화되기 때문에, 그에 관한 법률유보는 기본권구체화적 법률유보를 의미한다.

다만 사회적 기본권을 법률에 의하여 비로소 그 내용이 구체적으로 형성되는 기본권으로 보는 견해(추상적 권리설)를 따르면, 사회적 기본권은 그 내용이 법률에 의하여 비로소 형성되기 때문에, 사회적 기본권에 관한 법률유보는 기본권형성적 법률유보라고 한다. 그러나 사회적 기본권을 구체적 권리로 파악할 경우, 기본권형성적 법률유보의 개념은 수용될 여지가 없다고 본다.

3. 본래적 형태의 법률유보(기본권제한적 법률유보)

(1) 기본권제한적 법률유보의 개념

본래적 의미의 법률유보는 헌법이 기본권의 제한을 직접 규정하지 아니하고 그 제한을 법률에 위임하고 있는 경우(헌법간접적 기본권제약), 즉 기본권제한적 법률유보를 의미한다. 헌법 제12조 제1항의 신체의 자유와 제23조 제3항의 재산권에 관한 법률유보 그리고 제37조 제2항의 법률유보가 이에 해당한다.

(2) 기본권제한적 법률유보의 규범적 의미와 기능

전제주의국가에서는 기본권의 향유가 제한적인 것이므로, 전제국가헌법에서의 법률유보는 법률에 의하기만 하면 언제나 또 얼마든지 기본권을 제한할 수 있다는 의미로 이해될 뿐 아니라 그러한 제한을 할 권한을 헌법이 의회에 부여한 것으로 이해한다. 그러므로 법률유보가 있는 경우에는 기본권제한에 관한 입법은 의회에 대하여 입법정책차원의 자유재량을 위임한 것으로 이해하고, 기본권보장의 내용과 정도는 헌법상 미확정적이며 의회의 입법을 기다려 비로소 그것이 확정되는 것으로 이해한다(법률유보의 소극적 기능).

이에 반하여 민주국가에서는 기본권의 향유가 무제한임을 원칙으로 하는 까닭에, 민주국가헌법에서의 법률유보는 '입법권으로부터의 기본권의 보장'과 더불어 '입법권에 의한 기본권의 보장'이라는 이중적 의미를 가진다. 따라서 민주국가에서는 국가안전보장이나 질서유지 또는 공공복리 등을 이유로 기본권을 제한할 필요가 있는 경우에도, 헌법이 지향하는 기본권불가침성과 기본권존중의 이념에 비추어, 기본권의 제한조항을 의미하는 법률유보도 반드시 헌법이 명시한 목적을 위하여 그리고 헌법이 명시한 방법에 따라 헌법이 명시한 한계 내에서만 기본권을 제한할 수 있는 것으로 이해한다. 그러한 의미에서 민주국가헌법에서의 법률유보(예컨대 제37조 제2항)는 기본권제한에 관한 헌법상의 근거와 그 제한의 기준 및 정도와 제한의 한계를 헌법의 차원에서 명시한 것으로 보아야 한다. 이러한 의미의 법률유보의 원칙은 헌법의 기본원리의 하나인 법치국가의 원리의 핵심내용을 이루는 것으로, "기본권의 제한이나 그 행사를 위한 기본적이고 본질적인 사항은 국회가 제정한 형식적 의미의 법률에 미리 규정되어 있어야 한다."는 규범적 의미를 가지는 것이다(법률유보의 적극적 기능).[90]

90) 권영성, 앞의 책, 348-349쪽.

4. 법률유보의 유형: 개별적 법률유보와 일반적 법률유보

개별적 법률유보조항이 있는 기본권(헌법 제12조 제1항 신체의 자유, 헌법 제23조 제3항 재산권 등)은 “법률이 정하는 바에 따라” 제한이 가능하다. “법률에 의하지 아니하고는 제한되지 아니한다.”라고 하는 것은 법률에 의해서만 제한이 가능하다는 것을 의미하기 때문이다. 그러나 헌법은 특정의 기본권에 대하여 법률에 의한 제한만을 규정하고 있을 뿐 제한의 목적이나 방법은 당해 조항에서 규정하고 있지 아니하다. 그 제한의 목적과 제한의 방법을 헌법은 제37조 제2항 전단에서 일괄적으로 규정하고 있다. 그러므로 헌법 제37조 제2항 전단의 “국민의 모든 자유와 권리는 국가안전보장·질서유지 또는 공공복리를 위하여 필요한 경우에 한하여 법률로써 제한할 수 있으며”라고 하는 규정은 일반적 법률유보조항이라 할 수 있다.

5. 일반적 법률유보조항에 의한 기본권제한

기본권제한에 관한 일반적 법률유보조항을 의미하는 헌법 제37조 제2항 전단은 법률로써 기본권을 제한하는 경우에 준수되어야 할 일반준칙을 규정한 조항이다. 따라서 기본권을 제한하는 입법을 함에 있어서는 입법목적의 정당성과 그 목적달성을 위한 방법의 적정성, 피해의 최소성, 그리고 그 입법에 의해 보호하려는 공공의 필요와 침해되는 기본권 사이에 균형성이 유지되게 하는 조건을 모두 갖추어야 하며, 이를 준수하지 않은 법률 내지 법률조항은 기본권제한의 입법적 한계를 벗어난 것으로 헌법에 위반된다.

(1) 제한의 대상이 되는 기본권

법률에 의하여 제한할 수 있는 기본권은 국민의 ‘모든’ 자유와 권리이다. 헌법은 제37조 제2항 전단에서 국민의 ‘모든’ 자유와 권리를 법률에 의한 제한의 대상이 되는 것으로 규정하고 있기 때문이다. 그러나 실제로 제한의 대상이 되는 기본권은 그 성질상 제한이 가능한 기본권에 한한다. 내심의 작용(의사)을 내용으로 하는 절대적 기본권은 제37조 제2항 전단의 규정에도 불구하고 그 성질상 제한이 불가능하다. 그리고 기본권을 제한하는 법률은 제한의 대상이 되는 기본권을 구체적으로 적시해야 하며 모든 기본권을 제한한다는 취지의 법률은 위헌무효이다.

(2) 기본권제한의 목적

기본권은 헌법 제37조 제2항 전단에 따라 국가안전보장·질서유지 또는 공공복리라는 목적을 위하여 필요한 경우에 한하여 제한이 가능하다. 그러나 기본권은 국가안전보장 등 제한의 사유가 존재하는 경우라고 하여 반드시 제한해야 하는 것은 아니다. 제한의 사유가 존재하는 경우에도 제한할 사유보다 기본권존중의 필요성이 보다 더 크다고 판단될 경우에는 기본권제한을 위한 입법을 자제해야 한다(제한불가피성의 원칙).

(가) 국가안전보장

국가안전보장이라 함은 국가의 독립과 영토의 보전, 헌법과 법률의 규범력, 헌법기관의 유지 등 국가적 안전의 확보를 말한다. 국가안전보장을 위하여 기본권을 제한하고 있는 법률로는 형법을 비롯하여 국가보안법, 군사기밀보호법 등이 있다. 그러나 국가안전보장을 위하여 기본권을 제한하는 경우에도 그 제한은 필요최소한의 제한에 그쳐야 한다.

(나) 질서유지

헌법 제37조 제2항의 질서라 함은 자유민주적 기본질서를 포함하는 헌법적 질서는 물론이고 그 밖의 사회적 안녕질서를 말한다. 질서유지를 위하여 기본권을 제한하고 있는 법률로는 형법을 비롯하여 경찰법, 「집회 및 시위에 관한 법률」, 경찰관직무집행법, 도로교통법, 경범죄처벌법, 「화염병사용 등의 처벌에 관한 법률」, 「성매매알선 등 행위의 처벌에 관한 법률」 등이 있다.

(다) 공공복리

기본권제한의 목적이 되는 공공복리(공공의 행복과 이익)는 다의적이고 불확정개념이기 때문에 이것을 기본권제한의 사유로 하는 데에는 비판이 없지 아니하다. 공공복리는 개개인의 사적 이익에 대한 대립적 개념이지만 오늘날 그 개념은 대체로 다음 중 하나로 이해되고 있다. 하나는 개인적 이익을 초월하여 국가적 차원에서 결정되는 전체적 이익인 국가절대주의적 공공복리개념이고, 또 하나는 개개인의 사적 이익에 우월하면서 개개인에게 공통된 이익을 의미하는 국민공동의 공공복리개념이다. 후자의 공공복리개념은 자유권에 대해서는 제한의 사유가 되지만 사회적 기본권에 대해서는 실천목표가 된다.

생각건대 현대사회국가에서 기본권제한의 목적이 되는 사회국가적 공공복리의 관념은 국가적 생활이익을 절대시하는 국가절대주의적 복리라든가 개인적 생활이익을 절대시하는 근대시민국가적 복리와는 명확히 구별되어야 할 개념이다. 그것은 공동으로 사회생활을 영위하는 사회구성원 전체를 위한 공공적 이익(국민일반의 생활안전과 건강증진 또는 사회·경제영역의 안정·발전·편의 등), 즉 '국민공동의 이익'으로 이해하지 않으면 아니 된다. 이러한 공공복리는 우리나라와 같은 사회국가에서는 사회공동생활의 지표인 동시에 국가적 이념이라고 할 수 있다.

공공복리를 위하여 제정된 법률로는 「국토의 계획 및 이용에 관한 법률」, 건축법, 도로법, 「도시공원 및 녹지 등에 관한 법률」, 「공익사업을 위한 토지 등의 취득 및 보상에 관한 법률」 등이 있다.

(라) 상호중첩성

국가안전보장과 질서유지를 위하여 기본권을 제한하는 법률은 상호중첩적일 수 있고, 질서유지와 공공복리를 위하여 기본권을 제한하는 법률도 상호 중첩적일 수 있다.[91]

(3) 기본권제한의 형식

(가) 법 률

헌법 제37조 제2항 전단에 의거한 기본권의 제한은 원칙적으로 법률의 형식으로써만 가능하다. 이때의 법률이란 국회가 제정한 형식적 의미의 법률을 말한다. 기본권제한을 위한 법률은 일반적인 것이어야 하고 명확한 것이어야 한다. 이것을 기본권제한을 위한 법률의 일반성과 명확성의 원칙이라 한다. 일반적인 것이어야 한다는 것은 법률의 규율대상이 국민일반이어야 한다는 것과 구체적인 처분이나 재판의 형태로 할 수는 없다는 뜻이다. 이것은 입법의 형식을 띤 행정처분(처분적 법률)이나 입법의 형식을 띤 재판(재판적 법률), 즉 사권박탈법의 제정은 원칙적으로 금지된다는 의미이다. 또한 기본권을 제한하는 법률은 그 내용이 명확해야 한다. 법률의 내용이 불명확한 경우에는 "막연하기 때문에 무효"라는 이론에 따라 당해 법률은 무효가 된다.

(나) 명 령

명령도 법률의 위임이 있는 경우이거나 긴급명령·긴급재정경제명령인 경우에는 예외적으로 기본권을 제한할 수 있다.

(다) 조약과 국제법규

조약과 일반적으로 승인된 국제법규는 국내법체계상 법률과 동일한 효력을 가지므로, 조약과 일반적으로 승인된 국제법규에 의한 기본권제한은 법률에 의한 기본권제한에 준한다.

91) 헌재 1995. 7. 21. 92헌마144.

(4) 기본권제한의 방법과 정도

기본권제한의 요건이 충족된 경우에도 과잉금지의 원칙 등에 어긋나는 방법과 정도로 기본권을 제한한다면 그것은 헌법상 허용되지 아니한다. 바꾸어 말하면 국민의 기본권을 제한하는 입법을 함에 있어서는 입법권의 한계를 의미하는 과잉(과잉입법)금지의 원칙이 존중되어야 하고 기본권의 본질적 내용을 침해하지 않는 것이어야 한다.

(가) 과잉금지의 원칙

과잉금지의 원칙이라 함은 국민의 기본권을 제한함에 있어서 국가작용의 한계를 명시한 원칙으로서 목적의 정당성·방법의 적정성 · 피해의 최소성 · 법익의 균형성 등을 그 내용으로 하며, 그 어느 하나에라도 저촉되면 위헌이 된다는 헌법상의 원칙을 말한다. 과잉금지의 원칙의 구체적인 내용이 되는 4가지 부분원칙은 다음과 같은 것으로 정리할 수 있다.

A. 목적정당성의 원칙

목적의 정당성이라 함은 국민의 기본권을 제한하는 의회의 입법은 그 입법의 목적이 헌법과 법률의 체계 내에서 정당성을 인정받을 수 있어야 한다는 것을 의미한다.

B. 방법적정성(수단상당성)의 원칙

방법의 적정성이라 함은 국민의 기본권을 제한하는 입법을 하는 경우에 법률에 규정된 기본권제한의 방법은 입법목적을 달성하기 위한 방법으로서 효과적이고 적절한 것이어야 한다는 것을 말한다.

C. 제한(피해)최소성의 원칙

피해의 최소성이라 함은 입법권자가 선택한 기본권의 제한조치가 입법목적달성을 위해 적절한 것일지라도, 보다 완화된 수단이나 방법을 모색함으로써 그 제한을 필요최소한의 것이 되게 해야 한다는 것을 말한다. 헌법재판소의 과잉금지원칙 심사의 핵심은 최소침해성 판단에 놓여 있다고 해도 과언은 아니다. 적합성 심사나 법익균형성 심사와 같이 형식화된 심사에 그치는 것이 아니라, 덜 침해적인 수단의 법적·사실적 존재가능성에 관한 논증이 비교적 충실히 행해지기도 한다. 그러나 여기서도 논증의 형식화 문제는 여전히 제기된다.[92]

---

92) 김하열, 『헌법강의』, 박영사, 2018, 288쪽.

D. 법익균형성(법익비례성)의 원칙

법익의 균형성이라 함은 기본권의 제한이 위의 여러 원칙들에 적합한 경우에도 기본권의 제한이 의도하는 정치·경제·사회적 유용성과 그 제한에 의하여 야기되는 국민적·사회적 손실을 비교형량하여 양자간에 합리적인 균형관계가 성립해야 함을 말한다. 이 원칙은 어떠한 행위를 규제함으로써 초래되는 사적 불이익과 그 행위를 방치함으로써 초래되는 공적 불이익을 비교하여, 규제함으로써 초래되는 공익이 보다 크거나 적어도 양자간에 균형이 유지되어야 한다는 것과 형벌과 책임간에도 균형성(비례의 원칙)이 유지되어야 한다는 원칙이다. 기본권제한에 있어 법익형량의 이론은 실질적 공평의 원칙에서 유래한 것으로 배분적 정의의 실현이라고도 할 수 있다.

(나) 본질적 내용침해금지의 원칙

헌법은 기본권을 "제한하는 경우에도 자유와 권리의 본질적인 내용을 침해 할 수 없다."(제37조 제2항 후단)라고 규정하고 있다. 기본권의 본질적인 내용이라 함은 당해 기본권의 핵이 되는 실체를 말하고, 본질적인 내용의 침해라 함은 그 침해로 말미암아 당해 자유나 권리가 유명무실한 것이 되어버리는 정도의 침해를 말한다. 어느 정도의 침해가 본질적 내용에 대한 침해인가는 각 기본권의 내용 중에서 그 핵이 되는 실체가 어떤 것인가에 따라 결정될 것이지만, 내심의 작용(의사)을 권리의 내용으로 하는 기본권인 경우에는 내심의 작용을 침해하는 것이 본질적인 내용에 대한 침해라고 할 수 있을 것이다.

아무튼 (ㄱ) 기본권의 본질적 내용침해금지조항이 보호하려는 대상은 개인을 위한 주관적 권리인가(주관설) 아니면 객관적인 법원리인가(객관설), (ㄴ) 또 기본권의 본질적 내용이라는 것은 모든 기본권에 공통된 어떤 절대적 가치(예컨대 인간으로서의 존엄성)인가(절대설) 아니면 기본권에 따라 상이한 어떤 상대적 가치인가(상대설)가 문제될 수 있다. 요컨대 이 문제는 모든 기본권에 공통된 어떤 절대적 가치(인간의 존엄성 등)에다 각 기본권에 특유한 어떤 고유가치를 더한 것이 기본권의 본질적 내용이 되는 것이라 볼 수 있다(상대설과 절대설을 종합한 절충설의 입장).

헌법재판소는 개별 기본권별로 본질적 내용을 파악해야 한다고 판시[93]하였고, 생명권에 대한 완전한 박탈을 초래하는 사형제도에 대하여는 본질적 내용 침해 금지 규정에 위배되지 않는다고 함으로써 상대설을 취하고 있다.[94] 본질적 내용의 구체적인 의미와

93) 헌재 1995. 4. 20. 92헌바29.

94) 헌재 1996. 11. 28. 95헌바1.

범위는 헌법재판소와 법원의 판례가 축적되면 더욱 더 명백히 될 것이다.

(5) 기본권제한의 기준: 이중기준의 원칙

2중기준론은 기본권 중에서 정신적 자유권과 재산적·경제적 기본권을 구분하여, 전자의 가치는 후자의 가치에 우월하는 것이므로 양자에 대한 제한방법 내지 제한기준도 달리해야 한다는 이론이다. 다시 말하면 정신적 자유권은 원칙적으로 제한되지 아니하며, 예외적으로 제한되는 경우에도 그 제한(규제)입법의 합헌성 여부에 대한 판단은 경제적 기본권에 대한 그것보다 엄격하지 않으면 아니 된다는 논리가 2중기준의 원칙이다. 예컨대 표현의 자유의 제한에 관해서는 (ㄱ) 사전억제의 금지, (ㄴ) 제한의 사유와 제한의 정도에 관한 명확성, (ㄷ) 명백하고 현존하는 위험성, (ㄹ) 합리성 등과 같은 엄격한 요건이 충족될 필요가 있지만, 경제적 기본권을 제한하는 경우에는 합리적 사유가 있으면 충분하다는 이론이다.

6. 기본권제한의 요건을 충족하지 아니한 법률의 효력

기본권을 제한하는 법률이 기본권제한의 요건을 충족하지 아니한 위헌법률인 때에는 이로 인한 기본권침해에 대하여 구제절차가 강구되어야 한다. 그에 관한 구제절차로서 헌법은 청원권의 행사(제26조), 위헌법률심판의 청구(제107조 제1항), 헌법소원심판청구(제111조 제1항) 등을 규정하고 있다. 법원은 구체적인 사건을 재판함에 있어 당해 사건에 적용될 법률이 기본권제한에 관한 헌법상의 요건을 충족한 것인가가 문제될 때에는 헌법재판소에 그 법률의 위헌 여부를 심판해 주도록 제청하고 그 심판에 따라 재판한다. 국민도 위헌법률로 말미암아 헌법상 보장된 기본권이 침해된 때에는 헌법재판소에 헌법소원을 제기하고 위헌법률심판을 청구할 수 있다.[95]

Ⅲ 이른바 특별권력관계와 기본권의 제한

1. 이른바 특별권력관계의 의의

이른바[소위(所謂)] 특별권력관계는 일반권력(통치적)관계에 대응하는 개념이다. 국가 대 일반국민의 관계에서 국가가 우월적 지위에서 공권력을 행사하고 일반국민이 여기에 복종하는 관계를 일반권력관계 또는 통치권관계라 한다면, 이른바 특별권력관계는 법규정

95) 권영성, 앞의 책, 347-355쪽.

이나 당사자의 동의 등 특별한 법적 원인에 의거하여 행정주체와 국민 중의 일부간에 성립하는 관계로서, 공법상의 특정한 목적달성에 필요한 한도 내에서 행정주체가 일부국민을 포괄적으로 지배하고, 일부국민이 이에 복종하는 것을 내용으로 하는 공법상의 특수한 법률관계를 말한다. 이른바 특별권력관계에 있는 국민은 국민으로서의 일반적인 권리·의무 외에 특수한 법적 관계에 상응하는 특별한 권리·의무를 가진다. 이른바 특별권력관계의 유형으로는 국가와 공무원의 관계(복무관계), 국·공립학교와 재학생의 관계(재학관계), 교도소와 수형자의 관계(수감관계), 국·공립병원과 전염병환자의 관계(입원관계), 국·공립공원과 이용자의 관계(이용관계) 등을 들 수 있다.

특별권력관계론은 19세기에 독일에서 구성된 이론으로서, 고전적 공법이론에 의하면 특별권력관계에는 법치주의가 적용되지 아니한다고 하였다. 따라서 오늘날에도 일반권력관계와 별도로 특별권력관계라는 것을 인정할 것인가가 논란의 대상이 되고 있다. 생각건대 오늘날에도 특정한 공법상의 목적(국방목적·행정목적·교육목적·행형목적 등)을 달성하기 위한 특수한 법률관계의 필요성은 여전히 인정되기 때문에, 공법상의 특별한 원인에 의하여 성립하는 특수한 법률관계의 존재 자체를 부인하는 것은 비현실적이다. 문제는 이러한 특수한 법률관계에 법치주의가 적용되느냐의 여부에 의하여 법치주의가 적용되지 아니하던 종래의 특별권력관계가 이른바 특별권력관계로 수정되게 되었다.

2. 이른바 특별권력관계에서의 기본권의 제한

(1) 기본권제한의 허용 여부

이른바 특별권력관계에 있어서 행정주체가 상대방인 국민의 기본권을 제한할 수 있는가가 문제되고 있다. 생각건대 절대적 기본권은 어떠한 경우에도 제한이 불가능하지만, 상대적 기본권은 이른바 특별권력관계를 설정한 목적을 달성하기 위하여 불가피하고 또 합리적이라고 인정되는 범위 내에서 일반국민에게는 허용되지 아니하는 제한이 가능하다고 본다. 하지만 오늘날에는 이른바 특별권력관계에도 법치주의가 전면적으로 적용되어야 하는 것으로 보기 때문에, 행정주체에 의한 자의적인 기본권제한은 허용되지 아니한다. 이른바 특별권력관계가 법규에 의하여 강제적으로 성립된 경우에는 헌법에 그에 관한 근거가 있어야만(적어도 헌법이 그것을 전제하고 있는 경우라야) 기본권의 제한이 가능하고, 당사자간의 합의에 따라 성립한 경우에도 최소한 법률에 그에 관한 근거가 있어야 제한이 가능하다. 다만 기본권제한의 구체적인 방법과 정도는 이른바 특별권력관계의 설정목적과 성질 및 기능 등에 따라 구체적으로 검토되어야 할 것이다.

(2) 기본권제한의 형식

이른바 특별권력관계에 있어서 기본권제한의 형식에는 (ㄱ) 헌법의 규정에 의하여 직접 제한하는 방식, (ㄴ) 법률의 규정에 의하여 제한하는 방식, (ㄷ) 법률의 위임에 따른 명령으로써 제한하는 방식 등이 있다.

(가) 헌법에 의한 제한

헌법은 이른바 특별권력관계에 있는 자 또는 특수한 신분을 가진 자에 대하여 기본권제한에 관한 특례를 규정하고 있는 경우가 적지 아니하다. 이를테면 (ㄱ) 공무원인 근로자는 법률이 정하는 자에 한하여 단결권·단체교섭권 및 단체행동권을 가진다든가(헌법 제33조 제2항), (ㄴ) 군인·공무원·경찰공무원 등에 대해서는 국가배상청구권을 제한한다든가(헌법 제29조 제2항), (ㄷ) 군인·군무원은 군사법원의 재판을 받는 것을 원칙으로 한다든가(헌법 제27조 제2항), (ㄹ) 비상계엄하의 군사재판은 군인·군무원의 일정한 범죄에 대하여 사형선고의 경우를 제외하고는 단심으로 할 수 있다든가(헌법 제110조 제4항) 등이 그 예이다.

(나) 법률에 의한 제한

일부국민의 경우에는 이른바 특별권력관계에 있거나 특수한 신분 때문에 법률로써 그 기본권을 특별히 제한당하는 경우도 적지 아니하다. 이를테면 (ㄱ) 정당법 · 국가공무원법 등은 공무원의 정당가입과 정치적 활동을 제한하고 있으며, (ㄴ) 공무원은 대통령이나 국회의원에 입후보하기 위해서는 일정기간 이전에 사임해야 하고, (ㄷ) 국·공립학교의 학생·수형자·입원중인 전염병환자 등에 대해서도 각각 교육기본법 · 행형법 · 「감염병의 예방 및 관리에 관한 법률」 등에서 그 기본권제한에 관한 특례를 규정하고 있으며, (ㄹ) 법률에 의한 군인·군무원 등의 거주·이전의 자유의 제한, 표현의 자유의 제한, 제복의 착용 등이 그 예이다.

(다) 명령에 의한 제한

법률의 구체적인 위임이 있는 경우에는 법규명령에 의하여 기본권이 제한될 수도 있다. 또한 비상사태가 발발하면 법률에 의한 기본권제한의 원칙이 배제되고 헌법 제76조와 제77조에 의거한 긴급명령·긴급재정경제명령 또는 특별한 조치로써 기본권의 제한이 가능하다.

3. 이른바 특별권력관계와 사법적 통제

(1) 학 설

이른바 특별권력관계에 있어서의 처분(명령·강제·징계 등)을 사법적 통제의 대상으로 할 수 있는가에 관해서는 학설과 판례의 입장이 통일되어 있지 아니하다. 과거에는 법률에 특별한 규정이 없으면 사법적 통제가 인정되지 아니한다는 부정설이 지배적이었다. 그러나 제한적 긍정설은 이른바 특별권력관계를 기본관계(외부적 관계)와 복무관계(내부적 관계)로 구분하여 기본관계에 관한 처분에 대해서는 사법적 통제가 인정되어야 한다고 한다. 이에 대하여 전면적 긍정설은 일반권력관계와 이른바 특별권력관계를 구별하지 아니하므로, 이른바 특별권력관계에 있어서의 처분도 예외 없이 사법적 통제의 대상이 된다고 한다.

(2) 사 견

현대 민주국가에서는 헌법이 기본권을 보장하고 법치주의를 통치의 기본원리로 하고 있으므로, 공권력으로 말미암아 개인의 기본권이 침해된 경우에 그 침해행위가 이른바 특별권력관계에서의 행위라는 이유로 구제방법을 부인해서는 아니 된다(전면적 긍정설). 다만 그 처분이 행정주체가 자율적으로 처리할 자유재량사항인 경우에는 일반권력관계에서와 마찬가지로 사법적 구제방법이 인정되지 아니한다. 그러나 자유재량이 인정되는 영역에서도 일반권력관계의 경우와 마찬가지로 자의적인 것이거나 재량권의 한계를 벗어난 것인 때에는 사법적 구제가 인정되어야 한다고 본다.[96)]

Ⅳ 국가비상사태하에서의 기본권의 제한

비상사태가 발발하면 법률에 의한 기본권제한의 원칙이 배제되고 헌법 제76조와 제77조에 의거한 명령·처분 또는 특별조치로써 기본권의 제한이 가능하다.

1. 긴급명령 등에 의한 기본권의 제한

대통령은 내우·외환·천재·지변·또는 중대한 재정·경제상의 위기에 있어서 국가의 안전보장 또는 공공의 안녕질서를 유지하기 위하여 긴급한 조치가 필요하고 국회의 집회를 기다릴 여유가 없을 때에는 비상사태를 극복하기 위하여 긴급명령 등으로써 기본

96) 권영성, 앞의 책, 356-359쪽.

권을 제한할 수 있다(헌법 제76조 제1항).

2. 비상계엄선포에 의한 기본권의 제한

대통령은 전시·사변 또는 이에 준하는 국가비상사태에 있어서 병력으로써 군사상의 필요에 응하거나 공공의 안녕질서를 유지할 필요가 있을 때에는, 법률이 정하는 바에 따라 영장제도, 언론·출판·집회·결사의 자유에 관하여 특별한 조치를 할 수 있다(헌법 제77조 제3항). 헌법과 계엄법에 의하면 비상계엄이 선포된 경우에는 국민의 기본권에 대한 특별조치까지 할 수 있다.

아무튼 긴급명령에 의하여 제한할 수 있는 기본권이 포괄적이라면, 긴급재정경제명령과 비상계엄령에 의하여 제한할 수 있는 기본권은 각기 경제적 기본권과 헌법 제77조 제3항에 열거된 기본권에 한정된다. 또한 비상계엄지역 내에서 계엄법 제10조 제1항에 규정된 죄를 범한 자는 군사법원에서 재판을 받게 되고, 비상계엄하에서는 일정한 범죄에 한하여 사형선고의 경우를 제외하고는 단심제의 재판도 가능하다.

제9절 기본권의 확인과 보장

제1항 · 국가의 기본권확인과 기본권보장의 의무

헌법 제10조 제2문은 “국가는 개인이 가지는 불가침의 기본적 인권을 확인하고 이를 보장할 의무를 진다.”고 하여, 국가의 기본권확인의무와 기본권보장의무를 규정하고 있다. 이때의 국가가 구체적으로 입법권·집행권·사법권 등을 의미한다는 데에는 이론이 없지만 ‘불가침의 기본적 인권’, ‘확인’, ‘보장할 의무’ 등의 규범적 의미에 관해서는 논란의 여지가 있다.

I 불가침의 기본적 인권

헌법 제10조 제2문의 ‘불가침의 기본적 인권’이라는 개념을 문언 그대로 해석한다면, ‘불가침’의 기본적 인권은 내심의 작용(의사)의 자유(절대적 기본권)만을 의미하는 것이 될 것이지만, 그렇게 되면 지나치게 제한적 해석이 되어 본조항의 원래의 취지를 구현할 수 없게 된다. 따라서 제10조 제2문의 불가침의 기본적 인권은 인간이 인간으로서 당연히 누려야 할 천부적·생래적 인권으로 이해해야 한다.

Ⅱ 기본적 인권의 확인

불가침의 기본적 인권을 확인한다는 것은 인권 중에서도 기본이 되는 천부적·생래적 인권들을 헌법을 비롯한 국법체계에서 재확인하고 이들의 보장을 명문으로 규정해야 한다는 의미이다.

Ⅲ 국가의 기본권보장의 의무

헌법 제10조 제2문이 "이를 보장할 의무를 진다."라고 할 때의 '이'것은 천부적 · 생래적 인권을 의미하므로, 제10조 제2문 후단은 천부적·생래적 인권들을 국가가 보장해야 한다는 국가적 의무를 규정한 조항이다. 이때의 국가적 보장의 '의무'에 관해서는 법적 의무설과 도의적 의무설이 대립하고 있지만, 전설이 타당하다. 국가의 기본권보장의 의무가 도의적·윤리적 의무에 지나지 아니하는 것이라면, 불가침의 기본적 인권의 보장이라는 것도 규범적 기속력이 없는 단순한 헌법적 선언에 지나지 않는 것이 될 것이기 때문이다.

기본권보장의 의무는 법적 의무를 의미하지만, 이때의 '보장'은 국가가 개인의 기본적 인권을 침해하여서는 아니 된다는 소극적 의미 외에 기본적 인권을 적극적으로 보호하고 실현해야 한다는 의미를 동시에 내포하고 있다. 요컨대 헌법 제10조 제2문의 국가의 기본권보장의 의무는 (ㄱ) 기본적 인권에 대한 국가의 소극적 침해금지의무, (ㄴ) 국가가 국민의 기본적 인권을 최대한으로 실정법화 할 의무, (ㄷ) 국가가 국민의 기본적 인권을 적극적으로 실현시킬 의무, (ㄹ) 사인에 의해서도 기본적 인권이 침해되지 아니하도록 보호할 의무 등이라고 할 수 있다. 특히 기본적 인권에 대한 국가의 침해금지의무는 국회의 경우 불가침의 기본적 인권을 침해하는 법률을 제정할 수 없고(입법의 기본권기속성), 집행부도 기본권을 침해하는 행정행위를 할 수 없으며(집행의 기본권기속성), 헌법재판소와 법원도 기본권을 침해하는 재판을 할 수 없다는 것(사법의 기본권기속성)을 의미한다.

제2항 · 기본권의 침해와 구제

I 기본권의 침해유형과 헌법상의 구제제도

완전한 의미에서 기본권보장이 실효를 거두려면 현실적으로 기본권이 침해된 경우에 그 침해행위의 배제와 더불어 구제절차가 완비되어야 한다. 기본권에 대한 침해의 유형은 침해자와 침해형태에 따라 다양하다. 따라서 그 구제방법도 일률적일 수 없다. 또한 기본권침해의 문제는 지금까지 국가 대 사인 간의 관계에서만 발생하는 것으로 인식되어 왔으나 사인 상호간의 관계에서도 발생할 수 있다. 그러므로 기본권의 침해는 국가기관에 의한 경우와 사인에 의한 경우로 대별할 수 있고, 전자는 다시 입법부·집행부·사법부의 각 기관에 의한 기본권침해 등으로 세분할 수 있다.

국가기관에 의하여 기본권이 침해된 경우, 그에 대한 헌법상의 구제제도로는 청원을 비롯하여 손실보상·국가배상·재판의 청구·국가인권위원회에의 진정 등의 방법과 저항권행사가 있다. 기본권의 침해에 대한 구제제도에 관한 자세한 설명은 기본권각론과 법원 및 헌법재판소 부분으로 미루고 여기에서는 간략한 설명으로 그친다.

II 국가기관에 의한 기본권의 침해와 구제

1. 입법기관에 의한 기본권의 침해와 구제

(1) 적극적 입법에 의한 기본권 침해와 구제

기본권을 침해하는 법률이 제정된 경우에도 우리나라에서는 그 법률이 구체적으로 적용되기 이전의 단계에서는 그 배제를 구하는 제도(추상적 규범통제)가 원칙적으로 인정되고 있지 아니하다. 법률이 구체적으로 적용되기 이전에는 그 폐지나 개정을 입법기관에 청원하는 방법이 인정될 뿐이다. 그러나 적극적 입법이 있고 그 법률이 시행됨으로써 기본권이 침해된 경우에는, (ㄱ) 법원을 거쳐 헌법재판소에 법률의 위헌심판을 청구할 수 있으며, (ㄴ) 헌법소원의 방법으로 구제를 구할 수도 있다. 위헌심사의 결과 헌법재판소가 당해법률을 위헌으로 결정하면 그 법률은 효력을 상실하고(일반적 효력부인), 헌법소원에 대하여 인용결정이 있으면 침해된 기본권을 구제받을 수 있다.

(2) 입법부작위에 의한 기본권 침해와 구제

입법부작위에 의한 기본권의 침해는 정치적 기본권·청구권적 기본권·사회적 기본권 등 국가의 적극적 입법이 요구되는 기본권분야에서 주로 문제된다. 이들 기본권의 구체화나 실현을 위해서는 적극적 입법이 있어야 하고 또 그것을 기초로 하는 집행이 있어야 한다. 따라서 아직 입법이 없거나(진정입법부작위) 불충분한 입법 밖에 없는 경우(부진정입법부작위)에는 그러한 입법부작위가 곧 기본권을 침해하는 것이 된다. 이러한 형태의 기본권 침해에 대하여 입법의 청원 외에 소송절차에 의한 구제까지 가능한가가 문제되고 있다.

(가) 정치적·청구권적 기본권에 관한 입법부작위

다수설은 기본권 중 정치적 기본권과 청구권적 기본권은 직접 효력을 가지는 기본권이고, 그에 관한 법률유보는 기본권을 구체적으로 행사하기 위한 절차를 법률로써 규정해야 한다는 의미를 가지는 것이므로, 이들 기본권을 구체적으로 행사하기 위한 절차에 관한 입법의 지연이나 태만은 곧 위헌이라고 한다.

(나) 사회적 기본권에 관한 입법부작위

사회적 기본권에 관해서 다수설은 그것을 추상적 권리로 인식하는 나머지 (ㄱ) 그에 관한 입법이 없는 경우에 국회로 하여금 그에 관한 입법을 하도록 촉구하는 결정이나, (ㄴ) 그에 관한 불완전·불충분한 입법을 구체적이고 충분한 내용의 입법으로 개정하도록 촉구하는 결정을 헌법재판소에 소구하는 것이 가능한가에 관해서는 견해가 갈리고 있다. 소극설은 헌법재판소가 국회에 대하여 법률제정이나 법률개정을 명하는 결정을 한다면 권력분립의 원리에 위배되고 사법권의 한계를 벗어나는 것이 된다는 이유로, 사법절차에 따라 사회적 기본권을 실현하는 것은 불가능하다고 한다. 그러나 적극설은 헌법재판소법에 따라 ① 국민은 공권력의 불행사(입법부작위)로 말미암아 헌법상 보장된 기본권이 침해되었음을 이유로 헌법소원을 제기할 수 있고(헌재법 제68조 제1항), ② 헌법재판소는 기본권 침해의 원인이 된 공권력의 불행사가 위헌임을 확인할 수 있을 뿐만 아니라(헌재법 제75조 제3항), ③ 헌법불합치·입법촉구결정까지도 할 수 있으며, ④ "피청구인은 인용결정의 취지에 따라 새로운 처분을 하여야 한다."(헌재법 제75조 제4항)라고 하고 있으므로, 입법기관은 새로운 입법의 의무를 이행하지 않으면 아니 된다고 한다. 판례는 절충설의 입장이다. 우리 헌법재판소에 의하면 "입법행위의 소구청구권은 원칙적으로 인정할 수 없다. '(진정)입법부작위'에 대한 헌법소원은 헌법에서 기본권을 보장하기 위하여 명시적인 입법위임을 하였음에도 불구하고 입법자가 이를 이행하지 아니한 경우와 헌법해석상 특정인에게 구체적인 기본권이 생겨 이를 보장하기 위한 국가의 '행위의무' 내지 '보호의무'가 발생하였음에도 불구하고 아무런 입법조치를 취하지 아니한 경우에 한정된다."라고 하여, 예외적으로는 입법행위의 소구청구권이 인정될 수 있음을 시사하고 있기 때문이다.

생각건대 현행법제하에서도 사회적 기본권이 입법부작위로 말미암아 침해되는 경우, 그 사법적 구제 가능성에 대해서는 (ㄱ) 입법권자가 사회적 기본권을 구체적인 권리로 규정할 의무를 이행하지 않고 있다는 것을 확인하는 입법부작위위헌확인결정과 더불어, (ㄴ) 입법권자에 대하여 적정한 기한 내에 필요한 구체적 입법을 하도록 촉구하는 입법촉구결정을 하는 것이 가능하다고 본다.

2. 집행기관에 의한 기본권의 침해와 구제

(1) 집행기관에 의한 기본권의 침해

기본권의 침해는 대부분 행정기관이 법을 집행하거나 사법기관이 법을 적용하는 과정에서 발생한다. 더욱이 기본권 침해의 전형적인 사례는 위법한 체포·구속·수색 등에서 볼 수 있다시피 수사기관에 의하여 자행된다. 행정기관에 의한 기본권의 침해도 (ㄱ) 행정기관이 헌법에 위반하는 내용의 법령을 그대로 집행함으로써 이루어지는 위헌적 법령에 의한 기본권 침해와 (ㄴ) 행정기관이 법령의 해석·적용을 잘못함으로써 이루어지는 위헌적 적용에 의한 기본권 침해로 나누어진다. 또한 행정기관이 (ㄱ) 적극적으로 헌법 또는 법령에 위반되는 행위를 함으로써 기본권을 침해하는 적극적 행정행위에 의한 기본권 침해와 (ㄴ) 소극적으로 헌법이나 법률을 집행하지 않음으로써 기본권을 침해하는 행정부작위에 의한 기본권 침해로 나눌 수 있다.

(2) 집행기간에 의하여 침해된 기본권의 구제방법

(가) 행정기관에 의한 구제

A. 청 원

행정기관에 의하여 기본권을 침해당한 국민은 헌법 제26조에 따라 당해 행정처분의 취소·무효확인 또는 관계공무원의 해임 등을 청원할 수 있다.

B. 행정심판

행정심판이라 함은 행정청의 위법 또는 부당한 처분이나 그 밖에 공권력의 행사·불행사 등으로 말미암아 권익을 침해당한 자가 행정기관에 대하여 그 시정을 구하는 행정쟁송절차를 말한다. 헌법은 "재판의 전심절차로서 행정심판을 할 수 있다. 행정심판의 절차는 법률로 정하되, 사법절차가 준용되어야 한다."(제107조 제3항)라고 함으로써, 행정심판에 관한 헌법적 근거를 규정하고 있다.

C. 형사보상제도

불법적으로 체포 또는 구속을 당한 형사피의자가 불기소처분을 받거나 형사피고인으로서 구금되었던 자가 무죄판결을 받은 때에는 법률이 정하는 바에 따라 국가에 정당한 형사보상을 청구할 수 있다(제28조).

D. 행정상의 손해배상제도

공무원의 직무상 불법행위로 말미암아 손해를 입은 국민은 법률이 정하는 바에 따라 국가나 공공단체에 손해배상을 청구할 수 있다(제29조 제1항). 또한 영조물의 설치·관리의 하자로 말미암은 손해의 배상에 관해서도 국가배상법 제5조에서 국가의 무과실책임을 인정하여 국민의 권리구제를 배려하고 있다.

(나) 법원에 의한 구제

A. 행정소송

행정기관에 의한 기본권의 침해에 대한 구제수단 중에서 가장 효과적이고 또 최종적인 것은 행정소송의 방법에 의한 구제수단이다. 행정소송이라 함은 행정법상의 법률관계에 관한 분쟁이 발생한 경우에 법원이 재판절차에 따라 분쟁을 해결하는 쟁송제도를 말한다. 헌법은 사법국가형에 해당하는 행정소송제도를 채택하고 있지만(제107조 제2항), 행정소송의 특수성을 감안하여 민사소송에 대한 여러 가지 특례를 인정하고 있다.

B. 명령·규칙심사제도

헌법은 국민의 기본권이 집행부의 명령·규칙에 의하여 침해되지 않도록 하기 위하여 제107조 제2항에서 법원의 명령·규칙심사제를 규정하고 있다.

(다) 헌법재판소에 의한 구제

위헌적인 행정처분으로 말미암아 기본권이 침해된 경우에는 최종적으로 헌법재판소에 의한 헌법소원심판(제111조 제1항 5호)을 통해 구제받을 수 있다.

(라) 국가인권위원회에 의한 구제

집행기관에 의하여 기본권이 침해된 경우, 국가인권위원회를 통해 구제받을 수 있다는 내용에 관해서는 Ⅳ 부분에서 살펴본다.

3. 사법기관에 의한 기본권의 침해와 구제

(1) 사법기관에 의한 기본권의 침해

사법기관이 국민의 기본권을 침해하는 사례는 피고인의 권리를 침해하거나 국민의 재판을 받을 권리를 침해하는 경우이다. (ㄱ) 법령해석의 잘못이나 위헌법령의 적용 또는 사실판단의 잘못 등 오판에 의한 인권침해, (ㄴ) 무죄추정의 원칙을 무시하고 형사피고인을 유죄판결확정 이전에 유죄인처럼 다루는 경우(제27조 제4항), (ㄷ) 정당한 이유가 없는 재판의 지연으로 신속한 재판을 받을 권리를 침해하는 경우(부작위에 인한 침해), (ㄹ) 재판절차에서 형사피해자의 진술기회를 박탈함으로써 재판절차진술권을 침해하는 경우 등이 그것이다.

(2) 침해된 기본권의 구제방법

사법기관에 의하여 기본권이 침해된 경우, (ㄱ) 오판에 의한 기본권침해에 대해서는 상소·재심·비상상고 등을 통하여 상급법원에 재심사를 청구할 수 있고, (ㄴ) 형사피고인을 유죄판결이 확정되기 이전에 유죄인처럼 다루는 경우에는 항변을 할 수 있으며, (ㄷ) 형사피고인으로서 구금되었던 자가 무죄판결을 받은 때에는 형사보상청구(제28조)를 할 수 있고, (ㄹ) 형사보상결정의 요지를 일간신문에 공시하도록 신청할 수 있으며, (ㅁ) 형사피해자는 재판절차에서 진술의 기회를 요구할 수 있다(제27조 제5항).

4. 인권옹호기관에 의한 법률구조제도

앞에서 설명한 경우들은 공권력에 의한 기본권 침해시 쟁송절차에 따라 구제받는 경우이다. 그러한 제도 이외에도 법률구조제도 등을 통해 일반시민이 번거로운 쟁송절차를 거치지 아니하고 권리를 구제받는 경우가 있다. 법률구조제도와 국가인권위원회에 의한 구제제도가 바로 그것이다. 법률구조라 함은 빈곤·무지 등의 이유로 도움이 필요한 자에게 재판상 혹은 재판 외의 법률문제를 해결할 수 있도록 법률적으로 지원하는 봉사제도이다. 이에는 소송상의 구조·소송의 대리·법률상담·상대방과의 교섭·법률서류의 작성·국선변호제 등이 있다. 우리나라의 법률구조사업은 민간차원의 법률상담형태로 출발하였으나, 오늘날에는 법률구조법에 따라 정부주도의 대한법률구조공단까지 설치하고 있다.

5. 불법적 공권력에 대한 저항권 행사를 통한 구제

공권력의 불법적인 행사로 말미암아 기본권이 침해된 경우에 저항권의 행사를 통하여 기본권의 구제를 받을 수 있을 것이다.

Ⅲ 사인에 의한 기본권의 침해와 구제

사인 상호간에서도 불법행위에 의하여 기본권이 침해되거나 합의·협정 또는 자율적 규제의 이름으로 침해되는 사례가 적지 아니하다. 불법행위로써 개인의 기본권을 침해하는 행위는 범죄로서 형사적 제재를 받게 되며, 민사상 손해배상·위자료 지불 등의 책임(헌법 제21조 제4항 제2문 참조)을 면할 수 없다. 그러나 정당방위나 긴급피난의 경우를 제외하고는 자력구제의 방법은 원칙적으로 허용되지 아니한다. 기본권의 침해가 합의나 협정 또는 자율적 규제의 방법으로 부당하게 행해질 때에, 그것이 합리적인 이유가 없거나 그 정도가 일정한 한계를 넘어서는 것인 경우에는 기본권의 제3자적 효력의 이론에 따라 그 합의 또는 협정의 효력이 부인될 수도 있다.

Ⅳ 국가인권위원회에 의한 기본권의 구제

국가인권위원회법에 근거하여 2001년 11월 인권의 보호·향상을 위한 업무를 독립적으로 수행하기 위한 국가인권위원회가 설립되었다. 이로써 공권력에 의하여 자유와 권리가 침해되거나 법인·단체·개인 등 사인에 의하여 평등권이 침해된 경우, 한국민은 물론이고 한국에 체류하는 외국인까지도 국가인권위원회를 통해 침해된 기본권을 구제받을 수 있다.

1. 국가인권위원회의 인권침해조사

(1) 조사의 대상

(ㄱ) 국가기관, 지방자치단체 또는 구금이나 보호시설의 업무수행(국회의 입법 및 법원·헌법재판소의 재판은 제외)과 관련하여 헌법 제10조 내지 제22조에 보장된 인권을 침해당한 경우와 (ㄴ) 법인, 단체 또는 사인에 의하여 평등권 침해의 차별행위를 당한 경우에는 국가인권위원회에 그 내용을 진정할 수 있다. (ㄷ) 국가인권위원회는 피해자 등의 진정이 없는 경우에도 인권 침해가 있다고 믿을 만한 상당한 근거가 있고 그 내용이 중대하다고 인정할 때에는 이를 직권으로 조사할 수 있다.

(2) 조사의 방법과 절차

국가인권위원회는 다음과 같은 방법으로 진정에 관하여 조사할 수 있다. (ㄱ) 진정인·피해자·피진정인(당사자) 또는 관계인에 대한 출석요구 및 진술청취 또는 진술서 제출요구, (ㄴ) 조사사항과 관련이 있다고 인정되는 자료 등의 제출요구, (ㄷ) 장소, 시설, 자료 등에 대한 실지조사 또는 감정, (ㄹ) 조사사항과 관련이 있다고 인정되는 사실 또는 정보에 대한 조회(국가인권위원회법 제30조 제3항) 등이 그것이다.

2. 국가인권위원회에 의한 인권의 구제(진정의 처리)

(1) 진정의 각하와 이송

(가) 진정의 각하

국가인권위원회는 접수한 진정이 다음에 해당하는 경우에는 그 진정을 각하한다. (ㄱ) 진정의 내용이 인권위원회의 조사대상에 해당하지 아니하는 경우, (ㄴ) 진정의 내용이 명백히 거짓이거나 이유 없다고 인정되는 경우, (ㄷ) 피해자가 조사를 원하지 않는 것이 명백한 경우 등에 해당하는 경우에는 그 진정을 각하한다. 국가인권위원회는 진정을 각하 또는 이송한 경우, 지체 없이 그 사유를 명시하여 진정인에게 통보해야 한다. 이때 위원회는 필요하다고 인정하는 경우, 피해자 또는 진정인에게 권리를 구제받는 데 필요한 절차와 조치에 관하여 조언할 수 있다.

(나) 진정의 이송

진정의 내용이 다른 법률에 정한 권리구제절차에 따라 권한을 가진 국가기관에 제출하고자 하는 것이 명백한 경우에 국가인권위원회는 지체 없이 그 진정을 다른 국가기관에 이송해야 한다.

(2) 진정의 기각

국가인권위원회는 진정을 조사한 결과 진정의 내용이 (ㄱ) 사실이 아닌 경우, (ㄴ) 조사대상이 인권침해행위에 해당하지 아니하는 경우, (ㄷ) 이미 피해회복이 이루어지는 등으로 별도의 구제조치가 필요하지 아니하다고 인정하는 경우 등에는 진정을 기각한다.

(3) 진정의 인용(인권침해를 인정하는 경우)

진정인의 진정내용에 이유가 있다고 판단하는 경우, 즉 인권의 침해가 있다고 인정하는 때에는 국가인권위원회는 아래의 처리방법 중 적당하다고 판단되는 조치를 취할 수 있다.

(가) 합의의 권고

국가인권위원회는 조사 중이거나 조사가 끝난 진정에 대하여 필요한 구제조치를 당사자에게 제시하고 합의를 권고할 수 있다.

(나) 조 정

국가인권위원회는 진정에 대하여 위의 합의가 이루어지지 않은 경우에 당사자의 신청 또는 직권에 의하여 진정을 조정위원회에 회부하여 조정절차를 개시할 수 있다. 조정은 조정절차의 개시 이후 당사자가 합의한 사항을 조정서에 기재한 후 당사자가 기명날인하고 조정위원회가 이를 확인함으로써 성립한다. 조정위원회는 조정절차 중에 당사자 사이에 합의가 이루어지지 않는 경우, 사건의 공정한 해결을 위하여 조정에 갈음하는 결정을 할 수 있다.

(다) 수사개시와 필요한 조치의 의뢰

진정의 원인이 된 사실이 범죄행위에 해당된다고 믿을 만한 상당한 이유가 있고, 그 혐의자의 도주 또는 증거인멸 등을 방지하거나 증거의 확보를 위하여 필요하다고 인정할 경우에, 위원회는 검찰총장 또는 관할 수사기관의 장에게 수사의 개시와 필요한 조치를 의뢰할 수 있다.

(라) 구제조치 등의 권고

국가인권위원회가 진정을 조사한 결과, 인권침해가 있었다고 판단하는 때에는 피진정인, 그 소속기관·단체 또는 감독기관의 장에게 국가인권위원회법 제42조 제4항 각호 소정의 구제조치의 이행이나 법령·제도·정책·관행의 시정 또는 개선을 권고할 수 있을 뿐 직접 시정 등을 할 수 없어서 근본적인 한계가 있다.

(마) 고발 및 징계의 권고

국가인권위원회가 진정을 조사한 결과, 진정의 내용이 범죄행위에 해당하고 이에 대하여 형사처벌이 필요하다고 인정할 때에는 검찰총장에게 그 내용을 고발할 수 있다.

Ⅴ 국민권익위원회에 의한 권익의 보호

「부패방지 및 국민권익위원회의 설치 및 운영에 관한 법률」[97]에 따라 설치된 국민권익위원회는 국무총리 소속으로 종전의 국민고충처리위원회, 국가청렴위원회 및 국무총리 행정심판위원회를 통합 조직한 기구로서, 국민은 누구나 이 위원회에 부패신고 상담, 고충민원 상담 및 행정심판 상담을 통해서 권리의 구제와 권익보호를 받을 수 있다.

97) 제1조(목적) 이 법은 국민권익위원회를 설치하여 고충민원의 처리와 이에 관련된 불합리한 행정제도를 개선하고, 부패의 발생을 예방하며 부패행위를 효율적으로 규제함으로써 국민의 기본적 권익을 보호하고 행정의 적정성을 확보하며 청렴한 공직 및 사회풍토의 확립에 이바지함을 그 목적으로 한다.

제2장

기본권각론

제1절 인간의 존엄과 가치

제1항 ▸ 인간의 존엄과 가치조항의 규범적 의미

1. 인간의 의미

우리 헌법은 극단적인 개인주의나 집단주의를 거부하고 있기 때문에, 현행 헌법상의 인간상은 양자의 중용을 의미하는 인격적 존재라는 인간상(사회 속의 인간)에 해당한다. 즉 개인 대 사회라는 관계에서 인간고유의 가치를 훼손당하지 아니하면서 사회관계성 내지 사회구속성을 수용하는 인간상을 의미한다. 헌법재판소는 우리 헌법의 인간상을 자기결정권을 지닌 창의적이고 성숙한 개체로서의 국민으로 보고 있다.[98]

2. 존엄과 가치의 의미

헌법 제10조 제1문 전단(前段)의 인간으로서의 존엄과 가치란 인간의 본질로 여겨지는 존귀한 인격주체성을 의미한다고 할 수 있다. 즉, 인간의 존엄이란 인간은 자기책임능력이 있는 인격체라는 의미이고, 인격의 주체성이란 "인간을 비인격적 자연과 구별하여 자기자신을 의식하고 자기자신의 결단에 의하여 스스로를 규율하며, 자신과 주변세계를 형성할 능력의 소유자임"을 의미하는 것으로서[99] 여기서의 인격주체성은 양도하거나 포기할 수 없는 것이며, 때와 장소를 초월하여 인간에게 고유한 것이다.

98) 헌재 1998. 5. 28. 96헌가5.

99) 권영성, 앞의 책, 377쪽.

3. 헌법 제10조 제1문 전단의 의미

헌법 제10조 제1문 전단의 “인간으로서의 존엄과 가치를 가진다.”의 의미는 다음과 같다.

(1) 반전체주의적(反全體主義的) 원리

개인 대 국가의 관계에서 국가는 개인을 위하여 존재한다는 반전체주의적 이념을 선언한 것이다.

(2) 인간우선의 원리

모든 법영역에서 인간의 가치는 어떠한 물적 법익보다도 우선한다는 것을 강조한 것이다.

(3) 국가적·국민적 실천목표

국가적 공동생활에 있어서 국가와 국민의 최우선적 실천목표를 제시한 것이다.

(4) 법령의 해석기준

헌법의 각 조항과 법령의 효력이 문제될 경우 그에 관한 궁극적 해석기준이 된다.

(5) 법의 보완원리

헌법규정이나 법령에 흠결이 있는 경우 법을 보완하는 원리가 된다.

(6) 국가작용의 가치판단기준

입법행위·집행행위·재판행위 등 모든 국가적 활동의 법적 효력이나 정당성이 문제될 경우, 그에 관한 가치판단의 최종적 기준이 된다.[100]

제2항 · 인간의 존엄과 가치조항의 규범적 성격

1. 객관적 헌법원리성

다수설은 인간의 존엄과 가치조항이 구체적인 주관적 공권을 보장한 것이 아니고 모든 기본적 인권의 이념적 출발점 또는 모든 기본권의 가치적 전제가 되는 객관적 헌법원

---

100) 권영성, 앞의 책, 377쪽.

리를 규범화한 것이라고 하는 데 반하여 소수설은 이른바 주기본권(主基本權)이라는 주관적 공권을 보장하는 것이라고 한다.

제10조 제1문 전단(前段)은 구체적 기본권을 보장한 것이 아니라 모든 기본권의 이념적 전제가 되고 모든 기본권 보장의 목적이 되는 객관적 헌법원리를 규범화한 것으로 보아야 한다. 여기에서 "모든 기본권의 이념적 전제가 된다."는 의미는 인간으로서의 존엄과 가치가 모든 기본권의 근원 내지 핵이 된다는 의미이고, 모든 기본권 보장의 목적이 된다는 것은 제10조 제1문 전단과 제10조 제1문 후단(後段)부터 제37조 제1항까지는 목적과 수단이라는 유기적 관계에 있다는 의미이다.[101]

2. 국법체계상 최고규범성

인간의 존엄과 가치조항은 현행 헌법에 있어서 그 정점(頂點)에 위치하는 가치구속적(價値拘束的)인 최고의 객관적 규범인 동시에 최고의 헌법적 구성원리이므로 헌법개정절차에 의해서도 폐지할 수 없다.

3. 기본권제한의 한계규범성

헌법 제37조 제2항에 의하여 국민의 모든 자유와 권리를 법률로써 제한할 수 있지만 자유와 권리의 제한이 인간으로서의 존엄과 가치를 침해하는 것이어서는 아니 된다. 법률유보에도 불구하고 법률에 의한 기본권의 제한에는 일정한 한계가 있다고 보는 것이다. 또한 인간으로서의 존엄과 가치는 기본권의 중핵(中核)에 해당하는 것이므로, 법률로써 기본권을 제한하는 경우에도 침해할 수 없는 본질적 내용이 되는 것이다.

4. 대국가적(對國家的) 방어권성

인간의 존엄과 가치조항은 직접적(제1차적)으로는 구체적인 주관적 공권을 보장하는 조항이 아니지만 국가가 인간으로서의 존엄과 가치를 침해하는 행위를 하는 경우에는 제10조 제1문 전단을 근거로 그 침해행위의 위헌·무효와 더불어 침해행위의 배제를 주장할 수 있음은 물론이고 그로 말미암아 피해를 입은 경우에는 국가에 대하여 손해배상을 청구할 수 있기 때문에 간접적(제2차적)으로는 대국가적 방어권에 관한 근거규정의 성격도 가지고 있다.

---

101) 권영성, 앞의 책, 378쪽.

제3항 ▸ 인간의 존엄과 가치조항의 적용범위

인간의 존엄과 가치는 모든 인간에게 고유한 가치로 의제되는 인격주체성을 의미하므로 헌법 제10조 제1문 전단은 국민만이 아니고 외국인에게도 적용된다. 이때의 인간은 육신－심령－정신의 통일체인 자연인을 의미하므로 법인에게는 적용되지 아니한다.

자연인은 인간 일반에게 고유한 가치인 잠재적 인격주체성을 가지고 있기만 하면 누구나 인간으로서 존엄과 가치를 누릴 수 있다. 따라서 정신이상자나 기형아도 적용대상이 된다. 태아도 인간으로서의 실체를 이미 가지고 있고 또 수태된 순간부터 생성과정에 있는 인간이기 때문에 인간으로서의 존엄과 가치를 가진다. 그러므로 수정란을 조작하여 인간을 복제하는 것은 인간의 존엄성을 현저히 침해할 우려가 있다. 인간의 시체는 인격주체성이 결여되어 있기 때문에 원칙적으로 인간으로서의 존엄과 가치를 인정할 수 없지만 히틀러가 유대인의 시체를 비누 만드는 데 사용한 경우와 같이 예외적으로 인정될 수 있다.

제2절 행복추구권

제1항 ▸ 행복추구권의 의의

1. 연혁과 입법례

헌법은 제10조 제1문 후단에서 "모든 국민은… 행복을 추구할 권리가 있다."고 규정하여 행복추구권을 두고 있는데 1980년 헌법에서 신설되어 지금까지 유지되고 있다. 행복추구권은 미국의 Virginia 권리장전에서 처음으로 규정되었다. 행복추구권을 헌법에 규정한 것은 비교법적으로 일본 헌법(제13조) 외에 거의 없다.

2. 개 념

행복추구권이 구체적으로 무엇을 내용으로 하는 것인지에 대하여는 아직도 뚜렷한 통설이 없다. '행복'이라는 말의 다의성, 상대성과 세속성 때문에 규범적인 차원에서 그 가치로서의 성격을 인정하기 어렵고 너무나 당연한 사항을 규정함으로써 오히려 불필요한 의문만을 초래하기 때문에 우리 헌법에서 체계적으로 가장 문제 있는 규정이다.[102) 행복이란 각자 자기의 인격을 자유로이 발현하여 하고 싶은 것을 하고 만족을 느끼는 상태라고 새길 수 있다. 자기가 하고 싶은 것은 물질적인 것도 있지만 그보다는 정신적이고 철학적인 것이 더 중요하다고 하겠다(알렉산더 대왕과 디오게네스의 대화).[103)]

3. 법적 성격

(1) 포괄적 기본권

행복추구권이 기본권이 아니라는 견해도 있으나 학설은 대체적으로 포괄적 기본권성을 인정하고 판례도 이를 인정한다. 헌법재판소도 "헌법 제10조에 의거한 행복추구권은 헌법에 열거된 기본권으로서 행복추구의 수단이 될 수 있는 개별적 기본권들을 제외한 헌법에 열거되지 아니한 권리들에 대한 포괄적인 기본권의 성격을 가지며, '일반적 행동자유권', '개성의 자유로운 발현권', '자기결정권', '계약의 자유' 등이 그 보호영역 내에 포함된다. 헌법재판소도 "헌법 제10조의 행복추구권은 국민이 행복을 추구하기 위한 활동을 국가권력의 간섭 없이 자유롭게 할 수 있다는 포괄적인 의미의 자유권으로서의 성격을 가진다."고 판시하였다.[104)] 그러나 일반적 행동의 자유는 개인의 인격발현과 밀접히 관련되어 있으므로 최대한 존중되어야 하는 것이지만 헌법 제37조 제2항에 따라 국가안전보장·질서유지 또는 공공복리를 위하여는 제한될 수 있다."고 판시하였다.[105)]

행복추구권이 포괄적 기본권적 성격을 가진 결과 여러 개별적 기본권들과 관련될 수 있다. 이 경우에 어느 기본권을 우선적으로 적용할 것인가가 문제된다. 여기에 대하여는

102) 허 영, 『한국헌법론』, 2019, 박영사, 354쪽.

103) 디오게네스(Diogenes: BC 400?~BC 323)의 스승인 안티스테네스(BC 445-365)는 인간은 덕을 위해 살아야 하며, 그것을 위해서는 선한 마음만 필요할 뿐 재산과 명성과 외모 따위는 필요없다고 가르쳤다. 디오게네스는 여기서 더 나아가, 쓸데없는 욕심을 버리고 자연에 적합한 것만 취하면 인간은 언제든지 행복하게 살 수 있다고 믿었다. 그에게 있어 '행복'이란 인간의 자연스러운 욕구를 가장 쉬운 방법으로 만족시키는 것이었다. 이때 자연스러운 욕구는 부끄러운 것도 아니고, 보기 흉한 것도 아니기 때문에 감출 필요도 없다. 그리고 정말 그 말대로 살았다. 그는 부와 권력에 전혀 흥미가 없었고, 기성 도덕과 관습을 우습게 보았다. 그의 명성이 자자하여서 알렉산더 대왕이 그를 보고 싶어 찾아 왔다. 그때 그는 양지바른 곳에서 일광욕을 즐기고 있었다. "나는 알렉산더, 대왕이다", "나는 디오게네스, 개다", "내가 무섭지 아니한가?" "그대는 선한 자인가?" "그렇다" "그렇다면 무엇 때문에 선한 자를 두려워하겠는가?" 이에 알렉산더 대왕이 "소원이 있으면 말하라"라고 하니, 디오게네스는 "햇빛을 가리지 말고 비켜 달라"고 대답했다. 무례한 저 자를 당장 처형해야 한다고 나서는 부하들에게, 알렉산더 대왕은 "내가 만약 알렉산더가 아니었다면, 디오게네스가 되고 싶었을 것이다."라고 말하며 그들을 말렸다는 일화는 그의 이러한 태도를 잘 보여준다.

104) 헌재 1995. 7. 21. 93헌가14, 판례집 7-2, 1, 32.

105) 헌재 1997. 3. 27. 96헌가11, 판례집 9-1, 245, 265; 헌재 2003. 6. 26. 2002헌마677, 판례집 15-1, 823.

① 행복추구권을 우선적으로 적용해야 한다는 견해, ② 행복추구권과 개별적 기본권을 함께 적용하자는 견해(병존적 적용설), ③ 개별적 기본권을 우선적으로 적용하고 행복추구권은 보충적으로 적용된다는 견해(보충적 적용설) 등으로 갈리는데 포괄적 기본권인 행복추구권을 우선적으로 적용하게 되면 개별기본권의 존재의미가 없어질 것이므로 보충적 적용설이 타당하다. 헌법재판소도 같은 입장을 취하고 있다.[106)]

(2) 자연권성

행복을 추구하는 것은 인간으로서의 당연한 욕구이므로 행복추구권은 국가 이전의 자연권인 천부적 인권이다. 따라서 국민뿐 아니라 외국인이나 무국적자에게도 인정되는 권리이다.

제2항 ‣ 행복추구권의 내용

행복추구권은 각자가 자신의 인격을 자유로이 발현할 권리라고 할 수 있는데, 인격을 자유로이 발현하기 위해서는 인격적 존재로서의 정체성과 자율성이 존중되어야 하고, 인격 발현에 관하여 각자의 자유로운 사고, 판단, 행동이 가능하여야 한다. 이와 같이 행복추구권은 인격의 존중·보호 및 자유로운 행동이라는 두 관점에서 정의될 수 있다. 양자는 영역적으로 분리되는 것이라기보다 의미 파악의 관점이 다른 분류라고 할 수 있다. 그런데 행복추구권은 그 일반적·포괄적 성격으로 인해 그 보호 내용이 특정한 인격 영역이나 생활 영역에 국한되지 않는다. 이러한 일반적 성격을 반영하여 행복추구권을 일반적 인격권과 일반적 행동자유권으로 나누어 설명하는 것이 일반적이다. 헌법재판소의 입장도 마찬가지이다.

---

106) 행복추구권은 다른 기본권에 대한 보충적 기본권으로서의 성격을 지니므로, 공무담임권이라는 우선적으로 적용되는 기본권이 존재하여(청구인들이 주장하는 불행이란 결국 교원직 상실에서 연유하는 것에 불과하다) 그 침해여부를 판단하는 이상, 행복추구권 침해 여부를 독자적으로 판단할 필요가 없다[헌재 2000. 12. 14. 99헌마112 등, 판례집 12-2, 399(기각): 교육공무원법 제47조 제1항 위헌확인, 교육공무원법 제47조 제1항 본문 위헌확인]. 행복추구권은 다른 개별적 기본권이 적용되지 않는 경우에 한하여 보충적으로 적용되는 기본권으로서, 이 사건에서 제한된 기본권으로서 결사의 자유나 재산권이 고려되는 경우에는 그 적용이 배제된다고 보아야 한다. 헌법 제10조의 보장내용인 '일반적 행동의 자유'나, 사적 자치의 원리, 계약의 자유 등이 결사의 영역과 재산권의 영역에서 구체화된 것이 바로 '결사의 자유'와 '재산권보장'이므로, 행복추구권이 보충적으로 보장하고자 하는 내용은 이미 그와 특별관계에 있는 헌법 제21조 제2항의 결사의 자유와 헌법 제23조의 재산권보장에 의하여 보호된다고 보아야 한다. 헌재 2002. 8. 29. 2000헌가5 등, 판례집 14-2, 106 [한정위헌].

1. 일반적 행동자유권

(1) 의 의

일반적 행동자유권이란 모든 국민이 행복을 추구하기 위하여 자유롭게 행동할 수 있는 자유권이다. 일반적 행동자유권에는 적극적으로 자유롭게 행동하는 것은 물론 소극적으로 행동을 하지 않을 부작위의 자유도 포함되며 반드시 가치 있는 행동만을 그 보호영역으로 하는 것은 아니다.

일반적 행동자유권은 개인이 행위를 할 것인가의 여부에 대하여 자유롭게 결단하는 것을 전제로 하여 이성적이고 책임감 있는 사람이라면 자기에 관한 사항은 스스로 처리할 수 있을 것이라는 생각에서 인정되는 것이다. 일반적 행동자유권에는 적극적으로 자유롭게 행동을 하는 것은 물론 소극적으로 행동을 하지 않을 자유, 즉 부작위의 자유도 포함되는 것으로서 법률행위의 영역에 있어서는 계약의 체결을 강요받지 않을 자유인 계약자유의 원칙이 포함된다.[107)]

(2) 법적 성격

인간은 자신의 운명이나 인생을 스스로 결정하고 그에 따라 행동할 수 있어야 인격적 가치의 존중과 고유한 개성의 발현이 가능하다는 점에서 일반적 행동자유권은 자기결정권과 관련된다(일반적 행동자유). 여기서 일반적 행동자유권은 행동의 측면을, 자기결정권은 결정의 측면을 강조한다는 점에서 양자는 구별된다.[108)]

(3) 헌법상 근거

일반적 행동자유권은 헌법 제10조의 행복추구권으로부터 도출된다. 즉 헌법상 행복추구권의 핵심적인 내용의 하나가 일반적 행동자유권이다. 헌법재판소도 일반적 행동자유권은 개성의 자유로운 발현권과 더불어 행복추구권 속에 함축되어 있다고 판시하고 있다.

(4) 내 용

헌법재판소는 법률행위의 영역에 있어서 계약의 자유는 일반적 행동자유권으로부터 파생되므로, 4층 이상의 건물에 대한 획일적 화재보험가입강제,[109)] 기부금품모집행위의

---

107) 헌재 1991. 6. 3. 89헌마204, 판례집 3, 268, 276; 헌재 2005. 12. 22. 2004헌바64, 사회간접자본시설에대한민간투자법 제3조 등 위헌소원(합헌).

108) 김주현, "자기결정권과 그 제한", 「헌법논총」 7, 1996, 33쪽.

과도한 법적 제한[110] 등은 행복추구권에 의하여 보호되는 계약의 자유를 침해한 것이라고 판시한 바 있다.

또한 18세 미만의 자에 대한 당구장출입금지,[111] 결혼식 하객에게 주류와 음식물을 접대하는 행위,[112] 자신이 마실 물을 선택할 자유의 제한[113] 등은 일반적 행동자유권의 침해라고 판시한 바 있다.

그러나 좌석안전띠 착용강제,[114] 인터넷게임 강제적 셧다운제[115] 등에서는 일반적 행동자유권의 침해가 아니라고 판시한 바 있다.

나아가서 헌법재판소는 휴식권,[116] 자유롭게 문화를 향유할 권리,[117] 사회복지법인의 운영의 자유[118] 등도 행복추구권의 내용으로 보고 있다.

대법원은 행복추구권의 내용으로서. 만나고 싶은 사람을 만날 권리(구속된 피고인 또는 피의자의 타인과의 접견권),[119] 자신이 먹고 싶은 음식이나 마시고 싶은 음료수를 자유롭게 선택할 권리,[120] 일시오락의 정도에 불과한 도박행위[121] 등을 들고 있다.

(5) 제 한

일반적 행동자유권도 헌법질서, 타인의 권리 및 도덕률에 위반되지 않는 한도 내에서 인정된다. 일반적 행동의 자유는 개인의 인격발현과 밀접히 관련되어 있으므로 최대한 존중되어야 하는 것이지만 헌법 제37조 제2항에 따라 국가안전보장·질서유지 또는 공공복리를 위하여 제한될 수 있다.

---

109) 헌재 1991. 6. 3. 89헌마204.
110) 헌재 1998. 5. 28. 96헌가5.
111) 헌재 1993. 5. 13. 92헌마80.
112) 헌재 1998. 10. 15. 98헌마168.
113) 헌재 1998. 12. 24. 98헌가1.
114) 헌재 2003. 10. 30. 2002헌마518.
115) 헌재 2014. 4. 24. 2011헌마659.
116) 헌재 2001. 9. 27. 2000헌마159.
117) 헌재 2004. 5. 27. 2003헌가1등.
118) 헌재 2005. 2. 3. 2004헌바10.
119) 대법원 1992. 5. 8. 91누7552.
120) 대법원 1994. 3. 8. 92누1728.
121) 대법원 1983. 3. 22. 82도2151.

2. 개성의 자유로운 발현권

헌법재판소는 행복추구권의 내용으로 일반적 행동자유권과 개성의 자유로운 발현권을 판시하고 있다.

또한 헌법재판소는 행복추구권의 구체적인 내용으로서 개성의 자유로운 발현권을 독자적으로 적시하기도 한다.[122]

3. 자기결정권

(1) 의 의

헌법재판소가 행복추구권의 내용으로서 자기결정권을 적시함에 따라 이에 대한 논의가 확산되고 있다. 자기결정권을 광의로 이해할 경우에는 헌법 제17조의 사생활의 비밀과 자유 등을 포괄하는 포괄적 기본권으로서의 성격을 갖기 때문에 개별적 기본권과 상호중첩적일 수 있다. 바로 그런 의미에서 행복추구권의 한 내용으로서의 자기결정권은 좁은 의미의 자기결정권으로만 이해하여야 한다. 즉 자기결정권이란 개인이 자신의 삶에 관한 중대한 사항에 대하여 스스로 자유롭게 결정하고 그 결정에 따라 행동할 수 있는 권리를 의미한다.[123]

(2) 법적 성격

인간은 자신의 운명이나 인생을 스스로 결정하고 그에 따라 행동할 수 있어야 인격적 가치의 존중과 고유한 개성의 발현이 가능하다는 점에서 자기결정권은 일반적 자유와 관련되는 것으로 보는 것이 타당하다(일반적 자유설). 자기결정권은 결정의 측면을, 일반적 행동자유권은 행동의 측면을 강조한다는 점에서 양자는 구별된다.

(3) 헌법상 근거

자기결정권은 헌법에 열거되지 아니한 기본권으로서 포괄적 기본권이라 할 수 있다. 우리 헌법상 자기결정권의 내용은 개별적 기본권에 의해 거의 포섭되고 있다. 예컨대 양심·종교·직업 등의 선택과 관련한 자기결정은 양심의 사유·종교의 자유·직업선택의 자유 등에 의해 보장되고 있고, 사생활과 관련된 자기결정권은 헌법 제17조 사생활의 자유에 의해 규율될 수 있다. 이러한 점에서 자기결정권은 보충적 기본권이라 할 수 있다. 이

122) 헌재 1990. 1. 15. 89헌가103.

123) 성낙인, 『헌법학』, 법문사, 2019, 997쪽.

러한 보충적 관계를 전제로 하면 자기결정권의 헌법적 근거는 행복추구권이다.

헌법재판소는 자기결정권을 헌법 제10조의 인간의 존엄과 가치로부터 비롯되는 인격권 및 행복추구권으로부터 도출되는 권리로 판시하고 있다.[124)]

(4) 주 체

자기결정권은 인격체로서의 개인의 자율권에 터잡고 있으므로 생존한 자연인만 향유할 수 있는 권리이다. 따라서 법인은 자기결정권의 주체가 될 수 없다.

(5) 내 용

좁은 의미의 자기결정권은 헌법 제17조에 의해 포섭되기 어려운 장기기증이나 낙태 등 신체와 생명에 관한 사항에 대한 결정을 보호영역으로 한다. 넓은 의미의 자기결정권은 ① 결혼·이혼·출산 등 삶의 전반에 걸친 설계에 관한 사항, ② 혼전성교·혼외성교·동성애 등 성인 간의 합의에 의한 성적 행동, ③ 복장이나 머리모양 등 개인의 생활방식(life style)이나 취미에 관한 사항, ④ 존엄사·생명연장치료의 거부·장기이식 등 삶과 죽음에 관한 사항 등과 관련된다.

헌법재판소가 자기결정권에 관하여 판시한 주요 결정을 살펴보면 다음과 같다.

"죽음에 임박한 환자의 '연명치료중단에 관한 자기결정권'이 헌법상 기본권인 자기결정권의 한 내용으로서 보장된다."고 판시[125)]하였고, "헌법 제10조는 개인의 인격권과 행복추구권을 보장하고 있고, 인격권과 행복추구권은 개인의 자기운명결정권을 전제로 한다. 이 자기운명결정권에는 성행위 여부 및 그 상대방을 결정할 수 있는 성적 자기결정권이 포함되어 있으므로, 심판대상조항(형법 제241조)은 개인의 성적 자기결정권을 제한한다."[126)]고 하였으며, "이러한 개인의 인격권·행복추구권은 개인의 자기운명결정권을 그 전제로 하고 있으며, 이 자기운명결정권에는 성적(性的) 자기결정권 특히 혼인의 자유와 혼인에 있어서 상대방을 결정할 수 있는 자유가 포함되어 있다."[127)]고 보았고, "인수자

124) 헌재 1990. 9. 10. 89헌마82(형법 제241조의 위헌여부에 관한 헌법소원) [합헌].

125) 헌재 2009. 11. 26. 2008헌마385.

126) 헌재 2015. 2. 26. 2009헌바17 등(형법 제241조 위헌소원 등, 위헌).

127) 헌재 1990. 9. 10. 89헌마82; 자유와 평등을 근본이념으로 하고 남녀평등의 관념이 정착되었으며 경제적으로 고도로 발달한 산업사회인 현대의 자유민주주의사회에서 동성동본금혼(同姓同本禁婚)을 규정한 민법 제809조 제1항은 이제 사회적 타당성 내지 합리성을 상실하고 있음과 아울러 "인간으로서의 존엄과 가치 및 행복추구권"을 규정한 헌법이념 및 "개인의 존엄과 양성의 평등"에 기초한 혼인과 가족생활의 성립·유지라는 헌법규정에 정면으로 배치될 뿐 아니라 남계혈족에만 한정하여 성별에 의한 차별을 함으로써 헌법상의 평등의 원칙에도 위반되며, 또한 그 입법목적이 이제는 혼인에 관한 국민의 자유와 권리를 제한할 "사회질

가 없는 시체를 생전의 본인의 의사와는 무관하게 해부용 시체로 제공될 수 있도록 규정한 「시체 해부 및 보존에 관한 법률」(2012. 10. 22. 법률 제11519호로 개정된 것) 제12조 제1항 본문이 청구인의 시체처분에 대한 자기결정권을 침해하여 헌법에 위반된다."고 판시하였다.

제3절 평등권

제1항 ‣ 평등사상의 형성과 전개

근대시민혁명이후 인간의 정신세계와 국가적 생활을 지배하는 2대이념은 자유와 평등이었다.

평등이 헌법이념으로 자리를 잡은 것은 근대국가성립 이후이다. 그 이후 17·18세기의 로크나 루소 등의 합리주의적 자연법론자들은 자연법에 바탕한 인간의 생래적 평등을 강조하였다. 이러한 평등사상의 영향으로 18세기 후반부터 프랑스 인권선언 제1조[128)]와 같이 각국 헌법이 평등의 원칙을 명문으로 규정하게 되었다.

18·19 세기의 평등은 기회의 평등 내지 출발의 평등[129)]을 의미하는 형식적·추상적 평등으로 일관하여 새로운 사회계급이 형성되어 이로 인한 강자와 약자의 대립이 형식적 평등관에 대한 근본적인 반성을 촉구하였다. 따라서 오늘날에는 추상적·형식적 평등이 아니라 사회적·경제적 원인에 의한 실업·빈곤 등을 제거하여 모든 국민으로 하여금 인간다운 생활을 가능하게 하는 생존의 평등이 요청되고 있다. 이것은 실질적 평등과 결과의 평등을 실현하고자 하는 것이다. 1919년 바이마르헌법 이후 각국의 헌법에 재산권에 대한 사회적 제약이나 근로권 등 사회적 기본권의 등장은 이를 실현하기 위한 것이다.

서"나 "공공복리"에 해당될 수 없다는 점에서 헌법 제37조 제2항에도 위반된다. 헌재 1997. 7. 16. 95헌가6 등(민법 제809조 제1항 위헌제청, 헌법불합치, 동성동본금혼사건).

128) 인간은 자유롭고 평등한 권리를 가지고 태어나 생존한다. 사회적 차별은 공공의 이익에 근거해서만 있을 수 있다.

129) 조국 법무부장관 후보자의 자녀를 둘러싸고 출발에서의 평등의 중요성을 절감하였다. 정용인, "'조국대전'이 '20대 청춘'들에게 남긴 것은", 경향신문, 2019. 9. 7.

제2항 · 평등의 원칙

1. 평등의 원칙의 의의

평등의 원칙이라 함은 법적용의 대상이 되는 모든 인간을 원칙적으로 공평하게 다루어야 한다는 법원칙을 말하며, 그 중심내용은 기회균등과 자의(恣意)의 금지이다. 평등의 원칙은 '동일한 것은 평등하게, 상이한 것은 불평등하게' 다룸으로써 사회정의를 실현하려는 원리이다. 따라서 평등하게 다루어야 할 것을 불평등하게 다루거나 불평등하게 다루어야 할 것을 평등하게 다루는 것은 정의(正義)에 반하고 평등의 원칙에 위배된다.

2. 평등의 원칙의 규범적 성격

평등의 원칙은 1) 기본권 보장을 '위한'(기능) 그리고 기본권보장에 '관한'(방법) 최고의 헌법원리, 2) 공동체의 생활관계에서 모든 구성원을 부당하게 차별하여서는 아니 된다는 법원칙,[130] 3) 민주국가의 법질서를 구성하는 요소, 4) 헌법해석의 지침인 동시에 입법·집행·사법 등 모든 공권력 발동의 기준, 5) 최고의 헌법원리이므로 헌법개정에 의해서도 폐지할 수 없는 개정금지조항이다.

130) 이것과 관련하여 다음의 기사를 생각해 필요가 있다. 즉, 징병관이 백인 장정에게만 '미스터(Mr)'라는 존칭을 붙인다는 데에 불만을 품고 입영 신체검사를 거부하고 이국땅 영국으로 가서 살아 온 미국 흑인이 39년 만에 고향 땅을 밟는다. 프리스턴 킹(63·영국 랭커스터대학 정치학 교수)은 21일 클린턴 대통령의 특별사면을 받아 23일 조지아주 올버니로 귀향할 예정이라고 AFP와 AP통신이 전했다. 킹 교수의 귀향이 기쁨으로 가득한 것만은 아니다. 그의 귀향은 24일 열릴 큰 형 클레넌의 장례식 참석을 위한 것이기 때문이다. 그는 아버지와 다른 세 형제 장례 때는 참석하지 못했다. 킹은 1956년 흑인 학생들만 입학하는 테네시주 내슈빌의 피스크대학을 졸업하고, 입영연기를 허락받아 런던으로 유학을 갔다. 그는 2년 후 입영유예가 무효가 돼 조지아로 돌아갔을 때, 징병관들의 흑인 차별대우를 참아낼 수 없었다. "당시 흑인에게 '미스터', '미시즈(Mrs)'를 붙인다는 것은 그들을 '인간'으로 인정한다는 의미였다. 백인들이 호칭하는 대로 놔두는 것은 우리 자신이 노예라는 사실을 묵인하는 것이다. 흑인들은 이름대신 '보이', '걸' 등으로 불렸다. 그는 61년 입영 신체검사 거부를 이유로 징역 18개월 형을 선고받자, 다시 영국으로 '도피 유학'을 떠났다. 킹은 정치학 서적 15권을 집필한 저명한 교수로 활동할 뿐만 아니라, 딸 우너를 영국 최초의 흑인 하원의원으로 길러냈다. 킹 가문은 피부색 때문에 수난을 겪었지만 민권운동에 열성적이었다. 지난 12일 사망한 클레넌은 흑백분리가 엄격한 미시시피대학에 입학하려다 몇 년간 정신 요양소 신세를 졌고, 흑인 인권운동가 Martin Luther King 목사의 변호사로 활동했다. 킹 교수의 사면 청원에는 그에게 징역 18개월 형을 선고한 판사 윌리엄 부틀(96)도 포함돼 있다. 킹은 10년 전 법무장관에게 보낸 탄원서에서 "잘못된 판결을 내린 것은 유감스럽지만, 당시 정황을 참작해 달라"고 호소했다. "킹은 미국에 영구 귀국할 생각이 없다"고 가족들이 전했다. 조선일보 2000. 2. 24. 9쪽.

3. 평등의 원칙의 내용

(1) '법'의 의미

법 앞에 평등이라 할 경우 '법'은 형식적 의미의 법률뿐만 아니라 모든 법규범을 포함한다.

(2) '법 앞에'의 의미

'법 앞에'의 규범적 의미에 대하여 법적용평등설(입법자 비구속설)과 법내용평등설(입법자 구속설)이 대립하는바, 법의 내용이 불평등한 것이면 그 법을 아무리 평등하게 적용할지라도 그 결과는 불평등한 것이 되기 때문에 법내용의 평등으로 이해하는 것이 통설과 판례의 태도이다.

(3) '평등'의 의미

평등의 의미는 이해하기가 어려워 일본의 노학자 오꾸다이라(奧平康弘) 교수는 '평등'의 주변을 돌고 있을 뿐, 전혀 체득할 수 없다고 고백한 바 있다.[131] 평등은 자유와 더불어 인간 사회가 해결하려고 씨름해 온 가장 기본적인 개념이어서 법철학의 근본문제로서 평등과 정의는 표리의 관계에 있다.

아리스토텔레스는 평등을 정의의 본질적 요소로 파악하고 배분적 정의와 평균적 정의로 구별하여 설명하였다. 배분적 정의는 공적 재화를 나눔에 있어서 각자의 능력과 공적에 상응하게 대우함으로써 실현되므로 비례적 차등대우의 요청('각자에게 그의 것을(Suum Cuique)')이 중요하고 이것은 상대적 평등과 관련되며, 평균적 정의는 개인 상호간의 거래·교섭에서 손익의 균형을 이루게 함으로써 실현되므로 동등처우('각자에게 같은 것을')를 요청하는데 이것은 절대적 평등과 연결된다고 볼 수 있다. 평등은 이와 같이 동등처우와 차등처우라는 모순적 요소를 포함한다는 점에서 근본적인 어려움을 안고 있다.

평등의 본질에 관하여 위와 같이 절대적 평등설과 상대적 평등설간에 견해가 갈리나 합리적 근거 없는 차별은 자의적 차별이고 자의적 차별은 평등의 이념인 사회정의에 반하므로 평등은 절대적 평등이 아니라 상대적 평등으로 이해하는 것이 통설과 판례[132]이다.

---

131) 정주백, 『평등정명론(平等正名論)』, 충남대학교출판문화원, 2019, 32-33쪽 참조.

132) 헌재 2000. 12. 14. 99헌마112등.

제3항 · 평등심사의 기준

평등심사의 기준으로는 자의(恣意)금지원칙과 비례성원칙이라는 두 개의 기준이 있다. 자의금지심사는 입법형성권을 넓게 인정하는 완화된 심사기준이고, 비례성원칙은 이를 좁게 인정하는 엄격한 심사기준이다.

1. 자의금지원칙

평등심사기준으로는 원래 자의금지원칙이 사용되었다. 자의금지심사는 차등취급에 합리적인 이유가 있는지를 심사한다. 여기서 '합리적'이라는 것은 '자의'가 아닐 것, 즉 객관적으로 명백히 불합리하지 않을 것을 의미한다. 이는 입법자가 입법목적을 달성함에 있어서는 입법적 구분을 행하지 않을 수 없는데, 어떠한 비교관점에서 어떠한 비교평가를 할지에 관한 입법자의 판단을 원칙적으로 존중하여 이에 대한 사법적 개입을 가급적 자제하려는 사고에 기초한 심사기준이다. 그러나 자의금지심사는 사법자제에 치우쳐 다양한 평등문제에 대한 적정한 사법심사를 하기에 부족하다는 인식에 따라 비례성원칙에 따른 심사가 시작되었다.

2. 비례성원칙

비례성심사는 차등취급(입법적 구분)의 목적과 수단간에 비례관계가 성립하는지 여부를 심사한다. 그런데 평등 심사기준으로서의 비례성원칙이 자유권 심사기준으로서의 과잉금지원칙과 같은지, 같아야 하는지가 문제된다. 헌법재판소는 과잉금지원칙의 틀과 방법을 기본적으로 차용하고 있다. 그리하여 입법목적의 정당성, 차별취급의 적합성, 차별취급의 필요성(차별효과의 최소침해성), 차별취급의 균형성이라는 4단계 하위기준에 의한 심사를 행하고 있는 것으로 보인다.

그러나 과잉금지원칙은 보호영역이 있는 자유권에 대한 국가의 개입으로부터 개인의 자유를 최대한 보장하려는 사고가 반영된 심사기준으로서, 보호영역이 없고 상대적 관계만을 규율하는 평등의 심사기준으로 그대로 전환되기에는 무리가 있다.[133]

3. 헌법재판소

헌법재판소는 평등심사기준을 이원화하여 비례성원칙에 의한 심사를 하는 경우가 아

133) 김하열, 『헌법강의』, 제5판, 박영사, 2023, 348-349쪽.

닌 한 자의금지원칙에 의한 심사를 한다. 「국가유공자등예우및지원에관한법률」 제34조 제1항 위헌확인사건에서 평등심사에 대하여 다음과 같이 판시하고 있다.[134)]

"평등권의 침해 여부에 대한 심사는 그 심사기준에 따라 자의금지원칙에 의한 심사와 비례의 원칙에 의한 심사로 크게 나누어 볼 수 있다. 자의심사의 경우에는 차별을 정당화하는 합리적인 이유가 있는지만을 심사하기 때문에 그에 해당하는 비교대상간의 사실상의 차이나 입법목적(차별목적)의 발견·확인에 그치는 반면에, 비례심사의 경우에는 단순히 합리적인 이유의 존부문제가 아니라 차별을 정당화하는 이유와 차별간의 상관관계에 대한 심사, 즉 비교대상간의 사실상의 차이의 성질과 비중 또는 입법목적(차별목적)의 비중과 차별의 정도에 적정한 균형관계가 이루어져 있는가를 심사한다.

그동안 헌법재판소는 평등심사에 있어 원칙적으로 자의금지원칙을 기준으로 하여 심사하여 왔고, 이따금 비례의 원칙을 기준으로 심사한 것으로 보이는 경우에도 비례심사의 본질에 해당하는 '법익의 균형성(협의의 비례성)'에 대한 본격적인 심사를 하는 경우는 찾아보기 힘들었다고 할 수 있다. 그런데 헌법재판소는 1999. 12. 23. 선고한 98헌마363 사건에서 평등위반심사를 함에 있어 '법익의 균형성' 심사에까지 이르는 본격적인 비례심사를 하고 있다."

헌법재판소는 위 결정에서 비례의 원칙에 따른 심사를 하여야 할 경우로서 첫째, 헌법에서 특별히 평등을 요구하고 있는 경우 즉, 헌법이 차별의 근거로 삼아서는 아니 되는 기준 또는 차별을 금지하고 있는 영역을 제시하고 있음에도 그러한 기준을 근거로 한 차별이나 그러한 영역에서의 차별의 경우, 둘째, 차별적 취급으로 인하여 관련 기본권에 대한 중대한 제한을 초래하게 되는 경우를 들면서, 제대군인가산점제도는 위 두 경우에 모두 해당한다고 하여 비례심사를 하고 있다.

즉 헌법 제32조 제4항은 "여자의 근로는 특별히 보호를 받으며, 고용·임금 및 근로조건에 있어서 부당한 차별을 받지 아니한다."고 규정하여 근로 내지 고용의 영역에 있어서 특별히 남녀평등을 요구하고 있는데, 제대군인가산점제도는 바로 이 영역에서 남성과 여성을 달리 취급하는 제도이기 때문이고, 또한 제대군인가산점제도는 헌법 제25조에 의하여 보장된 공무담임권 또는 직업선택의 자유라는 기본권의 행사에 중대한 제약을 초래하는 것이기 때문이라고 한다(헌재 1999. 12. 23. 98헌마363)."

134) 헌재 2001. 2. 22. 2000헌마25 [기각].

제4항 · 평등권

I 평등권의 의의

평등권이라 함은 국가로부터 부당하게 차별대우를 받지 아니함은 물론 국가에 대하여 평등한 처우를 요구할 수 있는 개인의 주관적 공권을 말한다.

II 평등권의 법적 성격

평등권은 다음과 같은 성격을 가진다. (ㄱ) 평등권은 실정법상의 권리가 아니라 인간이 자연적 상태에서부터 누려 온 생래적·천부적 권리이다(전국가적 자연권성). (ㄴ) 평등권은 국가로부터 불평등한 처우를 받지 아니함은 물론 평등한 보호를 요구할 수 있는 주관적 공권이다(주관적 공권성). (ㄷ) 평등권은 자유권적 기본권의 일부가 아니라 모든 기본권을 균등하게 실현하기 위한 기능 내지 방법으로서 기본권전반에 공통으로 작용되어야 할 기능적·수단적 권리이다(기능적·수단적 권리성). (ㄹ) 평등권은 국가로부터 차별대우를 받지 아니할 소극적 권리이면서 또한 적극적으로 평등보호를 요구할 수 있는 적극적 권리이기도 하다(양면적 권리성). (ㅁ) 평등권은 개인을 위한 주관적 공권인 동시에 민주적인 국법질서의 구성요소이기도 하다(객관적 법질서성).

III 차별금지의 사유와 영역

헌법의 성별·종교·사회적 신분과 같은 차별금지사유와 정치적·경제적·사회적·문화적 영역과 같은 차별금지영역에 관해서는, 그것이 차별을 받지 아니하는 사유와 영역을 한정한 것인가 아니면 예시한 것인가가 문제되고 있다. 한정설(제한적 규정설)에 의하면, 헌법에 규정된 사유와 영역은 차별을 받지 아니하는 사유와 영역을 한정한 것이기 때문에, 헌법에 열거된 사유와 영역이 아니면 차별이 가능하다고 한다. 그러나 예시설(예시적 규정설)에 의하면, 헌법에 규정된 사유와 영역은 예시적인 것이므로, 그 이외의 사유(학력·출생지 등)와 영역(보건·교육영역 등)일지라도 그 차별이 불합리한 것이면 허용되지 아니한다고 한다. 예시설이 통설이다. 예시설에 대하여 헌법 제11조 제1항 후문에 게기된 사유를 예시적인 것이라고 보면서도, 그 내포(內包)를 영(零)으로, 외연(外延)을 무한으로 설정하는 입장은 예시설의 본질에 어긋난다는 비판이 있다.[135]

1. 차별금지사유

헌법 제11조 제1항 제2문은 차별금지사유로서 성별·종교·사회적 신분을 예시하고 있다.

(1) 성별(性別)

성별에 의한 차별의 금지는 남녀평등을 의미한다. 공법의 영역에서는 물론이고 사법의 영역에서도 성(性)에 관한 가치판단을 기초로 하는 차별대우는 허용되지 아니한다. 그러나 성(性)에 관한 가치판단의 결과가 아니라 남녀의 사실적(생리적) 차이에 의거한 차별이라든가 그 밖의 합리적 이유가 있는 차별은 허용된다. 이를테면 남녀의 육체적 차이에 따라 여성의 근로를 특별히 보호한다든가 업무의 특성 때문에 직업상 자격에 구별을 두는 것(조산원)은 헌법상 허용된다. 이와 같은 헌법의 남녀평등이념을 구현하기 위한 국가와 지방자치단체의 책무 등을 규정함으로써 정치·경제·사회·문화의 모든 영역에 있어서 남녀평등을 촉진하고 여성의 발전을 도모함을 목적으로 하는 법률로서 여성발전기본법, 「남녀고용평등과 일·가정 양립 지원에 관한 법률」 등이 있다.

(2) 종 교

종교에 의한 차별의 금지는 종교평등을 의미한다. 종교를 이유로 하는 차별은 사기업에서의 근무관계라든가 사립학교의 입학관계 등에서 흔히 문제되고 있다.

(3) 사회적 신분

차별금지 사유로서 '사회적 신분'을 언급한 것은, 헌법제정 당시 우리 사회에서 유교적 전통에 기인하는 사회적 신분에 의한 차별이 완전히 폐지되지 않았고 이에 의한 차별이 특별히 우려되었기 때문에, 차별금지기준으로서 '사회적 신분'을 명문으로 수용한 것이다. 헌법 제11조 제2항도 위와 같은 헌법해석의 타당성을 뒷받침하고 있다.

2. 차별금지영역

차별이 금지되는 영역은 인간의 모든 생활영역이다(헌법 제11조 제1항).

(1) 정치적 생활영역

정치적 생활영역에 있어서 모든 국민은 평등한 처우를 받아야 하기 때문에 투표와

135) 정주백, 『평등정명론(平等正名論)』, 충남대학교출판문화원, 2019, 7-9쪽, 18쪽, 176-205쪽 참조.

선거 그리고 공직취임 등에서 평등이 보장되어야 한다. 특히 선거권의 평등과 관련하여 선거구 인구의 과소나 과다로 말미암은 투표결과가치의 불균형이 특히 문제되고 있다.

(2) 경제적 생활영역

경제적 생활영역에서도 평등이 보장되어야 하므로 불합리한 차별은 허용 되지 아니한다. 고용에 있어서는 동일자격·동일취업의 원칙이, 임금에 있어서는 동일노동·동일임금의 원칙이, 과세에 있어서는 담세평등의 원칙이 준수되어야 한다. 헌법은 특히 근로관계에 있어서 여성의 차별을 금지하고 있으므로(제32조 제4항), 고용·취업·임금·근로조건 등에서 여성을 부당하게 차별하여서는 아니 된다.

(3) 사회적 생활영역

사회적 생활영역에 있어서도 평등이 보장되어야 하기 때문에 주거·여행·공공시설이용 등에서의 차별, 적자(嫡子)와 서자(庶子)의 차별, 혼인과 가족생활에서의 남녀의 차별은 허용되지 아니한다.

(4) 문화적 생활영역

문화적 생활영역에서도 평등이 보장되어야 하므로 교육에 있어서의 기회균등이 보장되고, 문화적 활동이나 문화적 자료이용 또는 정보에의 접근 등에서의 차별은 허용되지 아니한다. 다만 교육에 있어서 능력에 의한 차별은 허용된다.

제5항 · 평등조항의 적용대상(평등권의 주체)

프랑스의 인권선언 등 18세기의 인권선언은 모든 인간을 평등권의 주체로 선언하였으나 19세기의 권리장전에서는 오히려 자국민만을 평등권의 주체로 규정하였다. 20세기가 되자 다시 "'모든 사람'은 법 앞에 평등하며, 차별 없이 법의 보호를 받을 수 있다."(세계인권선언 제7조)라고 하여 모든 인간을 평등권의 주체로 규정하고 있다. 우리 헌법 제11조 제1항도 모든 '국민'이라 규정하고 있지만, 한국국민만이 아니라 외국인에게도 원칙적으로 평등의 원칙이 적용되어 외국인도 평등권의 주체가 되는 것으로 보아야 한다(다수설). 국가인권위원회법 제4조와 제2조 제4호도 외국인의 평등권주체성을 명문으로 규정하고 있다. 다만 한국국민이 아니고는 누릴 수 없는 정치적 기본권과 같은 공권과 일정한 사법상의 권리는 외국인에게는 인정되지 아니한다. 그러나 외국인에 대하여 적용되는 평등조항의 구체적 범위는 국제법과 상호주의원칙에 따라 결정된다. 평등권은 자연인만이 아니라 법인이나 법인격 없는 단체도 그 주체가 된다.

제6항 ‣ 평등조항의 효력

평등조항(평등의 원칙과 평등권)은 모든 국가권력을 직접 구속하는 대국가적 효력을 가진다. 따라서 입법기관이 불평등한 내용의 법을 제정하거나 집행기관과 사법기관이 법을 불평등하게 집행 또는 적용한다면, 그것은 평등의 원칙조항에 위배되고 평등권을 침해하는 것이 된다. 그러나 평등의 원칙과 평등권이 사법상의 법률관계에도 적용되는가에 관해서는 견해가 갈리고 있다. 이 점에 관하여 통설은 간접적용설에 따라 사인 상호간의 법률관계에도 평등의 원칙과 평등권의 효력이 미친다고 보고 있다. 국가인권위원회법 제30조 제1항 제2호도 "사인에 의하여 평등권침해의 차별행위를 당한 경우"에는 인권위원회에 진정하여 침해된 평등권을 구제받을 수 있다고 하고 있다. 요컨대 사기업에서도 동일자격·동일취업의 원칙과 동일노동·동일임금의 원칙이 준수되어야 하고, 종교나 사회적 신분 등에 의한 차별은 허용되어서는 아니 된다.

제7항 ‣ 평등조항의 구체적 실현

헌법은 성별·종교 또는 사회적 신분을 이유로 하는 차별을 정치적·경제적·사회적·문화적 생활 등 모든 영역에서 금지하고 있을 뿐 아니라, 평등의 원칙을 구현하고 평등권을 보장하기 위한 특별조항을 두고 있다.

I 헌법 제11조 제2·3항에 의한 구현

1. 사회적 특수계급제도의 부인

헌법은 제11조 제2항에서 "사회적 특수계급의 제도는 인정되지 아니하며, 어떠한 형태로도 이를 창설할 수 없다."라고 하고 있다. 특수계급이란 귀족제도나 노예제도 또는 조선시대의 반상제도(班常制度) 같은 봉건적 유제(遺制)를 말한다. 그러나 영전에 따르는 연금 등의 보훈제도나 전직대통령에 대한 예우는 사회적 특수계급제도에 해당하지 아니한다.

2. 영전일대의 원칙

헌법은 제11조 제3항에서 "훈장 등의 영전은 이를 받은 자에게만 효력이 있고, 어떠한 특권도 이에 따르지 아니한다."라고 규정하여 영전일대의 원칙을 채택하여 영전의 세습제를 부인하고 있다. 그러나 영전의 세습제를 부인하는 것은 그로 말미암은 특권(그 자손의 특채·형벌면제 등)을 부인하는 것이지 연금지급이나 유족에 대한 보훈까지 금지하는 것은 아니다.

Ⅱ 그 밖의 헌법규정에 의한 구현

1. 근로관계에 있어서 여성차별금지

헌법은 제32조 제4항에서 "여자의 근로는 … 고용·임금 및 근로조건에 있어서 부당한 차별을 받지 아니한다."라고 하여 근로관계에 있어서 여성에 대한 부당한 차별을 금지하고 있다. 이에 따라 근로기준법은 사용자가 남녀근로자를 차별하는 것을 금지하고 있다(제6조). 또한 「남녀고용평등과 일·가정 양립 지원에 관한 법률」은 고용에 있어 여성이라는 이유로 차별하는 고용관행을 바로잡고 여성의 사회적 지위를 향상시키기 위하여 관련 규정을 두고 있다.

2. 혼인과 가족생활에서의 양성의 평등

헌법은 제36조 제1항에서 "혼인과 가족생활은 양성(兩性)의 평등을 기초로 성립되고 유지되어야 하며"라고 하여 혼인과 가족생활에 있어서 양성평등을 특별히 강조하고 있다.

3. 그 밖의 영역에서의 평등

그 외에도 교육의 기회균등(헌법 제31조 제1항), 평등선거(헌법 제41조 제1항, 제67조 제1항), 경제질서에 있어서 균형성(헌법 제119조 제2항, 제123조 제2항) 등을 강조하고 있다.

제8항 · 평등의 원칙과 평등권의 제한 -합리적 차별-

I 헌법상의 제한(합리적 차별)

1. 정당의 특권

정당은 일반결사에 비하여 여러 가지 특권을 누린다. 정당은 그 목적이나 활동이 민주적 기본질서에 위배되어 헌법재판소의 심판에 의하여 해산되는 경우를 제외하고는 해산당하지 아니하고, 그 운영에 필요한 자금을 국고로부터 보조받는다(헌법 제8조 제3항, 제4항). 이러한 정당의 특권은 현대민주정치에 있어서 정당이 수행하는 공공적 기능을 보장하기 위한 것이므로 합리성이 인정된다.

2. 군인·군무원 등에 대한 군사재판

군사재판은 일반법원의 재판에 대하여 특수성을 가지므로 군인·군무원 등에 대한 군사재판(헌법 제27조 제2항, 제110조 제4항)은 평등의 원칙에 대한 제한이 된다. 그러나 군사재판은 남북 대치상황, 군의 특수성과 효율적인 국방목적을 위하여 불가피하다.

3. 대통령과 국회의원의 특권과 의무

대통령에게는 형사상 특권이 인정되고(헌법 제84조), 퇴직 후에도 그는 법률이 정하는 바에 따라 신분보장과 예우를 받게 된다(헌법 제85조). 그 반면에 겸직이 금지된다(헌법 제83조). 국회의원에 대해서도 불체포특권과 면책특권을 인정하는 반면에 법률이 정하는 겸직이 금지되고 청렴과 국가이익우선의 의무가 부과되어 있다(헌법 제43조-제46조). 이러한 특권과 의무는 대통령의 권위를 유지하고 대통령과 국회의원의 원활한 직무수행을 위하여 합리적인 것으로 보고 있다.

4. 공무원과 방위산업체근로자의 근로삼권제한

공무원인 근로자에 대해서는 법률이 정하는 자에 한하여 단결권·단체교섭권·단체행동권을 인정한다(헌법 제33조 제2항). 이것은 국민 전체에 대한 봉사자라고 하는 공무원의 특수한 지위에 기인하는 것이다. 주요방위산업체에 종사하는 자에 대해서도 법률이 정하는 바에 따라 단체행동권을 제한할 수 있다(헌법 제33조 제3항). 이것도 국방상의 이유에 기인하는 것으로 합리성이 인정된다.

5. 현역군인의 문관임용제한

"군인은 현역을 면한 후가 아니면 국무총리 또는 국무위원으로 임명될 수 없다."(헌법 제86조 제3항, 제87조 제4항)라고 하여 현역군인의 국무총리·국무위원임용을 금지하고 있다. 이것은 군의 정치적 중립성과 문민정치의 원칙을 확립하기 위한 것이므로 합리적인 이유가 있다.

6. 국가유공자의 취업우선기회보장

국가유공자·상이군경·전몰군경의 유가족은 법률이 정하는 바에 따라 우선적으로 근로의 기회를 부여받고 있다(헌법 제32조 제6항). 이 조항은 국가유공자 등의 생계를 지원하고 애국애족의 정신을 함양하기 위한 것으로 합리성이 인정된다.

7. 군·경 등의 국가배상청구권제한

군인·군무원·경찰공무원 기타 법률로 정한 자가 전투·훈련 등 직무집행과 관련하여 입은 손해에 대하여는 법률이 정한 보상 외에 국가 또는 공공단체에 공무원의 직무상 불법행위로 인한 배상은 청구할 수 없다(헌법 제29조 제2항). 이 조항은 대법원에 의하여 위헌선고가 내려졌던 구 국가배상법 제2조 제1항 단서와 같은 내용인데 위헌시비에서 벗어나기 위하여 단순히 헌법으로 격상시켜 규정한 것이어서 위헌적 헌법률에 해당한다고 볼 수 있다.[136)]

II 법률상의 제한(합리적 차별)

평등의 원칙에 대한 법률상의 제한으로는 (ㄱ) 공무원법에 의한 공무원의 정당가입금지와 정치활동제한 및 주거지제한, (ㄴ) 군사관계법에 의한 군인·군무원의 영내거주·집단행위제한, (ㄷ) 행형법에 의한 수형자의 서신검열·교화 등 통신과 신체의 자유 등의 제한, (ㄹ) 공직선거법에 의한 일정범위의 전과자 등에 대한 공무담임권의 제한, (ㅁ) 출입국관리법에 의한 외국인의 체류와 출국의 제한, (ㅂ) 외국인토지법에 의한 외국인의 토지소유 및 주식소유의 제한 등을 들 수 있다. 그러나 이들 제한은 합리적 이유가 있는 제한들이다.

136) 김철수, 『헌법학개론』, 박영사, 2007, 1116-1117쪽, 1673쪽 참조.

제4절 자유권적 기본권

제1항 ‣ 자유권적 기본권총설

1. 자유권적 기본권의 의의

자유권적 기본권은 일반적으로 개인의 자유로운 영역이 국가권력의 간섭이나 침해를 받지 아니할 소극적·방어적 공권이다. 근대 입헌주의헌법에서 볼 수 있었던 자유권은 국가권력으로부터의 자유라고 하는 자연권사상을 그 기반으로 하고 사적 자치를 위한 개인주의·자유주의를 그 이념으로 하고, '생명·자유·재산'의 권리를 최고의 가치로 하였다는 데에 특징이 있다. 그러나 20세기에 나치즘·공산주의 등 전체주의가 대두하자 전면적으로 유린되었다. 제2차 대전 이후에 개인주의와 자연권사상이 부활하여 자유권의 자연권성이 다시 강조되었을 뿐만 아니라, 사회정의와 실질적 평등을 위하여 자유권에 대한 사회적 제약이 강조되고 있다.

2. 자유권적 기본권의 법적 성격

(1) 천부적·초국가적 권리성

(가) 자유권의 확인성(선언성)

헌법에 있어서 자유권에 관한 규정은 자유의 확인을 의미한다. 자유의 확인이란 자유권은 국가나 국가의 법에 의하여 창설된 것이 아니라 천부적·초국가적 권리이므로 인간이 당연히 누리는 권리이며, 헌법은 다만 이를 재확인한 것이라는 뜻이다.

(나) 인류보편의 원리

자유권의 보장은 초헌법적인 것으로 인류보편의 원리이며, 국민의 자연법상의 권리를 재확인한 것이기 때문에, 그것은 입헌주의적 헌법의 최고가치를 의미하는 것이며 헌법개정의 내용적 한계가 된다.

(다) 상대적 자연권

내심의 작용(의사)에 관한 자유를 제외하고는 자유권은 절대적 자연권이 아니라 국가안전보장, 질서유지, 공공복리를 위하여 제한이 가능한 상대적 자연권이다.

(2) 포괄적 권리성

자유권은 천부적·초국가적 권리이므로 실정법적 규정이 있든 없든 포괄적인 권리로서 보장된다. 따라서 제37조 제1항은 자유권의 포괄성을 재확인한 규정으로 해석하는 것이 타당하다.

(3) 소극적·방어적 공권성

자유권은 그것이 국가권력에 의하여 침해될 경우, 그 침해행위의 배제를 국가에 대해 요구할 수 있으므로, 일종의 권리이고 그것은 국가에 대한 개인의 소극적·방어적 공권을 의미한다.

3. 자유권적 기본권의 구조와 체계

(1) 자유권적 기본권의 구조

자유권을 일반적·포괄적 자유권과 개별적·구체적 자유권으로 유형화한다면, 일반적인 행동 자유권은 전자에 해당하고 헌법상 모든 개별적 자유는 후자에 해당한다.

아울러 자유권을 성격과 내용을 기준으로 분류하면 고립된 개인의 자유권과 공동생활을 전제로 한 자유권으로 나눌 수 있다. 신체의 자유, 신앙과 양심의 자유, 주거의 불가침, 사생활의 비밀과 자유 등은 전자에 해당하고, 언론·출판의 자유, 집회·결사의 자유, 선교의 자유, 강학의 자유 등은 후자에 해당한다.

(2) 자유권적 기본권의 체계

전통적인 기본권의 분류에 따르면 자유권적 기본권 중에는 언론의 자유와 같이 정치적 기본권의 성격을 가진 것, 근로3권과 같이 사회적 기본권의 성격을 가진 것 등도 있고, 자유권적 기본권 중 통신의 자유는 표현의 자유, 사생활의 비밀과 자유, 정치적 자유의 성격 등을 아울러 가진 것이어서 전통적인 분류방법은 의미가 반감되고 있다. 따라서 자유권적 기본권을 편의상 인신의 자유권, 사생활의 자유권, 정신적 자유권으로 나누어 살펴본다.

제2항 › 인신의 자유권

1. 생명권

(1) 생명권의 의의와 근거

독일 기본법(제2조 제1항)과 달리 우리 헌법상 생명권에 관한 명문규정은 없지만 모든 기본권을 인정하기 위한 필연적 전제로서 자명한 권리로 받아들여지고 있다. 우리 헌법재판소도 "인간의 생명은 고귀하고, 이 세상에서 무엇과도 바꿀 수 없는 존엄한 인간존재의 근원이다. 이러한 생명에 대한 권리는 비록 헌법에 명문의 규정이 없다 하더라도 인간의 생존본능과 존재목적에 바탕을 둔 선험적이고 자연법적인 권리로서 헌법에 규정된 모든 기본권의 전제로서 기능하는 기본권 중의 기본권이라 할 것이다."라고 판시[137]하여 같은 입장이다.

생명은 인격체로서의 인간존재의 실존적 기초이고 모든 기본권보장의 전제이므로 기본권보장의 총괄규정인 헌법 제10조 및 제37조 제1항을 근거로 하여 생명권을 도출할 수 있다.

생명권의 보장 대상은 생명인데, 이에 관한 적극적 자유는 생명을 보존, 연장하는 방향으로 나아가고, 이에 관한 소극적 자유는 이를 마감하고 종식시키는 방향으로 나아간다. 죽음은 생명과정, 생명현상의 일부이고, 특히 삶의 종착국면에서는 삶에 관한 결정은 죽음에 관한 결정과 직결된다. 따라서 생명권에는 생명을 보존, 연장하는 것과 관련된 이익·가치에 대한 자유로운 결정뿐만 아니라 생명을 단축, 마감하는 것과 관련된 이익·가치에 대한 자유로운 결정도 포함된다.[138]

(2) 생명권의 주체

생명권의 주체는 살아있는 모든 자연인이다. 국민은 물론 외국인도 포함된다. 법인은 생명권의 주체가 아니다. 사망의 판단 기준으로 심장사와 뇌사가 있는데 장기이식을 위하여 부분적으로 뇌사가 채택되고 있다.[139]

출생이전의 생명체에게 생명권의 주체성을 인정할 것인지, 인정하면 언제부터 인정할 것인지 등의 문제가 생명의 시기와 관련하여 낙태의 허용 여부 및 시기, 인공수정배

137) 헌재 1996. 11. 28. 95헌바1(형법 제250조 등 위헌소원, 합헌, 각하).

138) 김하열, 『헌법강의』, 제5판, 박영사, 2023, 354쪽.

139) 「장기이식에 관한 법률」 제4조 제5호, 제22조 제3항 제1호 참조.

아의 생성, 폐기, 이용의 허용 여부를 둘러싼 중요한 헌법적 쟁점이 논의된다. 태아나 배아의 기본권주체성을 인정하면 출산 여부에 관한 여성의 자기결정권, 배아생성자의 배아에 대한 결정권과 충돌될 수 있다.

헌법재판소는 태아의 경우 생명권 등과 관련하여 기본권주체성을 인정하고 있다.

인간의 생명은 고귀하고, 이 세상에서 무엇과도 바꿀 수 없는 존엄한 인간 존재의 근원이며, 이러한 생명에 대한 권리는 기본권 중의 기본권이다. 태아가 비록 그 생명의 유지를 위하여 모(母)에게 의존해야 하지만, 그 자체로 모(母)와 별개의 생명체이고 특별한 사정이 없는 한 인간으로 성장할 가능성이 크므로 태아에게도 생명권이 인정되어야 하며, 태아가 독자적 생존능력을 갖추었는지 여부를 그에 대한 낙태 허용의 판단 기준으로 삼을 수는 없다.[140)]

자기낙태죄 조항은 입법목적을 달성하기 위하여 필요한 최소한의 정도를 넘어 임신한 여성의 자기결정권을 제한하고 있어 침해의 최소성을 갖추지 못하였고, 태아의 생명 보호라는 공익에 대하여만 일방적이고 절대적인 우위를 부여함으로써 법익균형성의 원칙도 위반하였으므로, 과잉금지원칙을 위반하여 임신한 여성의 자기결정권을 침해한다.[141)]

(3) 생명권의 제한

생명권이 헌법 제37조 제2항에 따라 제한될 수 있는지, 아니면 생명권은 제한될 수 없는 절대적 기본권인지 문제될 수 있다. 생명권의 제한은 곧 생명의 박탈을 의미하고 이는 곧 생명권의 본질적 내용을 침해하는 것이므로 허용되지 않는다고 볼 수도 있다.[142)] 그러나 한 개인의 생명과 적어도 동등하거나 아니면 더 우월한 가치·이익을 보호하기 위해 생명의 박탈이 불가피한 경우를 배제할 수 없으므로 생명권도 경우에 따라서는 제한될 수 있다고 할 것이다. 물론 생명권의 제한은 다른 생명의 존중 등 불가피한 경우에 한하여 신중히 행해져야 하고 제한의 정당성 여부는 엄격히 심사되어야 할 것이다. 생명권 제한의 주요 쟁점들 중 사형이 특히 문제이다. 사형제도에 관하여는 위헌

---

140) 헌재 2012. 8. 23. 2010헌바402(형법 제270조 제1항 위헌소원, 합헌).

141) 헌재 2019. 4. 11. 2017헌바127(형법 제269조 제1항 등 위헌소원, 헌법불합치).

142) 생명권은 각 개인에게 절대적 의미를 가지는 것이므로 개념적으로나 실질적으로나 본질적인 부분을 그렇지 않은 부분과 구분하여 상정할 수 없다. 결국 생명권에 대한 제한은 곧 생명의 전부 박탈을 의미하므로, 생명권은 헌법상 제한이 불가능한 절대적 기본권이라고 할 수밖에 없다(헌재 2010. 2. 25. 2008헌가23 재판관 목영준의 위헌의견).

론[143]과 합헌론[144]이 팽팽히 대립하고 있다. 헌법재판소는 사형제를 합헌이라고 판시하였다.[145]

2. 신체를 훼손당하지 않을 권리

(1) 의의 및 근거

우리 헌법상 신체를 훼손당하지 않을 권리를 인정하는 명문규정은 없지만 신체를 훼손당하지 않을 권리(신체불훼손권)는 헌법상 보장되는 기본권이라고 볼 수 있다. 생명과 마찬가지로 온전한 신체는 인간 존재의 실존적 기초이고 모든 기본권보장의 전제이므로 헌법 제10조 및 제37조 제1항을 근거로 신체불훼손권을 도출할 수 있다. 헌법재판소는 헌법 제12조로부터 이 권리를 도출하고 있으나, 헌법 제12조는 신체의 거동상의 자유와 불구속을 보호내용으로 하는 것이므로 신체불훼손권과는 그 헌법적 근거를 달리 하는 것이 타당하다.[146]

(2) 내 용

신체불훼손권은 신체의 육체적·정신적 온전성에 대한 자기결정권을 보호한다. 신체불훼손권 침해의 유형으로는 육체에 가해지는 타격이나 고통(예: 고문), 생리적 기능에의 개입(예: 혈액·체액의 채취, 불임시술, 화학적 거세), 정신적·심리적 위해나 타격(예: 심리적 테러, 정신적 고문), 신체 외형의 훼손(예: 삭발) 등이 있다.

국가는 사인으로부터의 신체불훼손권 침해로부터 개인을 보호하는 조치를 취해야 할 의무를 진다. 상해죄 등에 대한 형사법적·민사법적 규율이 여기에 해당한다.

(3) 제 한

신체불훼손권은 헌법 제37조 제2항에 의하여 제한될 수 있다. 동의에 의한 수술 등의 의료조치는 기본권 주체가 신체에 관한 자기결정권을 행사한 것이므로 신체불훼손권의

143) 위헌론의 논거: ① 인간의 존엄과 가치 침해: 교정목적 포기, 일반예방이나 응보의 수단으로 전락, 잔인·가혹, 선고자·집행자의 인간존엄 침해 ② 생명권의 본질적 내용 침해: 생명은 인간실존 그 자체, 그 본질적 내용이 생명유지 ③ 과잉금지원칙의 최소침해성 위배: 가석방 없는 무기징역제도로 대체 가능 ④ 일반예방효과 증명 안 됨 ⑤ 오판의 가능성이 있음(효봉스님 일화).

144) 합헌론의 논거: ① 헌법에서 사형을 간접적으로 인정(헌법 제110조 제4항) ② 인간의 존엄과 가치 침해 아님 ③ 생명권의 본질적 내용 침해 아님 ④ 관계이익 형량시 불가피한 경우 있고, 가장 강력한 범죄 억지력 지님 ⑤ 형벌의 목적에는 응보도 포함되며, 일반예방효과 없다고 할 수 없음.

145) 헌재 2010. 2. 25. 2008헌가23(형법 제41조 등 위헌제청, 합헌).

146) 김하열, 『헌법강의』, 박영사, 2018, 364쪽.

침해가 문제되지 않는다.

헌법재판소는 "디엔에이감식시료 채취 대상범죄는 재범의 위험성이 높아 디엔에이신원확인정보를 수록·관리할 필요성이 높으며, '디엔에이신원확인정보의 이용 및 보호에 관한 법률'(2010. 1. 25. 법률 제9944호로 제정된 것)은 시료를 서면 동의 또는 영장에 의하여 채취하되, 채취 이유, 채취할 시료의 종류 및 방법을 고지하도록 하고 있고, 우선적으로 구강점막, 모발에서 채취하되 부득이한 경우만 그 외의 신체부분, 분비물, 체액을 채취하게 하는 등 채취대상자의 신체나 명예에 대한 침해를 최소화하도록 규정하고 있으므로 침해최소성 요건도 갖추었다. 제한되는 신체의 자유의 정도는 일상생활에서 경험할 수 있는 정도의 미약한 것으로서 범죄 수사 및 예방의 공익에 비하여 크다고 할 수 없어 법익의 균형성도 인정된다. 따라서 '디엔에이신원확인정보의 이용 및 보호에 관한 법률'(2010. 1. 25. 법률 제9944호로 제정된 것) 제8조 제1항 중 제5조에 따른 디엔에이감식시료의 채취대상자에 관한 부분들이 과도하게 신체의 자유를 침해한다고 볼 수 없다."고 판시하였다.

3. 신체의 자유

(1) 의 의

신체의 자유란 법률과 적법절차에 의하지 아니하고는 신체의 안전성과 자율성을 제한 또는 침해당하지 아니하는 자유를 말한다. 헌법상 신체의 자유를 보장하는 방법은 다양하지만, 대체로 실체적 보장, 절차적 보장, 형사피의자·피고인의 형사절차상의 권리보장 등으로 대별할 수 있다. 신체의 자유는 헌법이 지향하는 궁극적 이념인 인간의 존엄과 가치를 구현하기 위한 기본적인 자유로서 기본권보장의 핵심이 된다.

(2) 신체의 자유의 법적 성격

① 신체의 자유는 인간이 인간으로서 누리는 천부적·초국가적 자연권이다. ② 신체의 자유는 국가적 안전이나 질서유지를 위하여 불가피한 경우에는 최소한의 범위 안에서 제한이 가능한 상대적 자연권이다. ③ 신체의 자유는 국가에 대한 개인의 소극적·방어적 공권이다. ④ 신체의 자유는 인간의 권리이므로 외국인도 그 주체가 될 수 있다.

(3) 신체의 자유의 내용

신체의 자유는 다음을 내용으로 한다. 불법한 체포·구속으로부터의 자유(헌법 제12조

제1항, 제3항), 불법한 압수·수색으로부터의 자유(헌법 제12조 제1항, 제3항), 불법한 심문으로부터의 자유(헌법 제12조 제1항), 불법한 처벌로부터의 자유(헌법 제12조 제1항), 불법한 보안처분으로부터의 자유(헌법 제12조 제1항), 불법한 강제노역으로부터의 자유(헌법 제12조 제1항) 등이다.

(4) 신체의 자유의 실체적 보장

신체의 자유를 위한 실체적 보장이라 함은 신체의 자유를 보장하기 위하여 헌법이 일련의 법원칙, 즉, 신체의 자유의 제한에 관한 법률주의(헌법 제12조 제1항), 죄형법정주의(헌법 제12조 제1항, 제13조 제1항),[147] 일사부재리의 원칙(헌법 제13조 제1항), 연좌제의 금지(헌법 제13조 제3항: 노비가 된 성삼문의 딸 효옥) 등을 선언하고 법률유보 등을 규정하는 것을 말한다.

(5) 신체의 자유의 절차적 보장

신체의 자유를 위한 절차적 보장이라 함은 신체의 자유를 보장하기 위하여 헌법이 일정한 형사절차나 형사제도를 규정하는 것을 말한다. 여기에는 적법절차의 원칙(헌법 제12조 제1항 제2문, 동조 제3항), 영장주의(헌법 제12조 제3항), 체포·구속적부심사제도(헌법 제12조 제6항), 체포·구속이유 고지제도(넓은 의미의 Miranda원칙, 헌법 제12조 제1항).

(6) 형사피의자·피고인을 위한 형사절차상의 법원칙과 권리

형사피의자와 형사피고인을 위한 형사절차상의 법원칙, 즉 무죄추정의 원칙(헌법 제27조 제4항), 자백의 증거능력 및 증명력제한의 원칙(헌법 제12조 제7항) 등과 고문을 당하지 아니할 권리(헌법 제12조 제2항), 진술거부권(헌법 제12조 제2항), 변호인의 조력을 받을 권리(헌법 제12조 제4항),[148] 체포구속적부심사청구권(헌법 제12조 제6항), 신속한 공개재판을 받

147) 파생원칙: 형벌법규의 법률주의(관습형법금지의 원칙), 형벌법규불소급의 원칙, 절대적 부정기선고형금지의 원칙, 법규내용명확성의 원칙, 유추해석금지의 원칙 등.

148) 변호인의 조력을 받을 권리라 함은 무죄추정을 받는 피의자·피고인에 대하여 신체구속의 상황에서 발생하는 갖가지 폐해를 제거하고 구속이 악용되지 않도록 하기 위하여 인정된 권리를 말한다. 이 권리가 피의자 등의 인신(人身)의 자유를 최대한으로 존중하고 그들과 수사기관과의 대등한 지위를 보장하여 줄 수 있는 것임을 감안할 때, 변호인의뢰권은 단지 형식적인 의뢰권에 그칠 것이 아니라 실질적으로 보장되어야 한다. 우리 헌법은 체포 또는 구속을 할 경우에 변호인의 조력을 받을 권리가 있음을 고지하도록 함으로써(제12조 제5항) 변호인의뢰권이 실효성을 발휘할 수 있도록 하고 있다.
헌법이 규정하고 있는 변호인의 조력을 받을 권리를 실질적으로 보장하기 위하여 변호인접견교통권이 인정되어야 한다. 헌법 제12조 제4항의 변호인접견교통권은 신체의 구속을 당한 피의자나 피고인의 인권보장과 방어준비를 위하여 필요불가결한 권리로서, 수사기관의 처분이나 법원의 결정으로도 이를 제한할 수 없다.

을 권리(헌법 제27조 제3항), 형사보상청구권(헌법 제28조), 형사기록의 열람·복사요구권(형사소송법 제55조 등) 등을 헌법과 법률에서 규정하고 있다.

(7) 신체의 자유의 한계와 제한

신체의 자유는 모든 자유의 기초가 되는 것이므로, 헌법에서 일련의 실체법적 규정과 절차법적 규정을 두어 보장하고 있다. 그러나 신체의 자유도 타인의 권리를 침해하거나 헌법질서 등에 위배할 수 없다는 불문율적 제약이 있다. 또한 신체의 자유는 헌법 제37조 제2항에 의하여 국가안전보장, 질서유지 또는 공공복리를 위하여 필요한 경우에는 법률로써 제한될 수 있다.

제3항 · 사생활의 자유권

1. 사생활자유권의 구조와 체계

인간의 행동범주가 공적 행위와 사적 행위로 양분되듯이 인간의 생활영역도 공생활영역과 사생활영역으로 구별되고 있다. 그중 사생활영역은 국가적 생활영역이나 공공적 생활영역과는 직접 관련이 없으므로 사생활영역에서는 개개인은 그 인격발현을 위하여 자유로이 사고하고 행동할 수 있으며, 자유로이 타인과 접촉하고 대화할 수 있으며, 자신이 원하는 공간에서 자유로이 거주하고 이동할 수 있으며, 사적 생활공간에 대한 부당한 간섭을 거부하고 사적 생활의 평온을 교란받지 않으며, 자신에 관한 사적 사항을 함부로 공표당하지 아니하고 사적 사항에 관한 정보를 악용당하지 아니할 권리가 있다.[149] 헌법이 명문으로 규정하고 있는 사생활의 자유와 권리는 그 체계가 헌법 제17조의 사생활의 비밀과 불가침을 목적조항으로 하고, 제14조의 거주이전의 자유, 제16조의 주거의 불가침, 제18조의 통신의 불가침 등을 그 실현수단조항으로 하고 있다.

변호인과의 자유로운 접견은 신체구속을 당한 사람에게 보장된 변호인의 조력을 받을 권리의 가장 중요한 내용이어서 국가안전보장·질서유지·공공복리 등 어떠한 명분으로도 제한될 수 없는 성질의 것이다(헌재 1992. 1. 28. 91헌마111). 만약 수사기관이 구속수사 중인 피의자의 변호인 접견을 방해하고 변호인의 조력을 받을 권리를 침해한다면, 이것은 형법상 직권남용에 의한 타인의 권리행사방해죄에 해당된다.

149) 권영성, 『헌법학원론』, 법문사, 2010, 449-450쪽.

2. 사생활의 비밀과 자유

(1) 사생활의 비밀과 자유

현대사회는 정보화사회인데 정보화가 급속히 진행되면서 개인의 사생활은 위기를 맞이하게 되었다. 특히 과학기술이 급속도로 발달함에 따라 제4차 산업혁명의 대표인 인공지능(AI)[150] 등의 출현으로 개인의 일거수일투족을 실시간으로 확인할 수 있게 되고 네덜란드에서는 실제로 날아다니는 자동차(flying car)가 발명되어 신선한 충격을 주고 있다. 이러한 추세를 반영하여 대다수의 국가들이 사생활을 헌법이나 법률의 차원에서 사생활의 비밀과 자유를 규정하게 되었다. 우리 헌법도 제17조에서 “모든 국민은 사생활의 비밀과 자유를 침해받지 아니한다.”고 하여 이를 규정하고 있다.

(2) 사생활의 비밀과 자유의 내용

우리 헌법 제17조는 사생활과 관련하여 서로 상이한 두 가지 영역인 ‘사생활의 비밀’과 ‘사생활의 자유’를 보호하고 있다.

‘사생활의 비밀’은 사생활영역을 외부로부터 차단함으로써 사생활영역을 보호하고자 하는 것으로 사생활정보의 보호에 관한 것이고 궁극적으로 사생활정보에 관한 자기결정권의 문제이다. 따라서 사생활의 비밀보호는 의사에 반하는 사생활의 공개를 금지하고, 나아가 사생활을 감시하거나 탐지하는 것을 금지한다.[151] 감시나 탐지는 공개로 이어질 수 있을 뿐만 아니라, 그 자체로 사생활의 평온을 침해하기 때문이다.[152] ‘사생활의 자유’란 개인의 자율적인 사생활형성에 대한 국가의 간섭과 방해를 막고자 하는 것으로 사생활형성에 관한 자기결정권이다.

사생활의 자유는 취미생활이나 여가생활의 자유를 보호하는 일반적 행동자유권과는 달리, ‘사생활과 관련된 행동의 자유’를 보장하고자 하는 것이 아니라, 부모와 자식의 관계·혼인 및 부부가족관계·성적 관계 등과 같이 사생활의 기본조건에 관한 자기결정권으로서 개인적 인격을 자유롭게 발현하기 위하여 필수적인 ‘상태’를 확보하고자 하는 것

150) 손형섭, 『4차 산업혁명기의 IT·미디어법』, 박영사, 2019; 천우정, 『4차 산업혁명의 뉴노멀』, 하움출판사, 2019 참조.

151) 스페인에서 한 슈퍼마켓 체인점이 절도혐의를 이유로 은밀히 설치한 카메라로 비디오영상을 촬영하여 이 자료에 근거하여 계산원들을 해고하자 이에 대한 해고를 다투는 소송에서 스페인법원이 영상자료를 증거로 인정하여 원고들의 주장을 배척한 사안에서 유럽인권재판소는 2018. 1. 9. 유럽인권협약 제8조에서 보장하는 사생활의 비밀을 침해한다고 판시하였다(Lopez Ribalda v. Spain(application no. 1874/13).

152) 김하열, 『헌법강의』, 제5판, 박영사, 2023, 528쪽.

이다.[153]

3. 거주·이전의 자유

(1) 거주·이전의 자유의 의의와 근거

역사적으로 거주·이전의 자유는 유럽에서 신앙이 분열된 상황에서 군주의 신앙을 따르지 않는 신민들에게 출국과 이민의 자유를 보장하는 것으로부터 출발하였다(1555년 아우구스부르크의 종교 화의). 군주가 국교를 정할 수 있다는 것을 전제로 국가에 의하여 강요된 국교로부터 벗어날 수 있는 가능성을 보장하고자 하는 기본권이 바로 거주·이전의 자유이다.[154]

거주·이전의 자유라 함은 국가권력의 간섭을 받지 아니하고 자신이 원하는 곳에 주소 또는 거소를 정하거나, 그 곳으로부터 자유로이 이전하거나 또는 자신의 의사에 반하여 거주지와 체류지를 변경하지 아니할 자유를 말한다. 우리 헌법 제14조에서 이를 규정하고 있다.

(2) 거주·이전의 자유의 주체 및 법적 성격

거주·이전의 자유의 주체는 한국국적을 가진 모든 자연인과 국내사법인이다. 외국인에 대해서는 원칙적으로 거주·이전의 자유가 보장되지 아니한다고 보는 것이 다수설이고 헌법재판소도 입국의 자유에 대한 외국인의 기본권 주체성을 부인하고 있다.[155]

거주·이전의 자유는 그 기능에 있어서 일차적으로 개인의 대국가적 방어권이고 객관적 가치질서로서 사법상의 개괄조항을 해석함에 있어서 해석의 기준으로서 기능한다.

(3) 보호범위

(가) 체류와 거주의 자유

거주·이전의 자유는 대한민국 영토 내의 모든 장소에 임의로 체류하고 거주하는 자유, 이러한 목적을 위하여 대한민국으로 입국하는 자유 및 해외여행과 해외이주를 위하여 출국할 수 있는 자유를 보호한다.

체류와 거주의 자유란, 국내 어느 곳에서나 체류하고 거주할 수 있는 자유, 즉 국가의 간섭이나 방해를 받지 않고 체류장소와 거주지를 임의로 선택할 수 있는 자유를 말한

153) 한수웅, 『헌법학입문』, 제6판, 법문사, 2022, 331-332쪽.
154) 한수웅, 『헌법학입문』, 제6판, 법문사, 2022, 314쪽.
155) 헌재 2014. 6. 26. 2011헌마502.

다. 여기서 '거주'란 한 장소를 생활의 중심지로 삼으려는 의사를 가지고 계속적으로 정주하는 것을 말하고, '체류'란 어떤 장소에 잠정적으로 머무는 것을 의미한다. 거주·이전의 자유는 당연히 체류장소와 거주지를 이전할 자유를 포함하며, 뿐만 아니라 소극적 자유로서 체류장소와 거주지를 이전하지 아니할 자유, 한 장소에 머물 수 있는 자유도 함께 보호된다. 소극적인 거주·이전의 자유는 국가의 강제이주조치로부터 개인을 보호한다.

한편, 거주·이전의 자유에 의하여 보호되는 체류는 그냥 지나가는 것 이상의 것이어야 하며, 어느 정도의 지속성과 의미를 필요로 한다. 이에 대하여, 어떤 장소를 잠시 방문할 자유나 어떤 장소에서 잠시 체류할 자유 등과 같은 일시적인 신체적 활동의 자유는 일반적 행동자유권에 의하여 보호된다. 가령, 공권력이 구경꾼에게 교통사고현장을 떠날 것을 명령하는 경우, 일반적 행동의 자유가 제한된다.[156]

(나) 입국과 출국의 자유

대한민국 영역으로의 입국의 자유는 대한민국 영역 내에서의 거주·이전을 위한 전제로서 거주·이전의 자유에 의하여 보호된다. 대한민국 국민은 누구나 국가의 방해를 받지 않고 귀국할 수 있는 권리를 가진다. 국내에 입국할 수 있는 국민만이 비로소 국내에서 거주·이전의 자유를 행사할 수 있기 때문이다.

출국의 자유도 거주·이전의 자유의 역사적 출발점으로서 거주·이전의 자유에 의하여 보호된다. 출국의 자유는 국가의 방해를 받지 않고 자유롭게 해외로 여행할 수 있는 자유인 '해외여행의 자유'와 국외에 영주나 장기적 해외거주의 목적으로 이주할 수 있는 자유로서 '해외이주의 자유'를 포함한다. 나아가, 출국의 자유는 자신의 자유로운 결정에 근거하여 한국 국적을 포기하고 외국국적을 가질 수 있는 자유(국적이탈의 자유)를 포함한다.[157]

(4) 거주·이전의 자유의 제한

거주·이전의 자유도 국가안전보장·질서유지 또는 공공복리를 위하여 필요한 경우에는 제한될 수 있다(헌법 제37조 제2항). 헌법재판소는 장소와 장소 간의 일반인 이동은 거주·이의 자유가 아니라 일반 행동자유권의 보호영역에 속한다고 보는 듯하나, 장소와 장소 간의 이동에 있어서 이동하는 경로(길)의 선택이나 이동방법의 선택에 있어서 선택의 자유를 가지는 것은 개인의 인격 발현이나 행복추구의 일환으로서의 일반적 행동자유로도 설명이 가능하고 적절할지 모르나 장소와 장소 간의 이동 자체를 금지하거나 제

156) 한수웅, 『헌법학입문』, 제6판, 법문사, 2022, 316쪽.
157) 한수웅, 『헌법학입문』, 제6판, 법문사, 2022, 316쪽.

한하는 경우라면, 이러한 경우 이동의 제한은 거주·이전의 자유의 본질적인 내용이 문제되는 경우로 보아서 일반적 행동자유권이 아니라 거주·이전의 자유의 제한 문제로 취급함이 타당하다.[158]

다만 거주·이전의 자유를 제한하는 경우에도 그 자유의 본질적인 내용은 침해할 수 없다.

4. 통신의 비밀(자유)

(1) 통신의 비밀(자유)의 의의와 근거

통신의 비밀(자유)이라 함은 개인이 그 의사나 정보를 우편물이나 전기통신 등의 수단에 의하여 전달 또는 교환하는 경우에 그 내용 등이 본인의 의사에 반하여 공개되지 아니할 자유를 말한다. 헌법 제18조는 "모든 국민은 통신의 비밀을 침해받지 아니한다."고 규정하여 통신의 비밀(자유)을 보장하고 있다.

(2) 통신의 비밀(자유)의 법적 성격

통신의 비밀(자유)은 일차적으로 개인의 주관적 방어권으로서, 국가권력에 대하여 개인적 의사소통과정에 대한 침해를 금지한다. 통신의 비밀(자유)은 급부권적 요소를 포함하지 않으므로, 통신서비스의 제공을 요구할 권리는 통신의 비밀(자유)에 의하여 보호되지 않는다.

나아가, 통신의 비밀(자유)은 객관적인 가치질서로서 사법(私法)의 해석에 있어서 해석의 지침으로 기능한다. 뿐만 아니라, 객관적 가치질서로서 통신의 비밀(자유)은 국가에게 사인에 의한 침해로부터 통신의 비밀(자유)을 보호해야 할 의부를 부과한다. 입법자는 형법상 비밀침해죄[159]와 같이 사인에 의한 침해로부터 통신의 비밀(자유)을 보호하는 규정을 통하여 보호의무를 이행하고 있다.[160]

(3) 통신의 비밀(자유)의 주체

통신의 비밀(자유)은 자연인뿐만 아니라 법인과 법인격 없는 단체에게도 보장되며 국

---

158) 김진욱, "거주·이전의 자유의 보호영역에 대한 소고", 「저스티스」 통권 제173호, 2019. 8, 29-66쪽.

159) 제316조(비밀침해) ① 봉함 기타 비밀장치한 사람의 편지, 문서 또는 도화를 개봉한 자는 3년 이하의 징역이나 금고 또는 500만원 이하의 벌금에 처한다.
② 봉함 기타 비밀장치한 사람의 편지, 문서, 도화 또는 전자기록등 특수매체기록을 기술적 수단을 이용하여 그 내용을 알아낸 자도 제1항의 형과 같다.

160) 한수웅, 『헌법학입문』, 제6판, 법문사, 2022, 332쪽.

민뿐만 아니라 외국인도 이를 향유할 수 있다.

(4) 보호범위

(가) 통신을 이용한 개인적인 의사소통과정의 비밀

통신의 비밀은 통신수단을 이용한 개인 간의 의사소통과정의 비밀을 보호한다. 통신의 비밀이란, 서신·우편, 전신의 통신수단을 통하여 개인 간에 의사소통이 이루어지는 경우, 통신의 내용과 통신이용의 상황이 개인의 의사에 반하여 공개되지 아니할 자유를 말한다. 통신의 내용이 무엇인지(사적인 것인지 은밀한 것인지 또는 영업적인지, 정치적인지) 하는 것은 중요하지 않다. 통신의 비밀은 통신의 내용뿐만 아니라 통신이용의 상황(통신형태, 통신의 당사자, 장소, 시간, 기간, 횟수 등), 나아가 획득한 통신관련 정보의 사용과 그 전달에 대해서도 포괄적인 보호를 제공한다.

(나) 구체적 보장내용으로서 서신의 비밀·우편의 비밀·전신의 비밀

통신의 비밀은 서신의 비밀·우편의 비밀·전신의 비밀을 포함하는 포괄적 개념이다. 서신이란 구두전달을 대신하는 개인의 서면에 의한 소식이나 통지를 말한다. 서신의 비밀에 의하여 보호되는 것은 우체국을 통하지 않은 서신왕래이다. 우편의 비밀의 보호를 받는 것은 우편을 통하여 전달되는 모든 우편물이다. 전신의 비밀은 전화와 같이 전통적인 통신수단인 전기통신수단을 이용한 개인적 의사소통뿐만 아니라 인터넷, 이동전화와 같은 새로운 매체에 의한 통신도 보호한다.[161]

(5) 통신의 비밀(자유)의 제한

(가) 헌법 제37조 제2항에 의한 제한

통신의 비밀(자유)은 헌법 제37조 제2항에 따라 제한될 수 있다.

통신의 비밀(자유)에 대한 제한을 허용하면서 그 요건과 절차를 엄격하게 규율함으로써 통신의 비밀(자유)을 보호하고자 하는 대표적인 법률이 통신비밀보호법이다. 통신제한조치 중 가장 대표적으로 문제되는 것이 감청이다. 통신비밀보호법은 원칙적으로 감청을 금지한다.

헌법재판소는 범죄예방과 사건의 조기해결을 위하여 수사기관의 위치정보 추적자료 제공 및 기지국수사의 필요성을 인정하면서도 통신비밀보호법의 요건인 '수사의 필요성'보다 그 요건을 강화하고 적법절차의 보완을 요구하는 헌법불합치결정(입법촉구결정)을 내

161) 한수웅, 『헌법학입문』, 제6판, 법문사, 2022, 333쪽.

렸다.[162)]

범죄수사라는 공익과 정보주체의 기본권 보호라는 사익의 조화를 도모함으로써, 국회의 개선입법에 따라 위치정보 추적자료 제공요청 및 기지국수사의 오·남용으로 인한 국민의 개인정보자기결정권과 통신의 자유 제한이 최소화될 것으로 기대된다.[163)]

(나) 「형의 집행 및 수용자의 처우에 관한 법률」의 제한과 한계

수용자도 원칙적으로 다른 사람과 서신을 주고받을 수 있고 수용자가 주고받는 서신의 내용은 검열을 받지 아니한다. 다만 행형목적을 달성하기 위하여 예외적으로 일정한 경우에는 서신수수를 금지하고 서신의 검열을 행할 수 있다.

(다) 인터넷통신의 폐쇄와 통신의 자유제한

인터넷이라는 사이버공간에 대한 법적 규제를 가하려는 시도는 성공을 거두지 못한다. 미국에서 연방통신품위법CDA에 대한 위헌결정[Reno v. ACLU, 521U.S.844(1997)]은 이를 단적으로 반영한다. 다만 청소년유해매체물이나 스팸메일에 대한 제한은 가능할 것이다.[164)]

---

162) 수사기관은 위치정보 추적자료를 통해 특정 시간대 정보주체의 위치 및 이동상황에 대한 정보를 취득할 수 있으므로 위치정보 추적자료는 충분한 보호가 필요한 민감한 정보에 해당되는 점, 그럼에도 이 사건 요청조항은 수사기관의 광범위한 위치정보 추적자료 제공요청을 허용하여 정보주체의 기본권을 과도하게 제한하는 점, 위치정보 추적자료의 제공요청과 관련하여서는 실시간 위치추적 또는 불특정 다수에 대한 위치추적의 경우 보충성 요건을 추가하거나 대상범죄의 경중에 따라 보충성 요건을 차등적으로 적용함으로써 수사에 지장을 초래하지 않으면서도 정보주체의 기본권을 덜 침해하는 수단이 존재하는 점, 수사기관의 위치정보 추적자료 제공요청에 대해 법원의 허가를 거치도록 규정하고 있으나 수사의 필요성만을 그 요건으로 하고 있어 절차적 통제마저도 제대로 이루어지기 어려운 현실인 점 등을 고려할 때, 이 사건 요청조항[통신비밀보호법(2005. 5. 26. 법률 제7503호로 개정된 것) 제13조 제1항 중 "검사 또는 사법경찰관은 수사를 위하여 필요한 경우 전기통신사업법에 의한 전기통신사업자에게 제2조 제11호 바목, 사목의 통신사실 확인자료의 열람이나 제출을 요청할 수 있다." 부분]은 과잉금지원칙에 반하여 청구인들의 개인정보자기결정권과 통신의 자유를 침해한다. 헌재 2018. 6. 28. 2012헌마191 등(통신비밀보호법 제2조 제11호 바목 등 위헌확인 등, 헌법불합치).

163) 성낙인, 『헌법학』, 법문사, 2019, 1259쪽; 성낙인, 『헌법학입문』, 법문사, 2019, 468쪽.

164) 성낙인, 『헌법학』, 법문사, 2019, 1262-1263쪽; 성낙인, 『헌법학입문』, 법문사, 2019, 469쪽.

제5절 정신적 자유권

제1항 ‣ 정신적 자유권의 구조와 체계

1. 정신적 자유권의 의의와 근거

사상·표현의 자유와 같은 정신적 자유권은 인간의 존엄성존중과 진정한 민주주의의 기능화를 위하여 불가결한 전제가 되는 것이므로, 내심의 작용의 불가침, 알 권리, 자유로운 표현과 비판 등은 현대 민주국가에서도 최대한 보장되어야 한다. 정신적 자유는 도덕적·정신적·지적 창조물인 인간에게 고유한 자연적 권리이므로 그 밖의 기본권에 비하여 보다 고도로 보장되어야 한다(정신적 자유의 우월론). 헌법은 제19조에서 제22조에 결쳐 일련의 정신적 자유권을 규정하고 있다. 양심의 자유(제19조), 종교의 자유(제20조), 언론출판과 집회결사의 자유(제21조), 학문과 예술의 자유(제22조) 등이 그것이다.

2. 정신적 자유권의 구조와 체계

헌법 제19조에서 제22조에 걸쳐 규정되어 있는 일련의 정신적 자유는 크게 두 범주로 나누어질 수 있다. 첫 번째 범주는 인간의 내심의 영역에서 형성되는 양심의 자유, 종교의 자유, 학문과 예술의 자유등(내심의 자유)이 여기에 속한다. 두 번째 범주는 인간의 내면에서 형성된 양심·신앙·사상 등을 외부로 표출하는 외면적 자유(표현의 자유)로서, 이는 다시 개별적 표현의 자유와 집단적 표현의 자유로 나누어진다. 전자에는 언론·출판의 자유가, 후자에는 집회·결사의 자유가 속한다.

제2항 ‣ 양심의 자유

1. 의의와 근거

양심의 자유에서의 양심은 인간의 내심의 자유 중 윤리적 성격만(윤리적 양심설)이 아니라 널리 사회적 양심으로서 사상의 자유를 포괄하는 내심의 자유(사회적 양심설)를 의미한다. 헌법 제19조는 "모든 국민은 양심의 자유를 가진다."라고 규정한다. 헌법에서 양심·종교의 자유만 규정하고 사상의 자유에 관하여는 명문규정이 없다. 생각건대 헌법 제19조의 양심의 자유는 사상의 자유를 내포하는 것으로 보아야 한다. 여기서 사상은 좁은 의미로 이해하여야 할 것인바, 그것은 곧 사상의 본질적 내용에 해당하는 것이 "어떠한 영역에서건 간에 진실을 추구하는 자유인 견해(의견)의 자유"일 것이며, 그에 따른 "윤리·도덕적 측면에서의 인간의 태도"로서 나타났을 때 이를 양심의 자유라고 말할 수 있다.

2. 양심의 자유의 법적 성격

양심의 자유의 본질적 내용인 내심의 자유는 자연권이자 동시에 절대적 기본권이다. 그러나 양심의 자유에서의 양심은 국회의원(헌법 제46조 제2항)이나 법관(헌법 제103조) 또는 헌법재판관(헌법재판소법 제4조) 등이 가지는 직업적 양심과는 구별된다.

3. 양심의 자유의 주체·효력

양심의 자유의 주체는 자연인이고 법인은 제외된다. 헌법의 '모든 국민'이라는 표현에도 불구하고 외국인도 주체가 된다. 양심의 자유는 모든 국가권력을 구속한다. 또한 양심의 자유는 사인 사이에도 적용된다(간접적용설).

4. 양심의 자유의 내용

(1) 양심형성(결정)의 자유

(가) 양심의 자유의 본질적 내용

양심형성 내지 양심결정의 자유란 외부로부터의 어떠한 간섭이나 압력·강제를 받지 아니하고 양심을 형성하고 내적으로 양심의 결정을 내리는 자유이다. 이는 양심의 자유의 본질적 내용인바, 제한될 수 없는 절대적 자유에 속한다.

(나) 미결수용자의 신문구독금지

미결수용자의 신문구독금지에 대하여 양심·사상을 가지지 못하게 하는 것으로서 양심의 자유를 침해할 소지가 있다.

(2) 양심유지의 자유

(가) 침묵의 자유

형성된 양심을 직접 혹은 간접적으로 외부에 표명하도록 강제당하지 아니하는 자유가 양심유지의 자유이다. 침묵의 자유란 자기가 가지고 있는 사상 및 양심을 외부에 표명하도록 강제당하지 아니할 자유이다. 재판절차에서 단순한 사실에 관한 증언거부는 침묵의 자유에 포함되지 아니하므로, 양심의 자유에 의한 보호대상이 되지 아니한다. 그러나 형사절차에서도 증인이 피의자 또는 피고인인 경우에는 형사상 불리한 진술의 거부는 물론 증언거부권까지 인정되는 경우가 없지 아니하다(형사소송법 제147조, 「국회에서의 증언·감정등에관한법률」 제3조).

(나) 사죄광고제도

사죄광고를 명하는 판결의 위헌 여부에 대하여 학설이 갈리는바, 위헌설에 의하면 단순한 사죄광고를 명하는 판결은 합헌이지만, 양심상 승복할 수 없다고 하는 경우에 판결을 강제집행하는 것은 양심의 자유를 침해하는 것이라고 한다. 헌법재판소는 사죄광고의 강제는 양심표명의 강제인 동시에 인간의 존엄과 가치 및 그를 바탕으로 하는 인격권을 침해하는 것이므로 민법 제764조의 '명예회복에 적당한 처분'에 이를 포함시키는 한 위헌이라고 판시하였다.[165] 또한 사상조사·충성선서나 십자가밟기 등 외부적 행위를 통하여 간접적으로 양심을 추지하는 행위도 금지된다.

(다) 준법서약서제도

국가보안법과 「집회 및 시위에 관한 법률」 위반 등에 의한 수형자의 가석방 결정 전에 출소 후의 준법의지를 확인하기 위하여 제출하도록 하던 준법서약제에 대하여 헌법재판소는 "양심의 자유는 내심에서 우러나오는 윤리적 확신과 이에 반하는 외부적 법질서의 요구가 서로 회피할 수 없는 상태로 충돌할 때에만 침해될 수 있다. 그러므로 당해 실정법이 특정의 행위를 금지하거나 명령하는 것이 아니라 단지 특별한 혜택을 부여하거나 권고 내지 허용하고 있는 데에 불과하다면, 수범자는 수혜를 스스로 포기하거나 권고를 거부함으로써 법질서와 충돌하지 아니한 채 자신의 양심을 유지, 보존할 수 있으므로 양심의 자유에 대한 침해가 된다고 할 수 없다."라고 판시[166]한 바 있다.

(라) 취재원묵비권

기자 자신이 형사사건에서의 당사자가 되어 묵비권을 행사하는 경우는 별도로 하고, 기자가 취재원에 관하여 증언을 거부하는 묵비권은 양심의 자유에 포함되지 아니한다.

(마) 양심적 병역(집총)거부

ㄱ) 개 관

양심상의 이유로 병역, 특히 집총을 거부할 수 있는가가 문제되고 있다. 미국과 독일

165) 헌재 1991. 4. 1. 89헌마160.
166) 헌재 2002. 4. 25. 98헌마425등(병합).

등에서는 집총이나 전투에 종사하는 것을 자신의 양심에 반하는 절대악이라 확신하여 이를 거부할 경우, 양심적 병역거부자라 하여 헌법이나 법률로써 병역을 면제하여 주는 제도가 인정되고 있다. 이러한 제도의 근거는 종교적·윤리적 확신에 따라 전쟁에 종사하는 것을 반대하는 자에게 굳이 병역을 강제한다면 종교와 양심의 자유를 침해하는 것이 된다는 데에 있다.

ㄴ) 종전의 판례의 태도

양심적 병역거부에 대하여 우리나라의 판례는 '크리스트인의 양심상의 결정으로 군복무를 거부한 행위는 응당 병역법의 규정에 따른 처벌을 받아야 하며, 소위 양심상의 결정은 헌법에서 보장한 양심의 자유에 속하는 것이 아니라'고 판시한 적이 있고,[167] 대법원은 양심적 병역거부에 대하여 이를 부정하는 취지의 판결을 내린 바 있다.[168]

---

167) 대법원 1985. 7. 23. 85도1094; 대법원 1992. 9. 14. 92도1534.

168) 대법원 2004. 7. 15. 2004도2965 전원합의체 판결(병역법 위반)[공2004. 8. 15.(208), 1396].
다수의견에 대한 대법관 이강국의 반대의견: 1) 피고인에게 병역법상의 형벌법규의 기속력이 미치지 않는다고 할 수는 없겠지만, 그렇다고 하여 절대적이고도 진지한 종교적 양심의 결정에 따라 병역의무를 거부한 피고인에게 국가의 가장 강력한 제재 수단인 형벌을 가하게 된다면 그것은, 피고인의 인간으로서의 존엄성을 심각하게 침해하는 결과가 될 것이고 형벌 부과의 주요 근거인 행위자의 책임과의 균형적인 비례관계를 과도하게 일탈한 과잉조치가 될 것이며, 또한, 피고인에 대한 형벌은 그 정도에 상관없이 범죄에 대한 응징과 예방, 피고인의 교육 등 그 어떠한 관점에서도 형벌의 본래적 목적을 충족할 수 없음이 명백해 보이고, 특히 보편적 가치관을 반영한 집총병역의무와 종교적 양심의 명령 사이의 갈등으로 인한 심각한 정신적 압박 상황에서 절박하고도 무조건적인 종교적 양심의 명령에 따른 피고인에게는 실정 병역법에 합치하는 적법한 행위를 할 가능성을 기대하기가 매우 어렵다고 보인다. 따라서 피고인과 같은 경우에는 국가의 형벌권이 한 발 양보함으로써 개인의 양심의 자유가 보다 더 존중되고 보장되도록 하는 것이 상당하다 할 것이어서 피고인에게는 범죄의 성립요건인 책임성을 인정할 수 없다고 보아야 하고, 이러한 점에서 피고인에게는 병역법 제88조 제1항의 적용을 배제할 '정당한 사유'가 존재한다. 2) 대체수단의 도입에 관한 논의의 필요성을 제기하였다: ① 양심적 병역거부의 문제는 유엔의 인권위원회와 유럽의회가 1983년 이후 수차에 걸쳐 양심적 병역거부권의 인정을 촉구하여 왔다. 또한, 지원병제가 아닌 징병제를 실시하고 있는 국가 중에서도 독일, 프랑스 등 서구 국가뿐만 아니라 불가리아, 우크라이나, 폴란드 등 동구권 국가까지 전세계의 약 25개국이 양심적 병역거부자에 대한 대체복무를 인정하고 있으며, 우리나라와 마찬가지로 심각한 국가안보의 위협을 받고 있는 대만에서도 최근에 이를 인정하는 입법을 하여 성공적으로 시행하고 있음을 참고하여야 할 것이다. ② 헌법상의 국방의 의무를 구체화하여 국가의 존립과 안전보장, 그리고 공평한 병역의무의 부담 등과 같은 헌법적 법익을 실현함과 동시에, 개인의 양심의 자유 등도 같이 보장될 수 있는 방안과 방법에 관하여는 입법자들에게 광범위한 입법재량권이 부여되어 있는 것이므로, 입법자들은 이 문제를 해결하기 위한 최선의 방안은 무엇인지, 그리고 소위 대체복무제를 도입한다고 한다면 그 시기와 기준 및 대상, 절차와 방법 등 관련되는 모든 문제들을 검토하고 논의를 하여야 할 시기가 되었다. ③ 우리나라의 양심적 병역거부자는 한해 600명 정도로 추산된다고 하는 바, 이는 연간 징병인원 약 30만 명의 0.2%에 불과하며, 대체 수단의 도입시에 양심적 병역거부자로 인정될 수 있는 명확한 기준을 마련하고, 대체 수단의 내용도 병역의무를 이행하는 것과 동일하거나 그보다 더 무거운 내용의 복무를 하도록 한다면 국가의 안전보장과 공평한 병역의무의 부여라고 하는 헌법상의 법익도 충족되어질 수 있을 것이다. 이러한

ㄷ) 최근의 판례의 태도

헌법재판소는 병역의 종류를 규정한, 2006. 3. 24. 법률 제7897호로 개정되기 전의 구 병역법부터 현행 병역법까지의 병역법 제5조 제1항(이하 모두 합하여 '병역종류조항'이라 한다)이 양심적 병역거부자에 대한 대체복무제를 규정하고 있지 않음을 이유로 그 위헌확인을 구하는 헌법소원심판청구사건[169]에서 병역의 종류를 현역, 예비역, 보충역, 병역준비역, 전시근로역의 다섯 가지로 한정하여 규정하고 양심적 병역거부자에 대한 대체복무제를 규정하지 아니한 병역종류조항이 과잉금지원칙을 위반하여 양심적 병역거부자의 양심의 자유를 침해한다고 판시하였는데, 그 결정요지는 다음과 같다.[170]

대체 수단의 도입은 대다수 사회구성원과는 생각과 가치관을 달리하는 소수의 국민에 대하여 국가의 동화적 통합을 위한 관용의 원칙을 실현하는 것이고 이로써 자유민주주의의 이념적 정당성과 우월성은 더욱 제고될 수 있을 것이다.

169) 사건개요

가. 위헌제청 사건(2012헌가17 사건 등)

제청신청인 김○인은 2010. 10. 7. '현역병입영대상' 처분을 받은 사람으로, 2011. 8. 17. 경남지방병무청장으로부터 2011. 9. 20.까지 입영하라는 현역입영통지서를 받고도 정당한 사유 없이 입영일부터 3일이 지나도록 입영하지 아니하였다는 범죄사실(병역법위반죄)로 기소되었다(창원지방법원 마산지원 2011고단596). 위 제청신청인은 재판계속 중 병역법 제3조, 제5조, 제88조 제1항에 대하여 위헌법률심판제청 신청을 하였고(2012초기8), 제청법원은 2012. 8. 9. 위 신청을 받아들여 병역법 제88조 제1항 제1호가 위헌이라고 인정할 상당한 이유가 있다며 이 사건 위헌법률심판을 제청하였고 위 제청 외에도 5명[2015헌가5 사건(제청신청인 박○범)]이 추가로 제청하였다.

나. 위헌소원 사건

청구인 차○화는 2002. 11. 4. '현역병입영대상'처분을 받은 사람으로, 2010. 4. 22.경 경남지방병무청장으로부터 2010. 6. 7.까지 입영하라는 현역입영통지서를 받고도 정당한 사유 없이 입영일부터 3일이 지나도록 입영하지 아니하였다는 범죄사실(병역법위반죄)로 기소되었다(창원지방법원 2010고단1965). 위 청구인은 1심 법원에서 징역 1년 6월의 형을 선고받고 항소하여 재판계속 중(창원지방법원 2010노2192), 병역법 제3조, 제5조, 제88조 제1항 본문에 대하여 위헌법률심판 제청신청을 하였다가 2011. 10. 27. 기각되자(2010초기980), 2011. 12. 1. 병역법 제88조 제1항 본문의 위헌확인을 구하는 이 사건 헌법소원심판을 청구하였다(2011헌바379 사건). 위 청구인 외에도 21명의 청구인들이[22번째 마지막 2017헌바225 사건(청구인 홍○훈)] 같은 취지의 위헌소원을 제기하였다.

170) 【주　　문】

구 병역법(2000. 12. 26. 법률 제6290호로 개정되고, 2006. 3. 24. 법률 제7897호로 개정되기 전의 것) 제5조 제1항, 구 병역법(2006. 3. 24. 법률 제7897호로 개정되고, 2009. 6. 9. 법률 제9754호로 개정되기 전의 것) 제5조 제1항, 구 병역법(2009. 6. 9. 법률 제9754호로 개정되고, 2010. 1. 25. 법률 제9955호로 개정되기 전의 것) 제5조 제1항, 구 병역법(2010. 1. 25. 법률 제9955호로 개정되고, 2013. 6. 4. 법률 제11849호로 개정되기 전의 것) 제5조 제1항, 구 병역법(2013. 6. 4. 법률 제11849호로 개정되고, 2016. 1. 19. 법률 제13778호로 개정되기 전의 것) 제5조 제1항, 구 병역법(2016. 1. 19. 법률 제13778호로 개정되고, 2016. 5. 29. 법률 제14183호로 개정되기 전의 것) 제5조 제1항, 병역법(2016. 5. 29. 법률 제14183호로 개정된 것) 제5조 제1항은 모두 헌법에 합치되지 아니한다. 위 조항들은 2019. 12. 31.을 시한으로 입법자가 개정할 때까지 계속 적용된다. 헌재 2018. 6. 28. 2011헌바379 등, 판례집 30-1하, 370 [헌법불합치, 합헌].

병역종류조항은, 병역부담의 형평을 기하고 병역자원을 효과적으로 확보하여 효율적으로 배분함으로써 국가안보를 실현하고자 하는 것이므로 정당한 입법목적을 달성하기 위한 적합한 수단이다.

병역종류조항이 규정하고 있는 병역들은 모두 군사훈련을 받는 것을 전제하고 있으므로, 양심적 병역거부자에게 그러한 병역을 부과할 경우 그들의 양심과 충돌을 일으키는데, 이에 대한 대안으로 대체복무제가 논의되어 왔다. 양심적 병역거부자의 수는 병역자원의 감소를 논할 정도가 아니고, 이들을 처벌한다고 하더라도 교도소에 수감할 수 있을 뿐 병역자원으로 활용할 수는 없으므로, 대체복무제를 도입하더라도 우리나라의 국방력에 의미 있는 수준의 영향을 미친다고 보기는 어렵다. 국가가 관리하는 객관적이고 공정한 사전심사절차와 엄격한 사후관리절차를 갖추고, 현역복무와 대체복무 사이에 복무의 난이도나 기간과 관련하여 형평성을 확보해 현역복무를 회피할 요인을 제거한다면, 심사의 곤란성과 양심을 빙자한 병역기피자의 증가 문제를 해결할 수 있으므로, 대체복무제를 도입하면서도 병역의무의 형평을 유지하는 것은 충분히 가능하다. 따라서 대체복무제라는 대안이 있음에도 불구하고 군사훈련을 수반하는 병역의무만을 규정한 병역종류조항은, 침해의 최소성 원칙에 어긋난다.

병역종류조항이 추구하는 '국가안보' 및 '병역의무의 공평한 부담'이라는 공익은 대단히 중요하나, 앞서 보았듯이 병역종류조항에 대체복무제를 도입한다고 하더라도 위와 같은 공익은 충분히 달성할 수 있다고 판단된다. 반면, 병역종류조항이 대체복무제를 규정하지 아니함으로 인하여 양심적 병역거부자들은 최소 1년 6월 이상의 징역형과 그에 따른 막대한 유·무형의 불이익을 감수하여야 한다. 양심적 병역거부자들에게 공익 관련 업무에 종사하도록 한다면, 이들을 처벌하여 교도소에 수용하고 있는 것보다는 넓은 의미의 안보와 공익실현에 더 유익한 효과를 거둘 수 있을 것이다. 따라서 병역종류조항은 법익의 균형성 요건을 충족하지 못하였다.

그렇다면 양심적 병역거부자에 대한 대체복무제를 규정하지 아니한 병역종류조항은 과잉금지원칙에 위배하여 양심적 병역거부자의 양심의 자유를 침해한다.

헌법재판소는 2004년 입법자에 대하여 국가안보라는 공익의 실현을 확보하면서도 병역거부자의 양심을 보호할 수 있는 대안이 있는지 검토할 것을 권고하였는데, 그로부터 17년이 경과하도록 이에 관한 입법적 진전이 이루어지지 못하였다. 그사이 여러 국가기관에서 대체복무제 도입을 검토하거나 그 도입을 권고하였으며, 법원에서도 양심적 병역거부에 대해 무죄판결을 선고하는 사례가 증가하고 있다. 이러한 사정을 감안할 때 국가는 이 문제의 해결을 더 이상 미룰 수 없으며, 대체복무제를 도입함으로써 기본권 침해 상황을 제거할 의무가 있다.

(3) 양심실현의 자유

양심이 외부로 표현되는 순간 양심의 자유와 표현의 자유가 서로 중첩될 수밖에 없다. 이 경우 절대적 기본권으로서의 성격을 상실한 단계라고 할 수 있다. 양심실현의 자유를 인정하는 입장에서도 "사회공동체의 법적인 평화와 헌법질서의 유지를 위하여" 일정한 한계가 필요하다고 보기 때문이다.

제3항 ‣ 종교의 자유

1. 의의와 근거

역사적으로 오랫동안 종교는 인간 공동생활의 정신적 기반으로서 국가공동체를 형성하는 중요한 요소로 역할을 해 왔다. 그리하여 종교의 자유를 고전적 기본권이라고 부른다. 그러나 유럽에서 종교개혁과 종교전쟁을 거치면서 종교의 문제는 국가의 과제영역으로부터 분리되어, 종교의 자유가 개인의 권리로서 인정되었다. 국가가 종교의 자유를 인정함으로써, 종교는 더 이상 국가에 의한 결정의 대상이 아니라 개인의 자기결정의 문제가 되었다.

종교는 세계 및 인간의 존재의미, 특히 인간의 삶과 죽음의 의미 및 올바른 삶에 대한 대답을 추구한다. 종교란 세계 및 인간의 존재에 대한 형이상학적 해명의 시도이다. 종교의 내용은 인간의 형이상학적인 신앙이며, 신앙이란 신과 피안에 대한 내적 확신이다. 종교의 개념은 종교의 다양한 현상에 대하여 개방적인 개념이다.[171)]

헌법은 제20조 제1항에서 "모든 국민은 종교의 자유를 가진다."고 하여 종교의 자유를 보장하고 있다.

2. 법적 성격

종교의 자유는 인간내면의 신앙이므로 가장 기본적인 자유이다. 종교의 자유는 일차적으로 종교적 신념의 형성과 표명 및 그에 따른 행동에 대하여 국가의 부당한 간섭과 침해를 금지하는 대국가적 방어권이다. 종교의 자유는 신앙에 대한 국가의 제재와 차별

171) 한수웅, 『헌법학입문』, 제6판, 법문사, 2022, 341-346쪽.

을 금지한다.

종교의 자유는 객관적 가치질서로서 국가에게 국가공동체 내에서 종교의 자유를 실현하고 보호해야 할 의무를 부과한다. 종교의 자유는 국가 내에서 실현되기 위하여, 종교의 다원주의와 종교에 대한 관용이 필요하다. 종교의 자유는 국가에게 무엇보다도 종교적 중립성이라는 객관적 의무를 부과한다. 국가의 종교적 중립의무는 종교의 자유가 보장되기 위한 전제 조건이다. 또한 종교의 자유는 개인이나 종교공동체의 자유로운 종교적 행위를 제3자나 다른 종교공동체의 방해나 공격으로부터 보호해야 할 국가의 보호의무를 부과한다. 더 나아가 종교의 자유는 법규범의 해석시 해석의 지침이 된다.[172)]

3. 내 용

개인이 종교적 신념을 자유롭게 형성할 수 있다면, 내면에서 형성된 종교적 신념은 자연스럽게 외부에 표출되고 나아가 종교적 신념에 따른 행위를 수반하게 된다. 따라서 종교의 자유는 내면의 세계에서 종교적 신념을 형성하고 이를 외부세계에 표명하며, 그에 따라 행동할 자유를 포괄한다. 이러한 관점에서 종교의 자유의 보장내용은 신앙의 자유, 신앙고백의 자유, 신앙실행의 자유 등으로 갈린다. 신앙실행의 자유는 여러 가지 종교행사 내지 종교활동을 통해서 신앙을 실천하는 자유이다. 신앙실행의 자유에는 종교의식의 자유, 종교선전(포교)의 자유, 종교교육의 자유, 종교적 집회·결사의 자유 등이 포함된다.[173)] 더 나아가 종교의 자유는 신앙을 가지지 아니할 자유, 신앙에 따라 살지 아니할 자유 등과 같은 소극적 자유도 보호한다.[174)]

특히 종교이념에 기초하여 설립된 사립학교(종립학교)에서 종교교육을 실시하는 경우에 종립학교의 종교의 자유와 학생의 종교의 자유·부모의 자녀교육권 사이에 기본권의 충돌이 발생한다.

종립학교에서 종교교육은 신앙고백의 자유와 신앙실행의 자유에 의하여 보호되는 것으로 원칙적으로 허용된다. 그러나 학교가 강제로 배정되는 현재의 입시제도에서 종립학교가 입학한 모든 학생에 대하여 종교교육을 강제하는 것은 학생의 소극적 종교의 자유와 부모의 자녀교육권을 침해할 소지가 매우 크다. 한국의 이러한 특수한 상황에서, 학생과 학부모가 자유롭게 종교교육의 참여여부를 결정할 수 있는 경우에만, 사립학교의

---

172) 한수웅, 『헌법학입문』, 제6판, 법문사, 2022, 346쪽.

173) 허 영, 『한국헌법론』, 박영사, 2019, 451쪽.

174) 한수웅, 『헌법학입문』, 제6판, 법문사, 2022, 347쪽.

종교교육은 학생과 학부모의 기본권을 침해하지 않는다.

따라서 국가가 학생을 사립학교에 강제로 배정하는 이상, 사립학교의 종교교육에 의하여 학생과 학부모의 기본권이 침해되지 않도록 적합한 조치를 취해야 할 국가의 보호의무가 발생한다.[175)]

특히 우리나라의 사립중·고등학교에서의 종교교육에서 대도시의 경우 국·공립 중·고등학교는 물론 사립중·고등학교도 본인의 의사와는 관계없이 일방적으로 배정된다. 이는 학생의 학교선택권을 침해할 소지가 있다. 특히 강제배정된 학교가 특정 종교재단에 의하여 설립된 경우에 특정 종교교육 및 종교이념을 일방적으로 수용하여야만 한다. 이는 학생의 종교의 자유를 침해하는 위헌적 소지가 있기 때문에 이를 해결하기 위하여 학교배정에서 종교문제가 제도적으로 고려되어야 한다.

더 나아가 우리나라의 사립대학교에서의 종교교육과 관련하여 현행법제에서 학생의 대학선택권이 비교적 자유롭게 보장된다고 보아 대법원은 사립대학에서의 종교교육은 정당하다고 판시하였다.[176)]

생각건대 학교선택권이 실질적으로 확보되지 아니한 한국적 특수상황을 외면한 채 학생의 입학·재학관계를 당사자의 자유로운 의사표시의 합치에 따른 사법적 계약의 법리로 해결하는 것은 바람직하지 아니하다. 학생의 대학선택과 입학 및 대학의 학생선발 과정에는 사법적 계약의 법리가 작동되지 못하는 법적·제도적 요인이 있다. 대학의 본고사 실시금지와 국가가 시행하는 대학입학수학능력시험·내신성적 반영 외에도, 입시일

---

175) 한수웅, 『헌법학입문』, 제6판, 법문사, 2022, 348쪽.

176) 사립학교는 국·공립학교와는 달리 종교의 자유의 내용으로서 종교교육 내지는 종교선전을 할 수 있고, 학교는 인적·물적 시설을 포함한 교육시설로써 학생들에게 교육을 실시하는 것을 본질로 하며, 특히 대학은 헌법상 자치권이 부여되어 있으므로 사립대학은 교육시설의 질서를 유지하고 재학관계를 명확히 하기 위하여 법률상 금지된 것이 아니면 학사관리, 입학 및 졸업에 관한 사항이나 학교시설의 이용에 관한 사항 등을 학칙 등으로 제정할 수 있으며, 또한 구 교육법시행령 제55조는 학칙을 학교의 설립인가신청에 필요한 서류의 하나로 규정하고, 제56조 제1항은 학칙에서 기재하여야 할 사항으로 '교과와 수업일수에 관한 사항', '고사(또는 시험)와 과정수료에 관한 사항', '입학·편입학·퇴학·전학·휴학·수료·졸업과 상벌에 관한 사항' 등을 규정하고 있으므로, 사립대학은 종교교육 내지 종교선전을 위하여 학생들의 신앙을 가지지 않을 자유를 침해하지 않는 범위 내에서 학생들로 하여금 일정한 내용의 종교교육을 받을 것을 졸업요건으로 하는 학칙을 제정할 수 있는바, 위 인정사실에 의하면, 위 대학교의 예배는 복음 전도나 종교인 양성에 직접적인 목표가 있는 것이 아니고, 신앙을 가지지 않을 자유를 침해하지 않는 범위 내에서 학생들에게 종교교육을 함으로써 진리·사랑에 기초한 보편적 교양인을 양성하는 데 목표를 두고 있다고 할 것이므로, 대학예배에의 6학기 참석을 졸업요건으로 정한 위 대학교의 학칙은 헌법상 종교의 자유에 반하는 위헌무효의 학칙이 아니라고 판단하였다. 대법원 1998. 11. 10. 선고 96다37268 판결(학위수여이행, 숭실대학교 채플강제사건).

자가 특정되어 있고 학생의 학교선택도 동일한 학교군에는 1개교밖에 지원할 수가 없는 등 많은 공법적 규제를 받는다.

특히 신앙을 가지지 아니할 자유란 절대적 기본권의 성격을 가진다. 예건대 채플에서 다 함께 기도하는 시간은 결과적으로 절대적 기본권인 학생들의 신앙고백의 자유를 침해할 소지가 있다. 사립대학도 국가적 지원을 받고 있으므로 기본권의 대사인적 효력에 관한 국가원조이론을 원용하여, 사립대학에서의 종교교육에 대하여 정책적으로 일정한 한계를 설정하여야 한다.[177)]

4. 제 한

내면의 세계에서 신앙을 형성하고 보유할 자유인 신앙의 자유는 다른 법익과의 충돌 가능성이 없기 때문에, 절대적으로 보호되는 기본권이다. 신앙의 자유와는 달리, 외부세계에서 신앙을 실현하는 자유인 신앙고백의 자유[178)]와 신앙실행의 자유는 공익이나 제3자의 법익 보호를 위하여 제한될 수 있다.[179)]

제4항 · 언론·출판의 자유

1. 의의와 근거

고전적 의미에서 언론·출판의 자유란 사상 또는 의견을 언어·문자 등으로 불특정 다수인에게 표명하거나 전달하는 자유를 말한다. 이에 대하여 현대적 의미에서의 언론·출판의 자유란 사상이나 의견을 표명하고 전달하는 자유 외에 알 권리·액세스권·반론권·언론기관설립의 자유는 물론이고 언론기관의 대내외적 자유까지 포괄하는 의미로 사용된다.[180)] 우리 헌법에서는 제21조에서 개인적 의사표현인 언론·출판의 자유와 집단적 의사표현인 집회·결사의 자유를 규정하고 있다. 일반적으로 양자를 통틀어서 표현의 자유라고 부른다. 표현의 자유는 현대민주주의 국가에서 매우 중요한 자유이다. 이에 따라 표현의

177) 성낙인, 『헌법학입문』, 법문사, 2019, 431쪽.

178) 국공립학교에서 이슬람교도인 여학생에게 종교적 신념의 표현인 히잡(Hijab)의 착용을 금지하는 것은 신앙고백의 자유에 대한 대표적인 제한의 예이다.

179) 교정시설(구치소)에 수용중인 미결수용자에게 교정시설 안에서 매주 화요일에 실시하는 종교집회 참석을 제한한 행위는 청구인의 종교의 자유를 침해하여 위헌임을 확인한다. 헌재 2014. 6. 26. 2012헌마[미결수용자 등 종교집회 참석 불허 위헌확인, 인용(위헌확인)].

180) 권영성, 『헌법학원론』, 법문사, 2010, 495쪽.

자유를 보장하기 위한 특별한 법리(언론규제입법의 합헌성 판단기준)가 개발되었다.

2. 언론·출판의 자유의 법적 성격

언론·출판의 자유는 (ㄱ) 국가권력의 방해를 받지 않고 자유로이 사상·의견을 발표할 수 있어야 한다는 의미에서 대국가적 방어권(자유권)의 성격을 가지고, (ㄴ) 개인의 인격발현과 정치적 의사형성을 위해서는 널리 정보를 수집·청구할 수 있어야 한다는 의미에서 청구권의 성격을 가지며, (ㄷ) 민주적 법치국가적 질서를 형성하고 유지하기 위해서는 자유로운 여론형성과 여론존중이 보장되어야 한다는 의미에서 제도적 보장으로서의 성격도 가지고 있는 것이다.

3. 언론·출판의 자유의 주체

언론·출판의 자유는 국민의 권리가 아니라 인간의 권리이므로, 국민만이 아니라 외국인도 향유할 수 있다. 의견표시나 정보수집 등과 같이 법인에게도 그 적용이 가능한 경우에는 언론·출판의 자유가 보장된다.

4. 언론·출판의 자유의 내용

(1) 고전적 언론·출판의 자유의 내용

고전적 의미에서 언론·출판의 자유란 사상 또는 의견을 언어·문자 등으로 불특정 다수인에게 표명하거나 전달하는 자유를 말한다. 언론은 담화·토론·연설·방송 등 구두에 의한 사상 또는 의견의 표명과 전달을 뜻하고, 출판은 도서·도화·사진·조각 등 문자와 형상에 의한 사상 또는 의견의 표명과 전달을 뜻한다. 따라서 공권력은 법적으로도 사실상으로도 의사표명 또는 사상전달을 방해하거나 금지할 수 없다.

(2) 현대적 언론·출판의 자유의 내용

이에 대하여 현대적 의미에서의 언론·출판의 자유의 보호대상이 되는 의사표현 또는 전파의 매개체는 어떠한 형태이건 가능하므로, 담화·연설·토론·연극·방송·인터넷·음악·영화·가요 등과 문서·소설·시가·도화·사진·조각·서화·광고·음반·비디오물 등 모든 형상의 의사표현 또는 의사전파의 매개체를 포함한다. 따라서 현대적 의미에서의 언론 출판의 자유는 고전적 의미의 언론의 자유를 의미하는 의사 또는 사상을 표명하고 전달하는 자유 외에 알 권리·액세스권·반론권·언론기관설립의 자유는 물론이고 언론기

관의 대내외적 자유까지 포괄하는 의미로 사용된다.[181)]

(가) 알 권리

(ㄱ) 의 의

알 권리라 함은 모든 정보원으로부터 일반적 정보를 수집하고 처리할 수 있는 권리를 말한다. '일반적'이란 신문·잡지·방송 등 불특정의 다수인에게 개방될 수 있는 것을 말하고, '정보'란 양심·사상·의견·지식 등의 일체의 자료를 말한다. 그것은 개인에게는 공공기관과 사회집단 등에 대하여 정보공개를 요구할 수 있는 권리를 의미하고, 언론기관에게는 공공기관과 사회집단 등에 대하여 정보공개를 청구할 수 있는 권리만이 아니라 그에 관한 취재의 자유를 의미한다.[182)]

(ㄴ) 알 권리의 헌법적 근거

독일 기본법(제5조 제1항)과는 달리 우리 헌법에는 알 권리에 관한 명문의 규정은 없지만 헌법 제21조 제1항(표현의 자유), 제1조(국민주권주의), 제10조(인간의 존엄성 존중과 행복추구권), 제34조 제1항(인간다운 생활을 할 권리) 등에서 그 주된 근거를 찾을 수 있다.

(ㄷ) 알 권리의 법적 성격

알 권리는 국민이 일반적으로 접근할 수 있는 정보원으로부터 정보를 수집하고 언론기관이 취재활동을 할 수 있는 권리를 의미할 경우에는 헌법과 법률에 의하지 아니하고는 제한받지 아니하는 자유권의 성격을 가지며, 알 권리가 공공기관의 정보에 대한 공개청구권을 의미할 경우에는 청구권적 기본권의 성격을 가지므로 복합적 성격의 권리이다. 특히 청구권적 기본권의 성격에 따라 직접 정보공개청구권을 도출함으로써 구체적 권리성을 인정한다.

알 권리의 구체화법률로서 「공공기관의 정보공개에 관한 법률」과 「교육관련기관의 정보공개에 관한 특례법」이 있다. 또한 권리를 구체적으로 구현하기 위하여 공공기관에서 철저한 기록물에 대한 관리가 이루어져야 한다. 이에 「공공기록물관리에 관한 법률」과 「대통령기록물 관리에 관한 법률」이 제정되어 있다.

(ㄹ) 알 권리의 주체

알 권리의 주체는 원칙적으로 자연인인 대한민국 국민이다. 그러나 오늘날 알 권리가

181) 권영성, 『헌법학원론』, 법문사, 2010, 498-499쪽.

182) 권영성, 『헌법학원론』, 법문사, 2010, 500쪽.

가지는 인간존엄의 실현원리로서의 성격에 비추어 외국인에게도 인정하자는 견해도 있다. 법인에 대하여도 알 권리를 인정하여야 한다. 특히 언론기관의 취재를 위하여서도 필요하다.[183)]

(ㅁ) 알 권리의 효력

알 권리는 원칙적으로 대국가적 효력을 가지는 기본권이다.

(ㅂ) 알 권리의 내용

① 소극적인 정보의 수령권

국민이 정보를 수령·수집하면서 국가권력의 방해를 받지 아니하여야 한다. 알 권리의 실질적 구현을 위하여서는 제공되는 정보가 객관적이고 공정한 정보여야 하므로 알 권리와 언론(보도)의 자유는 서로 보완적 관계에 있다.

② 적극적인 정보의 수집권(정보공개청구권)

알 권리의 적극적인 구현은 정보공개제도로 달성될 수 있다. 한편 알 권리와 서로 보완 관계에 있는 자기정보에 대한 통제권도 일응 알 권리의 관점에서 이해할 수 있다. 즉 공공기관이 보유하는 개인정보에 대하여 국민 개개인이 접근·이용할 수 있어야 한다.

(ㅅ) 알 권리의 제한과 한계

알 권리도 헌법 제37조 제2항에 따라 제한이 가능하다. 알 권리의 제한은 정보공개법의 공개제외대상과 직접적으로 연관된다. 「공공기관의 정보공개에 관한 법률」 제9조 제1항에 명시되어 있는 구체적 내용은 ⓐ 법령상 비밀, ⓑ 안보·국방·통일·외교 관련 정보, ⓒ 국민의 생명·신체·재산 및 공공안전 관련 정보, ⓓ 재판·수사 등 관련 정보, ⓔ 감사·감독·검사·시험[184)]·입찰계약·의사결정 관련 정보 등, ⓕ 이름·주민등록번호 등

183) 성낙인, 『헌법학』, 법문사, 2019, 1198쪽.

184) 변호사시험 성적 비공개를 통하여 법학전문대학원 간의 과다경쟁 및 서열화를 방지하고, 교육과정이 충실하게 이행될 수 있도록 하여 다양한 분야의 전문성을 갖춘 양질의 변호사를 양성하기 위한 심판대상조항의 입법목적은 정당하다.
그러나 변호사시험 성적 비공개로 인하여 변호사시험 합격자의 능력을 평가할 수 있는 객관적인 자료가 없어서 오히려 대학의 서열에 따라 합격자를 평가하게 되어 대학의 서열화는 더욱 고착화된다. 또한 변호사 채용에 있어서 학교성적이 가장 비중 있는 요소가 되어 다수의 학생들이 학점 취득이 쉬운 과목 위주로 수강하기 때문에 학교별 특성화 교육도 제대로 시행되지 않고, 학교 선택에 있어서도 자신이 관심 있는 교육과정을 가진 학교가 아니라 기존 대학 서열에 따라 학교를 선택하게 되며, 법학전문대학원도 학생들이 어떤 과목에 상대적으로 취약한지 등을 알 수 없게 되어 다양하고 경쟁력 있는 법조인 양성이라는 목적을 제대로 달성할 수 없게 된다.
한편 시험 성적이 공개될 경우 변호사시험 대비에 치중하게 된다는 우려가 있으나, 좋은 성적을 얻기 위해

개인정보, 법인의 경영·영업비밀 정보, ⓖ 부동산투기·매점매석 등 관련 정보 등이다.

(나) 액세스(access)권

〔ㄱ〕 의 의

매스 미디어에 대한 액세스권이란 일반국민이 자신의 사상이나 의견을 표명하기 위하여 언론매체에 자유로이 접근하여 언론매체를 이용할 수 있는 언론매체접근·이용권이다.

〔ㄴ〕 기 능

액세스권은 매스 미디어에 대한 의사표현을 가능하게 함으로써 표현의 자유를 실질화하는 데 이바지한다. 특히 액세스권을 통하여 매스 미디어에 다양한 사상과 의견을 반영함으로써 언론기관의 자의에 의한 여론왜곡현상을 방지하여 공정하고 정확한 정보를 보도하도록 강제하는 기능을 수행한다.

〔ㄷ〕 헌법적 근거

액세스권의 헌법적 근거로서는 헌법 제21조의 언론 출판의 자유를 비롯하여 헌법 제10조, 제34조 제1항 등이다.

〔ㄹ〕 내 용

① 넓은 의미의(일반적) 액세스권과 좁은 의미의 액세스권

넓은 의미 내지 일반적 액세스권은 국민이 매스 미디어를 이용하여 자신의 사상이나 의견을 표명할 수 있는 권리이다. 좁은 의미의 액세스권은 매스 미디어에 의하여 명예훼손·비판·공격 등을 당한 국민이 해당 매스 미디어에 대하여 자기와 관련이 있는 보도에

노력하는 것은 당연하고 시험성적을 공개하지 않는다고 하여 변호사시험 준비를 소홀히 하는 것도 아니다. 오히려 시험성적을 공개하는 경우 경쟁력 있는 법률가를 양성할 수 있고, 각종 법조직역에 채용과 선발의 객관적 기준을 제공할 수 있다. 따라서 변호사시험 성적의 비공개는 기존 대학의 서열화를 고착시키는 등의 부작용을 낳고 있으므로 수단의 적절성이 인정되지 않는다.

또한 법학교육의 정상화나 교육 등을 통한 우수 인재 배출, 대학원 간의 과다경쟁 및 서열화 방지라는 입법목적은 법학전문대학원 내의 충실하고 다양한 교과과정 및 엄정한 학사관리 등과 같이 알 권리를 제한하지 않는 수단을 통해서 달성될 수 있고, 변호사시험 응시자들은 자신의 변호사시험 성적을 알 수 없게 되므로, 심판대상조항은 침해의 최소성 및 법익의 균형성 요건도 갖추지 못하였다.

따라서 심판대상조항[변호사시험법(시험정보의 비공개) 제18조 제1항 (시험정보의 비공개) ① 시험의 성적은 시험에 응시한 사람을 포함하여 누구에게도 공개하지 아니한다. 다만, 시험에 불합격한 사람은 시험의 합격자 발표일부터 6개월 내에 법무부장관에게 본인의 성적 공개를 청구할 수 있다.]은 과잉금지원칙에 위배하여 청구인들의 알 권리를 침해한다[헌재 2015. 6. 25. 2011헌마769 등(변호사시험법 제18조 제1항; 위헌)].

대한 반론 내지 해명을 요구할 수 있는 권리를 말한다. 좁은 의미의 액세스권은 반론보도청구권이나 정정보도청구권 등으로 구현된다.

대통령이 텔레비전이나 라디오 시간을 이용하여 국민에게 호소한 후에 야당이 반박 시간을 요구하는 권리는 한정적 액세스권(limited right of access)이다.

② 방송매체의 특수성

매체의 종류에 따라 매체에 대한 규제의 정도와 내용도 다르다. 인쇄매체는 등록제를 채택한다. 그러나 방송은 주파수자원의 유한성으로 인하여 그 설립에서부터 허가제를 채택하며, 방송법은 전반적으로 시청자권리의 강화를 위한 일련의 액세스권을 규정한다.

(ㅁ) 한 계

액세스권은 언론기관의 계약의 자유·언론의 자유를 과도하게 침해하여서는 아니 된다. 액세스권이 언론의 자유와 충돌할 경우 규범조화적 해석이 요구된다.[185]

(다) 사상·의견을 표명·전달할 자유

(ㄱ) 모든 형태의 표현

사상이나 의견을 표명하고 전달할 자유는 언론·출판의 자유의 기본적 내용이다. 자기의 사상이나 의견의 적극적 개진뿐만 아니라 단순히 소극적으로 침묵하는 자유까지도 포함한다. 또한 사상이나 의견을 익명 또는 가명으로 표명하고 전달하는 익명표현의 자유도 여기에 포함된다. 사상이나 의견의 표현방법은 전통적인 구두 혹은 문자나 상형에 의한 방법뿐만 아니라 텔레비전·라디오, 영화·음반 및 비디오물, 인터넷, 상징적 표현까지 포괄한다.

(ㄴ) 영업광고(상업광고)

기업 등에 의한 영업광고도 표현의 자유의 일환으로 볼 수 있는지 여부에 대하여 의견이 갈리는바, 영업광고는 상업적 성질에 비추어 직업의 자유 중 영업의 자유로 이해하여야 한다는 부정설, 영업광고도 의사를 표현하고 정보를 전달하는 기능을 담당하고 있으므로 표현의 자유의 일환으로 볼 수 있다는 긍정설, 개별 상업광고의 내용이 공익적인 의사전달을 포함하고 있는 경우에만 표현의 자유의 보호대상이 될 수 있다는 절충설 등이다. 영업을 위한 표현은 경제적 자유권과 밀접하게 관련되므로 전통적인 언론의 자유보다는 더 많은 제한이 불가피하다. 상업광고 규제에 대한 제한에 있어서는 비례의 원칙

185) 성낙인, 『헌법학』, 법문사, 2019, 1160-1163쪽.

이 완화될 수밖에 없고, 사전검열금지의 원칙도 적용되기 어렵다.[186)]

(라) 보도의 자유

(ㄱ) 개 관

정보사회에서 국민은 언론기관의 보도를 통하여 알 권리를 충족하므로 언론의 보도는 사실에 기초하여 간섭없이 신속·공정하게 이루어져야 한다. 보도의 자유는 신문·잡지·방송 등 매스 미디어의 자유를 포괄한다. 보도의 자유에는 뉴스 등을 보도할 자유뿐만 아니라 신문 등의 발행의 자유와 신문 등의 배포의 자유까지 포함한다. 또한 보도의 자유는 동시에 진실보도의무를 수반한다.

(ㄴ) 언론기관시설법정주의

보도의 자유를 확립하기 위하여 언론기관은 권력이나 자본으로부터 자유롭고 독자적으로 존립할 수 있는 조직과 형태를 갖추어야 한다. 헌법 제21조 제3항에서 언론기관시설법정주의를 명시하고 있다.

「신문 등의 진흥에 관한 법률」, 「잡지 등 정기간행물의 진흥에 관한 법률」, 「뉴스통신 진흥에 관한 법률」 및 방송법 등은 언론기관의 설립에 있어서 일정한 제한규정을 두고 있다. 정기간행물의 등록제, 방송의 허가제, 대기업의 일반일간신문 소유 등 제한, 뉴스통신의 허가제 등이 그것이다.

그런데 현행법제는 신문 또는 통신의 발행시설기준이 너무 과중하여 언론기관남설의 폐해를 방지하고자 하는 법의 원래의 제정목적을 넘어 신문사나 통신사의 설립의 자유를 사실상 제한한다는 비판이 있다. 특히 디지털 시대에 인터넷매체가 보편화되고 있는 상황에서 시설기준은 불필요하다는 것이다.[187)]

(ㄷ) 취재의 자유

보도의 자유는 취재의 자유 없이는 실질적으로 확립될 수 없기 때문에, 보도의 자유는 취재의 자유를 포함하지만 취재의 자유는 국가기밀유지, 질서유지 등을 위해 제한될 수 있다. 취재원에 대한 진술거부권은 아직까지는 법적으로 인정되지 아니한다.

취재원에 대한 진술거부권은 국민에 대한 정보전파의 목적으로 내적 신뢰관계를 통하여 취재한 취재원의 공개를 당하지 아니할 권리이다. 취재원비닉권은 언론의 진실보도 및 공정보도를 위한 불가결의 전제조건이며, 이 권리가 없으면 언론은 진실보도의 공공

186) 성낙인, 『헌법학』, 법문사, 2019, 1158-1159쪽.
187) 성낙인, 『헌법학』, 법문사, 2019, 1164쪽.

적 기능을 수행하기 어렵다. 따라서 이 권리는 원칙적으로 취재의 자유의 내용으로 인정되어야 한다. 비록 헌법이나 개별 법률에 명문의 규정은 없지만 헌법상 언론의 자유의 한 내용으로서 취재원비닉권을 인정하여야 한다.[188)]

(ㄹ) 언론기관 내부의 자유

언론의 자유는 국가로부터의 자유도 중요하지만, 언론기관의 대기업화, 독과점화 등에 따라 국민여론의 왜곡 문제도 중요하다. 따라서 언론경영자의 인사권·운영권 등이 언론종사자의 편집권을 침해하지 않도록 경영권으로부터 편집·편성권이 제도적으로 보장되어야 하며 이를 위하여 언론인의 신분이 보장되어야 한다.

5. 언론규제입법의 합헌성 판단기준

표현(언론·출판)의 자유 등 정신적 자유권은 경제적 기본권에 비하여 우월성을 가지므로, 그 제한과 규제에 관해서는 경제적 기본권의 규제입법에 관한 합헌성 판단의 기준인 '합리성'보다 엄격한 기준에 따르지 않으면 아니 된다(이중기준의 이론).

(1) 명확성의 이론

표현의 자유를 규제하는 법령의 규정은 명확해야 한다. 불확정개념[189)]이나 막연한 용어를 사용하여 그 의미를 추정할 수밖에 없는 경우에는 막연하기 때문에 위헌·무효가 된다. 헌법재판소의 결정에 의하면 명확성의 원칙은 입법자의 입법의도가 건전한 일반상식을 가진 자에 의하여 일의적(一義的)으로 파악될 수 있는 정도의 것을 의미하며, 이로써 법률규정의 구성요건적 내용에 따라 국민이 자신의 행위를 결정지을 수 있도록 명확할 것을 의미하는 것이라고 한다.

---

188) 성낙인, 『헌법학』, 법문사, 2019, 1167쪽.

189) 음란이나 선량한 풍속 등이 불확정개념의 대표적인 예라고 할 수 있는데, 음란성 판단과 관련하여 우리나라의 대법원 판결은 별도움이 되지 않는다고 예리하게 지적한 글은 의미가 크다. 김두식, 『헌법의 풍경』, 교양인, 2004, 48-56쪽. 특히 이 책의 '젖꼭지와 털사이' 부분에서 '가슴노출 yes, 털노출 no' 부분은 의미심장하다. 김두식, 위의 책, 56-74쪽 참조; 고속도로에서 승용차를 손괴하거나 타인에게 상해를 가하는 등의 행패를 부리던 자가 이를 제지하려는 경찰관에 대항하여 공중 앞에서 알몸이 되어 성기를 노출한 경우, 음란한 행위에 해당하고 그 인식도 있었다고 한 사례. 대법원 2000. 12. 22. 선고 2000도4372 판결【공연음란】[공2001. 2. 15.(124), 402]. 이 판결에 대한 비판으로 조 국, "공연음란죄의 내포와 외연", 「형사판례연구」, 10, 박영사, 2002. 6, 272-284쪽 참조.

(2) 과잉금지의 원칙

위법한 표현행위를 규제하기에 충분한, 보다 완곡한 제재방법이 따로 있음에도 불구하고 과중한 제재를 과하는 입법은 자유로운 표현을 질식시키는 사회적 효과를 가져오기 때문에 위헌이다. 이것은 자유의 제한은 필요최소한이어야 한다는 과잉금지의 원칙[덜 제한적인 대체조치(less restrictive alternative: LRA)의 원칙]을 표현의 자유에 적용한 것이다.

(3) 법익형량이론

표현의 자유의 제한은 헌법 제37조 제2항에 의거하여 국가안전보장·질서유지 또는 공공복리 등 공익을 보호할 필요가 있는 경우라야 하지만, 표현의 자유를 제한함에는 표현의 자유라는 법익보다 더 큰 공익을 유지하기 위하여 필요한 경우라야 한다.

(4) 명백하고 현존하는 위험의 원칙

언론과 출판이 국가기밀을 누설하거나 타인의 명예를 침해하려고 할 경우에 명백하고 현존하는 위험이 있는 때에는 이를 억제할 수 있다고 보는 것이 명백하고 현존하는 위험의 원칙(rule of clear and present danger)이다. 이 원칙은 언론의 자유의 한계를 가름하는 기준으로서뿐만 아니라 언론규제입법에 대한 합헌성 판단기준으로서 미국의 판례[Schenck v. U. S. 47(1919)]에서 홈즈(O. W. Holmes) 대법관이 주장하면서 확립된 이론이다. 명백이라 함은 표현과 해악의 발생 사이에 밀접한 인과관계가 존재함을 말하고, 현존이라 함은 해악의 발생이 시간적으로 근접하고 있는 경우를 말하며, 위험이라 함은 공공의 이익에 대한 해악의 발생개연성을 말한다. 이렇게 본다면 명백·현존위험의 원칙은 자유로운 언론으로 말미암아 중대한 해악이 발생할 개연성(蓋然性)이 있고, 언론과 해악의 발생 사이에 밀접한 인과관계가 존재하며, 또 해악의 발생이 목전에 절박한 경우에 다른 수단으로는 이를 방지할 수 없으면 언론을 제한하는 것이 정당화된다는 이론이다. 이 원칙은 언론의 자유를 제한하는 이론적 근거로서 언론의 제한을 합리화하는 역할을 함과 동시에 언론의 자유를 최대한으로 보장하는 역할도 한다. 그러나 위에서 본 명백하고도 현존하는 위험의 원칙은 이제는 더 이상 미국의 정설이 아니라는 견해에 유의하여 이를 현실에 맞게 수정해야 할 필요가 있다.[190]

---

190) 도회근, "헌법을 어떻게 공부할 것인가", 김유미·도회근·오문완·유영일·이계수·이정훈 공저, 『법학방법론연구』, 울산대학교출판부, 2005, 21쪽 각주8).

제5항 · 집회·결사의 자유

1. 의의와 근거

집회·결사의 자유는 언론·출판의 자유의 집단적 성격의 표현이다. 현대국가의 사회생활에서 국민은 집회의 개최나 단체의 결성을 통하여 자기의 의사를 적극적으로 표현한다. 그러나 이러한 집회나 결사는 사회의 질서유지에 미치는 영향력이 언론이나 출판보다 훨씬 직접적이기 때문에 언론 출판의 자유보다 더 강력한 국가적 통제를 받는다. 헌법 제21조 제1항에서 언론·출판의 자유와 집회·결사의 자유를 규정하고 있다.

2. 집회·결사의 자유의 기능

집회·결사의 자유는 집회나 집단행동을 통하여 단순히 자신의 의사표명을 하는 데 그치는 것이 아니라, 다른 사람과의 의사교환을 통하여 새로운 여론을 조성할 수 있는 유효한 수단이다. 따라서 집회·결사의 자유는 표현의 자유의 실질화의 조건 또는 보완적 기능을 가진다. 또한 집회·결사의 자유는 민주주의의 실천을 위한 불가결한 전제로서, 특히 소외된 정치적 소수자들이 자기의 목소리를 정치과정에 반영할 수 있는 방편이라는 점에서 다수결 원리에 의하여 진행되는 현대 대의제도를 보완하는 기능을 가진다.[191)]

3. 집회의 자유

(1) 집회의 자유의 법적 성격

집회의 자유는 국가권력의 간섭이나 방해를 배제할 수 있는 주관적 공권이다.

그러나 집회의 자유를 집회제도의 보장으로 보기는 어렵다.

(2) 집회의 자유의 주체·효력

집회의 자유의 주체는 원칙적으로 국민이지만, 외국인과 무국적자 등도 헌법에서 특별히 금지할 사유가 없으면 널리 인정하여야 한다. 자연인뿐만 아니라 법인도 일정한 범위 내에서 집회의 자유의 주체가 될 수 있다.

집회의 자유는 주관적 공권이므로 모든 국가권력을 구속한다. 집회의 자유의 대사인적 효력은 간접적용설에 따라 보장된다. 「집회 및 시위에 관한 법률」 제3조는 집회의 자

---

191) 성낙인, 『헌법학』, 법문사, 2019, 1205쪽.

유의 대사인적 효력을 수용한다.

(3) 집회의 자유의 내용

(가) 집회의 개념

집회란 다수인이 일정한 장소에서 공동목적을 가지고 회합하는 일시적 결합체를 말한다. 다수인의 기준에 대하여 학설이 갈리는데, 판례는 2인 이상을 의미하는 것으로 이해한다(대법원 2012. 5. 24. 2010도11381). '1인 시위'는 「집회 및 시위에 관한 법률」의 적용요건인 '다수인'에 해당하지 않으므로 「집회 및 시위에 관한 법률」이 적용되지 아니한다. 집회는 일시적 결합체란 점에서 결사와 구별된다. 공동목적이 있어야 하므로 집회에 참가한 다수인 사이에는 "내적인 유대감에 의한 의사접촉"이 있어야 한다.

(나) 집회의 종류

집회의 종류는 공개집회와 비공개집회, 계획된 집회와 우발적 집회, 주간집회와 야간집회, 옥내집회와 옥외집회 등으로 나누어진다.

옥외집회란 "천장이 없거나 사방이 폐쇄되지 아니한 장소에서 여는 집회"를 말한다. 옥외집회와 옥내집회를 다르게 규율하는 이유가 전자가 후자에 비하여 법익충돌의 위험성이 크기 때문이다. 「집회 및 시위에 관한 법률」에서 신고대상인 집회는 옥외집회와 시위이며 옥내집회는 신고대상이 아니다.

(다) 집회의 자유의 구체적 내용

집회의 자유에는 적극적으로 집회를 개최하는 자유, 집회를 사회·진행하는 자유 및 집회에 참여하는 자유, 소극적으로 집회를 개최하지 아니할 자유, 집회에 참가하지 아니할 자유를 포함한다.

(4) 집회의 자유의 한계와 제한

다수인이 공동의 목적을 가지고 일정한 장소에서 일시적으로 회합하는 행위인 집회의 자유는 표현행위의 자유로서의 성격을 가지는 것이지만, 집회는 집단적 행위이고 공공질서에 미치는 영향력이 심대하므로 언론·출판의 자유에 비하여 더 많은 제한을 받는다. 도로·공원 등 공공장소에서 행하는 집회 및 시위는 일반인의 도로·공원이용의 자유와 충돌할 가능성이 있으며, 동일한 장소에서의 여러 집회의 중복으로 인한 혼란이 야기될 가능성이 있으므로, 집회 또는 시위의 자유는 공익이나 타인의 기본권과 조화를 이루어야 한다.

(가) 집회의 자유의 한계

집회 또는 시위는 평화적·비폭력적·비무장이라야 한다. 평화적 집회와 폭력적 집회를 구별하는 기준에 관하여 심리적 폭력설과 물리적 폭력설로 갈리나 집회의 자유의 중요성에 비추어 물리적 폭력설이 타당하다(다수설). 집회 및 시위는 헌법질서·타인의 권리·도덕률 등에 위배되지 않아야 한다. 「집회 및 시위에 관한 법률」(이하 '법'이라고 한다)은 절대적으로 금지되는 집회 및 시위로서 1) 헌법재판소의 결정에 의하여 해산된 정당의 목적을 달성하기 위한 집회 또는 시위, 2) 집단적인 폭행·협박·손괴·방화 등으로 공공의 안녕질서에 직접적인 위협을 가할 것이 명백한 집회 또는 시위를 규정하고 있다(법 제5조 제1항).

(나) 집회의 자유의 제한

(ㄱ) 사전제한(허가제 및 금지통고제)

집회 또는 시위에 관하여 사전허가를 받게 하는 허가제는 헌법 제21조 제2항에 의하여 금지된다. 행정상의 참고를 위한 신고제는 사전제한이 아니므로 무방하다. 허가제는 집회·시위의 일반적 금지를 전제로 당국의 재량적 허가처분에 따라 특정한 경우에 금지를 해제해 주는 것이지만, 신고제는 신고만하면 당연히 집회·시위를 할 수 있는 자유를 전제로 하고 있다는 점에서 양자는 구별된다. 집회의 자유를 사전에 규율하는 경우는 다음과 같은 경우이다.

첫째, 옥외집회 또는 시위를 주최하고자 하는 자는 목적, 일시, 장소, 주최자·연락책임자·질서유지인·연사의 주소·성명·직업·연제(演題), 참가예정단체, 참가예정인원과 시위방법을 기재한 신고서를 48시간 전에 관할 경찰서장 등에게 제출하여야 한다. 위 신고서를 접수한 관할 경찰서장 등은 신고된 옥외집회 또는 시위가 법 제5조 제1항, 제10조 본문, 제11조의 규정에 위반된다고 인정할 때와 제12조 제1항의 규정에 의하여 금지할 집회 또는 시위라고 인정될 때에는 신고서를 접수한 때부터 48시간 이내에 집회 또는 시위의 금지를 주최자에게 통고할 수 있다(법 제8조 제1항). 집회 또는 시위의 주최자는 금지통고를 받은 때로부터 10일 이내에 당해 경찰관서의 직근 상급경찰관서의 장에게 이의신청을 할 수 있다(법 제9조 제1항). 위의 금지통고가 위법 또는 부당한 것으로 재결되거나 그 효력을 잃게 된 경우에는, 이의신청인은 최초에 신고한 집회 또는 시위를 개최할 수 있다(법 제9조 제3항).

둘째, 일출시간 전 또는 일몰시간 후에는 옥외집회 또는 시위가 제한되지만, 주최자가 질서유지인을 두고 미리 신고한 경우에는 허용된다. 또한 국회의사당·각급법원·헌법재판소·국내주재 외국의 외교기관(법 제11조 제1호), 대통령관저·국회의장공관·대법원장공관·헌법재판소공관(법 제11조 제2호), 국무총리공관·국내주재 외국의 외교사절의 숙소(법 제11조 제3호) 등의 경계지점으로부터 100미터 이내의 장소에서는 옥외집회 또는 시위가 제한되지만, 행진의 경우는 예외로 한다. 그런데 국내주재 외국기관 100미터 내 집회·시위금지에 대하여 집회의 자유를 침해하기 때문에 위헌이라고 헌법재판소가 판시하였다.[192]

(ㄴ) 사후제한 및 그 한계

집회의 자유는 국가안전보장·질서유지 또는 공공복리를 위하여 필요한 경우에는 법률로써 제한할 수 있는데, 이에 관한 법률로서 형법·국가보안법·「집회 및 시위에 관한 법률」 등이 있다. 집회의 자유를 제한하는 경우에도 집회의 자유의 본질적 내용은 침해할 수 없으며, 명백·현존하는 위험의 법리, 막연하기 때문에 무효의 이론, 규제입법의 합헌성 추정의 배제이론, 과잉금지의 원칙 등이 준수되어야 한다.

4. 결사의 자유

(1) 결사의 자유의 의의

결사의 자유에 있어서 결사라 함은 다수의 자연인 또는 법인이 그 자유의사에 따라 공동의 목적을 위하여 단체를 결성함을 말한다. 결사의 개념적 요소는 (ㄱ) 결합, (ㄴ) 계속성, (ㄷ) 자발성, (ㄹ) 조직적 의사에의 복종, (ㅁ) 공동의 목적 등이다. 결사의 자유는 일반적 결사의 자유와 특수적 결사의 자유로 구분된다. 헌법 제21조의 결사의 자유는 일반결사의 자유를 의미하기 때문에 정치적 목적의 결사인 정당, 종교적 목적의 결사인 교단, 학문 또는 예술적 목적의 결사인 학회·예술단체, 근로조건의 향상을 위한 근로자들의 결사인 노동조합 등 특수한 결사는 각각 헌법 제8조·제20조·제22조·제33조의 적용을 받는다.

(2) 결사의 자유의 법적 성격

일반적 결사의 자유는 개인 또는 집단(단체)의 자유권적 기본권이면서 정치적 기본권이라고 하는 복합적 성격을 가진다. 종래에는 결사의 자유를 전적으로 국가에 대한 개인 및 집단의 소극적 방어권으로 이해하였지만, 오늘날에는 국민이 여론을 형성하고 정치적 과정에 참여하는 권리로도 이해되고 있다. 따라서 결사의 자유는 타인과 자유로이 교통

192) 헌재 2003. 10. 30. 2000헌바67·83(병합).

을 할 수 있는 권리로서의 성격과 민주적인 국법질서를 구성하는 요소로서의 성격을 아울러 가지는 권리로 파악되고 있다. 그러나 헌법 제21조의 결사의 자유는 개인적 또는 집단적 자유권을 의미할 뿐 제도적 보장을 의미하는 것은 아니다.

(3) 결사의 자유의 주체

결사의 자유는 인간존재의 원초적 조건이라 할 수 있는 것이므로 인간이면 누구나 그 주체가 된다. 유럽인권협약 제11조도 결사의 자유는 모든 인간에게 보장된다고 하고 있다. 외국인은 정치적인 것을 목적으로 하는 경우에는 국민에 비하여 보다 더 많이 제한을 받는다. 법인 등 결사체도 그 조직과 의사형성에 있어 그리고 업무수행에 있어 자기결정권을 가지기 때문에 결사의 자유의 주체가 된다. 다만 공적 책무의 수행을 목적으로 하는 공법상의 단체는 결사의 자유의 주체가 될 수 없다.

(4) 결사의 자유의 구체적 내용

결사의 자유는 적극적 측면과 소극적 측면을 아울러 가지고 있다. 적극적 측면으로는 ㈀ 단체결성의 자유, ㈁ 단체활동의 자유, ㈂ 단체존속의 자유, ㈃ 결사에의 가입·잔류의 자유 등을 들 수 있다. 소극적 측면으로는 단체로부터 탈퇴할 자유와 결사에 가입하지 아니할 자유를 들 수 있다, 이중 결사에 가입하지 아니할 소극적 자유와 관련하여 사법상의 결사에는 가입을 강제할 수 없으나, 공법상의 결사(의사회·변호사회·상공회의소 등)에는 가입의 강제가 인정된다고 본다.

(5) 결사의 자유의 효력

결사의 자유가 공권력 외에 사인에 대해서도 구속력이 있는가가 문제되고 있지만, 사인에 대해서는 사법상의 일반조항을 통해 간접적으로 적용된다.

(6) 결사의 자유의 한계와 제한

(ㄱ) 결사의 자유의 한계

결사의 자유는 국가의 존립을 위태롭게 하거나 헌법적대적이거나 자유민주적 기본질서에 위반하는 것이어서는 아니 된다.

(ㄴ) 결사의 자유의 제한

결사의 자유는 헌법 제37조 제2항에 따라 법률로써 제한할 수 있지만, 그 제한에는 세 가지 유형이 있다.

제1유형은 단체결성 자체를 전면적으로 금지하는 허가제이다. 이러한 허가제는 어떠한 이유로도 인정되지 아니한다(헌법 제21조 제2항). 허가제는 결사의 자유의 본질적 내용을 침해하는 것이기 때문이다. 그러나 등록제나 신고제는 행정상의 편의를 위한 것이므로 무방하다.

제2유형은 일반적 단체의 결성은 허용하고 특수한 단체에 대해서만 결성을 금지하는 불법단체의 금지이다. 일반적 단체의 결사는 원칙적으로 자유이지만, 헌법적대적 또는 그 밖의 불법적 목적과 성격을 가진 단체의 결성은 원천적으로 금지된다. 예컨대 국가보안법 제2조, 형법 제114조에 규정된 결사 등은 불법적 결사로서 그 결성이 금지된다.

제3유형은 단체의 결성은 전면적으로 허용하되 일정한 활동만을 제한하는 특정행위의 금지이다. 합법적으로 결성된 단체일지라도 법령에 위반되는 활동을 할 경우에는 국가적 감독에 따라야 한다. 감독적 조치는 단체의 해산 또는 그 재산의 압류에 이르는 경우까지 있다. 이때에도 비례의 원칙과 최소한제한의 원칙 등은 존중되어야 한다.

제6항 ‣ 학문의 자유

1. 의의와 근거

학문의 자유는 그 정신적 뿌리를 독일의 인문주의에 두고 있는 기본권으로 19세기 초 독일에서 싹트기 시작하여, 1849년의 프랑크푸르트 제국헌법에 최초로 헌법적 지위로 보장되었다. 서양사에서 학문의 자유란 국가의 간섭에 대한 것이라기보다는, 인간의 이성을 신학적 교리와 구속으로부터 해방시키기 위한 것이었다. 역사적으로 학문의 자유를 헌법에 수용하게끔 한 중요한 계기는 과거 서양에서 교회의 영향력행사로부터 진리탐구와 학문적 활동을 보호하고자 하는 것이었다.[193] 헌법 제22조 제1항은 “모든 국민은 학문과 예술의 자유를 가진다.”고 규정하고 있다.

자유로운 학문적 활동은 개인의 인격발현과 국가의 발전을 위하여 중요한 의미를 가진다. 학문의 자유는 개인적으로는 목적에 구애받음이 없이 진리에 대한 자유로운 탐구로서 학자 개인의 자유로운 인격발현을 보장하는 정신적 자유의 중요한 요소이다. 더 나아가 학문의 자유는 국가적으로는 새로운 인식의 제시와 발전을 통하여 문화를 창조하고 문화국가의 기초를 형성하는 기능을 하며, 모든 국민의 복지와 경제성장에 기여한다.

193) 한수웅, 『헌법학입문』, 제6판, 법문사, 2022, 389쪽.

유용한 학문적 활동은 현대산업사회에서 경제적·사회적 발전의 필수적 요소에 해당한다는 점에서, 국가와 사회 전체의 발전에 있어서 학문이 가지는 공익적 의미는 점차 증가하고 있다.194)

2. 법적 성격

(1) 대국가적 방어권

학문의 자유는 일차적으로 개인의 대국가적 방어권으로서 연구와 교수에 있어서 개인의 연구활동을 국가의 간섭이나 영향력행사로부터 보호하며, 나아가 대학에서 연구활동을 하는 경우 대학의 자치를 국가의 침해로부터 보호한다.

(2) 객관적 가치질서

학문의 자유는 객관적 가치질서로서 학문을 적극적으로 보호하고 육성해야 할 국가의 의무를 부과한다. 첫째, 국가는 인적·재정적·조직상의 지원을 통하여 자유로운 학문활동이 가능하기 위한 실질적 조건을 형성해야 할 의무를 진다. 오늘날 대부분의 학문영역, 특히 자연과학의 영역에서 독립적인 연구와 학문적 교수는 국가의 재정적 지원 없이는 사실상 이루어질 수 없기 때문에, 국가의 지원의무에 특별한 의미가 부여되며, 국가급부에의 참여는 오늘날 학문의 자유를 실제로 행사하기 위한 필수적 조건이다.

둘째, 입법자는 대학에서 자유로운 학문 활동이 가능하도록 대학의 조직상의 구조를 형성함으로써, 학문의 자유(대학의 자치)를 보장해야 할 의무를 진다.

셋째, 국가는 사회세력에 대해서도 학문의 자유와 대학의 자치를 보호해야 할 의무를 진다. 우리나라의 경우와 같이 대학교육이 주로 사립대학에 의하여 제공되는 경우, 학문의 자유가 사학재단에 의하여 침해될 위험이 있다. 교수의 신분보장은 대학에서 자유로운 학문적 활동이 이루어지기 위한 필수적인 전제조건이므로, 입법자는 대학의 자치가 가능하도록 교수의 신분을 법률로써 보장해야 한다. 교수가 사립대학에서 교수재임용제도와 관련하여 사학재단에 의하여 신분을 부당하게 박탈당하는 일이 없도록, 입법자는 재임용제도를 절차적으로 형성해야 할 의무를 진다.195)

194) 한수웅, 『헌법학입문』, 제6판, 법문사, 2022, 390쪽.
195) 한수웅, 『헌법학입문』, 제6판, 법문사, 2022, 391-392쪽.

3. 주　체

진리를 탐구하기 위한 학문 활동을 하는 모든 사람이 학문의 자유의 주체가 될 수 있다. 자연인뿐 아니라 법인도 공법인이든 사법인이든 관계없이 학문의 자유의 주체가 될 수 있다.

예컨대, 대학, 연구기관, 대학교수, 조교, 대학원생 등 모든 연구자, 심지어 대학생도 연구에 참여하는 등 학문적인 방법으로 활동하는 한 학문의 자유의 주체가 될 수 있다. 그러나 대학에서 대학생의 단순한 수학(受學)은 학문의 자유에 의하여 보호되지 않는다.[196)]

4. 내　용

(1) 학문의 개념

학문이란 그 내용과 형식에 있어서 진리의 탐구를 위한 진지하고도 계획적인 모든 시도를 말한다. 학문의 개념은 '연구와 교수'라는 하위개념을 통하여 서술되고 구체화된다. 연구는 새로운 인식을 얻고자 하는 정신적 활동이고, 교수는 연구결과를 발표하고 학문적으로 전달하는 작업이므로, 연구는 교수가 가능하기 위하여 선행되어야 하는 필수적 작업이다. 학문적 활동은 본질적으로 연구와 교수를 통하여 이루어지므로, 학문의 자유는 연구의 자유와 교수의 자유를 구체적 내용으로 한다.

(2) 연구의 자유

학문의 자유의 핵심은 연구의 자유로서, 연구 없는 학문은 생각할 수 없다. 연구의 자유란 진리탐구의 자유로서 연구의 과제, 방법, 기간, 장소 등을 자유롭게 결정할 수 있는 자유, 즉 연구와 관련된 모든 과정에서 국가로부터 간섭이나 영향, 방해를 받지 않을 자유를 말한다.

(3) 교수의 자유

교수(敎授)의 자유는 학문적인 인식을 국가의 방해나 영향을 받지 않고 진달할 수 있는 자유로서, 구체적으로 교수의 대상, 형식, 방법, 내용, 시간, 장소에 관한 자유로운 결정권을 말한다.

교수는 대학에서 강의를 통한 전달뿐만 아니라, 대학 내 및 대학 외에서 학문적 인식

---

196) 한수웅, 『헌법학입문』, 제6판, 법문사, 2022, 392쪽.

을 교육적으로 전달하거나 또는 자기책임 하에서 발표하는 모든 형태를 포함한다. 따라서 교수는 저서의 출판, 학술대회에서의 논문의 발표, 토론, 학술강연 등을 통하여 연구결과를 발표하는 자유를 포함한다.

교수의 자유는 연구의 자유와 불가분의 관계에 있으므로, 자신의 연구를 근거로 하여 이루어지는 학문적인 교수만이 교수의 자유에 의하여 보호된다. 교수는 연구를 통하여 얻은 결과를 전달하는 행위를 의미하므로 연구하는 사람만이 교수의 자유를 주장할 수 있다. 초중등학교의 수업은 국가에 의한 교육과제이행의 범주 내에서 이루어지는 것으로, 교수의 자유에 의하여 보호되지 아니한다.[197)]

5. 제 한

학문연구의 자유는 최대한 보장하도록 하여야 한다. 그러나 인간의 생명이나 자연환경의 보호 등 다른 법익을 보호하기 위하여 제한될 수 있다. 연구결과의 발표나 교수의 자유는 제한이 가능하지만, 그 제한은 최소한에 그쳐야 한다.

제7항 · 예술의 자유

1. 의의와 근거

예술의 자유는 역사적으로 국가와 사회세력으로부터 끊임없이 위협을 받아왔으며, 그 시대를 지배하는 정치적·종교적 이념이나 도덕관에서 벗어나는 예술 활동이 탄압을 받거나 그러한 예술작품이 대중과 접촉하는 것을 금지한 많은 예를 찾아볼 수 있다.[198)] 예술의 자유는 1919년 독일 바이마르헌법에 처음으로 기본권으로서 수용되었고, 우리 헌법도 1948년 헌법에서 예술의 자유를 수용한 이후 현행 헌법 제22조 제1항에서 규정("모든 국민은 … 예술의 자유를 가진다.")하고 있다. 그러나 비교헌법적으로 보면 예술의 자유를 헌법에서 명시적으로 규정하지 아니하고 표현의 자유를 통하여 규정하는 것이 일반적인 추세이다.

예술과 법은 서로 긴장관계에 있다. 법은 필연적으로 규율을 목표로 하고, 이에 대하여 예술은 그 본질상 모든 제약을 부정하고 모든 금기에서 벗어나고자 한다.[199)] 예술의

197) 한수웅, 『헌법학입문』, 제6판, 법문사, 2022, 392-393쪽.

198) 한수웅, 『헌법학입문』, 제6판, 법문사, 2022, 394쪽.

199) 1990년대의 미야자와 리에(Rie Miyazawa)의 누드집 Santa Fe를 생각하라.

자유가 다른 법익과 충돌하는 경우, 예술의 자유는 법익형량과정에서 예술이라는 특성을 별도로 고려하고 예술작품을 가능하면 예술 특유의 관점에서 이해함으로써 예술의 자유로 인하여 다른 법익에 대한 침해를 인정하는 것은 가능하면 최소화되어야 한다는 요청을 하고 있다. 그리하여 예술의 자유는 법질서에 대하여 가능하면 '예술을 그냥 예술로서 보아줄 것', '예술을 예술의 관점에서 판단해 줄 것'을 요청하는 것이다.[200]

2. 법적 성격

예술의 자유는 자유로운 인격의 창조적 발현으로서 고도의 주관성을 특징으로 하는 주관적 공권인 동시에 문화국가의 구현을 이념으로 하는 문화적 기본권이기도 하다. 또한 예술의 자유는 제도로서의 예술을 보장하고 보호해야 한다는 객관적 가치질서를 의미한다.

3. 주 체

예술의 자유는 전문예술인만의 자유가 아니라 예술창작을 통하여 인격을 발현하고자 하는 모든 개인의 자유이다. 따라서 예술의 자유의 주체는 예술적으로 활동하는 모든 인간이다. 예술의 자유는 외국인과 무국적자에게도 인정되는 인간의 권리이다.

4. 예술의 자유의 내용

(1) 예술창작의 자유

예술창작의 자유는 예술의 자유의 핵심내용이 된다. 예술창작의 자유에는 예술작품의 창작에 이르는 전 과정, 즉 창작을 위한 준비·연습, 소재선택, 작품형태의 선택, 창작진행의 자유 등이 포함된다.

(2) 예술표현

예술표현의 자유는 창작한 예술작품을 외부에 표현하고 전파하는 자유이다. 그러므로 예술작품의 전시·연주·공연 등도 헌법상 보호를 받는다. 다만 예술적 비판은 예술의 자유에 포함되지 아니하고 일반적인 표현의 자유로서 보장된다.

200) 한수웅, 『헌법학입문』, 제6판, 법문사, 2022, 394쪽.

(3) 예술적 집회·결사의 자유

예술적 집회·결사의 자유는 예술가들이 공동으로 창작하고 그 결과물을 발표하기 위해 집회를 개최하거나 단체를 결성하는 자유를 말한다. 예술적 활동에는 고도의 자율성이 요청되기 때문에, 예술적인 집회·결사의 자유는 일반적인 결사·집회의 자유에 비하여 보다 두텁게 보장된다.

5. 예술의 자유의 효력

예술의 자유는 일차적으로 공권력에 의한 침해나 간섭을 받지 아니할 자유를 의미한다. 그러므로 예술의 영역에서는 국가의 중립성이 요청된다. 그러나 현대문화국가에서의 예술의 자유는 이에 머물지 아니하고, 세제상의 특혜와 같은 예술의 진흥을 위한 국가의 적극적 지원까지 요구하는 의미를 가진다.

6. 예술의 자유의 제한과 한계

예술의 자유가 다른 기본권에 비하여 두터운 보장을 받는다 하더라도 결코 무제한적인 것은 아니다. 예술의 자유의 제한과 그 한계는 학문의 자유에 준한다. 다만 영화·연극 등에 대해서는 그 대중성·오락성·직접성 때문에 질서유지를 위하여 보다 강력한 규제를 받는다.

제6절 경제적 기본권

제1항 · 경제질서와 경제적 기본권

1. 경제적 자유와 경제적 기본권

근대적 인권선언은 소유권의 불가침·상속권의 보장·계약의 자유 등 자본주의사회의 토대가 되는 여러 경제적 자유와 권리들을 규정하고 있다. 그것은 시민혁명의 성과를 반영한 것이지만, 국가가 개인의 재산적 제권리를 존중하고 경제영역에 있어서 개인의 창의를 중시하는 경제적 자유방임주의를 표방한 것이었다. 그러나 19세기 중엽을 지나면서 자본주의사회의 구조적 모순에 직면하자 경제적 자유방임주의에 대한 수정이 불가피하였다. 1919년 바이마르헌법이 그 대표적인 예이다. 바이마르헌법 제151조 제1항에서 "경제생활의 질서는 모든 국민에게 인간다운 생활을 보장하여 주기 위하여 정의의 원칙에 적합하지 않으면 아니 된다. 이 한계 내에서 개인의 경제적 자유는 보장된다."라고 규정하여, 경제적 불평등을 초래하는 극단적인 경제적 자유를 지양하고, 또한 동헌법 제153조 제3항에서 "소유권은 의무를 수반한다. 그 행사는 동시에 공공복리에 이바지하여야 한다."라고 규정하여, 재산권행사에도 일정한 한계가 있음을 강조하였고 이것을 토대로 소유권 절대성의 원리가 상대성으로 바뀌게 된다.

60년대부터는 경제적 약자에 대한 국가적 배려를 보다 확대·강화하여 실질적인 노동기본권의 보장·사회보장의 점진적 추진·소비자대중의 안전과 권익까지도 보호하고 지원하는 단계로 발전하였으며, 최근에는 소비자기본권과 같은 새로운 유형의 경제적 권리까지 강조되고 있다.

2. 현행 헌법과 경제적 기본권

현행 헌법의 경제질서는 자유시장경제를 기본으로 하되 사회정의의 실현과 균형있는 국민경제의 발전을 위하여 필요한 범위 안에서 국가적 규제와 조정이 가능한 사회적 시장경제질서 내지 혼합경제질서를 기본으로 하고 있다. 아울러 헌법은 일련의 사회적 기본권을 보장하고 있다. 이와 같이 사회적 시장경제질서와 다양한 사회적 기본권이 헌법의 차원에서 강조되고 있는 경우에는 개인의 경제적 기본권도 이들과 양립될 수 있도록 그에 대한 합리적 제한이 불가피하다.

현행 헌법에서는 경제적 기본권으로서 직업선택의 자유(제15조)와 재산권(제23조)만을 규정하고 있다.

제2항 · 재산권

1. 재산권의 의의

헌법상 재산권이라 함은 경제적 가치가 있는 모든 공법상 및 사법상의 권리를 말하고, 그 재산가액의 많고 적음을 묻지 아니한다. 이와 같은 재산권의 보장은 사유재산에 대한 임의적 처분권과 그 침해에 대한 방어권이라는 주관적 공권과 더불어 객관적 가치질서로서 사유재산제를 제도로서 보장하는 것이다.

2. 재산권보장의 연혁

근대초기에는 재산권을 전국가적·천부적 인권이라 하여 신성불가침의 권리로 보았다. 이와 같은 재산권의 절대성과 계약의 자유는 근대시민사회를 지탱하는 법적 지주가 되었을 뿐만 아니라 근대자본주의의 발달을 촉진한 원동력이 되었다. 그러나 가진 자와 가지지 못한 자 사이의 알력과 대립은 갈수록 심화되어, 20세기가 되자 사회적 알력과 불안의 주된 원인인 재산권의 절대성과 계약의 자유가 수정되었다. 재산권의 사회적 제약성을 최초로 선언한 것이 바이마르헌법 제153조 제3항이다. 우리헌법을 비롯하여 제2차대전 이후에 제정된 헌법 대부분이 재산권의 사회적 제약성을 수용하고 있다.

3. 재산권의 법적 성격

헌법상 재산권의 보장은 국가에 의한 자의적 침해가 금지되는 대국가적 방어권으로서 개인의 재산상의 권리의 보장과 더불어 개인이 재산을 사유할 수 있는 법제도, 즉 사유재산제를 보장하는 것이다(권리·제도 동시보장설).

4. 재산권의 주체와 객체·효력

재산권의 주체는 모든 국민이다. 자연인은 물론이고 법인도 재산권의 주체가 되며, 국가와 지방자치단체도 그 주체가 된다. 다만 외국인 및 외국법인에 대하여는 국가정책이나 국제조약 등에 의하여 특별한 제한이 가능하다(예, 외국인 토지법). 재산권의 객체인 재산권은 공·사법의 경제적 가치가 있는 모든 권리이다. 재산권에는 민법의 소유권·물권·채권 및 특별법의 광업권·어업권·특허권·저작권과 공법적 성격을 가진 수리권·하천점유권을 포괄한다. 재산권도 대국가적 효력을 가진다. 대사인적 효력은 간접적용설에 의한다. 전통적으로 재산권은 사인 사이에 많은 문제를 야기한다.

5. 재산권의 내용

(1) 의 의

"재산권은 보장된다."라는 것은 재산권은 개인이 현재 누리고 있는 재산권을 기본권으로서 보장한다는 의미와 개인이 재산권을 향유할 수 있는 법제도로서의 사유재산제도를 보장한다는 이중적 의미를 가진다.

(2) 재산권의 내용과 한계의 법정주의

(ㄱ) 사유재산제도의 보장

“내용과 한계는 법률로 정한다.”(제23조 제1항)라는 것은 국가법질서체계 내에서의 재산권보장을 의미하기 때문에 법률로써 사유재산제도 자체를 부인할 수는 없다. 따라서 생산수단의 전면적인 국·공유화는 인정될 수 없다.

(ㄴ) 사유재산권의 보장

개인은 구체적으로 재산을 사용·수익·처분할 수 있는 권리와 자유를 가진다. 따라서 법률에 의하지 아니하고는 재산권을 제한할 수 없다. 법률에 의한 제한의 경우에도 그 법률은 헌법상의 제원칙(제10조, 제11조, 제34조 등)과 제약(제23조, 제126조)에 따라야 한다.

(ㄷ) 재산권의 내용과 한계의 법정주의

헌법이 재산권을 보장(제23조 제1항 제1문)하는 동시에 그 사회적 구속성(제23조 제1항)을 규정하고 있다. 자유와 재산권의 밀접한 관계, 즉 재산권의 자유보장적 기능은 필연적으로 재산권의 사회적 구속성의 차등화를 가져온다. 재산권객체가 기본권주체의 인격발현에 대하여 가지는 의미 및 재산권의 행사가 타인과 사회전반에 가지는 의미에 따라 사회적 구속성의 정도가 다르다. 재산권객체가 사회적 연관성과 사회적 기능을 가질수록 사회적 구속성이 강화되어 입법자에게 폭넓은 규율권한이 인정되고, 이에 대하여 개인적 자유를 보장하는 요소로서의 재산권의 개인연관적 기능이 문제될수록 재산권은 더욱 보호를 받는다. 생산재에 대한 재산권, 투기용 부동산, 임대용 건물 등과 같이, 재산권의 이용과 처분이 소유자의 개인적 영역에 머무르지 않고 타인의 자유행사에 영향을 미치거나 타인이 자신의 자유를 행사하기 위하여 문제되는 재산권에 의존하고 있는 경우에는 사회적 구속성이 강화된다.[201] 따라서 재산권의 구체적인 내용과 한계가 문제되는데

201) 한수웅, 『헌법학입문』, 법문사, 2019, 398쪽; 이러한 재산권 행사의 사회적 의무성은 헌법 또는 법률에 의하여 일정한 행위를 제한하거나 금지하는 형태로 구체화될 것이지만, 그 정도는 재산의 종류, 성질, 형태, 조건 등에 따라 달라질 수 있다. 따라서 재산권 행사의 대상이 되는 객체가 지닌 사회적인 연관성과 사회적 기능이 크면 클수록 입법자에 의한 보다 더 광범위한 제한이 허용된다고 할 것이다. 즉, 특정 재산권의 이용이나 처분이 그 소유자 개인의 생활영역에 머무르지 아니하고 일반 국민 다수의 일상생활에 큰 영향을 미치는 경우에는 입법자가 공동체의 이익을 위하여 개인의 재산권을 규제하는 권한을 더욱 폭넓게 가진다. 그런데 **토지는 원칙적으로 생산이나 대체가 불가능하여 공급이 제한되어 있고, 우리나라의 가용토지 면적은 인구에 비하여 절대적으로 부족한 반면에, 모든 국민이 생산 및 생활의 기반으로서 토지의 합리적인 이용에 의존하고 있으므로, 그 사회적 기능에 있어서나 국민경제의 측면에서 다른 재산권과 같게 다룰 수 있는 성질의 것이 아니므로 공동체의 이익이 보다 더 강하게 관철될 것이 요구된다**고 할 것이다(헌재 1989. 12. 22. 88헌가13; 1998. 12. 24. 89헌마214등). 따라서 헌법 제122조는 토지가 지닌 위

법률에 의하여 정하여진다(제23조 제1항 제2문). 재산권의 구체적 내용과 한계에 관한 입법시 헌법 제37조 제2항의 한계를 준수하여야 한다.

(3) 소급입법에 의한 재산권의 박탈금지

"모든 국민은 소급입법에 의하여…재산권을 박탈당하지 아니한다."(제13조 제2항). 소급입법에 의한 재산권의 박탈이 금지되는 것은 진정소급효의 입법이고, 이른바 부진정소급효의 입법이 원칙적으로 허용된다.

(4) 무체재산권의 보장

재산권에는 유체재산권뿐만 아니라 무체재산권도 포함되는데, 무체재산권(지적재산권)을 보호하기 위한 규정을 두고 있다(헌법 제22조 제2항).

6. 재산권의 제한

(1) 재산권제한의 목적

재산권제한의 목적은 국가안전보장·질서유지·공공복리를 위한 경우(헌법 제37조 제2항)와 공공필요를 위한 경우(제23조 제3항)이다.

(2) 재산권제한의 형식

(가) 법률에 의한 제한

재산권 제한의 형식은 국회가 제정한 형식적 의미의 법률이어야 한다. 헌법 제23조 제3항은 수용·사용 또는 제한 등 재산권제한의 유형과 그 보상의 기준 및 방법 등을 법률로써 규정하도록 하고 있는데 결부조항에 해당하는 것으로 볼 수 있다. 결부조항이란 헌법이 입법부에 입법을 위임하면서 동시에 그 법률이 일정한 요건을 충족하여야 한다거나 일정한 내용을 규정하여야 한다는 취지를 규정한 조항을 말한다.

(나) 법률 이외의 형식에 의한 제한

예외적으로 법률 이외의 형식으로 재산권을 제한하는 것이 인정되는 경우가 있는데, 헌법 제76조 제1항의 대통령의 긴급재정경제처분·명령에 의한 경우가 그것이다.

와 같은 특성을 감안하여 "국가는 국민 모두의 생산 및 생활의 기반이 되는 국토의 효율적이고 균형있는 이용·개발과 보전을 위하여 법률이 정하는 바에 의하여 그에 관한 필요한 제한과 의무를 과할 수 있다."고 규정함으로써, 토지재산권에 대한 광범위한 입법형성권을 부여하고 있는 것이다. 헌재 1999. 4. 29. 94헌바37 등(택지소유상한에관한법률 제2조 제1호 나목 등 위헌소원, 위헌).

(3) 재산권제한의 유형

(가) 수용·사용·제한

재산권 제한의 일반적 유형으로 수용·사용·제한이 있다. 수용은 공용수용을 말하는 것으로서 공공필요를 위하여 국가·공공단체 또는 사업주체가 개인의 특정 재산권을 종국적·강제적으로 취득하는 것이다. 사용은 공용사용을 말하는 것으로서 공공필요를 위하여 국가·공공단체 또는 사업주체가 개인의 토지 기타 재산권을 일시적·강제적으로 사용하는 것이다. 제한은 공용제한을 말하는 것으로서 공공필요를 위하여 국가·공공단체 또는 사업주체가 개인의 특정 재산권에 대하여 과하는 공법상의 제한(계획제한·사업제한·사용제한 등)이다.

(나) 경계이론(수용이론)과 분리이론

경계이론(수용이론)이란 재산권의 내용규정과 공용침해 모두 재산권에 대한 제한을 의미하며, 내용규정은 공용침해보다 재산권에 대한 제한의 정도가 적은 경우로서 재산권에 내재하는 사회적 제약(구속성)을 구체화하는 규정으로 보상 없이 감수해야 하는 반면, 공용침해는 재산권의 사회적 제약의 범주를 넘어서는 것으로 보상을 필요로 하는 재산권에 대한 제한을 의미한다. 따라서 내용규정과 공용침해는 별개의 것이 아니라 단지 재산권제한의 정도의 차이로서 '보상을 요하지 않는 사회적 제약'은 재산권제한의 효과가 일정한 강도를 넘음으로써 자동적으로 '보상을 요하는 공용침해'로 전환된다. 그 결과 경계이론(수용이론)은 공용침해의 범위를 확대한다.[202)]

이에 반하여 분리이론은 재산권의 내용규정과 공용침해를 그 형식과 목적에 있어서 서로 상이한 독립된 별개의 법제도로 이해하고 그 위헌성을 심사하는 기준도 서로 다르다고 보는 견해이다. 즉, 재산권 내용규정이란 입법자가 장래에 있어서 추상적이고 일반적인 형식으로 재산권의 내용, 즉 재산권자의 권리와 의무를 형성하고 확정하는 것이며, 이에 대하여 공용침해는 국가가 구체적인 공적 과제를 이행하기 위하여 이미 형성된 구체적인 재산권적 지위를 전면적 또는 부분적으로 박탈하려고 하는 것이다. 내용규정은 재산권의 내용을 확정하는 일반·추상적인 규정이고, 수용은 국가의 재화조달의 목적으로 개별적·구체적으로 재산권적 지위를 박탈하는 것이다. 그 결과, 공용침해의 범위가 헌법 제23조 제3항의 요건에 따라 이루어지는 좁은 의미의 공용침해에 한정되고, 좁은 의미의 수용을 가능하게 하는 법률만을 수용법률로 이해한다.[203)]

---

202) 한수웅, 『헌법학입문』, 제6판, 법문사, 2022, 406쪽.

분리이론과 경계이론(수용이론)의 근본적인 차이는 '헌법상 재산권보장을 어떻게 이해하는지'에 있다. 분리이론에는 존속보장의 사고가, 경계이론(수용이론)에는 가치보장의 사고가 그 바탕을 이루고 있다. 재산권 내용규정이 기득재산권에 대한 과도한 제한을 초래한 경우, 경계이론(수용이론)은 사후적으로 금전적 보상을 받는 것으로 충분하다는 견해인 반면에, 분리이론은 재산권내용규정에 대하여 그 위헌성을 다툼으로써 재산권에 대한 위헌적 침해 자체를 제거해야 한다는 견해이다.

분리이론이 헌법상 재산권보장의 규정형식이나 그 정신에 더 부합된다. 헌법 제23조 제1항과 제2항에 재산권의 내용규정을, 제3항에 공용침해를 각각 규정함으로써 재산권 제한의 2가지 형태를 별개의 독립된 법제도로 파악하고 재산권의 제한의 합헌성과 관련하여 서로 다른 헌법적 요청을 하고 있다. 즉, 재산권의 내용규정은 다른 자유권을 제한하는 법률의 위헌심사와 마찬가지로 비례의 원칙, 평등원칙, 신뢰보호원칙 등을 준수해야 하지만, 공용침해는 제23조 제3항이 스스로 정하는 요건 하에서만 허용된다.

재산권보장의 헌법적 기능은 단순히 재산적 가치를 보장해주는 데 그치는 것이 아니라, 기본권의 주체가 재산권을 자유실현의 물질적 기초로서 행사하게끔 기본권주체의 수중에 있는 구체적인 재산권의 존속을 보장하려는 데 있다. 이에 반하여 경계이론(수용이론)은 재산권제한의 강도에 따라 재산권보장의 내용이 존속보장에서 가치보장으로 전환되는 것으로 파악함으로써, 재산권의 제한을 수인한 후 보상을 받을 수 있다면, 재산권은 그 기능을 다하는 것으로 이해하고 있다. 가치보장의 사고에 기초하고 있는 이러한 이해는 헌법상 재산권보장의 정신에 부합되지 아니한다.[204]

제3항 · 직업(선택)의 자유

1. 직업(선택)의 자유의 의의와 헌법적 근거

(직업)선택의 자유라 함은 자신이 원하는 직업을 자유로이 선택하고 이에 종사하는 등 직업에 관한 종합적이고 포괄적인 자유를 말한다. 현행 헌법 제15조에서 "모든 국민은 직업선택의 자유를 가진다."라고 규정하고 있는데 헌법상 직업선택의 자유는 직업의 자유를 의미한다고 볼 수 있다. 직업이란 정신적·물질적 생활의 기본적 수요를 충족시키

203) 한수웅, 『헌법학입문』, 제6판, 법문사, 2022, 406쪽.
204) 한수웅, 『헌법학입문』, 제6판, 법문사, 2022, 407-408쪽.

기 위하여 지속성을 가지고(계속성) 행하는 경제적 소득활동(생활수단성)을 하는 것으로서 공공무해성을 직업의 개념적 요소로 인정하는 것에 대하여 견해가 갈리고 있다. 사회적으로 허용되며 공공에 유해하지 않는 활동이라는 '공공무해성'을 직업의 개념 제한적 요소로 삼게 된다면, 공공무해성을 의심받는 직업은 직업의 자유의 보호영역에 포함되지 못하게 되므로, 헌법재판에서 본안판단을 받지 못하게 된다. 이는 직업의 자유의 보호범위를 부당하게 축소시키고 제약하는 결과에 이른다. 헌법상 직업 개념을 사회적으로 '허용된' 행위만으로 제한하게 되면, 공공무해성 여부는 법률의 금지규정에 근거하여 판단할 수밖에 없다. 이는 법률의 금지규정에 의해 헌법상 직업 개념이 설정되게 되고, 헌법상 직업의 자유가 법률에 의해 침해되는 결과에 이르게 된다. 따라서 공공무해성은 직업의 개념 징표로 삼아서는 안 된다.[205] 헌법재판소는 직업 개념의 개방성을 인식하여 직업활동의 공공무해성을 직업의 개념에 포함시키고 있지 않다.[206]

2. 직업(선택)의 자유의 법적 성격

직업(선택)의 자유는 ① 국가의 간섭을 받지 아니하고 자신이 원하는 직업을 자유로이 선택할 수 있는 국가로부터의 자유라는 성격을 가지고, ② 직업은 노동을 통한 인격발전에도 기여하기 때문에 인격발전에 관한 권리의 성격도 가지며, ③ 직업은 각자 생활의 기본적 수요를 충족시키기 위한 경제적 소득활동이므로 직업선택의 자유는 경제적 기본권의 성격도 지니고 있다, 다른 한편으로는 ④ 각자의 직업은 사회·경제적 발전에 기여하므로 직업(선택)의 자유는 사회적 시장경제질서라고 하는 객관적 법질서의 구성요소이기도 하다.

---

205) 한수웅, 『헌법학입문』, 법문사, 2019, 314-315쪽; 이부하, "헌법상 직업의 자유에 관한 연구 – 직업선택의 자유와 자격제도와의 관계를 고찰하며 –", 「저스티스」 통권 제173호, 2019. 8, 9쪽.

206) 우리 헌법 제15조는 "모든 국민은 직업선택의 자유를 가진다."고 규정하여 직업의 자유를 국민의 기본권의 하나로 보장하고 있는바, 직업의 자유에 의한 보호의 대상이 되는 '직업'은 '생활의 기본적 수요를 충족시키기 위한 계속적 소득활동'을 의미하며 그러한 내용의 활동인 한 그 종류나 성질을 묻지 아니한다(헌재 1993. 5. 13. 92헌바80). 이러한 직업의 개념표지들은 개방적 성질을 지녀 엄격하게 해석할 필요는 없는바, '계속성'과 관련하여서는 주관적으로 활동의 주체가 어느 정도 계속적으로 해당 소득활동을 영위할 의사가 있고, 객관적으로도 그러한 활동이 계속성을 띨 수 있으면 족하다고 해석되므로 휴가기간 중에 하는 일, 수습직으로서의 활동 따위도 이에 포함된다고 볼 것이고, 또 '생활수단성'과 관련하여서는 단순한 여가활동이나 취미활동은 직업의 개념에 포함되지 않으나 겸업이나 부업은 삶의 수요를 충족하기에 적합하므로 직업에 해당한다고 말할 수 있다. 헌재 2003. 9. 25. 2002헌마519(학원의설립·운영및과외교습에관한법률 제13조 제1항 등 위헌확인, 기각).

3. 직업(선택)의 자유의 주체

자연인 중에서 내국인은 당연히 직업선택의 자유의 주체가 된다. 외국인도 원칙적으로 직업선택의 자유를 누려야 할 것이나 국가정책적으로 일정한 제한이 불가피하다. 법인의 경우 사법인은 널리 인정되나, 공법인은 기본권의 수범자이므로 부인된다.

4. 직업(선택)의 자유의 내용

(1) 직업의 결정·종사·전직(겸직)의 자유

직업이란 정신적·물질적 생활의 기본적 수요를 충족시키기 위하여 지속성을 가지고(계속성) 행하는 경제적 소득활동(생활수단성)을 하는 것을 의미하며 그러한 내용의 활동인 한 그 종류나 성질을 불문한다. 직업(선택)의 자유에는 직업결정의 자유, 직업종사(직업수행)의 자유, 전직의 자유 등이 포함된다.

(2) 직업종사(직업수행)의 자유

직업종사(직업수행)의 자유란 자신이 결정한 직업 또는 직종을 자신에게 유리한 방식으로 착수(개업)·계속·종결(폐업)하는 자유를 말한다.

(3) 무직업의 자유

헌법 제32조 제2항의 근로의 의무의 법적 성격을 법적 의무로 볼 경우에는 무직업의 자유는 부인된다. 그러나 근로의 의무를 법적 의무가 아니라 윤리적 의무로 볼 경우에는 직업의 자유에 무직업의 자유도 인정된다.

5. 직업(선택)의 자유의 효력

직업선택의 자유는 모든 국가권력을 직접적으로 구속하는 대국가적 방어권이다. 대사인관계에서는 간접적으로 적용되나, 비교적 많은 제한이 뒤따른다.

6. 직업(선택)의 자유의 제한과 한계

(1) 직업(선택)의 자유와 비례의 원칙

직업(선택)의 자유를 법률로써 제한할 경우에도 그 제한의 방법이 합리적이어야 하고, 과잉금지의 원칙에 위반되거나 직업의 자유의 본질적인 내용을 침해하여서는 아니 된다.

(2) 직업(선택)의 자유의 제한에 관한 단계이론

직업선택의 자유의 제한이 어느 정도까지 가능한가에 관하여는 1958년 6월 11일의 독일연방헌법재판소의 약국판결에 의하여 확립된 단계이론이 있다. 단계이론에 따르면, 입법자는 직업(선택)의 자유에 대한 제한이 불가피하다고 판단할 때에 우선 직업(선택)의 자유에 대한 침해가 가장 적은 방법(1단계)으로 목적달성을 추구하여 보고, 그 제한방법만으로는 도저히 그 목적달성이 불가능한 경우에만 그 다음 단계의 제한방법(제2단계)을 사용하고, 그 두 번째 제한방법도 실효성이 없다고 판단되는 최후의 불가피한 경우에 마지막 단계의 방법(제3단계)을 선택하여야 한다. 우리 헌법재판소도 "직업선택의 자유에는 직업결정의 자유·전직의 자유 등이 포함되지만, 직업결정의 자유나 전직의 자유에 비하여 직업종사의 자유에 대하여는 상대적으로 더욱 넓은 법률상의 규제가 가능하다"라고 판시함으로써 직업의 자유를 제한함에 있어 단계이론을 수용하고 있다.[207)]

(가) 제1단계: 직업수행의 자유의 제한

직업선택의 자유에 대한 제1단계제한은 직업결정(선택)의 자유보다 그 침해가 경미한 직업수행의 자유를 제한하는 방법이다. 예컨대 영업허가거부 대신에 영업시간의 제한(식당의 심야영업 제한)이나 영업방법의 제한(택시의 10부제 운행) 등이 이에 해당한다.

(나) 제2단계: 주관적 사유에 의한 직업결정의 자유의 제한

직업선택의 자유에 대한 제2단계제한은 일정한 주관적 사유(교과과정이수나 시험합격 등)를 이유로 직업결정의 자유를 제한하는 방법이다. 이는 직업의 성질상 일정한 기술성과 전문성이 필요한 경우에 허용되는 제한이다. 예컨대 병원 또는 약국을 개설하거나 변호사·회계사업무를 수행하고자 하는 자에게 일정한 자격(국가시험에의 합격)을 요구하는 것이 이에 해당한다.

(다) 제3단계: 객관적 사유에 의한 직업결정의 자유의 제한

직업선택의 자유에 대한 제3단계제한은 일정한 객관적 사유를 이유로 직업결정의 자유를 제한하는 방법이다. 이 제한의 방법은 직업선택의 자유에 대한 결정적인 제한이 되기 때문에, 신중을 기하여 공공의 이익에 대한 명백하고 현존하는 위험을 방지하기 위하여 불가피한 경우에만 허용된다. 예컨대 화약류의 제조·판매·운송업 등은 공공에 대한 위험방지를 완벽하게 기대할 수 없을 경우에 이를 제한하는데 이러한 경우가 여기에 해당한다.

---

207) 헌재 1993. 5. 13. 92헌마80; 헌재 2002. 12. 28. 2000헌마764.

제7절 정치적 기본권

제1항 · 정치적 기본권의 의의와 유형

1. 정치적 기본권의 개념

좁은 의미의 정치적 기본권이란 전통적인 의미의 참정권을 의미하는 것으로, 국민이 국가기관의 구성과 국가의 정치적 의사형성과정에 직접 또는 간접으로 참여할 수 있는 권리를 말한다. 넓은 의미에서의 정치적 기본권이란 참정권 이외에 국민이 정치적 의견을 자유로이 표명하거나(정치적 의견표명의 자유) 그 밖의 방법으로 국정에 참여하는 일련의 정치적 활동권을 총칭한다.[208]

2. 정치적 기본권의 유형

(1) 정치적 자유권

정치적 자유란 국민이 정치적 의견을 자유로이 표명하고(정치적 언론의 자유), 정치적 사상이나 의견을 수록한 도서를 자유로이 출판하며(정치적 출판의 자유), 정치적 목적을 위한 집회나 시위를 자유로이 개최 또는 진행하고(정치적 집회·시위의 자유), 정치적 목적을 위한 단체를 자유로이 결성하는 자유(정치적 결사의 자유)를 말한다.

이러한 의미의 정치적 자유는 국가권력에 의한 간섭이나 통제를 받지 아니하고 자유로이 정치적 언론·출판·집회·시위·결사를 할 수 있는 대국가적 방어권을 의미한다. 정치적 기본권은 제1단계로서 이와 같은 정치적 자유가 확보됨으로써 비로소 현실적인 의미를 가지게 되었다.

(2) 참정권

참정권은 국가에 대한 국민의 능동적 지위에 대응하는 권리로서 국민이 국정에 참여하거나 국가기관을 구성하는 권리(국민표결권·선거권·피선거권·공직취임권 등)를 말한다. 참정권은 정치적 기본권의 핵심이기 때문에 항을 달리하여 살펴보기로 한다.

(3) 정치적 활동권

정치적 활동권이라 함은 고전적 의미의 정치적 언론·출판·집회·결사의 자유와 참정

---

208) 권영성, 『헌법학원론』, 법문사, 2010, 590쪽.

권 이외에 현대적 상황에서 특히 요청되는 보다 적극적이고 포괄적인 정치적 활동 일반에 관한 권리를 말한다. 예컨대, 정당을 결성하고 정당에 가입하며 자유로운 당내활동을 할 수 있는 권리(헌법 제8조), 투표나 선거의 과정에서 투표나 선거에 영향을 미치는 활동을 할 수 있는 권리(헌법 제116조 제1항) 등을 들 수 있다.

제2항 ‣ 참정권

1. 참정권의 의의

참정권이라 함은 국민이 국가의 의사형성이나 정책결정에 직접 참여하거나 선거인단·투표인단의 일원으로서 선거 또는 투표에 참여하거나, 아니면 자신이 공무원으로 선임될 수 있는 국민의 주관적 공권을 말한다. 이러한 참정권도 국민이 국가의 의사형성이나 정책결정과정에 직접 참여하는가 아니면 간접적으로 참여하는가에 따라, 직접민주제적인 직접참정권과 간접민주제적인 간접참정권으로 나누어진다. 현대적 상황에서는 전면적인 직접민주제의 실시가 기술적으로 불가능하기 때문에 간접민주제(대의제)가 보편적인 경향이라 할 수 있다.

2. 참정권의 법적 성격

참정권을 기본권의 하나로 보는 데에는 이론이 없지만, 그것이 권리인 동시에 의무로서의 성격도 아울러 가지고 있느냐가 문제되고 있다. 생각건대 참정권은 헌법에서 기본권의 하나로 선언되어 있고, 선거권이나 투표권의 행사·불행사가 법적으로는 자유이며, 그 불행사에 대하여 실정법상 제재규정이 없으므로 권리로서의 성질만을 가질 뿐 법적 의미에서 의무성을 가지는 것은 아니다.

3. 참정권의 주체

참정권은 국가구성원으로서의 국민이 선거인단 또는 투표인단의 일원으로서 선거에 참가하거나 투표에 참여하는 권리를 의미하기 때문에 국민의 권리이고 실정법상의 권리이다. 참정권은 국민의 권리이기 때문에 외국인은 그 주체가 될 수 없다. 참정권은 실정법상의 권리이므로, 연령 등 자격요건을 합리적인 범위 내에서 법률로써 조절할 수 있다. 참정권은 일신전속적 권리이므로 대리행사는 인정되지 아니한다.

4. 참정권의 내용

(1) 직접참정권

직접참정권이라 함은 국민이 국가의 의사형성이나 정책결정에 직접 참정할 수 있는 권리를 말한다. 직접참정권은 직접민주제를 위한 수단으로서 간접민주제를 보완하는 기능을 한다. 직접참정권으로는 국민발안권·국민표결권·국민소환권(국민해임권) 등이 있다.

(가) 직접참정권의 유형

(ㄱ) 국민발안권

국민발안권이라 함은 국민이 헌법개정안이나 법률안을 제안할 수 있는 권리를 말한다. 국민발안제는 일반적으로 법안의 발안제이며, 이에는 국민이 직접 법안의 조문까지 작성하여 제안하는 경우와 의회에 대하여 일정한 내용의 법안을 작성할 것을 요구하는 경우가 있다. 국민이 법안의 세부적이고 구체적인 내용까지 직접 작성하여 국민투표로 확정하는 것을 국민입법제라고 한다. 국민발안제는 독일 기본법·스위스 헌법, 1962년 헌법(제119조 제1항)[209] 등에 규정되어 있다.

(ㄴ) 국민표결권

국민표결권이라 함은 국민이 중요한 법안이나 정책을 국민투표로써 결정하는 권리를 말한다. 국민표결에는 레퍼렌덤(Referendum, 협의의 국민표결)과 플레비지트(국민결정)가 있다.

레퍼렌덤은 대체로 헌법상 제도화되어 있는 헌법규범적인 것으로, 국민이 일정한 중요사항을 직접 투표로써 최종적으로 확정하는 국민표결제이다. 이에는 다음과 같은 유형이 있다. ① 헌법안에 대한 레퍼렌덤과 법률안에 대한 레퍼렌덤을 들 수 있다. 전자는 헌법안을 국민투표에 회부하여 최종적으로 확정하는 것을 말하고, 후자는 법률안에 대하여 국민의 의사를 직접 묻는 것을 말한다. ② 반드시 국민표결에 부쳐야 하는 필수적 레퍼렌덤과 국민투표에 부치는 것이 강제되지 아니하는 임의적 레퍼렌덤이 있다.

이에 대하여 플레비지트(Plebiszit)는 대체로 헌법상 제도화되어 있지 아니한 헌법현실적인 것으로, 통치권자가 특정한 사안에 대하여 국민의 의사를 묻거나 새로운 통치질서의 정당성이나 집권자의 계속집권 여부에 관하여 신임을 묻는 국민표결제이다. 플레비지트는 레퍼렌덤과 마찬가지로 국민투표라는 형식을 띠면서도 실질적으로는 전제적 지배를 정당화하는 수단으로 남용되는 경우가 없지 아니하다. 이러한 플레비지트의 수단을

---

209) "헌법개정의 제안은…국회의원선거권자 50만인 이상의 찬성으로써 한다."

이용한 독재를 국민투표제적 독재제(plebiscitary dictatorship)라 한다.

〔ㄷ〕 국민소환권

국민소환권 또는 국민파면권이라 함은 국민이 공직자를 임기만료 전에 해직시킬 수 있는 권리를 말한다. 국민소환제는 일정한 절차에 따라 일정수의 유권자가 소환청구를 하면 직접 파면의 효과가 발생한다. 이 제도는 미국의 일부 주에서 채택되고 있다. 우리나라에는 「주민소환에 관한 법률」에서 지방자치단체장을 소환할 수 있는 주민소환제를 규정하고 있다. 그러나 이 제도를 국회의원 등에게 확대적용하려면 헌법개정이 필요한데 이에 대한 국회의원의 완강한 반대가 예상되어 도입이 쉽지 않다.

(나) 현행 헌법과 직접참정권

현행 헌법은 대의제에 기초한 간접민주제를 원칙으로 하고, 직접민주제는 다만 헌법개정안에 대한 국민투표제(제130조 제2항, 제3항)와 대통령이 부의한 국가안위에 관한 중요정책에 대한 국민투표제(제72조)만을 규정하고 있을 뿐이다. 현행 헌법에서는 국민발안제와 국민소환제는 인정되고 있지 아니하다. 법률의 차원에서는 「지방자치법」과 「주민투표법」이 규정하고 있는 주민투표제도 직접민주제의 범주에 포함시킬 수 있는 것이다. 「주민소환에 관한 법률」에서는 지방자치단체의 장을 일정한 요건하에 주민이 소환할 수 있음을 규정하고 있다. 그러나 주민투표권과 주민소환권은 법률상의 권리이지 헌법상의 권리는 아니다.

〔2〕 간접참정권

간접참정권이라 함은 국민이 국가기관의 구성에 참여하거나 국가기관의 구성원으로 선임될 수 있는 권리를 말한다. 현행 헌법은 간접민주제를 원칙으로 하고 있기 때문에, 국민은 국가기관의 구성에 참여하거나 그 구성원으로 선임될 수 있을 뿐, 국가의사나 국가정책은 그들에 의하여 선임된 국가기관들로 하여금 국민을 대신하여 결정하게 하고 있다. 헌법은 간접참정권으로 선거권과 공무담임권(피선거권·공직취임권)을 규정하고 있다.

(가) 선거권

〔ㄱ〕 선거권의 의의

헌법 제24조에서 "모든 국민은 법률이 정하는 바에 의하여 선거권을 가진다."라고 규정하여 간접참정권의 하나로서 선거권을 규정하고 있다. 선거권이라 함은 추상적으로는 선거시에 투표에 참여할 수 있는 권리를 의미하지만, 구체적으로는 선거인단의 구성원으로서 각급 공무원을 선임할 수 있는 권리를 의미한다. 간접민주제(대의제)에서 참정권 중 기본적인 것이 공무원선거권이다. 여기서 말하는 공무원은 가장 넓은 의미의 공무원을 의미하지만, 헌법은 대통령선거권(제67조 제1항), 국회의원선거권(제41조 제1항), 지방의회의원선거권·지방자치단체장선거권(제118조 제2항)만을 규정하고 있다.

〔ㄴ〕 선거권의 행사요건

선거권을 누구에게 어떤 조건하에 부여할 것인가는 의회민주주의의 운영과 관련하여 중요한 의미를 가진다. 일반적으로 선거권을 행사할 수 있으려면, 국적·연령·주소에 관하여 일정한 적극적 요건을 충족할 것이 요구되고 있다. 우리나라의 「공직선거법」에서는 선거연령을 만18세로 하고 있는데, 투표가 정치적 판단능력을 전제로 하는 것이라면, 연령에 의한 선거권의 제한은 합리적이라 볼 수 있는데 비교법적으로 선거연령이 18세가 일반적이라는 점을 감안하고, 국민의 정치참여의 폭을 확대함으로써 국민주권을 실질화해야 한다는 관점에서 본다면 선거연령을 종전의 19세에서 18세로 인하한 것은 바람직하다.[210)]

또한 선거권을 행사하려면, 적극적 요건 외에 소극적 요건으로서 일정한 결격사유에 해당하지 않아야 한다. 그러나 주권의 행사와 형사책임의 감수는 차원을 달리하는 것이므로, 수형자나 전과자의 선거권을 제한하는 것은 위헌의 소지가 있다.[211)]

(나) 공무담임권(피선거권)

헌법 제25조에서 "모든 국민은 법률이 정하는 바에 의하여 공무담임권을 가진다."라고 규정하여 국민에게 공무담임권을 보장하고 있다. 공무담임이라 함은 입법부·집행부·사법부는 물론 지방자치단체 등 국가·공공단체의 구성원으로 선임되거나 비선거직공직에 취임하여 공무를 담당하는 것을 말한다. 따라서 공무담임권은 각종 선거에 입후보하여 당선될 수 있는 피선거권과 공직에 임명될 수 있는 공직취임권을 포괄하는 권리이다. 아무튼 헌법 제25조가 공무담임권을 보장하고 있지만 모든 국민이 이 규정에 의하여 직접 공무를 담당할 수 있는 것은 아니다. 법률이 정하는 바에 따라 선거에서 당선되거나 임명에 필요한 자격을 구비하거나 선발시험 등에 합격하여야 한다. 하지만 공무담임권은 국민의 권리이지 의무는 아니므로 병역에 복무하는 경우를 제외하고는 공무를 담임할 의

---

210) 2016년 조선민주주의인민공화국 사회주의헌법 제66조에서는 선거권 연령을 17세로 규정하고 있다: 17살이상의 모든 공민은 성별, 민족별, 직업, 거주기간, 재산과 지식정도, 당별, 정견, 신앙에 관계없이 선거할 권리와 선거받을 권리를 가진다.

211) 권영성, 『헌법학원론』, 법문사, 2010, 599쪽.

무는 없다. 공무담임권(피선거권)도 성별·신앙·사회적 신분·교육 ·재산·수입 등에 의하여 차별되어서는 아니 되지만, 공무수행능력을 감안하여 선거권보다 그 요건이 엄격하다.[212)]

5. 참정권의 제한과 그 한계

(1) 일반적 법률유보에 의한 제한

참정권은 헌법 제37조 제2항에 따라 제한될 수 있다. 그러나 선거권과 피선거권은 민주정치에 있어서 주권자인 국민이 국정에 참여하는 필수적인 수단으로서 가장 중요한 기본권에 해당하므로, 그 제한은 불가피한 최소한에 그쳐야 하며, 제한여부나 제한기간 등은 선거범죄의 죄질과 가벌성의 정도에 부합되어야 한다.[213)] 따라서 국가안전보장·질서유지 또는 공공복리를 위하여 참정권을 제한하는 경우에도 그 본질적 내용은 제한할 수 없고, 과잉금지의 원칙이 존중되어야 한다.

(2) 소급입법에 의한 참정권제한의 금지

헌법 제13조 제2항에서 "모든 국민은 소급입법에 의하여 참정권의 제한을 받지 아니한다."라고 규정하고 있다. 소급입법에 의한 참정권제한의 금지는 현대 민주국가에서는 보편적인 원칙이다. 그러나 4.19 당시「반민주행위자공민권제한법」·5.16 당시「정치활동정화법」·1980. 11. 신군부집권 당시「정치풍토쇄신을위한특별조치법」등으로 일부 국민의 참정권이 소급입법에 의하여 제한된 전례가 있으므로, 그 반복과 악순환을 방지하기 위하여 이 조항을 둔 것이다.[214)]

제8절 청구권적 기본권

제1항 · 청구권적 기본권의 구조와 체계

1. 청구권적 기본권의 의의

청구권적 기본권은 기본권보장을 위한 기본권, 권리구제를 위한 기본권 등 다양하게

212) 권영성, 『헌법학원론』, 법문사, 2010, 599쪽.

213) 헌재 1997. 12. 24. 97헌마16.

214) 권영성, 『헌법학원론』, 법문사, 2010, 601쪽.

표현되는 국민의 권리구제를 위한 기본권이다. 즉 청구권적 기본권은 국민이 국가에 대하여 적극적으로 특정의 행위를 요구하거나 국가의 보호를 요청하는 주관적 공권이다.

2. 청구권적 기본권의 법적 성격

① 청구권적 기본권은 국가에 대하여 작위를 요구하는 적극적 성격을 가진다. ② 청구권적 기본권은 실체적 기본권을 실현하기 위한 절차적 기본권이다. ③ 청구권적 기본권은 헌법에 의하여 보장되지만, 법률이 정하는 바에 의하여 행사된다.

3. 청구권적 기본권의 내용

청구권적 기본권에는 청원권, 재판청구권, 국가배상청구권, 손실보상청구권, 형사보상청구권, 범죄피해자구조청구권 등이 있다. 청원권만 사전적 권리구제제도이고, 나머지는 사후적 권리구제제도이다.

제2항 ‣ 청원권

1. 청원권의 의의와 헌법적 근거

청원권이라 함은 국가기관에 대하여 일정한 사항에 관한 의견이나 희망을 문서로 표시하는 권리를 말한다. 국가기관은 이를 수리하여 성실하게 처리하지 않으면 아니 되기 때문에, 청원권은 청구권적 기본권의 하나이다. 헌법 제26조에서 "모든 국민은 법률이 정하는 바에 의하여 국가기관에 문서로 청원할 권리를 가진다(제1항). 국가는 청원에 대하여 심사할 의무를 진다(제2항)."라고 규정하여 청원권을 보장하고 있다. 헌법 제89조 제15호에서도 "정부에 제출 또는 회부된 정부의 정책에 관계되는 청원의 심사"는 국무회의의 심의를 거치도록 하고 있다. 청원에 관한 일반법으로는 청원법이 있다.

2. 청원권의 기능

청원권은 ① 국가기관으로 하여금 국민의 관심사와 고충을 처리하게 함으로써 국민의 신임을 획득하고 국민과의 유대를 지속하게 하며, ② 국회로 하여금 청원에서 주장하는 국정의 비리와 부조리를 감사·조사함으로써 대정부통제기능을 적절히 수행하게 하며, ③ 절차와 요건이 까다로운 소송법상의 권리구제수단 대신에 편리한 방법으로 권리구제를 받을 수 있도록 하는 기능 등을 가진다.[215)]

3. 청원권의 주체

헌법은 청원권의 주체를 국민이라 하고 있지만, 청원권은 외국인에게도 인정된다. 자연인만이 아니라 법인도 그 주체성이 인정된다. 법인 중에는 국내사법인과 국내법에 의하여 법인으로 인정된 외국법인도 포함된다. 이른바 특별권력관계에 있는 공무원도 성실한 복무의무에 저촉되지 아니하는 한 청원이 가능하며, 군인·수형자 등도 직무와 관련된 것을 제외한 청원을 할 수 있다.

4. 청원의 내용

(1) 청원사항

헌법 제26조 제1항은 청원사항을 입법사항으로 하고 있다. 청원법 제4조에 따르면 청원사항은, ① 피해의 구제, ② 공무원의 위법·부당한 행위에 대한 시정이나 징계의 요구, ③ 법률·명령·조례·규칙 등의 제정·개정 또는 폐지, ④ 공공의 제도 또는 시설의 운영, ⑤ 그 밖에 국가기관 등의 권한에 속하는 사항 등이다. "그 밖에 국가기관 등의 권한에 속하는 사항"이라고 규정하고 있으므로 이들 사항은 예시적이다. 따라서 국가기관 등의 권한에 속하는 사항은 원칙적으로 모두 청원의 대상이 된다.

다만 ① 감사·수사·재판·행정심판 조정·중재 등 다른 법령에 의한 조사·불복 또는 구제절차가 진행 중인 때, ② 허위의 사실로 타인으로 하여금 형사처분 또는 징계처분을 받게 하거나 국가기관 등을 중상모략하는 사항인 때, ③ 사인 간의 권리관계 또는 개인의 사생활에 관한 사항인 때, ④ 청원인의 성명·주소 등이 불분명하거나 청원내용이 불명확한 때에는 그 청원은 수리하지 아니한다(제5조). 또한 타인을 모해할 목적으로 허위의 사실을 적시한 청원을 하여서는 아니 된다(제11조).

(2) 청원의 방법과 절차

청원은 문서로써 하여야 한다(제6조 제1항). 특히 국회와 지방의회에 대한 청원은 국회의원·지방의회의원의 소개가 있어야만 할 수 있었지만(지방자치법 제73조 제1항), 의원의 소개를 받거나 국회규칙으로 정하는 기간 동안 국회규칙으로 정하는 일정한 수 이상의 국민의 동의를 받아 청원서를 제출할 수 있도록 국회법이 개정되었다(제123조 제1항).[216]

---

215) 권영성, 『헌법학원론』, 법문사, 2010, 603쪽.

216) 국회법 제123조(청원서의 제출) ① 국회에 청원을 하려는 자는 의원의 소개를 받거나 국회규칙으로 정하는 기간 동안 국회규칙으로 정하는 일정한 수 이상의 국민의 동의를 받아 청원서를 제출하여야 한다. <개정 2019. 4. 16.>

5. 청원의 효과

국가기관은 청원을 수리·심사하고 그 처리결과를 청원인에게 특별한 사유가 없는 한 90일 이내에 통지하여야 하지만, 그에 대한 재결이나 결정을 해야 할 의무는 없다. 누구든지 청원을 하였다는 이유로 차별대우를 받거나 불이익을 강요당하지 아니한다(제12조).

6. 청원권의 제한과 한계

칭원권도 헌법 제37조 제2항에 따라 제한될 수 있다. 청원법에는 청원불수리사항(제5조), 반복청원 및 2중청원의 처리(제8조), 모해청원금지(제11조) 등이 있다.

7. 청원과 옴부즈만제도

헌법은 국민의 청원을 수리하여 심사할 의무만 규정하기 때문에 국민의 청원사항에 대한 실효성이 반감된다. 청원사항을 적극적으로 실현하여 신속하고 효율적으로 국민의 자유와 권리를 구제하기 위한 제도로서 스웨덴에서는 옴부즈만(Ombudsman)제도가 발전되어 왔다. 우리나라에서도 국무총리 소속으로 국민권익위원회는 과거에 국민고충처리위원회·국가청렴위원회·국무총리 행정심판위원회가 담당하던 업무인 고충민원·부패방지·중앙행정심판 업무를 포괄한다.

제3항 · 재판청구권

1. 재판청구권의 의의와 헌법적 근거

형사절차와 관련된 사법절차적 보장 중에서도 결정적인 의미를 가지는 것이 재판청구권으로서 재판청구권은 독립된 법원에 의한 적정·공평·신속·경제의 재판이라고 하는 재판원칙의 헌법규범화를 의미한다. 헌법은 제27조에서 다음과 같이 재판청구권을 규정

---

② 청원은 청원자의 주소·성명(법인인 경우에는 그 명칭과 대표자의 성명을 말한다. 이하 같다)을 적고 서명한 문서(「전자정부법」 제2조제7호에 따른 전자문서를 포함한다)로 하여야 한다. <개정 2019. 4. 16.>
③ 청원이 다음 각 호의 어느 하나에 해당하는 경우에는 이를 접수하지 아니한다.<개정 2019. 4. 16.>
1. 재판에 간섭하는 내용의 청원
2. 국가기관을 모독하는 내용의 청원
3. 국가기밀에 관한 내용의 청원
④ 제1항에 따른 국민의 동의 방법·절차 및 청원 제출 등에 필요한 사항은 국회규칙으로 정한다. <신설 2019. 4. 16.> [전문개정 2018. 4. 17.] [시행일 : 2019. 12. 1.]

하고 있다. ① 모든 국민은 헌법과 법률이 정한 법관에 의하여 법률에 의한 재판을 받을 권리를 가진다. ② 군인 또는 군무원이 아닌 국민은 대한민국의 영역 안에서는 중대한 군사상 기밀·초병·초소·유독음식물공급·포로·군용물에 관한 죄 중 법률이 정한 경우와 비상계엄이 선포된 경우를 제외하고는 군사법원의 재판을 받지 아니한다. ③ 모든 국민은 신속한 재판을 받을 권리를 가진다. 형사피고인은 상당한 이유가 없는 한 지체없이 공개재판을 받을 권리를 가진다. ④ 형사피고인은 유죄의 판결이 확정될 때까지는 무죄로 추정된다. ⑤ 형사피해자는 법률이 정하는 바에 의하여 당해 사건의 재판절차에서 진술할 수 있다.

2. 재판청구권의 법적 성격

재판청구권은 재판이라고 하는 국가적 행위를 청구할 수 있는 적극적 측면과 헌법과 법률이 정한 법관이 아닌 자에 의한 재판 및 법률에 의하지 아니한 재판을 받지 아니하는 소극적 측면을 아울러 가지고 있다. 따라서 재판청구권은 청구권과 자유권이라는 양면적 성격을 가진 권리이다.

3. 재판청구권의 주체

기본권의 주체가 될 수 있는 자는 누구나 주체가 될 수 있고, 외국인과 법인에게도 인정된다. 또한 부분적인 권리능력밖에 없는 사법상(私法上)의 결사에게도 보장된다.

4. 재판청구권의 내용

(1) '재판'을 받을 권리

(가) 재판청구권행사의 요건

재판이란 당사자간에 권리·의무에 관한 구체적인 분쟁이 발생한 경우에 당사자의 청구에 따라 독립적 지위에 있는 법원이 사실을 확인하여 당사자가 주장하는 권리·의무의 존부를 궁극적으로 확정하는 작용을 말한다. 그러므로 재판을 청구하려면 재판을 청구할 자격이 있는 자(당사자적격)가 법적 판단을 구하기에 적합한 사건(권리보호사건)에 관하여 소를 제기할 이익(소의 이익)이 있는 경우라야 한다.

(나) 재판을 '받을 권리'의 유형

재판에는 민사재판·형사재판·행정재판·헌법재판 등이 있으므로 재판을 받을 권리라 함은 구체적으로 민사재판청구권·형사재판청구권·행정재판청구권·헌법재판청구권 등을 말한다.

(다) 군사재판을 '받지 아니할' 권리

일반국민은 원칙적으로 군사법원의 재판을 받지 아니할 권리를 가진다. 그러나 대한민국 영역 안에서 중대한 군사상 기밀·초병·초소·유독음식물공급·포로·군용물에 관한 죄 중 법률이 정한 경우와 비상계엄이 선포된 경우에는 예외적으로 군사법원의 재판을 받게 할 수 있다(제27조 제2항).

(2) '헌법과 법률이 정한 법관에 의한 재판'을 받을 권리

(가) 헌법과 법률이 정한 법관

헌법과 법률이 정한 법관이라 함은 ① 헌법 제101조 제3항에 따라 제정된 법원조직법 제42조가 규정한 자격을 구비하고, ② 헌법 제104조 및 법원조직법 제41조가 규정한 절차에 따라 적법하게 임명되고, ③ 사법권의 독립을 위하여 헌법 제105조와 제106조에 규정된 임기·정년 및 신분이 보장되고, ④ 헌법 제103조에 의하여 직무상(재판상) 독립이 보장되고, ⑤ 제척 기타의 사유로 법률상 그 재판에 관여하는 것이 금지되지 아니한 법관을 말한다.

(나) 즉결심판·가사심판·보호처분·약식절차

시·군법원 등의 즉결심판, 가정법원의 가사심판, 가정법원소년부의 보호처분 또는 지방법원소년부의 보호처분 등은 헌법과 법률이 정한 법관에 의한 재판이므로 문제가 되지 아니한다. 약식절차도 공판 전의 간이소송절차일 뿐이며 이에 불복하는 경우에는 정식재판을 청구할 길이 열려 있으므로 재판청구권의 침해라고 볼 수 없다.

(3) '법률에 의한 재판'을 받을 권리

법률에 의한 재판이라 함은 실체법과 절차법이 합헌적 법률로써 정해진 재판을 말하는 것으로서 이때의 법률은 재판의 유형에 따라 그 의미가 다르다. 즉, 형사재판에는 죄형법정주의가 적용되므로 그 실체법은 형식적 의미의 법률이어야 하는 데 반하여, 민사·행정재판에는 그 실체법은 형식적 의미의 법률에 한정되지 아니하고 일체의 성문법과 이에 저촉되지 아니하는 관습법·조리와 같은 불문법도 포함된다.

(4) '신속한 공개재판'을 받을 권리

신속은 재판의 생명으로서 정당한 이유가 없음에도 불구하고 재판을 지연시키는 것은 그만큼 피고인 또는 당사자에게 정신적 고통과 불안을 가중하는 것이 된다. 어떤 경우에 재판이 지연된다고 볼 것인가는 사건의 내용·심리의 곤란 여부·지연의 원인과 정도·피고인에 대한 불리한 영향 등을 종합적으로 판단하여야 한다. 또한 형사피고인은 지체 없이 공개재판을 받을 권리가 있는데, 공개재판이라 함은 재판의 공정성을 확보하기 위하여 재판의 심리와 판결을 이해관계가 없는 제3자도 방청하게 하는 제도를 말한다. 다만 국가의 안전보장 또는 안녕질서를 방해하거나 선량한 풍속을 해할 염려가 있는 때에는 법원의 결정으로 심리에 한하여 이를 공개하지 아니할 수 있지만, 선고(판결)는 반드시 공개하여야 한다.

(5) '공정한 재판'을 받을 권리

공정한 재판이란 정당한 재판을 말하는 것으로서 공정한 재판의 절차적 보장을 위하여 당사자주의와 구두변론주의에 입각한 재판구조를 의미하는 대심(對審)이 모든 경우에 반드시 요구되는가가 문제된다. 대심구조의 핵심은 적어도 핵심적 논점에 관하여 당사자에게 토론의 기회를 제공함으로써 충실한 공격·방어가 전개되게 하려는 데 있다. 그렇다면 순수한 소송사건에서 권리·의무의 종국적 확정은 공개법정에서 대심구조에 의하지 아니하면 아니 된다.

(6) 형사피해자의 재판절차진술권

형사피해자의 재판절차진술권[공판정진술권(公判廷陳述權)]이라 함은 범죄로 인한 피해자가 당해사건의 재판절차에서 증인으로 출석하여, 자신이 입은 피해의 내용과 사건에 관하여 의견을 진술할 수 있는 권리를 말하는 것(제27조 제5항)으로서 여기에서의 형사피해자는 헌법 제30조의 범죄피해자보다 넓은 개념이다.

5. 재판청구권의 효력

재판청구권은 국가에 대한 국민의 주관적 공권으로서 입법권과 집행권 및 사법권을 구속하며, 사인 상호간에서도 재판청구권을 부인하는 법률관계는 간접적용설에 입각한 제3자적 효력에 따라 헌법위반으로 무효가 된다.

6. 재판청구권의 제한

(1) 일반적 제한

재판청구권도 헌법 제37조 제2항에 따라 국가안전보장 등을 위하여 필요한 경우에 한하여 제한할 수 있다. 그러나 그 본질적 내용을 침해하여서는 아니 되고, 과잉금지의 원칙과 명확성의 원칙 등에 위반하여서도 아니 된다.

(2) 예외적 제한

비상사태에 있어서 대통령이 법원의 권한에 관하여 특별한 조치를 하는 경우에 국민의 재판청구권이 결과적으로 제한을 받을 수 있다. 특히 비상계엄하에서는 일반국민도 군사법원의 재판을 받아야 하며 상소까지 제한당하는 경우가 있다.

제4항 ‣ 국가배상청구권

1. 국가배상청구권의 의의와 헌법적 근거

국가배상청구권이라 함은 공무원의 직무상 불법행위로 말미암아 손해를 입은 국민이 국가 또는 공공단체에 대하여 배상을 청구할 수 있는 권리를 말한다. 국가배상청구권은 공무원의 국민에 대한 책임을 담보하고 법치국가의 원리를 구현하기 위하여 인정된 청구권적 기본권의 하나이다. 우리나라에서는 1948년 헌법 이래 헌법에서 국가배상책임제도가 규정되어 오고 있다. 헌법 제29조는 제1항에서 “공무원의 직무상 불법행위로 손해를 받은 국민은 법률이 정하는 바에 의하여 국가 또는 공공단체에 정당한 배상을 청구할 수 있다. 이 경우 공무원 자신의 책임은 면제되지 아니한다.”라고 규정하면서 동조 제2항에서 “군인·군무원·경찰공무원 기타 법률이 정하는 자가 전투·훈련 등 직무집행과 관련하여 받은 손해에 대하여는 법률이 정하는 보상 외에 국가 또는 공공단체에 공무원의 직무상 불법행위로 인한 배상은 청구할 수 없다.”라고 규정하여 국가배상청구권을 제한하고 있다.

2. 법적 성격

첫째, 국가배상청구권은 국가에 대하여 ‘국가배상’이라는 적극적인 행위를 요구하는 청구권적 기본권이다, 헌법 제29조 제1항은 “법률이 정하는 바에 의하여”라는 표현을 통하여, 입법자로 하여금 배상청구권의 요건·내용·절차에 관하여 구체적으로 정하도록 위임하고 있고, 입법자는 이러한 위임을 국가배상법의 제정을 통하여 이행하였다. 입법자는 국가배상청구권을 법률로써 구체적으로 형성함에 있어서 국가배상에 관한 헌법적 정신을 존중하고 고려해야 한다.[217)]

둘째, 국가배상청구권은 공권적 청구권이다(다수설). 국가배상청구권은 청구권적 기본권이고, 청구권적 기본권은 개인을 위한 주관적 공권이기 때문이다. 따라서 사권으로서의 사법상의 손해배상청구권은 원칙적으로 양도나 압류의 대상이 될 수 있지만, 국가배상을 받을 권리(그중 특히 생명·신체의 침해로 인한 국가배상을 받을 권리)는 원칙적으로 양도나 압류의 대상이 되지 아니한다(국가배상법 제4조).

셋째, 국가배상법은 공법이다. 국가배상법의 성격에 관해서는 공법설과 사법설이 대립하고 있지만 공법설이 타당하다. 국가배상법은 공권인 국가배상청구권의 실현에 관한 법일 뿐 아니라 단체주의적 공평부담의 원칙을 선언한 것이며, 행정주체의 의무(배상의무)를 규정한 법이기 때문이다.[218)]

3. 주 체

국가배상청구권은 원칙적으로 한국국민만이 그 주체가 된다. 한국국민이면 자연인과 법인을 가리지 아니한다(통설), 그러나 헌법 제29조 제2항은 군인·군무원·경찰공무원 또는 향토예비군대원 등에게는 법정보상만을 인정하고 국가배상청구권을 부인하고 있다. 외국인에 대해서는 국가배상법 제7조의 상호보증주의에 따라 한국국민에 대하여 국가배상책임을 인정하고 있는 국가의 국민에게만 국가배상청구권이 인정된다.

4. 내 용

(1) 국가배상청구의 유형

국가배상청구의 유형에는 (ㄱ) 공무원의 직무상 불법행위로 인한 손해 발생의 경우와 (ㄴ) 영조물의 설치·관리의 하자로 인한 손해발생의 경우가 있다. 후자에 대해서는 국가배상법 제5조 제1항이 "도로·하천 그 밖의 공공의 영조물의 설치나 관리에 하자가 있기 때문에 타인에게 손해를 발생하게 하였을 때에는 국가나 지방자치단체는 그 손해를 배상하여야 한다.…"라고 규정하고 있다. 후자의 경우의 배상책임은 성질상 민법 제758조

217) 한수웅, 『헌법학입문』, 제6판, 법문사, 2022, 956쪽.

218) 권영성, 『헌법학원론』, 법문사, 2010, 620-621쪽.

의 배상책임과 유사하지만, 민법상의 공작물 등의 점유자·소유자의 책임에 비하여 그 범위가 넓으며 점유자의 면책에 관한 규정이 없는 점이 상이하다. 아래에서는 공무원의 직무상 불법행위로 인한 손해 발생의 경우의 국가배상청구에 관해서만 설명하기로 한다.

(2) 국가배상청구권의 성립요건

국가배상청구권이 성립하기 위해서는 ㈀ 공무원의 ㈁ 직무상의 ㈂ 불법행위로 ㈃ 손해가 발생하는 것이 그 요건이다.

(가) 공무원

국가배상청구에 있어서 공무원이라 함은 국가공무원법과 지방공무원법상 공무원의 신분을 가진 자만이 아니라, 널리 공무를 위탁받아 실질적으로 공무를 수행하는 모든 자를 포함하는 '기능적 의미의 공무원'을 말한다.

(나) 직무상 행위

직무상 행위의 범위에 관해서는 ㈀ 협의설(권력행위), ㈁ 광의설(권력행위·관리행위), ㈂ 최광의설(권력행위·관리행위·사법상의 행위) 등으로 갈린다. 공무원의 직무상 행위에는 권력행위와 관리행위 외에 사법상의 행위까지 포함되지만, 국가배상청구권의 성립요건인 직무상 행위는 사법상의 행위를 제외한 그 나머지, 즉 공권력행사로서의 권력행위와 비권력적 관리행위까지이다(다수설). 국가배상법도 이 두 경우에만 적용된다. 판례도 광의설에 입각해 있다.

또한 국가배상법 제2조 제1항[219]은 공무원의 직무행위와 관련하여 "직무를 집행하면서"라고 규정하고 있는데, 이것은 직무의 집행 그 자체는 물론이고, 객관적으로 직무집행으로서의 외형을 갖추고 있는 행위를 포함한다. 이때에 그 공무원의 주관적 목적이나 의도 여하가 문제되는가에 관해서는 주관설과 객관설(외형설)로 갈리고 있는데, 외형을 믿은 국민의 권익보장을 위하여 객관설이 타당하고 판례의 입장이기도 하다.[220]

---

219) 제2조(배상책임) ① 국가나 지방자치단체는 공무원 또는 공무를 위탁받은 사인(이하 "공무원"이라 한다)이 직무를 집행하면서 고의 또는 과실로 법령을 위반하여 타인에게 손해를 입히거나, 「자동차손해배상 보장법」에 따라 손해배상의 책임이 있을 때에는 이 법에 따라 그 손해를 배상하여야 한다. 다만, 군인·군무원·경찰공무원 또는 예비군대원이 전투·훈련 등 직무 집행과 관련하여 전사(戰死)·순직(殉職)하거나 공상(公傷)을 입은 경우에 본인이나 그 유족이 다른 법령에 따라 재해보상금·유족연금·상이연금 등의 보상을 지급받을 수 있을 때에는 이 법 및 「민법」에 따른 손해배상을 청구할 수 없다.

220) 권영성, 『헌법학원론』, 법문사, 2010, 622-623쪽.

(다) 불법행위

불법행위라 함은 고의나 과실로(책임성) 법령에 위반한(위법성) 행위를 말한다. 불법행위의 유형으로는 작위·부작위·행위의 지체 등이 있다. 법령위반에 있어서 법령은 법률·명령·관습법을 불문한다. 불법행위의 입증책임은 피해자에게 있다. 국가배상청구권은 불법행위를 요건으로 한다는 점에서 불법행위를 요건으로 하지 아니하는 형사보상청구권과 구별되고, 또한 이 점에서 과실을 전제로 하지 아니하는 영조물의 설치·관리의 하자로 인한 손해에 대한 국가배상책임과도 구별된다.

(라) 타인에 대한 손해의 발생

타인이라 함은 가해자인 공무원과 그 위법한 직무행위에 가담한 자 이외의 모든 사람을 말한다. 헌법 제29조 제2항에 규정된 군인·군무원·경찰공무원 또는 향토예비군대원은 여기서 말하는 타인에서 제외된다. 손해라 함은 가해행위로 말미암아 야기되는 모든 불이익을 말한다. 여기서 말하는 불이익은 물질적인 것이든 정신적인 것이든 이를 불문한다. 그러나 손해 발생과 공무원의 직무행위간에는 상당인과관계가 있어야 한다.

(3) 국가배상책임의 본질

국가배상책임의 본질에 관해서는 대위책임설·자기책임설·절충설 등으로 갈린다. 대위책임설에 의하면, 국가의 배상책임은 국가(공공단체)가 피해자구제를 위하여 직무상 불법행위를 한 공무원을 대신하여 책임을 지는 일종의 대위책임이라고 한다. 자기책임설에 의하면, 국가(공공단체)가 공무원의 직무상 불법행위에 대하여 책임을 지는 것은 공무원을 자신의 기관으로 사용한 데 대한 자기책임으로, 자신의 행위에 대한 책임을 자신이 부담하는 것이라고 한다. 절충설은 공무원의 위법행위가 고의나 중과실에 기인한 것인 때에는 기관행위로 볼 수 없으므로 대위책임이지만, 경과실에 기인한 것인 때에는 자기책임이라고 한다. 생각건대 자기책임설이 타당하다고 판단된다. 자기책임설에서는 국가의 책임은 국가 자신의 위험책임이기 때문에, 그 책임은 공무원의 고의·과실에 관계없이 발생하는 것이며 본질적으로 무과실책임이다.221)

(4) 국가배상청구의 상대방

(가) 국가에 대한 청구권

손해배상청구의 상대방에 관해서는 (ㄱ) 국가(공공단체)라는 견해(대국가적 청구권설)와 (ㄴ)

---

221) 권영성, 『헌법학원론』, 법문사, 2010, 624쪽.

국가(공공단체)와 가해공무원 중에서 선택할 수 있다는 견해(선택적 청구권설)가 대립하고 있다. 생각건대 국가배상책임의 본질을 국가의 자기책임으로 이해한다면, 배상청구의 상대방을 국가로 갈린다. 국가배상책임의 본질을 자기책임으로 본다면 배상청구의 상대방을 국가로 보는 것이 타당하다.

(나) 선임감독자와 비용부담자에 대한 선택적 청구권

국가 또는 지방자치단체에 대하여 배상을 청구하는 경우에 가해공무원을 선임·감독하는 자와 가해공무원의 봉급 기타 비용을 부담하는 자가 동일하지 아니할 때에는, 피해자는 어느 쪽에 대해서도 배상청구를 할 수 있다(국가배상법 제6조 제1항).

(5) 구상권행사의 요건과 구상권자

국가 또는 지방자치단체가 피해자에게 손해를 배상한 경우에 가해공무원에게 고의나 중대한 과실이 있으면, 국가(지방자치단체)가 가해공무원에게 구상권을 행사할 수 있다(국가배상법 제2조 제2항[222]). 경과실이 있는 가해공무원에게 구상권을 행사할 수 없는데, 공무원이 직무집행에 있어 소극적이 되거나 사기가 저하될 것을 방지하기 위한 정책적 판단이다. 내부관계에서 가해공무원에게 구상을 할 수 있는 자는 가해 공무원을 대신하여 배상한 국가 또는 지방자치단체이다.

(6) 배상청구의 절차와 배상의 범위

국가배상을 받으려면 배상심의회에 이를 청구해야 한다. 배상심의회는 법무부에 본부심의회를, 국방부에 특별심의회를, 광역시·도에 지구별 지구심의회를 둔다(국가배상법 제10조). 배상금을 지급받으려는 자는 그 주소지·소재지 또는 배상원인발생지를 관할하는 지구심의회에 배상신청을 하여야 한다(국가배상법 제12조 제1항). 지구심의회는 배상신청을 받으면 지체없이 증인신문·감정·검증 등 증거조사를 한 후 그 심의를 거쳐 4주일 이내에 배상금 지급결정, 기각결정 또는 각하결정을 하여야 한다(국가배상법 제13조 제1항).

배상의 범위는 원칙적으로 가해행위와 상당인과관계에 있는 모든 손해이다. 그러나 생명·신체에 대한 손해와 물건의 멸실·훼손으로 인한 손해 등에 대한 배상기준을 국가배상법이 규정하고 있고(국가배상법 제3조), 배상심의회도 이 기준에 따라 배상금지급을 심의·결정한다(국가배상법 제13조 제5항).

---

222) 제2조(배상책임) ② 제1항 본문의 경우에 공무원에게 고의 또는 중대한 과실이 있으면 국가나 지방자치단체는 그 공무원에게 구상(求償)할 수 있다.

5. 국가배상청구권의 제한

(1) 군인·군무원 등의 이중배상금지

헌법은 제29조 제2항에서 군인·군무원·경찰공무원 또는 향토예비군대원 등에 대해서는 특정한 손해에 관하여 법정보상만을 인정하고 국가배상청구권을 부인하고 있다. 그리하여 다음과 같은 국가배상법 제2조 제1항 단서규정을 두고 있다. “다만, 군인·군무원·경찰공무원 또는 향토예비군대원 등은 전투·훈련 등 직무집행과 관련하여 전사·순직하거나 공상을 입은 경우에 본인이나 그 유족이 다른 법령의 규정에 의하여 재해보상금·유족연금·상이연금 등의 보상을 지급받을 수 있을 때에는 이 법 및 민법의 규정에 의한 손해배상을 청구할 수 없다.”라고 규정하고 있다.

(2) 법률에 의한 제한

국가배상청구권은 헌법 제37조 제2항에 따라 법률로써 제한될 수 있다. 이와 같이 제한의 목적이 국가안전보장·질서유지 또는 공공복리이고, 제한의 형식이 법률이면 국가배상청구권은 제한될 수 있다.

제5항 ‣ 손실보상청구권

1. 의의와 헌법적 근거

손실보상청구권은 공용수용·공용사용·공용제한 등 적법한 공권력의 행사로 말미암아 재산상 특별한 희생을 당한 자가 공평부담의 견지에서 국가에 대하여 재산적 손실의 전보(塡補)를 청구할 수 있는 청구권적 기본권의 하나이다. 헌법 제23조 제3항은 “공공필요에 의한 재산권의 수용·사용 또는 제한 및 그에 대한 보상은 법률로써 하되, 정당한 보상을 지급하여야 한다.”라고 하여 손실보상청구권을 보장하고 있다. 그러므로 손실보상청구권은 헌법 제23조 제3항을 직접적인 근거규정으로 하지만, 공평부담의 원리를 규정한 헌법 제11조, 인간다운 생활권과 사회보장수급권을 규정한 헌법 제34조, 사유재산제와 재산권을 규정한 헌법 제23조 제1항, 재산권행사에 대한 사회적 구속성을 규정한 헌법 제23조 제2항 등도 간접적인 근거규정이 된다고 할 수 있다.

2. 법적 성격

제23조 제3항의 실정법적 성격에 관하여는 직접적 효력규정설과 방침규정설로 갈리고 있다. 직접적 효력규정설에 의하면 헌법 제23조 제3항의 보상은 필수적인데, 그 기준과 방법만을 법률에 위임하고 있을 뿐이라고 주장하는 견해이다. 이렇게 해석하는 것이 헌법 제23조 제1항의 사유재산제의 보장의 법리에도 부합한다.

3. 주 체

공용수용·사용·제한 등 적법한 공권력의 발동으로 인하여 재산에 특별한 희생을 당한 개인이다. 이 경우 자연인과 법인을 가리지 아니한다. 외국인 및 외국법인은 우리나라에서 재산권을 향유하는 자만이 주체가 된다.

4. 내 용

(1) 성립요건

개인의 재산권이, 공공필요에 의하여, 적법한 공권력의 행사로 인하여, 특별한 희생을 당하여야 한다.

(가) 재산권이란 공·사법적으로 재산적 가치가 있는 모든 권리이다.

(나) 공공필요란 공익사업의 시행이나 공공복리를 달성하기 위하여 재산권의 제한이 불가피한 경우이다.

(다) 공권력에 의한 침해란 개인의 재산권에 대한 일체의 침해를 말한다.

(라) 특별한 희생이란 특정인에게 과하여진 일반적 수인의무의 범위를 넘어서는 재산권에 대한 희생을 말한다.

(2) 기 준

정당한 보상이란 침해된 재산권의 객관적 가치의 완전 보상을 말한다. 헌법이 규정한 '정당한 보상'이란 손실보상의 원인이 되는 재산권의 침해가 기존의 법질서 안에서 개인의 재산권에 대한 개별적인 침해인 경우에는 그 손실보상은 원칙적으로 피수용재산의 객관적인 재산가치를 완전하게 보상하는 것이어야 한다는 완전보상을 뜻하는 것으로서 보상금액뿐만 아니라 보상의 시기나 방법 등에 있어서도 어떠한 제한을 두어서는 아니된다는 것을 의미한다.[223)]

---

223) 헌법재판소 1990. 6. 25. 89헌마107.

(3) 방 법

손실보상의 방법은 금전보상과 현물보상, 선급·일시금지급·분할급 등이 있다. 구체적인 방법은 개별법률에서 정한다. 「공익사업을 위한 토지 등의 취득 및 보상에 관한 법률」은 금전보상·사전보상을 원칙으로 한다.

(4) 손실보상에 대한 불복

개별특별법에 규정이 없으면 원칙적으로 행정쟁송질차를 통하여 불복할 수 있다. 그러나 대법원은 행정소송이 아니라 민사소송으로 처리한다.

제6항 · 형사보상청구권

1. 의의와 헌법적 근거

형사보상청구권이란 형사피의자 또는 형사피고인으로 구금되었던 자가 불기소처분을 받거나 확정판결에 의하여 무죄를 선고받은 경우에 물질적·정신적 손실을 보상하여 주도록 국가에 대하여 청구할 수 있는 권리를 말한다. 헌법 제28조는 "형사피의자 또는 형사피고인으로서 구금되었던 자가 법률이 정하는 불기소처분을 받거나 무죄판결을 받은 때에는 법률이 정하는 바에 의하여 국가에 정당한 보상을 청구할 수 있다"라고 하여 형사보상청구권을 규정하고 있다. 특히 형사보상청구권이 형사피의자에게도 확대된 것은 인권보장차원에서 매우 바람직하다.

2. 형사보상청구권의 법적 성격

(1) 형사보상의 본질

형사보상의 본질 내지 이론적 근거가 손실보상인가 아니면 손해배상인가 여부를 둘러싸고 논의가 있다. 생각건대 헌법은 형사보상을 국가배상제도(제29조)와는 별도로 규정하고 있을 뿐만 아니라 형사보상의 경우에는 고의나 과실을 요건으로 하지 아니하므로, 형사보상은 인신의 구속으로 인한 손실의 발생에 대하여 결과책임으로서 무과실 손실보상책임을 인정한 것이다(통설).

(2) 법적 성격

형사보상청구권은 국가에 대하여 일정액의 보상금지급을 요구할 수 있는 권리이므로 청구권적 기본권의 하나임에는 틀림이 없지만 그 법적 성격에 관하여는 견해의 대립이 있다. (ㄱ) 헌법 제28조에서 "법률이 정하는 바에 의하여"라고 규정하고 있기 때문에, 형사보상청구권은 형사보상법의 제정에 의하여 비로소 법적 권리가 된다는 프로그램규정설과 (ㄴ) 헌법 제28조는 직접 효력을 가지는 규정이므로 형사보상법이 존재하지 않더라도 이를 청구할 수 있다는 직접적 효력규정설로 갈리고 있다. 생각건대 형사보상청구권 자체는 헌법규정만으로 직접 효력을 발생하지만, 헌법 제28조가 "법률이 정하는 불기소처분"이라고 규정하고 있으므로, 형사보상청구의 구체적인 대상과 보상의 내용 및 절차는 법률이 정하는 바에 따른다고 보는 것이 타당하다.

3. 주 체

형사보상청구권의 주체는 형사피고인과 형사피의자이다. 다만 본인이 사망한 경우에는 상속인이 청구할 수 있다(「형사보상 및 명예회복에 관한 법률」 제3조 제1항).

4. 내 용

(1) 성립요건

형사보상을 청구할 수 있는 요건은 형사피의자로서 구금되었던 자가 법률이 정하는 불기소처분을 받거나 또는 형사피고인으로서 구금되었던 자가 무죄판결을 받아야 한다.

형사피의자란 범죄의 혐의를 받아 수사기관에 의하여 수사의 대상이 된 자로서 아직 공소제기가 되지 아니한 자를 말한다. 이 점에서 검사에 의하여 공소가 제기된 형사피고인과 구별된다. 구금이란 형사소송법에서 미결구금과 형집행으로 나누어진다. 여기에는 형집행을 위한 구치(拘置)나 노역장유치의 집행이 포함된다. 따라서 불구속이었던 자는 형사보상청구를 할 수 없다. 형사보상의 대상인 "법률이 정한 불기소처분"이란 구금되었던 자에 대한 기소중지처분이나 기소유예처분이 아닌 불기소처분이다. 이는 구금되었지만 범인이 아니거나 구금 당시부터 불기소치분의 사유가 있어 공소를 제기하지 아니한 처분을 말한다. 무죄판결에는 당해절차에 의한 무죄판결, 재심 또는 비상상고에 의한 무죄판결을 포함한다. 또한 면소나 공소기각의 재판을 받은 경우도 무죄판결에 해당되므로 형사보상을 청구할 수 있다.

(2) 적법절차에 따른 정당한 보상

「형사보상 및 명예회복에 관한 법률」은 형사보상청구권자에게 정당한 보상이 될 수 있도록 형사보상금액의 하한을 최저임금법에 따른 최저임금액으로 상향조정하고(제5조), 형사보상청구권의 행사기간을 무죄재판이 확정된 사실을 안 날부터 3년, 무죄재판이 확정된 때부터 5년 이내에 하도록 연장하였다(제8조).

(3) 국가의 소송비용 보상

형사소송법은 피고인의 구금에 대한 보상인 「형사보상 및 명예회복에 관한 법률」의 형사보상청구와는 별도로 무죄가 확정된 피고인이 소송 과정에서 지출한 소송비용을 국가가 보상한다(제194조의2 제1항).

제7항 › 범죄피해자구조청구권

1. 의의와 헌법적 근거

본인에게 귀책사유가 없는 타인의 범죄행위로 말미암아 생명을 잃거나 신체상 피해를 입은 국민이나 그 유족이 가해자로부터 충분한 피해배상을 받지 못한 경우에 국가에 대하여 일정한 보상을 청구할 수 있는 권리를 말하는 것으로 1987년 헌법 제30조에 신설된 제도이다.

2. 본 질

범죄피해자구조의 본질 내지 그 이론적 근거에 관하여 여러 가지 견해가 갈리고 있는데, 사회보장으로서의 성격과 국가책임으로서의 성격을 아울러 가진 복합적 성격의 제도로 보는 것이 일반적이다.

3. 법적 성격

헌법 제30조는 직접 효력을 발생하는 규정이므로 범죄피해자구조청구권도 구체적이고 현실적인 권리로서 국가배상적 사회보장청구권이라고 할 수 있다.

4. 주 체

범죄피해자구조는 피해자가 사망한 경우에는 유족이 청구하고 중장해를 당한 경우에는 본인이 청구한다. 이때의 유족은 배우자와 자(子), 부모, 손(孫), 조부모, 형제자매이다. 태아는 유족의 범위를 정함에 있어서 이미 출생한 것으로 본다. 외국인은 상호보증이 있는 때에 한하여 그 주체가 될 수 있다.

5. 내 용

(1) 구조청구권의 성립요건

적극적 요건으로서 ㉠ 타인의 범죄행위로 인한 피해의 발생일 것, ㉡ 피해는 생명·신체에 대한 것으로 사망 또는 중장해를 당할 것, ㉢ 가해자의 불명 또는 무자력(無資力)으로 인하여 피해의 전부 또는 일부를 배상받지 못한 것일 것, ㉣ 피해자의 생계유지가 곤란할 것 등이 있다. 적극적 요건이 충족된 경우에도 소극적 요건, 즉 부적격이 있으면 구조금의 전부 또는 일부를 지급하지 않을 수 있는 경우로서 범죄행위 당시 구조피해자와 가해자 사이에 부부(사실상의 혼인관계를 포함한다), 직계혈족, 4촌 이내의 친족, 동거친족에 해당하는 친족관계가 있는 경우에는 구조금을 지급하지 아니한다(제19조 제1항). 또한 구조피해자가 해당 범죄행위를 교사 또는 방조하는 행위, 과도한 폭행·협박 또는 중대한 모욕 등 해당 범죄행위를 유발하는 행위 등을 한 때에는 구조금을 지급하지 아니한다(제19조 제3항).

(2) 구조청구권의 내용과 보충성

구조청구권의 내용은 범죄피해구조금의 청구와 지급이다. 구조금은 유족구조금과 장해구조금, 중상해구조금으로 구분되며, 일시금으로 지급한다(제17조 제1항). 다만, 피해자가 범죄피해를 원인으로 하여, 국가배상법 기타 법령에 의한 급여 등을 지급받을 수 있는 경우에는 구조금을 지급하지 아니하며, 이미 다른 방법으로 손해배상 등을 받은 경우에는 그 받은 금액의 한도 내에서 구조금을 삭감할 수 있다(제7조, 제8조).

6. 범죄피해자구조금의 지급방법과 절차

구조금의 지급방법은 일시불을 원칙으로 한다. 구조 여부를 결정하는 기관으로서 범죄피해구조심의회를 두고 있다. 심의회는 지방검찰청에 설치되고 법무부장관의 지휘·감독을 받는다. 구조금을 지급받고자 하는 자는 당해 범죄피해의 발생을 안 날로부터 3년 이내 또는 당해 범죄피해가 발생한 날로부터 10년 이내에 주소지·거주지 또는 범죄발생지를 관할하는 범죄피해구조심의회에 신청하여야 한다(제25조).

제9절 사회적 기본권

제1항 · 사회적 기본권의 구조와 체계

1. 사회적 기본권의 의의

사회적 기본권이라 함은 단체주의적 사회정의의 실현을 국가목적으로 하는 사회국가에서 국민이 인간다운 생활을 확보하기 위하여 일정한 국가적 급부와 배려를 국가에 대해 요구할 수 있는 권리를 말한다. 사회적 기본권의 개념적 징표는 (ㄱ) 이념으로서 인간다운 생활의 보장, (ㄴ) 내용으로서 국가적 급부와 배려, (ㄷ) 실현형태로서 헌법적 보장 등이다.

2. 사회적 기본권의 연혁과 사상적 배경

사회적 기본권이 헌법전에 등장한 것은 제1차세계대전 이후이다. 자본주의의 발전에 따른 부의 편재, 빈곤의 확대와 실업자의 범람, 그로 인한 노사간의 대립의 격화 등이 심각한 사회문제로서 제기되자, 이를 계기로 모든 사회구성원들의 최저한의 인간다운 생존을 보장하고, 나아가 실질적 평등이라는 사회정의를 구현하기 위한 사회적 기본권사상이 강조되게 되었다. 1919년의 바이마르헌법에서 사회적 기본권이 실정화되기에 이르렀다.

바이마르헌법의 사회적 기본권조항은 제2차대전 이후 유럽각국의 헌법과 세계인권선언·유럽사회헌장(1961) 등에 계승되어, 인간다운 생활에 대한 국민의 요구와 그 실천적 운동을 뒷받침하고 있다.

우리나라의 경우에도 역대헌법에서 사회적 기본권을 규정하고 있지만, 현행 헌법은 역대헌법에서는 볼 수 없었던 새로운 유형을 추가·신설함으로써, 사회적 기본권의 내용에 다양성을 부여하고 있다. 헌법 제31조 이하에 규정된 일련의 사회적 기본권으로는 교육을 받을 권리(제31조), 근로의 권리와 최저임금수령권(제32조), 근로3권(제33조), 인간다운 생활권과 사회보장수급권(제34조), 환경권(제35조), 보건권(제36조 제3항) 등을 들 수 있다. 그 외에도 사회적 기본권보장과 관련이 있는 조항으로, 재산권행사의 사회적 구속성과 공공필요에 의한 재산권의 제한(제23조)과 사회적 시장경제질서에 관한 규정(제119조) 등이 있다.

3. 사회적 기본권의 법적 성격

사회적 기본권의 법적 성격에 관하여 종래에는 프로그램권리설이 지배적인 견해였으나, 최근에는 법적 권리설이 그것을 대신하고 있다. 법적 권리설은 다시 추상적 권리설과 구체적 권리설로 갈리고 있다.

(1) 학 설

(가) 프로그램권리(입법방침규정)설

이 설에 따르면, 사회적 기본권은 구체적·현실적 권리가 아니라 국가의 사회정책적 목표 내지 정치적 강령을 선언한 것에 불과한 것이라고 한다. 그러므로 국가가 그 권리의 실현에 필요한 입법 또는 시설을 하지 아니하는 한 그에 관한 헌법규정만으로는 국가에 대하여 그 의무의 이행을 재판상 청구할 수 없으며, 그에 관한 입법의 태만을 헌법위반이라 하여 사법적 구제를 구할 수도 없다고 한다.

(나) 법적 권리설

① 추상적 권리설

법적 권리설 중 추상적 권리설은 (ㄱ) 사회적 기본권과 같이 처음부터 정비된 법체계를 가지지 아니한 기본권이 그에 관한 헌법규정만으로 사법상(私法上)의 권리와 동일한 의미의 구체적 권리가 될 수 없음은 당연하지만, 그렇다고 하여 사회적 기본권에 관한 규정을 곧 프로그램규정이라고 하는 것은 논리적 비약이고, (ㄴ) 보장방법이 애매하다는 점은 사회적 기본권이 권리로서 불완전하다는 것을 시사하는 것이라 할 수 있지만, 그러한 사정은 비단 사회적 기본권에 국한된 것이 아니고 그 실현을 위하여 국가의 행위를 필요로 하는 그 밖의 기본권(재판청구권 등)에도 해당하는 것이므로, 사회적 기본권에만 한정하여 권리성을 부인할 근거가 되지 않는다고 한다. 요컨대 추상적 권리설에 따르면, 사회적 기본권은 비록 추상적인 것일지라도 법적 권리이며, 또 국가의 의무이행이 사법적 절차에 의하여 강제될 수 없을지라도 사회적 기본권보장을 위한 국가적 의무는 헌법에 의거한 법적 의무이다.

② 구체적 권리설

구체적 권리설에 따르면, 사회적 기본권에 관한 헌법규정은 그것을 구체화하는 입법이 존재하지 아니하는 경우에도 직접 효력을 가지는 규정이고, 구체적 권리로서의 사회적 기본권을 보장하는 것이라고 한다. 따라서 사회적 기본권의 실현에 관한 국가의 부작위는 현실적·구체적 권리의 침해가 되어 사법적 구제의 대상이 된다고 한다.

(2) 사 견

프로그램권리설과 추상적 권리설을 비교하면 구체적 입법이 없는 한 사회적 기본권은 현실적 권리로서 사법적 구제를 받을 수 없다고 보는 점에서 일치하고 있으므로, 두 견해의 실질적 내용에는 차이가 없게 된다. 사회적 기본권, 특히 인간다운 생활을 할 권리가 정신적 자유에 못지않게 중요한 의미를 가진다는 점[224]을 감안한다면, 사회적 기본권을 구체적 권리, 최소한 불완전한 구체적 권리로 파악하는 적극적인 이론구성이 불가피하다는 점을 인식해야 한다고 본다.[225]

4. 사회적 기본권과 자유권적 기본권의 관계

사회적 기본권과 자유권적 기본권의 관계에 관한 이해는 기본권 전반을 이해함에 있어 중요하다.

(1) 양기본권의 구별과 비교

(가) 이 념

자유권적 기본권과 사회적 기본권은 각각 별개의 이념을 그 기초로 하고 또 각기 별개의 세계관을 그 배경으로 하고 있다. 자유권적 기본권은 개인주의적·자유주의적 세계관을 그 기초로 하고 시민국가를 그 전제로 한다. 이에 대하여 사회적 기본권은 단체주의적 사회정의의 실현을 세계관의 기초로 하고 사회국가·복지국가를 전제로 한다.

(나) 주 체

자유권적 기본권은 천부적 권리이고 대국가적 방어권이므로 원칙적으로 자연인의 권리이지만, 예외적으로 법인과 외국인도 그 주체가 될 수 있다. 이에 대하여 사회적 기본권은 인간다운 생활을 영위하기 위한 권리이고 국법상의 권리이기 때문에 원칙적으로 국민만이 누릴 수 있고, 국민 중에서도 자연인만이 그 주체가 될 수 있다.

(다) 권리의 본질

자유권적 기본권이 개인의 자유를 보장하기 위한 소극적·방어적 권리를 의미하는 것

---

224) 경제적으로 열악한 상황에 처한 절대빈곤층과 사회적 빈곤층에게는 자유권적 기본권이나 정치적 기본권보다 사회적 기본권의 실질적 보장이 더욱 절실한 의미를 가진다.

225) 권영성, 『헌법학원론』, 법문사, 2010, 645-649쪽.

이라면, 사회적 기본권은 국가의 급부나 수익을 요구하는 적극적 권리이다. 또한 전자는 전국가적·초국가적 인간의 권리를 의미하는 데 대하여, 후자는 헌법에 의하여 창설된 국법상의 권리를 의미한다.

(라) 권리의 내용

자유권적 기본권은 개인에게 자유로운 생활영역을 확보해 줌으로써 국가권력의 개입이나 간섭을 배제하는 것을 내용으로 한다. 이에 대하여 사회적 기본권은 개인이 인간다운 생활을 확보할 수 있도록 국가적 급부와 국가적 배려를 요구하는 것을 그 내용으로 한다.

(마) 효 력

자유권적 기본권은 모든 국가권력을 직접 구속하는 효력을 가지며 그에 관한 헌법규정은 재판규범으로서의 성격이 강한 데 대하여, 사회적 기본권은 주로 입법권을 구속하며 그에 관한 헌법규정은 재판규범으로서의 성격이 상대적으로 약한 것이 특징이다. 또한 자유권적 기본권은 국가권력만을 구속하는 것이 아니라 원칙적으로 제3자적 효력을 가지는 경우가 많은 데 대하여, 사회적 기본권은 예외적으로 제3자적 효력이 인정될 뿐이다.

(바) 법률의 유보

자유권적 기본권에 관한 법률유보는 자유와 권리를 제한하는 기본권제한적 법률유보를 의미하는 데 대하여, 사회적 기본권에 관한 법률유보는 1차적으로는 권리의 내용을 구체화하는 기본권구체화적 법률유보를 의미한다.

(2) 양기본권의 대립

인간의 자유를 내실로 하는 자유권적 기본권과 인간의 생존을 위한 실질적 평등을 내실로 하는 사회적 기본권은 대립관계에 있다. 사회적 기본권이 확대·강화되면 될수록 자유권적 기본권은 축소·약화되기 때문이다.

(3) 양기본권의 조화와 보완관계

그러나 현대민주국가헌법의 이념이 인간의 존엄성존중과 인간의 자유로운 인격발현이라면, 자유권적 기본권과 사회적 기본권은 헌법의 이념을 실현함에 있어 목적과 수단의 관계에 있다고 할 수 있다. 진정한 의미의 자유는 생존에 대한 위협과 공포로부터 완전히 해방될 때에 비로소 가능하기 때문이다. 그러한 의미에서 사회적 기본권은 자유권적 기본권을 뒷받침하고 실효적인 것이 되게 하기 위한 수단의 하나이며, 자유권적 기본권을 보완하는 것이라 할 수 있다. 따라서 헌법이념의 구현이라는 관점에서 본다면 양자는 조화를 이루고 있다고 할 수 있다.[226)]

제2항 · 인간다운 생활권

1. 인간다운 생활권의 의의

인간다운 생활권이라 함은 인간의 존엄성에 상응하는 건강하고 문화적인 생활을 영위할 권리를 말한다. 인간다운 생활권조항은 일련의 사회적 기본권조항 중에서도 핵심이 되는 조항이므로, 인간다운 생활권을 규정한 헌법 제34조 제1항("모든 국민은 인간다운 생활을 할 권리를 가진다.")은 사회적 기본권에 관한 이념적·총체적 규정이라고 할 수 있고, 그 밖의 사회적 기본권은 인간다운 생활권을 실현하기 위한 수단적 권리라고 할 수 있다.

2. 인간다운 생활권의 법적 성격

인간다운 생활권의 법적 성격은 사회적 기본권의 법적 성격에서 이미 본 바와 같이 불완전한 구체적 권리로서의 성격을 갖는다고 할 수 있다. 인간다운 생활이 불가능한 국민에게는 인간다운 생활권이 어떠한 기본권보다도 중대한 의미를 가질 뿐 아니라, 인간다운 생활의 보장은 인간으로서의 존엄과 가치를 유지하는 데 불가결한 전제가 되기 때문이다.

3. 인간다운 생활권의 주체

헌법 제34조 제1항의 인간다운 생활권의 주체는 국민이다. 이때의 국민 중에는 자연인만이 포함되고 법인은 포함되지 아니한다.

4. 인간다운 생활권의 내용

(1) 인간다운 생활의 의미

헌법 제34조 제1항에서 말하는 "인간다운 생활"은 인간의 존엄성유지에 상응하는 건

---

226) 권영성, 『헌법학원론』, 법문사, 2010, 653-655쪽.

강하고 문화적인 생활을 말한다. 그런데 건강하고 문화적인 생활의 구체적인 수준은 역사적 단계마다 그리고 그 사회의 경제·문화적 구조에 따라 상이하기 때문에, 어느 정도의·어떠한 생활이 이 권리의 내용을 구성하는가는 일률적으로 규정하기 어렵다.

(2) 헌법이 보장하는 인간다운 생존의 수준

인간다운 생존을 헌법이 보장하는 수준은 (ㄱ) 현상학적 인간이 생물학적·생리학적 차원에서 생명을 보전하고 건강을 유지할 수 있는 정도의 생물학적 최저생존수준설, (ㄴ) 육체적·정신적 통일체로서의 인간이 정상적인 사회생활을 할 수 있는 정도의 인간적 최저생존수준설, (ㄷ) 정신적 존재로서의 인간이 자신의 인생을 자신의 가치관에 따라 자율적으로 설계하고 추구할 수 있는 정도의 이상적 생존수준설 등으로 나누어진다.

결국 인간존엄성의 완전한 실현을 보장하는 수준은 이상적인 생존수준이 타당하지만, 현실적으로 실현하는 데에는 예산 등의 제약을 감안하더라도 인간적인 최저생존수준은 충족시켜야 할 것이다.

5. 인간다운 생활권의 효력

인간다운 생활권은 직접적으로는 국가권력(주로 입법권)에 대하여 구속력을 가진다. 다만 인간다운 생활권의 자유권적 측면은 사인 간에도 간접적용설에 입각한 제3자적 효력이 인정되는 경우가 있다.

6. 인간다운 생활권의 침해와 구제

(1) 입법에 의한 침해와 구제

인간다운 생활권은 불완전한 구체적 권리로서의 성격을 가지므로 이에 대한 침해는 개별적인 입법과 관련될 수밖에 없다. 이때 입법이 일정한 범위와 기준을 벗어났을 때 인간다운 생활권을 침해하는 것으로 보아야 한다.

따라서 인간다운 생활권을 침해당한 기본권주체는 위헌법률심판제청신청권, 위헌·위법한 명령·규칙에 대한 심사청구권을 행사할 수 있다.

(2) 입법부작위에 의한 침해와 구제

인간다운 생활권은 불완전한 구체적 권리로서의 성격을 가진다. 인간다운 생활권의 실현을 위한 입법작위의무에 대하여 입법부가 법률을 전혀 제정하지 아니하거나 불충분한 법률을 제정함으로써 인간다운 생활을 영위할 수 없을 경우에 국민은 인간다운 생활권침해를 이유로 헌법소원을 제기할 수 있다.

제3항 • 교육을 받을 권리

1. 교육을 받을 권리의 의의와 헌법규정

넓은 의미의 교육을 받을 권리라 함은 개개인이 능력에 따라 균등하게 교육을 받을 수 있는 수학권(修學權)뿐만 아니라, 학부모가 그 자녀에게 적절한 교육의 기회를 제공하여 주도록 요구할 수 있는 교육기회제공청구권까지 포괄하는 개념이다. 그러나 좁은 의미의 교육을 받을 권리라 함은 교육을 받는 것을 국가로부터 방해받지 아니함은 물론 국가에게 교육을 받을 수 있도록 적극적으로 배려해 달라고 요구할 수 있는 권리(修學權)를 말한다.[227)]

헌법 제31조는 제1항에서 "모든 국민은 능력에 따라 균등하게 교육을 받을 권리를 가진다."라고 하여 교육을 받을 권리를 규정하고, 교육을 받을 권리를 실현할 구체적 수단으로서 교육을 받게 할 의무(제31조 제2항), 무상의 의무교육제(제31조 제3항), 교육의 자주성·전문성·정치적 중립성과 대학의 자율성(제31조 제4항), 국가의 평생교육진흥의무(제31조 제5항), 교육제도의 법정주의(제31조 제6항) 등을 규정하고 있다.

2. 교육을 받을 권리의 법적 성격

교육을 받을 권리의 법적 성격에 관해서는 (ㄱ) 프로그램권리설, (ㄴ) 추상적 권리설, (ㄷ) 구체적 권리설 등이 있다. 생각건대 교육을 받을 권리 중 자유권적 측면은 구체적 권리성을 갖는 것이지만, 사회권적 측면은 불완전한 구체적 권리성을 갖는 것으로 이해해야 한다. 교육을 받을 권리의 자유권적 측면은 교육을 받을 수 있는 재능과 경제력을 가진 자는 누구나 능력에 따라 균등하게 교육을 받는 것을 국가권력 또는 제3자로부터 방해받지 아니하는 측면이다. 국가권력이나 제3자가 이것을 방해할 경우에는 그 방해를 배제하여 주도록 요구할 수 있다. 그러나 교육을 받을 권리의 주된 성격은 사회적 기본권으로서의 성격이다. 능력이 있으면서도 경제적 이유로 교육을 받을 수 없는 자가 교육을 받을 수 있는 교육시설의 설치나 장학금제도의 시행 등과 같은 외적 조건의 정비를 국가에 대하여 적극적으로 요구할 수 있다는 점은 교육을 받을 권리의 사회권적 측면이다.[228)]

---

227) 권영성, 『헌법학원론』, 법문사, 2010, 666쪽.

228) 권영성, 『헌법학원론』, 법문사, 2010, 667-668쪽.

3. 교육을 받을 권리의 주체

교육을 받을 권리는 실정법상의 권리이므로, 국민에게만 보장되고 외국인에게는 보장되지 아니한다. 교육을 받을 권리에 있어 수학권의 주체는 개개인이고, 교육기회제공청구권의 주체는 학령아동의 부모이다.

4. 교육을 받을 권리의 내용

헌법 제31조 제1항은 능력에 상응하는 교육을 요구할 수 있는 권리와 교육의 기회균등을 규정하고 있다. 이것은 법 앞에서의 평등의 이념을 교육의 영역에서도 실현하려는 것이다.

(1) "능력에 따라" 교육을 받을 권리

헌법 제31조 제1항에서 능력이라 함은 일신전속적인 재능을 말하고, 재력이나 가정환경 등 비전속적인 조건을 의미하는 것이 아니다. 능력에 따른 교육이라 함은 정신적·육체적 능력에 상응한 적절한 교육을 말한다. 그러므로 입학시험 등 공개경쟁시험제는 위헌이 아니다. 하지만 능력이 부족한 자의 교육을 경시하거나 무시하여도 좋다는 뜻은 아니다.[229] 국가는 장애인의 교육을 위한 교육조건을 확보하는 데에도 태만히 해서는 아니 된다.

(2) "균등하게" 교육을 받을 권리

헌법 제31조 제1항의 균등한 교육은, 자유권적 측면에서는 능력 이외의 성별·종교·사회적 신분 등에 의하여 교육을 받을 기회를 차별받지 아니하는 것을 의미하고, 사회권적 측면에서는 모든 국민이 균등하게 교육을 받을 수 있도록 교육시설을 설치·운용하고 장학정책을 시행하는 등 교육의 외적 조건의 정비를 요구할 수 있음을 의미한다.

(3) "교육"을 받을 권리

(가) 교육의 형태

교육에는 학교교육·사회교육(평생교육 포함)·공민교육·가정교육 등 다양한 형태가 있

229) 대학입학지원자가 1981학년도 ○○대학교 법정대학 법정계열 학생모집에 있어 모집정원에 미달한 경우라도 대학이 정한 수학능력이 없는 자에 대해 불합격처분을 한 것은 교육법 제111조 제1항에 위반되지 아니하여 무효라 할 수 없고, 또 위 대학교에서 정한 수학능력에 미달하는 지원자를 불합격으로 한 처분이 재량권의 남용이라고 볼 수 없다. 대법원 1983. 6. 28. 선고 83누193 판결 [불합격처분무효확인; 기각].

지만, 헌법 제31조 제1항에서의 교육은 주로 학교교육을 의미한다. 학교교육은 교육 중에서도 가장 조직적이고 효과적이며 일반적인 교육형태이기 때문이다.

(나) 평생교육

헌법 제31조 제1항의 교육에는 평생교육도 포함된다. 그런데 제31조 제5항에서 "국가는 평생교육을 진흥하여야 한다."라고 하여, 국가의 평생교육진흥의무를 따로 규정하고 있다. 과학기술이 급속도로 발전하는 인공지능(AI)의 시대인 오늘날에는 모든 국민이 이에 적절히 대처해서 적응해야 할 뿐 아니라, 국민의 건전한 국가관정립을 위해서도 정규의 학교교육 이외에 인공지능(AI)을 포함한 과학기술교육·환경교육·성인교육·사회교육·직업교육·청소년교육 등이 평생에 걸쳐 지속적으로 요구된다. 이에 따라 제31조 제5항은 이러한 시대적 요청에 부응하고 나아가 개인의 능력계발과 국가발전에 기여하도록 하기 위하여 평생교육을 강조한 조항이다. 이에 관한 법률이 평생교육법이다.

(다) 무상의 의무교육

① 의무교육

헌법 제31조 제2항에서 "모든 국민은 그 보호하는 자녀에게 적어도 초등교육과 법률이 정하는 교육을 받게 할 의무를 진다."라고 규정하고 있다. 이 규정에 따라 "초등교육과 법률이 정하는 교육"은 의무적인 것이므로, 모든 국민은 「교육기본법」과 「초·중등교육법」에 따라 6년의 초등교육과 3년의 중등교육을 받을 권리를 보장받고 있다. 이에 따라 현재는 중학교과정까지 의무교육이 전면적으로 실시되고 있다. 의무교육제를 실시하기 위하여 국가나 지방자치단체는 필요한 학교의 설립과 운용은 물론이고 그에 필요한 경비를 부담할 의무를 지고, 어린이의 보호자(학령아동의 친권자 또는 후견인)는 어린이를 취학시킬 의무를 진다.

② 의무교육의 무상성(無償性)

헌법 제31조 제3항에서 "의무교육은 무상으로 한다."라고 규정하고 있다. 무상의 범위에 관하여 법률이 정하는 바에 따른다는 무상범위법정설, 수입료만이 면제된다는 수업료무상설, 그외에 교재·학용품의 지급과 급식의 무상까지 포함된다는 취학필수비무상설 등이 있다. 취학필수비무상설이 다수설이고 또 타당하다. 따라서 국가는 예산의 한도 내에서 교과서와 그 밖의 교재 그리고 급식까지도 무상으로 해야 한다. 다만 공립학교의 수용능력이 있음에도 불구하고 자진하여 사립학교를 선택한 경우에는 무상의 혜택을 포기하는 것이므로, 사립학교에서의 수업료징수는 의무교육의 무상조항에 위반되지 아니한다.

5. 교육을 받을 권리의 실현

교육을 받을 권리와 교육제도는 밀접불가분의 관계에 있는 것으로, 전자는 후자를 통해 실질적으로 구현된다. 교육을 받을 권리가 교육제도를 통해 충분히 실현될 때 비로소 모든 국민은 균등한 교육의 기회를 보장받게 되고 생활의 균등한 향상을 기할 수 있기 때문이다. 따라서 헌법 제31조 제2항 내지 제6항에서 규정하고 있는 교육을 받게 할 의무, 의무교육의 무상제, 교육의 자주성·전문성·정치적 중립성, 평생교육의 진흥, 교육제도·교육재정·교원지위법정주의 등은 국민의 교육을 받을 권리를 효율적으로 보장하기 위한 수단적 규정이라 할 수 있다.

6. 교육을 받을 권리의 효력

교육을 받을 권리의 사회권적 측면은 국가나 공공단체에 대해서만 효력을 가지지만, 자유권적 측면은 국가와 제3자에 대하여 효력을 가진다.

제4항 · 근로의 권리

1. 근로의 권리의 의의와 헌법규정

근로의 권리라 함은 근로자가 자신의 의사와 능력과 취미에 따라 근로의 종류·내용·장소 등을 선택하여 근로관계를 형성하고, 타인의 방해를 받음이 없이 근로관계를 계속 유지하며, 근로의 기회를 얻지 못한 경우에는 국가에 대하여 근로의 기회를 제공하여 줄 것을 요구할 수 있는 권리를 말한다. 근로라 함은 근로자가 사용자로부터 임금을 받는 대가로 제공하는 육체적·정신적 활동을 말한다.

바이마르헌법에서 근로의 권리를 최초로 규정한 이래, 현대국가의 헌법들은 경제적 약자인 근로자의 인간다운 생존을 보장하기 위한 일련의 규정을 두고 있다. 이러한 근로자보호를 위한 헌법조항들을 총칭하여 노동헌법이라 한다. 노동헌법의 핵심이 되는 것이 근로기본권이다. 근로기본권이라 함은 근로자를 개인의 차원에서 보호하기 위한 근로의 권리와 그들의 집단적 활동을 보장하기 위한 집단적 활동권 그리고 그들의 자주적 조직체인 노동조합의 활동을 보장하기 위한 노동3권을 총칭하는 개념이다.

헌법 제32조는 제1항에서 "모든 국민은 근로의 권리를 가진다. 국가는 사회적·경제적 방법으로 근로자의 고용의 증진과 적정임금의 보장에 노력하여야 하며, 법률이 정하는 바에 의하여 최저임금제를 시행하여야 한다."라고 하여, 근로의 권리를 비롯한 근로자의 고용증진·적정임금보장·최저임금제시행 등을 규정하고, 제2항에서는 근로의 의무를, 제3항에서는 근로조건기준의 법정주의를, 제4항에서는 여자의 근로에 대한 특별보호와 근로관계에 있어서 여성의 차별금지를, 제5항에서는 연소근로자의 특별보호를, 제6항에서는 국가유공자·상이군경·전몰군경유가족 등에 대한 근로기회우선성을 특별히 보장하고 있다.

2. 근로의 권리의 법적 성격

근로의 권리는 자유권적 성격과 사회권적 성격을 아울러 가지고 있다. 개인이 자유로이 일할 기회를 가지는 것을 국가가 방해 내지 제한하지 못한다는 측면은 근로의 권리의 자유권적 성격이고, 국가가 근로의 기회를 세공함으로써 경제적 약자인 근로자에게 인간다운 생활을 보장한다는 측면은 근로의 권리의 사회권적 성격이다. 그러나 근로의 권리의 본질은 사회적 기본권성에 있고, 자유권적 성격은 부수적인 것이다.

근로의 권리의 사회적 기본권성의 법적 성질을 어떻게 인식하느냐에 관해서는 학설이 대립하고 있다. 프로그램규정설에 의하면, 헌법상 근로의 권리는 국민에게 구체적인 권리를 보장한 것이 아니고, 국정의 담당자에게 근로의 기회를 제공하도록 노력할 정치적·도의적 의무를 부과한 프로그램규정이라고 본다. 추상적 권리설에 의하면, 헌법 제32조 제1항은 현실적·구체적 권리가 아니라 추상적 권리를 규정한 것에 불과하다고 한다. 이에 대하여 구체적 권리설은 근로의 기회를 제공하여 줄 것을 국가 또는 공공단체에 요구할 수 있는 현실적인 권리를 보장한 것이라고 한다. 생각건대 헌법상 근로의 권리는 국가 또는 공공단체에 대하여 근로의 기회를 제공하여 주도록 요구할 수 있는 불완전하지만 구체적 권리라고 보는 것이 타당하다.

3. 근로의 권리의 주체

근로의 권리는 국민의 권리이기 때문에 외국인에게는 보장되지 아니한다. 국민 중에서도 특히 생산수단을 소유하지 못한 근로자가 그 주체가 된다.

4. 근로의 권리의 내용

(1) 본질적 내용

근로의 권리를 사회적 기본권의 하나로 파악하는 경우에도 그 구체적 내용이 무엇인가에 관해서는 학설이 대립하고 있다.

근로기회제공청구권설은 근로의 권리는 근로의 의사와 능력이 있음에도 불구하고 취업의 기회를 얻지 못한 자가 국가에 대해 근로의 기회를 제공하여 주도록 요구할 수 있다는 견해이다. 이에 대하여 생계비지급청구권설은 근로의 의사와 능력을 가지고 있음에도 불구하고 취업의 기회를 얻지 못한 자가 국가에 대해 근로의 기회의 제공을 요구하고 그 요구가 받아들여지지 아니한 때에는 상당한 생계비의 지급을 청구할 수 있다는 견해이다.

생각건대 현행 헌법 제32조는 바이마르헌법과는 달리 근로의 권리와 관련하여 생계비지급을 규정하고 있지 아니하므로 생계비지급청구권은 근로의 권리에는 포함되지 않는다고 본다.

(2) 보충적 내용

근로의 권리의 실효성을 높이기 위하여 현행 헌법은 보충적인 내용을 규정하고 있다(제32조 제1항 제2문~제32조 제6항).

(가) 국가의 고용증진의무

헌법 제32조 제1항 제2문 전단에서 "국가는 사회적·경제적 방법으로 근로자의 고용의 증진…에 노력하여야 하며"라고 규정하고 있다. 이에 따라 국가는 근로자의 고용을 증진할 입법은 물론이고 고용확대·실업대책 등에 관한 정책을 수립하고 추진해야 한다. 여기서 사회적 방법이란 사회정책에 의한 고용의 증진을 말하고, 경제적 방법이란 경제정책에 의한 고용기회의 확대를 말한다. 국가는 이러한 방법을 통하여 일반근로자가 사기업이나 공공기업에 취업하여 완전고용상태[230]가 실현될 수 있도록 노력하여야 한다.

(나) 해고의 제한

근로의 권리의 보장이 사용자의 해고의 자유를 제한하는 근거가 될 수 있느냐가 문제되고 있다. 해고라 함은 징계해고이든 정리해고이든 사용자가 일방적으로 근로계약 내지 근로관계를 종료시키는 단독행위를 말한다. 이에 대하여 긍정설에 의하면, 헌법 제32

230) 완전고용상태는 자발적 실업률을 제외하고 완전고용된 상태를 의미한다.

조는 국가와 국민간에서뿐만 아니라 개별적 노사관계에도 적용된다는 것을 논거로 이를 긍정하고 있다. 부정설에 의하면 근로의 권리는 국가와 국민의 관계에 관한 것이지 사용자와 근로의 개별적 근로관계에 관한 것은 아니기 때문에 이를 부정한다.

생각건대 해고의 자유가 초기자본주의체제하에서는 계약의 자유의 내용을 이루는 기본적인 법원리였다. 그런데 헌법 제32조의 근로권조항은 제33조의 근로3권에 관한 규정과 더불어 개별적 근로관계에서 계약의 자유뿐만 아니라 해고의 자유까지도 제한하기 위하여 등장한 것이다. 따라서 사용자가 근로자를 해고하는 경우에도 정당한 사유가 없는 해고는 위헌·무효가 된다고 보는 것이 타당하다. 근로기준법 제23조 제1항도 해고 등의 일반적 제한으로서 사용자는 "정당한 이유"없이 근로자를 해고·휴직·정직·전직·감봉 기타 징벌을 하지 못한다고 규정하고 있다.

(다) 적정임금의 보장

① 헌법상 적정임금보장의 의의

헌법 제32조 제1항 제2문은 "국가는 적정임금의 보장에 노력하여야 하며, 법률이 정하는 바에 의하여 최저임금제를 시행하여야 한다."라고 하여, 근로자를 위한 적정임금을 보장하고 최저임금제를 시행하도록 하고 있다. 제32조 제4항에서는 "여자의 근로는 특별한 보호를 받으며, 고용·임금 및 근로조건에 있어서 부당한 차별을 받지 아니한다."라고 하여, 동일노동에 대한 동일임금의 원칙을 규정하고 있다. 이에 따라 근로기준법과 최저임금법은 각각 임금에 관한 기본적 사항과 최저임금에 관하여 규정하고 있다.

근로기준법 제2조 제1항 제5호는 임금을 "사용자가 근로의 대가로 근로자에게 …지급하는 일체의 금품"이라고 입법해석하고 있다. 그러나 헌법상의 임금은 근로기준법상의 임금 이상의 의미를 내포하고 있다. 근로자가 제공하는 근로는 근로자의 인격과 분리하여 생각할 수 없는 특성을 가지고 있으며, 임금은 인간의 존엄성존중과 인간다운 생존을 보장하고 국면경제상 중요한 소득형태일 뿐 아니라. 임금수준의 결정은 국민소득의 또 다른 분배방식이라고 할 수 있기 때문이다. 그러므로 임금의 적정성을 판단함에 있어서는 배분적 정의의 실현이라는 이념이 반영되어야 한다.

② 적정임금의 수준

적정임금이라 함은 근로자와 그 가족이 인간의 존엄성에 상응하는 건강하고 문화적인 생활을 영위하는 데 필요한 정도의 임금수준을 말한다. 헌법 제32조 제2문은 적정임금의 보장에 관한 국가의 의무를 규정하고 있기 때문에, 국가는 임금이 적정수준의 것이 되도록 입법조치를 강구하거나 그 밖의 노동정책을 수립하고 실시하여야 한다. 국가가 임금의 적정수준을 결정함에 있어 최우선적으로 중시할 점은 근로자와 그 가족의 생계비이지만, 임금은 단순한 근로대가성 이상의 의미를 가지기 때문에 ⓐ 근로자의 생산성 내지 생산에의 기여도, ⓑ 기업의 지불능력, ⓒ 물가 등 국민경제에 미칠 영향, ⓓ 소득분배구조의 개선에 대한 기여도 등도 종합적으로 고려하여야 한다.[231]

③ 무노동·무임금의 원칙

무노동·무임금의 원칙이라 함은 파업기간 또는 근로시간중의 노조활동이나 노조전임자에 대해서는 임금을 지급하지 아니한다는 원칙을 말한다. 대법원의 판례는 무노동완전무임금설의 입장을 취하고 있다.[232]

④ 최저임금제의 실시

헌법 제32조 제1항의 최저임금제란 국가가 법적 강제력을 가지고 임금의 최저한도를 획정하여, 그 이하의 수준으로는 사용자가 근로자를 고용하지 못하도록 함으로써 상대적으로 불리한 위치에 있는 근로자를 보호하려는 제도이다. 이것은 임금이 산업구조·기업규모·경영방식에 따라서 생활급에 미달될 가능성도 있기 때문에, 근로자에게 최소한의 생활급을 직접 헌법의 수준에서 보장하려는 것이다. 위 헌법규정에 따라 제정된 법률이 「최저임금법」이다. 「최저임금법」은 최저임금의 결정기준과 관련하여 "최저임금은 근로자의 생계비, 유사 근로자의 임금, 노동생산성 및 소득분배율 등을 고려하여 정한다. 이 경우 사업의 종류별로 구분하여 정할 수 있다."고 규정(제4조 제1항)하고 있다.

⑤ 동일노동에 대한 동일임금의 원칙

헌법 제32조 제4항에서 "여자의 근로는 특별한 보호를 받으며, 고용·임금 및 근로조건에 있어서 부당한 차별을 받지 아니한다."라고 하여 성(性)에 관계없이 동일노동에 대하여는 동일임금을 지급하도록 규정하고 있다. 이에 근거하여 「근로기준법」에는 균등처우의 원칙이 규정되어 있고(제6조), 「남녀고용평등과 일·가정 양립 지원에 관한 법률」에도 동일가치의 노동에 대하여는 동일임금을 지급하여야 한다는 원칙을 규정하고 있다(제8조의 제1항). 동일가치의 노동에 대한 판단기준은 노동의 수행에서 요구되는 기술·노력·책임·작업조건 등을 기초로 판단되어야 할 것이다(제8조의 제2항).

---

231) 권영성, 『헌법학원론』, 법문사, 2010, 677-678쪽.

232) 대법원 1995. 12. 21. 94다2671.

(라) 근로조건기준의 법정주의

헌법 제32조 제3항에서 "근로조건의 기준은 인간의 존엄성을 보장하도록 법률로 정한다."라고 규정하고 있다. 근로조건에 관한 기준을 법률로써 정한다는 것은 당사자간의 자유로운 계약에 의한 근로조건에 관하여 법률이 최저한의 제한을 설정한다는 의미이다. 따라서 이 조항은 계약의 자유의 원칙에 대한 수정을 의미하는 것이다. 근로조건이라 함은 임금과 그 지불방법, 취업시간과 휴식시간, 안전시설과 위생시설, 재해보상 등 근로계약에 의하여 근로자가 근로를 제공하고 임금을 수령하는 데 관한 조건들을 말한다. 「근로기준법」은 근로조건의 기준을 규정한 일반법이다.

(마) 여자와 연소자의 근로의 특별보호

헌법 제32조 제4항과 제5항에서 "여자와 연소자의 근로는 특별한 보호를 받는다."라고 하여, 여자와 연소자의 근로를 특별히 보호하고 있다. 이들 사항은 성격상 제32조 제3항의 근로조건기준의 법정주의에 포함되어야 하는데 별개의 조항으로 규정한 이유는 ⓐ 여자와 연소자에 대한 비인도적인 학대 또는 혹사가 현저하였던 과거의 부정적 역사와 ⓑ 여자와 연소자의 혹사는 그들의 생존과 보건을 위협할 것이라는 점 등을 고려한 것이다. 이 조항에 따라 근로기준법은 여자와 연소자의 근로를 특별히 보호하기 위한 규정들을 두고 있다(제51조 제3항, 제64조 등).

(바) 국가유공자 등의 근로기회우선보장

헌법은 "국가유공자·상이군경 및 전몰군경의 유가족은 법률이 정하는 바에 의하여 우선적으로 근로의 기회를 부여받는다."라고 규정하여 국가유공자 등의 근로기회를 우선적으로 보장하고 있다(제32조 제6항).

이것은 국가와 민족을 위해 헌신한 공로에 대한 국가적 보상으로 이에 관한 법률이 「국가유공자 등 예우 및 지원에 관한 법률」이다.

5. 근로의 권리의 효력

헌법 제32조 제1항의 근로의 권리는 대국가적 효력을 가질 뿐 아니라, 사인 간에서도 평등권과 자유권적 측면은 제3자적 효력을 가진다. 제32조 제4·5항의 여자와 연소자의 근로의 특별보호에 관한 규정과 근로관계에 있어서 여성의 차별금지에 관한 규정은 국가에 대해서뿐만 아니라 제3자인 사용자에 대해서도 직접적 효력을 가진다.

6. 근로의 권리의 제한

근로의 권리의 자유권적 측면은 헌법 제37조 제2항에 의하여 국가안전보장·질서유지 또는 공공복리를 위하여 필요한 경우에는 법률로써 제한될 수 있고, 사회권적 측면은 국가안전보장과 질서유지를 위하여 필요한 경우에 법률로써 제한될 수 있다.

제5항 › 근로3권

1. 근로3권의 의의와 헌법규정

근로3권 내지 노동3권이라 함은 자본주의사회에서 생산수단을 소유하지 못한 경제적 약자인 근로자들이 인간다운 생활을 확보하기 위한 현실적인 방책으로서, 근로조건의 향상을 위해 자주적 조직체를 결성하고, 그 조직체의 이름으로 교섭을 하며, 그 교섭이 원만하게 이루어지지 아니할 경우에 단체행동을 할 수 있는 권리를 총칭한다.

헌법 제33조 제1항에서 "근로자는 근로조건의 향상을 위하여 자주적인 단결권·단체교섭권 및 단체행동권을 가진다."라고 규정하여 근로자의 근로3권을 보장하고, 제33조 제2항에서 "공무원인 근로자는 법률이 정하는 자에 한하여 단결권·단체교섭권 및 단체행동권을 가진다."라고 규정하여, 일정한 범위의 공무원에 한하여 근로3권을 보장하고 있다. 제33조 제3항에서 "법률이 정하는 주요방위산업체에 종사하는 근로자의 단체행동권은 법률이 정하는 바에 의하여 이를 제한하거나 인정하지 아니할 수 있다."라고 규정하여, 주요방위산업체에 종사하는 근로자의 단체행동권을 제한하고 있다. 근로3권을 규정한 법률로는 「노동조합 및 노동관계조정법」·「노동위원회법」·「근로자참여 및 협력증진에 관한 법률」 등이 있다.

2. 근로3권의 연혁과 입법례

사유재산제와 계약의 자유와 과실책임의 원칙을 3대원칙으로 하는 근대시민사회에서는 근로자도 법적으로는 사용자와 대등한 인격의 주체로서 자유로운 존재였다. 근로자가 사용자와 관계를 맺는 근로관계와 임금문제도 형식적으로는 양자 상호간에 자유롭고 평등하며 독립적인 상품교환관계로 인식하였다. 그러나 실제 그 이면을 보면, 노동력을 상품으로 파는 방법밖에 없는 근로자들에게는 굶어 죽지 않으려면 아무리 불리한 근로조건일지라도 근로관계를 맺지 않을 수 없었다. 이와 같은 객관적 상황을 정확히 인식하여 근로자들이 인간다운 생존을 확보하려면 단결을 하고 단결체의 힘을 배경으로 하여 사용자와 대등하게 하는 방법밖에 없었다. 그러한 의미에서 자본주의경제의 전개에 수반하여 각국에서 노동조합운동이 생성·발전하게 된 것은 역사적 필연이 아닐 수 없었다.

근로3권을 헌법의 차원에서 최초로 규정한 것은 바이마르헌법(제159조)이며, 그 이후 프랑스제4공화국헌법(전문), 이탈리아헌법(제30조 등), 일본헌법(제28조) 등도 이를 수용하게 되었다.

3. 근로3권의 법적 성격

근로3권은 자유권적 성격과 사회권적 성격을 모두 가지고 있다. 그런데 제33조에 규정된 근로3권은 근로자의 근로조건을 개선함으로써 그들의 경제적·사회적 지위 향상을 도모하기 위한 것이므로 사회권적 성격이 보다 중시되고 있다.

4. 단결권

(1) 단결권의 의의

단결권이라 함은 근로자들이 근로조건의 유지 또는 개선을 위하여 사용자와 대등한 교섭력을 가질 목적으로 자주적인 단체를 결성하고 이에 가입하여 활동할 수 있는 권리를 말한다. 근로자는 자유로이 노동조합을 조직하거나 이에 가입할 수 있다. 다만, 공무원과 교원에 대하여는 따로 법률로 정한다(「노동조합 및 노동관계조정법」 제5조).

(2) 단결권의 내용

단결권은 한편으로 헌법 제21조의 결사의 자유에 대한 특별법적 성격을 가지기도 하지만, 본질적으로 단결권은 사회권의 특성을 강하게 가지므로 결사의 자유의 일반원리와는 접근시각이 달라야 한다.

5. 단체교섭권

(1) 단체교섭권의 의의

단체교섭권이란 근로자가 근로자들이 근로조건의 향상을 위하여 단결체의 이름으로 사용자 또는 사용자단체와 자주적으로 교섭하는 권리이다. 근로자에게 단체교섭권을 인정하는 것은 일반계약으로부터 근로계약의 분리를 의미하는 것이다. 근로자가 단체교섭을 하는 경우에는 민법상의 계약규정이 아니라 근로기준법·「노동조합 및 노동관계조정법」·노동위원회법·「근로자참여 및 협력증진에 관한 법률」 등과 같은 노동법이 적용된다.

(2) 단체교섭권의 내용

노동조합과 사용자 또는 사용자단체는 신의에 따라 성실히 교섭하고 단체협약을 체결하여야 하며 그 권한을 남용하여서는 아니 된다. 노동조합과 사용자 또는 사용자단체는 정당한 이유 없이 교섭 또는 단체협약의 체결을 거부하거나 해태하여서는 아니 된다(「노동조합 및 노동관계조정법」 제30조). 노동조합의 대표자 또는 노동조합의 위임을 받은 자와의 단체협약체결 기타의 단체교섭을 정당한 이유 없이 거부하거나 해태하는 행위는 부당노동행위가 된다(「노동조합 및 노동관계조정법」 제81조 제3호).

(3) 「근로자 참여 및 협력증진에 관한 법률」

근로자와 사용자 쌍방이 참여와 협력을 통하여 노사공동의 이익을 증진하기 위하여 「근로자 참여 및 협력증진에 관한 법률」이 제정되었다. 노사협의회의 근로자를 대표하는 위원(이하 "근로자위원"이라 한다)은 근로자가 선출하되, 근로자의 과반수로 조직된 노동조합이 있는 경우에는 노동조합의 대표자와 그 노동조합이 위촉하는 자로 한다(제6조 제2항).

6. 단체행동권

(1) 단체행동권의 의의

단체행동권은 노동쟁의가 발생한 경우에 쟁의행위를 할 수 있는 권리이다. "노동쟁의"라 함은 노동조합과 사용자 또는 사용자단체간에 임금·근로시간·복지·해고 기타 대우 등 근로조건의 결정에 관한 주장의 불일치로 인하여 발생한 분쟁상태를 말한다. 이 경우 주장의 불일치라 함은 당사자간에 합의를 위한 노력을 계속하여도 더 이상 자주적 교섭에 의한 합의의 여지가 없는 경우를 말한다(「노동조합 및 노동관계조정법」 제2조 제5호). "쟁의행위"라 함은 파업·태업·직장폐쇄 기타 노동관계 당사자가 그 주장을 관철할 목적으로 행하는 행위와 이에 대항하는 행위로서 업무의 정상적인 운영을 저해하는 행위를 말한다(「노동조합 및 노동관계조정법」 제2조 제6호).

(2) 단체행동권의 내용

단체행동권은 쟁의행위권으로 표현될 수 있다. 「노동조합 및 노동관계조정법」에서는 근로자의 쟁의행위의 유형으로서 파업·태업을 규정하고 있다. 그 외에도 보이콧·생산관리·피케팅 등의 방법이 널리 인정된다. 또한 동법에서는 쟁의행위의 유형으로서 직장폐쇄도 규정하고 있다.

(3) 단체행동권의 한계

쟁의행위는 그 목적·방법 및 절차에 있어서 법령 기타 사회질서에 위반되어서는 아니 된다(「노동조합 및 노동관계조정법」 제37조). 비폭력·비파괴적이어야 한다. 정치적 목적을 가진 쟁의행위는 원칙적으로 허용되지 아니한다.

7. 근로3권의 제한

(1) 공무원인 근로자의 근로3권제한

공무원인 근로자는 법률이 정하는 자에 한하여 단결권·단체교섭권 및 단체행동권을 가진다(헌법 제33조 제2항). 이에 따라 「공무원 직장협의회의 설립·운영에 관한 법률」과 「공무원의 노동조합 설립 및 운영 등에 관한 법률」이 제정되어 6급 이하의 공무원은 노동조합에 가입할 수 있으며(제6조), 공무원의 정치활동금지(제4조)와 쟁의행위금지(제11조)를 규정하고 있다.

(2) 주요방위산업체에 종사하는 근로자의 단체행동권제한

법률이 정하는 주요방위산업체에 종사하는 근로자의 단체행동권은 법률이 정하는 바에 의하여 이를 제한하거나 인정하지 아니할 수 있다(헌법 제33조 제3항).

종전에는 주요방위산업체에 종사하는 근로자는 쟁의행위를 할 수 없도록 하였으나, 「노동조합 및 노동관계조정법」에서 다음과 같이 그 범위를 축소하였다. 방위사업법에 의하여 지정된 주요방위산업체에 종사하는 근로자 중 전력, 용수 및 주로 방산물자를 생산하는 업무에 종사하는 자는 쟁의행위를 할 수 없으며, 주로 방산물자를 생산하는 업무에 종사하는 자의 범위는 대통령령으로 정한다(제41조 제2항).

(3) 헌법 제37조 제2항에 의한 제한

헌법 제37조 제2항의 규정에 의하여 근로3권을 제한할 수 있다. 그러나 이 경우에도 비례(과잉금지)의 원칙에 적합하여야 하며, 근로3권의 본질적 내용을 침해할 수 없다.

제6항 · 환경권

1. 서 설

현대사회에 있어서 과학과 기술의 발달에 따른 경제성장은 그와 비례하여 자연환경의 오염과 파괴를 가져왔다.[233] 이러한 현상은 독일은 물론 우리나라도 예외가 아니다. 우리나라에서 환경권 개념을 최초로 소개한 것은 김철수 교수인 듯하며[234] 환경권 개념이 등장한 것은 1960년대 이후이다. 이는 어느 사상가에 의하여 천부인권으로 주장된 것이 아니고 공해의 폐해와 싸우기 위한 권리개념으로서 등장하였다.[235] 독일에서는 초기에는 기본권조항의 형태로 환경보호에 관한 규정을 하려고 하였다가 여러 가지 이유로 국가목표조항의 형태로 규정하게 되었다는 점[236]은 시사해 주는 바가 많다.

2. 한국의 환경권 수용에 관한 논의

(1) 개 관

우리나라는 1960년 이후 압축성장 위주의 성장드라이브정책에 치우친 결과, 1970년대 초부터 수질오염과 대기오염 등 각종 공해가 사회적으로 큰 물의를 일으키면서 이러한 현상에 대한 반작용으로서 '환경'이라는 문제가 중요한 주제가 되게 되었다. 우리나라의 환경문제는 근본적으로 환경용량에 비하여 과도한 인구가 거주하고 산업활동이 이루어지고 있다는 것이다.[237] 이러한 사정을 감안하여 종래 해석상 환경권을 인정하려는 것에 만족하지 않고 1980년 제5공화국 헌법은 그 제33조에서 환경권을 신설하게 되었다.[238] 그러나 환경보호의 필요성이 지나치게 강조된 나머지 그것을 기본권조항의 형태로 헌법에 규정하게 되면 어떠한 문제가 발생할 것인가에 대하여는 거의 논의가 이루어

233) 고문현·이승은, 『기후변화와 환경의 미래』, 21세기북스, 2019, 36-38쪽.

234) 김철수, 『헌법학』, 지학사, 1965, 290쪽; 구연창, 『환경법론』, 법문사, 1991, 88쪽에서 재인용.

235) 김철수, 『헌법학개론』, 박영사, 2007, 1038쪽.

236) 여기에 관하여는 고문현, "헌법상 환경조항에 관한 연구-국가목표조항과 기본권조항의 비교를 중심으로-", 서울대학교 대학원 법학박사학위논문, 1999.2., 27-33, 70-103쪽 참조.

237) 환경부, 『2000 환경백서』, 2000, 2쪽.

238) 1980년 헌법 제33조에서는 "모든 국민은 깨끗한 환경에서 생활할 권리를 가지며, 국가와 국민은 환경보전을 위하여 노력하여야 한다."고 규정하고 있고, 1987년 헌법 제35조에서는 "모든 국민은 건강하고 쾌적한 환경에서 생활할 권리를 가지며, 국가와 국민은 환경보전을 위하여 노력하여야 한다(제1항). 환경권의 내용과 행사에 관하여는 법률로 정한다(제2항). 국가는 주택개발정책 등을 통하여 모든 국민이 쾌적한 주거생활을 할 수 있도록 노력하여야 한다(제3항)."고 각각 규정하고 있다.

지지 않은 채 헌법개정이 이루어졌다고 할 수 있다. 즉 정부는 1980. 1. 20.부터 법제처 내에 헌법연구반을 설치하여 헌법에 관한 연구를 추진하여 왔다. 헌법연구반은 법학자 10인, 정치학자 6인, 경제학자 6인, 법조인 3인, 공무원 3인 계 30인으로 구성되었으며, 앞으로 헌법개정안을 마련함에 있어서 기초자료로 활용하기 위하여, 항목별로 우리 헌법제도 및 관련 외국제도와 그 운영실태를 분석·평가하고, 항목별로 거론 가능성이 있는 제도의 유형과 앞으로 채택하는 경우에 예상되는 장·단점 및 보완책을 분석하는 것을 그 임무로 하였다.[239] 헌법연구반은 4개 분과로 나누어 연구를 추진하여 왔으며, 제1분과는 전체총괄·전문·총강·헌법개정에 관하여, 제2분과는 정부형태·대통령·내각·국회·선거제도·지방자치에 관하여, 제3분과는 기본권·사법제도·헌법보장에 관하여, 제4분과는 재정·경제에 관하여 각각 연구하였다.

(2) 헌법연구반 연구보고서[240]

헌법연구반 연구보고서를 살펴보면 자세한 논의는 거의 하지 않은 채 환경권 강화를 위한 별도의 규정을 둘 것이냐의 문제에 관하여 다음과 같은 논의가 있다고 소개하고 있는 정도이다.

(가) 명문화 찬성의견

(ㄱ) 찬성의 근거

환경권은 현행 헌법상으로 인정되지 않은 것은 아니나 환경오염의 심각화에 따라 국민보건에 지대한 영향이 있으므로 이를 독립된 조문으로 보장할 필요가 있다. 명문화의 유형에 관하여는 다음과 같이 견해가 갈린다.

(ㄴ) 명문화의 유형

① 일반적인 규정으로 "국가는 국민이 쾌적한 환경을 누릴 수 있도록 그 보전에 노력하여야 한다."고만 규정하자는 의견

② "보다 이를 철저히 보장하기 위하여는 일반적인 노력조항으로는 부족하고 헌법에 규정하는 것만으로써 직접 효력이 발생하도록 법원에 출소가 가능하도록 하는 안이 타당하다."는 의견

---

239) 법제처, 「헌법심의자료 헌법연구반보고서」, 1980. 3, ⅰ-ⅵ쪽.

240) 법제처, 「헌법심의자료 헌법연구반보고서」, ⅰ-ⅵ쪽, 155-157쪽.; 여기에 관하여는 고문현, "헌법상 환경조항에 관한 연구-국가목표조항과 기본권조항의 비교를 중심으로-", 서울대학교 대학원 법학박사학위논문, 1999.2., 195-199쪽 참조.

(나) 명문화 반대의견의 근거

환경권이 헌법에 규정되는 경우 국가의 인적·물적 부담이 많으며 배상 사태로 국고부담 증대 내지 예산 집행상 어려움이 예상되고 경제 발전이 둔화될 우려가 있다.

(다) 헌법연구반 연구보고서의 검토의견

"환경권에는 공해방지뿐만 아니라 자연자원의 보호와 개발도 포함되며, 경제조항과의 관계(예컨대 토지의 공개념 등)에서 중(重)히 검토되어야 할 것이다."라고 하고 있을 뿐이다.[241)]

(3) 각 정당안 및 각계의 의견

이 당시 환경권에 관한 각계의 의견은 다음과 같다.[242)]

(가) 공화당안

국민은 환경오염으로부터 보호받을 권리를 가진다(제30조 제4항).

(나) 신민당안

모든 국민은 보다 건강하고 쾌적한 환경을 향유할 권리를 가진다(제35조 제1항). 국가는 환경의 적정한 이용관리 및 보전을 위하여 노력하여야 한다(제30조 제2항). 국민은 환경보전을 위해 노력하여야 한다(제30조 제3항).

(다) 대한변호사협회안

모든 국민은 깨끗한 환경에서 생활할 권리를 가지며 국가는 이를 보호할 의무를 진다(제34조 제2항).

(라) 6인연구회안

모든 국민은 쾌적한 환경에서 생활할 권리를 가진다(제36조 제1항). 국가는 환경을 청결하게 유지하고, 국민의 건강과 위생을 위험하게 하는 오염을 제거하며, 산업공해를 방지하여야 한다(제36조 제2항).

(4) 소 결

이상에서 살펴본 것처럼 환경권을 기본권조항의 형태로 명문화할 때 생길 수 있는 문제들을 충분히 고려하지 않은 우리의 입법태도는 독일의 경우와 극명하게 대조를 이

---

241) 법제처, 「헌법심의자료 헌법연구반보고서」, ⅰ-ⅵ쪽, 155-157쪽 등 참조.

242) 법제처, 「헌법심의자료 헌법연구반보고서」, ⅰ-ⅵ쪽, 155-157쪽 등 참조.

룬다. 독일은 기본법에 환경권에 관한 규정을 추가하려 하였으나 독일 기본법상 기본권은 "직접적으로 효력을 갖는 법으로서(als unmittelbar geltendes Recht) 입법, 집행 및 사법을 구속"하는 것이므로 환경권을 기본권으로서 명문화할 때 생길 수 있는 문제들을 고려하지 않을 수 없다는 등의 반론으로[243] 권리의 형태로 규정하는 것은 단념하고 국가목표조항의 형태로서의 환경보호에 관한 규정을 두게 되었다. 이러한 사실은 앞으로 우리 헌법개정시에 많은 참고가 될 것인데도 불구하고 국내에 거의 알려지지 않은 이 사실이 환경권이 우리 사회의 현실적 맥락에서 어떻게 실현·행사되고 있는지를 도외시하고 우리 헌법에 환경권을 1980년 헌법에 일찍이 규정하였다는 그 자체만으로 우리 헌법의 선진성을 추론하는 것은 잘못이다.[244]

3. 한국의 환경권에 관한 해석

(1) 대 상(범위)

(가) 환경권의 의의

우리 헌법상 환경권의 대상을 고찰하기 전에 먼저 환경권의 의의에 대하여 살펴본다. 환경권의 의의에 대하여 학자들간에 견해의 대립이 있다. 즉, ① 오염되거나 불결한 환경으로 말미암아 건강을 훼손당하거나 훼손당할 위험에 놓인 자가 오염되거나 불결한 환경에 대하여 책임이 있는 공권력이나 제3자에 대하여 그 원인을 예방 또는 배제하여 주도록 요구할 수 있는 권리는 물론이고 청정한 환경에서 건강하고 쾌적한 생활을 누릴 수 있는 권리,[245] ② 인간다운 환경 속에서 생존할 수 있는 권리,[246] ③ 건강하고 쾌적한 환경에서 공해 없는 생활을 누릴 수 있는 권리,[247] ④ 건강하고 쾌적한 환경에서 생활할 권리,[248] ⑤ 좋은 환경을 향유할 권리,[249] 즉 인간이 건강하고 쾌적한 생활을 유지함에

243) R. Breuer, "Umweltschutzrecht", in: Besonderes Verwaltungsrecht, Berlin/N.Y. 1992, Rn. 34, 410쪽.

244) 홍준형, 『환경법』, 박영사, 2005, 35쪽.

245) 권영성, 『헌법학원론』, 법문사, 2010, 701쪽.

246) 김철수, 『헌법학개론』, 박영사, 2007, 1039쪽.

247) 허 영, 『한국헌법론』, 박영사, 2019, 488쪽.

248) 고영훈, 『환경법』, 법문사, 2002, 60쪽; 김동희, 『행정법Ⅱ』, 박영사, 2009, 502쪽; 김백유, "환경권과 권리보호제도", 「성균관법학」, 제6호, 성균관대학교 법학연구소, 1995, 47쪽; 김철용, 『행정법Ⅱ』, 박영사, 2010, 630쪽; 조현권, 『환경법』, 법률문화원, 2006, 102쪽; 홍준형 교수는 이 말을 일본학자의 설명을 빌어 다시 "건강하고 안전하며 쾌적한 생활을 유지하는 조건으로서 양호한 환경을 향수할 권리"라고 부연 설명하고 있다. 木佐茂男·古城誠, 『環境行政判例の綜合的研究』, 北海道大學圖書刊行會, 1995, 5쪽; 홍준형, 『환경법』, 박영사, 2005, 36쪽.

249) 구연창, "환경권사상", 『법과공해』, 한국법학교수회편, 1974, 356쪽; 구연창, 『환경법론』, 법문사, 1991, 75쪽.

필요한 모든 조건을 충족한 양호한 환경을 구하는 권리 등 그 정의를 달리하고 있다. 이상을 종합하면, 환경이라는 불확정개념을 대상으로 한 환경권을 일의적으로 정의하기는 어렵지만[250] 환경권이라 함은 깨끗한 환경에서 건강하고 쾌적한 생활을 누릴 수 있는 권리라 할 수 있다. 즉, 환경권은 오염되거나 불결한 환경으로 말미암아 건강을 훼손당하거나 훼손당할 위험에 놓인 자가 오염되거나 불결한 환경에 대하여 책임이 있는 공권력이나 제3자에 대하여 그 원인을 예방 또는 배제하여 주도록 요구할 수 있는 권리인 협의의 환경권은 물론이고 청정(淸淨)한 환경에서 건강하고 쾌적한 생활을 누릴 수 있는 권리, 즉 비단 오염되거나 불결한 환경의 예방 또는 배제라고 하는 소극적 성격뿐만 아니라, 적극적으로 청정한 환경을 보전하고 조성하여 줄 것을 국가에 대하여 요구할 수 있는 권리이다.[251] 헌법 제35조의 환경권은 넓은 의미의 환경권으로 이해하여야 한다. 헌법 제10조 제1문이 인간의 존엄과 가치를 기본권보장의 최고이념으로 규정하고 있기 때문이다.

(나) 환경권의 대상으로서의 환경

환경권에 대하여 체계적으로 논의하기 위해서는 보호대상인 환경의 개념에 대한 명료성이 성립되어야만 그 논의가 의미 있는 것이 될 수 있다.[252] 그러나 환경이란 개념은 상대적인 것으로 특정한 시대와 사회에 있어서 과학적 지식과 사회적 통념에 따라 그 개념이 결정될 것이기 때문에 환경개념에 대하여 일반적으로 승인된 정의는 존재하지 않으며[253] 그러한 한에서 환경을 일반적으로 개념 정의하는 것이 매우 어렵다고 할 수 있다.[254]

환경이 무엇을 뜻하는 것인지는 보는 관점에 따라 다를 수 있다.[255] 사람은 그를 둘

250) 조홍식, "환경구제법 소고", 「환경법연구」, 제21권, 1999, 105쪽.

251) 권영성, 『헌법학원론』, 법문사, 2010, 701쪽.

252) 홍성방, "독일의 헌법과 행정법에 있어서의 환경보호", 「안암법학」, 제4집, 안암법학회, 1996, 24-25쪽.

253) Bundesminister der Innern und Bundesminister der Justiz(Hrsg.), 앞의 보고서, Rn 28; 일반국제법상 확립된 환경의 정의는 존재하지 않는다고 한다. 노명준, 『국제환경법』, 박영사, 1997, 4쪽.

254) 변동건, "환경문제의 인식과 환경정책 형성의 연관에 있어서 기본적인 문제들", 「사회과학연구」, 제10집, 국민대학교 사회과학연구소, 1998, 30쪽; 이상돈·이창환, 『환경법』, 이진출판사, 1999, 29쪽; 조홍식, "환경구제법 소고", 「환경법연구」, 제21권, 1999, 105쪽; 환경권의 구체적 권리성을 부정하는 논자의 주된 논거 중의 하나는 환경개념의 다의성이다. 김세규, "독일기본법상의 환경보호의 명확화", 「한국헌법학의 현황과 과제」, 금랑김철수교수 정년기념논문집, 박영사, 1998, 642쪽 각주 64).

255) 환경의 개념은 크게 보아 인간중심적 관점과 생태중심적 관점에서 파악되고 있다. A. Schnaiberg, The Environment: From Surplus to Scarcity, New York: Oxford Univ. Press, 1980, 9쪽.

러싸고 있는 갖가지 주변조건 속에서 생활을 영위하고 있는바,[256] 보통 환경은 넓은 의미에서는 "동료인 인간과 모든 사회적·문화적·정치적 제도를 포함하는 우리 인간을 둘러싼 전체 주변"이라고 정의된다.[257] 즉, "인간환경은 자연을 통하여 진화과정에서 나온 여러 가지 요소와 문화를 통하여 인간이 만들어 낸 여러 가지 요소의 모체(matrix)"라고 할 수 있다.[258] 이러한 넓은 의미에서의 환경은 다수의 부분 환경, 즉, 대기, 물, 토양, 산림, 일광, 경관, 지형 등과 같은 자연상태로 있는 자연적 환경, 교량(橋梁), 도로, 주택, 학교, 전기·가스, 상·하수도, 그 밖의 후생시설과 같이 기술과 자본이 투자되어 이루어진 인공적 환경, 인간관계, 사회적·문화적·경제적 제도와 국가적 제도 등을 포괄하는 사회적 환경으로 구성되어 있다. 최근에 와서는 환경권의 대상이 되는 환경에 사회적 환경까지도 포함시키려는 견해가 있는데,[259] 그 헌법적 근거로서 제35조 제3항의 쾌적한 주거생활의 보장조항에서 찾고 있다.[260] 그러나 헌법 제35조 제3항은 환경정책과 사회보장정책을 혼동하여 규정한 결과 생겨난 조항이어서 문제라 할 것이다. 왜냐하면 전통적으로 주택문제는 사회보장의 대상이기 때문이다.[261] 우리나라의 주택사정을 고려할 때

256) 노융희, "환경론서설(1)", 「환경논총」, 서울대학교 환경대학원, 제1권 제1호, 1974, 2-3쪽; 구연창, 『환경법론』, 법문사, 1991, 53쪽.

257) Michael Kloepfer, Umweltrecht, 3. Aufl., München: Verlag C. H. Beck, 2004, 17쪽 Rn. 15. 넓은 의미의 환경개념을 Kloepfer 교수는 "확장적 환경 개념"(Extensiver Umweltbegriff)으로 부르고 있다.

258) L. K. Caldwell, Environment: A Challenge to Modern Society, N. Y. : MacGraw- Hill, 1971; 서남동·김영운 역, 『환경-인류의 생존과 생태학적 도전-』, 현대사상사, 1973, 11쪽에서 재인용.

259) 이에 반하여 환경권의 대상은 자연환경을 기본으로 하고 물리적 인공환경도 그 대상이 되지만 사회적·문화적 환경권은 원칙적으로 그 대상이 되지 않는다고 새기는 견해[계희열, 『헌법학(상)』, 박영사, 2004, 193-194쪽; 계희열, 『헌법학(중)』, 박영사, 2007, 796-797쪽]와 광의의 환경 속에 사회적 환경이 포함되지 않는다고 보고 있는 견해가 있다. 천병태·김명길, 『환경법론』, 삼영사, 2000, 52-53쪽.

260) 헌법 제35조 제3항을 근거로 기본적 인권으로서의 환경권의 대상은 자연환경과 생활환경 모두를 포함한다고 새기는 견해가 있다. 권영성, 『헌법학원론』, 법문사, 2010, 706쪽. 그런데 여기에서의 생활환경을 사회적 환경과 같은 것으로 새길 수 있는지, 아니면 생활환경의 일부분에 사회적 환경이 내포되는지 여부는 분명치 않다.

261) 1980년 헌법이 제33조에서 단순하게 "모든 국민은 깨끗한 환경에서 생활할 권리를 가지며 국가와 국민은 환경보전을 위하여 노력하여야 한다."라고 규정하고 있다가 새로운 헌법에서 쾌적한 주거생활의 보장에 관한 내용을 보충한 것은 사회적·정치적 공감대하에서 '주택권'의 문제를 환경의 개념으로 편입시킨 것으로 해석될 수 있는 것이어서, 이렇게 주거의 보장에 관한 내용을 환경의 범주에 포함시켜도 환경의 근본개념과 모순되지 않으므로 주택권을 환경권의 일부로서 파악하는 것이 타당하다는 견해가 있다. 오세탁·류지태, "주택권의 법리에 관한 연구", 『현대법학의 이론과 과제』, 벽서오세탁박사화갑기념논문집, 법영사, 1990, 215-216쪽; Rauschning은 환경정책의 분야로 다음과 같은 7가지를 들고 있다. 즉 (1) 물관리(Wasserwirtschaft), (2) 대기청정도 유지(Luftreinhaltung), (3) 경관보호, (4) 자연보호, (5) 소음누출열, 방사선의 형태로 나타나는 에너지통제, (6) 식용품에 섞인 이물질통제, (7) 폐기물처리. D. Rauschning, "Staatsaufgabe Umweltschutz", VVDStRL, H. 38, 1980, 169쪽.

현행 헌법 제35조 제3항과 같은 내용의 규정은 필요하다고 할 수 있지만 그 위치는 환경권을 규정한 제35조가 아니라 사회보장의 근거 규정인 제34조에 자리매김하는 것이 바람직하다.[262]

또한 헌법 제35조 제1항은 "모든 국민은 건강하고 쾌적한 환경에서 생활할 권리를 가지며…"라고 규정하고 있는바, 환경보호의 대상을 독일은 그 기본법에서 "자연적 생활기반"이라고 규정함으로써 일반적으로 자연적 환경으로 새기는 데 반하여,[263] 한국에서는 사회적 환경까지 포함하는지 여부는 분명치 않지만 그렇게 해석할 여지가 있을 수 있으므로 이를 합리적으로 제한할 필요가 있다. 즉 환경권의 객체인 환경을 검토해 본다면 환경권 제창의 근본적 동기에서나 연혁적 이유에서 보아 자연환경이 환경권의 가장 기본적이고 핵심적인 객체가 된다고 할 수 있다.[264] 따라서 환경권의 객체를 자연환경에 국한하여 비교적 좁게 이해하는 것이 타당하다고 본다. 왜냐하면 환경을 지나치게 포괄적으로 이해한다면 인간의 모든 사회적 행동은 환경보호법과 환경보호정책 개념에 포섭될 것이며 심지어는 형법조차 환경보호의 한 분야로 분류될 것이므로[265] 포괄적 개념을 가지고는 환경보호라는 특수한 과제를 그 밖의 공적 과제들(öffentlichen Aufgaben)과 명확하게 구별할 수 없게 되고[266] 그렇다고 하여 환경권의 대상으로서의 환경 속에 사회적 환경까지 포함된다고 넓게 새기면 막연하기 때문에 무효이론(void for vagueness theory)이

262) 홍성방, "환경기본권-한국헌법 제35조에 대한 해석론적·입법론적 소고-", 「환경법연구」, 제22권, 한국환경법학회, 2000, 483쪽; 정종섭, 『헌법학원론』, 박영사, 2012, 851쪽.

263) Hartmut Maurer, Staatsrecht, C. H. Beck'sche Verlagsbuchhandlung, München, 1999, 177쪽 Rn 13; Reiner Schmidt, Einführung in das Umweltrecht, 4. Aufl., C. H. Beck'sche Verlagsbuchhandlung, München, 1995, XXVI; Ulrich Dempfle/Hans Jürgen Müggenborg, "Die Umwelt, ein Rechtsbegriff?", NuR, 1987, 301-308쪽 등 참조; 여기에 대하여는 환경을 자연적 환경과 동의어로 사용하여 환경개념을 제한적으로 파악하는 것은 자연적인 원시상태의 보전이 문제되기보다는 인간에 의하여 형성된 공간의 보전이 문제되는 현대사회에 있어서는 적합하지 않으므로 환경개념에는 자연적 환경에다가 문화적 재화 그 밖의 재화와 이들과 인간의 상호작용으로 파악하려는 규범적 견해도 있다. 즉, 환경을 인간의 자연적 생활기반, 즉 토양, 공기, 물, 경관 및 문화적 재화 그 밖의 재화와 이들과 인간의 상호작용으로 파악한다. Michael Kloepfer, Umweltrecht, 3. Aufl., München: Verlag C. H. Beck, 2004, 17쪽 Rn 17; M. Kloepfer, "Art. 20a GG", Bonner Kommentar, 77. Lfg. 1996. 10, 29쪽, Rn 52; 김연태, 『환경보전작용연구』, 고려대학교출판부, 1999, 2-3쪽 참조.

264) 현행 환경정책기본법 제24조에서도 "국가와 국민은 자연환경의 보전이 인간의 생존 및 생활의 기본임에 비추어 자연의 질서와 균형이 유지·보전되도록 노력하여야 한다."고 규정함으로써 이 사실을 뒷받침하고 있다.

265) Werner Hoppe/Martin Beckmann/Petra Kauch, Umweltrecht, 2. Aufl, C. H. Beck'sche Verlagsbuchhandlung, München, 2000, 3쪽 Rn 4.

266) Michael Kloepfer, Umweltrecht, 17쪽 Rn 15.

적용되어 환경권의 본질적 내용마저도 보호할 수 없게 되어[267] 오히려 환경보호에 역행할 수도 있기 때문이다.

(2) 주 체

(가) 자연인

환경권은 성질상 자연인에게 인정되는 기본권이다. 환경권을 건강하고 쾌적한 환경에서 생활할 권리(헌법 제35조 제1항)로 인식한다면 그렇게 이해하는 것이 자연스럽다.[268] 즉 환경권은 인간다운 생활을 함으로써 인간으로서의 존엄을 유지함에 필요한 권리로서 환경권의 성질을 인격권이나 생존권으로 보는 이상 자연인만이 환경권의 주체가 된다.[269] 따라서 법인은 그 주체가 될 수 없다.[270] 환경파괴를 고발하고 제소하는 것만을 목적으로 하는 독립의 환경보호단체를 인정하여야 한다는 입법론이 있으나, 그렇다고 하여 곧 법인에게 적용된다고 볼 수 없다.[271]

(나) 미래세대

(ㄱ) 서 설

한국에서는 미래세대의 권리 내지 기본권주체성 등에 대하여 그렇게 활발하게 논의되지 않고 있다.[272] 그런데 최근에 우리나라에서 새만금간척사업에 대한 미래세대소송을 생후 40일 된 아기 등 18세 미만 전국 100인이 국내 처음으로 제기한 바가 있고, 2024년 8월 헌법재판소에서 판시한 아시아 최초의 미래세대 기후소송 결정으로 주목을 받고 있다.[273] 헌법재판소는 2020년 청소년·시민단체·영유아 등이 아시아에서 처음으로 제

267) 김대환, 『기본권제한의 한계』, 법영사, 2001, 9-13쪽, 56-73쪽, 74-110쪽, 150-192쪽 참조.

268) 권영성, 『헌법학원론』, 법문사, 2010, 704쪽.

269) 김철수, "환경권", 「공법연구」, 제6집, 1978, 25쪽; 김철수, 『헌법학개론』, 박영사, 2007, 1041쪽.

270) 성낙인, 『헌법학』, 법문사, 2019, 1393쪽; 정종섭, 『헌법학원론』, 박영사, 2012, 854쪽.

271) 김철수, 『헌법학개론』, 박영사, 2007, 1041쪽.

272) 미래세대의 환경권에 대하여는 고문현, "미래세대의 환경권", 「공법연구」, 2003, 31권 4호, 173-207쪽 참조. 미래세대의 권리를 논하기 위한 기초로서 세대간의 정의의 문제에 대하여는 John Rawls, A Theory Of Justice, The Belknap Press of Harvard University Press, Cambridge, Massachusetts, 1973, 107-108쪽, 140쪽, 284-293쪽 참조.

273) 기후위기 대응을 위한 탄소중립·녹색성장 기본법'(이하 '탄소중립기본법'이라 한다) 제8조 제1항과 같은 법 시행령 제3조 제1항이 설정한 2030년까지의 중장기 감축목표로서 국가 온실가스 배출량을 2018년 대비 40%만큼 감축한다는 감축비율의 수치만으로는, 전 지구적 온실가스 감축 노력의 관점에서 우리나라가 기여해야 할 몫에 현저히 미치지 못한다거나, 기후변화의 영향과 온실가스 배출 제한의 측면에서 미래에 과중한 부담을 이전하는 것이라고 단정하기 어렵다.

기한 저탄소 녹색성장 기본법 제42조 제1항 제1호 위헌확인사건(기후위기 대응을 위한 국가 온실가스 감축목표 사건)에서 제기된 지 4년 반 만인 2024년 8월 29일 "2031년부터 2049년까지 구체적인 온실가스 감축 목표를 설정하지 않은 현행 기후위기 대응을 위한 탄소중립·녹색성장 기본법'(이하 '탄소중립기본법'이라 한다)은 미래세대의 환경권을 침해한다. 탄소중립기본법 8조 1항은 헌법에 합치되지 않는다."며 헌법불합치 결정을 내리면서 정부에 "2026년 2월 28일을 시한으로 법을 개정하라"고 주문했다. 법 개정 전까지는 기존 법령을 그대로 적용하라고도 했다. 탄소중립기본법 8조 1항은 '정부는 국가 온실가스 배출량을 2030년까지 2018년의 국가 온실가스 배출량 대비 35퍼센트 이상의 범위에서 대통령령으로 정하는 비율만큼 감축하는 것을 중장기 국가 온실가스 감축 목표로 한다'고 정하고, 대통령령(시행령) 3조 1항은 이 비율을 '40퍼센트'로 규정하였다. 이 법은 또 2050년까지 탄소 순배출량 0(영, 零)이 되는 '탄소중립을 목표'로 세워두었는데, 2030년 이후에는 구체적으로 해마다 어떻게 탄소배출량을 줄여갈지는 정하지 않았다. 헌법재판소는 이

연도별 감축목표의 이행현황 점검이나 배출권거래제 등 배출량 목표 달성을 보장하기 위한 수단들과 관련하여, 매년 정량적 감축목표가 달성되지 않은 경우 추후의 감축목표에 미달성 부분을 추가하는 규율이 법률에 명시되어 있지 않다는 이유로, 탄소중립기본법 제8조 제1항의 온실가스 감축목표 설정 방식이 온실가스 감축을 실효적으로 담보할 수 있도록 설계되지 않은 것으로 볼 수도 없다.

그러나 탄소중립기본법 제8조 제1항에서 2031년부터 2049년까지의 감축목표에 관하여 어떤 형태의 정량적 기준도 제시하지 않은 것은, 같은 조 제4항의 온실가스 감축목표 재설정 주기나 범위 등 관련 법령의 체계를 살펴보더라도 2050년 탄소중립의 목표 시점에 이르기까지 점진적이고 지속적인 감축을 실효적으로 담보할 수 없으므로, 미래에 과중한 부담을 이전하는 방식으로 온실가스 감축목표를 규율한 것이다. 구체적인 감축목표를 정할 때 단기적일 수도 있는 정부의 상황 인식에만 의존하는 구조로는 온실가스 감축정책의 적극성 및 일관성을 담보하기 어렵다.

따라서 탄소중립기본법 제8조 제1항은 2031년부터 2049년까지의 감축목표에 대한 규율에 관하여 기후위기라는 위험상황에 상응하는 보호조치로서 필요한 최소한의 성격을 갖추지 못하였으므로 과소보호금지원칙을 위반하였다.

한편, 탄소중립기본법 제8조 제1항에서 2030년까지의 감축목표에 대하여 2030년을 목표연도로 한 2018년 대비 감축비율의 하한만 법률에서 정하였을 뿐, 구체적인 감축비율의 수치는 대통령령에 위임하고 감축의 경로는 정부가 설정하는 부문별 및 연도별 감축목표에 따르도록 한 것은 법률유보원칙을 위반한 것으로 볼 수 없다. 그러나 중장기적인 온실가스 감축목표와 감축경로를 계획할 때에는 매우 높은 수준의 사회적 합의가 필요하다는 점, 미래세대는 민주적 정치과정에 참여하는 것이 제약되어 있다는 점과 관련하여 입법자에게 더욱 구체적인 입법의무와 책임이 있음을 고려할 때, 2031년부터 2049년까지의 감축목표에 관하여 대강의 정량적 수준도 규정하지 않고 이에 관해 정부가 5년마다 정하도록 한 것은 의회유보원칙을 포함하는 법률유보원칙을 위반한 것이다.

결국 탄소중립기본법 제8조 제1항은 과소보호금지원칙 및 법률유보원칙에 반하여 기본권 보호의무를 위반하였으므로 청구인들의 환경권을 침해한다. 저탄소 녹색성장 기본법 제42조 제1항 제1호 위헌확인사건(기후위기 대응을 위한 국가 온실가스 감축목표 사건)[2024. 8. 29. 2020헌마389, 2021헌마1264, 2022헌마854, 2023헌마846(병합)]

에 대해 2031년부터 20년간의 배출량 감축 목표를 대강이라도 정해두지 않은 것이 실질적으로 탄소배출량 감축에 제약이 된다며 청구인들 및 미래세대의 기본권을 침해한다고 판단했다. 헌법재판소는 '위험상황으로서의 기후위기'를 인정하면서, 온실가스로 인한 기후변화의 불가역성과 감축의 긴급한 필요성을 인정하고 그에 따라 국가의 감축 책임을 강조했다. 특히 헌재는 지금의 감축 노력이 사실상 미래 세대의 헌법적 권리를 보장하기 위한 목적도 있음을 명시했다.

헌법재판소는 "현재의 온실가스 감축 노력이 불충분하면 그만큼 미래의 부담이 가중된다. 국가가 기후위기에 대응하는 보호조치를 마련하여 미래에 과중한 부담이 이전되지 않도록 하는 것은, 미래 국민의 자유 보장 및 현재 세대와 미래세대 사이 평등한 기본권 보장을 위해 필요하다. 미래세대는 정치 참여도 어렵기 때문에 더 구체적인 입법책임이 정부에 있다."고 판시하였다. 헌법재판소는 "2050년 탄소중립의 목표 시점에 이르기까지 점진적이고 지속적인 감축을 실효적으로 담보할 수 있는 장치가 없으므로 이는 미래에 과중한 부담을 이전하는 방식"이라며 "기후 위기라는 위험 상황에 상응하는 보호조치로서 필요한 최소한의 성격을 갖추지 못했다고 할 것"이라고 판단했다. 그러면서 "기후위기의 성격상 미래의 부담을 가중하지 않기 위해서는 가장 의욕적으로 감축 목표를 정하고 계속 진전시켜야 한다. 2031년 이후의 기간에 대해서도 대강의 내용은 법률에 직접 규정해야 한다."고 판시했다. 다만 헌법재판소는 '2030년까지 2018년 배출량의 40% 감축' 목표라는 구체적 수치를 정할 권한과 책임은 원칙적으로 입법자에게 있고, 특정 연도의 구체적 수치를 놓고 파리협정에서 정한 '이용 가능한 최선의 과학에 따라 급속한 감축을 위해 최대한의 의욕 수준' 기준에 어긋난다고 보기 어려워 '감축 노력이 부족하다'고 판단하기는 어려우므로 '2030년까지 2018년 배출량의 40% 감축' 목표는 기본권을 침해하지 않는다고 판시하였다.

청구인들은 '2018년은 총배출량을 기준 삼고(7억 2760만톤) 2030년은 불확실한 탄소포집 기술 등을 포함한 순배출량(4억 3660만톤)을 기준 삼아 감축 비율을 정한 것이 잘못되었고 충분하지 못한 보호조치, 환경권 침해'라고 주장했지만, 재판관 5인(김기영·문형배·이미선·정정미·정형식)만 위헌 의견을 표시해 심판 정족수(6명)에 미달하여 위헌결정을 내리지 못했다.[274]

독일은 기본법 제20a조에서 미래세대를 명시하고 있는 데 반하여 미래세대의 보호에

274) 저탄소 녹색성장 기본법 제42조 제1항 제1호 위헌확인사건(기후위기 대응을 위한 국가 온실가스 감축목표 사건)[2024. 8. 29. 2020헌마389, 2021헌마1264, 2022헌마854, 2023헌마846(병합)]

관하여 규정하고 있지 않은 한국도 미래세대보호의 의무를 가지는가 하는 문제가 제기된다.[275]

(ㄴ) 학 설

학설은 크게 긍정설과 부정설로 대별되나 뉘앙스가 애매한 것이 있어 주장자들의 견해를 나열하는 방식을 취하여 살펴본다.

① 제1설

이것은 헌법 전문에서 "우리들과 우리들의 자손의 안전과 자유와 행복"을 구가하고 있기 때문에 우리들의 자손의 환경보호청구권도 인정된다고 보는 견해이다.[276]

② 제2설

환경권의 강한 의무성이 환경권에 관한 헌법규정에서 '국가와 국민의 환경보전의무'로 표현되는 것은 자연환경이 우리 인류에게 영원한 '생활의 울타리'로 기능하는 것과도 무관하지 않다. 즉 자연환경은 우리 세대만의 전유물(專有物)이 아니고, 우리 선조들의 생활터전이었을 뿐만 아니라 또 우리 후손들에게도 불가결한 생활의 터전을 뜻하기 때문에 우리 세대가 깨끗한 자연환경을 그들에게 물려주는 것은 그들이 누릴 '생활의 질'과도 직접적인 연관성이 있다. 헌법의 환경권규정에 의해서 우리 세대가 지고 있는 환경보호의무는 우리 후손들의 환경권적 시각에서도 결코 과소평가할 수 없다는 결론이 나온다. 즉 환경권은 현재 살고 있는 현존세대만의 기본권이 아니라 미래세대의 기본권적인 성격도 아울러 가지고 있다는 특성을 가진다. 이 점도 다른 기본권에서는 찾아볼 수 없는 환경권만의 고유한 특성에 속한다. 환경권이 가지는 이 같은 미래세대의 기본권적 성격을 중요시한 나머지 국가와 국민의 환경보전의무를 단순한 도덕적·윤리적 의무로서가 아니고 우리 '후손들이 가지는 기본권의 예선효과'(Vorwirkung der Grundrechte kommender Generationen)의 관점에서 일종의 세대계약(Generationsvertrag)적인 기속의무로 설명하려는 학자(H. Hofmann)가 있다는 점을 주목할 필요가 있다.[277]

---

275) 이종영, "방사성폐기물 영구처분시설의 허가기준으로 후세대보호", 「과학기술법연구」, 제2집, 한남대학교 과학기술법연구소, 1996. 12, 220-221쪽.

276) 김철수, 『헌법학개론』, 박영사, 2007, 1041쪽.

277) 허 영, "환경권에 관한 연구", 「경희법학」, 제21권 제1호, 1986. 11, 160쪽; 허 영, 『한국헌법론』, 박영사, 2019, 489쪽; 허남오, 『환경의 법이념을 찾아서』, 넥서스, 1996, 144쪽; 홍준형, "환경법의 기본원리로서의 지속가능한 개발의 원칙", 「공법연구」, 제25집 제2호, 1997. 6, 250쪽; Hong Joon-Hyung, "Entwicklung und Probleme der Umweltgesetzgebung in Korea", 1997. 6, 독일 Bonn에서 개최된 Adenauer재단후원 국제학술대회 발표문, 10쪽.

③ 제3설

자연환경은 인류가 생존할 수 있는 전제조건을 이룬다는 점에서 미래세대에게 환경보호청구권을 인정하지만, 이 이야기를 미래세대가 직접 보호청구권을 행사할 수 있다는 의미로 해석해서는 안 될 것이다. 아직 태어나지 않은 세대는 출생을 전제하고 태아에게 인정되는 극소수 예외를 제외하고는 현행법상으로는 권리주체성이 인정되지 않는다. 따라서 이 이야기는 국가는 현재 살고 있는 사람을 보호해야 할 의무가 있는 것처럼 장래에 살게 될 세대를 보호할 의무가 있다는 것, 곧 현재 살고 있는 우리는 오늘 발생시킨 위험에 대하여 '후세대를 보호할 의무'(eine Pflicht zum Nachweltschutz)가 있기 때문에 미래의 세대가 충분히 그들의 깨끗한 환경에 대한 권리를 누릴 수 있도록 모든 노력을 다해야 한다는 의미로 이해하면 될 것이다.[278]

④ 제4설

환경권은 민법상의 상속권과는 달라 자연인인 사람에게만 인정되는 권리이므로 아직 사람이라고 볼 수 없는 미래의 자연인에게 환경권이 인정된다고 보기는 어렵다. 즉, 미래의 자연인은 현존하는 자연인이 아니므로 아직은 권리의 주체가 될 수 없다. 다만, 현세대의 자연인은 미래의 자연인이 건강하고 쾌적한 환경에서 생활할 수 있도록 깨끗한 환경을 보전하여 물려주어야 할 것이다.[279]

(ㄷ) 소 결

환경권을 건강하고 쾌적한 환경에서 생활할 권리로 인식한다면 환경권은 성질상 자연인에게만 인정된다고 이해하는 것이 자연스럽다.[280] 환경권은 현실적으로는 특정한 환경에 대해 일정한 이해관계를 가지는 모든 국민 즉, 오염된 환경으로 피해를 입은 모든 주민이 그 주체가 된다. 이와 같이 환경권이 '단체적 권리'로서 보장받는 경우에도 환경소송에 있어서는 누가 그 출소권을 가지는가, 즉 당사자적격(원고적격)의 문제가 일어난

---

278) 홍성방, "환경기본권", 박기갑 외, 『환경오염의 법적구제와 개선책』, 한림과학원총서 47, 소화 1996, 62쪽; 홍성방, "핵에너지의 평화적 사용과 기본권의 보호(독일의 논의를 중심으로)", 「서강법학연구」, 제1권, 1999. 2, 44쪽; 홍성방, 「환경보호의 법적문제-독일의 헌법과 행정법에 있어서 환경보호를 중심으로-」, 51-82쪽; 홍성방, "환경기본권-한국헌법 제35조에 대한 해석론적·입법론적 소고-", 480쪽; 홍성방, 『헌법학』, 현암사, 2009, 610쪽.

279) 조현권, 『환경법-이론과 실무-』, 법률문화원, 1999, 101-102쪽.

280) 권영성, 『헌법학원론』, 법문사, 2010, 704쪽; 김철수, "환경권", 「공법연구」, 제6집, 1978, 25쪽; 정만조, "환경권에 관한 고찰", 「법조」, 제27권, 1978. 4, 27쪽; 석인선, "환경권에 관한 연구-수오염을 중심으로-", 이화여자대학교 대학원 법학박사학위논문, 1991, 125쪽.

다.[281] 환경보호에 있어서 관련되는 것은 집단적인 이익의 보호이지 원칙적으로 개별적인 개개인의 보호법익이 아니라는 점에 비추어 보아[282] 오히려 집단적 보장이 효율적이므로 여러 가지 문제가 없는 것은 아니지만 집단소송(class action) 또는 단체소송(Verbandsklage)의 도입을 검토할 필요가 있다.[283]

미래세대의 권리[284] 내지 기본권주체성, 특히 환경권주체성인정 여부에 대하여, 독일은 환경보호를 기본법 제20a조에서 국가목표조항으로 두고 있으며 또한 "미래세대에 대한 책임을 지고"라고 명시함으로써 부인하는 데 반하여, 한국은 환경권이 기본권의 형태로 규정되었고 헌법 전문의 "우리들과 우리들의 자손의 안전과 자유와 행복을 영원히 확보할 것을 다짐하면서"라는 구절[285]과 환경정책기본법은 제2조에서 "환경의 질적인 향상과 그 보전을 통한 쾌적한 환경의 조성 및 이를 통한 인간과 환경 간의 조화와 균형의 유지는 국민의 건강과 문화적인 생활의 향유 및 국토의 보전과 항구적인 국가발전에 반드시 필요한 요소임에 비추어 국가, 지방자치단체, 사업자 및 국민은 환경을 보다 양호한 상태로 유지·조성하도록 노력하고, 환경을 이용하는 모든 행위를 할 때에는 환경보전을 우선적으로 고려하며, 지구환경상의 위해(危害)를 예방하기 위하여 공동으로 노력함으로써 현세대의 국민이 그 혜택을 널리 누릴 수 있게 함과 동시에 미래의 세대에게 그 혜택이 계승될 수 있도록 함"을 그 기본이념으로 한다고 규정하고 있는 점[286] 등에 비추

281) 환경권의 주체와 소송상의 당사자적격문제와는 다르다. 조현권, 『환경법』, 법률문화원, 2006, 110쪽.

282) 류지태, 『환경법』, 고려대학교출판부, 2000, 7쪽.

283) 권영성, 『헌법학원론』, 법문사, 2010, 710쪽; 홍성방, 『헌법Ⅱ』, 현암사, 2000, 227쪽 각주 871); 홍성방, 『헌법학』, 현암사, 2009, 592쪽 각주 915). 한때 환경보호를 목적으로 하는 여러 단체들에게도 소권을 인정하기 위해 이른바 단체소송을 긍정하려는 이론이 강력히 제기되었으나 지금은 오히려 부정적이고 비판적인 경향으로 역전한 것 같은 느낌을 준다. 단체소송의 범위를 함부로 넓혀 가는 것은 전통적 소송법 질서에 반하고 실제로도 소권을 인정할 단체의 선별이 평등권의 시각에서 쉽지 않다는 것 등이 그 주요 이유이다. 허영, 『헌법이론과 헌법』, 박영사, 2010, 642쪽.

284) 여기에 관하여 자세한 것은 고문현, "미래세대의 환경권 주체성인정 여부에 관한 소고", 「한국헌법학의 현황과 과제」, 금랑김철수교수정년기념논문집, 박영사, 1998, 658-686쪽; 고문현, "미래세대의 환경권", 「공법연구」, 제31집 4호, 2003. 5, 173-208쪽; John Edward Davidson, "Tommrrow's Standing Today: How The Equitable Jurisdiction Clause of Article Ⅲ, Section 2 Confers Standing Upon Future Generations", 28 Colum. J. Envtl. L. 185, 2003, 185-221쪽; Peter Saladin & Christoph Andreas Zenger, Rechte künftiger Generationen, Helbing & Lichtenhahn Verlag AG: Basel/Frankfurt am Main, 1988, 46-47쪽; Allen Tough, A Message from future generations, The Futurist, 1995, March-April, Vol. 29, No. 2, 30-32쪽 참조.

285) 김철수, 『헌법학개론』, 박영사, 2007, 1041쪽.

286) 환경정책기본법은 제16조 제2항에서 "정부는 미래세대를 위하여 환경을 적정하게 관리·보전하기 위하여 국민의 환경교육에 노력하여야 한다."고 규정하고 있다.

어 미래세대의 환경권 주체성도 인정된다고 하겠다.

(3) 법적 성격

(가) 학 설

환경권은 현대적 인권 내지 집단의 국제적 차원의 권리로서의 성격을 강하게 띤 제3세대인권[287]의 하나로서 생성되고 있는 권리라고 할 수 있다. 따라서 그 성격상 여러 가지 기본권과 관련을 가지고 있으므로 그 법적 성격에 관하여는 학자들간에 의견이 갈리고 있다.[288] 즉, ① 인간의 존엄성 존중을 그 이념적 기초로 하면서 여러 가지 성격을 아울러 가진 종합적 기본권이지만 그 주된 성격은 사회적 기본권이라고 보면서 사회적 기본권으로서의 환경권은 불완전하나마 구체적 권리라고 보는 견해,[289] ② 기본권으로서의 인간의 존엄과 가치·행복추구권에서 파생된 기본권으로서 생존권적 기본권에 포함된다고 새기면서[290] 자유권적 성격과 생존권적 성격을 아울러 가진 양면성을 가지는 권리여서 자유권적 측면에서는 구체적 권리로서 환경침해배제청구권이고 생존권적 측면에서는 추상적 권리로서의 환경보호조치청구권으로서의 양면성을 가지고 있다는 견해,[291] ③ 국가와 국민의 환경보전의무를 전제로 하는 권리와 의무의 복합형태인데, '기본권의 전제

---

287) 인권의 개념을 변화된 상황에 적용하기 위하여 1972년 바작(Karel Vasak)은 인권의 세대 개념을 고안해 내었다.

288) 여기에 관하여 자세한 것은 박홍우, "환경권의 법적 성질", 『환경법의 제문제(상)』, 재판자료 제94집, 2002, 7-64쪽 참조.

289) 권영성, 앞의 책, 703쪽; 이 견해에 대하여는 인간다운 생활은 물질적·경제적·자연환경적 생활을 말한다는 것, 깨끗한 환경이 보건의 전제가 되기는 하겠지만 환경권과 보건권은 보호법익이 다르다는 것, 모든 기본권에 대한 침해는 인간의 존엄성과 행복추구를 침해한다는 것을 지나치고 있다는 비판(홍성방, 『헌법학』, 현암사, 2009, 606-607쪽)과 권리가 완전한 것일 경우와 불완전한 것일 경우 어떠한 차이가 있으며 법적으로 어떻게 다루어져야 하는지가 밝혀져 있지 않다는 비판이 있다. 정종섭, "기본권의 개념과 본질에 대한 이론적 논의의 전개", 『한국에서의 기본권이론의 형성과 발전』, 허 영박사화갑기념논문집, 박영사, 1997, 24-25쪽; 정종섭, 『헌법연구3』, 박영사, 2001, 61-64쪽.

290) 김철수, 『헌법학개론』, 박영사, 2007, 1040쪽; 이 견해에 대한 비판에 대하여는 홍성방, "환경기본권-한국헌법 제35조에 대한 해석론적·입법론적 소고-", 474-475쪽; 홍성방, 『헌법학』, 현암사, 2009, 606쪽; 계희열, 『헌법학(중)』, 박영사, 2007, 803쪽 각주39); 더 나아가 김철수교수님은 "헌법은 「국가는 환경보전을 위하여 노력하여야 한다」고 하여 국가의 의무를 명시하고 있고, 또 「환경권의 내용과 행사에 관하여는 법률로 정한다」라고 규정하고 있는데 이에 따른 환경정책기본법은 환경권의 구체적 권리임을 규정하고 있다. 「모든 국민은 건강하고 쾌적한 환경에서 생활할 권리를 가지며 국가 및 지방자치단체의 환경보전시책에 협력하고 환경보전을 위하여 노력하여야 한다.」(환경정책기본법 제6조)는 것이 이를 확인한 것이다."라고 하고 계시는데 이는 탁견이라 할 것이다. 김철수, 앞의 책, 1040쪽.

291) 고영훈, 앞의 책, 64쪽; 구연창, 앞의 책, 94쪽; 김동희, 『행정법Ⅱ』, 박영사, 2009, 503쪽; 김철용, 『행정법Ⅱ』, 박영사, 2010, 630쪽.

조건을 보장'하는 기본권으로서의 성질과 기본권의 헌법적 한계로서의 성질을 함께 가지고 있는 종합적인 기본권이라는 견해,[292] ④ 환경권은 국가와 국민을 수범자로 하며 부분적으로 방어권적 성격을 동시에 가지고 있는 사회적 기본권이라는 견해,[293] ⑤ 헌법이 종합적 기본권으로서 환경권을 명시적으로 인정하고 있는 이상, 환경권은 그 자유권적 기본권으로서의 측면에서는 물론 생존권적 측면에서도 소구가능한 권리(구체적 권리)로서의 측면을 가진다고 보는 견해,[294] ⑥ 환경권이 한편으로는 국가의 일방적인 보호의무를 근거짓기도 하고, 다른 한편으로는 자유권적 기본권으로서 방어권적 성격과 기본권보호의무의 시각에서 파악되어야 하는 기본권이라면 이 각각에 상응하는 법적 성격을 갖는다고 보는 견해,[295] ⑦ 국가에 대하여 환경침해를 하지 말 것을 요구할 수 있는 권리(방어권), 국가에 대하여 제3자의 환경침해행위에 대한 보호를 요구할 수 있는 권리(보호요구권), 환경관련절차에 참여할 수 있도록 해 줄 것을 요구할 수 있는 권리(절차형성에 대한 권리), 국가에 대하여 환경개선을 위한 사실상의 조치를 취하여 줄 것을 요구할 수 있는 권리(사실적 급부권: 협의의 사회적 기본권) 등의 극히 상이한 종류의 기본권적 지위들의 집합체라는 견해[296] 등이 있다. 생각건대 불확정개념인 환경권을 일의적으로 정의하기는 어렵지만 환경권은 인간의 존엄성 존중을 그 이념적 기초로 하면서 여러 가지 성격을 아울러 가진 종합적 기본권이라 할 수 있다.[297] 왜냐하면 오염되거나 불결한 환경으로 말미암아 생명·신체에 직접 위험을 당하거나 그냥 방치하면 생명·신체에 직접 위험을 명백하고 현존하게 초래할 위험에 놓인 자가 오염되거나 불결한 환경에 대하여 책임이 있는 공권력이나 제3자에 대하여 그 원인을 예방 또는 배제하여 주도록 요구할 수 있는 권리라는 의미에서는 청구권이라 할 수 있고, 오염되거나 불결한 환경은 인간다운 생활을 불가능하게 한다는 의미에서는 인간다운 생활권이라 할 수 있으며, 오염되거나 불결한 환

---

292) 허 영, 『한국헌법론』, 박영사, 2019, 491쪽; 그뿐 아니라 환경권은 효과적인 환경보전정책 내지는 환경입법에 의해서만 그 실효성을 기대할 수 있기 때문에 법률제도의 보장이라는 '제도적 보장'의 성질도 함께 내포하고 있어서 환경법을 제정·정비해야 할 국가적인 의무가 여기에서 나온다고 한다. 허 영, 『한국헌법론』, 박영사, 2019, 491-492쪽; 이 견해에 대한 비판에 대하여는 홍성방, 『헌법학』, 현암사, 2009, 607-608쪽.

293) 홍성방, "환경기본권", 66쪽; 홍성방, 『헌법학』, 현암사, 2009, 610쪽.

294) 홍준형, 『환경법』, 박영사, 2005, 36쪽.

295) 전광석, "환경권의 공법적 실현", 박기갑 외, 『환경오염의 법적 구제와 개선책』, 한림과학원 총서 47, 소화, 1996, 104쪽; 전광석, 『한국헌법론』, 법문사, 2010, 411쪽 참조.

296) 정태호, "원리(Prinzip)로서의 사회적 기본권: R. Alexy의 원리모델을 중심으로", 『법과 행복의 추구』, 청암(淸菴)정경식박사화갑기념논문집, 박영사, 1997, 242쪽 각주16번.

297) 권영성, 『헌법학원론』, 법문사, 2010, 703쪽.

경은 건강을 침해하는 것이라는 의미에서는 보건에 관한 권리라고 할 수 있고, 오염되거나 불결한 환경은 인간의 존엄성을 해치고 인간을 불행하게 만든다는 의미에서는 인간의 존엄성존중에 위배되고 행복추구권을 침해하는 것이라고 할 수 있기 때문이다. 이와 같이 환경권은 종합적 기본권이지만 환경권의 주된 성격은 사회적 기본권성에 있다.[298] 사회적 기본권으로서의 환경권은 불완전하나마 구체적 권리로 이해하여야 한다.[299]

(나) 환경권의 재산권 등에 대한 우위론

사실 환경파괴에 의한 인권의 대량침해·대량파괴는 기존의 사회권이론, 즉 추상적 권리론을 가지고는 대응할 수 없음이 명백하다. 공해기업이 환경을 일방적·독점적으로 이용하면서도, 영업의 자유·재산권의 자유로운 행사를 논리적 방패로 내세워 자행하는 일방적인 환경파괴행위에 대해서는 종래의 추상적 권리개념을 가지고는 대응할 수 없기 때문이다. 이에 대처하기 위해서는 환경파괴라고 하는 새로운 기본권침해에 대응할 새로운 적극적인 이론구성을 시도할 필요가 있다. 그 한 가지 방안으로 생명권·환경권의 재산권·영업권 등에 대한 우위론이라는 기본권해석론이 있다. 사실 인간의 존엄과 가치 그리고 행복추구권을 규정한 헌법 제10조를 최고의 헌법적 가치로 보고, 또 환경권을 종합적 기본권으로 해석하고 아울러 국민의 높은 환경가치관[300]을 고려한다면, 생명권·환

298) 사회적 기본권의 헌법적 실현가능성과 보장형식에 관해서는 한병호, "인간다운 생존의 헌법적 보장에 관한 연구--구체적 권리로서의 실현가능성을 중심으로-", 서울대학교 법학박사학위논문, 1993, 129쪽 이하 참조.

299) 사회적 기본권의 향유 없이는 시민적·정치적 권리의 완전한 실현은 불가능하다는 점을 생각할 때, 사회적 기본권의 현실적 보장도 시민적·정치적 기본권의 실효적 보장에 못지않은 중요한 과제가 아니라고 할 수 없다. 따라서 사회적 기본권의 헌법적 보장이 처음에는 진군의 나팔(Fanfare)처럼 들리던 것이 곧이어 퇴각의 나팔(Chamade, Schamade)처럼 들리는 비운을 겪게 되는 것을 수수방관해서는 안 될 것이다. J. Isensee, "Verfassung ohne soziale Grundrechte", Der Staat, Bd. 19, H. 3, 1980, 378쪽.

300) 경제성장과 환경보전이라는 양립하기 어려운 두 목표와 관련한 우리 국민들의 가치관의 변화를 살펴보면 환경을 우선하는 가치가 1990년대에 들어서, 특히 90년대 후반에 매우 높게 나타나고 있으며 성장우선론을 압도하고 있다는 사실이 명백히 나타나고 있다.

<도표> 환경보전과 경제성장의 상대적 중요성(단위: %)

	환경보전우선	조화	경제성장우선	모름
1982	6.6	69.9	14.3	9.1
1987	2.8	88.7	6.0	2.5
1992	51.5	29.0	19.5	-
1996	85.2	-	14.7	0.1
1997	77.7	-	22.3	-

한국환경정책·평가연구원, 환경문제에 대한 국민·기업의식조사 결과, 1997, 6-7쪽; 또한 환경가치관은 학력이나 소득·직업·거주 지역에 크게 상관없이 확산되고 있다고 추론할 수 있다. 구도완, 『한국 환경 운동

경권의 재산권·영업권에 대한 우위성을 인정할 수 있을 것이다.[301]

(다) 판례의 경향

근래에 들어 자본주의가 고도화되고 소득수준이 높아지면서 이른바 환경소송이 줄지어 제기되고 있다.[302] 이러한 환경관련 소송 중에는 직접 헌법 제35조의 환경권 규정에 터 잡아 사법상의 권리분쟁을 해결하려는 시도들이 있다. 공익 대 사유재산권의 대결로 도식화될 수 있는 환경문제[303]가 앞으로도 헌법상의 환경권 규정에 입각한 소송을 양산할 것이 예상되는 상황에서 사법부의 위 헌법 규정에 대한 판단을 짚어보는 것은 시의적절하다고 하겠다.[304]

대법원은 환경권에 대하여 구체적 권리설로 새기려는 일부 하급심판결[305]보다는 미흡하지만 종전보다 진일보한 경향을 보이고 있다고 할 수 있다.[306] 즉, 첫째, 대법원판례의 태도는 "헌법 제35조에서 환경권을 기본권의 하나로 승인하고 있으므로, 사법(私法)의 해석과 적용에 있어서도 이러한 기본권이 충분히 보장되도록 배려하여야 하나, 헌법상의 기본권으로서의 환경권에 관한 위 규정만으로는 그 보호대상인 환경의 내용과 범위, 권리의 주체가 되는 권리자의 범위 등이 명확하지 못하여 이 규정이 개개의 국민에게 직접으로 구체적인 사법상(私法上)의 권리를 부여한 것이라고 보기는 어렵고, 또 사법적 권리로서의 환경권이 인정되려면 그에 관한 명문의 법률규정이 있거나 관계 법령의 규정취지

의 사회학-정의롭고 지속가능한 사회를 위하여-』, 문학과지성사, 1997, 122-127쪽.

301) 권영성, 앞의 책, 704쪽; 독일에서 소수설을 대변하고 있는 Murswiek은 다음과 같이 주장하고 있다. 즉, 모든 결정과정에서 자연적 생활기반이 문제될 때, 다른 모든 헌법상의 이익들보다 그것에 더 고차원의 의미를 부여하여야 한다. D. Murswiek, "Art. 20a", in: M. Sachs(Hrsg.), Grundgesetz Kommentar, C. H. Beck'sche Verlagsbuchhandlung, München, 1996, 665쪽, Rn 59; Alexander Schink, "Umweltschutz als Staatsziel", DÖV, 1997, 225쪽; 정귀호대법관·이용훈대법관의 보충의견과 헌법재판소 이영모 재판관도 위와 같은 입장이라 할 수 있다. 대법원 1999. 8. 19. 선고 98두1857 판결(건축허가신청서반려처분취소)[판례공보 제90호, 1999. 9. 15. 1889쪽]; 헌법재판소 1998. 12. 24. 선고 89헌마214, 90헌바16, 97헌바78(병합)[헌법재판소공보, 제31호, 1999. 1. 20, 118- 134쪽].

302) 조홍식, "분산이익소송에서의 당사자적격-삼권분립과 당사자적격, 그리고 사실상의 손해의 함수관계-", 비교법실무연구회(편), 「판례실무연구」, 제4집, 박영사, 2000, 439쪽.

303) 조홍식, "공공신탁이론과 한국에서의 적용가능성", 「환경법연구」, 제19권, 1997, 193쪽.

304) 조홍식, "미국 헌법상의 환경권", 「법조」, 1996. 8, 75쪽; 여기에 관하여 자세한 것은 고문현, "환경권에 관한 최근 판례의 경향", 「헌법규범과 헌법현실」, 권영성교수정년기념논문집, 법문사, 1999, 1036-1060쪽 참조.

305) 부산대학교사건의 원심판결과 문장대온천사건이 그 대표적인 예라 할 수 있다. 부산고등법원 1995. 5. 18. 선고 95카합5 판결 공사중지가처분이의(하집 1995-1, 50); 청주지방법원 1998. 2. 26. 선고 97카합613 판결 공사중지가처분[법률신문, 1998. 4. 20, 12-13쪽].

306) 대표적인 판결: 대법원 1998. 4. 24. 97누3286[공1998상, 1514].

나 조리(條理)에 비추어 권리의 주체, 대상, 내용, 행사방법 등이 구체적으로 정립될 수 있어야 한다."라고 되풀이하여 판시함으로써 기본적으로 환경권의 구체적 권리성을 부인하고 있는데 이것은 환경권의 불확정개념적 특성에서 나오는 논리적 귀결이라 할 수 있지만 환경권의 규범력 확보를 위하여서는 문제가 있다고 할 수 있다. 둘째, 원고적격의 판단기준인 법률상 이익의 개념을 관계법령의 분석을 통해 확장적으로 해석·적용하여 원고적격의 확대경향이 환경법분야에서 현저히 나타나고 있다는 관측을 용화지구판결[307] 등을 통하여 확인시켜 주고 있다. 특히 주목할 것은 대법원이 관계법령의 해석을 통해 '수인한도를 넘는 환경침해를 받지 아니하고 쾌적한 환경에서 생활할 수 있는 개별적 이익' 즉 환경이익의 직접성·구체성을 시인했다는 점이다. 이로써 헌법상 환경권의 구체화를 향한 중요한 한 걸음을 내딛은 것이라 할 수 있다.[308] 셋째, 환경권이라는 단어 앞에 이른바 '종교적' 내지 '교육'이라는 수식어를 삽입하여, 그렇지 않아도 불확정개념인 환경권의 대상을 넓히려는 자세는 다른 나라에 전례가 없을 뿐만 아니라 지양(止揚)되어야 하리라고 본다. 왜냐하면 환경권의 대상을 자꾸 확대하다 보면 극단적으로는 인간의 모든 사회적 행동은 환경보호법의 개념에 포섭될 것이어서[309] 오히려 환경권의 본질적 내용마저도 보호하지 못하게 될 수 있기 때문이다.[310]

(4) 내 용

(가) 개 설

헌법 제35조 제2항에서 "환경권의 내용과 행사에 관하여는 법률로 정한다"라고 규정

307) 이 판결의 의의는 일차적으로 원고적격 요건으로서의 "법률상 이익"에 관해 법률이라는 법형식을 고수하면서도 그 "법률"의 범위를 -처분의 직접적 근거가 되는 법률뿐만 아니라 처분절차와 관련되는 법률까지- 확대하였다는 데에서 찾을 수 있다. 박정훈, "환경위해시설의 설치·가동 허가처분을 다투는 취소소송에서 인근주민의 원고적격-독일법의 비판적 검토와 행정소송법 제12조의 해석을 중심으로-", 비교법실무연구회(편), 「판례실무연구」, 제4집, 박영사, 2000, 498-499쪽; 위 판결은 원고적격에 관한 판례의 중대한 진전으로 평가되어 지지를 받고 있다고 생각되는데 그것은 다음과 같은 두 가지 이유에서 기인한다. 첫째, 위 판결이 이제까지 대법원이 정면으로 인정하지 않았던 '隣近住民의 環境利益'을 법률상이익으로 인정하기 시작하였다는 것이고, 둘째, 법률상 이익 여부를 판단하는 기준이 되는 법률을 당해 처분의 근거법령, 즉 당해 처분이 발하여질 수 있는 근거가 된 授權法令뿐만 아니라 환경영향평가법과 같은 '관계법령'까지도 포함하는 것으로 보았다는 것이다. 조홍식, "분산이익소송에서의 당사자적격-삼권분립과 당사자적격, 그리고 사실상의 손해의 함수관계-", 440쪽.

308) 홍준형, 『판례행정법』, 두성사, 1999, 403쪽.

309) 김연태, 앞의 책, 11쪽도 같은 취지.

310) 기본권의 본질적 내용 침해금지에 대하여는 김대환, 「기본권의 본질적 내용 침해금지에 관한 연구」, 서울대학교 법학박사학위논문, 1998. 8, 15-130쪽, 145-310쪽 참조.

하고 있으므로 환경권의 구체적인 내용은 법률에 의하여 정해지겠지만, 우리헌법이 보장하는 환경권은 최소한 건강하고 쾌적한 환경에서 공해 없는 생활을 할 수 있도록 국가의 환경보호를 요구할 수 있는 것을 그 주된 내용으로 한다고 볼 수 있다.[311] 환경권의 구체적인 내용으로는 환경보전(공해예방)청구권, 환경복구(공해배제)청구권, 쾌적한 주거생활권 등을 들 수 있으나, 환경의 대상을 자연환경에 국한하고 쾌적한 주거생활권의 바람직한 위치는 사회보장의 근거 규정인 제34조로 본다면 쾌적한 주거생활권은 여기에서 살펴볼 필요가 없다.

(나) 환경보전(공해예방)청구권

환경보전청구권이라 함은 국가·공공단체 또는 사인(私人)이 개발·공사 등을 시행함에 있어 자연환경을 훼손·파괴함으로써 환경오염을 유발하는 결과를 초래하지 아니하도록 환경영향평가 등과 같은 충분한 예방적 조치를 강구하여 주도록 요구할 수 있는 권리를 말한다.[312]

(다) 환경복구청구권

환경복구청구권이라 함은 국가·공공단체 또는 사인의 행위로 말미암아 환경이 오염되어 그것이 수인의 한도를 초과하는 경우에, 그 환경오염을 배제하여 주도록 요구할 수 있는 권리를 말한다.[313]

(5) 효 력

(가) 대국가적 효력

환경권에 관한 헌법 제35조 제1항은 국가권력을 구속하는 효력을 가지므로, 입법부는 환경권을 실현하기 위한 구체적 입법의 의무를 지고, 집행부와 사법부는 환경입법에 위반하여 환경권을 침해하는 처분이나 재판을 하지 않아야 한다. 특히 관련 행정부서는 각종 정책을 수립하고 추진함에 있어 반드시 환경영향평가를 거치도록 하여 환경영향평가가 개발에 면죄부를 주는 제도로 전락하지 않도록 제도적인 보완을 계속적으로 하여야 하고 환경훼손행위를 예방·규제하여야 한다.[314]

---

311) 허 영, 『한국헌법론』, 박영사, 2019, 492쪽.

312) 권영성, 앞의 책, 705쪽.

313) 권영성, 앞의 책, 705-706쪽.

314) 권영성, 앞의 책, 707쪽.

(나) 대사인적 효력

환경권이라는 기본권이 다른 사인에 대하여도 주장할 수 있는가. 즉 환경권의 대사인적 효력이라는 문제에 대하여는 견해가 다양하게 주장되고 있다. 이 문제는 환경권의 사권성과도 관련되어 논의된다. 여기에 관하여는 환경권도 사인에 대하여 일반적 효력을 가지지만 이는 사법의 일반조항을 통하여 사인에게 간접 적용된다는 견해[315]와 헌법이 명문의 규정을 가지고 환경권과 그에 대응하는 국민의 환경보전의무를 규정하고 있는 이상 환경권은 사인 간에 직접 적용된다고 보는 견해[316] 등으로 갈린다. 생각건대 기본권이 원칙적으로 대국가적 권리일 뿐만 아니라 대사인적인 것이기도 하며, 환경권이 침해될 수 있는 원천이 국가만이 아니라 사인에 의한 것임을 예상하고 있고 어느 방향에서 오는 것이든 모든 침해에 대하여 방어할 수 있는 권리가 부여되어 있고 헌법과 사법(私法)이 일원적으로 파악되어야 한다면 환경권 역시 사인에 대하여도 직접적 효력을 가지는 것으로 보아야 할 것이다.[317]

(6) 한계와 제한

환경권은 무제한적으로 행사할 수 있는 절대적 권리가 아니므로 헌법 제37조 제2항에 따라 국가안전보장·질서유지·공공복리를 위하여 필요한 경우에는 법률로써 제한할 수 있다. 따라서 합리적인 이유가 있고 경미한 침해인 때에는 이를 수인(受忍)하고 감수해야 한다.[318] 어느 정도가 수인할 정도인가는 그때그때의 구체적인 사정에 따라 객관적으로 판단할 수밖에 없을 것이다. 그러나 환경은 일단 파괴되면 그 회복에는 엄청난 시일과 경비가 소요된다는 점을 감안하여 그 제한에는 극히 신중을 기하여야 할 것이다.[319] 더 나아가 환경권에 대하여 제한하는 경우에도 환경권의 본질적인 내용에 대한 제한은 불가능하다.[320]

(7) 침해와 구제

환경권은 국가권력과 국민, 특히 사기업에 의하여 침해될 수 있다. 우선, 국가권력에 의하여 환경권이 침해될 경우에는 국가에 대한 청원권의 행사, 행정소송의 제기, 헌법소

315) 김철수, 앞의 책, 757쪽.

316) 송기춘, "환경권의 대사인적 효력", 「공법연구」, 제28집 제3호, 한국공법학회, 2000. 3, 136쪽.

317) 송기춘, 위의 글, 153쪽.

318) 권영성, 앞의 책, 651쪽; 홍성방, "환경기본권-한국헌법 제35조에 대한 해석론적·입법론적 소고-", 485쪽.

319) 김철수, 앞의 책, 758쪽.

320) 권영성, 앞의 책, 651쪽.

원, 국가배상청구 등에 의하여 구제받을 수 있을 것이다. 또 행정청의 인·허가의 취소 또는 무효확인을 구하는 행정소송을 제기할 수 있을 것이다. 다음으로 사인에 의한 환경권의 침해에 대하여는 손해배상청구나 환경피해원인행위에 대한 유지청구(留止請求)의 방법이 있다.[321)]

이와 같이 환경침해에 대하여 권리구제의 방법이 있으나, 환경권을 사법적 절차를 통해 구제받으려고 할 경우 제소권자가 누구냐 하는 환경소송의 원고적격문제가 제기된다. 이에 대하여는 오염된 환경과 관련된 모든 자로 확대하는 것이 바람직하다는 견해가 있으나,[322)] 소송기술적으로 사법적 권리구제절차에서는 누구든지 자기 자신의 권리를 이유로 해서만 소송을 제기할 수 있기 때문에 원고적격은 오염된 환경에 의하여 직접 피해를 입은 자에 한정된다고 할 것이다. 환경소송에 있어서 어느 정도가 국민들이 만족할 만한 환경의 질이라고 볼 수 있는지는 특정할 수 없는 한계가 있고, 환경보호에 있어서 관련되는 것은 집단적인 이익의 보호이지 원칙적으로 개별적인 개개인의 보호법익이 아니라는 점에 비추어 보아 오히려 집단적 보장이 효율적이므로 여러 가지 문제가 없는 것은 아니지만 집단소송(class action) 또는 단체소송(Verbandsklage)의 도입을 검토할 필요가 있다.[323)]

또한 환경권침해에 대한 권리구제는 원고적격의 문제뿐만 아니라 인과관계의 입증에서도 어려움이 많기 때문에, 독일에서 발달한 것으로서 특정 기업체 내에서 위험방어라는 소극적인 기능과 기업의 적극적인 환경정책을 수행하는 환경옴부즈만제도[324)]의 도입을 통한 환경보호제도라든가, 환경권과 경제발전은 적대관계가 아니라 우호적인 상린관계에 있다는 점[325)]에 착안하여 산업공해를 막을 수 있는 효과적인 방법인 환경산업[326)]

---

321) 홍성방, 『헌법Ⅱ』, 현암사, 2001, 227쪽.

322) 권영성, 앞의 책, 647쪽.

323) 권영성, 앞의 책, 653쪽; 홍성방, 『헌법Ⅱ』, 현암사, 2001, 227쪽 각주 871).

324) 여기에 대하여는 고문현, "환경옴부즈만제도에 관한 소고", 「환경법연구」, 제22권, 한국환경법학회, 2000. 12, 491-512쪽 참조.

325) Grossman과 Krueger의 연구결과에 의하면 경제성장과 환경보전의 관계는 전도(顚倒)된 'U'자 형태를 이루고 있다고 한다. 즉 1인당 국민소득이 8000달러가 되기 이전에는 경제성장과 환경보전의 관계는 逆의 관계를 이루다가 8000달러를 전환점으로 하여 양자는 正의 관계가 된다고 한다. Grossman, G. E./Krueger, A. B., "Economic Growth and the Environment", Quarterly Journal of Economics, 1995, 353-377쪽; 권선주, "지역의 경제성장과 환경에 관한 한 검증", 「한국지역개발학회지」, 제8권 제1호, 1996. 4, 14쪽.

326) 환경산업에 관하여는 Winfried Muttelsee, "Umweltschutz und Industrie", in: Handbuch zum europäischen und deutschen Umweltrecht, Hans-Werner Rengeling (Hrsg.), Band Ⅱ: Besonderes Umweltrecht, Carl Heymanns Verlag KG, Köln u. a, 1998, 1149쪽 Rn 1- 1159쪽 Rn 43; 박종식·김태용, 『무한한 가능성, 환경산업』, 삼성경제연구소, 2001, 15-44쪽 참조.

의 육성·발전에 의한 사전적·예방적 권리보호가 강조되고 있다.

(8) 소 결

오늘날 국가의 구성요소에 종래의 국민, 영토, 주권 등의 3요소에 환경이 들어가야 할 정도로 환경이 중요한 요소를 차지하게 되어 21세기는 바야흐로 환경의 세기가 되었다.

재산권이 특정인에게 응집된 이익의 결정체인 데 반하여 환경은 공익의 대명사로서 '불특정 다수에게 분산된 불가량의 가치'이다.[327] 따라서 재산권에 관한 분쟁과 달리 환경을 둘러싼 분쟁은 이제껏 경험해 보지 못한 여러 가지 법해석상의 문제를 제기하고 있으며, 앞에서 살펴본 환경권에 관한 여러 가지 논쟁도 그중의 하나라고 할 수 있다.

환경권은 제3세대인권의 하나로서 생성되고 있는 권리이며 집단의 국제적 차원의 권리로서의 성격을 강하게 띠고 있다. 따라서 집단소송제도를 도입하는 것이 광역적이고 집단적인 환경피해의 권리구제에 효과적이며, 초국경적이고 국제적인 오염의 경우 환경과 위기에 처해 있는 세계공유자산 및 위협받거나 피해받은 개인을 보호하기 위해서 전 지구적 차원의 입법적 노력이 필요하며 궁극적으로는 국제환경재판소의 설립이 불가피하다.

환경권은 인간의 존엄성 존중을 그 이념적 기초로 하면서 여러 가지 성격을 가진 종합적 기본권이며 그 주된 성격은 사회적 기본권성에 있다. 사회적 기본권으로서의 환경권은 복합적·다측면적 구조로 이루어져 있지만 불완전하나마 구체적 권리로 이해하여야 하고 사법부는 환경소송에 있어서 사법적극주의를 지향하는 적극적인 자세전환이 요망된다.

현행 헌법 제35조 제3항의 주택개발정책은 사회보장의 대상이지 환경정책의 대상이 아니어서 이 규정의 바람직한 위치는 사회보장의 근거규정인 제34조이다. 따라서 환경권 제창의 연혁을 고려하거나 환경권의 보호영역의 명료성과 관련하여 볼 때 환경권의 대상은 자연환경으로 한정하여 환경권의 규범력을 제고하는 방안을 생각해 볼 필요가 있다 하겠다. 환경권의 주체에는 현존세대뿐만 아니라 미래세대가 포함되고, 미래세대의 이익을 대표할 미래세대옴부즈만을 둘 필요가 있다. 더 나아가 환경파괴의 주된 원인으로서의 공해기업에 적절히 대응하기 위해서 독일식 기업옴부즈만제도를 도입할 필요가 있다 할 것이고, 환경소송에서의 당사자적격 문제뿐만 아니라 인과관계의 입증곤란문제

327) 조홍식, "공공신탁이론과 한국에서의 적용가능성", 「환경법연구」, 제19권, 1997, 193쪽; 조홍식, "분산이익소송에서의 당사자적격-삼권분립과 당사자적격, 그리고 사실상의 손해의 함수관계-", 비교법실무연구회(편), 「판례실무연구」, 제4집, 박영사, 2000, 439쪽.

를 일거에 해결할 수 있는 환경산업의 육성·발전에 의한 사전적·예방적 권리보호가 강조된다.

그 외에도 현행 환경관련법이 복수법주의를 취하고 있는 결과 법령체계가 복잡하므로 이에 대한 체계적 정비, 정확한 환경통계조사에 입각한 환경정보공개제도, 현실성있는 환경정책의 입안·집행, 국가와 국민의 환경보호에의 투철한 의지 등이 중요하다고 하겠다.

이러한 모든 논의를 통하여 환경보호를 내실 있게 하여 깨끗하고 쾌적한 환경을 미래세대에게 온전히 물려줄 수 있는 부끄럽지 않은 우리들이 되도록 노력하여야 할 것이다.

제10절 국민의 기본의무

제1항 · 의 의

1919년 독일 바이마르헌법에서 국민의 의무를 최초로 규정한 이래 세계 각국의 헌법이 이를 규정하게 되었다. 국민의 기본의무는 헌법적으로 규정된 개인의 의무, 즉 국가에 대한 개인의 헌법적 의무이다. 국민의 기본의무는 자유민주국가가 존속하고 기능하기 위한 불가결한 조건이자 개인의 자유가 보장되기 위한 필수적 전제조건에 속한다.

1948년 대한민국헌법에서 국민의 의무를 규율한 이래 현행 헌법까지 그대로 유지되고 있다. 현행 헌법에서 명시적으로 규정한 국민의 의무는 재산권행사의 공공복리적합의무(제23조 제2항), 교육의무(제31조 제2항), 근로의무(제32조 제2항), 환경보전의무(제35조 제1항), 납세의무(제38조), 국방의무(제39조) 등이다.

제2항 · 납세의무

헌법 제38조에서 다음과 같이 납세의 의무를 규정하고 있다. "모든 국민은 법률이 정하는 바에 의하여 납세의 의무를 진다." 납세의무는 국가의 재정적 기초를 마련하기 위하여 설정된 의무이다.

자연인으로서의 내·외국인뿐만 아니라 내·외국법인도 국내에 재산이 있거나 과세대상이 되는 행위를 한 경우에는 납세의무를 부담하여야 한다. 과세에 있어서는 조세법률주의, 공평과세의 원칙이 적용되어야 한다.

제3항 · 국방의무

헌법 제39조에서 다음과 같이 국방의 의무를 규정하고 있다. "모든 국민은 법률이 정하는 바에 의하여 국방의 의무를 진다"(제1항). "누구든지 병역의무의 이행으로 인하여 불이익한 처우를 받지 아니한다"(제2항).

국방의무란 외국 또는 외적의 침략으로부터 국가의 독립과 영토의 보전을 위하여 부담하는 국가방위의무이다.

국방의무는 ① 적극적으로는 주권자로서의 국민이 스스로 국가를 외침으로부터 방위하기 위한 성격과, ② 소극적으로는 자의적이고 일방적인 징집으로부터 국민의 신체의 자유를 보장하기 위한 성격을 가진다. ③ 국방의무는 타인에 의한 대체적 이행이 불가능한 일신전속적 성격을 가진다.

국방의무의 주체는 국가구성원인 대한민국 국민이다. 직접적인 병역의무는 병역법에서 징집대상자인 대한민국 남성에 한한다.

국방의 의무는 직접적인 병력형성의 의무뿐만 아니라 병역법, 향토예비군설치법, 민방위기본법 등에 의한 간접적인 병력형성의무 및 병력형성 이후 군작전명령에 복종하고 협력하여야 할 의무를 포함하는 개념이다.

제4항 · 교육을 받게 할 의무

헌법 제31조 제2항에서 다음과 같이 교육을 받게 할 의무를 규정하고 있다. "모든 국민은 그 보호하는 자녀에게 적어도 초등교육과 법률이 정하는 교육을 받게 한 의무를 진다." 교육을 받게 할 의무는 친권자나 그 후견인이 그 보호하는 어린이에게 초등교육과 법률이 정하는 교육을 받게 할 의무이다.

교육을 받게 할 의무는 모든 국민이 인간다운 생활을 영위할 수 있도록 하는 의무로서 윤리적 의무가 아닌 법적 의무이다. 이에 따라 초·중등교육법에서는 위반에 대한 제재규정을 두고 있다(제68조).

헌법에서 교육을 받게 할 의무의 주체는 친권자나 후견인 등과 같은 보호자이다. 다만 헌법 제31조 제3항에 의한 의무교육의 무상제의 책임주체는 국가나 지방자치단체이다.

교육을 받게 할 의무의 대상이 되는 교육은 초등교육과 법률이 정하는 교육이다. 무상의 범위에 관하여 「초·중등교육법」은 수업료면제만을 규정하고 있으나(제12조 제4항), 학용품·교과서·급식 등의 취학필수비용도 무상으로 하여야 한다.

제5항 ▸ 근로의무

헌법 제32조 제2항에서 다음과 같이 근로의 의무에 대하여 규정하고 있다. "모든 국민은 근로의 의무를 진다. 국가는 근로의 의무의 내용과 조건을 민주주의원칙에 따라 법률로 정한다."

근로의 의무는 근로의 능력이 있음에도 불구하고 근로하지 아니하는 자에 대하여 헌법적 비난을 기할 수 있다는 의미로 이해하여야 한다.

근로의 의무의 주체는 모든 국민이다. 여기서 국민은 자연인에 한한다.

"국가는 근로의 의무의 내용과 조건을 민주주의원칙에 따라 법률로 정한다."(제32조 제2항)라고 규정하여 근로의 의무의 내용과 조건을 정하면서 민주주의원칙에 따르도록 명시하고 있다.

제6항 ▸ 재산권행사의 공공복리적합성 의무

헌법 제23조 제2항에서 다음과 같이 재산권행사의 공공복리적합성의무에 대하여 규정하고 있다. "재산권의 행사는 공공복리에 적합하도록 하여야 한다." 이는 일반적으로 재산권의 사회적 구속성으로 표현된다.

재산권행사의 공공복리적합성의무는 단순한 윤리적 차원을 넘어선 헌법적 의무이다. 이에 따라 법률로써 재산권행사의 공공복리적합성의무를 강제할 수 있다. 재산권행사의 공공복리적합성 의무의 주체는 자연인으로서의 내·외국인뿐만 아니라 내·외국법인도 될 수 있다.

제7항 ‣ 환경보전의무

헌법 제35조 제1항에서 다음과 같이 환경보전의무에 대하여 규정하고 있다. "…국가와 국민은 환경보전을 위하여 노력하여야 한다." 심각한 환경문제에 대처하기 위하여 헌법에서 환경권과 더불어 환경보전의무를 규정하고 있다. 환경침해행위가 주로 사기업 등 국민에 의하여 발생하기 때문에, 환경보전의 과제는 이에 상응하는 국민의 노력 없이는 실현될 수 없다. 따라서 환경보전의무는 국가뿐만 아니라 국민에게도 부과되는 의무이다.

제3편

통치구조론

제1장 통치구조론의 이론적 기초와 체계

제2장 통치구조의 구성원리

제3장 통치구조의 형태

제4장 통치작용(국가기능·통치권력)

제5장 통치의 기구

제1장

통치구조론의 이론적 기초와 체계

제1절 통치구조론의 이론적 기초

제1항 • 통치구조와 민주공화제 및 기본권보장의 상관관계

현대민주국가는 국민주권의 원리를 이념적 기초로 하는 민주공화제를 정치적 기본체제로 하고, 인간의 존엄성존중을 핵심적 내용으로 하는 기본권보장체계를 기본적 가치질서로 하며, 그 통치구조는 이러한 민주공화제의 유지·강화와 기본권보장체계를 구현하는데 가장 적합한 것이어야 한다는 점에 국민적 합의가 형성되어 있다. 그러므로 민주국가의 헌법에서는 민주공화제의 수호와 기본권 보장이 목적이고, 통치구조는 민주공화제의 유지와 기본권보장을 실현하기 위한 수단이자 제도적 장치에 불과하다. 우리 헌법 제1조 제1항이 "대한민국은 민주공화국이다."라고 하여 민주공화제를 선언하고 있는 것과, 제10조가 "모든 국민은 인간으로서의 존엄과 가치를 가지며 … 국가는 개인이 가지는 불가침의 기본적 인권을 확인하고 이를 보장할 의무를 진다."라고 하여 국가의 기본권보장의무를 명시하고 있는 것은 바로 그 때문이다.

이와 같이, 우리 한국헌법의 경우는 통치구조를 통해 실현하려는 목표가 기본권의 보장에만 한정된 것이 아니라, 민주공화제적인 국가체제도 동시에 그 실현목표로 하고 있다는 점을 유의할 필요가 있다. 우리 헌법에 있어서 민주공화국이라는 국가공동체는 기본권보장체계가 형성되고 존립할 수 있는 물적·제도적 기반이 되는 것이기 때문이다. 민주공화국이라는 국가공동체가 존속 또는 유지되지 아니하는 상황에서, 기본권보장체계만이 독자적으로 형성되고 존립할 수 있을 것처럼 인식하는 발상과 논리는 비현실적인 것일 뿐만 아니라 허구적인 것일 수밖에 없다.

제2항 ‣ 통치구조의 민주적·절차적 정당성

현대민주국가의 헌법에 있어서 민주공화제의 유지·수호와 기본권 보장체계의 실현을 목적으로 하는 통치구조와 통치작용은 이러한 두 가지 기본과제를 합리적으로 또 효율적으로 실천하기 위하여 민주적 정당성과 절차적 정당성을 구비하여야 한다. 여기서의 민주적 정당성이라 함은 민주주의적 요청을 충족시키며 민주주의적 요청과 조화를 이루어야 한다는 당위성을 말하고, 절차적 정당성이라 함은 법치주의적 요청을 충족시키고 법치주의적 요청과 조화를 이루어야 한다는 당위성을 의미한다. 이를 구체적으로 말하면, 민주적 정당성을 확보하기 위하여 통치구조는 국민적 합의와 국민에 의한 통치를 기반으로 하는 것이어야 하고, 민주적 정당성을 확보하기 위하여 통치구조는 법의 지배와 국가권력에 대한 적절한 통제를 기초로 하는 것이어야 한다.

제2절 통치구조론의 체계

제1항 ‣ 통치구조론의 구조

좁은 의미에서의 통치구조론은 정부형태선택론과 통치기구구성론을 의미하지만, 넓은 의미에서의 통치구조론은 정부형태선택론과 통치기구구성론 외에도 통치구조원리론과 통치기능론(국가의사결정론+국가권력행사방법론)까지 포괄하는 의미로 사용된다. 여기에서는 통치구조론을 넓은 의미로 사용하고자 한다.

제2항 ‣ 통치구조론의 내용

현대민주국가에서의 통치구조론의 내용으로서 검토해야 할 사항은 다음과 같은 것이라고 할 수 있다.

첫째, 맨 먼저 검토되어야 하는 것이 통치구조의 구성원리이다. 현대민주국가 헌법에서 통치구조의 구성원리로는 국민주권의 원리, 대의제의 원리, 권력분립의 원리, 법치주의의 원리, 책임정치의 원리 등을 들 수 있다.

둘째, 그 다음에 검토되어야 하는 것이 통치구조의 형태이다. 통치구조의 형태를 의미하는 정부형태는 통치구조에 있어서 권력분립의 원리가 어떻게·어느 정도로 적용되어 있는가의 문제이다. 현대민주국가의 헌법들에는 다양한 정부유형이 규정되어 있지만, 기본적인 정부형태는 의원내각제·대통령제·의회정부제 등으로 구분되고 있다.

셋째, 통치구조의 기능적 측면이다. 통치기능 내지 통치작용이라 함은 통치기구(국가기관)가 국가목적과 헌법목적을 실현하기 위하여 수행하는 정치적·규범적인 모든 기능 내지 모든 작용을 말한다. 몽테스키외의 3권분립론에 따라 통치기능(통치작용)을 입법·집행·사법기능(작용)으로 분할하고, 이들을 각기 분리·독립된 기관으로 하여금 담당하게 하고 있는 것이 일반적 경향이다. 통치기능론 내지 통치작용론이 국가권력의 차원에서는 입법권·집행권·사법권에 관한 이론으로 전개된다.

넷째, 마지막으로 검토되어야 하는 것이 통치구조에 있어서 통치기구에 관한 문제이다. 현대민주국가에서도 국민적 합의의 내용인 민주공화제적 정치체제와 국민의 기본권 보장체계를 현실적으로 실현하기 위해서는 그것을 위한 제도적 장치로서 어떠한 조직된 기구가 필요하다. 현대민주국가에서 볼 수 있는 국회·대통령·내각·법원 등이 이러한 기구들이다.

제2장

통치구조의 구성원리

제1절 국민주권의 원리

제1항 ‣ 고전적 국민주권론

국민주권이 구체적으로 무엇을 뜻하는가에 대해서 '주권'이라는 개념에 큰 비중을 두고 주권론적인 시각에서 그 본질을 설명하려는 고전적이고 전통적인 입장이 있다. 이 설명에 따르면 '주권'의 주체가 국민이어야 한다는 요청이 국민주권이고, 이때 주권이란 국가의사를 결정하는 최고의 독립적이고 불가분적이고, 불가양적(不可讓的)인 권력을 뜻한다고 한다. 따라서 국민주권이란 '주권'의 귀속주체가 보댕(J. Bodin)이 강조했던 '군주'도 '국가'도 아닌 국민이라는 점을 강조하려는 데 그 개념의 참뜻이 있다고 한다. 이 입장은 '주권'이라는 개념 자체를 여전히 하나의 실체적인 개념으로 이해하고 있다는 데 그 특징과 고전성(古典性)이 있다('주권'개념실체설).[328]

제2항 ‣ 현대적 국민주권론

위와 같은 국민주권의 본질에 대한 고전적인 주권론과는 달리, 국민주권을 국가권력의 정당화원리로 이해하려는 현대적인 입장이 있다. 여기에 따르면 고전적인 주권이론이 본래 군주의 절대권력을 정당화시키기 위해서 탄생되었던 것이고 그것이 이데올로기적인 투쟁과정을 거쳐 오늘의 '국민주권론'으로 발전한 것이기 때문에 이미 고전적인 '주권

328) 허 영, 『한국헌법론』, 박영사, 2019, 157쪽.

론'과 현대적인 '국민주권론' 사이에는 이념적인 동질성을 찾을 수 없다는 것이다. 그렇기 때문에 오늘의 '국민주권'을 설명하기 위해서 그 이념적인 바탕을 달리하는 고전적인 '주권론'을 끌어들이는 것은 옳지 않고 오히려 국민주권의 본질을 오도할 위험성이 있다는 것이다.[329)]

'국민주권'이란 국가권력의 정당성이 국민에게 있고, 국가 내의 모든 통치권력의 행사를 이념적으로 국민의 의사에 귀착시킬 수 있다는 것을 뜻한다. 따라서 '국민주권'의 가치세계에서는 국민의 정치적 의사형성이 자유로운 분위기 속에서 '상향식으로' 이루어질 것이 요청된다. 이 점이 하향식인 국가의사조작에 의해서 통치되는 비민주적인 권위적 통치형태와 다른 점이다. 주기적으로 실시되는 각종 선거나 국민투표는 상향식인 국민의 정치적 의사형성을 보장하고 통치권행사를 국민의 의사에 귀착시키기 위한 하나의 수단이기 때문에 '국민주권'이 통하는 곳에서는 국민투표제도나 각종 선거제도가 불가피하게 된다. 즉, 국민주권은 반드시 국민 스스로가 모든 국사(國事)에 국민투표의 형식으로 직접 참여하거나 국민이 직접 국가기관 내지 주권행사기관으로서 통치권을 손에 쥐고 행사하는 것만을 그 내용으로 하는 것이 아니고 그가 선출한 대표자를 통해서 국사를 처리시키는 간접적인 방법을 동시에 그 내용으로 하고 있기 때문에 직접민주주의와 간접민주주의가 모두 국민주권의 이념과 조화된다.[330)]

따라서 국민주권의 현대적 의미는 국민이 '국가기관'으로서 직접 통치권을 행사하는 데 있는 것이 아니고, 주권자인 국민은 모든 '국가권력의 원천'으로서 헌법제정권력으로 기능하고, 선거권을 통해서 헌법상의 여러 국가권력을 창조하고, 그 권능행사에 민주적 정당성을 제공해 줄 뿐만 아니라 국가의 정치적인 의사결정과정에 여론의 힘으로 영향력을 행사함으로써 국가작용의 민주적인 조종자로서 기능하는 데 있다고 보는 것이 타당하다. 그렇기 때문에 자유민주국가에서 통치를 위한 여러 국가기관은 국민주권의 이러한 이념을 실현시키고 그 현대적 의의가 존중될 수 있도록 조직되고 구성되어야 한다.[331)]

329) 허 영, 위의 책, 156-157쪽.

330) 허 영, 위의 책, 157-158쪽.

331) 허 영, 위의 책, 158쪽.

제2절 대의제의 원리

제1항 · 대의제의 의의

대의제라 함은 주권자인 국민이 국가의사나 국가정책을 직접 결정하지 아니하고 대표자를 선출하여 그들로 하여금 국민을 대신하여 국가의사나 국가정책 등을 결정하게 하는 통치구조의 구성원리를 말한다. 대의제는 다음과 같은 개념적 징표를 가지고 있다. ① 국민에 의하여 선출된 국민의 대표자인 통치자와 이를 선출하는 국민인 주권자가 통치질서 내에서 구별되고 있다. ② 국가기관구성권과 국가의사결정권이 분리되어 있다. ③ 대표자는 민주적 정당성을 위하여 직접선거에 의하여 선출된다. ④ 통치자는 자신을 선출한 선거구민만의 대표가 아니라 전체국민을 대표한다.[332] ⑤ 명령적(기속적) 위임이 배제되고 자유(무기속)위임의 원리가 지배한다. ⑥ 부분이익보다 전체이익이 우선해야 한다. ⑦ 대표자는 국민에 대하여 정치적 책임을 진다.

제2항 · 대의제의 기능

대의제의 기본적 기능은 1) 국민에 의하여 선출된 대표자가 국민을 대신하여 국가의사를 결정한다는 대의기능과 2) 대표자는 합의의 과정을 거쳐 국가의사를 결정한다는 합의기능이라 할 수 있다. 그 외에도 민주적인 공직선거제도의 발전에 기여하고 책임정치를 구현하는 데 기여하며, 공개정치의 실현에 기여하고 이성적 토론이 전제된 다수결원리를 존중하는 정치문화의 신장에 기여한다.

제3항 · 대의제구현을 위한 조건

I 제도적·기능적 조건

첫째, 대의제가 성공적으로 구현되기 위해서는 국가권력에 대한 통제와 통치권력의 절제가 요청된다.

---

332) 이것을 버크(E. Burke)는 브리스톨(Bristol)에서 선출된 국회의원은 브리스톨의 대표가 아니라 영국 전체 국민의 대표라고 하였다.

둘째, 대의기관과 국민간에는 정당한 대표관계가 성립되고 유지되어야 한다.

셋째, 대의기관에 의한 의사결정방식은 이성적 토론이 전제되고 다수결의 원리에 따르는 것이어야 한다.

넷째, 대의제에 있어서는 신임관계가 유지되어야 하므로 국민은 통치자에 대한 주권적 국민의 감시와 통제의 장치가 마련되어야 한다.

Ⅱ 정치적·문화적 요건

첫째, 대표자가 일정 수준의 자질을 구비해야 한다.

둘째, 주권자인 국민이 민주시민으로서 국가·사회의 건전한 발전을 위하여 당연히 요구되는 주관적 자질과 능력을 구비하여야 한다.

제4항 · 대표관계의 법적 성질

Ⅰ 학 설

1. 법정대표설(법적 효과설)

옐리네크(G. Jellinek)에 의하면 국민은 선거를 통하여 의회를 조직하는 제1차 국가기관이고 의회는 국민의 의사를 대신하여 표시하는 제2차 국가기관이므로, 국민과 의회는 법적으로 하나의 통일체를 형성한다고 한다. 이 경우 국민은 국가작용의 일부분을 스스로 행사하고 다른 부분은 국민의 법정대표인 의회로 하여금 행사하게 한다.

2. 헌법적 대표설

헌법적 대표설에 의하면 대표기관의 권한은 국민의 위임행위에 의해서가 아니라 헌법에 직접 근거한 것이라고 한다. 이 설은 헌법 제1조 제2항이 "모든 권력은 국민으로부터 나온다."라고 하고, 제46조 제2항이 "국회의원은 국가이익을 우선하여 양심에 따라 직무를 행한다."라고 하고 있으므로, 국회를 국민의 헌법적 대표기관이라고 한다.

3. 정치적 대표설

정치적 대표설에 의하면 대표기관은 국민전체의 이익을 위하여 공정하고 성실하게 직무를 수행해야 할 정치적·도의적 의무를 지는 데 불과하므로 그 대표관계는 정치적 대표관계라고 한다.

Ⅱ 결 론

헌법 제1조 제2항이 국민주권의 원리와 대의제의 원리를 선언하고 있고, 헌법 제7조 제1항이 "공무원은 국민전체에 대한 봉사자이며"라고 규정하고 있기 때문에, 국회의원과 대통령 등이 국민의 대의기관임에는 틀림이 없지만, 그 대표의 성격이 헌법적 대표를 포함하여 어떠한 법적 대표를 의미하는 것은 아니다. 오늘날 국민과 대표자간에는 명령적 위임관계가 존재하지 아니할뿐더러 법적 대리관계도 존재하지 않기 때문이다. 오늘날에는 국회의원이나 대통령이 그를 대표로 선출한 국민의 의사에 반대되는 정책결정을 할지라도 국민에 대하여 법적 책임을 지지 아니하며 국민은 차기선거에서 그들의 정치적 책임을 추궁할 수 있을 뿐이다.

제5항 ‣ 현대형 대의제

Ⅰ 현대국가에서의 대의제의 위기상황

오늘날에 와서 대의제가 위기적 상황에 직면하고 있는바, 그 원인으로 ㉠ 대표기관의 대표성의 약화, ㉡ 대중사회화, ㉢ 국민의 직접참정욕구의 증대, ㉣ 엘리트정치의 타락, ㉤ 무기속위임의 원칙에 대한 위협, ㉥ 공개적 토론의 경시, ㉦ 정당정치의 발달, ㉧ 이익집단들의 등장, ㉨ 집단이기주의의 팽배현상 등이 있다.

Ⅱ 현대형 대의제 — 대의제 요소와 직접민주제적 요소의 결합 —

오늘날 대의제는 시대적 상황에 적절히 대응하기 위하여 직접민주제적 요소가 가미된 현대형 대의제의 모습을 띠고 있다.

1. 대의제의 보완책으로서의 직접민주제의 의의

오늘날 대의제의 폐해를 줄이기 위하여 적어도 주권자인 국민이 직접 정치과정에 개입하여 여야간의 정치적 대립을 조정하고 부패한 공직자들의 비위를 시정하며, 정책적 대안을 제시할 필요가 있다. 앞으로 이러한 직접 민주제의 보완적 기능에 기대할 필요성은 더욱 증대될 것이다.

2. 직접민주제의 정치적 가치

직접민주제의 긍정적 측면으로는 첫째, 국민이 스스로 중대한 국가의사를 결정하므로 국민자치의 원칙이 고도로 실현되고, 둘째, 대의기관의 부패와 무능력이라는 결함을 시정·보완할 수 있으며, 셋째, 국가기관 상호간의 충돌로 말미암아 국가의사의 결정이 지연될 경우에 국민이 개입하여 이를 신속히 해결할 수 있는 점 등이 있다.

직접민주제의 부정적 측면으로는 첫째, 직접민주에 있어서는 심의·설득·타협의 기회가 없기 때문에 그 다수결이 불합리한 것이 될 수도 있고, 둘째, 선동과 여론의 조작 등으로 국민투표 등이 독재정치를 오히려 합리화하는 수단으로 악용될 수 있으며, 셋째, 유권자의 정치적 무관심으로 기권율이 높을 경우에는 투표결과를 가지고 전체의사를 추정하는 것이 위험하다는 점 등이 있다.

3. 직접민주제의 제도적 내용

(1) 국민표결제

국민표결제라 함은 중요한 법안이나 정책을 국민이 국민투표로써 직접 결정하는 제도를 말한다. 국민표결에는 레퍼렌덤(협의의 국민표결)과 플레비시트(국민결정)가 있다.

(2) 국민발안제

국민발안이라 함은 국민이 직접 헌법개정안이나 법률안을 제안할 수 있는 제도를 말한다.

(3) 국민소환제

국민소환 또는 국민파면(recall)이라 함은 국민의 의사에 따라 공직자를 임기만료 전에 해직시키는 제도를 말한다. 국민소환제는 국민이 국민투표를 통하여 공직자를 임기만료 전에 해직시킬 수 있는 제도이다.[333] 국민투표제도나 국민발안제도와는 달리 국민소환제도는 직접민주주의의 원리를 좀 더 실질적으로 보장하고 있는 스위스나 미국 등 일부국가들에서도 아예 없거나 매우 부분적으로만 보장되어 있다. 다만 주지사나 지방자치단체장에 대한 주민소환제도[334]의 경우는 그보다 더 널리 보장되어 있다.[335]

---

333) Bryan A. Garner(Editor in Chief), Black's Law Dictionary, St. Paul, MN: West Group, seventh ed., 1999, 1274쪽.

제6항 · 한국헌법과 대의제

I 대의제의 원칙

우리 헌법은 제40조, 제41조, 제66조 제4항, 제67조 등에서 의회주의를 핵심으로 하는 간접민주제적 대의제를 통치구조의 기본으로 규정하고 있다. 따라서 국민은 그들이 대표자로 선출한 국회·대통령 등을 통하여 주권자로서의 의사를 간접적으로 실현하는 것을 원칙으로 한다.

II 예외로서의 직접민주제

현행 헌법은 헌법개정안에 대한 국민투표제(제130조 제2항)와 대통령이 부의한 국가안위에 관한 중요정책에 대한 국민투표제(제72조) 등과 같은 직접민주제를 예외적으로 채택

---

334) 주민소환제도의 도입에 반대하는 논거는 지방자치단체장과 지방의회의원에 대하여 주민소환제를 도입할 경우에는 지방자치법상 보장된 임기 중에도 그 지위 자체를 위협받는 상황에서는 안정적으로 소신있게 직무를 수행할 수 없게 되는 점, 주민소환제논의를 할 때에는 국회의원 등에 대한 국민소환제 도입논의도 함께 고려해야 형평성에 위배되지 않는다는 점, 주민소환제를 도입한다면 주민소환운동을 빌미로 유권자들과 접촉하게 되고 이것은 사전선거운동으로 악용될 것이 명약관화하기 때문에 공직선거및선거부정방지법에 규정된 선거운동기간제한규정을 준수하기 어렵게 한다는 점, 주민들이 아직 주민소환운동을 제대로 해낼 수 있을 정도로 정치적으로 성숙되지 못하였다는 점 등이다. 조정찬, "주민소환제 도입논의에 관한 소견", 「법제」, 통권 제519호, 2001. 3, 57-59쪽. 이에 대하여 임기제도의 장점은 주민의 대표자나 집행기관이 그때그때 변화하는 주민의 여론에 휩쓸리지 않고 소신 있는 결정을 한다는 데 있지만 이러한 대의제도의 장점은 동시에 대의제도의 단점으로 나타날 수 있는바, 주민에 의해서 선출된 자가 주민의 의견이나 복리를 완전히 무시하고 특수이익을 추구하는 경우에도 현행제도상으로는 통제하기가 쉽지 않다는 점, 비록 임기가 보장되어 있다고 할지라도 일정한 지방공직자의 활동이 주민의 복리에 묵과할 수 없는 손해를 초래할 수 있다고 판단되는 경우에 주민들은 그러한 지방공직자를 공직으로부터 해직시키는 것이 오히려 공익에 부합될 수 있다는 점, 만약 주민들에게 지방행정기관이나 지방의회의원에 대한 충분한 통제수단이 부여되지 아니하는 경우에 주민들은 보다 탈법적인 자구수단을 강구하게 될 것이고 그 폐해는 심각한 수준에 이를 수도 있다는 점(예컨대 고양시의 러브호텔을 둘러싼 고양시장 소환운동이 법제도상의 한계에 부딪혀 어렵게 되자 주민들이 지방세납부거부라는 일종의 시민불복종운동으로 나아간 것이 그 한 예라고 볼 수 있다) 등을 고려하면 주민소환제도를 인정할 필요가 있다는 반론이 있다. 이기우, "지방화시대 주민참여 확대와 풀뿌리민주주의를 위한 토론", 지방자치단체개혁박람회 NGO토론자료집, 2000. 10. 24, 38-39쪽. 생각건대 예컨대 낙선자나 국회의원 같은 정치세력이 지방주민을 선동함으로써 정치적 공세의 수단으로 오·남용될 우려가 없지는 않지만, 특정한 지역적 범위와 여기에 거주하는 주민을 바탕으로 하는 지방자치제도에서는 지방행정에 대한 주민의 탈법적이고 극단적인 저항을 무마하고, 지방자치단체의 대표기관이나 행정기관에 대한 주민의 통제를 강화하고 주민에 대한 책임성을 실현하기 위한 자율적인 정화시스템으로서의 주민소환제도를 도입할 필요가 있다고 하겠다. 김성수, 『개별적 행정법』, 법문사, 2001, 349쪽 참조.

335) 이성환, "국민소환제의 헌법적 검토", 『공법연구』, 제33집 제1호, 한국공법학회, 2004. 11, 161-162쪽.

하고 있다. 그러나 국민발안제와 국민소환제는 채택하고 있지 아니하다.

제3절 권력분립제

제1항 ‣ 권력분립의 원리의 의의

권력분립은 국가 권력의 집중과 남용을 방지하고 국민의 자유와 권리를 보호하기 위한 근대 입헌주의의 핵심 원리이다. 이 원리는 국가 권력의 작용을 입법권, 집행권, 사법권의 세 가지로 나누고, 이를 각각 별개의 독립된 기관에 분담시켜 상호 견제와 균형을 유지하게 함으로써 국가 권력의 집중과 남용을 방지하려는 정치조직의 원리이다. 권력분립은 단순히 국가 활동의 능률을 높이기 위함이 아니라, 자의적인 권력 행사로부터 국민을 보호하려는 소극적이고 자유주의적인 원리임을 강조한다. 이 원리의 궁극적인 목적은 기본권보장에 있으며, '절대 권력은 반드시 부패한다'는 인간 본성에 대한 비관론에서 출발했다는 점을 명심해야 한다. 이는 단순히 1인 독재자의 출현을 방지하는 것을 넘어, 다수의 폭주(중우정치, 파시즘) 또한 견제하려는 목적을 가진다.

제2항 ‣ 권력분립의 역사적 발전

I 사상적 기원: 고대 혼합정부론

권력의 분리는 인류 사회에 권력이라는 개념이 생긴 이래 꽤 오래된 개념이다. 권력분립의 이론적 기원은 고대 그리스의 혼합정부론에서 찾을 수 있다. 그리스 역사가 폴리비오스는 그의 저서 『역사(Historiae)』에서 로마 공화국이 집정관(군주적 요소), 원로원(귀족적 요소), 민회(민주적 요소) 간의 권력 분할과 상호 견제 및 균형을 통해 강력해졌음을 언급했다. 로마인들은 민주정의 중우정치, 귀족정의 과두정, 군주정의 참주정으로의 타락을 막기 위해 이 세 요소를 혼합하여 공화정을 운영했으며, 이는 근·현대 삼권분립 형성의 중요한 사상적 기반이 되었다.

Ⅱ 근대적 발전: 존 로크와 몽테스키외

근대적 권력분립 사상은 군주의 자의적인 통치행위에 대항하여 시작되었다. 영국의 철학자 존 로크는 전제주의에 반대하고, 국가의 임무가 국민의 생명, 재산, 자유를 안전하게 보호하는 것이라고 주장했다. 그는 국가 성립에 사회계약설을 택했으며, 입법부가 정한 법에 따라 행정부가 통치하는 '입법권과 집행권의 분립'을 강조하는 이권분립론을 제시하여 현대 민주주의의 기초를 다졌다. 로크는 국가가 국민의 재산을 보호할 의무를 다하지 못할 경우 국민에 의해 국가가 파기될 수 있다고 보았다.

로크의 이권분립론을 발전시켜 입법권, 행정권, 사법권의 '삼권분립론'을 체계화한 인물은 프랑스의 계몽주의 사상가 몽테스키외이다. 그의 저서 『법의 정신』에서 몽테스키외는 권력의 남용을 방지하고 자유를 지키는 법적·정치적 시스템의 기초를 제시했다. 그는 "권력은 권력으로 견제해야 한다."는 원칙을 강조하며, 각 권력을 독립된 조직으로 나누고 서로 견제하게 함으로써 자유를 보장해야 한다고 역설했다. 몽테스키외는 고대 로마의 삼두정치를 연구하며 단순히 권력자의 수가 많다고 시민의 권익이 보호되는 것이 아님을 깨달았다. 그는 카이사르, 폼페이우스, 크라수스 등 세 명의 권력자가 국가의 모든 기능을 틀어쥐자 결국 독재로 이어졌음을 관찰하며, 진정한 권력 분산을 위해서는 아예 권력의 기능을 입법권, 집행권, 사법권으로 분할하여 각각의 권력자에게 독점적으로 나눠주고 서로의 권력 기능은 침해하지 않고 견제하는 구조적 정치 체제의 필요성을 주장했다. 그의 사상은 미국 헌법과 프랑스 혁명에 결정적인 영향을 미쳤다.

Ⅲ 현대 헌법의 기본 원리로서의 확립

권력분립 원리는 1789년 프랑스 인권선언에서 "권리의 보장이 확보되어 있지 않고, 권력의 분립이 규정되어 있지 아니한 모든 사회는 헌법을 가지고 있지 아니하다."고 규정되며 근대적 헌법의 공리(公理)로 확립되었다. 최초의 성문화된 삼권분립은 미국 헌법에서 확인할 수 있으며, 미국은 사법부의 완전한 독립을 보장한 첫 번째 국가이기도 하다. 세계인권선언과 그 실천규약에도 사법부 독립 조문이 명시되어 있다.

권력분립의 목적은 시대의 변화에 따라 확장되어 왔다. 초기에는 군주권의 자의적 행사로부터 국민의 자유를 보호하는 소극적이고 자유주의적인 원리가 강조되었으나, 현대 복지국가에서는 국가의 적극적인 활동과 권력 통합이 요구되는 복합적인 사회 문제 해결 및 복지 행정 강화를 위한 필요성이 제기되기도 한다. 그러나 이러한 요구 속에서도 권력분립은 여전히 필수적이다. 이는 복지국가 또한 자유주의에 기반을 두며, 개인의 자유와 권리 보장이라는 법치주의의 근간을 포기할 수 없기 때문이다. 특히, 현대 국가의 공권력은 초기 자본주의적 소극적 방관자적 입장에서 벗어나, 노동자, 소비자, 농어민, 중소기업자 등 경제적 약자들이 경제적 생존권을 확보하고 사회경제적 지위 향상을 도모할 수 있도록 질서를 형성해 나가는 국가적 과제를 수행해야 한다. 이러한 역할 확장은 권력의 남용 가능성을 더욱 높일 수 있어, 권력분립의 중요성은 오히려 증대된다. 나아가, 현대 사회의 권력분립은 단순히 군주권력과 국민의 대립 관계를 넘어, 양극화된 국민들 상호 간의 이해관계 대립을 견제하고 균형을 이루는 문제로 그 초점이 확장되었다. 이는 권력분립이 정체된 개념이 아니라, 변화하는 사회적 요구와 권력의 속성에 대응하며 끊임없이 재해석되고 적용되어야 하는 역동적인 원리임을 시사한다.

제3항 · 삼권분립의 구조와 각 기관의 기능

대한민국 헌법은 국가 권력의 남용으로부터 국민의 자유와 권리를 보호하려는 법치국가의 실현을 기본 이념으로 하며, 자유민주주의 헌법 원리에 따라 국가 기능을 입법, 행정, 사법으로 분립하여 견제와 균형을 이루게 하는 권력분립 제도를 채택하고 있다. 각 기관은 독립된 조직으로 나뉘며 서로에 대해 견제한다.

I 입법부(국회)

대한민국 헌법 제40조에 따라 입법권은 국회에 속한다. 국회는 국민의 보통·평등·직접·비밀 선거에 의해 선출된 국회의원으로 구성되며, 일시적이거나 항구적인 법률을 제정하고, 이미 정해진 법률을 수정하거나 폐지하는 역할을 한다. 법률 제정 외에도 다음 연도의 예산안을 심의하고 확정하며, 정부의 정책과 문제점을 지적하고 국정감사 및 대정부질문 등을 통해 국정을 통제한다. 국회는 300명의 국회의원으로 구성되며, 국회의장 1인과 국회부의장 2인이 있다. 주요 권한으로는 법률안 제정 및 개폐, 예산안 심의 및 확정, 국정감사 및 조사, 탄핵 소추 의결권, 국무총리 및 국무위원 해임 건의권, 대법원장 및 헌법재판소장 임명 동의권 등이 있다.

Ⅱ 집행부(대통령 및 정부)

대한민국 헌법 제66조 4항에 따라 행정권은 대통령을 수반으로 하는 정부에 속한다. 행정부는 국회에서 의결한 법안을 기반으로 나라의 살림을 진행하고 처리하는 기관이며, 법을 집행하고 공공시설을 만들고 관리하는 등 국민의 안정적인 삶을 책임진다. 대통령은 국무총리와 국무위원으로 구성된 국무회의의 조력을 받아 업무를 처리하며, 국무총리는 국무를 조정하는 역할을 한다. 행정권은 권력의 실질적인 힘인 법의 집행을 맡으며, 이를 위한 강제력인 군대와 경찰을 쥐고 사용할 수 있어 가장 큰 힘을 가진다. 주요 권한으로는 법률안 거부권, 긴급명령권, 대법원장·헌법재판소장·대법관·헌법재판소 재판관 임명권, 사면권 등이 있다.

Ⅲ 사법부(법원 및 헌법재판소)

대한민국 헌법 제101조 1항에 따라 사법권은 법관으로 구성된 법원에 속한다. 사법부는 법규범을 해석·적용하여 구체적인 분쟁을 공권적이고 종국적으로 해결하는 국가작용을 말한다. 죄를 처벌하고 개인 간의 분쟁을 심판하는 재판권을 가지며, 법을 어겼거나 사회 갈등이 발생했을 때 이를 해결하는 것이 핵심이다. 대법원과 헌법재판소가 사법부의 양대 수장이다. 헌법재판소는 정부, 국회, 법원이 헌법에 맞게 권한을 행사하는지 심판하는 역할을 한다. 주요 권한으로는 위헌법률심판, 탄핵심판, 정당해산심판, 권한쟁의심판, 명령·규칙·처분에 대한 위헌심사 등이 있다.

현대 사회의 복잡성과 복지국가적 요구 증대로 인해 집행부의 역할과 권한이 비대해지는 '행정국가화' 현상이 심화되고 있다. 이론적으로는 입법부, 집행부, 사법부가 동등한 권한을 가진다고 보지만, 실제로는 집행부가 법의 집행을 담당하고 군대와 경찰 같은 강제력을 보유하고 있어 가장 큰 실질적 힘을 가진다. 이러한 집행부의 기능적 확장은 입법부의 기능 약화로 이어져 '행정적 독재'를 촉진할 수 있다는 비판을 낳는다.

특히 한국의 경우, 집행부도 법률안 제출권을 가지며, 이는 상임위원회 자체의 입법기능을 제한하는 요인으로 작용한다. 또한 정당의 중앙집권적 구조와 높은 정당 기율은 국회의원들의 자율성과 독립성을 약화시키며, 의원들의 전문 역량 한계와 입법 지원 보조기관의 미약함, 그리고 입법 과정의 비효율성 등이 입법부의 견제 기능을 더욱 어렵게 한다. 이러한 현상은 권력분립의 이상적인 균형이 현실에서 어떻게 동요하고 도전받는지를 보여주는 중요한 양상이며, 집행권의 비대화에 대한 지속적인 견제와 입법부의 역량 강화가 현대 권력분립의 핵심 과제임을 시사한다.

제4항 · 견제와 균형 시스템의 작동 원리 및 사례

I 상호 견제 및 균형의 필요성과 원리

권력분립은 권력이 평화적으로 분배된 상태라기보다는, 권력이 서로를 견제하며 평형을 이루는 상태, 즉 교착상태를 유도하는 제도적 장치이다. 이는 모든 권력이 팽창하는 성질을 지니므로, 감시가 없을 때 삼권분립은 제대로 작동할 수 없다는 인식에서 출발한다. 권력분립의 목적은 권력집단이 단합하고 야합하여 누구의 견제도 받지 않은 채 폭주하지 못하도록 권력의 남용을 막고 권리의 보장을 확보하는 것으로, 이는 근대적·입헌적 의미의 헌법에서 필수불가결한 요소이다. 궁극적으로 삼권을 감시하는 눈은 주권자인 국민에게 있으며, 국민의 준엄한 심판을 통해서라야 제대로 작동하는 장치가 될 수 있다. 대한민국 헌법은 권력의 형식적 분할뿐 아니라 국가기관 사이의 '상호 협력적 견제 관계'를 예정하고 있다.

견제와 균형 시스템이 '교착상태'를 유도하는 제도적 장치라는 점은, 권력분립이 단순히 효율성을 위한 분할이 아니라, 권력의 자연스러운 팽창 성질을 억제하기 위한 의도적인 '마찰'임을 의미한다. 이러한 시스템은 권력의 자의적 행사를 어렵게 함으로써 국민의 자유를 보장하려는 목적을 가진다. 즉, 정부의 신속한 의사결정보다는 권력 남용 방지에 더 큰 가치를 두는 설계 철학이 반영되어 있다. 그러나 이러한 시스템이 완전히 마비되지 않고 역동적으로 기능하기 위해서는 주권자인 국민의 역할이 결정적이다. 국민의 준엄한 심판은 각 권력기관이 서로를 견제하면서도 필요한 협력을 이끌어내고, 과도한 대립으로 인한 국정 마비를 방지하는 궁극적인 감시자이자 견제자로서 기능한다. 이는 권력분립이 제도적 장치만으로 완성되는 것이 아니라, 국민의 지속적인 관심과 참여를 통해 비로소 그 본래의 목적을 달성할 수 있음을 보여준다.

II 견제와 균형 시스템의 실제 작동 사례

1. 미국 사례

미국은 권력분립을 헌법에 명시하고 그 원리를 바탕으로 정부를 세운 첫 번째 국가이며, 사법부의 완전한 독립을 보장한 첫 번째 국가이기도 하다.

1) **행정부와 입법부 간 견제**

대통령이 의회가 통과시킨 법안에 거부권을 행사할 수 있으며, 의회는 상하원 각각 3분의 2 이상의 찬성으로 대통령의 거부권을 재의결하여 법안을 확정할 수 있다. 장관이나 대사 등 정부 고위 관리를 임명할 권한은 대통령에게 있지만, 상원의 인준 과정을 반드시 거쳐야 한다. 또한, 대통령을 포함한 공직자들이 잘못을 저지를 경우, 의회가 탄핵 소추할 수 있다.

2) **사법부의 견제**

미국 연방 법원은 의회와 행정부를 견제할 수 있는 위헌심사권을 가진다. 도널드 트럼프 대통령의 이민 관련 행정명령에 연방 법원이 제동을 건 사례는 행정명령의 합법성 판단이 법원의 역할임을 보여주는 대표적인 예시이다. 연방 판사는 대통령이 임명하고 의회가 인준하지만 종신직이므로, 판사가 정부나 의회의 마음에 들지 않는 판결을 내렸다고 해서 보복을 당할 수 없다.

2. 한국 사례

대한민국 헌법은 권력분립 원칙의 내용으로서 권력의 형식적 분할뿐 아니라 다른 국가기관과의 협력에 의해 헌법적 과제를 이행할 수 있도록 하는 국가기관 사이의 '상호 협력적 견제 관계'를 예정하고 있다.

1) **입법부의 행정부/사법부 견제**

국무총리, 대법원장, 대법관, 헌법재판소장 임명에 국회의 동의를 받도록 하는 것은 행정부와 사법부에 대한 입법부의 견제 기능이다. 국회는 대통령에 대한 탄핵 소추 의결권을 가진다.

2) **사법부의 행정부/입법부 견제**

헌법재판소의 통합진보당 해산 심판(2013헌다1)은 정당의 목적과 활동이 민주적 기본질서에 위배될 경우 헌법재판소가 정당의 해산을 명하고 소속 국회의원직을 상실시킴으로써 삼권분립의 견제 기능을 발휘한 중요한 사례이다. 행정입법부작위 관련 헌법재판소 판례 분석은 행정부의 법 집행 의무 불이행에 대한 사법부의 견제를 보여준다. 특히, 행정입법의 제정이 법률 집행에 필수불가결하고, 이를 제정하지 않는 것이 행정권에 의한 입법권 침해를 초래하는 경우 헌법적 의무로 본다. 행정부의 잘못된 행위에 대해 사법부가 제동을 거는 것은 삼권분립이 제대로 작동하고 있다는 증거이다.

제5항 ‣ 현대 사회의 권력분립과 도전 과제

I 행정국가화 심화와 입법부 기능 약화

현대 사회의 복잡성과 복지국가적 요구 증대로 인해 국가의 역할이 확대되면서 행정부의 기능과 권한이 비대해지는 '행정국가화' 현상이 심화되고 있다. 이는 입법부의 기능 약화로 이어져 '행정적 독재'를 촉진할 수 있다는 비판이 제기된다. 대한민국의 맥락에서 입법부 기능 약화의 원인은 여러 가지이다. 첫째, 행정부도 법률안 제출권을 가지며, 이는 입법부의 고유 기능인 법률 제정에서 행정부의 영향력을 증대시키고 상임위원회 자체의 입법 기능을 제한한다. 둘째, 정당의 중앙집권적 구조와 높은 정당 기율로 인해 국회의원들의 자율성과 독립성이 약화되어, 개별 의원들이 사안별 정책적 연대를 형성하기 어렵다. 셋째, 국회의원들의 잦은 교체율과 상임위원회 변경으로 인한 전문 역량 한계, 그리고 입법을 지원하기 위한 보조기관의 미약함 또한 입법부의 전문성을 저해하는 요인이다. 마지막으로, 9월 정기국회에 법령 심사가 집중되는 현상, 입법 전문가 간 연계 및 협력 미흡, 중요 법령과 그렇지 않은 법령 구분 없이 동일한 입법 절차를 따르는 일률적인 입법 절차 등 입법 과정의 비효율성도 문제점으로 지적된다. 이러한 요소들은 행정부의 비대화 경향과 맞물려 권력 균형을 위협하는 주요 도전 과제로 작용한다.

II 사법부의 정치화 논란 및 사법적극주의/소극주의

'사법의 정치화'는 법원이 정치적 판단에 자신의 정치 성향을 투영하거나, 정치권이 사법부를 자신들의 권력에 종속시키려 시도하는 현상으로 비판받는다. 이와 관련하여 '정치의 사법화'는 국가의 주요 정책이 사법부에 의해 결정되는 경향, 즉 행정부와 입법부의 역할이 축소되고 사법부로 권력이 이전되는 경향을 의미한다. 이는 긍정적으로는 계엄령 위헌 결정이나 대통령 탄핵과 같이 민주주의를 수호하는 역할을 할 수 있으나, 부정적으로는 사법부가 정책 결정을 내리는 '사법 통치' 논란을 야기할 수 있다.

이러한 맥락에서 사법부의 태도를 설명하는 개념으로 '사법적극주의'와 '사법소극주의'가 있다. 사법적극주의는 권력분립 원리의 '견제와 균형' 이상 실현을 위해 행정부와 입법부의 권력 남용을 적극적으로 견제하는 사법부의 태도나 철학을 의미하며, 사법소극주의는 판결을 통해 입법부와 행정부의 의사나 결정에 개입하기보다 '사법부 자제'를 명분으로 심리 자체를 회피하거나 두 부의 의사나 결정을 존중하는 사법부의 태도를 의미한다.

최근 한국 사회에서는 이재명 공직선거법 위반 사건 대법원 전원합의체 판결이나 윤석열 정부의 대법원장 및 헌법재판관 지명 사례 등에서 사법부의 정치화 논란이 불거졌다. 이러한 논란은 법관의 독립성과 사법부의 신뢰를 훼손할 수 있다는 우려를 낳는다.

'정치의 사법화'와 '사법의 정치화'는 단순한 인과 관계를 넘어 복합적인 상호작용을 형성한다. 정치적 분쟁이 사법 영역으로 넘어오는 '정치의 사법화'가 심화될수록, 사법부는 정치적 함의가 큰 결정을 내릴 수밖에 없게 된다. 이러한 사법적 결정은 필연적으로 정치적 해석과 비판의 대상이 되며, 이는 사법부가 정치적 성향을 띠는 것처럼 보이게 하는 '사법의 정치화' 논란을 야기한다. 이 과정에서 정치권은 사법부를 자신들의 이해관계를 대변하는 수단으로 활용하려 하거나, 특정 판결에 대해 '정치적 판결'이라는 비난을 가함으로써 사법부의 중립성에 대한 불신을 조장할 수 있다. 이처럼 상호작용하는 과정은 사법부의 독립성을 위협하고, 민주주의의 근간인 권력분립의 작동을 왜곡시킬 수 있는 심각한 도전 과제로 부상하고 있다.

Ⅲ 대한민국 헌법상 권력분립의 특수성 및 당면 과제

대한민국 헌법상 권력분립은 여러 특수성과 당면 과제를 안고 있다. 제1공화국부터 제5공화국을 거치면서 행정부, 특히 대통령에게 권력이 집중되는 형국이 나타났으며, 이에 저항하여 1987년 6월 항쟁과 헌법 개정이 이루어졌다. 그러나 여전히 '제왕적 대통령제'라는 비판이 제기된다.

대한민국 헌법재판소는 정부, 국회, 법원이 헌법에 맞게 권한을 행사하는지 심판하는 역할을 하며, 위헌법률심판, 탄핵심판, 정당해산심판 등을 통해 강력한 견제 기능을 수행한다. 헌법재판소 판례를 통한 실제 적용 사례는 다음과 같다.

행정입법부작위 관련 판례: 헌법재판소는 행정부의 법률 집행 의무 불이행에 대한 헌법적 통제를 통해 권력분립 원칙을 강화한다. 행정입법의 제정이 법률 집행에 필수불가결하고, 이를 제정하지 않는 것이 행정권에 의한 입법권 침해를 초래하는 경우 헌법적 의무로 보며, 정당한 사유 없는 부작위에 대해 기본권 침해를 인용하는 판례를 축적해 왔다.

통합진보당 해산 심판(2013헌다1): 헌정사상 초유의 정당 해산 심판으로, 정당의 목적과 활동이 민주적 기본질서에 위배될 경우 헌법재판소가 이를 해산하고 소속 국회의원직을 상실시키는 강력한 사법적 견제 기능을 보여주었다. 이는 민주적 기본질서 수호라는 권력분립의 궁극적 목적을 실현하는 중요한 사례이다.

또한, 국회의원과 국무위원의 겸직을 허용하는 것은 대통령제의 본질에 어울리지 않고 대통령의 의회 영향력을 지나치게 강화하여 권력분립 원칙에 어긋난다는 주장이 제기된다. 이러한 겸직은 입법부의 행정부 감시 기능을 약화시키고, 대통령이 국회를 효과적으로 통제하는 수단으로 사용될 수 있다는 비판을 받는다.

현대 국가는 단순히 자유방임주의 질서 유지를 넘어, 경제적 약자들의 생존권 확보와 사회경제적 지위 향상을 위한 적극적인 역할을 수행해야 한다. 이는 국가 권력의 통합과 강화라는 불가피한 요구와 개인의 자유 보장이라는 권력분립의 지속적 중요성을 어떻게 조화시킬 것인가 하는 과제를 제기한다. 권력분립의 근본적인 문제의식은 이제 양극화된 국민들 상호 간의 이해관계 대립을 견제하고 균형을 이루는 데 초점을 맞춰야 한다.

제6항 ‣ 고전적 권력분립론에 대한 기대와 회의

자유주의적 통치구조의 구성원리인 권력분립제가 견제와 균형의 메커니즘에 의하여 권력의 집중과 권력의 남용을 충분히 억제하여 줄 것이라는 기대와 낙관이 무너지자 입헌주의와 의회제 민주주의도 위기에 봉착하게 되었고 권력분립론이 동요하게 되어 고전적 권력분립론은 변질될 수밖에 없었다.

제7항 ‣ 권력분립제의 위기

20세기에 접어들면서 개인주의와 자유주의에 수반된 모순과 결함이 드러났을 뿐만 아니라, 현대국가가 당면한 특수적 위기상황으로 말미암아 강력한 집행부가 요구되고 있다. 그리고 이러한 모순과 위기를 극복하고 현대적 특수상황에 대처해야 한다는 구실하에 세계도처에서 독재제가 출현하였다.

고전적 권력분립제의 위기의 원인으로 ① 국제긴장관계에서 비롯된 비상사태의 만성화와 그에 따르는 방위기구의 확대·강화, ② 군사독재·개발독재 등 현대적 독재제로부터의 도전, ③ 정당정치의 발달로 말미암은 권력의 통합, ④ 헌법재판제도의 강화로 인한 사법국가화의 경향, ⑤ 사회국가이념의 실현과 경제적 위기를 극복하기 위한 집행부

우위의 권력구조, ⑥ 행정입법의 증대와 처분적 법률의 증가 등이 있다.

제8항 ‣ 권력분립제의 변질

Ⅰ 권력분립제의 수정이론

현대적 상황에 대응하기 위해서는 권력의 집중과 통합이 어느 정도 불가피하다는 인식에 입각하면서도, 권력분립제의 전면적 폐지가 아니라 권력분립의 장치를 합리적으로 재구성하는 것이 필요하다.

Ⅱ 기능적 권력분립론

뢰벤슈타인은 국가권력의 분립은 국가기능의 배분을 의미하는 것이므로, 국가권력의 분립이라는 개념 대신에 국가기능의 분할이라는 개념을 사용해야 한다고 하면서 고전적 권력분립론이 동태적 권력분립론으로 대체되어야 한다고 주장한다. 즉, 국가기능을 정치적 기본결정기능과 정치적 결정의 집행기능 그리고 정치적 통제기능으로 3분하고 있다.

제3장 통치구조의 형태

제1절 정부형태의 의의

통치구조의 형태는 현실적으로 정부형태 또는 정부제도로 나타난다. 정부형태라 함은 광의로는 국가권력구조에 있어서 권력분립의원리가 어떻게 반영되어 있느냐 하는 권력분립의 구조적 실현형태를 말한다. 협의로는 국가기본정책을 결정하는 입법부와 이 결정을 집행하는 집행부의 관계가 어떠한가 하는 것을 말하고, 최협의로는 집행부의 구조·기능·권한행사방식 등이 어떠한가 하는 집행부의 구조형태를 말한다. 통치구조론에서는 정부형태를 광의의 개념으로 사용하나 때로는 협의 또는 최협의로 사용하는 경우도 있다.

제2절 정부형태의 기본유형

제1항 ‣ 의원내각제

I 의원내각제의 의의와 구조적 원리

1. 의원내각제의 개념

의원내각제는 이론적 산물이 아니라 역사적 산물이며, 또한 가변적인 정부형태이기 때문에 그 개념규정이 용이하지 아니하다. 일반적으로 의원내각제라 함은 집행부가 대통령(또는 군주)과 내각의 두 기구로 구성되고, 내각이 의회에 의하여 선출될 뿐 아니라 의회에 대하여 정치적 책임을 지며, 내각불신임권과 의회해산권이 상호 견제수단이 되어 입법부와 집행부 간에 권력적 균형이 유지되고, 양부 간에 밀접한 공화·협조관계가 형성되는 정부형태를 말한다.

2. 의원내각제의 본질과 구조적 원리

(1) 집행부의 이원적 구조

의원내각제의 집행부는 대통령(또는 군주)과 내각의 두 기구로 구성되는 2원적 구조임을 특색으로 한다. 그러나 의원내각제에 있어서 대통령이나 군주는 명목상의 국가원수일 뿐, 집행에 관한 실질적 권한은 내각에 귀속하는 것을 원칙으로 한다.

(2) 내각의 성립과 존속의 의회에의 의존

의원내각제에서는 내각의 수반이 의회에 의하여 선출되고, 내각이 의회에 대하여 연대하여 정치적 책임을 진다. 그러므로 내각이 의회의 신임을 상실하며 총사퇴해야 한다.

(3) 내각불신임권과 의회해산권에 의한 권력적 균형

의원내각제에서는 의회의 내각불신임제와 내각의 의회해산제를 통하여 입법부와 집행부간에 권력적 균형이 유지된다. 레즈로브(R. Redslob)는 영국의 경우처럼 내각이 의회해산권을 가지고 있는 경우를 진정한 의원내각제라 하고, 프랑스 제3·4공화제처럼 내각이 의회해산권을 가지고 있지 않거나 의회해산권이 유명무실한 경우를 부진정의원내각제라 하였다.

(4) 입법부와 집행부간의 공화와 협조

의원내각제의 경우에는 법적으로는 입법부와 집행부가 분리·독립되어 있지만, 정치적으로는 두 기관이 밀접한 공화·협조관계를 유지한다. 의원내각제에서는 집행부가 의원들로 구성되기 때문에 각료와 의원의 겸직이 가능하고 집행부도 법률안제출권을 가지며, 집행부의 각료가 의회에 출석하여 발언할 수 있다.

II 의원내각제의 성립과 유형

1. 의원내각제의 기원

의원내각제는 17세기부터 18세기에 걸쳐 영국에서 생성·발전하여 19세기 말경에 제도적으로 확립되었다. 영국에서는 17세기에 접어들면서 국왕과 의회간에 권력투쟁이 격회되고, 그 권력투쟁은 1688년의 명예혁명을 고비로 국왕과 의회의 권력관계를 역전시켰다. 이에 따라 의회주권 내지 의회우위의 원칙이 확립되고 입헌군주제가 완성되었다.

이로써 의회는 정치권력의 주도권을 장악하였으나 국왕을 대신하여 직접 전영국을 통치할 수는 없었다. 입법권에 있어 국왕을 능가하고 집행권까지 장악한 의회이기는 하지만, 스스로 집행부로서 전영국을 통치하기에는 그 대상이 너무도 방대하고 복잡하였기 때문이다. 여기에 의회를 대신하여 집행권을 행사하면서도 의회의 통제에 따르는 기관이 필요하였다. 이러한 요청에 부응하여 등장한 기관이 바로 국왕의 자문기관인 추밀원이었다. 그리고 그 효율적인 운영을 위하여, 추밀원 자문관들 중에서 소수의 측근자만을 선발하여 그들로 하여금 내각을 구성하게 하고 국무를 담당하게 하였다. 이것이 내각제의 기원이다.

초기에는 내각의 각료가 동시에 추밀원 자문과이었으므로 내각은 여전히 국왕의 내각이라 할 수밖에 없었다. 그러나 18세기가 되자 내각은 국왕의 내각에서 의회의 내각으로 변모하여 갔다. 이 과정에서 의회가 내각을 통제하는 내각불신임제라든가 그 반대기능을 하는 내각의 의회해산제가 확립되었다.

2. 의원내각제의 확산과 하위유형

영국에서 생성·발전한 의원내각제는 19세기 이후 그 기반이 된 의회주의와 더불어 전세계에 전파되었다. 그 전파경로에는 세 가지가 있었다. 하나는 근대시민혁명기간 중에 입헌민주정체를 추구한 유럽대륙제국에의 경로이고, 둘은 식민지통치하의 구영령자치령에 이식된 경로이며, 셋은 일본·이스라엘과 그 밖의 국가들에 수용된 경로이다. 주목할 점은 전파경로의 상위가 각 그룹의 의원내각제의 특징과 밀접한 관련을 가지고 있다는 점이다.

제1그룹에 속하는 유럽각국에서는 영국의 의원내각제가 그 국가의 전통적인 의회지상주의라든가 다당제와 결부되어 의회우위형 또는 집행부불안정형의 의원내각제로 변질하였다. 제2그룹에 속하는 구영령자치령의 일부 지역(캐나다·오스트레일리아·뉴질랜드 등)에서는 영국의 원형에 가까운 집행부안정형의 의원내각제가 발전하였다. 그러나 그 밖의 구영령제국과 제3그룹에 일본이나 이스라엘 등 몇몇 국가를 제외하고는 의원내각제의 기반이 되는 의회주의의 성립조건이 충족되지 못한 까닭에, 의원내각제가 헌법문면상의 제도에 그치고 실제로는 권위주의적 정치체제나 개인 또는 군부에 의한 독재가 행해지고 있는 경우가 적지 아니하다.

헌법문면상 또는 운용면에서 다양한 형태를 가지는 의원내각제는 이론상 그리고 실제로 몇 가지 하위유형으로 분류될 수 있다. 첫째, 입법부와 집행부의 관계를 기준으로 하여 (ㄱ) 입법부우위 · 집행부종속형(의회지배형), (ㄴ) 집행부우위 · 입법부종속형(내각통치형), (ㄷ) 양자의 대등 · 균형형(중간형)을 설정할 수 있다. 둘째, 수상과 각료의 관계 여하와 내각불신임권 및 의회해산권의 유무를 기준으로 하여 (ㄱ) 수상이 각료 중의 제1인자를 의미할 뿐 그들과 법적 · 정치적으로 대등한 지위에 위치하고 의회의 내각불신임권에 대응하는 내각의 의회해산권이 유명무실한 의원내각제(내각책임제: 19세기의 영국, 프랑스 제3 · 4공화제), (ㄴ) 수상이 각료에 대하여 상대적으로 우위에 위치하고, 의회의 내각불신임권에 대응하는 내각의 의회해산권이 실제로 작동하는 전형적인 의원내각제(독일과 일본 등), (ㄷ) 수상이 각료들에 대하여 절대적 우위를 점하고, 내각은 의회해산권을 행사할 수 있는데 반하여 의회의 내각불신임권은 유명무실한 수상내각제(오늘날의 영국) 등을 설정할 수 있다.

Ⅲ 의원내각제의 구체적 실현유형

1. 영국의 의원내각제

의원내각제의 모국이면서 그것을 모범적으로 운용하고 있는 국가는 영국이다. 영국의 의원내각제는 의원내각제의 구조적 원리를 기초로 하면서도 다음과 같은 특색을 나타내고 있다.

첫째, 수상이 권력구조에 있어 내각 · 평민원(하원) · 정당 등의 중심적 역할을 담당하는 핵심적 지위에 있다. 수상은 평민원을 지배하는 다수당의 당수인 동시에 내각의 초석으로서 정책의 결정권과 집행권을 동시에 장악하고 있다. 이러한 수상의 우월적 지위 때문에 근래에 와서는 의원내각제를 수상정부제 내지 수상내각제라고도 한다. 그 결과 그것이 입헌적인 수상독재로 흐를 가능성도 없지 않지만, 영국에서는 수상의 자제 · 소수파의 존중 · 여론중시 등의 정치관행과 더불어 관용과 타협을 중시하는 정치문화가 독재제의 출현을 방지하고 있다.

둘째, 영국의 의원내각제는 교체가능한 양당제에 기초하고 있고, 그 내각은 다수당에 의하여 구성된다. 내각을 수상과 동일 정당소속원으로 구성하는 것은 내각에 동질성을 부여하기 위해서이다. 오늘날 영국의 내각은 의회의 임기와 동일한 기간에 걸쳐 정권을 유지하는 것이 통례가 되어있다.

셋째, 내각과 의회내의 다수당은 단일의 결합체를 이루므로, 내각은 다수당으로서 소수당에 대하여 우월적 지위에 있게 된다. 그 결과 종래의 내각 대의회라는 관계는 내각 및 다수당 대 소수당이라는 관계로 변질되고, 평민원은 더 이상 내각을 통제하지 못하고 단지 내각을 비판하고 여론을 지도하는 장소로 면모되고 있다.

2. 프랑스의 의원내각제

프랑스 제5공화국헌법은 제3·4공화국헌법하에서의 의원재각제의 실패와 절대적 의회우위의 의원내각제에 대한 반동에서 출발한 것일 뿐만 아니라, 강력한 집행부를 구성하여 국가적 안정을 확보하려 한 드골의 정치철학에 기초한 것이었다. 동헌법은 강력한 대통령을 중심으로 한 집행권의 강화를 기조로 하면서도 의원내각제를 가미한 혼합형정부형태를 채택하였다. 국민에 의하여 직선되는 대통령은 상징적인 국가원수가 아니라 중요한 국가정책을 실질적으로 결정하는 지위에 있다. 그 반면에 내각은 의회에 의하여 구성되고 행정권만을 담당하는 지위에 있으므로, 대통령은 내각은 물론 의회에 대해서도 우월적 지위에 있다. 요컨대 프랑스 제공화국헌법의 정부형태는 대통령제와 의원내각제를 혼합한 것이면서 대통령직선제와 대통령에의 권력집중을 그 특징으로 하고 있기 때문에 순수한 대통령제와는 거리가 먼 것이다. 그러므로 이것을 이원집행부제·제한적 의원내각제 혹은 반대통령제 등으로 부르기도 한다.

3. 독일의 의원내각제

제2차대전 이후 독일은 바이마르공화국 당시의 의원내각제 실패의 역사적 체험을 교훈으로 삼아, 그 제도적 모순과 결함을 시정한 독일형 의원내각제를 고안해 내었다. 독일기본법에서 볼 수 있는 의원내각제의 특색으로는 첫째, 연방수상을 중심으로 하는 집행부 우위를 들 수 있다. 연방수상은 연방대통령의 제청으로 연방의회에서 토론 없이 선출된다. 수상은 통치방안전반을 결정하고 의회에 대하여 책임을 질 뿐 아니라, 각료임명에 있어서도 제청권을 가지며 대통령은 이 제청에 구속된다. 이 점에서 독일기본법은 수상제민주주의를 그 특징으로 하고 있다. 두 번째 특색은 바이마르 헌법상의 파괴적 불신임제 대신에 이른바 건설적 불신임제를 채택하고 있다는 점이다. 수상에 대한 의회의 불신임권 행사는 연방의회가 재적의원 과반수로 후임자를 선출하고 연방대통령에게 현직수상의 해임을 건의함으로써만 가능하도록 하여, 수상의 지위를 강화하고 아울러 정국의 안정을 도모하고 있다. 정부의 의회해산권 행사도 두 가지 경우에 한정[의회에서 연방수상으로 당선된 자가 연방재적의원 과반수의 표를 획득하지 못한 경우 연방대통령은 7일 이내에 그를 임명하거나 연방의회를 해산해야 한다(GG 제63조 제4항)와 신임을 요구한 연방수상의 제의가 연방의회 재적의원의 과반수의 찬성을 얻지 못하면 연방대통령은 연방수상의 제청으로 21일 이내에 연방의회를 해산시킬 수 있다(GG 제68조 제1항)]함으로써 정부가 의회에 의존하도록 하고 있다.

4. 일본의 의원내각제

제2차대전 후의 일본국헌법은 영국형의 전통적 의원내각제를 채택하고 있다. 동헌법은 국회를 유일의 입법기관으로 규정하고, 집행권은 내각에 속하며, 내각은 집행권을 행사함에 있어 국회에 대해 연대책임을 지도록 하고 있다. 여당의 당수인 동시에 내각의 수장으로서 의회와 내각에 강력한 영향력을 행사할 수 있는 내각총리대신은 국회의원 중에서 국회가 선출한다. 내각을 구성하는 국무대신들은 내각총리대신에 의하여 임면되고, 그 과반수는 국회의원이어야 한다. 또한 의원내각제의 본질적 내용에 해당하는 중의원의 내각불신임권과 내각의 중의원해산권이 인정되고 있다. 그러므로 일본의 의원내각제는 영국형의원내각제라고 할 수 있다.

Ⅳ 의원내각제를 위한 정치문화적 조건

의원내각제가 성공하기 위한 조건으로는 무엇보다도 (ㄱ) 안정된 복수정당제, (ㄴ) 국민간의 동질성과 화합의 정신, (ㄷ) 언론의 자유와 정치적 자유의 보장, (ㄹ) 문민통치의 전통, (ㅁ) 직업공무원제의 확립, (ㅂ) 정치인의 투철한 공직의식 등을 들 수 있다.

Ⅴ 의원내각제의 정치적 가치와 기능

의원내각제의 긍정적 가치로는 다음을 들 수 있다. (ㄱ) 내각의 존속과 진퇴가 국민의 대표기관인 의회의 의사에 의존하기 때문에 민주주의적 요청을 만족시킨다. (ㄴ) 내각이 의회에 대하여 연대책임을 지기 때문에 책임정치를 구현할 수 있다. (ㄷ) 의회와 내각이 대립하는 경우에 내각불신임결의와 의회해산으로 정치적 대립을 신속히 해결할 수 있다. (ㄹ) 의회의 신임을 획득하고 유지하기 위하여 유능한 정치적 인재를 등용하고 무능하고 자질미달의 인재를 도태시킬 수 있다.

의원내각제의 부정적 가치로는 다음을 들 수 있다. (ㄱ) 군소정당이 난립하거나 정치인들의 타협적 태도가 결여될 때에는 연립정권의 수립과 내각에 대한 빈번한 불신임결의로 정국의 불안정이 초래될 수 있다. ㈁ 의회가 정권획득을 위한 정쟁의 장소가 될 수 있다. ㈂ 내각이 연명을 위해 의회의 의사에 구애받지 아니하는 강력한 정치를 추진할 수 없다. ㈃ 최악의 경우에는 내각이 원내다수당과 제휴하여 다수의 횡포를 자행할 수 있다.

제2항 · 대통령제

I 대통령제의 의의와 구조적 원리

1. 대통령제의 개념

대통령제라 함은 일원적 구조의 집행부가 입법부 및 사법부와 엄격하게 분리·독립됨으로써 국가기관 상호간에 권력적 균형이 유지되고, 국민에 의하여 선출되는 대통령의 집행부가 안정을 유지할 수 있는 정부형태를 말한다. 의원내각제가 영국에서의 오랜 역사적·정치적 관습의 산물이라면, 대통령제는 미국에서 창안되었을 뿐만 아니라 오늘날까지 미국에서 가장 성공적으로 운용되고 있는 정부형태이다.

2. 대통령제의 본질과 구조적 원리

(1) 대통령의 직선제와 임기제

대통령제에서는 대통령이 국민에 의하여 선출되고 그 임기 동안 재직할 뿐 아니라 정치적 책임을 지지 아니하는 것을 본질적 요소로 한다.

(2) 집행부의 일원적 구조

대통령제에서는 집행부의 구조가 일원화되어 있으며 대통령은 국가원수와 집행부수반의 지위를 겸한다. 부통령은 대통령궐위시에 국정의 계속성을 확보하기 위하여 대통령의 지위를 승계하는 지위에 있을 뿐이다. 집행부의 각료회의도 대통령의 보좌기관 내지 자문기관에 지나지 않는 것이다.

(3) 대통령과 의회의 상호독립성

대통령제에서는 대통령을 수반으로 하는 집행부의 성립과 존속이 의회로부터 완전히 독립되어 있다. 집행부수반인 대통령은 국민이 선출하고 집행부는 대통령에 의하여 조직된다. 대통령은 임기 동안 의회에 대하여 정치적 책임을 지지 아니하며 의회를 해산할 권한도 가지지 아니한다. 또한 의회의원과 집행부구성원의 겸직이 인정되지 아니하고, 정부의 법률안제출권이나 집행부 구성원의 의회출석·발언권도 인정되지 아니한다.

(4) 입법부와 집행부의 상호견제와 균형

대통령제에서는 입법부와 집행부가 상호 견제함으로써 권력적 균형이 유지된다. 이러한 권력상호간의 억제와 균형이 대통령측에서는 대통령의 정치적 무책임성, 법률안거부권 등에 의하여 실현되고, 의회측에서는 입법권의 독점, 집행부고위공무원임명에 대한 동의, 국정감사·조사, 집행부구성원에 대한 탄핵소추 등에 의하여 실현된다.

Ⅱ 대통령제의 성립과 유형

1. 대통령제의 기원

대통령제의 모국은 미국일 뿐 아니라 오늘날까지 미국에서 가장 성공적으로 운용되고 있다. 1787년의 필라델피아헌법제정회의에 참석한 55명의 대표들은 영토가 광활하고 각주의 독립성이 강한데다, 통일의 상징이어야 할 전통적 권위마저 존재하지 아니하는 상황에서 「공화제」를 대전제로 하였기 때문에, 그 헌정사상 유례가 없는 정치적 난문제에 봉착하였다. 그 중에서도 각주의 주권을 고집하는 주권파와 연방제를 주장하는 연방파의 대립은 심각한 것이었다. 그러나 이와 같은 양파의 대립과 논쟁으로부터 세계 최초의 연방국가가 탄생하고, 또 입헌적 권력분립과 전국적 통일정부라는 두 가지 요청을 동시에 만족시켜 주는 대통령제가 고안된 것이다. 대통령제는 국민주권의 원리와 권력분립의 요청에 부응하는 것이면서, 동시에 군주를 대신할 새로운 지도자를 창출할 수 있는 이상적인 정부제도로서 미국인들에 의하여 환영을 받았다.

2. 대통령제의 확산과 하위유형

대통령제는 19세기부터 20세기에 걸쳐 민주주의를 지향하는 입헌국가들이 영국의 의원내각제와 미국의 대통령제 중 택일하는 과정에서 널리 채택하였다. 대통령제가 미국으로부터 타국에 전파된 경로에도 세 가지가 있다. 하나는 스페인·포르투갈 등의 식민지 지배로부터 독립한 라틴아메리카제국에 전파된 경로이고, 둘은 군주제국가로서 의원내각제에 싫증을 느꼈거나 그 제도운영에 실패한 유럽 일부국가에 전파된 경로이며, 셋은 제2차대전 이후에 독립한 아시아·아프리카제국에 전파된 경로이다. 여기서도 보급경로의 상위가 대통령제의 성격이나 내용과 밀접한 관련을 가지고 있다.

제1그룹에 속하는 라틴아메리카제국과 제3그룹에 속하는 아시아 · 아프리카의 일부국가는 이민족에 의한 장기간의 식민지지배를 경험하였고, 권위에 대한 전통적인 종속성향과 새로운 민족주의적 열광이 결합하여 강력한 권력과 권위를 상징하는 영웅적 지도자를 요구하였다. 또한 이들 국가에서는 합법적이고 평화적인 정권교체가 아니라, 비합법적인 쿠데타에 의하지 않으면 정권교체가 실현되기 어렵다는 특수한 상황이 지배하고 있다. 이들 국가에서는 입헌민주주의의 전제조건이 결여되어 있는 까닭에 그 헌법상의 대통령제도 결국 카리스마적 권위주의 → 1인에 의한 장기집권 → 군부쿠데타 → 군부독재로 진행하는 특징을 가지고 있다. 이러한 국가들의 대통령제는 일반적으로 신대통령제에 해당하는 것이다.

제2그룹에 속하는 유럽제국으로는 프랑스 제2공화국 · 바이마르공화국 · 스페인공화국을 들 수 있지만, 이들 국가에서의 대통령제는 모두 단명으로 끝나고 말았다. 오늘날 유럽에서 대통령제를 채택하고 있는 국가로서는 프랑스 제5공화국과 핀란드 · 아이슬란드 · 오스트리아 등을 들 수 있다. 이들 국가에서 볼 수 있는 유럽적 대통령제의 특징은 전통적인 의회주의적 경향 때문에 의원내각제와의 혼합형이 많다는 점이다.

요컨대 대통령제가 헌법상 규정되어 있는 경우에도 그 성격과 내용은 헌법에 따라 반드시 동일하지 아니하고 그 운용과정도 각양각색이다. 대통령제라 할지라도 미국형대통령제로부터 권위주의적 대통령제에 해당하는 뢰벤슈타인의 이른바 신대통령제, 폰 바이메 · 뒤베르제 등의 이른바 반대통령제(준대통령제)에 이르기까지 그 유형이 다양하다.

Ⅲ 대통령제의 구체적 실현형태

1. 미국형대통령제

미연방헌법에 규정된 대통령제의 내용을 개관하면 다음과 같다. 대통령은 국민에 의하여 선출되는 명실상부한 집행부의 수반이고 4년마다 4단계의 절차를 거쳐 선출된다. 대통령은 각부장관을 자유로이 임면하여 그의 통치를 보좌하게 한다. 각부장관은 의원내각제의 각료들처럼 의회에 대하여 연대책임을 지는 합의체를 구성하지 아니한다. 집행부는 의회로부터 완전히 독립하여 있으며, 대통령도 각부장관도 의원을 겸할 수 없다. 대통령은 의회에 대하여 책임을 지지 아니하고, 의회를 해산시킬 수도 없다. 대통령은 의회에 대하여 책임을 지지 아니하고, 의회를 해산시킬 수도 없다. 대통령은 의회에 대하여 교서의 형식으로 입법을 요청하고 의회가 의결한 법안에 대하여 거부권을 행사할 수 있을 뿐이며, 의회를 임시로 소집하고 특별한 경우에 폐회의 시기를 정할 수 있다. 이에 대하여 의회(상원)는 조약의 비준과 집행부고위공무원의 임명에 대한 동의, 입법과 예산의 심의 그리고 하원에 의한 탄핵소추와 상원에 의한 탄핵심판을 통하여 대통령과 집행부공무원을 파면시킴으로써 대통령의 집행부를 견제할 수 있다. 또한 사법부의 우위가 유지되고 있으며, 법원은 헌법해석에 관하여 독자적인 최종해석권을 가지고 있다. 하지만 오늘날에는 집행부강화라는 시대적 요처에 따라 대통령의 지도력확대와 더불어 집행부의 권한이 강화되고 있다.

미국형대통령제도 기본적으로 견제와 균형의 테두리 안에서 이루어지는 것이기는 하지만, 대통령의 개인적 정치역량이라든가 의회의 집행부통제력의 강약에 따라 해밀턴형 · 매디슨형 · 제퍼슨형 등으로 운용되고 있다.

첫째, 해밀턴형대통령제는 비상사태의 극복이나 급속한 경제개발의 필요가 있는 경우에 볼 수 있는 유형으로서, 집행부가 입법과정을 포괄적으로 지배하고 대외정책과 재정경제정책을 독점적으로 결정하며, 집행부에 대한 헌법상의 권력통제장치가 거의 명목화되는 것이 특징이다. 이러한 유형은 의회에 대한집행부우위의 대통령제로서 능률성 > 정통성의 도식이 성립한다.

둘째, 매디슨형대통령제는 평상시에 무능한 대통령이 재직하는 경우에 볼 수 있는 유형으로서, 의회가 행정전반에 개입하여 집행부를 간섭 · 통제하는 것이 특징이다. 이러한 유형은 집행부에 대한 의회우위의 대통령제로서 능률성 < 정통성의 도식이 성립한다.

셋째, 제퍼슨형대통령제는 평상시에 원내다수당의 지지를 배경으로 하여 안정된 정치가 유지되는 유형으로서, 다수지배의 원리와 책임정치의 원리가 이상적으로 구현되는 것이 그 특징이다. 이러한 유형은 집행부와 의회가 대등한 지위에 있는 대통령제로서 능률성 = 정통성의 도식이 성립한다.

2. 신대통령제

신대통령제는 비록 대통령제라는 명칭을 가지고 있지만, 미국형대통령제와는 무관한 권위주의적 정부형태이다. 신대통령제에서는 헌법상 국가원수인 동시에 집행부수반인 대통령이 의회나 사법부에 대하여 절대적으로 우월한 지위에 있다. 어떠한 국가기관도 대통령의 헌법규정상의 또는 사실상의 권력독점에 대항하거나 그 권력행사를 견제할 수 없다. 뢰벤슈타인에 의하면, 신대통령제에서는 (ㄱ) 권력분립의 원리가 채택되어 있지만 단지 부분적 · 불균형적으로 채택되어 있고, (ㄴ) 대통령의 권력행사에 대한 통제와 그 권력남용을 방지하기 위한 제도적 장치가 마련되어 있지 않거나, 마련되어 있는 경우에도 실효성이 없는 것이 특징이라고 한다. 신대통령제에서는 의회와 내각은 물론이고 명목상 독립적 지위를 가진 사법부까지도 대통령에 대하여 종속적 지위에 있다. 요컨대 신대통령제는 사이비입헌주의 · 사이비민주주의로서 폭력적 지배를 은폐하기 위한 제도라고 한다.

3. 반대통령제

반대통령제 내지 준대통령제라는 개념은 폰바이메 · 뒤베르제 · 벨로프 등에 의하여 사용되고 있다. 그러나 폰 바이메의 반대통령제는 신대통령제의 범주에 드는 것인 듯하고, 뒤베르제의 반대통령제는 이원집행부의 범주에 해당하는 것으로 보인다.

폰 바이메에 의하면, 반대통령제는 공화국에 전제군주제의 기능을 도입한 것이라고 한다. 그에 의하면 「반대통령제에 있어서 대통령은 ① 모든 것을 지배하는 지위에 있고, ② 군주제국가의 군주와 같이 대권을 행사하며, ③ 국민에 의한 직선이 아니라 간선제로 선출되고, ④ 그 지위의 장기성 · 불가침성 · 무책임성을 특징으로 한다」라고 하고 있다. 반대통령제하에서는 의회의 지위와 권한이 약화되어 있는 대신 집행부의 안정성과 능률성이 확보된다고 하고, 그 실례로서 라틴아메리카의 몇몇 국가와 프랑스 제2 · 제5공화제 등을 들고 있다.

그러나 모리스 뒤베르제에 의하면, 반대통령제는 대통령제보다는 오히려 의원내각제의 성격을 더 많이 가지고 있으며, 집행권의 구조가 이원화되어 있다고 한다. 집행부는 국가원수인 대통령과 수상을 정점으로 하는 내각으로 구성된다. 의회는 불신임투표로써 내각수반인 수상을 전각료와 더불어 사임하게 할 수 있으나, 대통령에 대한 불신임은 불가능하다. 이에 반하여 대통령은 의회를 해산할 권한을 가지며, 이로써 집행부는 의회에 대하여 영향력을 행사할 수 있다. 반대통령제의 예는 드물지만 바이마르공화국 · 1958~1962년의 프랑스 · 오스트리아 · 핀란드 · 아이슬란드 · 아일랜드 등의 정부형태가 그에 해당한다고 한다.

아무튼 반대통령제는 국가원수가 간접선거로 선출되고 의원내각제의 대통령이 보유하는 권한 이상의 권한을 가지고 있는 것이 특징이다. 그러나 집행권은 의회의 불신임투표로써 전복될 수 있는 내각에 속한다. 반대통령제에서도 대통령의 헌법상의 권한은 반드시 동일하지 않으며 수상임면권 · 하원해산권 · 법률안제출권 · 법률안거부권 · 국민투표부의권 · 긴급입법권 · 외교권 · 헌법법원구성권 중 몇 가지 권한들을 행사할 수 있다. 결국 반대통령제라는 것은 권위주의적 대통령제의 일종일 뿐이다.

Ⅳ 대통령제를 위한 정치문화적 조건

제도적 차원에서 볼 때, 미국형대통령제는 의회와 집행부가 충돌할 경우에 국가기능이 마비될 가능성도 예상할 수 있으나, 미국에서는 성공적으로 운영되고 있다. 그 주된 요인으로는 (ㄱ) 정치인과 시민의 사회적 동질성, (ㄴ) 권력분산적 연방제도와 지방자치제, (ㄷ) 미국민의 반독재의식과 고도의 민주정치적 소양, (ㄹ) 각종 선거의 공정한 실시, (ㅁ) 여론의 자유와 존중, (ㅂ) 헌법수호자로서의 법원의 권위유지 등을 들 수 있다.

Ⅴ 대통령제의 정치적 가치와 기능

대통령제의 긍정적 측면으로는 다음을 들 수 있다. (ㄱ) 대통령이 의회의 신임여부와 관계없이 재직하므로 집행부의 안정과 권위가 유지될 수 있다. (ㄴ) 의회다수파의 횡포를 대통령이 법률안거부권을 행사하여 견제할 수 있다.

대통령제의 부정적 측면으로는 다음을 들 수 있다. (ㄱ) 대통령이 의회의 신임여부에 관계없이 재직하고 의회에 대하여 책임을 지지 아니하므로 대통령의 독재화가 가능하다. (ㄴ) 집행부와 의회가 대립하여 의회가 입법이나 예산을 의결하지 아니하면, 집행부의 기능이 정지되거나 쿠데타를 유발할 가능성이 있으므로, 오히려 정국의 불안이 조성될 수 있다. (ㄷ) 의원내각제에 비하여 국민이 정치적 훈련을 축적할 기회가 드물다.

제3항 · 의원내각제와 대통령제의 비교

Ⅰ 양 정부형태의 공통점

의원내각제와 대통령제라는 두 정부형태의 역사적 배경은 입헌주의의 완성단계이고, 그 이론적 기반은 자유주의와 시민적 민주주의이며, 그 헌법적 조건은 의회주의와 법치주의이고, 그 제도적 전제는 권력분립제와 대의제이다. 이러한 이유로 양 정부형태는 자본주의국가에서만 채택이 가능하고 사회주의국가에서는 채택되지 아니한다.

Ⅱ 양 정부형태의 상위점

첫째, 의원내각제는 권력분립이 완화되어 입법부와 집행부가 상호의존의 원리에 의하여 규율되지만, 대통령제는 권력분립이 엄격하여 상호독립의 원리가 지배한다. 둘째, 의원내각제에서는 집행부가 명목상의 국가원수인 대통령(군주)과 실질적 집행부인 내각의 두 기구로 구성되는 이원적 구조를 가지지만, 대통령제의 집행부는 그 구조가 일원적이다. 셋째, 의원내각제에서는 집행부가 이원적으로 구성되어 있고 집행권력이 분산되어 있으므로 내각불신임과 같은 수상에 대한 정치적 책임추궁이 용이하나, 대통령제에서는 집행부가 일원적으로 구성되어 있고 집행권력이 대통령 1인에게 집중되어 있으므로 대통령의 임기중에는 대통령에 대한 불신임과 같은 정치적 책임추궁이 곤란하다. 넷째, 대통령제가 의원내각제와 본질적으로 구별되는 것은 의회가 내각을 불신임할 수 없다는 점과 집행부가 의회를 해산시킬 수 없다는 점이다.

Ⅲ 양 정부형태 구별의 상대화

그러나 의원내각제와 대통령제의 위와 같은 차이가 오늘날에는 애매한 것이 되어 가고 있다. 특히 제2차대전 이후의 신생독립국가들의 헌법을 보면 거기에 규정된 통치구조는 대통령제나 의원내각제 등 전통적인 정부형태와는 거리가 먼 것들이다. 양자를 혼합한 것으로 의원내각제라 할 수도 없고 대통령제라고도 할 수 없는 정부형태를 규정하고 있다.

이와 같이 의원내각제와 대통령제의 식별기준이 된 구조적 원리들이 오늘날에는 여러 나라에서 다양한 예외들을 보여주고 있기 때문에, 비교헌법학적 관점에서 정부형태를 재분류한다면 두 가지 방법이 가능하다. 종래의 전통적 분류를 고수하는 방법과 예외적인 정부형태들을 제3유형의 정부형태(혼합형 · 절충형 · 중간형)로 유형화하는 방법이 그것이다. 이 경우 제3유형의 정부형태는 다시 의회정부제 신대통령제 · 반대통령제 · 2원집행부제 · 제3세계국가의 정부형태 · 혼합형정부형태(전제적 혼합정부형태와 민주적 혼합정부형태) 또는 절충형정부형태 등으로 세분할 수 있을 것이다.

제3절 제3유형의 정부형태

제1항 · 이원집행부제

I 이원집행부제의 개념

이원집행부제라 함은 집행부가 대통령과 내각의 두 기구로 구성되고 대통령과 내각이 각기 집행에 관한 실질적 권한을 나누어 가지는 정부제도를 말한다. 이러한 이원집행부제는 대통령제의 요소와 의원내각제의 요소가 혼합되어 있는 혼합형 내지 절충형 정부형태라고 할 수 있다.

이러한 이원집행부제라는 용어는 논자에 따라 반대통령제 · 준대통령제 · 분권적(형)대통령제 · 이원정부제 · 이원집행부제 · 혼합정부형태 · 권력분산형대통령제 · 권력분산형의원내각제 · 이원집행권제 · 이원적 의회주의 · 이원적 의원내각제 · 대통령제적 의회주의 · 의회주의적 대통령제 · 반의원내각제 · 반의회제 · 이원적 정부제 · 절름발이의원내각제 · 혼합형의원내각제 · 부진정의원내각제 등등으로 불리기도 한다.

사실 이원집행부제는 대통령제의 요소와 의원내각제의 요소를 혼합한 절충형정부형태이기 때문에, 위에 열거한 명칭들은 그 모두가 나름대로의 근거를 가지는 것이다. 뢰벤슈타인 교수조차도 프랑스 제5공화정의 정부형태를 '신대통령제'로 명명하기도 하고, '억제된 의원내각제'라 칭하기도 하고, '양분된 집행부제'라 규정하기도 하였다. 그것은 프랑스 제5공화정의 정부체제가 대통령제의 요소와 의원내각제의 요소를 혼합한 것일 뿐 아니라 신대통령제의 요소(대통령의 긴급조치권과 국민의회해산권 등)까지 가미하고 있기 때문이다. 따라서 그것은 관점에 따라 반대통령제라 할 수도 있고, 반의원내각제라 할 수도 있으며, 혼합형 · 절충형 정부형태 또는 권력분산형정부형태라고도 할 수 있는 것이다.

II 이원집행부제의 본질과 구조적 원리

1. 집행부의 이원적 구조

이원집행부제에 있어서는 집행부가 대통령과 내각의 두 기구로 구성되는 이원적 구조임을 특색으로 한다. 대통령은 국민에 의하여 직접 선출되고 내각의 수상은 원내다수당의 지도자가 선출된다.

2. 집행에 관한 권한의 분할행사

이원집행부제에 있어서는 대통령도 수상도 각기 집행에 관한 실질적인 고유권한을 보유하고 행사한다. 대체로 대통령은 외교·국방 등 국가안보에 관한 사항을 관장하고 국가긴급권을 보유하는 데 대하여, 수상은 법률의 집행권과 그 밖의 일반행정에 관한 사항을 관장한다.

3. 대통령의 의회해산권과 의회의 내각불신임권

이원집행부제에 있어서 대통령은 수상임면권과 의회해산권 등을 행상할 수 있는 반면에, 수상의 내각에 대해서만 불신임결의를 할 수 있고 대통령에 대해서는 불신임결의를 할 수 없다.

Ⅲ 이원집행부제의 채택배경과 제도적 내용

1. 채택배경

이원집행부제는 지배적인 정치세력이 형성되지 못하고 다원적 정치세력들 간에 권력배분에 관한 합의가 이루어지지 아니함으로써, 복수의 정치세력이 권력적 균형을 유지하기 위해 정치권력을 분점하려고 할 경우라든가, 대통령제에도 실패하고 의원내각제에도 실패한 국가에서 두 가지 정부형태의 장점내지 긍정적인 측면만을 살려보려는 정치적 시도를 하는 경우에 채택되는 정부형태라고 할 수 있다.

2. 제도적 내용

이원집행부제는 바이마르공화국헌법, 프랑스제5공화정헌법, 오스트리아헌법, 포르투갈헌법, 핀란드헌법 등이 채택하고 있는 정부형태라고 할 수 있다.

이들 정부형태에서 볼 수 있는 공통점은 집행부가 대통령과 내각의 두 기구로 구성되는 이원적 구조라는 점과 집행에 관한 권한을 대통령과 내각이 나누어 가지고 있다는 점이다. 이 경우 대통령은 ㈀ 국민에 의하여 직접 선출되고(핀란드의 경우는 선거인단이 선거), ㈁ 선전포고·강화·조약의 체결·외교 사절의 신임접수 등 외교에 관한 권한을 가지며, ㈂ 군의 최고통수권(군령권)자이고, ㈃ 수상의 임명권을 가지며, ㈄ 국가긴급권(비상대권)을 행사하고, ㈅ 사면권을 행사하며, ㈆ 의회를 해산시킬 수 있는 권한을 가진다. 수상과 각료로써 구성되는 내각은 ㈀ 일반행정에 관한 권한과 ㈁ 법률집행권을 보유하며,

(ㄷ) 의회에 대하여 책임을 지고 의회의 불신임결의가 있으면 퇴진한다.

Ⅳ 이원집행부제의 운용실태(운용실태)

이원집행부제는 프랑스 제5공화정에서처럼 비교적 성공적으로 운영되고 있는 경우도 없지 않으나, 제3세계국가들의 경우처럼 프랑스와는 상이한 정치적 전통과 정치문화를 가진 국가인 경우에는 성공하기보다는 오히려 실패할 가능성이 농후한 정부형태이다. 특히 다원적 정치세력간에 타협과 호양의 정신이 희박하고, 대통령과 수상이 소속정당을 달리하는 경우에는, 권력투쟁과 권한분쟁으로 대통령과 내각간의 불화와 정치적 갈등이 만성화하여, 투쟁이 빈발하고 정국의 불안정을 초래할 가능성이 농후하다. 이러한 권력투쟁과 권한분쟁을 예방하기 위해서는 관할사항에 관한 상세하고 명확한 명문규정을 두어야 한다. 위의 경우와는 반대로 대통령과 수상이 동일한 정당소속일 경우에는, 권력의 집중과 전횡으로 말미암아 독재화할 위험성을 안고 있는 정부형태이기도 하다. 따라서 정치적·경제적 난국을 타개할 필요성이 있다든가 분단국가에 있어서 국론통일이 불가피한 국가적 상황에서는 이원집행부제라는 것이 바람직한 정부형태라고 할 수 없다.

제2항 · 의회정부제

Ⅰ 의회정부제의 개념과 의의

의회정부제 또는 회의제가 어떠한 정부형태인가에 관해서는 학설이 구구하지만, 대체로 집행부에 대한 의회의 절대적 우위로 특징지어지는 정부형태로 보고 있다. 의회정부제에서는 집행부의 성립과 존속은 전적으로 의회에 의존하지만, 집행부는 의회를 해산할 권한이 없으므로 결국 집행부가 의회에 종속할 수밖에 없다.

Ⅱ 의회정부제의 본질과 구조적 원리

의회정부제에서는 의회가 국가권력구조의 정점에 위치하므로 모든 국가기관에 대하여 절대적으로 우월한 지위를 점한다. 집행부는 전적으로 의회에 종속하며, 양자의 관계는 위임자와 수임자의 관계에 비유될 수 있다. (ㄱ) 집행부의 구성원은 의회에 의하여 선임되고 의회에 대하여 연대책임을 진다. 의회는 언제나 집행부를 불신임할 수 있지만,

집행부는 의회를 해산할 수 없다. (ㄴ) 국가원수가 없는 것이 특색이다. 명목상의 국가원수가 있을 지라도 의례적이고 명목적인 기능을 가질 뿐이다. (ㄷ) 집행부가 의회에 의하여 선출되는 까닭에 집행부의 존립은 의회의 존립을 전제로 한다. 따라서 의회가 해산되면 집행부도 퇴진한다. (ㄹ) 의회는 상시개회하고 선거민에 대해서만 책임을 진다. (ㅁ) 의회가 모든 국가기관을 지배함으로써 권력체계가 일원화되어 있고, 복잡한 권력장치가 없는 것이 특징이다.

Ⅲ 의회정부제의 유형

본래적 의미의 의회정부제의 예로는 영국의 장기의회에 의한 통치체제를 들 수 있고, 민주주의적 이념에 입각하여 의식적으로 채택된 것으로는 프랑스혁명 당시의 국민공회정부제를 들 수 있다. 또한 넓은 의미의 의회정부제에는 스위스헌법에서 볼 수 있는 집정부제와 중화인민공화국 · 북한 등의 헌법에서 볼 수 있는 인민회의제를 포함시킬 수 있다.

제3항 · 제3세계국가의 정부형태

제3세계국가의 정부형태는 그 대부분이 전통적인 대통령제도 아니고 의원내각제도 아닌 제3유형의 정부형태라 할 수 있다. 제3세계국가들도 대통령제를 두고는 있지만, 그 정부형태는 미국형대통령제와는 거리가 먼 것들이다. 대통령이 의회에 대하여 정치적 책임을 지지 아니하는 점을 제외하고는 유사한 면이 거의 없으며, 미국형대통령제에서는 볼 수 없는 이질적 요소까지 다양하게 가미되어 있기 때문이다. 대통령에게 법률안제출권을 비롯하여 헌법개정발의권·사법부구성원의 임명권 · 비상권력, 심지어 의회해산권 마저 부여하고 있고, 행정각부의 장과 의원의 겸직까지 허용하고 있는 국가도 적지 아니하다. 그 위에 대통력의 권력남용을 방지하기 위한 제도적 장치가 없거나 있는 경우에도 유명무실한 것이어서 그 정부형태는 결코 전통적인 대통령제라고 할 수 없다.

제3세계국가가 그와 같은 막강한 권한을 가진 대통령중심의 정부형태를 선호하는 이유는 신생독립국가인 경우에는 건국초기의 산적한 국가적 과제를 신속하고 효율적으로 처리하는 데 이와 같은 대통령제가 능률적이라고 보기 때문이다. 그러나 군부코데타로 집권한 군사정권인 경우에는 폰 바이메가 지적하고 있다시피, 그러한 대통령제가 체제에 대한 도전이나 반쿠데타에 의한 실각을 예방할 수 있는 장벽으로서 가장 적합한 것으로 보고 있기 때문이다. 그러므로 제3세계국가의 정부형태는 그 대부분이 뢰벤슈타인의 신대통령제에 유사한 것이거나, 폰 바이메의 반대통령제에 해당하는 것이라 할 수밖에 없다.

제4절 한국헌법과 정부형태

제1항 · 역대헌법에 있어서 정부형태의 변천

Ⅰ 1948년 헌법의 정부형태

1948년 헌법의 정부형태는 헌법제정 당시의 정치세력들 간의 정치적 타협으로 말미암아 대통령제에 의원내각제적 요소가 가미된 것이었다. 기본적으로는 대통령제라 할 수 있는 것이었지만 엄격한 의미에서는 변형된 대통령제 내지 대통령제와 의원내각제의 혼합형에 해당하는 것이었다.

Ⅱ 1960년 헌법의 정부형태

1960년(장면정권시대)헌법의 정부형태는 의원내각제의 이념형으로 간주되는 고전적 또는 영국형의원내각제에 해당하는 것이었다(통설). 이때의 의원내각제는 국회에 대한 내각의 연대책임과 내각의 국회해산권으로 말미암아 입법부와 집행부간의 권력적 균형관계가 유지되었기 때문이다.

Ⅲ 군사정부의 정부형태

5·16군부쿠데타로 정권을 장악한 박정희장군의 군사정부는 국가재건비상조치법에 따라 국가재건최고회의를 설치하고 여기에 모든 국가권력을 집중시켰다. 국가재건최고회의는 국회의 권한을 대행하며, 이 회의에 의하여 구성되는 내각은 국가재건최고회의에 연대책임을 지고, 대법원장과 대법원판사까지도 국가재건최고회의의 제청으로 대통령이 임명하도록 하였다. 따라서 군사정부는 군부쿠데타의 필연적 결과이기는 하지만, 우리나

라에서 일찍이 볼 수 없었던 이단적인 정부형태를 의미하는 의회정부제(회의제)에 해당하는 것이었다.

Ⅳ 1962년 헌법의 정부형태

1962년(박정희정권시대) 헌법의 정부형태는 국가원수와 집행부수반의 지위를 겸한 대통령이 임기 동안 국회에 대하여 전혀 책임을 지지 않았다는 점에서 넓은 의미로는 대통령제의 범주에 속하는 것으로 볼 수 있다. 그러나 서구적 정부형태에서는 찾아보기 어려운 이질적 요소들이 가미되어 있었을 뿐 아니라 (ㄱ) 대통령에게 긴급조치권과 국회해산권 등 비상적 대권이 부여됨으로써 권력분립의 원리가 단지 부분적으로 채택되었다는 점, (ㄴ) 대통령의 권한행사에 대한 통제와 그 권력남용을 방지하기 위한 제도적 장치가 거의 마련되어 있지 않았다는 점 등이 두드러진 특징이었다. 이러한 요인들을 감안할 때, 그 정부형태는 권위 령제 내지 변형된 대통령제 또는 전제적 혼합정부제라 할 수 있는 것이었다.

Ⅴ 1972년 헌법의 정부형태

1972년(유신체제시시대) 헌법의 정부형태는 국가원수와 집행부수반의 지위를 겸한 대통령이 임기 동안 국회에 대하여 전혀 책임을 지지 않았다는 점에서 넓은 의미에서 대통령제에 속한다고 할 수 있다. 그러나 (ㄱ) 대통령에게 긴급조치권과 국회해산권 등 비상적 대권이 부여됨으로써 권력분립의 원리가 단지 부분적으로 채택되었다는 점과 (ㄴ) 대통령의 권한행사에 대한 통제와 권력남용을 방지하기 위한 제도적 장치가 거의 마련되어 있지 않았다는 점 등이 두드러진 특징이었다. 이러한 점을 고려할 때, 그 정부형태는 권위주의적 대통령제 내지 변형된 대통령제 또는 전제적 혼합정부제라 할 수 있다.

Ⅵ 1980년 헌법(전두환정권시대)의 정부형태

대통령제를 기본으로 하였으나 의원내각제의 요소가 가미되었으므로, 그 정부형태를 어떠한 유형으로 규정할 것인가에 관해서는 견해가 갈리고 있었다. 요컨대 그 정부형태는 1958~1962년 당시의 프랑스제5공화국헌법(드골헌법)의 정부형태와 매우 유사한 것이었다. 물론 양자간에는 그 내용을 달리하는 점도 없지 않았다. 따라서 그 정부형태는 넓은 의미에서는 「프랑스형대통령제」의 범주에 포함시킬 수 있는 것이었지만, 엄격한 의미에서는 오히려 벨로프의 반대통령제 또는 뢰벤슈타인의 신대통령제의 범주에 포함시킬 수 있는 것이었다.

제2항 · 현행헌법의 정부형태

현행헌법은 1980년 헌법에 규정되었던 대통령의 비상대권들을 삭제하는 대신 국회의 권한을 확대하고 사법권의 독립을 강화함은 물론 헌법재판소를 설치하는 등 권력의 분산과 권력 상호간의 억제 및 균형장치를 재조정함으로써 권력구조의 합리화를 도모하고 있다. 권력구조합리화의 결과, 정부형태도 입헌주의적 권력분산형을 기초로 하는 미국형대통령제에 좀더 접근한 준미국형대통령제가 되었다. 하지만 현행헌법의 정부형태도 대통령제를 기본으로 하고는 있으나, 의원내각제의 요소가 다양하게 가미되어 있으므로, 결코 미국형대통령제와 동일한 범주에 속하는 것이라고는 할 수 없다.

Ⅰ 대통령제의 요소

현행헌법에 규정된 대통령제의 요소는 다음과 같다. (ㄱ) 대통령은 국가원수인 동시에 집행부수반의 지위와 권한을 보유하고 있으므로, 집행에 관한 최고의 권한과 최종적인 책임은 대통령에게 귀속되어 있다. (ㄴ) 대통령은 국민에 의하여 직접 선출되므로, 국민으로부터 직접 그 대표성을 부여받고 있다. (ㄷ) 대통령은 5년의 임기 동안 탄핵소추의 경우를 제외하고는 국회에 대하여 정치적 책임을 지지 아니하며, 국회도 대통령에 대하여 불신임결의를 할 수 없다. (ㄹ) 대통령이 국회해산권을 가지고 있지 아니하므로 권력분립의 원리가 충실히 반영되어 있다. (ㅁ) 대통령은 법률안거부권을 행사함으로써 국회의 경솔과 전제를 방지할 수 있다. 이상의 요소들만을 염두에 둔다면 현행헌법의 정부형태는 미국형대통령제에 해당한다고 볼 수 있다.

Ⅱ 의원내각제의 요소

현행헌법에서 의원내각제의 요소를 든다면 다음과 같다. (ㄱ) 외형상 의원내각제의 내각에 유사한 국무회의를 설치하여 집행부의 권한에 속하는 중요정책을 심의하게 하고 있고, 대통령을 그 국무회의의 의장으로 하고 있다. (ㄴ) 국무총리를 임명함에 있어 국회의 동의를 얻게 하고 있다. (ㄷ) 국무총리는 대통령의 명을 받아 행정각부를 통할하고, 국무위원의 임명을 대통령에게 제청하며, 국무위원의 해임을 건의할 수 있다. (ㅁ) 대통령의 국법상 행위에는 국무총리와 관계국무위원의 부서가 있어야 한다. (ㅂ) 정부도 법률안을 제출할 수 있다. (ㅅ) 국무총리·국무위원·정부위원은 국회나 그 위원회에 출석하여 발언할 수 있고, 국회와 그 위원회도 이들을 출석시켜 답변을 요구할 수 있다. 이러한 제도들이 의원내각제적 요소라는 점에는 이론이 없다.

Ⅲ 결론: 한국형대통령제

위에서 본 바와 같이 대통령제를 기본으로 하면서도 의원내각제의 요소를 가미하고 있으므로, 현행헌법의 정부형태를 어떠한 유형의 정부형태로 분류할 것인가가 문제되고 있다. 현행헌법이 규정하고 있는 대통령제의 요소와 의원내각제의 요소를 개별적·단편적으로 평가하지 아니하고, 이들 요소를 총체적·유기적으로 해석한다면, 현행헌법의 정부형태는 기본적으로 대통령제정부형태의 범주에 속하는 것이라 할 수 있다.

왜냐하면 첫째, 대통령제와 의원내각제의 기본적인 식별기준을 의회의 집행부불신임권과 집행부의 의회해산권의 유무에서 가하는 것이 통설적 입장이고 보면, 현행헌법은 국회의 정부불신임권도 대통령의 의회해산권도 규정하고 있지 않기 때문이다.

둘째, 현행헌법에서 의원내각제적 요소로 의제되는 국무회의제라든가 국무총리·국무위원 등에 대한 해임건의제 등을 제도면에서가 아니라 기능적인 면에서 검토한다면, 그것들은 단지 대통령의 전단적 권한행사에 대한 통제기능을 발휘할 수 있는 것일 뿐 결코 의원내각제적 기능을 수행할 수 있는 것이 아니기 때문이다. 예컨대 (ㄱ) 국무회의는 의원내각제의 각료회의처럼 의결기관이 아니라 심의기관에 불과하고, (ㄴ) 국무총리 또는 국무위원도 의원내각제의 수상이나 각료처럼 집행에 관한 실질적인 권한과 책임이 귀속되는 기관이 아니라 대통령의 보좌기관에 지나지 아니하는 것이며, (ㄷ) 국회의 국무총리·국무위원에 대한 해임건의도 단순한 정치적 성격의 건의일 뿐 1980년 헌법처럼 법적 구속력이 있는 해임의결이 아니기 때문이다.

셋째, 의원내각제적 요소로 의제되는 정부의 법률안제출권도 현대국가에서는 법률안의 준비와 입안을 집행부가 주도하고 입법부는 법률안을 통과시키기만 하는 통법부로 전락하고 있는 점을 감안한다면, 집행부에 의한 법률안제출은 정부형태 여하를 불문하고 현대국가의 헌법정책상 수용가능한 제도이기 때문이다.

다만 현행헌법의 정부형태가 기본적으로 대통령제라 할지라도 위의 요소들 외에, 대통령유고시에 그 직을 자동승계함으로써 정치적 불안정을 예방할 수 있는 제도적 장치로서 부통령제를 설치하고 있지 않다는 점 등에 비추어 순수한 미국형대통령제라고는 할 수 없다. 결국 현행헌법의 정부형태는 비록 제도적 기능을 발휘할 수 없는 것이기는 하나 의원내각제적 요소를 가미하고 있고, 부통령제를 설치하고 있지 않을 뿐 아니라 대통령이 긴급명령권 등을 보유하고 있다는 점에서, 외국의 헌법에서는 그 예를 발견하기 어려운 변형된 대통령제의 일종으로서 한국적 정치문화에 특유한 한국형대통령제라 할 수밖에 없다.

제4장

통치작용(국가기능 · 통치권력)

통치작용은 국가기능을 전제로 한 개념이고 그것은 현실적으로 통치권력의 행사로 나타난다. 오늘날에는 통치작용을 몽테스키외의 3분법에 따라 입법·집행·사법작용으로 분할하고, 이들 작용을 각기 분리·독립된 국가기관들로 하여금 담당하게 하고 있다. 이러한 경향에 따라 현행헌법도 권력분립의 원리를 채택하여 입법권은 국회에, 행정권은 대통령을 수반으로 하는 정부에, 사법권은 법관으로 구성된 법원에 속하게 하고 있다. 통치작용론이 국가권력론에서는 입법권·집행권·사법권에 관한 이론으로 전개된다.

제1절 입법작용(입법권)

헌법은 제40조에서 「입법권은 국회에 속한다」라고 하여 입법권을 국회의 권한으로 하고 있다. 그러나 헌법 제40조의 입법(작용)이 무엇을 의미하고, 입법권이 무엇에 관한 권한이며, 현실적으로 국회가 보유하는 입법권의 구체적인 범위는 어떠한가 하는 것이 문제되고 있다.

제1항 · 입법(작용)의 의의와 본질

I 입법(작용)의 개념

입법의 개념에 관해서는 견해가 갈리고 있다. 입법을 실질적 의미로 이해하는 입장(실질적 입법개념·실질설)에 의하면, 입법은 국가기관이 일반적이고 추상적인 성문의 법규범을 정립하는 작용이라고 한다. 그러나 입법을 형식적 의미로 이해하는 입장(형식적 입법개념·형식설)에 의하면, 입법은 국회가 특수한 법형식인 형식적 의미의 법률을 제정하는 작용이라고 한다.

Ⅱ 입법작용의 본질

입법작용은 이것을 실질적 의미로 이해하여 「국가기관에 의한 일반적이고 추상적인 성문법규범의 정립작용」으로 파악해야 한다. 이 때의 법규범은 일반적·추상적 법규범을 의미하는 것일 뿐, 그 내용이 반드시 국민의 권리·의무와 직접 관계가 있는 것에 한정되지 아니하고, 이 때의 국가기관도 의회에 한정되지 아니하며, 그 법규범의 형식도 법률에 한정되지 아니한다. 만일에 입법을 형식적 의미의 법률제정작용으로 이해하게 되면 다음과 같은 이론적 모순에 빠지게 된다. 첫째, 오늘날 국가기능을 입법·집행·사법으로 3분할 경우, 형식적 의미의 법률제정작용을 제외한 그 밖의 입법작용은 존재한 여지가 없는 것이 된다. 바꾸어 말하면 헌법개정이나 명령·규칙·자치법규 등의 제정을 집행작용 또는 사법작용에 포함시키거나 어떠한 국가작용에도 속하지 아니하는 것으로 보아야 하는 모순에 빠진다. 둘째, 법률의 형식이 아니기만 하면 헌법에 그에 관한 근거가 있든 없든 집행부나 사법부도 자유로이 입법을 할 수 있는 것이 되어, 긴급명령·법규명령 등의 제정도 의회입법의 원칙에 모순되거나 그에 대한 예외가 아닌 것이 된다. 셋째, 행정「입법」은 행정기관에 의한 「형식적 의미의 법률제정작용」을, 사법 「입법」은 사법기관에 의한 「형식적 의미의 법률제정작용」을 의미하는 것이 되어 이론적 혼란을 초래하게 된다. 그러므로 입법작용 그 자체의 개념과 의회가 현실적으로 보유하고 행사하는 입법권의 개념은 구별되어야 한다.

Ⅲ 의회입법권의 축소화경향

현대민주국가의 헌법은 의회입법의 원칙 내지 의회중심입법주의를 채택하고 있다. 이에 따라 입법권은 원칙적으로 의회가 장악하고, 입법권은 의회가 행사하는 본질적이고 고유한 권한으로 간주되고 있다. 그러나 국가의 성격이 현대적 사회국가(복지국가)로 변질된 경우, 국가는 국민의 자유의 보장만이 아니라 그들의 생존까지 배려해야 하고, 또 비상적 위기상황에 적절히 대응하기 위한 필요에서 그 기능과 과제가 날로 확대되고 있다. 따라서 의회입법의 원칙에도 불구하고 국가적 과제의 확대로 말미암은 행정입법과 비상

입법의 증대는 상대적으로 의회가 행사하는 입법권의 범위를 축소시키고 있을 뿐만 아니라 의회입법의 원칙이 가지는 의미를 약화시키고 있다.

오늘날에 있어서는 법안의 준비와 법률안입안의 태반은 전문적이고 기술적인 지식과 정보를 보유한 전문관료에 의하여 이루어지고, 의회는 법안을 통과시키기만 하는 이른바 통법부로 격하된 감을 가지게 한다. 또한 의회가 제정하는 법률도 법률사항의 대강만을 규정하고 세부사항은 행정입법인 명령·규칙 등에 위임하는 경향을 보여주고 있다. 헌법도 제40조에서 국회입법의 원칙을 규정하고 있지만, 법률제정에 있어서 대통령의 법률안제출권(제52조)·법률안거부권(제53조②) 등을 인정함으로써 집행부가 주요입법의 대부분을 제안하고 또 입법과정을 실질적으로 주도하고 있는 실정이다. 그러나 이러한 실정에도 불구하고 의회입법의 원칙 그 자체를 전면적으로 폐기할 수는 없다. 입법과정의 공개를 통해 국민간에 여론이 형성되고, 여론이 반영되어야 한다는 민주주의적 요청으로 말미암아 오늘날에도 의회입법의 원칙을 여전히 존중되어야 하기 때문이다.

제2항 · 입법권의 의미와 범위

I 헌법 제40조의 입법권의 의미

상술한 바와 같이 입법작용을 실질적 의미로 이해해야 한다면, 헌법 제40조의 입법권도 일반적이고 추상적인 성문법규범을 정립하는 권한으로 보아야 한다. 입법권을 형식설처럼 국회가 제정하는 법형식인 형식적 의미의 「법률제정」에 관한 권한으로 이해하고, 또 집행권과 사법권까지도 형식적 의미로 이해하게 되면, 입법·집행·사법이라는 국가기능의 구별을 전제로 한 헌법상의 권력분립의 원리를 무의미한 것이 되게 할 우려가 있기 때문이다.

헌법 제40조가 「입법권은 국회에 속한다」라고 하는 것은 두 가지 원칙을 선언한 것이다. 첫째, 실질적 의미의 입법에 관한 권한은 헌법에 특별한 규정이 없는 한, 원칙적으로 「국회의 권한에 속한다」는 국회(중심)입법의 원칙을 규정한 것이다. 물론 국회입법의 원칙에 대한 예외들을 헌법은 여러 곳에서 규정하고 있다. 둘째, 형식적 의미의 법률은 국회가 단독으로 의결한다는 국회의 법률단독의결의 원칙을 규정한 것이다. 정부의 법률안제안권이나 대통령의 법률안거부권이 인정되고 있지만, 이것은 법률제정에 있어 입법부와 집행부의 상호협조 내지 상호통제를 위한 것일 뿐이다. 법률의 제정에 있어 본질적이고 핵심적인 과정인 심의와 의결은 국회가 단독으로 행사해야 한다.

Ⅱ 국회가 행사하는 입법권의 범위

헌법은 「입법권은 국회에 속한다」(제40조)라고 하여, 국회입법의 원칙(국회중심입법주의)을 규정하고 있을 뿐 아니라, 법률의 내용도 국민의 권리·의무와 직접 관련이 있는 사항에 국한하지 않고 있다. 그러므로 헌법에 의하여 금지되지 아니하고 또 그 사항이 입법의 내용이 될 수 있는 것이면 국회에 의한 입법의 대상이 된다. 그러나 헌법은 실질적 의미의 입법에 관한 권한을 국회에 독점시키지 아니하고 또 그 사항이 입법의 내용이 될 수 있는 것이면 국회에 의한 입법의 대상이 된다. 그러나 헌법은 실질적 의미의 입법에 관한 권한을 국회에 독점시키지 아니하고(국회입법독점주의의 배제), 국회입법의 원칙에 대한 예외를 규정하고 있다. 행정입법은 대통령·국무총리·행정각부의 장에게(제75조, 제95조), 자치입법은 지방자치단체에(제117조 제1항), 사법입법은 대법원과 헌법재판소에(제108조, 제113조 제2항), 선거관리 등에 관한 입법은 중앙선거관리위원회에(제114조 제6항), 조약체결권·긴급명령권·긴급재정경제명령권은 대통령에게(제73조, 제76조) 부여하고 있다.

그 결과 헌법상 국회가 단독으로 행사할 수 있는 입법권은 실질적 의미의 입법에 관한 권한 중 헌법개정의 심의·의결권(제53조), 조약의 체결·비준에 대한 동의권(제60조), 국회규칙의 제정권(제64조 제1항)뿐이다. 이 중에서 법률제정권이 국회가 보유하는 입법권의 대종을 이루고 있음은 물론이다. 그것은 국민의 자유와 권리를 보장하기 위해서는 국민의 대표기관인 국회가 법률제정권을 보유하는 것이 민주주의적 요청에 부합하기 때문이다.

1. 법률의 제정권

(1) 법률의 개념

입법작용은 실질적 의미의 입법인 일반적이고 추상적인 법규범을 정립하는 국가작용을 의미하지만, 「법률」의 제정권이라 할 경우의 법률은 국회가 헌법이 규정하는 입법절차에 따라 심의·의결하고 대통령이 서명·공포함으로써 효력을 발생하는 헌법의 하위법규범인 형식적 의미의 법률을 의미하는 것으로 보아야 한다.

(2) 법률의 성질

법률은 다음과 같은 성질을 가진 법규범이다.

첫째, 근대시민국가에서의 법률제정은, 헌법이 직접 규정하지는 아니하면서 헌법이 규범화할 것을 요구하고 있는 국가생활의 기본문제를 민주적 절차에 따라 법규범의 형태로 형성하는 작용이다. 따라서 (ㄱ) 법률은 민주적 정당성을 구비해야 하고, 민주적 절차에 따라 제정되어야 한다(민주성). 하지만 법률은 이러한 요건만으로는 불충분하다. (ㄴ) 법률은 법치국가적 질서에도 적합한 것이라야 한다. 바꾸어 말하면 법률은 그 내용이 명백하고 확정적인 것이어야 하며(명확성), 합리적이고 안정적이며 평등한 내용을 규정하는 것이어야 하고(합리성·안정성·평등성) 또 일반적이고 추상적인 내용의 것이라야 한다(일반성·추상성).

둘째, 현대사회국가에서의 법률도 민주적 정당성을 구비하고 민주적 절차에 따라 정립되어야 하며, 법치국가적 질서에 적합하도록 명확성·확립성·안정성·평등성·일반성·추상성 등을 충족해야 하지만, 특히 (ㄷ) 사회국가의 원리, 즉 개인의 생존을 배려하기 위하여 필요한 경우에는 개별성·구체성의 원리까지도 반영하지 않으면 아니 된다.

요컨대 위의 요건 중 (ㄱ)과 (ㄴ)은 모든 민주국가에서의 법률이 구비해야 할 필수적 속성이고, (ㄷ)은 현대사회국가에서 사회국가적 목적을 구현하기 위하여 법률이 구비해야 할 속성이다.

(3) 법률의 형태와 체계

근대시민국가의 법률은 국가권력발동의 전제와 한계를 규정하기만 하면 충분하였으므로, 일반적이고 추상적인 법규범인 일반적 법률의 형태만을 가지는 것이었고, 그 법률체계도 일반적 법률로써만 구성되는 지극히 단순한 구조였다. 그러나 현대사회국가에서는 국가가 법률로써 국민의 기본권보장뿐만 아니라, 국민의 생존배려를 위한 방법과 기준까지 제시할 필요가 있기 때문에, 그 법률체계는 일반적 법률 외에 처분적 법률과 계획적 법률(Plangesetz)·동의적 법률(Zustimmungsgesetz) 등으로 구성되는 복잡한 구조를 가지지 않을 수 없게 되었다.

(가) 일반적(규범적) 법률

일반적 법률(allgemeines Gesetz) 또는 규범적 법률이라 함은 일반적이고 추상적인 내용을 가진 법률을 말한다. 일반적 법률은 집행이나 사법을 매개로 하여 비로소 구체적이고 개별적인 사건에 적용되거나 현실적으로 국민에게 권리 또는 의무를 발생하게 한다. 여기서 일반적이라 함은 불특정의 다수인을 대상으로 함을 말하고, 추상적이라 함은 규제사항을 지나치게 구체적으로 규정하지 아니함을 말한다.

근대시민국가에서는 시민의 자유와 권리를 보장하고 권력분립과 법치국가의 원리를 고수하기 위해 일반적 법률의 제정만이 인정되었다. 이러한 일반적 법률은 ㈀ 개인의 자유·평등·안전을 보장하고, ㈁ 자본주의사회에서 경쟁적 계약사회를 가능하게 하였으며, ㈂ 인간의 인간에 대한 지배를 법에 의한 지배로 고양하는 기능을 수행하였다. 따라서 법적 안정성의 확보와 법규범 상호간의 조화를 위해서도 특수법률인 처분적 법률이나 재판적 법률의 제정은 바람직한 입법이 아닌 것으로 인식되었다.

(나) 처분적 법률

A. 처분적 법률의 의의

처분적 법률(Maßnahmegesetz, 處分的 法律)이라 함은 행정적 집행을 매개로 하지 아니하고 직접 국민에게 권리나 의무를 발생하게 하는 법률, 즉 자동집행력(自動執行力)을 가지는 법률을 말한다. 따라서 처분적 법률은 일정한 범위의 국민을 대상으로 하는 어떠한 처분이나 조치 등 구체적이고 개별적인 사항을 그 내용으로 하는 것이다. 현대사회국가에서는 일반적 법률만으로는 국민의 생존과 복지를 충분히 보장할 수 없을 뿐 아니라, 비상적 위기상황에도 적절히 대치할 수 없다. 그러므로 집행을 매개로 하지 아니하고 직접 구체적이고 개별적인 처분을 내용으로 하는 처분적 법률의 필요성이 날로 증대되고 있는 실정이다.

B. 처분적 법률의 유형

처분적 법률에는 일정범위의 국민만을 대상으로 하는 개별인적 법률, 개별적·구체적인 상황 또는 사건을 대상으로 하는 개별사건적 법률, 시행기간이 한정된 한시적 법률 등 세가지 유형이 있다. 헌법재판소는 구국가보위입법회의법 부칙 제4항 후단에 대하여 「소속공무원의 귀책사유의 유무라든가 다른 공무원과의 관계에서 형평성이나 합리적인 근거 등을 제시하지 아니한 채, 임명권자의 후임자명이라는 처분에 의하여 그 직을 상실하는 것으로 규정」하였으므로, 처분적 법률의 일례로 볼 수 있다고 하였다.

C. 처분적 법률의 한계

헌법이론적으로는 처분적 법률의 한계와 관련하여 두 가지 문제가 제기된다. 첫째는 처분적 법률이 권력분립의 원리와 모순되는 것이 아니냐 하는 점이다. 권력분립의 원리에 따라 입법은 일반적·추상적 법규범의 정립을 그 본질로 한다는 점에서, 개별적 처분을 본질로 하는 집행과는 구별되고 있다. 따라서 이 문제는 입법이 어느 정도의 처분적 작용을 그 내용으로 할 수 있느냐 하는 입법의 한계에 관한 문제를 의미하기도 한다. 이

점에 관하여 소수설은 처분적 법률을 권력분립의 원리에 위배되는 것으로 보고 있지만, 다수설은 박모를 국무총리로 임명한다는 것을 규정하게 되는 경우처럼, 극단적인 개별적·구체적 처분을 그 내용으로 하는 것이 아니면, 처분적 법률도 사회국가적 요청에서 부득이한 것이라고 한다.

둘째는 처분적 법률은 평등의 원칙에 위반되는 것이 아니냐 하는 점이다. 처분적 법률은 일정한 범위의 국민이나 특정한 사항을 대상으로 하는 것이기 때문에, 소수설은 그것이 평등의 원칙에 위배된다고 주장한다. 그러나 다수설에 의하면, 평등의 원칙에 있어서 그 평등은 실질적·상대적 평등을 의미하는 것이고, 사회국가적 이념을 구현하기 위하여 특정범위의 국민의 생존을 배려할 필요가 있는 경우에는, 개별적·구체적 조치를 그 내용으로 하는 처분적 법률의 제정도 합리적인 이유가 있는 것이므로, 평등의 원칙에 위배되는 것이 아니라고 한다.

(다) 재판적(사법적) 법률

재판적(사법적) 법률이라 함은 사법적 재판(재판작용)을 매개로 하지 아니하고 직접 특정인의 구체적 권리를 박탈하는 것을 내용으로 하는 법률(예컨대 김모의 재산권을 몰수한다는 내용의 사권박탈법)이라든가 특정인에게 구체적 처벌을 가하는 것을 내용으로 하는 법률(예컨대 이모를 사형에 처한다는 내용의 특정행위자처벌법)을 말한다. 이러한 재판적 법률은 권려군립의 원리에 위배되는 것이기 때문에, 입헌민주국가에서는 어떤 이유로도 허용되지 아니한다.

(라) 법률의 체계

법률은 그 체계가 정당성을 갖추어야 한다. 체계정당성의 원리는 동일규범 내에서 또는 상이한 규범 간의 그 규범의 구조나 내용 또는 규범의 근거가 되는 원칙면에서 상호 배치되거나 모순되어서는 아니 된다는 하나의 헌법적 요청이다. 이는 국가공권력에 대한 통제와 이를 통한 국민의 자유와 권리의 보장을 이념으로 하는 법치주의원리로부터 도출되는데, 이러한 체계정당성의 위반은 비례의 원칙이나 평등의 원칙 등 일정한 헌법의 규정이나 원칙을 위반하여야만 비로소 위헌이 되며, 체계정당성의 위반을 정당화할 합리적인 사유의 존재에 대하여는 입법재량이 인정된다.

(4) 법률의 내용

어떠한 사항이 형식적 의미의 법률로써 규정될 수 있는 것인가에 관해서는 견해가 갈리고 있다. 권리·의무설에 의하면, 형식적 의미의 법률은 국민의 권리와 의무에 관한 사항만을 그 내용으로 할 수 있다고 한다(다수설). 그러나 입법사항설에 의하면, 형식적 의미의 법률은 국민의 권리와 의무에 관한 사항뿐만 아니라 그 밖에도 헌법이 입법사항으로 하고 있는 것이면 그 내용으로 할 수 있다고 한다.

(가) 법규사항

법규란 광의로운 법규범 일반을 지칭하지만, 엄격한 의미에서는 특수한 성질을 가진 협의의 법규범만을 가리킨다. 구체적으로 말하면 협의는 법규는 첫째, 일반적이고 추상적인 법규범만을 법규라 지칭함으로서 구체적인 행정처분이나 사법적 재판과 구별된다. 행정이나 재판은「법규에」 의거하여 행해져야 한다는 경우의 법규가 그러한 의미의 것이다. 둘째, 국민의 권리·의무와 직접 관계가 있는 사항을 규정한 법규범만을 법규라 지칭함으로써 행정명령과 구별된다. 이와 같은 법규의 개념은 근대입헌주의와 법치주의의 소산이지만, 국민의 자유와 권리를 제한하는 국가작용은 반드시 국민의 대표기관인 의회가 제정한 일반적이고 추상적인 법률에 근거해야 한다는 사상에서 유래한 것이다.

아무튼 헌법은 제2장에서 국민의 권리와 의무에 관련되는 사항(법규사항)은 반드시 법률로써 규정하도록 하는 기본권법률규율주의를 명시하고 있다. 이를테면 죄형법정주의(제12조 제1항), 재산권의 내용과 한계 및 보상의 기준(제23조), 선거권(제24조), 공무담임권(제25조), 재판청구권(제27조), 국가배상청구권(제29조), 범죄피해자구조청구권(제30조), 사회보장수급권(제34조 제5항), 기본권제한입법(제37조 제2항), 납세의무(제38조), 국방의무(제39조)등은 헌법이 법률로써 규정하도록 하고 있는 법규사항이다.

(나) 입법사항(법률사항)

입법사항이라 함은 헌법이나 법률이 형식적 의미의 법률로써 규정하도록 하고 있는 사항을 말한다. 이것을 법률사항이라고도 한다. 입법사항은 법규사항보다 넓은 개념으로서 상술한 법규사항은 물론이고 국민의 권리·의무와 직접 관련이 없는 사항까지도 그 내용으로 할 수 있다.

헌법이 규정하고 있는 입법사항을 유형화하면 다음과 같다. (ㄱ) 국가기간조직사항은 헌법이 반드시 법률로써 규정하도록 하고 있다. 예컨대 대통령선거(제67조), 국회의원선거(제41조), 국군의 조직·편성(제74조 제2항), 행정각부(제96조)·감사원(제100조)·법원(제102조 제3항)·헌법재판소(제113조 제3항)·선거관리위원회(제114조 제7항)의 조직, 지방자치단체의 종류(제117조 제2항) 등이 그것이다. (ㄴ) 국가중요정책사항도 헌법은 그 결정권을 국회에

유보하여 법률의 형식으로써만 규정하도록 하고 있다. 예컨대 국적(제2조 제1항), 정당제도(제8조), 교육제도(제31조 제6항), 계엄(제77조), 사면(제79조), 국토의 이용·개발(제120조), 소비자보호운동(제124조) 등이 그것이다. ㈂ 법률이 또 다른 법률로써 규정하도록 하고 있는 사항도 법률로써 규정해야 한다. 예컨대 정부조직법은 국가정보원의 조직·직무범위 기타 필요한 사항은 따로 법률로 정한다(정부조직법 제17조 제2항)라고 규정하고 있다. ㈃ 그 밖에도 국회가 스스로 법률로써 규정하는 것이 필요하다고 판단하는 사항은 법률로써 규정할 수 있다.

(다) 사견

생각건대 입헌주의사상은 국가권력의 자의적 행사로부터 국민의 자유와 권리를 보장하기 위하여 법규사항, 즉 국민의 권리와 의무에 관한 사항은 반드시 의회가 법률의 형식으로 규정할 것을 요청하고 있다. 그러므로 국민의 권리와 의무에 관련된 사항을 법률로써 규정해야 한다는 점에는 권리의무설과 입법사항설간에 다툼이 없다. 하지만 의회에 의한 법률의 제정을 콘라드 헷세(K. Hesse)의 지적처럼, 국가생활에 관한 기본문제를 법규범화하는 작용이라고 이해한다면, 법률은 국민의 권리와 의무에 관한 법규사항만을 내용으로 할 이유가 없으며, 그 밖의 국가생활의 기본문제(입법사항)도 법률의 내용으로 할 수 있는 것으로 보아야 한다.

(5) 법률제정의 절차

(가) 법률안의 제안

법률안은 국회의원과 정부가 제출할 수 있다(제52조). 국회의원이 법률안을 제출하려면 10인 이상의 찬성을 얻어야 한다. 예신상의 조치를 수반하는 법률안 기타 의안의 경우에는 예산명세서를 첨부해야 한다(국회법 제79조). 그리고 의원이 법률안을 발의하는 때에는 발의의원과 찬성의원을 구분하되, 당해 법률안에 대하여 그 제명의 부제로 발의의원의 성명을 기재한다(동법 제79조 제3항).

정부가 법률안을 제출하려면 국무회의의 심의를 거쳐야 한다(제89조의 3호). 대통령제에서 집행부에 법률안제출권을 부여하는 것은 이례적이고, 의회에 대한 집행부의 우월성을 보장하는 것이기도 하다. 그러나 고도의 경험과 지식을 필요로 하는 경제입법과 사회입법 등의 수요가 증대되고 있는 오늘날에는 대통령제국가에서도 집행부에 법률안제출권을 인정하는 것이 합목적적이다. 정부가 예산 또는 기금상의 조치를 수반하는 의안을 제출하는 경우에는 비용추계서 및 재원조달방안관련자료를 제출하여야 한다(동법 제79조의2).

(나) 법률안의 심의와 의결

법률안이 제출되면 국회의장은 이를 인쇄하여 의원에게 배부하고, 본회의에 보고한 후 소관상임위원회에 회부하여 심사하게 한다. 위원회의 심도 있는 심사를 위해 개정법률안의 경우는 위원회에 회부된 후 15일(법사위는 5일, 제정법률안과 전부 개정법률안의 경우는 20일)이 경과한 후에만 상정할 수 있다(국회법 제59조). 법안심사를 충실히 하기 위해 제정법률과 전문개정법률에 대한 위원회의 축조심사는 의무적이고, 특히 소위원회의 경우에는 안건에 대한 축조심사를 생략할 수 없다(동법 제57조 제7항, 제58조 제4항).

위원회의 심사가 끝나면 법안은 본회의에 부의된다(동법 제81조 제1항). 소관상임위원회에서 심사한 결과 본회의에 부의할 필요가 없다고 판단된 때에는 본회의에 부의하지 않을 수 있으며, 그 법안은 폐기된다(동법 제87조). 이와 같은 위원회에 의한 의안의 여과를 미국에서는 보류함이라 한다. 아무튼 법률안이 본회의의 의제가 된 때에는 심사보고 또는 제안설명을 하고, 법률안에 대한 의원의 질의가 끝나면 토론에 부쳐 이를 종결한 후 표결한다(동법 제93조). 법률안에 대한 수정동의는 의원 30인 이상의 찬성을, 예산안에 대한 수정동의는 의원 50인 이상의 찬성을 필요로 한다(동법 제95조 제1항). 본회의에 상정된 법률안의 의결은 재적의원 과반수의 출석과 출석의원 과반수의 찬성으로써 한다(제49조).

(다) 법률안의 정부에의 이송

법률안이 본회의에서 의결되면 정부에 이송된다(제53조 제1항). 정부가 그 법률안에 대하여 이의를 가지지 아니하면 국무회의의 심의를 거쳐 대통령이 이에 서명하고 국무총리와 관계국무위원이 부서한다(제89조 제3호, 제82조). 이로써 법률안은 법률로서 성립한다.

(라) 대통령의 거부권행사와 국회의 재의

대통령은 정부에 이송된 법률안에 이의가 있으면, 법률안이 이송된 날로부터 15일 이내에 이의서를 붙여 국회에 환부하고 재의를 요구할 수 있다. 국회의 폐회중에도 또한 같다(제53조 제2항). 대통령의 법률안거부는 환부거부라야 하고, 국회의 임기가 만료한 경우를 제외하고는 보류거부가 인정되지 아니한다. 환부거부된 법률안은 국회에서 재의에 붙여지고, 재적의원 과반수의 출석과 출석의원 3분의 2 이상의 찬성으로써 재의결되면 그것은 법률로서 확정된다(제53조 제4항).

(마) 법률의 공포

대통령은 법률안이 정부에 이송된 날로부터 15일 이내에 이를 공포해야 한다(제53조

제1항). 공포는 법률의 효력발생요건이며, 관보에 게재함으로써 행한다. 대통령이 15일 이내에 공포나 재의의 요구를 하지 아니한 때에도 그 법률안은 법률로서 확정된다(동조 제5항). 확정된 법률을 대통령이 지체없이 공포하지 않거나 국회의 재의결로 확정된 법률이 정부에 이송된 후 5일 이내에 대통령이 공포하지 아니할 때에는 국회의장이 이를 공포한다(동조 제6항).

현행법상 공포가 있은 것으로 인정되는 시기는 결국 「관보에 게재된 것으로 인정되는 시기」와 동일하다. 그러나 어느 때를 관보에 게재된 시기로 볼 것인가에 관해서는 견해가 갈리고 있다. 판례와 통설은 관보가 서울의 중앙 보급소에 도달하여 일반국민이 이를 구독하고자 원하면, 그것이 가능한 상태에 놓인 최초의 시점으로 보고 있다.

(6) 법률로서의 효력발생

법률은 법률에 특별한 규정이 없으면 공포한 날로부터 20일을 경과함으로써 효력을 발생한다(동조 제7항). 공포된 법률이 효력을 발생하여 현실적으로 적용되는 것을 법률의 시행이라고 한다. 판례는 공포가 없는 한 법률의 효력은 발생하지 않으며, 또 법률에 시행일이 명시된 경우에도 시행일 이후에 공포된 때에는 시행일에 관한 법률규정은 그 효력을 상실한다고 판시한 바 있다.

공포된 법률은 헌법 다음가는 형식적 효력을 가지게 되며, 헌법과 국회법에 규정된 절차에 따르지 아니하고는 개폐되지 아니한다. 그리고 법률은 원칙적으로 대한민국의 주권이 미치는 모든 지역과 영토내의 모든 사람에게 적용된다.

2. 헌법개정의 심의 · 의결권

국회는 재적의원 과반수의 발의로 헌법의 개정을 제안할 수 있다(제128조 제1항). 헌법개정안은 공고된 날로부터 60일 이내에 국회의 의결을 거쳐야 한다. 헌법개정안은 공포된 날로부터 60일 이내에 국회의 의결을 거쳐야 한다. 헌법 개정안은 국회에서 재적의원 3분의 2 이상의 찬성을 얻어 의결되고 그 의결 후 국민투표에 의하여 확정된다.

3. 조약의 체결 · 비준에 대한 동의권

대통령이 헌법 제60조 제1항에 열거된 조약을 체결·비준함에는 사전에 국회의 동의를 얻어야 한다. 조약의 체결·비준에 대한 국회의 동의는 조약의 효력발생요건으로서 실질적으로 법률의 의결과 그 성질이 동일하다.

4. 국회규칙의 제정권

국회는 법률에 저촉되지 아니하는 범위 안에서 그 의사와 내부규율에 관한 규칙을 제정할 수 있다(제64조 제1항). 이는 국회의 자율권을 보장하기 위한 것으로 국회방청규칙 · 국회사무처직제 · 국회인사규칙 등등이 있다.

제3항 · 입법권의 한계

I 입법권의 한계

1. 합헌성의 원칙에 의한 한계

국회의 입법권(특히 법률제정권)은 헌법의 명문규정에 위배될 수 없음은 물론 헌법의 기본원리나 기본질서, 기본권 제한에 관한 일반원칙(헌법 제37조 2항에 따른 과잉금지원칙)에 위배되지 않아야 하는 등 일정한 한계가 있다. 헌법은 국가의 최고법규로서 국회에 대하여 입법권을 부여한 수권규범(授權規範)일 뿐 아니라 입법권에 한계를 설정한 권력제한규범이기 때문이다. 이처럼 법률이 헌법에 합치되어야 한다는 요청이 법률의 합헌성의 원칙이다.

2. 국제법상의 일반원칙에 의한 한계

법률은 국제법상의 일반원칙을 부정해서는 아니 된다. 국제질서가 직접 국내법질서를 구속하는 것은 아니지만, 국제사회의 평화주의적 질서라든가 헌법 제6조 제1항의 국제법질서존중의 정신에 비추어, 국제질서나 국제법상의 일반원칙을 정면으로 부정하는 법률의 제정은 자제해야 한다. 헌법재판소도 위와 같은 취지의 결정을 하고 있다.[336]

3. 입법재량의 기속성(입법재량권 남용금지의 원칙)에 의한 한계

국회는 헌법에 위배되지 않는 범위 내에서 입법형성의 자유(입법재량권)를 가진다. 그렇지만 법률을 제정함에 있어서 입법상의 재량권을 남용하여서는 아니 된다. 헌법 제23조 제3항의 공공필요, 제32조 제2항의 민주주의원칙, 제37조 제2항의 국기안전보장 · 질서유지 · 공공복리, 제119조 제2항의 적정한 소득의 분배 · 경제력 남용의 금지 · 경제의 민주화 등은 헌법이 입법권자에게 헌법해석의 재량을 인정한 조항이다. 하지만 이와 같은

336) 헌재 1991. 7. 22. 89헌가106.

국회의 입법상 재량은 헌법에 기속되는 기속재량(羈束裁量)이므로 법률을 제정함에 있어서 그 재량권의 행사는 다음과 같은 헌법상의 일반원칙에 위배되어서는 아니 된다.

(1) 적법절차의 원칙

입법권의 행사는 적법절차의 원칙에 위배되어서는 아니 된다. 헌법재판소는 "법률이 정치적 타협에 의하여 국민의 정치참여를 부당하게 제한하거나 불합리한 선거법을 제정하는 것은 적법절차의 원칙에 반하고, 헌법이 위임한 권한을 벗어나는 것으로 입법형성권의 한계를 이탈하는 위헌적 법률이라 하지 않을 수 없다."고 판시하였다.[337]

(2) 비례와 공평의 원칙

입법권의 행사는 비례 및 공평의 원칙에 위배되어서는 아니 된다. 헌법재판소는 "국회가 입법권을 행사함에 있어 다른 법익과 비교하여 어느 쪽이 더 본질적이며 정당하고 합리적인 것인가를 비례의 원칙에 따라 판단해야 할 또 다른 한계를 가지고 있다"고 판시하였다.[338]

(3) 과잉금지의 원칙

입법권의 행사는 과잉금지의 원칙에 위배되어서는 아니 된다. 과잉금지의 원칙이란 국민의 기본권을 제한하려는 입법의 목적이 헌법과 법률의 체계상 정당성을 인정받을 수 있는 것이어야 하고(목적의 정당성), 그 목적달성을 위한 방법이 효과적이고 적절해야 하며(방법의 적절성), 입법권자가 선택한 기본권 제한의 조치가 입법목적달성을 위하여 설사 적절하다 할지라도 보다 완화된 형태나 방법을 모색함으로써 기본권의 제한이 필요최소한에 그치도록 해야 하며(제한 또는 피해의 최소성), 그 입법에 의하여 보호하려는 공익과 침해되는 사익을 비교형량하여 보호되는 공익이 보다 큰 것이어야 한다(법익의 균형성)는 헌법상의 원칙이다.

(4) 자의금지(恣意禁止)의 원칙

입법권의 행사는 자의금지의 원칙에 위배되어서는 아니 된다. 우리 헌법재판소는 "국회의원선거법의 규정으로 유권자들의 후보자 선택의 폭이 제한되고, 양심적인 지식인과 젊은 세대들의 정계진출의 길을 봉쇄하는 것은 자의금지의 원칙에 반하는 입법을 한 결

---

337) 헌재 1989. 9. 8. 88헌가6.

338) 헌재 1989. 9. 8. 88헌가6, 판례집 1, 199.

과이며, 우리 헌법의 기본원리로 하고 있는 국민주권론과 자유민주주의 기본질서에 위배되고 본질적으로 국민의 참정권을 제한하고 박탈하는 기본권의 침해 규정으로 보지 않을 수 없다. 모든 국민에게 평등하게 주권을 행사하도록 참정권과 공무담임권을 보장하고, 빈부에 따라 차별대우를 할 수 없다는 평등보호를 규정한 헌법의 본질적인 국민주권을 침해하고 젊은 계층들의 본능적인 정치적 욕구와 활동을 억제하고 정치적 자유를 박탈하여 인간의 존엄성과 기본권을 부정함으로써 국가적 이익과 사회적 안정을 고려하지 못한 입법이라 하지 않을 수 없다. 그러므로 위 국회의원선거법 제33조 소정의 기탁금제도는 국민주권에 대한 헌법해석과 그 적용을 오도하여 재력의 유무에 따라 정치적인 차별대우를 하는 규정을 두게 되었고 헌법상 평등보호의 규정을 침해하는 자의금지의 원칙에 반하는 입법이 되고 이로써 세대간의 반목, 빈부간의 감정, 계층간의 대립을 조장하는 결과를 가져와 헌법적 기본가치를 혼동케 함으로써 자유와 권리의 본질적인 내용을 침해하는 입법권의 한계를 위반한 위헌적 규정이라 아니할 수 없다."라고 판시하였다.[339)]

(5) 신뢰보호의 원칙

입법권의 행사는 신뢰보호의 원칙에 위배되어서는 아니 된다. 이 원칙은 헌법상 법치국가의 원리를 그 이론적 근거로 하는바, 국민이 법률적 규율이나 제도 또는 행정기관이 행한 결정의 정당성이나 존속성에 대하여 신뢰를 한 경우, 그 신뢰가 보호받을 가치가 있는 것이면 보호해 주어야 한다는 원칙을 말한다. 신뢰보호의 원칙은 헌법상 법치국가의 원리를 그 이론적 근거로 한다. 우리 헌법재판소는 종합생활기록부제도개선보완시행지침 위헌확인사건에서 "헌법상의 법치국가원리의 파생원칙인 신뢰보호의 원칙은 국민이 법률적 규율이나 제도가 장래에도 지속할 것이라는 합리적인 신뢰를 바탕으로 이에

---

339) 헌재 1989. 9. 8. 88헌가6, 판례집 1, 199; 기탁금의 액수는 불성실한 입후보를 차단하는 데 필요한 최소한으로 정하여야지, 진지한 자세로 입후보하려는 국민의 피선거권을 제한하는 정도여서는 아니 될 것인바, 공선법 제56조 제1항 제2호는 국회의원 후보자등록을 신청하는 후보자로 하여금 2천만원을 기탁금으로 납부하도록 하고 있는데, 이 금액은 평균적인 일반국민의 경제력으로는 피선거권 행사를 위하여 손쉽게 조달할 수 있는 금액이라고 할 수 없으며, 이와 같이 과도한 기탁금은 기탁금을 마련할 자력이 없으면 아무리 훌륭한 자질을 지니고 있다 할지라도 국회의원 입후보를 사실상 봉쇄당하게 하며, 그로 말미암아 서민층과 젊은 세대를 대표할 자가 국민의 대표기관인 국회에 진출하지 못하게 하는 반면, 재력이 풍부하여 그 정도의 돈을 쉽게 조달·활용할 수 있는 사람들에게는 아무런 입후보 난립방지의 효과를 갖지 못하여 결국 후보자의 난립 방지라는 목적을 공평하고 적절히 달성하지도 못하면서, 진실된 입후보의 의사를 가진 많은 국민들로 하여금 입후보 등록을 포기하지 않을 수 없게 하고 있으므로 이들의 평등권과 피선거권, 이들을 뽑으려는 유권자들의 선택의 자유를 침해하는 것이다(헌재 2001. 7. 19. 2000헌마91 등, 판례집 13-2, 77).

적응하여 개인의 법적 지위를 형성해 왔을 때에는 국가로 하여금 그와 같은 국민의 신뢰를 되도록 보호할 것을 요구한다. 따라서 법규나 제도의 존속에 대한 개개인의 신뢰가 그 법규나 제도의 개정으로 침해되는 경우에 상실된 신뢰의 근거 및 종류와 신뢰이익의 상실로 인한 손해의 정도 등과 개정규정이 공헌하는 공공복리의 중요성을 비교교량하여 현존상태의 지속에 대한 신뢰가 우선되어야 한다고 인정될 때에는 규범정립자는 지속적 또는 과도적으로 그 신뢰보호에 필요한 조치를 취하여야 할 의무가 있다. 이 원칙은 법률이나 그 하위법규뿐만 아니라 국가관리의 입시제도와 같이 국·공립대학의 입시전형을 구속하여 국민의 권리에 직접 영향을 미치는 제도운영지침의 개폐에도 적용되는 것이다."라고 판시하였다.[340]

(6) 명확성의 원칙

입법권의 행사는 명확성의 원칙에 위배되어서는 아니 된다. 따라서 건전한 상식과 통상적인 법감정을 가진 사람이면 충분히 이해할 수 있을 정도로 법률의 내용은 명확한 것이어야 한다. 선정적인 옷차림으로 홍역을 치른 배꼽티 사건이나 미니스커트 사건을 생각해 보면 명확성의 원칙의 중요성을 알게 될 것이다.

II 입법권의 한계를 벗어난 법률의 효력

합헌성의 원칙에 위배되거나 입법권의 한계를 벗어난 법률은 헌법위반으로 무효가 된다. 구체적으로 어떠한 법률이 합헌성의 원칙이나 입법권의 한계를 벗어난 것이고, 따라서 무효가 되는가는 법원의 위헌법률심판제청과 기본권을 침해당한 당사자의 위헌심사형 헌법소원심판청구에 따라 헌법재판소가 하는 위헌법률심판에 의하여 결정된다. 헌법재판소에 의하여 위헌으로 결정된 법률은 무효가 된다.

제4항 · 입법권에 대한 통제

I 국회의 자율적 통제

국회가 그 입법권을 행사함에 있어 독단적 처리를 자제해야 함은 물론이거니와 헌법과 국회법 등에서는 입법에 대한 국회의 책임을 위해 자율적 통제장치를 강구하고 있다.

340) 헌재 1997. 7. 16. 97헌마38, 판례집 9-2, 94, 109-110.

법률안을 제출함에 있어서는 10인 이상의 찬성을 얻어서 하도록 하고, 법률안의 심의는 해당상임위원회의 심의를 먼저 거치게 하고 있으며, 헌법개정안에 대해서는 재적의원 3분의 2 이상의 찬성과 기명투표의 방식을 채택하고 있는 것이 그것이다.

Ⅱ 대통령에 의한 통제

대통령은 법률안의 의결이 헌법에 규정된 의결절차나 의결정족수를 무시한 것이거나, 법률안의 내용이 헌법에 위배되는 것이거나, 부당한 것이라고 판단하는 때에는, 그 법률안에 대하여 거부권을 행사할 수 있다. 그 밖에도 대통령은 헌법개정안제안권·법률안제안권·조약체결권 등을 통해 국회의 입법권에 제약을 가할 수 있다.

Ⅲ 법원과 헌법재판소에 의한 통제

1. 위헌법률심판

구체적인 법적 쟁송에 있어 법률이 헌법에 위반되는 여부가 재판의 전제가 된 경우, 법원은 헌법재판소에 위헌법률심판을 제청하여 그 심판에 따라 재판하고, 헌법재판소는 법률의 위헌심판을 통하여 국회의 입법권을 통제한다. 헌법재판소는 법원이 제청한 법률의 위헌 여부를 최종적으로 심판할 권한을 가지며(제111조 제1항), 헌법재판소에 의하여 위헌으로 결정된 법률은 결정이 있은 날로부터 효력을 상실한다(헌재법 제47조 제2항).

2. 입법에 대한 헌법소원심판

(1) 법규(법령)헌법소원

헌법소원심판의 청구사유를 규정한 헌법재판소법 제68조 제1항 본문의 공권력에는 입법권도 당연히 포함된다고 할 것이므로, 법률에 대한 헌법소원도 가능하다. 다만 모든 법률이 곧 헌법소원의 대상이 되는 것은 아니고, 그 법률이 별도의 구체적 집행행위를 기다리지 아니하고 현재·직접적으로 헌법상 보장된 기본권을 침해하는 경우에 한정된다고 보고 있다. 이와 같은 법률직접적 기본권침해에 대한 헌법소원을 법규(법령)헌법소원이라고 한다. 우리나라에 특유한 이러한 법규헌법소원이 자기관련성·현재성·직접성의 요건을 구비하게 되면, 그것만으로 적법한 헌법소원심판청구가 가능하다.

(2) 위헌심사형 헌법소원

소송사건의 당사자가 헌법재판소에 위헌법률심판제청을 해 주도록 신청을 하였음에도 불구하고, 법원이 그 제청신청을 이유없다고 하여 기각한 경우, 당사자는 직접 헌법재판소에 헌법소원을 제기할 수 있다(헌재법 제68조 제2항). 이것이 위헌심사형 헌법소원이다. 헌법재판소가 이 헌법소원을 인용하는 결정을 하게 되면 당해 법률은 위헌무효가 된다.

(3) 입법부작위에 대한 헌법소원

우리 헌법재판소는 제한된 범위내에서 입법부작위에 대한 헌법소원까지 인정함으로써 입법재량에 대한 통제를 보다 강화하고 있다. 입법의 부작위라 함은 입법자가 헌법에서 구체적으로 위임받은 입법의무를 이행하기를 거부하거나 상당한 기간 내에 입법을 하지 아니하는 경우를 말한다.

헌법재판소는 "입법자에게는 형성의 자유 또는 입법재량이 인정되므로, 입법의 시기 역시 입법자가 자유로이 결정할 수 있음이 원칙이라 할 것이다. 그러나 입법자는 헌법에서 구체적으로 위임받은 입법을 거부하거나 자의적으로 입법을 지연시킬 수는 없는 것이므로, 가령 입법자가 입법을 하지 않기로 결의하거나 상당한 기간 내에 입법을 하지 않는 경우에는 입법재량의 한계를 넘는 것이 된다. 따라서 입법부작위는 이와 같이 입법재량의 한계를 넘는 경우에 한하여 위헌으로 인정되는 것이다."라고 하였고, "입법부작위에 대한 헌법재판소의 재판관할권은 극히 한정적으로 인정할 수밖에 없다고 할 것인바, 헌법에서 기본권보장을 위하여 법령에 명시적인 입법위임을 하였음에도 입법자가 이를 이행하지 않을 때, 그리고 헌법해석상 특정인에게 구체적인 기본권이 생겨 이를 보장하기 위한 국가의 행위의무 내지 보호의무가 발생하였음이 명백함에도 불구하고 입법자가 전혀 아무런 입법조치를 취하고 있지 않은 경우가 여기에 해당될 것이며, 이때에는 입법부작위가 헌법소원의 대상이 된다고 봄이 상당할 것이다."라고 판시하였다.

(4) 여론과 시민단체·정당 등에 의한 통제

국민이나 시민단체는 악법의 제정에 대하여 시민불복종운동을 전개하거나 정당한 대체입법을 위한 청원권을 행사함으로써 입법을 통제할 수 있다. 그 밖에도 여론에 의한 통제나 여당과 정부의 당정협의를 통하여 입법에 대한 통제를 가할 수 있다.

제2절 집행작용(집행권)

헌법 제66조 제4항은 "행정권은 대통령을 수반으로 하는 정부에 속한다."고 규정하여, 행정권은 원칙적으로 정부의 권한에 속한다고 하고 있다. 그러나 행정이 무엇을 의미하고, 행정권이 무엇에 관한 권한이며, 정부가 보유하고 행사하는 행정권의 구체적인 범위는 어느 정도인가가 문제되고 있다.

제1항 · 행정의 의의와 본질

I 집행과 행정의 개념구별

헌법은 "행정권은 대통령을 수반으로 하는 정부에 속한다."(제66조 제4항)고 규정하여 행정권을 정부의 권한에 속한다고 하고 있다. 헌법 제66조 제4항은 헌법 제40조(입법권) 및 제101조(사법권)와 함께 헌법상 권력분립의 원칙의 직접적인 표현이다.

헌법 제66조 제4항의 행정권은 법률의 집행에 관한 권한인 '협의의 행정작용'과 고도의 정치적 성격을 가진 '통치행위'를 포괄하는 광의의 행정권, 즉 집행권을 말한다. 집행부는 법률의 형식으로 표현되는 의회의 결정을 집행한다는 점에서, 행정권을 일반적으로 '집행권'이라고 한다. 행정권이란 실체적 의미에서 정의하면 "법에 따라 국가목표나 공익의 실현을 위하여 구체적으로 행해지는 적극적·능동적인 형성적 국가작용"이라고 정의할 수 있다.

II 행정의 개념

1. 실질적 의미의 행정

행정을 실질적 의미로 이해하려는 입장(실질설)은 행정을 그 실질적 성질을 기준으로 하여 입법·사법과 구별하고, 이로써 행정의 독자적 개념을 정의하려고 한다. 이러한 입장에는 다시 국가작용 중에서 입법과 사법을 제외한 나머지를 행정으로 보려는 소극설(공제설)과 행정을 입법·사법과 구별하는 것이 이론적으로 가능하다고 보고 행정의 실질적 특성을 적극적으로 규정하려는 적극설이 있다. 적극설도 무엇을 그 식별기준으로 하느냐에 따라 목적설과 양태설로 갈린다. 목적설에 따르면, 행정과 사법은 양자가 입법의 하위단계에 위치하는 집행적 작용이지만, 그 중에서 행정은 국가목적 내지 공익의 실현을 목적으로 하는 국가작용이라고 한다. 양태설에 따르면 행정이란 법에 따라 구체적으로 국가목적이나 공익의 실현을 위하여 행해지는 능동적이고 적극적인 형성적 국가작용이라고 한다. 양태설은 현대적 행정작용이 가지는 능동적·형성적 기능을 염두에 두면서, 행정의 개념을 적극적으로 규정하려는 입장으로서 오늘날 지배적인 견해라 할 수 있다.

2. 형식적 의미의 행정

행정을 형식적으로 이해하려는 형식설은 행정을 그 실질적 성질에 따라 이해하지 않고 그 형식적 특징, 즉 행정을 담당하는 국가기관을 기준으로 하여 개념 규정하려고 하는 견해이다. 형식설에 따르면, 행정은 행정부에 속하는 기관에 의하여 행해지는 모든 작용이다.

Ⅲ 행정의 본질

1. 행정의 본질

오늘날 지배적인 견해인 양태설에 따라 행정의 개념적 징표를 정리해 보면 다음과 같다. (ㄱ) 행정은 국가적 공동체에 있어서 사회형성적 국가작용이다. (ㄴ) 행정은 공공복리 내지 공익의 실현을 목적으로 하는 국가작용이다. (ㄷ) 행정은 적극적이고 미래지향적인 국가작용이다. (ㄹ) 행정은 개별적 사안에 대하여 구체적 조치를 취하는 국가작용이다. (ㅁ) 행정은 법규적 통제를 받으면서도 폭넓은 자유활동영역이 인정되는 국가작용이다.

2. 행정작용과 그 밖의 국가작용의 구별

(1) 행정작용과 입법작용의 구별

입법작용은 일반적이고 추상적인 성문의 법규범을 정립하는 국가작용인 데 대하여, 행정작용은 입법의 하위작용으로서 법규범에 따라 법을 구체화하고 집행함으로써 현실적으로 국가목적을 실현하는 작용이다. 행정작용과 입법작용은 권리가 침해된 경우에 그 구제방법도 다르다. 행정처분으로 인하여 권리가 침해된 경우에는 행정쟁송을 통하여 구제가 가능하지만, 입법작용에 의하여 권리가 침해된 경우에는 위헌법률심판이나 헌법소원심판 등의 헌법재판을 통하여 권리구제가 가능하다.

(2) 행정작용과 사법작용의 구별

행정작용과 사법작용은 법아래에서 행해지는 법집행적 작용이라는 점에서 공통점이 있지만, 사법작용은 구체적인 분쟁이 발생한 경우에 당사자의 신청에 따라 법을 판단하고 선언함으로써 법질서를 유지하려는 소극적인 국가작용인 데 반하여, 행정작용은 능동적이고 계속적인 형성적 국가작용이라는 점에서 서로 구별된다.

(3) 행정행위와 통치행위의 구별

통치행위란 고도의 정치성을 띤 집행부 최고수반의 행위로서 사법부가 그 합헌성이나 합법성을 심사하기가 매우 곤란한 행위로서 행정행위와 통치행위의 구분기준이 되는 것은 고도의 정치성이다. 행정이 보다 기술적·사무적·구체적·세부적 국가과제의 처리를 내용으로 하는 것이라면, 통치행위는 국가적 차원의 정치적 결단과 정치적 형성을 그 내용으로 하는 것이다.

제2항 ‣ 행정의 이념과 특성

I 행정의 이념

행정의 이념이란 국가정책을 수립하고 집행하고 평가하는 일련의 행정과정에서 준수해야 할 보편적인 기준 내지 원칙을 말한다. 일반적으로 강조되는 행정의 이념으로는 민주성, 합법성, 사회적 형평성, 능률성, 정치적 중립성, 신뢰성, 안정성, 합목적성, 합리성 등을 들 수 있다.

II 행정의 특성

행정의 특성은 법기속성, 행정의 적극성, 독자성, 책임성, 통일성 등이다.

제3항 ‣ 행정권에 대한 통제

I 행정에 대한 통제

1. 행정통제의 개념

행정에 대한 통제는 책임행정을 구현하기 위한 사전적·사후적 제어장치로서 행정조직의 하부구조나 행정공무원들이 행정조직의 목표와 규범으로부터 이탈하지 않도록 제재를 가하고 보상을 행하는 모든 활동을 말한다.

2. 행정통제의 유형

행정통제의 유형은 크게 외부적 통제와 내부적 통제로 갈린다. 전자는 행정부 이외의 기관(국회, 법원, 헌법재판소, 옴부즈맨, 특별검사제, 국민)이 하는 통제로서 행정의 민주적 정당성을 확보하려는 데 목적이 있다. 후자는 행정부 스스로에 의한 통제로서 상급행정기관이나 감찰기관에 의한 감독과 심사평가·자율적 직업윤리확보 등을 말한다.

II 통치행위에 대한 통제

통치행위는 고도의 정치성으로 인하여 사법심사의 대상이 되기에 부적합하다는 것을 의미할 뿐이고 통치행위도 헌법의 이념이나 헌법의 기본원리에 위배되어서는 아니 되고 국민의 기본권 침해와 직접 관련되는 경우에는 사법심사의 대상이 될 수 있으므로[341] 신중하게 행사하여야 한다.

제3절 사법작용(사법권)

헌법 제101조 제1항은 "사법권은 법관으로 구성된 법원에 속한다."라고 하여, 사법권은 원칙적으로 법원의 권한임을 명백히 하고 있다. 현행헌법에 있어서 제101조 제1항은 제40조 및 제66조 제4항과 더불어 삼권분립에 관한 규정이지만, 동조항은 또한 헌법에 다른 규정이 없는 한 사법에 관한 권한은 원칙적으로 법원이 행사한다는 법원사법의 원

341) 헌재 1996. 2. 29. 93헌마186, 헌법재판소판례집, 8권1집, 111-115쪽.

칙(사법부사법의 원칙)을 규정한 것일 뿐만 아니라, 사법권의 독립을 선언한 규정이기도 하다. 그러나 이 때의 사법이 무엇을 의미하고, 사법권이 무엇에 관한 권한이며, 현실적으로 법원이 행사하는 사법권의 구체적인 범위는 어느 정도인가 하는 것이 문제되고 있다.

제1항 ▸ 사법(작용)의 의의와 본질

Ⅰ 사법(작용)의 개념

1. 실질적 의미의 사법

사법을 실질적 의미로 이해하는 입장(실질적 사법개념·실질설)도 사법작용을 어떠한 국가작용으로 인식하는가에 관해서는 견해가 갈리고 있다. 성질설은 국가작용의 실질적 성질 여하를 기준으로 하여 입법·집행·사법을 구별하려는 견해로서, 사법이란 법을 판단하고 선언함으로써 법질서를 유지하기 위한 작용이라고 한다. 이에 대하여 기관설은 국가기관의 성격을 기준으로 하여 사법이란 독립적 지위를 가진 기관이 쟁송절차에 따라서 행하는 국가작용이라고 한다.

2. 형식적 의미의 사법

사법을 형식적 의미로 이해하는 입장(형식적 사법개념·형식설)은 법원의 관장사항을 기준으로 하여, 법원이 관장하고 있는 사항이면 그 실질적 성질이나 내용 여하를 불문하고 모두 사법작용이라고 한다.

3. 결론

오늘날의 지배적인 견해는 성질설에 따라 사법을 실질적 의미로 파악하여 "사법이란 구체적인 법적 분쟁이 발생한 경우에 당사자로부터의 쟁송의 제기를 기다려 독립적 지위를 가진 기관이 제3자적 입장에서 무엇이 법인가를 판단하고 선언함으로써 법질서를 유지하기 위한 작용"으로 이해하고 있다.

Ⅱ 사법(작용)의 본질

사법작용의 개념적 징표는 다음과 같다. (ㄱ) 사법작용은 구체적인 법적 분쟁의 발생을 전제로 한다. 사법의 대상은 구체적이고 현실적인 권리·의무관계에 관한 분쟁이어야 한다. ㈏ 사법작용은 당사자로부터의 쟁송의 제기가 있는 경우에만 발동될 수 있다. 집행작용은 국가목적의 실현을 위하여 필요한 경우에는 능동적으로 발동되지만, 사법은 당사자로부터의 쟁송의 제기가 있어야 하므로 수동적인 것이다. ㈐ 사법작용은 무엇이 법인가를 판단하고 선언하는 작용이다. ㈑ 사법작용은 현존하는 법질서를 유지하기 위한 작용이다. 집행작용이 새로운 질서형성을 위한 적극적 작용이라면, 사법은 현재의 분쟁을 해결함으로써 법질서를 유지하려는 현상유지적인 소극적 작용이다. ㈒ 사법작용은 독립적 지위를 가진 기관이 제3자적 입장에서 수행해야 할 작용이다. 사법에 있어서 법의 판단과 선언은 엄정하고 공정한 것이어야 하므로, 신분이 보장된 법관이 누구의 명령이나 지시에도 따르지 아니하고 오로지 법과 양심에 따라 행할 것이 요청된다.

Ⅲ 사법작용의 증대경향과 분쟁해결방법

사회가 급격히 변화·발전함에 따라 새로운 유형의 분쟁들이 발생하고 있음은 세계적인 추세이다. 날로 폭증하는 다양한 법적 분쟁을 오로지 법원이 소송절차에 따라 해결한다는 것은 가능한 일도 아니고 실효적일 수도 없다. 각국은 분쟁해결의 방법을 소송에 의한 분쟁해결과 소송외적 방법을 통한 분쟁해결로 이원화하고 있다. 소송외적 방법을 통한 분쟁해결의 방법은 신속하고 경제적인 처리가 가능하며, 법원의 부담을 감경시켜주는 등 장점이 있는 반면에, 간이한 절차로 말미암아 부정확하고 불공정한 판단을 초래할 가능성이 높다. 따라서 양자의 상호보완이 필요하다.

그러나 법적 분쟁해결의 주된 방법은 아직도 소송을 통한 해결방법이고 현대에 와서 이러한 해결방법은 폭발적으로 증대하는 경향을 보이고 있다. 그 주요원인으로는 다음을 들 수 있다. ㈎ 최근에 와서 환경권·소비자권리·휴식권 등 이른바 「현대형 기본권」이 발굴되고 보장됨으로써 새로운 유형의 소송이 증대되고 있다. ㈏ 사법민주화의 명분을 내세워 소송절차상의 제약요소들을 철폐함으로써 그 절차가 대폭 간소화되고, 이에 따라 남소의 폐해가 나타나고 있다. ㈐ 권리의식이 날로 제고됨에 따라 호혜와 타협을 바탕으로 분쟁을 해결하려던 전통은 외면되고, 법적 절차에 호소하려는 경향이 증대하고 있다. 그리고 ㈑ 소송만능주의의 팽배를 들 수 있다. 근년에 와서는 개인적인 감정이나 불만까지도 소송을 통해 해결하려는 풍조가 만연하여 「억지」소송이 급증하고 이것이 법원의 업무를 가중시키고 있다.

아무튼 법적 분쟁의 해결은 국가의 전통적 기능이므로, 국민으로부터 재판의 청구가 있는 경우에 국가는 이를 외면할 수 없다. 따라서 국가는 폭증하는 분쟁과 소송증가에 대한 대응책으로서 법원의 증설과 법관의 증원 그리고 소송절차의 개선 등에 노력하지 않으면 아니 된다.

제2항 · 사법작용의 특성과 기능

I 사법작용의 특성

사법작용은 법을 적용하는 작용이므로 법을 정립하는 작용인 입법작용과 구별된다. 또한 사법작용은 법을 적용함에 있어 무엇이 법인가를 판단하고 선언함으로써 법질서를 유지하기 위한 소극적 작용이므로, 국가목적·공익목적을 적극적으로 실현하기 위하여 법을 집행하는 작용인 집행작용과도 구별된다. 요컨대 (ㄱ) 사법작용은 구체적인 법적 분쟁이 발생한 경우에, 당사자로부터 소의 제기를 기다려 비로소 발동된다는 점에서 소극적이고 수동적인 국가작용이다(사법의 소극성과 수동성). (ㄴ) 사법작용은 법의 의미를 중립적 입장에서 인식하는 작용이다(사법의 정치적 중립성). (ㄷ) 사법작용은 법적 쟁송이 발생한 경우에 신분이 보장된 법관이 독립적 입장에서 행하는 법선언작용이다(사법의 독립성과 독자성). (ㄹ) 사법작용은 분쟁해결을 통하여 법질서를 유지하고 법적 평화를 유지하기 위한 보수적·현상유지적 작용이다(사법의 보수성).

II 사법작용의 기능

위와 같은 특성을 가진 사법작용은 다음과 같은 현실적 기능을 수행한다.

첫째, 사법작용은 국민의 기본권을 보장하는 기능을 수행한다. 국민의 권익이 그 밖의 국가작용에 의하여 침해되는 경우 사법은 이를 구제하고, 사인 상호간에 법적 다툼이 있는 경우에도 약자의 권익을 보호하는 기능을 한다. 더욱이 의회와 집행부가 다수당에 의하여 지배되고 있는 현대정당국가에서는 사법이 다수파의 횡포로부터 소수의 권익을 보호하는 기능을 수행한다.

둘째, 사법작용은 법질서를 유지하는 기능을 수행한다. 사법작용은 헌법을 수호하고, 하위규범 상호간에 충돌이 있을 경우 그 충돌을 해결함으로써, 일국의 법질서를 통일된 법체계로 유지하는 기능을 수행한다.

셋째, 사법작용은 법을 인식하고 선언함으로써 법의 의미를 확정하며, 법의 상호모순과 충돌을 해결하고 법의 흠결을 보충하는 기능을 한다.

넷째, 사법작용은 법적 분쟁 등 사회적 갈등을 해소함으로써 사회평화보장의 기능을 수행한다.

제3항 ‣ 사법권의 의미와 범위

I 헌법 제101조 제1항의 사법권의 의미

헌법 제101조 제1항의 사법은 이를 실질적 의미로 이해해야 하고, 그 사법권 또한 실질적 의미의 사법에 관한 권한으로 파악해야 한다. 그 이론적 근거는 다음과 같다. 첫째, 헌법에 있어서 삼권분립의 원리는 원래 성질을 달리하는 세 가지 국가작용인 입법·집행·사법을 각기 분리·독립된 기관들에 분담시키려 한 것이기 때문이다. 만일에 사법을 형식적 의미로 이해한다면 제101조 제1항, 제40조, 제66조 제4항 등 삼권분립에 관한 조항들을 굳이 헌법에 규정할 필요가 없게 되는 것이다. 둘째, 형식설에 따른다면, 법원의 권한에 속하는 사항은 그 모두가 사법이 되므로 사법권의 한계 운운이라는 논리는 성립될 수 없음에도 불구하고, 형식론자들이 사법권의 한계 운운하고 있는 것은 논리적 모순이 아닐 수 없다. 셋째, 사법의 개념을 형식적 의미로 이해하여 법원의 권한에 속하는 것이 사법이라고 한다면, 헌법 제101조 제1항의 "사법권은 법관으로 구성된 법원에 속한다」라는 규정은 「법원의 권한에 속하는 것이 법원에 속한다."라는 순환논법이 되어 공허한 내용이 된다.

따라서 제101조 제1항의 사법권은 실질적 의미의 사법에 관한 권한으로 이해해야 하고, "사법권은 법관으로 구성된 법원에 속한다."라고 하는 것은 헌법에 별도의 규정이 없는 한 실질적 의미의 사법에 관한 권한은 원칙적으로 법원의 권한에 속한다는 법원사법의 원칙(사법부사법의 원칙)을 규정한 것으로 보아야 한다.

II 법원이 행사하는 사법권의 범위

헌법 제101조 제1항의 규정에도 불구하고 헌법은 실질적 의미의 사법에 관한 권한을 법원에게 독점시키지 아니하고 그 중 일부를 다른 국가기관의 권한으로 하고 있다. 다시 말하면 우리 헌법은 실질적 의미의 사법에 관한 권한의 전부를 법원에게 독점시키고 있는 것이 아닐뿐더러, 법원이 현실적으로 행사하는 권한의 전부가 실질적 의미의 사법에 관한 것만도 아니다. 그러므로 법원이 현실적으로 행사하게 되는 사법권은 그 범위가 한정적이다.

헌법은 헌법정책상의 이유로 실질적 의미의 사법에 관한 권한의 일부를 대통령(사면·복권 등), 정부(행정심판·징계 등), 국회(의원의 징계 등), 헌법재판소(위헌법률심판·위헌정당해산심판·탄핵심판·권한쟁의심판·헌법소원심판 등) 등에 부여하고 있다. 따라서 헌법 제101조 제1항의 규정에도 불구하고 법원은 실질적 의미의 사법에 관한 권한 중 그 일부는 이를 현실적으로 행사하지 못한다. 따라서 법원이 행사하는 실질적 의미의 사법에 관한 권한 중 기본적인 것을 든다면 민사재판권· 형사재판권· 행정재판권과 헌법재판권의 일부라고 할 수 있다.

1. 민사재판권

민사재판권이라 함은 민사소송을 처리함에 필요한 권한을 말한다. 민사소송을 사인 간의 생활관계에 관한 분쟁 또는 이해의 충돌을 국가가 그 재판권을 행사하여 법률로써 강제적으로 해결·조정하기 위한 절차이다. 본래의 민사소송으로부터 파생하는 부수소송이나 법률관계에 영향을 미치는 사실존부의 확정을 목적으로 하는 소송도 민사소송에 포함된다.

2. 형사재판권

형사재판권이라 함은 형사소송을 처리함에 필요한 권한을 말한다. 형사소송이라 함은 범죄를 인정하고 형벌을 과하는 절차를 말한다. 협의의 형사소송은 국가형벌권의 구체적인 행사에 관한 절차, 즉 공소의 제기로부터 재판의 확정에 이르기까지의 일련의 절차를 말한다.

3. 행정재판권

행정재판권이라 함은 행정소송을 처리함에 필요한 권한을 말한다.

(1) 행정소송제도

(가) 행정소송의 의의

행정소송이라 함은 행정법규의 적용에 관련된 분쟁을 판정하기 위한 정식의 소송절차를 말하고, 그것은 행정법규의 올바른 적용과 국민의 권익구제라는 이중적 기증을 수행한다. 행정소송도 행정쟁송의 일종이지만, 그것은 (ㄱ) 판정기관이 법원 등 독립적 지위를 가지고 있다는 점, (ㄴ) 원칙적으로 구두변론을 거친다는 점, (ㄷ) 위법한 처분 등의 취소 등을 소송사항으로 한다는 점에서 행정기관이 부당한 처분까지도 심판대상으로 하는 행정심판과는 구별된다. 행정소송에는 항고소송·당사자소송·민중소송·기관소송 등이 있다. 이 중 항고소송을 다시 취소소송·무효등확인소송·부작위위법확인소송 등으로 나누어진다.

(나) 행정소송제도

A. 사법국가형과 행정국가형

코먼로에 의하여 지배되고 공·사법의 구분이 비교적 뚜렷하지 아니한 영미법계의 국가에서는 행정법규의 적용에 관한 분쟁을 다루는 행정소송도 민사소송과 마찬가지로 일반법원에서 관할한다. 이런 유형을 사법국가형 또는 사법국가주의라 한다. 이에 대하여 공·사법이 명확하게 구분되어 있는 프랑스·독일 등 대륙법계의 국가에서는 일반법원으로부터 분리·독립한 별개의 행정법원을 설치하여 행정소송을 관할하도록 하고 있다. 이러한 유형을 행정국가형 또는 행정국가주의라 한다.

B. 양자의 접근

사법국가형과 행정국가형은 그 역사적 배경과 조직원리를 달리하지만, 최근에는 양 제도가 상호접근하여 실질적인 차이가 좁혀져 가고 있다. 영미의 경우에도 근래에 와서는 공법이라는 새로운 법체계가 형성되기 시작하였고, 또 각종 행정위원회를 설치하여 여기에 행정적 기능뿐만 아니라 준사법적 기능을 부여하여, 재판의 전심으로서 행정사건을 심리하게 하고 있다. 그 위에 특수한 기술적 사항에 관한 쟁송을 담당하게 하기 위하여 특수하급법원(노동법원·관세법원·조세법원·특허법원·교통법원 등)까지 설치하고 있다. 대륙의 경우도 과거에 집행권의 권위를 위하여 행정소송사항에 관해 열거주의를 취함으로써 국민의 권리구제에 불충분하였던 점을 반성한 나머지 제2차대전 이후에는 개괄주의를 채택하고 있다. 이로써 행정관청의 모든 위법한 처분에 대하여 그 취소 또는 변경을 구할 수 있게 됨으로써 인권보장에 지장을 주지 않게 되었다. 더욱이 행정법원도 사법절차를 준용하는 등 일반법원화되어 가는 추세에 있다.

(2) 행정재판권

(가) 행정재판권의 내용과 특색

헌법은 제107조 제2항에서 "처분이 헌법이나 법률에 위반되는 여부가 재판의 전제가 되는 경우에는 대법원은 이를 최종적으로 심사할 권한을 가진다."라고 하여, 행정처분의 위헌·위법 여부를 심사하는 행정재판권도 일반법원의 관할로 하고 있다. 그러한 의미에서는 우리나라의 행정소송제도가 영미법계의 사법국가주의를 채택하고 있다고 할 수 있다. 그러나 현행행정소송법은 행정소송을 특수성을 감안하여 (ㄱ) 행정법원을 제1심법원으로 하고, (ㄴ) 행정심판을 거칠 수 있도록 하고 있으며(임의적 선택주의), (ㄷ) 제소기간을 한정하고, (ㄹ) 직권심리주의를 가미하고 있다. 그러므로 우리나라의 행정소송제도는 순수한 사법국가주의를 채택하고 있는 것은 아니라 할 수 있다.

(나) 행정소송과 행정심판의 관계

1994년의 행정소송법은 "취소소송은 법령의 규정에 의하여 당해 처분에 대한 행정심판을 제기할 수 있는 경우에도 이를 거치지 아니하고 제기할 수 있다. 다만, 다른 법률에 당해 처분에 대한 행정심판의 재결을 거치지 아니하면 취소소송을 제기할 수 없다는 규정이 있는 때에는 그러하지 아니하다"라고 규정하고 있다. 이러한 내용의 행정소송법 제18조 제1항의 개정에 따라, 취소소송제기에서도 행정심판은 원칙적으로 임의적 절차가 되었고(행정심판임의주의), 개별법에서 명시적으로 행정심판전치주의를 규정하고 있는 경우에만 이를 거쳐야 하는 것으로 되었다(예외적 행정심판전치주의). 현재 행정소송법상의 행정심판임의주의에 대한 특례를 규정하고 있는 것은 국가공무원법(법 제16조), 지방공무원법(법 제20조의 2), 국세기본법(법 제56조), 관세법(법 제38조의 2) 등 소수 법률에 그치고 있다.

그러나 필요적 전치절차를 규정하고 있는 경우(행소법 제 18조 제2항)에도 다음에 해당하는 사유가 있는 때에는 행정심판의 재결을 거치지 아니하고 취소소송을 제기 할 수 있다. ① 행정심판청구가 있은 날로부터 60일이 지나도 재결이 없는 때, ② 처분의 집행 또는 절차의 속행으로 생길 중대한 손해를 예방해야 할 긴급한 필요가 있는 때, ③ 법령을 규정에 의한 행정심판기관이 의결 또는 재결을 하지 못할 사유가 있는 때, ④ 그 밖의 정당한 사유가 있는 때 등이다.

뿐만 아니라 다음에 해당하는 사유가 있는 때에는 행정심판을 제기함이 없이 취소소송을 제기할 수 있다. ① 동종사건에 관하여 이미 행정심판의 기각재결이 있은 때, ② 서로 내용상 관련되는 처분 또는 같은 목적을 위하여 단계적으로 진행되는 처분 중 어느 하나가 이미 행정심판의 재결을 거친 때, ③ 행정청이 사실심의 변론종결 후 소송의 대상인 처분을 변경하여 당해 변경된 처분에 관하여 소를 제기하는 때, ④ 처분을 행한 행정청이 행정심판을 거칠 필요가 없다고 잘못 알린 때 등이 그것이다(동법 제18조 제3항).

4. 헌법재판권

헌법재판권이라 함은 헌법소송을 처리함에 필요한 권한을 말한다. 협의의 헌법소송이라 함은 의회가 제정한 법률이 헌법에 위반되느냐의 여부를 심사하고, 그 법률이 헌법에 위반된다고 판단할 경우에 그 효력을 상실하게 하거나 그 적용을 거부하는 제도를 말한다. 그러나 광의의 헌법소송이라 할 때에는 상술한 위헌법률심사(협의의 헌법재판) 이외에 명령·규칙심사, 탄핵심판, 정당해산심판, 권한쟁의심판, 헌법소원심판, 선거소송심판 등도 그 중에 포함된다. 넓은 의미의 헌법재판권 중에서 헌법이 법원의 권한으로 하고 있는 것은 선거소송에 관한 재판권과 명령·규칙심사권뿐이다. 위헌법률심판에 관해서는 법률이 헌법에 위반되는 여부가 재판의 전제가 된 경우에 법원은 헌법재판소에 제청하여 그 심판에 의하여 재판한다(제107조 제1항)라고 하고 있으므로, 법원은 헌법재판소에 법류의 위헌여부의 심사를 제청할 권한을 가지고 있을 뿐이다. 위헌법률심판권·탄핵심판권·위헌정당해산심판권·권한쟁의심판권·헌법소원심판권 등은 헌법이 헌법재판소의 권한으로 하고 있다.

제4항 · 사법권의 한계

사법권은 법관으로 구성된 법원의 권한에 속하므로(제101조 제1항), 헌법에 별도의 규정이 없는 한 실질적 의미의 사법에 관한 권한은 원칙적으로 법원이 행사해야 하고 또 행사할 수 있다. 그러나 법원의 사법권행사에는 실정법상·국제법상·권력분립상 그리고 사법본질상 일정한 한계가 있다.

I 실정법상 한계

헌법이 다른 국가기관의 권한으로 규정하고 있거나 사법적 심사의 대상에서 제외하고 있는 사항에 대해서는 법원의 사법권이 미치지 아니한다. 이것을 사법권의 실정법상 한계라고 한다.

1. 국회위원의 자격심사·징계·제명

국회의원의 자격심사와 징계 그리고 제명 등은 국회가 그 질서와 품위를 유지하기 위하여 국회의원의 신분을 가진 자에 대하여 과하는 특별한 제재이다. 헌법은 국회의 독립성과 자율권을 존중한다는 의미에서 이것을 국회의 권한으로 하고 있다(제64조 제2, 3항). 따라서 국회는 의원의 자격을 심사하고, 의원을 징계할 수 있으며, 재적의원 3분의 2 이상의 찬성으로 의원을 제명할 수 있다. 국회에 의한 징계권의 행사가 사법적 심사의 대상이 될 수 있는가에 대하여 헌법 제64조 제4항은 이를 법원에 제소할 수 없다고 규정하고 있다. 이것은 국회의 의사결정이 가지는 고도의 정치적 성격, 삼권분립의 이념 그리고 국회가 그 자율권을 적절히 행사할 수 있을 것이라는 기대 등에서 법원에 의한 사법적 심사를 배제하고 있는 것이다.

2. 비상계엄하의 군사재판

헌법 제110조 제4항에 의하면, 비상계엄하의 군사재판은 군인·군무원의 범죄나 군사에 관한 간첩죄와 초병·초소·유독음식물공급·포로에 관한 죄중 법률에 정한 것은 사형선고의 경우를 제외하고는 단심으로 할 수 있다. 따라서 단심의 경우에는 대법원의 상고심(제110조 제2항)이 배제된다.

Ⅱ 국제법상 한계

다음과 같은 경우에는 국제법상의 이유로 우리나라의 사법기관에 의한 사법권행사가 제약을 받게 된다.

1. 외교특권자

외교특권이라 함은 체재국법의 적용을 받지 아니하고 본국법에 따르는 국제법상의 특권을 말한다. 외교관계에관한비엔나협약 제29조에 의하면, 외교관은 체재국의 형사재판관할권으로부터 면제되며, 특정한 경우를 제외하고는 민사재판관할권으로부터도 면제된다. 그러므로 외교사절과 그 가족 및 수행원, 국제기구의 직원, 군함의 승무원, 책임있는 지휘관을 가진 군대 등 국제법상 외교특권을 누리는 자에 대해서는 사법권이 미치지 아니한다.

2. 조 약

위헌조약이 사법심사의 대상이 될 수 있는가에 관해서는 부정설과 긍정설이 갈리고 있다. 생각건대 이 점에 관해서는 헌법우위설에 따라 조약의 내용이 헌법에 위반되는가의 여부는 사법적 심사의 대상이 된다는 긍정설이 타당하다. 조약의 체결을 통치행위로 보고 그것을 사법적 심사의 대상에서 제외해야 한다는 견해가 있지만, 이는 타당하지 아니하다. 아무튼 법률의 위헌심사권은 헌법재판소가 가지고 있으므로, 법원은 명령과 동일한 효력을 가지는 고시류조약 등에 대해서만 위헌 · 위법심사를 할 수 있다.

3. 국제사법재판

국제사법재판은 국제사법재판소가 국제법에 의거하여 국제분쟁을 해결하는 방법 중의 하나를 의미한다. 남북한이 유엔에 동시가입함으로써 이제 우리나라와 북한은 국제사법재판에서 당사자능력을 가지게 되었다. 이로써 남북한 간의 법적 분쟁은 물론이고 우리나라와 그 밖의 국가간의 국제분쟁에 대해서도 어느 일방의 제소가 있는 경우, 국제사법재판소는 그 분쟁에 대한 관할권을 가지게 된다. 그러므로 국제사법재판소의 관할권에 속하는 사항에 대해서는 한국의 사법부가 사법권을 행사할 수 없을 것이다.

Ⅲ 권력분립상 한계

권력분립의 원리에 따라 사법권이 미치지 아니하는 것으로 논의될 수 있는 것으로는 통치행위 · 국회의 자율권에 속하는 사항 · 집행부의 자유재량행위 · 특별권력관계에서의 처분 · 행정소송상의 이행판결 등을 들 수 있다.

1. 통치행위[342]

(1) 통치행위의 의의

원래 통치행위(統治行爲)의 문제는 구미 제국(歐美 諸國)에서 정치와 재판과의 관계와 관련하여 논의되어 왔는데, 통치행위는 그 어느 나라에서도 실정법상 인정되어 있는 것이 아니고 판례법상 형성되어 온 개념이다.[343] 공권력의 발동에 대한 사법적 통제의 발

342) 통치행위에 대하여 더 자세한 것은 고문현, “통치행위에 관한 소고”, 『헌법학연구』, 제10권 제3호, 한국헌법학회, 2004. 9, 367-400쪽 참조.

343) 김철수, “통치행위론”, 『사회과학』, 제10집, 1979, 76쪽; 한태연, 『헌법학』, 법문사, 1983, 630쪽; 김동희, 『행정법Ⅰ』, 제11판, 박영사, 2005, 9쪽.

달 정도는 나라에 따라 상이하며 따라서 정치와 재판과의 관계 또한 각기 다른 정치적, 사회적 배경들을 지니고 있다. 그리하여 통치행위는 각국의 헌법제도의 차이에 상응하여 개별적, 병렬적으로 전개되어 온 것이고 그 개념구성 및 범위에 있어서도 각기 다른 모습을 보이고 있다. 따라서 통치행위의 개념 자체가 명확하지 않아 이를 이해하고 받아들이는 데에 있어서 제각기 차이를 드러내고 있다. 그 결과 통치행위에 대한 정의(定義)는 다양하여 일의적(一義的)으로 개념정의를 내리기 어렵다.[344]

국내학자들은 다음과 같이 통치행위에 대하여 개념정의를 내리고 있다. "고도의 정치적 성격을 띠는 국가행위로서 사법심사의 대상이 되지 않는 행위",[345] "국정의 기본방향이나 국가적 차원의 정책결정을 대상으로 하는 고도의 정치적 성격을 띤 집행부 내지 국기기관의 행위로서, 사법적 심사의 대상으로 하기에 부적합할 뿐만 아니라, 비록 그에 관한 판결이 있는 경우에도 그 집행이 곤란한 성질의 행위",[346] "법치주의의 원칙이 확립되고 국가기관의 행위의 합법성에 대한 통제가 일반적으로 인정된 법제하에서의 예외적 현상으로서, 고도의 정치적 의미를 가진 국가행위 내지는 국가적 이익에 직접 관계되는 사항을 대상으로 하는 행위에 있어, 그에 대한 법적 판단이 가능함에도 불구하고 재판통제에서 제외되는 행위",[347] "국가기관의 행위의 적법성을 법원이 심사하는 국가에서 고도로 정치적인 의미를 가진 국가행위 내지 국가적 이해(利害)에 직접 관계되는 사항을 대상으로 하는 국가행위라고 하여 법원의 합법성의 심사에서 제외되는 행위, 즉 법과 정치의 교차점에 있는 행위",[348] "고도의 정치성을 가진 국가기관의 행위로서 법적 구속을 받지 아니하며 재판의 대상에서 제외되는 행위",[349] "고도의 정치적 결단에 의한 국가행위로서 사법적 심사의 대상으로 삼기에 적절하지 못한 행위",[350] "정치적 성격이 강하므로 법에 의해 규율되거나 사법심사의 대상이 되는 것이 적당하지 않은 행위",[351] "법치

---

344) 김동희, 앞의 책, 9쪽.

345) 계희열, 『헌법학(상)』, 박영사, 2004, 187쪽; 성낙인, 『헌법학』, 제19판, 2019, 법문사, 701쪽 참조.

346) 권영성, 앞의 책, 843쪽; 유지태, 『행정법신론』, 신영사, 2005, 17쪽; 박윤흔, 『행정법강의(상)』, 박영사, 2004, 12쪽; 석종현, 『일반행정법(상)』, 삼영사, 2005, 10쪽; 장영수, 『헌법사례연습』, 홍문사, 1999, 476쪽; 장태주, 『행정법개론』, 현암사, 2005, 7쪽; 정하중, 『행정법총론』, 법문사, 2004, 8쪽.

347) 김동희, 앞의 책, 9쪽; 강현호, 『행정법총론』, 박영사, 2005, 10쪽.

348) 김철수, 『헌법학개론』, 박영사, 2007, 1617쪽; 성낙인, "통치행위", 『헌법재판의 이론과 실제』, 금랑(琴浪) 김철수교수화갑기념논문집, 박영사, 1993, 122쪽.

349) 김철용, 『행정법 I 』, 박영사, 2005, 8쪽.

350) 김학성, 『헌법학원론』, 박영사, 2011, 829쪽.

351) 박균성, 『행정법론(상)』, 박영사, 2005, 28쪽.

주의와 민주주의의 형량·조화의 문제로서, 민주주의적 정치제도를 통해 충분히 통제될 수 있는 것에 대하여는 사법심사를 자제함으로써 민주주의적·정치적 통제 메커니즘을 활성화하는 동시에 사법부의 정치화를 방지하기 위해 예외적으로 인정되는 것",[352] "고도의 정치결단적 국정행위",[353] "실체법적으로는 국가의 최고정치기관의 행위로서 특히 정치성이 강한 행위를 말하며, 절차법적으로는 고도의 정치성을 가졌기 때문에 그 성질상 사법심사로부터 제외되는 행위",[354] "고도의 정치적 성격을 지닌 국가최고기관의 행위 또는 고도의 정치성을 띠어 사법심사로부터 제외되는 국가행위"[355] 등이 있다.

이상의 여러 견해를 종합해 보면 통치행위란 국정의 기본방향이나 국가적 차원의 정책결정을 대상으로 하는 고도의 정치적 성격을 띤 집행부 최고수반의 행위로서, 사법적 심사의 대상으로 하기에 부적합한 성질의 행위라고 할 수 있다.

(2) 통치행위에 관한 학설

(가) 개 설

통치행위에 대한 학설의 입장은 이를 인정하는 견해가 일반적이나, 부정설도 상당히 유력하다.[356] 이하에서는 부정설과 긍정설로 나누어 살펴보고자 한다.

(나) 부정설

이 견해는 실질적 법치주의가 확립되고 국민의 재판청구권이 일반적으로 인정되어 있으며 행정소송상 개괄주의가 채택된 현대국가에서는, 법률적 판단의 대상이 될 수 있는 국가작용은 모두 사법심사의 대상이 되어야 하는 까닭에, 법적 근거도 없이 일정 국가작용을 사법심사에서 배제하는 것은 인정될 수 없다고 본다. 순수한 정치적 문제가 사법심사의 대상이 되지 않는 것은 당연하나, 고도의 정치적 문제라 하더라도 그에 법률문제가 포함되어 있다면 그 한도 내에서 당연히 사법심사의 대상이 되어야 한다고 보는 것이다.

부정설의 논거로는 첫째, 헌법이 권력분립주의와 법치주의를 채택하여 권력남용의 억제와 기본권보장을 헌법재판소와 법원에 맡긴 이상 비록 고도의 정치성을 띤 국가행위 또는 국가적 이해를 직접 대상으로 하는 국가행위라 하더라도 그것의 합헌성·합법성

---

352) 박정훈(朴正勳), 『행정법의 체계와 방법론』, 박영사, 2005, 452쪽.

353) 허 영, 『한국헌법론』, 1089쪽.

354) 홍성방, 『헌법학』, 현암사, 2009, 710쪽과 같은 쪽의 각주 31), 32), 33) 참조.

355) 홍준형, 『행정구제법』, 제4판, 한울아카데미, 2001, 48쪽.

356) 김동희, 앞의 책, 9쪽.

에 관한 문제인 한 헌법재판소와 법원에 의한 사법심사의 대상이 되어야 한다는 것이 헌법의 취지에 부합한다는 점, 둘째, 헌법이 법원에게 명령·규칙·처분의 위헌·위법심사권을 부여하고 있다는 점, 셋째, 행정소송법이 행정소송사항에 관하여 개괄주의를 채택하고 있다는 점, 넷째, 헌법이 모든 국민에게 재판청구권을 인정하고 있다는 점(제27조 제1항) 등을 든다.[357]

(다) 긍정설

통치행위에 관하여는 이를 인정하는 긍정설이 일반적이나 구체적으로 그 근거에 관하여는 다시 다음과 같이 견해가 갈리고 있다.

A. 재량행위설

이 견해는 통치행위는 국가최고기관의 정치적 재량에 의해 결정되는 것으로서, 여기에서는 기본적으로 정치적 합목적성만이 문제되므로, 이러한 통치행위는 법적 판단의 대상이 될 수 없다고 한다.

B. 내재적 제약설(권력분립설)

이 견해는 헌법상 법치국가원리뿐만 아니라 국민주권원리·권력분립원리 등 여러 원리가 복합적으로 존재하기 때문에 법치국가원리도 내재적 한계가 있다는 데에서 통치행위에 대한 사법심사를 부정하는 근거를 구하는 견해이다. 즉, 이 견해에 의하면 정치적으로 중요한 의미를 가지는 행위의 당부는 국민주권원리에 의하여 국민의 의사에 바탕을 두고 해결하여야지 법원에 의하여 해결될 것이 아니며, 또한 권력분립원리상 국회와 정부의 권한으로 되어 있는 고도의 정치성을 띤 국가행위는 정치적 책임이 없는 사법부가 관여할 것이 아니라고 주장한다.[358]

C. 사법자제설

이 견해는 통치행위도 일종의 집행행위인 것은 사실인 만큼 그것이 법률문제를 포함하는 한(限) 법원에 의한 사법심사를 받는 것이 당연한 것이지만 법원이 그렇게 하지 않는 것은 현실적인 합리성을 고려하여 법원 스스로 자제하기 때문이라고 주장한다. 이와 같은 사법부의 자제는 단순한 자의적(恣意的)인 권한의 포기가 아니라 법의 근본정신 및 정치적 합목적성에 입각하여 사법부의 한계성을 인정하려는 태도라고 한다.[359]

357) 김철용, 앞의 책, 8-9쪽.

358) 김동희, 앞의 책, 10쪽; 김철용, 앞의 책, 11쪽.

359) Carl J. Friedrich, Constitutional Government and Democracy, London: Oxford Univ. Press, 1968, 114쪽.

이 견해가 주장하는 첫째 논거는 막대한 해악을 방지하기 위하여 사소한 위법은 감수할 수밖에 없다[교각살우(矯角殺牛)]는 것이다. 둘째 논거는 사법권의 독립을 유지하기 위해서는 법원이 소위 정치문제인 통치행위에는 간섭하지 않는 것이 좋다고 하는 것이다.

D. 소 결

위에서 개관한 통치행위에 관한 학설 중 논리적으로는 부정설이 가장 타당하지만, 오늘날에도 통치행위는 대부분의 국가에서 인정되고 있는 것이 현실정임을 감안한다면 부정설은 각국의 실제에 부합되지 않는다.

그 다음으로 긍정설 중에서 재량행위설은 연혁적 관점에서라면 몰라도, 적어도 현재의 재량행위의 법리와 부합되지 않는다. 왜냐하면 대체로 19세기 중반까지 재량행위는 전적으로 사법심사에서 배제되어 있었으나, 오늘날 재량권의 일탈·남용이 있는 경우에는 재량행위도 위법한 행위로서 사법심사의 대상이 되기 때문이다.

내재적 제약설은 일견 논리적 설득력이 가장 큰 것으로 보인다. 그러나 내재적 제약설도 다음과 같은 문제점이 있다. 즉, 내재적 제약설은 통치행위에 대한 사법심사의 배제현상을 민주정치의 관점에서 설명하고 있으나, 민주정치의 본질은 자유정치(free government)에 있다고 하는 관점에서 보면, 국민의 자유와 권리를 침해하고 제한하는 행위는 그것이 정치적으로 중요한 의미를 가지는 경우에도 당연히 사법심사의 대상이 되는 것으로 보아야 할 것이다.

사법자제설은 논리적이지는 않지만, 통치행위에 속하는 국가작용에 대하여 사법심사를 배제하여야 할 논리필연적인 근거는 없다고 하여야 할 것이기 때문에 적어도 통치행위의 실제를 가장 충실하게 설명하여 주고 있는 견해라고 할 수 있다. 현재 각국에서 관련법제는 변함이 없음에도 불구하고, 통치행위의 범위가 축소되고 있는 현상도 결국 사법자제설의 타당성을 뒷받침하여 준다고 할 수 있다.[360]

(3) 통치행위의 범위

통치행위를 긍정하더라도 통치행위의 범위는 통치행위의 근거와 표리관계에 있기 때문에 통치행위의 범위에 관하여 반드시 의견의 일치를 보고 있는 것은 아니며,[361] 통치행위를 인정하는 경우에도 그 범위를 지나치게 확대하면 사법권의 약화와 법치주의의

---

360) 김동희, 앞의 책, 10-11쪽; 최대권 교수도 그 성질은 물론 사법권의 속성 기타 여러 요인에 비추어 사법적 심판의 대상으로 하지 아니한다(즉 자제한다)고 하는 것이 옳다고 주장한다. 최대권, 『헌법학강의』, 박영사, 2001, 388쪽.

361) 김철용, 앞의 책, 13쪽.

명목화로 말미암은 집행부 독재화(執行府獨裁化)의 우려마저 없지 아니하므로 통치행위의 범위는 당해 행위가 가지는 정치적 측면과 법적 측면을 비교하고, 그 행위에 대한 규범적 통제의 가능성과 법적 요건의 정도를 감안하며, 그 행위가 국민의 기본권보장에 미치는 영향을 계량하고 또 사법제도의 본질적 특성까지 고려하여 사법부가 구체적·개별적으로 판단할 문제라고 생각하지만,[362] 그 범위는 가능한 한 제한되어야 한다는 것이 현대적 경향이라는 것[363]을 잊어서는 아니 될 것이다. 헌법학계와 행정법학계의 다수설은 통치행위의 범주 속에 대략 다음과 같은 것들 즉, 우리헌법상 대통령의 외교에 관한 행위, 긴급명령과 긴급재정경제처분·명령, 선전포고, 계엄의 선포와 해제시기, 사면권의 행사, 영전의 수여, 국무총리·국무위원의 임면, 법률안 거부권의 행사, 국가중요정책의 국민투표부의권 등을 들고 있다.[364] 더 나아가 국회의 의결, 국회 내 선거의 효력, 정족수, 투표의 계산, 국회의 의사(議事), 의원의 자격심사에 관한 쟁송, 의원의 징계 등 국회의 자율에 관한 사항 등도 통치행위에 포함시키는 것이 일반적이다.[365]

그러나 통치행위의 관념은 사법절차에 의한 개인의 권리구제를 부인하는 것일 뿐 아니라, 헌법에 규정된 법원의 행정처분심사권(헌법 제107조 제2항)과 헌법재판소의 헌법소원심판권(헌법 제111조 제1항 제5호) 등을 부정하는 것이 되므로, 통치행위의 범위는 극히 제한적으로 해석하여야 할 것이다. 특히 헌법의 기본원리를 부정하거나 국민의 기본권보장을 유명무실한 것이 되게 하거나 실정법이 규정하고 있는 엄격한 요건을 외면하는 행위 등은 사법심사의 대상에서 제외해서는 아니 될 것이다.

따라서 고도의 정치적 성격이 농후한 집행부 수반의 행위일지라도 헌법이 국회의 승인이나 동의를 얻도록 하고 있거나, 헌법 또는 법률에 그 행사절차와 요건이 구체적으로 규정되어 있거나, 국민의 기본권보장에 중대한 영향을 미치는 것으로 사법심사의 대상이 되어야 할 행위[366]는 여기에서의 통치행위의 범위에서 제외하여야 할 것이다. 왜냐하면 이러한 범주에 드는 집행부 수반의 행위는 헌법과 법률에 기속되고 헌법과 법률의 규정에 위반할 경우에는 헌법상 또는 법률상의 책임을 면할 수 없다고 하겠다. 따라서 여기에서는 사법심사의 대상이 될 수 없는 성질의 통치행위만을 의미하기로 한다.[367] 예컨

362) 권영성, 앞의 책, 849쪽.
363) 김철수, 『헌법학개론』, 1624쪽.
364) 김철용, 앞의 책, 12쪽.
365) 김철수, 『헌법학개론』, 1624쪽.
366) 이것을 권영성 교수는 상대적 통치행위라고 부른다. 권영성, 앞의 책, 850쪽.
367) 이것을 권영성 교수는 절대적 통치행위라고 부른다. 권영성, 앞의 책, 850쪽.

대, 대통령의 국가안위에 관한 중요정책을 국민투표에 부의하는 행위(헌법 제72조), 법률안에 대한 재의(再議)의 요구(헌법 제53조 제2항), 대통령의 일반외교에 관한 행위 등이 여기에서의 통치행위에 해당한다고 하겠다.

(4) 외국의 통치행위

(가) 프랑스

통치행위의 개념은 원래 프랑스에서 판례를 통하여 처음으로 성립된 것이다. 프랑스에서는 이 관념이 행정재판의 한계에 관한 문제로서 발전된 것인바, 제2제정시대(帝政時代)에 확립된 최고행정재판소인 꽁세유데타(Conseil d'Etat)[368]는 정치적 합목적성의 고려에서 통치행위를 행정재판의 대상으로부터 제외하게 되었다. 꽁세유데타가 통치행위라고 보아 그 심사를 거부한 최초의 사건은 라피트판결(C. E., 1 mai 1822[369]))이다.[370]

프랑스에서는 법치주의가 고도로 발달되어 있는 결과 행정재판소는 행정권의 일체의 행위에 대하여 그 적법성을 심사할 것을 원칙으로 하지만 이 원칙에 대한 중대한 예외로 인정되는 것이 통치행위이다. 통치행위의 관념을 처음 명문으로 규정한 것은 1872. 5. 24. 꽁세유데타조직법 제26조 제1항[371]이다. 그러나 이 법도 그 구체적인 개념과 범위를 명시하지 않았을 뿐더러, 판례는 그 이전부터 이를 인정해 왔으므로 일반적으로 통치행위의 관념은 판례에 의하여 형성되어 왔다고 간주되고 있다.

요컨대 꽁세유데타의 판례정책상 정치적 합목적성의 고려의 결과로서 생겨난 통치행위는 꽁세유데타에 의한 법적 통제의 테두리 밖에 놓인다는 뜻에서 차츰 그 관념이 부인

---

368) 꽁세유데타(Conseil d'Etat)는 프랑스에 있어서 행정부의 자문기관인 동시에 최고행정법원으로서의 권한을 가진 국가기관이다. 꽁세유데타는 4개의 행정부문부(行政部門部, Sections administratives; 재무·내무·공공토목·사회)와 소송부(訴訟部, Section du Contentieux)로 구성되어 있는데 행정재판계통의 최고법원으로서의 역할을 하여 왔다. 꽁세유데타를 종래 국사원(國事院) 또는 국참사원(國參事院)으로 번역하여 오고 있으나 이 두 개의 용어가 동 기구의 재판소의 성격을 나타내어 주지 못하고 오히려 행정부의 일기관(一機關)같은 인상을 줄 수도 있다는 점에서 굳이 이를 피했으나 현재로서는 다른 적절한 번역도 없어서 편의상 원어 그대로 사용하기로 한다. 여기에 관하여 자세한 것은 김동희, "Conseil d'Etat", 『공법연구』, 제4집, 1976, 47-69쪽, 특히 48쪽 각주 1) 참조.

369) 김동희, "프랑스 행정법상의 통치행위에 관한 고찰", 「서울대법학」, 제25권 4호, 통권 60호, 1984, 183쪽.

370) 라피트사건(Borghese부인사건)은 Napoleon I 의 여동생으로 Borghese가(家)에 출가한 Pauline에게 Napoleon I 는 연금 67만 프랑을 주었었다. 1816년에 Bonaparte가(家)에 부여되었던 모든 재산을 무상몰수한다고 하는 법률이 제정되었다. Borghese는 1816년 이전의 미불금을 청구했다. 이것이 거절되자 Conseil d'Etat에 제소하였고 Conseil d'Etat는 정치문제를 포함한다 하여 이를 각하하였다.

371) 위 규정의 내용은 다음과 같다: "각부장관은 재판부에 제기된 사건으로서 행정쟁송에 속하지 않는 것을 관할재판소에 이송할 권한을 가진다."

되고 있어 오늘날에는 국제관계와 의회의 절차만이 인정되고 있는 정도이다. 그 이유는 통치행위가 독재의 정당화로 악용되기 쉽기 때문에 그것을 방지하기 위해서이다.

(나) 독 일

독일에서는 프랑스의 통치행위이론을 행정재판제도와 관련하여 도입하였다. Weimar 공화국시대의 정치적 변동기에 이르러 정치와 법의 관계가 새로운 주목을 끌게 됨에 따라 이 문제의 논의가 활발해졌다. 그러나 제2차 대전까지의 독일의 행정재판제도는 행정재판사항에 관하여 열기주의를 채택하였던 관계로 통치행위의 문제는 행정재판상으로는 별로 문제되지 않고 오히려 헌법재판의 한계와 관련하여 문제가 제기되었다. 제2차 대전 후의 독일의 행정재판제도는 연방과 주의 대부분이 개괄주의(槪括主義)를 취하게 된 결과 행정재판 내지는 헌법재판의 대상으로부터 제외되는 통치행위의 관념을 인정할 것인가의 여부가 비로소 논쟁의 초점이 되게 되었다.

통치행위 인정 여부에 대한 학설은 정치적 합목적성의 견지에서 재판에서 자유로운 고권행위를 인정하는 긍정설이 대부분이나 이에 대한 비판, 즉 정치적 행위도 규범적으로 규정지울 수 있다는 전제하에서 통치행위에 대한 법적 통제의 가능성 및 범위의 문제는 각 개별적인 실정법의 문제에 지나지 않는다고 하는 통치행위 부정설이 제기되고 있다. 통치행위 부정설에 의하면 미국헌법과는 달리 독일 기본법은 명문으로 통치행위의 합헌성 여부를 법적으로 심사할 수 있는 소송의 길을 규정[372)]하고 있으므로 규범적 통제영역에서 제외되는 고권행위(Hoheitsakt)란 존재하지 않는다고 한다. 그러므로 통치행위에 대한 사법적 통제의 문제는 단지 통제적 규범(Kontrollnorm)의 존재 여부의 문제일 따름이며 따라서 미국에 있어서의 이른바 정치문제이론은 재판과정에 있어서 문제가 되지 않는다는 것이다.

미국에서와 같이 헌법을 적극적으로 해석하려고 하는 사법적극주의를 지향하지 않고 헌법의 규범성을 중시하는 독일의 연방헌법재판소에서는 사법적 통제를 받지 않는 통치행위의 관념을 간접적으로 부정해 왔다. 즉 정치적 합목적성 내지는 정치적 기술성에 근거한 판결유예(non liquet)로서의 기능을 추구한다는 보완적 기능에 착안하여 실정법의 해석상 무리가 없는 범위 내에서 극히 예외적으로 통치행위에 대한 사법적 자제를 연방헌법재판소는 인정해 왔다.

---

372) 독일기본법 제19조 제4항: 공권력에 의하여 그 권리를 침해당한 자에게는 권리구제절차가 열려 있다. 다른 관할권의 이유가 없는 한, 통상적 권리구제절차가 인정된다. 제10조 제2항 제2문은 그대로 적용된다.

요컨대 독일에서는 정치적 문제의 중요성이 연방헌법재판소 재판에 장해요인이 될 수 없다는 전제하에서 사법적 통제를 받지 아니하는 통치행위의 범위를 최대한도로 축소하거나 아니면 그 행위자체를 인정하지 않으려는 방향으로 나아가고 있다.

(다) 영 국

'국왕은 불법을 행할 수 없다(The Crown can do no wrong)'라는 전제하에 왕은 정의의 원천으로서 사법권은 군주의 대권에 근거한 행위에는 미치지 않는 것으로 이해되었었다. 또한 '국왕은 소추되지 않는다(The King is immune from suit)'라는 말에서 알 수 있듯이 영국에서는 전통적인 군주주권의 역사적 잔재로서 대권(Prerogative) 및 국가행위(act of state)라는 개념이 존속하고 있다.

이와 더불어 영국에서는 '각원(各院)은 의회특권에 있어서 유일한 재판관이다.'라고 하는 이른바 의회주권의 원칙이 확립되어 있다. 영국에 있어서 의회의 최고성은 17세기 말 이래 국왕의 대권과의 줄기찬 투쟁 가운데서 확립되었으며 이렇게 형성된 의회주권의 원칙은 공법상의 가장 중요한 지도원리로 되어 왔다.

이에 근거하여 의회행위와 대권 및 국가행위에 대하여는 사법심사의 예외가 인정되어 왔다.

국왕의 대권은 고도의 통치행위로서 의회로부터의 통제를 제외하고는 일체의 사법적 통제를 받지 아니하는 특권 혹은 재량행위를 의미한다.

대권과 긴밀한 관계를 맺고 있는 국가행위(act of state)는 대권행위 중 대외적인 문제만 지칭했었다. 그러나 오늘날 대권행위와 국가행위를 확연히 구별하는 것은 불가능하며 판례상에도 이 구별은 잘 행하여지지 않고 있다.

요컨대 영국에서는 사법적 통제를 받지 않는 집행부의 정치적 행위는 존재하지만 국민의 기본권과 관계되는 한 법원은 대권행위 또는 국가행위라는 이유로 사법심사를 회피하지 않는다.

(라) 미 국

미국에서는 사법부가 위헌법률심사권을 가짐으로써 사법권의 우월이 미국헌법의 중요한 특색 중의 하나가 되고 있다. 위헌법률심사권은 헌법 자신이 명문으로 사법부에 규정한 권한은 아니지만 1803년 Marbury v. Madison사건의 판결에서 사법권에 당연히 내포된 권한으로서 연방대법원에 의하여 인정된 이래 미국헌정사에서 중요한 역할을 하여 왔다.

사법부가 어느 시점에 대해서 판단을 내리기 위해서는 구체적인 사건 및 쟁송의 존재가 요구되지만, 반대로 그 요건이 충족되는 한 사법부는 원칙적으로 법적 판단이 가능한 모든 쟁점에 대하여 결정할 수 있으며 따라서 이러한 범위 내에서 입법부와 행정부의 행위에 대한 적법성 및 합헌성을 심사할 수 있다.

정치문제이론(Political Question Doctrine)은 이러한 원칙에 대한 중대한 예외로서 전개되어 왔는데 정치적으로 중요한 문제 혹은 통치권력의 발동에 따른 행위는 법적 판단이 가능한 것일지라도 법원은 그 심사를 거부하고 입법부 내지는 집행부의 판단에 따른다. 정치문제이론의 맹아(萌芽)는 Marbury v. Madison사건이지만 명확한 형태를 갖고 나타난 것은 Luther v. Borden사건(1849년)[373]에서이다. 이 사건을 통하여 사법부자제의 전통이 수립되었다.

정치적 문제에 대한 사법적 회피는 Colegrove v. Green사건에서도 나타나고 있다. 미국 연방대법원은 이 사건에서 불공정한 의원정수배분(議員定數配分) [malapportionment] 문제[374]에 대하여 최초로 정면으로 다루었다.[375] 이에 대하여 연방지방법원에서 각하하자 연방대법원에 상고하였으나 연방대법원에서는 상고를 기각하였다. 다수의견을 집필한 Frankfurter 대법관은 "연방하원의원 선거구 획정문제는 전적으로 연방의회에 의하여 정하여져야 할 정치문제를 내포한 사안이어서 법원은 이 문제를 판단할 권한이 없으므로,

---

373) Rhode Island주에서 미국독립 이전의 구 정부체제에 대하여 미국헌법에 기초한 새로운 헌법을 1841년에 제정하였다. 그러나 새 헌법에 기초한 정부는 구 정부에 의해 해체되었다. 이 변혁의 과정에서 Borden이 이끄는 군대가 구 정부에 가담한 Luther를 체포하기 위하여 주거침입한 데 대하여 불법주거침입으로 제소하였다. 이 사안에서 어느 정부가 정통성이 있는가의 문제가 제기되었다. 이에 대하여 연방대법원은 어느 정부가 정통성이 있는가의 판단은 정치적 문제이므로 법원이 판단하여야 할 사항이 아니라, 연방의회가 결정할 사항이라고 판시하였다. Ronald D. Rotunda & John E. Nowak, Treatise on Constitutional Law, third ed., Vol. 1, ST. Paul, MN WEST GROUP, 1999, 312-314쪽.

374) 미국에서 선거구획정(districting)과 의원정수배분(apportionment)은 서로 혼용되고 있다. 원래 선거구획정은 문자 그대로 투표구역을 창설해 내기 위하여 지리적 지역 사이에 선을 긋거나 경계를 설정하는 행위를 의미하고, 의원정수 배분은 각 선거구에서 선출할 의원수가 다른 경우 각 선거구에서 선출할 의원수를 인구에 터 잡아 배정하는 것을 의미한다. Bryan A. Garner(Editor in Chief), Black's Law Dictionary, Seventh Edition, ST. PAUL, MINN., West Group, 1999, 96-97쪽, 489쪽.

375) 1901년의 법률에 의하여 획정된 Illinois주선거구가 40여 년간 아무런 개정이 없이 그대로 시행되고 있는데, 이에 의하면 각 선거구의 선거권의 가치가 8배나 차이가 난다는 점, Illinois주의 연방하원의원 선거구에 관한 1901년의 법률은 1911년의 의원정수재배분법에서 요구하는 선거구 지역의 밀집성과 선거구간 인구의 평등이 결여되어 위 법률에 위배된다는 등의 이유로 Kenneth Colegrove는 1946. 11.에 실시될 예정인 연방하원의원선거가 Illinois주의 연방하원의원 선거구에 관한 1901년의 법률에 의하여 실시되는 것을 방지하기 위하여 위 1901년의 Illinois주법률의 무효를 선언하는 판결을 청구하였다. Colegrove v. Green, 328 U. S. at 551.

원고는 당사자 적격이 없어 사건이 기각되어야 한다."고 판시하였다.[376] Frankfurter 대법관은 계속하여 "사법부가 정치문제에 개입함은 민주주의제도에 배치(背馳)되므로 사법부는 정치적 덤불(Political Thicket)에 발을 들여놓아서는 아니 된다."고 판시하였다.[377] 그러나 이 사건에 대하여는 흑백인 간의 교육을 분리하여 교육하여도 평등하다(Separate but equal)고 인종분리교육을 정당시한 Plessy v. Ferguson판결의 오류를 되풀이한 것이라는 비판이 있다.

연방대법원의 구성원은 Colegrove v. Green사건이 선고된 1953년과 1960년 사이에 많이 변경되었다.[378] 이러한 상황하에서 정치문제이론에 관한 대표적인 결정[379]인 Baker v. Carr사건이 제기되었다.[380] 이에 연방지방법원은 그 해악이 심각하므로 지체 없이 시정되어야 한다는 데는 동의하면서도 원고들의 청구를 각하하였는데 그 논거는 원고들이 입법부의 의원정수배분의 위헌성을 다투고 있지만 의원정수배분의 문제는 정치문제에 해당하므로 재판의 대상이 되지 않는다고 판시하였다. Baker v. Carr사건이 연방대법원에 계류 중이었을 때 연방대법원에서 논의된 쟁점은 법원이 이 사건을 재판할 권한을 갖는가, 만약 그 권한을 갖는다면 불공정한 의원정수 배분문제가 법원에 의하여 시정될 수 있는가 하는 것이었다. 연방대법원은 연방지방법원의 판결을 파기하면서 연방대법원의 판시에 따라 더 심리하도록 사건을 환송하였다. 즉, 연방대법원은 "주의회(州議會)의 의원정수 배분문제는 정치분제가 아니며 선거구 인구의 과도한 차이는 선거에 관한 평등권의 침해이므로 법원은 이 문제를 판단할 권한이 있다."고 획기적으로 판시함으

---

376) Colegrove v. Green, 328 U. S. at 551-556; Anthony Lewis, "Legislative Apportionment and The Federal Courts", Harvard Law Review, Vol. 71, No. 6, 1958. 4, 1078쪽.

377) Colegrove v. Green, 328 U. S. at 553-554.

378) Eisenhower 대통령은 Earl Warren을 대법원장에 임명하고 그 외 William Brennan, Charles Whittaker, John Marshall Harlan, Potter Stewart 등을 새 대법관에 임명하였다. Colegrove v. Green사건 당시의 대법관으로는 Frankfurter, Black, Douglas 대법관만 남아 있었다. Robert G. Dixon, Democratic Representation: Reapportionment in Law and Politics, New York: Oxford University Press, 1968, 117쪽.

379) Ronald D. Rotunda & John E. Nowak, 앞의 책, 314쪽.

380) Tennessee주는 1901년과 1960년 사이에 人口가 155만 명이 증가하였다. 그러나 Tennessee주의 선거구는 1901년의 법률에 의하여 획정된 이래 60여 년간 아무런 개정이 없이 그대로 시행되고 있는데 이에 의하면 각 선거구의 선거권의 가치에 너무나 차이가 났다. 이에 Tennessee주에 거주하는 Charles Baker와 다른 유권자들이 1901년의 Tennessee주의회의 의원정수배분은 "Charles Baker 등의 투표가치를 감소시킴으로써" 연방헌법 수정 제14조의 평등권에 위반된다는 확인판결(declaratory judgment)을 제기하였다. Peter Irons & Stephanie Guitton, May It Please the Court, NEW YORK: THE NEW PRESS, 1993, 8쪽.

로써 동 판결은 사법적극주의[381]의 표현으로서 받아들여지고 있다. 이 판결은 금세기의 가장 중요한 판결 중의 하나라고 평가된다. 다수의견을 집필한 Brennan 대법관은 정치문제의 원칙을 분석하면서 정치문제 원칙의 핵심을 다음과 같이 판시하였다. 즉, 어떤 문제가 외견상 정치문제를 포함하는 것으로 보이는 것은 헌법 자체가 문제해결을 정치를 담당하는 입법부와 집행부(執行府)에 위임하고 있는 경우, 그 문제를 사법적으로 해결하기 위하여 적용할 기준이 없는 경우, 명백히 비사법적인 판단의 일종인 정책결정이 미리 정하여지지 않고는 재판하는 것이 불가능한 경우, 입법부와 집행부의 입장을 존중하지 않고는 법원이 독자적으로 사건을 해결하는 것이 불가능한 경우, 이미 이루어진 정치적 결정을 존중하여야 할 특별한 필요성이 있는 경우, 한 문제에 대하여 여러 개의 부(部)가 중구난방식(衆口難防式) 의견을 발표함으로부터 초래될 잠재적 혼란이 생길 경우 등이다. 이에 대하여 Frankfurter 대법관은 다수의견이 수학적 진구렁(mathmatical quagmire)에 빠지게 하였다고 비판하였고, Harlan 대법관도 "사법부의 권위에 대한 국민적 존중의 계속성 문제는 사법부가 헌법적인 판결(adjudication)을 함에 있어서 자제를 현명하게 행사하는 데에 있다고 생각하는 자들은 이 판결을 깊은 우려를 가지고 볼 것이다."라는 의견을 개진하였다.

Baker v. Carr 사건을 계기로 선거구재획정(選擧區再劃定)의 혁명이 일어났다. 미국 각 주에서 선거구재배분을 둘러싼 소송과 법률개정의 움직임이 일어났을 뿐만 아니라,[382] 이 문제가 산업사회의 발전에 따른 보편적 현상에서 유래되고 있다는 점에서 일본, 스위

381) 사법적극주의에 대하여, 과거에는 사법적극주의와 관련하여 법원판결이 선판례(precedent)를 기꺼이 무시하는 측면을 강조하는 정의[Bryan A. Garner(Editor in Chief), 앞의 책, 96-97쪽, 850쪽]와 헌법·법규나 선판례의 자구(字句)의 문어적(文語的)인 의미에 얽매이지 않고 적극적으로 해석하는 방법의 측면을 강조하는 정의도 있었다. 이러한 종래의 두 정의에 따를 경우 사법적극주의는 사법진보주의와, 사법소극주의는 사법보수주의와 같은 것으로, 즉 사법적극주의=사법진보주의, 사법소극주의=사법보수주의라는 등식관계로 이해되게 된다. 그러나 진보적인 행정부와 입법부하에서 이에 반대하는 사법적극주의적인 사법부란 진보적 사법부가 아니라 보수적 사법부를 의미하기 때문에 종래의 등식관계는 깨어지게 된다. 따라서 권력분립의 원리와의 관련하에서 사법적극주의를 정의하고자 하는 새로운 개념정의, 즉 "권력분립의 원리가 기초하고 있는 견제와 균형의 이상(理想)을 실현하기 위해, 사법부가 행정부나 입법부의 의사나 결정에 곧잘 반대를 제기하여, 다른 두 부(府)에 의한 권력의 남용을 적극적으로 견제하는 사법부의 태도나 철학"으로 정의하려는 견해가 행정국가화경향이 심화되어 행정부에의 권력집중현상이 헌법상의 권력분립의 원리를 위협하고 있는 현대국가들의 사법부 위상을 분석해 내는 데 있어서 더욱더 큰 가치를 가지므로 그 힘을 얻고 있다고 한다. 임지봉, "동성동본금혼규정에 대한 한국헌법재판소 결정과 행복추구조항", 『공법연구』, 제29집 제1호, 2000. 11, 123-125쪽.

382) Baker v. Carr 사건의 판결 이후 20개월 동안에 39개주에서 약 70건의 선거구재배분사건이 제소되었고, 20개주에서 선거구재배분법이 주의회에 상정되었다.

스, 우리나라 등에도 의미심장한 영향을 미쳤다. 그러나 아쉽게도 Baker v. Carr사건에서 선거구획정계획의 합헌성을 판단할 때 적용하여야 할 실질적인 기준을 제시하지 않았다. 그리고 최근에 Bush v. Gore(531 U. S. 98, 121 S.Ct. 525)사건이 있다.

(마) 일 본

일본은 제2차대전 후에 신헌법이 법치주의를 철저화하고 행정소송에 대하여 개괄주의를 채택하였기 때문에 통치행위의 문제가 논의되기 시작하였다. 사법심사에 있어서 통치행위의 문제가 일본에서 크게 부각된 것은 이른바 안보투쟁으로 널리 알려진 스나가와(砂川)사건에서이다. 스나가와(砂川)사건의 전심(前審)인 동경지재[東京地裁, 이른바 이달판결(伊達判決)]에서는 UN군(軍) 아닌 특정국의 군대인 미군의 국내주둔은 헌법 제9조에 위배되며, 미일안전보장조약을 근간으로 하는 안보체제는 헌법 제9조의 평화주의에 반할 뿐 아니라 일본국민의 기본권에 저촉됨으로써 헌법에 위반된다고 판시하였다. 이에 대하여 스나가와(砂川)사건판결은 "이달판결은 사법심사의 한계, 특히 통치행위 및 안보조약과 평화헌법과의 이론적 관계를 간과했다."고 판시하여 주류미군(駐留美軍) 및 안보조약의 합헌성을 분명하게 긍정했다.

중의원해산에 관한 이른바 도마베지(苫米地)사건에서도 일본의 최고재판소는 "…중의원의 해산은 극히 정치성이 높은 국가통치의 기본에 관한 행위인바 설혹 법률상의 쟁송이 되고 이에 대한 유효무효의 판단이 법률상 가능한 경우일지라도 그러한 국가행위는 재판소의 심사권 밖에 있으며 그 판단은 주권자인 국민에 대하여 정치적 책임을 지는 정부, 국회 등의 정치부문에 의해 행해질 것이요, 최종적으로는 국민의 정치적 판단에 맡겨진다고 사료(思料)되는 바이다."라고 판시함으로써 앞에서 살펴본 스나가와(砂川)사건판결과 마찬가지로 사법부 자제의 입장을 취하면서 국회해산행위에 대한 사법심사의 면책을 시사하였다.[383]

선거구 인구편차의 문제에 대하여 1962. 11.의 중의원총선거에서 선거구간 인구편차의 최대격차가 약 3배에 달하여 문제된 후로 1976. 4. 최고재판소는 4.99:1의 최대격차를 가지고 있는 중의원정수배분규정이 위헌이라는 획기적인 판결을 내리게 되었다.[384] 이 판결은 1972. 11. 실시된 총선거에서 선거구간의 인구불균형이 4.99배에 달한 것에 대해 선거무효소송을 제기한 사건의 상고심판결이다. 그러나 위 판결은 선거의 효력에 관하여

383) 最高裁 昭和 35年 6月 8日 大法廷判決, 昭和30年(オ), 第96號.

384) 最大判 昭和 51. 4. 14. 民集 30권 3호 223쪽.

는 사정판결(事情判決)의 법리에 따라 이를 유효라고 하였으며, 또한 최대격차의 위헌판단에 그치고 있으며 그 격차의 허용한도에 관하여는 구체적인 명시를 하지 않은 것이 특색이다. 1983. 12. 18.에 시행된 중의원의원선거에 있어서 공직선거법 제13조 별표 제일 및 동법부칙 제7항 내지 9항에 의한 중의원의원의 선거구 및 의원정수의 규정에 기초하여 각 선거간의 의원 1인당의 유권자분포차 비율이 최대 4.40:1에 이르고 있기 때문에 위의 규정은 헌법 제14조 제1항, 제44조 단서 등에 위반된다는 이유로 광도현(廣島縣) 제1구(第1區) 외(外) 20여 선거구의 유권자들이 공직선거법 제204조에 기하여 당해 선거의 무효를 구하는 소송을 광도(廣島), 동경(東京), 대판(大阪) 등의 각 고등재판소에 제기하였다. 이에 대하여 1984. 9. 28.부터 같은 해 12. 25.에 걸쳐 위 각 고등재판소의 판결이 행하여졌으나 모두 사정판결, 즉 주문(主文)에서 "청구를 기각한다. 단, 본건 선거는 위법이다."라는 판결을 내렸다. 이에 대하여 원고, 피고 쌍방이 상고하여 합계 44건의 각 선거무효청구사건이 최고재판소에 계속하게 되어 1985. 7. 17. 다음과 같은 골자의 판결이 나오게 되었다. "1983. 12. 18. 총선거 당시 선거구간 의원 1인당의 선거인수의 교차(較差)는 최대 4.40:1이어서 현행의 의원정수배분규정은 헌법의 선거권 평등의 요구에 반하여 전체로서 무효이다. 본건은 이른바 사정판결제도의 기초에 존재하는 일반적인 법의 기본원칙에 따라 본건 선거가 헌법에 위반하는 의원정수배분규정에 기하여 행해졌다는 점에서 위법이라는 취지를 주문에 선언하는 데 그치고 선거를 무효로 하지 않는 것이 상당하다."

(5) 통치행위에 관한 우리나라의 판례

(가) 대법원판례

종래의 우리 대법원 판례는 통치행위를 고도의 정치적·군사적 성격을 띠는 행위로 새기면서 비상계엄선포의 적법성 판단을 통치행위로서 사법심사에서 배제되는 것으로 보았으나,[385] 그 후 이른바 12·12군사반란과 5·18내란 등 사건에서 대법원은 통치행위 자체도 그것이 국헌문란의 목적을 달성하기 위하여 행하여진 경우에는 법원은 그 자체가 범죄행위에 해당하는지 여부에 관하여 심사할 수 있다고 판시하고 있다.[386] 또한 최

385) 대법원 1979. 12. 7. 선고 79초70 재정【재판권쟁의에관한재정신청】[집27(3)형043, 공1980. 1. 15.(624), 12379]; 당연무효로 판단할 수 없는 계엄에 대하여서는 계엄의 선포가 옳고 그른 것은 국회에서 판단하는 것이고 법원에서 판단할 수 없다고 해석하는 것이 상당하다. 대법원 1964. 7. 21. 64초3【재판권쟁의에대한재정신청】[집12(2)형, 002].

386) 대법원 1997. 4. 17. 선고 96도3376 전원합의체 판결[반란수괴·반란모의참여·반란중요임무종사·불법진퇴·지휘관계엄지역수소이탈·상관살해·상관살해미수·초병살해·내란수괴·내란모의참여·내란중요임무종사·내란목적살인·특정범죄가중처벌등에관한법률위반(뇌물)][집45(1)형,1; 공1997. 5. 1.(33), 1303]

근에 대북송금사건[387]에서 "입헌적 법치주의국가의 기본원칙은 어떠한 국가행위나 국가작용도 헌법과 법률에 근거하여 그 테두리 안에서 합헌적·합법적으로 행하여질 것을 요구하며, 이러한 합헌성과 합법성의 판단은 본질적으로 사법의 권능에 속하는 것이고, 다만 국가행위 중에는 고도의 정치성을 띤 것이 있고, 그러한 고도의 정치행위에 대하여 정치적 책임을 지지 않는 법원이 정치의 합목적성이나 정당성을 도외시한 채 합법성의 심사를 감행함으로써 정책결정이 좌우되는 일은 결코 바람직한 일이 아니며, 법원이 정치문제에 개입되어 그 중립성과 독립성을 침해당할 위험성도 부인할 수 없으므로, 고도의 정치성을 띤 국가행위에 대하여는 이른바 통치행위라 하여 법원 스스로 사법심사권의 행사를 억제하여 그 심사대상에서 제외하는 영역이 있으나, 이와 같이 통치행위의 개념을 인정한다고 하더라도 과도한 사법심사의 자제가 기본권을 보장하고 법치주의 이념을 구현하여야 할 법원의 책무를 태만히 하거나 포기하는 것이 되지 않도록 그 인정을 지극히 신중하게 하여야 하며, 그 판단은 오로지 사법부만에 의하여 이루어져야 한다." 고 판시하여 통치행위가 사법심사의 대상이 된다는 전제하에서 남북정상회담의 개최는 고도의 정치적 성격을 지니고 있는 행위라 할 것이므로 특별한 사정이 없는 한 그 당부를 심판하는 것은 사법권의 내재적·본질적 한계를 넘어서는 것이 되어 적절하지 못하지만, 남북정상회담의 개최과정에서 재정경제부장관에게 신고하지 아니하거나 통일부장관의 협력사업 승인을 얻지 아니한 채 북한측에 사업권의 대가 명목으로 송금한 행위 자체는 헌법상 법치국가의 원리와 법 앞에 평등원칙 등에 비추어 볼 때 사법심사의 대상이 된다고 하였다.

(나) 헌법재판소결정

우리 헌법재판소는 대통령의 긴급재정경제명령 등 위헌확인사건에서 통치행위를 "대통령의 고도의 정치적 결단에 의하여 발동되는 행위로서 그 결단을 존중하여야 할 필요성이 있는 행위"라고 새기면서 "비록 고도의 정치적 결단에 의하여 행해지는 국가작용이라고 할지라도 그것이 국민의 기본권 침해와 직접 관련되는 경우에 당연히 헌법재판소의 심판대상이 될 수 있다."고 판시[388]하였고, 선거구 인구불균형문제의 사법심사 대상여부에 대하여도 이를 긍정[389]하였으나, 일반사병이라크파병위헌확인사건[390]에서 "외국

387) 대법원 2004. 3. 26. 선고 2003도7878 판결[외국환거래법위반·남북교류협력에관한법률위반·특정경제범죄가중처벌등에관한법률위반(배임)][공2004. 5. 1, 753].

388) 헌재 1996. 2. 29. 93헌마186, 헌법재판소판례집, 8권 1집, 111-115쪽.

389) 헌재 1995. 12. 27. 95헌마224·239·285·373(병합)결정, 헌법재판소판례집 제7권 2집, 1995, 760, 775

에의 국군의 파견결정은 파견군인의 생명과 신체의 안전뿐만 아니라 국제사회에서의 우리나라의 지위와 역할, 동맹국과의 관계, 국가안보문제 등 궁극적으로 국민 내지 국익에 영향을 미치는 복잡하고도 중요한 문제로서 국내 및 국제정치관계 등 제반상황을 고려하여 미래를 예측하고 목표를 설정하는 등 고도의 정치적 결단이 요구되는 사안이다. 따라서 그와 같은 결정은 그 문제에 대해 정치적 책임을 질 수 있는 국민의 대의기관이 관계분야의 전문가들과 광범위하고 심도 있는 논의를 거쳐 신중히 결정하는 것이 바람직하며 우리 헌법도 그 권한을 국민으로부터 직접 선출되고 국민에게 직접 책임을 지는 대통령에게 부여하고 그 권한행사에 신중을 기하도록 하기 위해 국회로 하여금 파병에 대한 동의 여부를 결정할 수 있도록 하고 있는바, 현행 헌법이 채택하고 있는 대의민주제 통치구조 하에서 대의기관인 대통령과 국회의 그와 같은 고도의 정치적 결단은 가급적 존중되어야 한다."고 판시하여 대의기관의 결정이 사법심사의 대상이 되지 않는다고 보면서, "이 사건 파견결정이 헌법에 위반되는지의 여부, 즉 국가안보에 보탬이 됨으로써 궁극적으로는 국민과 국익에 이로운 것이 될 것인지 여부 및 이른바 이라크전쟁이 국제규범에 어긋나는 침략전쟁인지 여부 등에 대한 판단은 대의기관인 대통령과 국회의 몫이고, 성질상 한정된 자료만을 가지고 있는 우리 재판소가 판단하는 것은 바람직하지 않다고 할 것이며, 우리 재판소의 판단이 대통령과 국회의 그것보다 더 옳다거나 정확하다고 단정 짓기 어려움은 물론 재판결과에 대하여 국민들의 신뢰를 확보하기도 어렵다고 하지 않을 수 없다."고 하여 대통령이 2003. 10. 18. 국군(일반사병)을 이라크에 파견하기로 한 결정에 대하여 헌법재판소가 판단을 하는 것에 소극적 입장에 기초하여 "이 사건 파병결정은 대통령이 파병의 정당성뿐만 아니라 북한 핵 사태의 원만한 해결을 위한 동맹국과의 관계, 우리나라의 안보문제, 국·내외 정치관계 등 국익과 관련한 여러 가지 사정을 고려하여 파병부대의 성격과 규모, 파병기간을 국가안전보장회의의 자문을 거쳐 결

-788쪽; 헌재 2001. 10. 25. 2000헌마92·240(병합)결정, 헌법재판소판례집 제13권 2집, 2001, 502, 513-516쪽.

390) 헌재 2004. 4. 29. 2003헌마814 전원재판부 [일반사병이라크파병위헌확인][헌공제92호]

1) 주문: 청구인의 심판청구를 각하한다.

2) 사건의 개요: 청구인 이명훈은 일반 국민의 한 사람인 바, 대한민국 정부가 2003. 10. 18. 국군을 이라크에 파견하기로 한 것은 침략적 전쟁을 부인한다고 규정하고 있는 헌법 제5조에 위반될 뿐만 아니라 특히 의무복무를 하는 일반 사병은 급여를 받는 직업군인인 장교 및 부사관과 달리 실질적으로 급여를 받지 못하는바 일반 사병을 이라크에 파견하는 것은 국가안전보장 및 국방의 의무에 관한 헌법규정에 위반된다는 이유로 2003. 11. 17. 헌법재판소법 제68조 제1항에 의하여 위 파병의 위헌확인을 구하는 이 사건 헌법소원심판을 청구하였다.

정한 것으로, 그 후 국무회의 심의·의결을 거쳐 국회의 동의를 얻음으로써 헌법과 법률에 따른 절차적 정당성을 확보했음을 알 수 있다. 그렇다면 이 사건 파견결정은 그 성격상 국방 및 외교에 관련된 고도의 정치적 결단을 요하는 문제로서, 헌법과 법률이 정한 절차를 지켜 이루어진 것임이 명백하므로, 대통령과 국회의 판단은 존중되어야 하고 헌법재판소가 사법적 기준만으로 이를 심판하는 것은 자제되어야 한다. 이에 대하여는 설혹 사법적 심사의 회피로 자의적 결정이 방치될 수도 있다는 우려가 있을 수 있으나 그러한 대통령과 국회의 판단은 궁극적으로는 선거를 통해 국민에 의한 평가와 심판을 받게 될 것이다."라고 판시함으로써 사법소극적인 자세를 취하였다.

윤석열 대통령 탄핵사건에서 비상계엄 선포에 대한 사법심사가 가능한지 여부에 대하여 "헌법과 계엄법에서 계엄 선포에 관한 요건과 절차 등을 규정하고 있고, 탄핵심판은 고위공직자가 헌법 및 법률을 위반하는 경우 그 권한을 박탈하여 헌법질서를 지키는 헌법재판이라는 점을 고려하면, 비상계엄 선포가 고도의 정치적 결단을 요하는 행위라 하더라도 탄핵심판절차에서 이를 심사할 수 있다."고 판시[391]하여 사법적극적인 자세를 취하고 있다.

(다) 통치행위에 관한 우리나라 판례에 대한 평가

종래 대법원을 비롯한 사법기관에서 통치행위성을 인정하고 곧바로 이에 대한 사법심사를 거부하고 있는 점에 비추어 본다면 최근 대법원의 대북송금사건과 헌법재판소의 대통령의 긴급재정경제명령 위헌확인사건·선거구 인구불균형사건 등에서 통치행위에 대한 사법심사를 긍정하여 통치행위에 대하여 사법적극주의를 표방한 것은 종전보다 진전된 태도라고 할 수 있다. 가장 최근에 윤석열 대통령의 탄핵심판사건에서 사법적극주의의 입장을 보인 것은 헌법재판소의 최근의 결정추세와 부합되는 면이 있다 하겠다.

(6) 소 결

통치행위이론은 입헌주의가 확립되어 있는 서구 여러 나라에서 정치적 합목적성의 고려의 결과로서 각기 독특하게 판례에 의하여 형성된 후 학설에 의하여 그 이론적 정립이 모색되었다. 학설과 판례는 그 인정 범위를 가능한 한 좁게 새기려는 것이 일반적인 입장이라 할 수 있다. 이러한 점을 감안하면 우리나라를 비롯한 입헌민주주의가 확립되지 못한 국가에 통치행위의 개념이 계수(繼受)되었을 때 정도상의 차이가 있지만 남용될 가능성은 얼마든지 있다.

---

391) 헌재 2025. 4. 4. 2024헌나8 대통령(윤석열) 탄핵(대통령에 대한 탄핵심판 사건: 인용(파면))

특히, 우리나라는 정부수립 후 지금 제6공화국까지 여러 공화국을 거치고 여러 명의 대통령을 가져보아 왔다. 그럼에도 불구하고 아직도 대한민국은 민주공화국이라는 헌법 제1조 제1항의 의미가 왕왕 대한민국은 '청와대공화국'이라는 의미로 윤색된 적이 있었고 여전히 이른바 '제왕적(帝王的) 대통령'이라는 용어가 회자(膾炙)되고 있는 현실[392]은 오히려 통치행위이론의 정립을 긴절히 요청한다고 하겠다.

여기에서는 통치행위의 개념을 국정의 기본방향이나 국가적 차원의 정책결정을 대상으로 하는 고도의 정치적 성격을 띤 집행부 수반의 행위로서, 사법심사의 대상으로 하기에 부적합한 성질의 행위라고 개념정의를 하고 통치행위에 관한 여러 학설을 개관하여 본 결과 논리적으로는 부정설이 가장 타당하지만, 통치행위가 대부분의 국가에서 인정되고 있는 현실임을 감안하여 부정설을 취하지 않고 통치행위의 실제를 가장 충실하게 설명하여 준다고 할 수 있는 사법자제설을 취하였다. 통치행위의 범위에 관하여서도 통치행위의 관념은 사법절차에 의한 개인의 권리구제를 부인하는 것일 뿐 아니라, 헌법에 규정된 법원의 행정처분심사권과 헌법재판소의 헌법소원심판권 등을 부정하는 것이 되므로, 통치행위의 범위를 극히 제한적으로 해석하여서 대통령의 중요정책에 대한 국민투표부의행위, 법률안에 대한 재의(再議)의 요구, 대통령의 일반외교에 관한 행위 등이 여기에서의 통치행위에 해당한다고 보았다. 따라서 고도의 정치적 성격이 농후한 집행부의 행위일지라도 헌법이 국회의 승인이나 동의를 얻도록 하고 있거나, 헌법 또는 법률에 그 행사절차와 요건이 구체적으로 규정되어 있거나, 국민의 기본권 보장에 중대한 영향을 미쳐서 사법심사의 대상이 되는 행위는 여기에서의 통치행위의 범위에서 제외하여야 할 것이다. 왜냐하면 이러한 범주에 드는 집행부의 행위는 헌법과 법률에 기속되고 헌법과 법률의 규정에 위반할 경우에는 헌법상 또는 법률상의 책임을 면할 수 없기 때문이다.

---

392) "불행한 전직대통령 고리를 끊자: 제왕적 대통령 권한이 문제…권력구조 개편 공론화할 때", 불행하게도 한국정치는 전임자를 부정해야 자기 지지도가 높아지고 권력이 탄탄해진다는 살부(殺父)의 비극에서 벗어나지 못했다. 우리나라 전직 대통령은 이승만 초대 대통령부터 윤석열 전 대통령까지 모두 12명이다. 전직 대통령마다 서로 다른 정치적 환경에 있었지만 공통점이 하나 있다. 본인 또는 가족이 모두 불명예를 안았다는 것이다. '제왕적 대통령중심제' 때문에 대한민국 대통령에게 이러한 불행이 반복되고 있다. 헌법상 집행·입법·사법 3권 분립시스템을 갖추고 있으나 권력은 집행부 수장인 대통령에게 집중되어 있다. 인사권만 해도 그렇다. 권력 3대축인 검찰총장·국세청장·국가정보원장은 물론 사법부 수장인 대법원장까지 대통령의 뜻에 따라 결정된다. 그 밖에도 직접적으로는 1500개, 간접적으로는 2만여 개 자리가 대통령임명권 범위에 있다. 경쟁적으로 대통령에게 충성할 수밖에 없는 구조이다. 매일경제 2009. 5. 25. 1쪽 톱기사 및 A7쪽 참조.

2. 조 약

위헌조약이 사법심사의 대상이 될 수 있는가에 관해서는 부정설과 긍정설이 갈리고 있다. 생각건대 이 점에 관해서는 헌법우위설에 따라 조약의 내용이 헌법에 위반되는가의 여부도 사법적 심사의 대상이 된다는 긍정설이 타당하다고 본다. 조약의 체결을 통치행위로 보고 그것을 사법적 심사의 대상에서 제외해야 한다는 견해가 있지만, 이는 타당하지 아니하다. 아무튼 법률의 위헌심사권은 헌법재판소가 가지고 있기 때문에, 법원은 명령과 동일한 효력을 가지는 고시류조약 등에 대해서만 위헌·위법심사를 할 수 있다.

3. 국회의 자율권에 속하는 사항

국회의 내부적 규율과 의원의 자격심사 및 징계, 의결정족수와 투표의 계산 등 국회의 자율에 속하는 사항은 사법적 심사의 대상이 되지 아니한다는 것이 지배적인 견해인 동시에 판례의 입장이다. 헌법도 의원의 자격심사와 징계 및 제명처분에 대해서는 법원에 제소할 수 없도록 하고 있다(제 64조 제 4항). 그러므로 이들 사항에 대해서는 법원의 사법권이 미치지 아니함은 물론이다. 그러나 국회의원에 대한 제명처분은 헌법소원의 대상은 될 수 있다고 본다. 헌법은 법원에의 제소만을 배제하고 있으며, 제명처분은 국민의 공무원선임권·공무담임권을 근본적으로 박탈하는 것이기 때문이다. 나아가 (ㄱ) 국회의 의사가 유효하게 성립하였는가, (ㄴ) 의결정족수가 충족되었는가, (ㄷ) 의장이나 임원의 선거가 유효하게 실시되었는가 하는 문제들도, 그 문제가 「헌법상 보장된 기본권이 공권력의 행사로 말미암아 침해된 경우」라고 주장하는 때에는 헌법소원의 대상이 된다고 본다.

4. 행정청의 자유재량행위

행정행위 중에는 법에 엄격히 기속되는 기속행위와 행정기관의 재량에 맡겨져 있는 재량행위가 있다. 재량행위에는 다시 「무엇이 법의 의미인가」를 판단하는 합법성판단에 관한 재량과 「무엇이 합목적적인 것인가」를 판단하는 합목적성판단에 관한 재량이 있다. 전자를 기속재량행위라 하고 후자를 자유재량행위라 한다. 기속재량행위에 있어서 재량의 위반은 위법이므로 당연히 사법적 심사의 대상이 된다.

그러나 자유재량행위에 관해서는 재량을 그르친 경우에, 그것이 사법적 심사의 대상이 되는가에 관해서는 견해가 갈리고 있다. 부정설은 자유재량행위에 있어서 재량의 위반은 부당한 것이 될 뿐이므로, 자유재량행위는 사법적 심사의 대상이 되지 아니한다고 한다. 이에 대하여 긍정설은 재량행위에 있어서 재량이 기속재량에 속하는 것인지 자유재량에 속하는 것인지는 객관적으로 명백하지 아니하며, 설령 자유재량행위라고 하더라도 재량권의 한계를 벗어난 행위는 재량권의 일탈, 또는 남용에 해당하는 위법행위가 되어 사법적 심사의 대상이 된다고 한다. 생각건대 재량권을 벗어난 경우인지 또 남용한 경우인지는 심리의 결과 비로소 판단될 수 있는 것이므로, 자유재량행위도 사법적 심사의 대상이 된다고 본다.

5. 특별권력관계에서의 처분

특별권력관계에서의 처분(명령 · 강제 · 징계 등)을 사법적 심사의 대상으로 할 수 있는가에 관해서는 부정설 · 제한적 긍정설 · 전면적 긍정설이 갈리고 있다. 생각건대 헌법이 기본권을 보장하고 있는 취지에 비추어, 공권력의 행사로 말미암아 개인의 기본권이 침해된 경우에, 그 침해행위가 특별권력관계에서의 행위라는 이유로 구제가능성을 부인할 이유가 없다. 특별권력관계에서도 기본권을 제한하려면 헌법이나 법률에 근거가 있어야 한다. 현대법치국가에서는 특별권력관계에도 법치주의가 전면적으로 적용되기 때문이다. 대법원도 "특별권력관계에 있어서도 위법 · 부당한 특별권력의 발동으로 권리를 침해당한 자는 처분의 취소를 구할 수 있다."라고 판시하였다. 다만 내부적 규율에 일임하고 있는 사항으로서 특별권력의 주체에게 자유재량이 인정되는 영역에서는 행정청의 자유재량행위론이 이 경우에도 적용된다.

6. 행정소송상 이행판결

이행판결이라 함은 이행의 소가 제기된 경우에 청구를 인용한다는 뜻의 판결을 말한다. 이것은 원고가 주장하는 피고의 의무이행을 명하는 판결이다. 이행판결은 확인판결 · 형성판결과는 달리 기판력 외에 집행력을 발생한다. 아무튼 행정소송상 법원이 행정사건을 심리 · 판결함에 있어 이행판결을 할 수 있는가가 문제되고 있다. 부정설에 의하면, 법원은 행정기관이나 행정감독기관이 아니므로 행정처분의 취소나 무효확인의 판결만을 할 수 있을 뿐, 행정청을 대신하여 스스로 구체적 처분을 하거나 처분을 명할 수 없다고 한다. 그러나 긍정설은 경우에 따라 이행판결도 가능하다고 한다.

생각건대 권력분립의 원리에 따라 구체적인 행정처분은 집행부의 고유권한에 속하므로, 사법부는 집행부를 대신하여 처분을 하거나 처분을 하도록 명할 수 없다. 그러나 행정소송법에서는 행정기관의 부작위가 위법하다는 확인을 구하는 부작위위법확인소송을 인정하고 있는데(행소법 제 4조 3호), 이것은 공권력의 불행사를 위법이라고 확인함으로써, 결과적으로 공권력행사를 강제하는 것이라 볼 수도 있다(동법 제30조 제2항, 제38조 제2항 참조). 그러므로 부작위위법확인소송을 통해서 실질적으로 의무이행소송의 효과를 기대할 수 있을 것이다. 이렇게 본다면 환경소송이나 사회권소송 등의 경우에는 개인의 권익을 보장하기 위하여 제한된 범위 안에서 이행판결도 가능한 것으로 보아야 할 것이다.

Ⅳ 사법본질상 한계

사법작용의 본질상 법원과 헌법재판소가 사법(재판)권을 행사할 수 없는 경우가 있다. 사법권발동의 대상이 되려면 (ㄱ) 구체적인 사건에 관하여, (ㄴ) 소를 제기할 수 있는 자의 청구가 있어야 하고, (ㄷ) 그 청구와 관련하여 소송을 수행할 실질적 이익이 있어야 한다. (ㄹ) 그 외에 「사건의 성숙성」이 요구되는가가 문제된다. 이러한 요건의 충족을 사법본질상의 한계 또는 법적 쟁송상의 한계라고 한다.

1. 구체적 사건성

사법권발동의 대상이 되려면 구체적이고 현실적인 권리·의무관계에 관한 분쟁, 즉 법적 분쟁이 있어야 한다. 법적 분쟁이 없는 곳에 사법부가 개입할 수는 없다. 법질서의 유지와 국민의 권리보호가 재판의 본질적 기능이기 때문이다. 따라서 단순한 법적 의문이나 법적 논쟁과 같은 사건성이 없는 경우의 추상적 규범해석은 재판의 대상이 되지 아니한다.

2. 당사자적격성

재판을 청구할 수 있는 자는 공권력으로 말미암아 자신의 권리나 이익을 침해당한 자이거나 그 쟁송사건에 관하여 법적 이해관계를 가진 자, 즉 당사자로서의 적격을 구비한 자라야 한다. 그러나 환경권소송·소비자권리소송 등 집단적 분쟁에 있어서는 분쟁의 당사자가 수천에 이르는 경우마저 있을 수 있다. 이러한 경우에는 당사자적격을 완화할 필요가 있을 것이다.

3. 소의 이익

「이익이 없으면 소권도 없다」라는 법언과 같이 당사자가 그 청구에 관하여 소송을 수행할 실질적 이익이 없으면, 그 사건은 재판의 대상이 되지 아니한다. 그러나 소의 이익을 지나치게 엄격하게 해석하면, 그것은 실질적으로 재판의 거부와 같은 부작용을 초래할 수 있다. 따라서 헌법소송이나 환경권소송 등에서는 소의 이익을 지나치게 엄격하게 해석해서는 아니 된다.

4. 사건의 성숙성

사건의 성숙성의 원칙이라 함은 사법권은 현재의 사건만을 심사할 것이고 장래의 문제를 심사할 것은 아니라는 원칙이다. 아직 구체적인 사건으로 성숙되지 아니한 장래의 문제는 사법권발동의 대상이 되지 아니한다. 그러나 장래의 불명확·불안정을 제거하는 이익도 제소요건이 되는 경우가 있으므로 이점은 법원의 본안심리에서 고려되어야 할 것이다.

제5항 · 사법권에 대한 통제

I 외부로부터의 사법부통제

1. 국민에 의한 사법부통제(국민의 재판참여제)

국민이 사법부를 통제하는 수단으로는 국민이 사법과정에 참여하는 국민의 재판참여제를 들 수 있다. 국민의 재판참여제는 사법의 비민주성을 지양하기 위한 방안의 하나로서 그 의의가 적지 아니하다. 국민의 재판참여제는 사법의 민주적 정당성을 제고하여 줄 뿐 아니라, 사법의 관료화와 폐쇄성으로 인한 사법부불신을 해소하기 위한 방안이 될 수 있다. 국민의 재판참여제도로는 배심제·참심제, 법관선거제·국민심사제등을 들 수 있다.

(1) 배심제와 참심제

배심제는 일단의 비법률전문가인 일반시민이 법률전문가인 직업법관과는 따로이 사건의 사실문제에 관한 판단권을 행사하는 제도로서 우리나라에서는 이를 채택하고 있지 아니하다. 그러나 배심제는 (ㄱ) 사법과정의 민주성을 확보하고, (ㄴ) 법관의 관료화를 억제하며, (ㄷ) 인권보장에 기여할 뿐 아니라, (ㄹ) 국민에게 친숙한 재판이 되게 하는 데 유효한 제도이기 때문에 그 도입을 검토하여 봄직하다.

참심제는 비법률전문가인 비직업적 법관과 법률전문가인 직업적 법관이 합동하여 재판부를 구성하고, 이 재판부가 사실문제와 법률문제를 판단하며, 유무죄 여부와 양형을 결정하는 제도이다. 현행헌법과 법원조직법에 다르면 이러한 참심제의 도입은 허용되지 아니한다.

다만 2008년 1월 1일부터 시행되는 「국민의 형사재판참여에 관한 법률」에 따라 특정한 범죄에 대해 형사재판을 하는 경우, 비법관인 일반국민 중에서 선정된 일정수의 배심원이 심리에 관여한 판사와 함께 양형에 관해 토의하고 의견을 개진할 수 있는 형사재판참여제도가 실시되고 있다.

(2) 법관의 선거제와 국민심사제

법관의 선임방법은 국가에 따라 상이하나 대부분의 국가에서는 임명제를 채택하고 있다. 그러나 국민의 재판참여제의 일환으로 선거제를 채택하고 있는 국가도 없지 아니하다. 미국의 몇몇 주에서는 주민이 주법원의 법관을 선출한다. 우리나라에서도 1960년 헌법에서 대법원장과 대법관의 선거제가 채택된 바 있으나, 5·16군사쿠데타로 실시되지는 못하였다. 현행법체제하에서는 법관의 선거제도 법관에 대한 국민심사제도는 불가능하다.

2. 입법부에 의한 사법부통제

입법부와 사법부는 원칙적으로 상호독립관계에 있으나, 억제·균형의 원리에 따라 상호간에 일정한 통제권을 행사한다. 국회는 (ㄱ) 사법사항에 관한 입법권의 행사, (ㄴ) 대법원장 및 대법관의 임명동의권과 헌법재판소 재판관 3인의 선출권, (ㄷ) 사법부예산의 심의·확정권, (ㄹ)법관과 재판관에 대한 탄핵소추권, (ㅁ) 일반사면에 대한 동의권 등을 통하여 사법부를 통제한다.

3. 집행부에 의한 사법부통제

집행부는 대통령의 대법원장 및 대법관임명권, 헌법재판소 재판관 3인의 임명권, 대통령의 사면·감형 그리고 복권권 등을 통하여 사법부를 통제할 수 있을 것이다.

4. 헌법재판소에 의한 법원통제

헌법재판소와 일반법원은 상호독립의 헌법기관이지만, 양 사법기관은 억제·균형의 원리에 따라 상대방에 대하여 일정한 통제권을 행사할 수 있다. 특히 헌법재판소는 탄핵심판·헌법소원심판·권한쟁의심판 등을 통하여 법원을 통제할 수 있다.

Ⅱ 심급제와 공개제에 의한 사법부통제

사법절차와 관련하여 발생할 수도 있는 사법적 과오를 최소화하기 위하여 헌법과 법원조직법을 비롯한 민사소송법·형사소송법·행정소송법·소송촉진등에관한특례법 등은 재판의 심급제도와 공개제도 등을 규정하고 있다.

헌법은 법원을 최고법원인 대법원과 각급법원으로 조직하게 하여 간접적으로나마 상하의 심급제를 규정하고 있고, 법원조직법은 법원의 심사권과 관련하여 3심제를 명문으로 규정하고 있다. 헌법과 법원조직법이 심급제를 규정한 것은 소송절차를 신중하게 함으로써 공정한 재판을 확보하려는 데에 그 목적이 있다. 다만 헌법과 관계법률의 규정을 보면, 선거소송과 비상계엄하의 군사재판은 각각 이심제와 군심제로 하여 삼심제에 대한 예외를 인정하고 있다.

또한 헌법은 형사피고인에 대하여 공개재판을 받을 권리를 보장하고 있으면서도, 재판의 공개주의를 거듭 규정하고 있다. 재판의 공개주의는 소송의 심리와 판결을 공개함으로써 여론의 감시하에 재판의 공정성을 확보하고, 소송당사자의 인권을 보장하며, 나아가 재판에 대한 국민의 신뢰를 확보하려는 데에 그 제도적 의의가 있는 것이다.

제5장

통치의 기구

제1절 통치기구의 구성원리

현대민주국가의 헌법들은 예외없이 국민주권의 원리를 선언하고 있지만, 주권자인 국민이 모든 국가의사나 국가정책을 직접 결정한다는 것은 바람직하지도 않으려니와 기술적으로도 불가능하다. 현대민주국가가 대의제를 통치기구의 구성원리로 할 수밖에 없는 이유도 바로 여기에 있다. 현대민주국가에서는 이와 같은 대의제의 원리로 말미암아, 주권자인 국민은 헌법개정의 의결이라든가 국가중요정책의 결정 등 기본적인 국가의사의 결정과 의회의원 및 대통령의 선출 등 국가통치기관의 구성만을 담당하고, 그 밖의 국가의사나 국가정책의 결정은 국민에 의하여 선임된 국민의 대의기관인 통치기관들로 하여금 담당하게 하고 있다. 그러므로 국민과 의회·대통령·내각·법원 등의 관계는 옐리네크가 말하는 제1차국가기관과 제2차국가기관의 관계에 비유될 수도 있다.

현행헌법에 있어서도 국민(유권적 시민의 총체)은 헌법개정안의 확정(제130조), 국가안위에 관한 중요정책에 대한 국민투표(제72조), 국회의원의 선거(제41조 제1항), 대통령의 선거(제67조 제1항)만을 직접 담당하고, 일반통치권이 입법권·집행권·사법권은 국민에 의하여 직접·간접으로 선출된 국민의 대의기관인 국회·대통령·법원·헌법재판소 등으로 하여금 담당하게 하고 있다.

제2절 국회

제1항 ‣ 의회주의(의회제도)

I 의회주의의 의의

1. 의회주의의 개념

의회주의 또는 의회정치라 함은 국민이 선출한 의원들로 구성된 의회가 집행부와 권력적 균형을 유지하면서, 입법 등의 방식으로 국가의 정책결정과정에 참여하는 정치원리 내지 정치방식을 말한다.

2. 의회의 정치적 기능

의회가 수행하는 정치적 기능은 다양하지만 다음과 같은 것이 그 주된 기능이라 할 수 있다. (ㄱ) 국민의 다양한 의사와 이해관계를 통합·조정하고 각계 각층의 욕구를 수렴하여 국가정책결정과정에 반영한다. (ㄴ) 법안 또는 예산심의과정을 공개함으로써 국민들의 정치적 관심과 판단력을 제고하는 정치교육적 기능을 수행한다. (ㄷ) 주권자인 국민을 대표하여 집행부의 활동을 감시·통제·비판하는 역할을 한다.

II 의회주의의 기원과 발전

의회제도의 기원에 관해서는 중세의 등족회의라고 보는 견해도 없지 않지만, 지배적인 견해는 영국의 모범의회를 그 기원으로 보고 있다, 근대적 의회제도의 발전과정은 대체로 다음과 같은 4단계로 구분할 수 있다.

제1단계는 중세말로부터 근세초에 이르는 참여형의회기라고 할 수 있다. 이 시기에 있어서 의회제도의 특징은 귀족과 시민이 그 정치적 자유와 권리의 신장을 통해 의회에 참여하게 되었다는 점에 있다. 그러나 이 시기의 의회는 외형상으로는 참여형의회의 형태를 띠었지만, 실제로는 군주제국가의 부속기관 내지 군주의 자문기관에 불과하였다.

제2단계는 시민혁명을 통하여 입헌정치가 실현된 입헌주의의회기라고 할 수 있다. 이 시기의 의회는 헌법상 독립된 국가정책결정기관으로서 국가의 권력구조에 있어 불가결한 기구가 되었다. 이 시기에 각국이 의회제도를 보편적으로 채택하게 된 이념적 배경으로는 다음을 들 수 있다. (ㄱ) 의회가 군주나 집행부의 전제적 권력을 견제함으로써, 당시의 개인주의적·자유주의적 요청에 부합하였고, (ㄴ) 국민의 대표자에 의하여 국가의사가 결정되어야 한다는 국민주권의 원리와 대의제의 원리를 실현시켜 주었으며, (ㄷ) 정치로부터 소외되었던 시민계급이 보통선거제의 실시로 정치과정에 참여할 수 있게 됨으로써 그들의 국정참여에의 욕구를 충족시켜 주었다는 점을 들 수 있다.

제3단계는 의회제민주주의가 확립된 시기라고 할 수 있다. 의회제민주주의는 19세기 중반 이후 보통선거제가 채택됨으로써 확립되게 되었다. 의회주의는 국민주권의 원리를 이념적 기초로 하는 것이며, 국가권력 분립에 의한 권력균형의 원리를 지향하는 것이므로, 현대민주국가에서는 통치구조의 불가결한 구성원리가 되고 있다.

제4단계는 의회제민주주의의 위기기라고 할 수 있다. 의회주의는 20세기가 되자 사회국가·적극국가의 요청에 상응한 집행권의 강화, 정당정치의 확립과 정당의 과두화, 의회의 구조적 결함과 부패, 계급적 대립의식의 심화 등으로 그 본래의 기능과 역할을 수행할 수 없게 됨으로써 1930년대부터는 변질되거나 위기의 국면까지 맞이하게 되었다.

Ⅲ 의회주의의 기본원리

의회주의의 본질은 국민을 대표하는 의원들이 국정에 관하여 자유로이 의견을 개진하고 토론과 반론의 과정을 거치는 변증법적 방식으로 국정의 방향과 내용을 결정하는 데 있다. 그러므로 의회주의는 국민대표의 원리, 공개와 이성적 토론의 원리, 다수결의 원리, 정권교체의 원리 등을 기본원리로 한다. 역으로 말하면 이들 원리는 의회주의가 성공적으로 기능하기 위한 필수조건이라고 할 수 있다.

1. 국민대표의 원리

의회민주주의에 있어서는 주권자인 국민의 의사가 선거를 통해 대표기관인 의회에 전달되고, 의회가 국민의 의사에 따라 입법 또는 중요한 국가정책을 결정하므로, 의회주의는 의회의 국민대표성을 기본원리로 한다. 의회의 국민대표성으로 말미암아 의원에게는 자유로운 의정활동의 보장, 위임입법의 금지, 불체포특권과 면책특권의 보장, 겸직의 금지 등이 요청된다. 그러나 현대에 와서는 의회제민주주의가 선거권의 확대와 정당제의 발달로 말미암아 대중민주주의와 정당제민주주의로 이행하고, 이에 따라 국민대표의 원리도 변질되고 있다. 국민의 보편적 의사는 정당에 의하여 형성되고, 의회는 공개토론의 장이 아니라 정당대표들에 의하여 사전에 결정된 의견을 추인하는 장소로 전락되어 가고 있다.

2. 공개와 이성적 토론의 원리

의회가 국민의 의사를 공정하고 정확하게 반영하려면 합의체로서의 그 의사결정이 신중하고 합리적이어야 한다. 의회의 의사결정에 있어서 공개와 이성적 토론의 원리가 준책되어야 하는 것도 그 때문이다.

첫째, 토론과 심의는 공개적이어야 한다. 공개성은 의사결정의 공정성을 담보하고 정치적 야합과 부패에 대한 방부제역할을 한다. 칼 슈미트에 의하면, “의회는 정치적 의견을 공개적으로 토론하는 장소이다. 의회는 다수자와 소수자, 여당과 야당이 논리와 반대논리를 개진함으로써 정당한 결론을 추구한다. 합리적인 토론을 거치면 모든 대립과 갈등이 평화롭고 정당하게 해결될 수 있다.”라고 하였다.

둘째, 토론은 이성적인 것이어야 한다. 국가의사는 다수결로써 결정되고 다수결은 이성적 토론을 전제로 하는 것이어야 한다. 이성적 토론은 소수의견의 존중과 반대의견에 설득이 전제될 때에만 가능하다. 의회주의가 가지는 정치적 가치는 국민의 다원적 이해관계와 대립된 이데올로기를 토론의 장으로 유도하여 그곳에서 조정과 통합을 꾀하는 데 있다. 소수의견이 항상 무시되거나 대립된 견해간에 타협이 전혀 불가능하면 의회주의의 기능은 마비되고 만다. 그러나 오늘날 의회에서의 의사결정은 공개적이고 이성적인 토론을 외면하고, 위원회·정당·교섭단체 등이 중심이 되어 밀실에서 결정되고 있는 실정이다.

3. 다수결의 원리

다수결은 3인 이상의 단체에서 볼 수 있는 의사결정의 원리이며, 구성원 중 다수가 찬성한 의사를 전체구성원을 구속하는 집단의사로 간주하는 의사결정방식이다. 의회에서의 다수결원리는 의회가 합의체라는 것에서 당연히 도출되는 것이지만, 국민평등의 원리, 다수의사에 따르는 것이 합리적이라는 경험적 판단, 독단이나 전제를 배제하는 상대주의적 철학 등을 그 사상적 기초로 하는 것이다.

아무튼 다수결의 원리는 ㈀ 전체성과 개별성을 통합하는 기능뿐만 아니라 구성원들의 개별의사를 존중하는 토대 위에서, 이를 집단전체의 일반의사로 통합하고 승화시킴으로써 집단의사에 권위와 정당성을 부여한다. ㈁ 쟁점에 관한 다양한 의견과 갈등을 이성적인 토론을 거쳐 균형을 이루게 하고 조절하는 기능을 한다. ㈂ 집단구성원들이 자신의 주장이 집단의사로 채택될 수 있도록 다른 구성원들을 설득하거나, 다른 구성원의 경쟁적 의결들 중에서 자율적 판단에 따라 가장 적절한 의견에 찬성하게 되기 때문에 그들의 인격적 자율성을 신장시킨다.

요컨대 다수결의 원리는 비합리적 횡포를 이성적 토론과 표결로써 순화시키는 제도이다. 다수의 횡포가 만성화하게 되면 소수는 정책적 대결보다는 극한투쟁의 방법을 택하게 되고, 어떤 의안이 합리적 토의과정을 생략한 채 다수결에 의하여 강제로 처리된다면, 「법적으로는 유효하나 정치적으로는 무효」라는 감정이 널리 유포된다. 이렇게 되면 진정한 의미에서 정국의 안정을 기대할 수 없음은 물론 의회무용론까지 대두될 것이다.

4. 정권교체의 원리

의회주의의 구현을 위해서는 의회 내에서 다수의 교체가 가능해야 한다. 교체의 원리라 함은 소수의견과 다수의견의 교체가능성을 말한다. 의원내각제에서는 원내에서의 의석분포변동과 그에 따른 내각의 교체를 의미하고, 대통령제에서는 대통령의 교체를 의미한다. 소수의견도 조만간 다수의견이 되어 정책결정의 주도권을 장악할 수 있는 전망이 전혀 없다면, 의회주의는 고정된 일당독재제와 다를 바 없다. 선거가 독재제를 정당화하는 의식이 아니라, 가변적 여론을 반영하여 평화적 방법으로 정권을 교체할 수 있는 계기가 된다는 바로 그 점이 의회주의가 성공하기 위한 조건이다. 오늘날 서구에서 볼 수 있는 정권교체는 (ㄱ) 정권쟁취를 위해 둘 이상의 정당이 공정한 경쟁을 벌인다는 점, (ㄴ) 그것이 국민의 선택에 의하여 이루어진다는 점, (ㄷ) 평화적인 것이면서 정통성의 시비가 없다는 점 등이 그 특징이다.

Ⅳ 의회주의의 위기

1. 의회주의 위기의 원인

오늘날에는 의회주의가 이념적인 수준에서 기능을 발휘하지 못하고 있는 까닭에 그 위기론까지 거론되고 있는 실정이다. 의회주의 위기의 주된 원인으로는 다음을 들 수 있다.

첫째, 국민적 동질성의 상실과 이로 인한 계층간의 갈등이다. 의회주의가 절정기를 맞이한 19세기 당시의 국민적 · 사회적 동질성이 오늘날에는 상실되고 계층 간의 이해가 다원화 · 분극화됨으로써, 의회에 있어서도 관용과 설득과 타협이 기대될 수 없을 정도로 계층간의 대립과 갈등이 심화되었다. 이로 말미암아 의회는 국정운영의 중심기관이 아니라 정치투쟁의 장이 되고 있다.

둘째, 정당국가화의 경향에 따른 합의기능의 상실이다. 정당정치의 발달로 말미암아 의원들의 정당에의 기속이 강화되고 자유위임적 의정활동이 제약을 받게 됨으로써, 의회는 의원들의 자유토론과 자유투표로써 그 의사를 결정하는 것이 아니라, 각 정당수뇌부 간의 사전합의를 단지 추인하는 기관으로 전락하고 말았다.

셋째, 행정국가화·사회국가화의 경향에 따른 의회의 기능적 정체이다. 국내외의 비상적 상황에 대처하고 현대사회국가적 과제를 처리하기 위해서는 이에 적합한 전문성과 능률성이 필요함에도, 의회의 조직과 기능은 이에 부적합하여 오히려 집행권의 비대화현상이 나타나고 있다.

넷째, 선거제도의 성격이 인물선거에서 정당 또는 정당지도자에 대한 신임투표로 변질된 점이다. 오늘날에는 선거에 있어서 개인적 능력이나 자질보다도 소속정당이나 그 정강·정책이 선택의 기준이 되고 있다. 그 결과 유능하고 전문성을 구비한 인사보다는 소속정당에 충성하는 직업정치인들이 의회에 진출함으로써 의원의 전문성과 자질이 저하되고 있다.

다섯째, 의회의 운영방식과 의사절차의 비효율성이다. 의회의 운영방식이 본회의중심주의이고 의사방해까지도 가능한 무제한의 자유토론이 허용되고 있어, 의사진행의 비능률과 국정운영에 대한 의원의 무책임성을 조장하는 결과를 빚고 있다.

2. 의회주의 위기의 극복방안

의회주의라는 것이 국민의 대표기관인 의회로 하여금 주요한 국가정책을 심의·결정하게 하고 국정운영의 중추기관이 되게 하는 원리라면, 그것이야말로 가장 민주적인 통치구종의 구성원리라 하지 않을 수 없다. 현대민주국가들은 의회주의의 전면적 포기가 아니라, 의회제도에 수반된 갖가지 모순과 결함을 시정하고 또 보완함으로써 의회주의의 위기를 극복하려는 여러가지 대책과 방안들을 강구하고 있다.

위기극복의 방안들 중에서 주목할 것으로는 다음을 들 수 있다.

첫째, 사회국가원리와 사회적 시장경제질서의 실질적 구현으로 계층 간의 대립과 갈등을 해소함으로써 국민적·사회적 동질성을 회복하고, 이로써 의회에 있어서도 관용과 설득과 타협이 가능하도록 한다. 둘째, 정당의 조직과 운영의 민주화를 제고함은 물론 의원의 국가이익우선의무를 뒷받침하기 위하여 의원의 자유투표 내지 교차투표를 제도화한다. 셋째, 의원의 전문성을 보완하기 위한 방안으로 직능대표의 의회진출을 제도화한다. 직능대표제는 선거인을 직능별로 분할하고 직능을 단위로 하여 대표자를 선출하는 방법이다. 넷째, 의원의 능력과 자질을 제고하기 위하여 후보자공천을 중앙당의 당수뇌부에서 하향적으로 결정할 것이 아니라, 지구당의 당원대회 또는 대의원대회에서 민주적 절차에 따라 결정하도록 하고, 또 선거인들이 주관하는 청문회 내지 후보자 토론회 등과 같이 후보자들의 능력과 자질이 검증되는 기회를 마련해야 한다. 다섯째, 의회의 운영과 의사절차의 효율성제고를 위한 방안의 하나로 의회의 운영을 본회의중심에서 상임위원회중심으로 개편하고, 의원 각자에게 전문성이 뛰어난 보좌관들을 상당수 배정한다. 여섯째, 국민투표제나 의원소환제 등 직접민주제의 방식을 도입하여 의회주의의 결함과 취약점을 보완한다는 것이다.

V 한국헌법과 의회주의

1. 의회주의의 변천

우리나라에 의회주의가 도입된 것은 1948년의 건국헌법부터이다. 건국헌법에서는 의회의 구성방식으로 단원제가 채택되었으나, 1952년의 제1차개헌에서는 양원제가 채택되었다. 그러나 양원의 구성이 된 것은 1960년 헌법하에서였다. 1962년 헌법에서는 다시 단원제로 환원되고, 1972년 헌법과 1980년 헌법 그리고 현행헌법도 단원제를 채택하고 있다.

의원의 선출방식도 변천을 겪었다. 제헌국회로부터 제5대국회까지도 의원은 지역대표로서 국민의 직접선거에 의하여 선출되었다. 제6대국회부터 제8대국회까지는 지역대표제를 기본으로 하되 직능대표제와 정당대표제의 성격을 띤 전국구제를 가미하여, 각 정당이 지역구에서 획득한 득표수에 비례하여 전국구의원을 할당하였다. 1972년 헌법에서는 전국구제가 폐지되고 의원정수의 3분의 2는 지역구에서, 3분의 1은 대통령의 추천으로 통일주체국민회의가 선출하였다. 1980년 헌법에서는 다시 지역대표제에 비례대표제를 병용하는 선거제를 규정하였다.

또한 역대국회의 기능과 권한에도 변천이 있었지만, 입법권 · 국정통제권 · 헌법기관구성권 등은 공통된 것이었다. 그러나 1960년 헌법에서는 정부형태로서 의원내각제가 채택된 까닭에, 국회는 입법권 · 국정통제권 · 헌법기관구성권 외에 국무총리선출권과 내각불신임의결권까지 보유하여, 정부의 산출모체로서의 기능까지 아울러 가지고 있었다.

2. 현행헌법에 있어서 의회주의의 원리

(1) 원칙으로서의 의회주의

현행헌법은 대의제의 핵심이 되는 의회주의를 통치구조의 기본원리의 하나로 하고 있다. 따라서 국민은 그 대표기관인 국회를 통하여 주권자로서의 의사를 간접적으로 실현할 뿐 아니라, 국정심의는 국회를 중심으로 이루어지지 않으면 아니 된다.

(2) 의회주의에 대한 보완책으로서의 직접민주제

현행헌법은 의회주의에 대한 보완책으로 직접민주제를 부분적으로 채택하고 있다. 헌법개정안에 대한 국민투표제(제130조 제2항)와 대통령이 부의한 국가안위에 관한 중요정책에 대한 국민투표제(제72조)가 그것이다.

제2항 · 국회의 헌법상 지위

I 의회의 헌법상 지위의 유형

의회의 헌법상 지위와 권한은 (ㄱ) 국가형태가 단일제국가인가 연방제국가인가, (ㄴ) 헌법유형이 연성헌법인가 경성헌법인가, (ㄷ) 정부형태가 의원내각제인가 대통령제인가에 따라 동일하지 아니하다.

첫째, 단일제국가에서는 국가권력이 중앙정부에 집중되어 있을 뿐만 아니라 입법권이 의회의 전속적 권한이 되어 있으므로 의회의 권한이 강력하지만, 연방제국가에서는 국가권력이 연방정부와 지방정부간에 분할되어 있고 입법의 영역도 연방의회와 지방의회간에 분할되어 있으므로 의회의 권한이 상대적으로 약화되어 있다. 둘째, 연성헌법의 경우는 의회가 단순다수결로써 헌법까지 개정할 수 있으므로, 가중된 의결정족수나 국민투표로써만 헌법을 개정할 수 있는 경성헌법의 경우에 비하여 의회의 권한이 강력하다. 셋째, 의원내각제의 의회는 집행부를 비판하고 견제하는 권한뿐만 아니라 집행부를 구성하고 전복할 수 있는 권한까지 보유하고 있으므로, 집행부가 의호의 신임과 관계없이 존속하는 대통령제의 의회에 비하여 그 권한이 강력하다.

영국의 경우는 단일제국가이면서 헌법이 연성헌법이고 정부형태도 의원내각제이므로 의회의 권한은 막강할 수밖에 없다. 이에 비하여 미국의 경우는 연방제국가이면서 헌법은 경성헌법이고 대통령제를 채택하고 있으므로, 의회의 권한은 비교적 미약한 것이 되지 않을 수 없다. 이와 같이 의회의 헌법상 지위와 권한은 국가에 따라 동일한 것이 아니지만, 어느 국가를 막론하고 의회가 국민대표기관이고 입법기관이며 또 국정통제기관이라는 점에서는 공통성을 가지고 있다.

현행헌법에 있어서 국회의 헌법적 지위도 국민대표기관으로서의 지위, 입법기관으로서의 지위, 국정통제기관으로서의 지위 그리고 국가최고기관으로서의 지위라는 관점에서 검토되어야 할 것이다.

Ⅱ 국민대표기관으로서의 국회

대의제민주주의에서는 의회 또는 의원은 국민을 「대의한다(represent)」라고 한다. 그러나 의회를 국민대표기관으로 간주하는 경우에도, 그 대표의 성격에 관해서는 정치적 대표기관설과 법적 대표기관설로 갈리고 있다. 생각건대 국회가 국민의 대표기관임에는 이론의 여지가 없지만, 그 대표의 성격은 법적 대표(헌법적 대표 포함)가 아니라 정치적 대표로 보아야 한다.

의회주의의 본질과 연혁 및 그 실태 등을 감안한다면, 대표의 성질은 오히려 정치적·이념적 대표로 이해하는 편이 논리적이기 때문이다(다수설). 첫째, 의원의 선거는 국민(선거인)이 의회를 구성하는 합성행위에 지나지 아니하고, 의원은 선거인의 지시나 훈령에 따르지 아니하며 사후보고의 의무도 없다. 이것이 무기속위임의 원칙이다. 독일기본법 제38조 제1항이 "독일연방의회의 의원은 국민전체의 대표자이고 위임과 지시에 구속되지 아니하며 그 양심에 따를 뿐이다."라고 하고 있고, 프랑스제5공화국헌법 제27조 제1항도 의원에 대한 "강제위임은 무효이다."라고 하고 있다. 이들 조항은 그 연혁에 비추어 볼 때, 의원은 중세의 등족회의처럼 위임에 의한 선거민의 대표가 아니라 무기속 위임에 의한 「전국민」의 대표라는 것을 강조하려 한 것이다. 둘째, 국회는 국민의 추정적 의사는 물론 명시적 의사와 모순되는 의결이나 행동까지 할 수 있으며, 그러한 의결이나 행동도 법적 효력에는 아무런 영향이 없다(국민의 의사에 모순되는 의결의 유효성). 이렇게 본다면 국민과 국회의 관계는 결코 어떠한 법적(헌법적) 대표관계를 의미하는 것이 아니라, 전체국민의 의사를 국민에 의하여 공선된 국회가 정치적·이념적으로 대표한다(하여야 한다)는 것으로 해석해야 한다. 오늘날에는 그것마저도 정당정치의 발달로 말미암아 의원이 소속정당에 엄격히 예속되어, 국민을 대표한다기보다 오히려 정당을 대표하는 기관으로 전락하고 있는 듯한 징후를 보여주고 있다.

Ⅲ 입법기관으로서의 국회

의회는 국가의 입법기관으로 간주되고 있다. 의회가 입법기관이라는 것은 실질적 의미의 입법에 관한 권한은 헌법에 다른 규정이 없는 한 원칙적으로 의회가 행사한다는 의미이다. 오늘날에는 국가기능의 확대와 입법대상의 증가로 말미암아 입법에 고도의 전문성과 기술성이 요구되므로, 입법과정에 있어서 집행부의 역할이 증대되고 있고, 또 의원의 정당기속 등으로 말미암아 입법기관으로서의 의회의 지위와 역할은 점차 저하되어 의회의 통법부화현상이 초래되고 있다.

그럼에도 불구하고 여전히 입법의 원칙을 유지할 이유가 있다면, 입법과정을 공개함으로 국민의 여론이 입법에 반영될 수 있게 한다는 민주주의적 요청을 만족시켜 준다는 데 있다. 하지만 의회가 입법기관이라는 것은 입법권은 「원칙적으로」 의회의 권한에 속한다는 뜻이지, 의회가 입법권을 독점한다는 의회의 유일입법기관성을 의미하는 것은 아니다. 의회입법의 원칙에 대해서는 헌법 자체가 헌법정책상 여러 가지 예외를 규정하고 있다.

우리 헌법도 제40조에서 "입법권은 국회에 속한다."라고 하여 국회입법의 원칙을 선언하고 있지만, 동시에 국회입법의 원칙에 대한 예외로서 다른 국가기관들에게 실질적 입법권의 일부를 부여하고 있다. (ㄱ) 대통령의 긴급명령권과 긴급재정경제명령권, (ㄴ) 대통령령·총리령·부령 등 각종 행정입법권, (ㄷ) 대법원과 헌법재판소의 사법규칙제정권, (ㄹ) 중앙선거관리위원회의 규칙제정권, (ㅁ) 지방자치단체의 자치입법권 등이 그것이다. 또한 헌법은 국회의 입법과정에 다른 국가기관의 관여나 개입을 규정하고 있는데, 정부의 법률안제출권이라든가 대통령의 법률안거부권·법률안공포권 등이 그것이다.

Ⅳ 국정통제기관으로서의 국회

1. 국회의 국정통제기관성

의회의 국민대표기관으로서의 지위와 입법기관으로서의 지위는 점차 약화되고 있지만, 집행부와 사법부를 감시·비판·견제하는 국정통제기관으로서의 지위는 상대적으로 강화되고 있다. 물론 의회가 가지는 국정통제기능의 구체적인 내용과 정도는 정부형태에 따라 동일하지 아니하다. 의원내각제나 의회정부제 인 경우에는 집행부의 구성과 존속이 전적으로 의회의 의사에 의존하고 의회가 집행부에 대하여 정치적 책임을 추궁할 수 있는 까닭에, 의회의 국정통제기능은 대통령제에 비하여 보다 더 강력하다. 그러나 어떠한 정부형태이든 집행부와 사법부를 감시하고 비판하는 의회의 국정통제기관으로서의 지위에는 공통된 면이 있다.

2. 국회의 집행부통제

의회가 집행부를 통제하는 수단과 방법은 국가에 따라 동일하지 아니하다. 뢰벤슈타인은 의회의 집행부통제수단으로 집행부구성원의 임명 · 집행부기능수행에 대한 정치적 통제 · 집행부소환의 세 가지를 들고 있다.

현행헌법은 기본적으로 대통령제를 채택하고 있지만, 대통령을 포함한 집행부의 지위와 권한은 외국헌법의 대통령제를 비하여 강력한 편이다. 그러므로 집행부를 감시하고 통제할 필요성은 그만큼 더 크다고 할 수 있다. 헌법이 규정하고 있는 국회의 집행부통제권으로는 다음을 들 수 있다.

첫째, 집행부구성과 관련된 통제권으로는 (ㄱ) 대통령선거에서 최고득표자가 2인 이상인 경우에 대통령을 선출할 권한, (ㄴ) 국무총리임명에 대한 동의권, (ㄷ) 감사원장의 임명동의권 등을 들 수 있다.

둘째, 입법을 통한 집행부통제권으로는 (ㄱ) 국회가 법률제정을 통하여 적극적으로 정부를 통제하는 방법, (ㄴ) 국회가 정부제안의 입법을 거부함으로써 소극적으로 통제하는 방법을 들 수 있다.

셋째, 집행부의 재정작용에 대한 통제권으로는 (ㄱ) 예산심의와 결산심사권, (ㄴ) 긴급재정경제처분 · 명령에 대한 승인권, (ㄷ) 예비비지출에 대한 승인권, (ㄹ) 기채 및 국가에 부담이 될 계약체결에 대한 동의권, (ㅁ) 재정적 부담을 지우는 조약의 체결 · 비준에 대한 동의권 등을 들 수 있다.

넷째, 그 밖에 국정에 대한 통제권으로는 (ㄱ) 대통령 등에 대한 탄핵소추권, (ㄴ) 국정감사 · 조사권, (ㄷ) 계엄해제요구권, (ㄹ) 국무총리 · 국무위원의 해임건의권, (ㅁ) 조약의 체결 · 비준에 대한 동의권, (ㅂ) 일반사면에 대한 동의권, (ㅅ) 국무총리 · 국무위원에 대한 국회출석요구 및 질문권, (ㅇ) 계엄선포 · 국군의 해외파견 등에 대한 동의권, (ㅈ) 대통령령 등 행정입법의 법률위반사실통고 등을 들 수 있다.

3. 국회의 사법부통제

국회는 권력분립의 원리와 사법권독립의 원칙에 위배되지 아니하는 범위안에서 대법원을 비롯한 일반법원과 헌법재판소에 대한 통제권을 행사할 수 있다. (ㄱ) 사법부의 관련하여 대법원장 · 대법관과 헌법재판소장의 임명에 대한 동의권, 헌법재판소 재판관 3인의 선출권, 법원과 헌법재판소의 설치·조직에 관한 법률제정권 등을 통하여 사법부를 견제할 수 있다. (ㄴ) 법관 또는 헌법재판관이 그 직무집행에 있어 헌법이나 법률에 위배한 때에는 탄핵소추를 의결할 수 있다. (ㄷ) 사법부의 운영과 관련하여 법원과 헌법재판소의 예산안의 심의·확정권, 국정감사·조사권을 통하여 법원과 헌법재판소의 예산운용과 재판의 신속한 처리 여부 그리고 법관의 유효적절한 배치 등과 같은 사법행정에 관한 사항을 통제할 수 있다.

V 국가의 최고기관성 여부

의회의 헌법상 지위와 관련하여 의회가 국가의 최고기관 내지 국정중심기관으로서의 지위를 가지느냐 하는 문제가 제기되지만, 국회의 국가최고기관성 여부는 정부형태에 따라 상이한 결론에 이르게 된다. 의회정부제국가와 의원내각제국가에서는 의회가 입법권과 집행부통제권 외에 집행부의 구성과 전복권까지 가지고 있으므로, 의회가 국가최고기관으로서의 지위를 가진다고 할 수 있다. 그러나 현행헌법의 경우는 정부형태가 기본적으로 대통령제에 입각하고 있을 뿐 아니라, 대통령이 국정의 중재·조정·통합권자로서 긴급명령권, 긴급재정경제처분·명령권과 같은 긴급권을 행사할 수 있음은 물론이고 국민투표부의권 등과 같은 그 밖의 대통령제에서는 흔히 볼 수 없는 비상적 권한과 다른 헌법기관의 구성권까지 보유하고 있으므로, 오히려 국회에 대한 대통령의 상대적 우월성이 보장되어 있다. 그런 까닭에 현행헌법상 국회는 결코 국가의 유일한 최고기관이라 할 수 없다(통설).

제3항 · 국회와 그 밖의 국가기관의 관계

대통령제인 경우에는 엄격한 권력분립으로 말미암아 의회의원과 정부구성원과의 겸직이 금지되고, 양자의 상호독립과 상호 견제를 통한 권력적 균형을 유지하는 것이 원칙이다. 그러나 의원내각제하에서는 의회와 정부의 관계가 법적 차원에서는 분립과 독립을 전제로 하지만, 정치적 차원에서는 상호간에 의존과 밀접한 공화·협력관계를 유지한다. 양자의 상호의존과 공화·협력관계는 정부(내각)의 성립과 존속이 전적으로 의회에 의존하기 때문이지만, 그것은 의회의 정부불신임권과 정부의 의회해산권에 의하여 제도적으로 뒷받침되고 있다.

I 국회와 정부의 관계

현행헌법의 정부형태는 기본적으로 대통령제이지만 의원내각제의 요소를 가미하고 있으며, 정당국가적 경향과 위기정부적 권력구조로 말미암아 국회에 대한 대통령의 상대적 우위를 그 내용으로 하고 있다. 그러나 대통령을 제외한 집행부와 국회간에는 대체로 대등한 관계가 유지된다.

첫째, 국회와 정부(대통령)의 관계를 그 성립·존속·권한 및 기능이라는 측면에서 검토한다면 상호독립적이라 할 수 있다(상호독립관계). 대통령은 국민에 의하여 직접 선출되고, 국회구성원인 국회의원도 국민에 의하여 직접 선출될 뿐만 아니라, 대통령은 재임중 국회에 대하여 정치적 책임을 지지 아니하고, 국회도 대통령에 대한 불신임결의를 할 수 없기 때문이다.

둘째, 헌법기관구성, 헌법개정 그리고 법률안과 예산안 등과 관련해서는 국회와 정부가 공화·협력하는 관계에 있다(공화·협력관계).

셋째, 현행헌법은 국회에 대한 대통령의 상대적 우위를 권력구조의 내용으로 하고 있지만, 기본적으로는 권력분립의 원리에 입각하여 상호 통제하는 관계에 있다(상호통제관계). 국회의 대통령에 대한 탄핵소추와 정부에 대한 국정감사·조사와 더불어 대통령의 국회임시회소집요구와 법률안거부권 등이 인정되고 있기 때문이다.

II 국회와 법원의 관계

의회와 법원의 관계는 국가권력구조 여하에 따라 의회우위형과 법원우위형 그리고 균형형으로 대별할 수 있다. 현행헌법은 권력분립의 원리에 입각하여 입법권은 국회에, 사법권은 법원에 귀속시키면서 동시에 상호 의존하고 통제하는 관계를 설정하고 있다. 그러므로 현행헌법상 국회와 법원의 관계는 균형형의 범주에 속한다고 할 수 있다.

첫째, 헌법은 국회와 법원을 상호 독립적인 국가기관으로 규정하고 있다. 따라서 국회와 법원은 그 조직·구성 및 기능면에서 상호 독립적이라 할 수 있다(상호독립관계).

둘째, 국회는 의원들로 구성되는 정치적 국가기관이고 법원은 법관으로 구성되는 비정치적·사법적 국가기관이므로, 국회와 법원 양자간에는 기능면에서 공화관계가 형성될 수 없다. 그러나 헌법기관을 구성함에 있어서는 국회와 법원이 상호협조한다(공화관계).

셋째, 국회와 법원은 원칙적으로 상호독립의 대등관계에 있지만, 견제와 균형의 원리에 입각하여 상대방에 대하여 일정한 통제권을 행사할 수 있다(상호통제관계). 국회의 법관에 대한 탄핵소추와 법원행정에 대한 국정감사·조사가 인정되고 있을 뿐 아니라 법원의 위헌법률심판제청과 국회규정 등에 대한 위헌·위법심사가 제도화되고 있기 때문이다.

Ⅲ 국회와 헌법재판소의 관계

의회와 헌법법원의 관계도 권력구조와 사법부구성 여하에 따라 상이하다. 현행헌법은 헌법재판제도로서 순수한 헌법법원형을 채택하여 입법권은 국회에 부여하고(제40조), 헌법재판권은 원칙적으로 헌법재판소의 권한으로 하고 있다. 그러므로 양자는 기본적으로 상호독립적이지만 동시에 상호의존하고 통제하는 관계에 있다.

첫째, 헌법은 국회와 헌법재판소를 독립적인 국가기관으로 규정하고 있다. 이에 따라 국회와 헌법재판소는 조직·구성·기능면에서 상호독립적이다. 국회의 내부적 자율권에 속하는 사항에 대해서는 헌법재판권이 미치지 아니하고, 헌법재판소도 국회로부터 독립하여 헌법재판권을 행사할 수있는 독립성과 자율성을 가진다(상호독립관계).

둘째, 국회는 국민에 의하여 선출된 의원들로 구성되는 정치적 의정기관이지만, 헌법재판소는 법관의 자격을 가진 재판관으로 구성되는 정치적 사법기관이다. 그러므로 국회와 헌법재판소간에는 기능면에서 공화관계가 성립하지 아니한다. 그러나 헌법재판소 재판관 3인을 국회가 선출함으로써 공화관계가 형성된다(공화관계).

셋째, 국회와 헌법재판소는 상호독립적인 대등관계에 있지만, 견제와 균형의 원리에 입각하여 상호간에 일정한 통제권을 행사할 수 있다(상호통제관계). 국회는 헌법재판소의 재판관에 대해 탄핵소추를 의결한다든가 헌법재판소의 예산안을 심의·확정한다든가 국정감사·조사권을 통하여 헌법재판소의 예산운용·심판의 신속한 처리여부 등에 대하여 감사와 조사를 할 수 있고, 헌법재판소는 국회가 제정한 법률의 위헌 여부를 심사한다든가 헌법소원심판을 통하여 국회의 입법권을 통제한다든가 국회와 다른 국가기관간에 권한쟁의가 발생한 경우에 이를 심판할 권한을 가지고 있기 때문이다.

제4항 · 국회의 구성과 조직

I 국회의 구성

1. 의회의 구성원리

(1) 양원제

(가) 양원제의 의의와 연혁

양원제라 함은 의회가 두 합의체(의원)로써 구성되고 두 합의체가 각기 독립하여 결정한 의사가 일치하는 경우에, 이것을 의회의 의사로 간주하는 의회제도를 말한다. 양원제는 의회제도의 모국인 영국에서 채택된 것으로 귀족원과 평민원의 2원제에서 출발하였다. 양원제는 오늘날 영국 · 미국 · 독일 · 프랑스 · 이탈리아 · 스페인 · 일본 등에서 채택되고 있다.

(나) 양원제의 유형

A. 양원제의 유형

양원제는 제2원(상원)의 구성방법과 성격에 따라 보수적 양원제(영국 · 네덜란드 등의 귀족원과 평민원)와 민주적 양원제로 대별된다. 민주적 양원제는 다시 ㈀ 지역대표형(일본 · 1960년의 한국 헌법 등), ㈁ 직능대표형(Ireland · 1946년의 Bayern주 헌법 등), ㈂ 연방형(미국 · 독일 · 스위스헌법 등)으로 세분된다. 또한 양원제는 양원의 지위와 권한이 균형을 이루고 있느냐 있지 않느냐에 따라 균형형(미국 · 이탈리아 · 스위스헌법 등)과 불균형형(오스트리아 · 남아공 · 프랑스 · 제3공화국 · 일본헌법 등)으로 나누어진다.

B. 주요국가의 양원제

(a) 미국의 양원제도: 미국의 연방의회는 상원(Senate)과 하원(House of Representatives)으로 구성되어 있다. 의원의 자격을 보면 하원의원은 만25세 이상으로 7년 이상 미국시민권을 가진 자라야 하고, 상원의원은 만 30세 이상으로 9년 이상 시민권을 가진 자라야 한다. 정원은 하원이 435명이고, 상원은 각 주에서 2명씩 선출된 100명으로 구성된다. 하원의원의 임기는 2년이고, 상원의원의 임기는 6년이며, 2년마다 3분의 1씩 개선한다.

의회의 권한은 입법권과 비입법권으로 나눌 수 있다. 입법권은 헌법개정권을 비롯하여 헌법에 의한 위임사항, 암시사항, 고유사항, 유보사항, 주와의 경합사항 등에 관한 각

입법권으로 분류될 수 있다. 비입법적 권한은 선거인에 의한 과반수득표자가 없을 때의 대통령선거권, 고위공무원임명이나 조약 체결 등에 대한 동의권 등 집행적 권한(executive), 국가기관의 설치 · 감독과 같은 지시적 권한(directive), 조사권한(investigative), 사법적 권한(judical) 등으로 분류될 수 있다. 이와 같은 일반권한 외에 상원만이 보유하는 특수권한으로는 공무원임명동의권 · 조약비준동의권 · 탄핵심판권 · 부통령결정권 등을 들 수 있고, 하원이 가지는 특수권한으로는 세입법안우선심의권 · 탄핵소추권 · 대통령선출권 등이 있다. 이러한 점으로 미루어 보아 상원의 권한이 하원의 권한보다 강력하다고 할 수 있다.

(b) 영국의 양원제도: 영국국민으로서 21세 이상의 남녀는 하원의원의 피선자격이 있다. 상원은 성직귀족의원, 세습귀족의원(왕족, 공 · 후 · 백 · 자 · 남작), 선거귀족의원, 법률귀족의원 등으로 구성된다. 상원은 종신인 1,000여 명의 의원으로 구성되어 있으나, 의원정수가 없고 투표할 수 있는 의원수도 의석관계상 120인 내외이다. 그러나 하원은 국민에 의하여 직접선출되는 의원들로 구성되며 의원의 임기는 5년이다. 상원은 금전지출법안(money bill) 이외의 법안은 모두 심의하지만 명목적인 구실밖에 하지 못한다. 이에 반하여 하원은 국가최고기관으로서 입법 · 집행 · 사법의 모든 분야에 걸쳐 광범한 권한을 가지고 있다.

(c) 프랑스의 양원제도: 프랑스의회는 국민의회와 원로원(상원)으로 구성된다. 국민의회는 직접 · 보통선거에 의하여 선출된 의원들로 구성된다. 상원(원로원)은 간접선거로 선출된 대표들로 구성되며 지방공공단체를 대표한다. 국외에 거주하는 프랑스人도 상원에 대표를 파견한다. 모든 입법절차는 양원의 동의를 필요로 하므로 상원의 권한도 상당하다.

(d) 독일의 양원제도: 독일의회는 연방의회와 연방참사원으로 구성된다. 영방의회는 국민의 보통 평등선거에 의하여 선출된 임기 4년의 의원으로 구성된다. 연방참사원은 독일연방공화국을 구성하는 각주의 정부각료 또는 그들이 파견한 행정공무원으로 구성된다.

(e) 일본의 양원제도: 일본의 의회는 중의원과 참의원으로 구성된다. 만 25세 이상의 남녀는 중의원의원의 피선자격이 있고, 만 30세 이상의 자는 참의원의원의 피선자격이 있다. 참의원은 임기 6년의 252명의 의원으로 구성되고 그 절반이 3년마다 개선된다. 참의원의원 중 152명은 40여 개 지역구(1선거구에서 2인~8인 선출)에서 선출되고 100명은 전국구(비례대표제)에서 선출된다. 선거권자는 지역구후보와 전국구후보에게 각각 투표(1인2표제)한다. 중의원의 경우는 300명은 각 지역구에서 1인씩 선출(1선거구 1인선출의 소선거구제)되고, 200명은 전국구(비례대표제)에서 선출(1인2표제)되므로, 총 500명의 의원으로 구성

된다. 그 임기는 4년이다.

의회가 가지는 권한은 광범하다. 수상은 의회가 선출하고 내각은 의회에 대하여 책임을 진다. 예산안에 관하여 양원의 의결이 일치하지 아니할 때에는 중의원의 의결 후 30일이 지난 다음 효력을 발생한다. 양원을 통과한 법률안은 자동적으로 법률로서 확정된다. 양원의 의결이 불일치할 경우에는 중의원의 3분의 2의 찬성으로써 의안을 채택할 수 있다.

(다) 양원제의 제도적 의의

첫째, 군주제국가의 양원제는 그 사회구조가 귀족과 평민이라는 2원적 구조에 입각하고 있으므로, 상원은 귀족으로 구성되고, 하원은 평민으로 구성된다. 이렇게 함으로써 두 정치세력 간에 권력적 균형과 이해의 조화를 꾀할 수 있고, 때로는 군주의 정치적 권익을 옹호하려는 데에 양원제의 존재이유가 있다.

둘째, 연방제국가의 양원제는 연방국가의 구조적 특수성에 대응하는 것이다. 상원은 연방을 구성하는 각 주를 대표하고 하원은 국민전체를 대표하는 것으로 간주된다.

셋째, 귀족과 같은 이질적 특권계급이 존재하지 아니하는 단일제공화국의 양원제는 이론적인 이유보다 단원제의회의 경솔·전제·부패 등을 방지한다는 실천적 이유에 기인한다.

(라) 양원제의 정치적 가치

A. 양원제의 장점

양원제의 장점으로는 다음을 들 수 있다. ㈀ 의안을 심의함에 있어 신중을 기함으로써 단원제의 경솔과 졸속을 피할 수 있다. ㈁ 양원의 조직을 달리함으로써 단원제에서의 파쟁과 부패를 방지할 수 있다. ㈂ 의회구성에 권력분립의 원리를 도입함으로써, 의회나 원내다수파의 전제와 횡포를 방지하고 국민의 권익을 옹호할 수 있다. ㈃ 一院이 정부와 충돌할 경우에 他院이 이를 조정할 수 있다. ㈄ 하원의 지역대표제에 대하여 상원의 직능대표제 또는 주대표제를 통해 직능단체나 구성주의 특수이익을 대변할 수 있다.

B. 양원제의 단점

양원제의 단점으로는 다음을 들 수 있다. ㈀ 중복된 절차로 말미암아 의안의 심의가 지연되고 국비를 낭비한다. ㈁ 양원이 책임을 전가함으로써 의회의 책임소재를 불분명하게 한다. ㈂ 의회가 양원으로 분열되기 때문에 정부에 대한 의회의 지위가 상대적으로 약화된다. (ㄹ) 상원과 하원의 구성이 동일한 기반에 입각할 때에는 상원은 무용의 존재가 되고, 상이한 기반에 입각할 때에는 상원이 보수화·반동화할 위험이 있다.

(마) 양원제에 있어서 양원의 상호관계

A. 양원의 기본관계

양원제구성의 목적은 各院으로 하여금 독립된 의견을 가지게 하는 데 있다. 그러므로 각원은 그 구성원을 달리하지 않으면 아니된다(독립조직의 원칙). 또한 양원은 상호 독립하여 회의를 개최하고, 의사진행과 의결도 독자적으로 하여야 한다(독립의결의 원칙). 양원의 의견을 충돌하거나 대통령선거를 실시할 경우에 한하여 양원합동회의를 개최한다. 의안을 처리할 경우 양원의 의견이 일치하는 경우에만 의회의 의결로 한다(의사일치의 원칙). 그러므로 양원은 동시에 집회하고 개회하며, 동시에 휴회하고 폐회한다. 하원이 해산되면 상원도 폐회한다(동시활동의 원칙).

B. 양원의 구성관계

양원제를 채택하는 경우에는 양원의 조직적 특수성과 기능적 차이를 살리기 위하여 상원은 간접선거, 하원은 직접선거에 의하는 경우가 있다. 양원이 모두 직접선거에 의할 때에는 선거구, 피선자격, 정원, 임기 등을 달리한다.

C. 양원의 권한관계

연방국가이고 대통령제인 경우에는 권력의 균형을 위해 양원의 권한을 대등하게 하지만, 의원내각제인 경우에는 권력의 합리화를 위해 하원의 권한에 우월성을 인정한다. 단일제국가에서는 양원의 권한을 대등하게 하는 경우도 있고, 하원의 권한에 우월성을 인정하는 경우도 있다.

(2) 단원제

(가) 단원제의 의의

단원제(一院制)라 함은 의회가 민선의원으로 조직되는 단일의 합의체(單一院)로써 구성되는 의회제도를 말한다. 의회가 국민의 권익옹호를 위한 대집행부견제기관이라는 점과 국정의 신속·능률적인 처리라는 관점에서 본다면, 의회의 구성은 단원제가 바람직하다. 신생국가라든가 위기관리정부제하에서 단원제를 선호하는 것도 그 때문이다. 오늘날 단원제는 뉴질랜드·이스라엘·파나마·덴마크 등 60여 개 국가에서 채택되고 있다. 단원제 의회는 국민에 의하여 선출된 의원들로서 구성되는 것이 원칙이지만, 그 일부가 국민의 직접선거에 의하지 아니한 의원들로 구성되는 경우도 없지 아니하다.

(나) 단원제의 정치적 가치

단원제는 동일사항에 관하여 국민의 총의(總意)가 둘이 있을 수 없으므로, 국민의 대의기관은 하나이어야 한다는 데에서 이론적 근거를 구하고 있다. 만일에 제2원이 제1원과 의사를 달리한다면 그 존재는 유해한 것이 될 것이고, 양자의 의사가 언제나 동일하다면 제2원은 무용지물이 된다고 하는 표현에서 단원제의 이론적 근거를 엿볼 수 있다.

단원제의 장점으로는 다음을 들 수 있다. (ㄱ) 신속·능률적인 의안심의를 기할 수 있다. (ㄴ) 정부에 대한 의회의 지위를 강화할 수 있다. (ㄷ) 의회의 책임소재를 분명하게 해준다. (ㄹ) 국비의 절감을 기할 수 있다.

그리고 단원제의 단점은 대체로 양원제의 장점에 반대되는 경우라고 할 수 있다.

2. 한국헌법에 있어서 국회의 구성

(1) 국회구성원리의 변천

1948년 헌법은 건국초창기의 산적한 의안을 신속히 처리하기 위하여 제헌국회를 단원제로 구성하였다. 그러다가 1952년의 제1차 개헌으로 민의원과 참의원의 양원제가 규정되었으나 실제로 구성되지는 않았다.

1960년 헌법은 국회를 구성함에 있어 민의원과 참의원이라는 양원제를 채택하였다. 민의원은 1선거구 1대표선출의 원칙에 따라 4년의 임기로 선출된 의원들로 구성되고 참의원은 도단위의 대선거구에서 6년의 임기로 선출된 의원들로 구성되었다. 양원의 의견이 일치하지 아니할 때에는 민의원의 재의결을 국회의 의결로 하고, 국무총리의 선출권과 내각에 대한 불신임의결권 및 법률안·예산안에 대한 우선심의권은 민의원의 전속적 권한으로 하여, 참의원에 대한 민의원의 우월성을 보장하였다.

1962년 헌법에서는 단원제를 부활시켰다. 단원제부활의 표면상 이유는 양원제하에서의 의안처리의 지연과 국비의 낭비를 방지하자는 것이었다. 이때의 단원제국회는 지역구출신의원과 전국구출신의원들로 구성되었다.

1972년 헌법에서도 단원제국회가 채택되었다. 이때의 단원제국회의 구성은 특이한 것이었다. 국회는 지역구출신의원과 통일주체국민회의가 선거하는 의원으로 구성되었다. 통일주체국민회의는 대통령의 추천에 따라 국회의원정족수의 3분의 1에 해당하는 수의 의원을 선거하였다.

1980년 헌법도 국회의 구성을 단원제로 하였다. 당시의 단원제국회는 국민의 보통·평등·직접·비밀선거에 의하여 선출된 지역구출신의원들로 구성되었다. 다만 대표의 방법으로 비례대표제가 가미될 수 있음을 규정하였다.

(2) 현행헌법에 있어서 국회의 구성

현행헌법도 국회의 구성을 단원제로 하고 있다. 국회는 국민의 보통·평등·직접·비밀선거에 의하여 선출된 의원들로 구성한다. 국회의원의 정수는 법률로 정하되 200인 이상으로 한다. 대표의 방법으로는 비례대표제가 가미될 수 있다. 공직선거법에 의하여 1선거구 1대표선출의 원칙(소선거구)에 따라, 지역구국회의원은 254개 선거구에서 1명씩이 선출되고, 비례대표국회의원은 46명이며 이들은 정당추천명부에 따라 비례대표제에 의하여 선출된다. 22대 국회의원의 정수는 21대 정수와 동일한 300인이다. 그리고 의원의 임기는 4년이다.

(3) 국회의원의 선거

(가) 선거권과 피선거권

국회의원의 선거권자는 선거일 현재 만 18세 이상의 국민이다. 다만 공직선거법 제18조에 규정된 결격사유가 있는 자와 선거인 명부에 등재되지 아니한 자는 선거권이 없다. 국회의원으로 선출될 수 있는 자는 선거일 현재 만 25세 이상의 국민으로서 결격사유가 없는 자이다. 결격사유는 공직선거법 제19조에 상세히 규정되어 있다.

(나) 선거구와 의원정수

헌법은 국회의원 정수의 하한선을 200인 이상으로 규정하고 있을 뿐 선거구와 비례대표제 기타 선거에 관한 사항은 법률로 정하도록 하고 있다. 선거구는 지역선거구와 전국단위의 2종이 있다. 공직선거법은 시·도의 구역안에서 인구·행정구역·지세·교통 기타의 조건을 고려하여 254개의 선거구를 설정하고 있다. 국회는 254명의 지역구국회의원과 46명의 비례대표국회의원을 합하여 총 300명으로 구성된다.

II 국회의 조직

1. 의장과 부의장

국회는 의장 1인과 부의장 2인을 선출한다. 의장이 사고가 있을 때에는 의장이 지정하는 부의장이 직무를 대리한다. 국회의원총선거 후 최초의 임시회집회공고에 관하여는 사무총장이 의장의 직무를 대행하고, 개원국회의 의장직무는 최다선의원이, 최다선의원이 2인 이상인 경우에는 그 중 연장자가 대행한다.

(1) 의장단의 선거

의장과 부의장은 국회에서 무기명투표로 선거하되 재적의원 과반수의 득표로 당선된다. 의장 또는 부의장이 궐위된 때에는 지체없이 보궐선거를 실시한다.

(2) 의장단의 임기

의장과 부의장의 임기는 2년으로 한다. 다만 보궐선거에 의하여 당선된 의장 또는 부의장은 전임자의 잔임기간 중 재임한다.

(3) 국회의장의 권한

헌법과 국회법에 규정된 의장의 권한으로는 국회대표권·의사정리권·질서유지권·사무감독권과 기타의 권한을 들 수 있다. 기타의 권한에는 임시집회공고권, 의사일정작성·변경권, 원내 각 위원회에의 출석·발언권, 국회에서 의결된 의안의 정부이송권, 대통령이 확정법률을 공포하지 않을 때의 법률공포권, 의원원에 대한 청가수리권, 폐회중의 의원사직허가권, 원내 및 회의의 질서유지에 관한 권한, 방청허가권 등이 있다.

(4) 국회의장과 당적

미국의 하원의장은 당파적 입장을 유지할 수 있고 소속정당을 위하여 의원으로서 표결에 참가하는 경우도 있다. 그러나 영국의 하원의장은 당파를 초월하여 중재역을 담당한다. 우리나라의 경우는 1960년 당시의 국회법에서 국회의장은 당적을 가질 수 없도록 규정한 바 있으나, 구 국회법에는 이에 관한 규정이 없었기 때문에 의장도 당적을 가질 수 있는 것으로 해석하였다. 그러나 개정 국회법에서는 의장으로 당선된 다음날부터 당적을 가질 수 없도록 하였다. 다만 국회의원총선거에 있어서 정당추천후보자로 추천을 받고자 하는 경우에는 의원임기만료일전 90일부터 당적을 가질 수 있다.

2. 국회의 위원회

(1) 위원회의 의의

국회의 위원회라 함은 본회의에서의 의안심의를 원활하게 할 목적으로 일정한 사항에 관하여 전문적 지식을 가진 일단의 소수의원들로 하여금 의안을 예비적으로 심사·검토하게 하는 소회의제를 말한다. 현대국가는 그 과제와 기능이 확대됨에 따라 입법에도 고도의 전문성과 기술성이 요구되고 있다. 이런 사정 때문에 산적한 입법과 의안을 처음부터 모두 본회의에서 심의·처리하는 것은 부적절하다. 그 대응책으로 고안된 것이 위원회제도이다.

국회의 운영면에서 위원회제도의 필요성을 든다면, ㈀ 의안심의의 능률을 향상시킬 수 있고, ㈁ 방대한 안건을 효율적으로 처리할 수 있으며, ㈂ 전문적 지식을 구비한 의원들이 의안을 보다 심도있게 심사할 수 있고, ㈃ 회의운영에 있어 탄력성이 보장된다는 점 등이다. 국회의 위원회제도의 존재가치는 바로 여기에 있고 그러한 의미에서 위원회를 소입법부라고도 한다.

(2) 위원회의 종류

국회법에 규정된 위원회의 종류로는 상임위원회와 특별위원회가 있다. 특별위원회가 상임위원회와 구별되는 점은 심의대상이 특정한 안건이라는 점과 존속기간이 한시적이라는 점이다. 위원회에는 소위원회를 둘 수 있으며, 예산결산특별위원회는 소위원회 외에 분과위원회까지 둘 수 있다.

(가) 상임위원회

상임위원회(standing committee)는 그 소관사항에 관한 입법 기타의 의안을 예비적으로 심의하기 위하여 상설적으로 설치된 위원회를 말한다. 현재 국회운영위원회·법제사법위원회·정무위원회·기획재정위원회·교육위원회·과학기술정보방송통신위원회·외교통일위원회·국방위원회·행정안전위원회·문화체육관광위원회·농림축산식품해양수산위원회·산업통상자원중소벤처기업위원회·보건복지위원회·환경노동위원회·국토교통위원회·정보위원회·여성가족위원회 등 17개 위원회가 있다. 그 위원은 임기초에 각 교섭단체의 소속의원수의 비율에 따라 교섭단체대표의원의 요청으로 국회의장이 선임하고 2년간 재임한다. 의원은 2 이상의 상임위원회의 위원이 된다. 다만 국회운영위원회 또는 정보위원회의 위원은 겸할 수 있다. 소관상임위원은 소관상임위원회의 직무와 관련된 영리행위를 하지 못한다. 위원장은 당해 상임위원 중에서 임시의장의 예에 준하여 국회본회의에서 선거한다.

(나) 특별위원회

국회는 둘 이상의 상임위원회와 관련된 안건이거나 특히 필요하다고 인정한 안건을 효율적으로 심사하기 위하여 본회의의 의결로 특별위원회를 둘 수 있다. 특별위원회의 위원도 각 교섭단체의 소속의원수에 비례하여 국회의장이 선임한다. 이와 같은 특별위원회를 일반특별위원회라 한다. 일반특별위원회 외에 예산안·결산·기금운용계획안 및 기금결산을 심사하기 위한 예산결산특별위원회와 국회의원의 자격심사·윤리심사 및 징계에 관한 사항을 심사하기 위한 윤리특별위원회가 있다. 국회법은 예산·결산심사를 보다 충실히 하고 정부예산에 대한 국회의 연중 통제가 가능하도록 하기 위해 예산결산특별위원회를 상설위원회로 전환하고 있다.

(다) 전원위원회

전원위원회는 상임위원회중심주의로 인해 본회의에서의 의안심의가 형식화하는 것을 보완하기 위하여 마련된 기구이다. 전원위원회는 각 위원회의 심의를 거쳤거나 각 위원회가 제안한 의안 가운데 특히 주요한 의안(정부조직, 조세, 국민에게 부담을 지우는 법률안 등)을 본회의에서 의결되기 전에 의원 전원이 다시 한번 심의할 수 있도록 하기 위한 기구로서, 재적의원 4분의 1 이상의 요구가 있을 경우 소집된다. 전원위원회가 의원전원으로 구성된다는 점에서는 본회의와 다를 것이 없지만, 양자는 그 성격과 기능을 달리한다. 전원위원회의 위원장은 국회의장이 지명하는 국회부의장이 맡으며, 의안을 심의하고 의결하되, 본회의와는 달리 의안을 최종 확정하지는 못하고 다만 수정안을 의결할 수 있을 뿐이다.

(라) 인사청문특별위원회

국회는 헌법에 의하여 그 임명에 국회의 동의를 요하는 대법원장·헌법재판소장·국무총리·감사원장·합동참모의장 및 대법관과 국회에서 선출하는 헌법재판소 재판관 및 중앙선거관리위원회 위원에 대한 임명동의안 또는 의장이 각 교섭단체대표의원과 협의하여 제출한 선출안 등을 심사하기 위하여 인사청문특별위원회를 둔다. 인사청문특별위원회의 구성과 운영에 관하여 필요한 사항은 따로 법률로 정한다. 이에 관한 법률로서 인사청문회법이 있다.

(마) 연석회의

연석회의는 위원회간의 협의로 열리는 위원회이다. 이것은 법적 의미에서 독립위원회가 아니며 표결을 할 수 없다.

(3) 위원회의 운영과 직무

국회의 운영은 위원회중심주의이므로 거의 모든 의안이 위원회의 심사를 거친다. 위원회는 의안을 자유로이 수정할 수 있다. 대안의 제시는 원칙적으로 위원회에서 원안을 심사하는 동안에만 인정된다. 상임위원회는 본회의의 의결이 있거나 의장 또는 위원장이 필요하다고 인정할 때, 재적의원 4분의 1 이상의 요구가 있을 때에 개회한다. 위원회는 재적의원 5분의 1 이상의 출석으로 개회하고, 재적의원 과반수의 출석과 출석의원 과반수의 찬성으로 의결한다. 상임위원회는 매월 2회 이상 개회한다. 위원회는 중요한 안건 또는 전문지식을 요하는 안건을 심사하기 위하여 공청회를 열어 이해관계자 또는 학식·경험이 있는 자 등으로부터 의견을 들을 수 있고, 중요한 안건의 심사에 필요한 경우 증인·감정인·참고인으로부터 증언·진술의·청취와 증거의 채택을 위하여 청문회를 열 수 있다.

청문회는 위원회가 중요한 안건을 심사하거나 국정감사 또는 국정조사를 함에 있어 위원회로서 결정을 내리기 전에 그 판단의 기초가 되는 정보나 자료를 입수하기 위하여 증인·감정인·참고인 등을 출석시켜 증언을 청취하는 제도이다. 공청회의 경우는 단순히 참고의견을 듣는 것이기 때문에 진술인의 출석이나 선서를 강제하지 못하지만, 청문회의 경우는 증인·감정인 등에 대하여 원칙적으로 출석·선서 및 증언을 강제할 수 있고 위증에 대해서는 고발을 할 수도 있다.

3. 교섭단체

교섭단체라 함은 동일정당소속의 의원들로 구성되는 원내정파(Fraktion)를 말한다. 교섭단체의 설치는 여러 정당들의 소속의원들로 구성되는 국회에서 議事를 능률적으로 그리고 원활하게 운영하려는 데에 그 목적이 있다. 국회에 20인 이상의 소속의원을 가진 정당은 하나의 교섭단체를 구성한다. 정당단위가 아닐지라도 다른 교섭단체에 속하지 아니하는 20인 이상의 의원들도 따로 교섭단체를 구성할 수 있다. 교섭단체마다 의원총회와 대표의원을 둔다. 대표의원은 그 정당의 대표가 아니라 교섭단체를 대표하는 의원으로서 통상 원내총무라 불린다. 교섭단체의 대표의원은 소속의원의 명부를 의장에게 제출하고, 소속의원의 의견을 종합하여 국회에서의 의사진행과 의안에 대한 태도를 결정한다.

제5항 · 국회의 운영과 의사절차

I 국회의 운영

국회의 운영에 관한 문제는 헌법과 법률에 별도의 규정이 없는 한 국회가 자율적으로 결정한다. 국회법은 (ㄱ) 상시 활동하는 생산적이고 능률적인 국회상을 구현하고, (ㄴ) 국회가 국정심의의 중심기관으로서 그 역할을 다하며, (ㄷ) 정부에 대한 국정감시 및 통제기능의 실효성을 확보하고, (ㄹ) 국회의 의정활동의 공개를 통해 국민에 대한 책임성을 제고하기 위하여, 국회의 연중상시개원체제를 규정하고 있다.

1. 입법기와 회기제

국회가 동일의원들로 구성되는 시기(임기개시일)로부터 임기가 만료되거나 국회가 해산되기까지의 시기를 입법기(의회기)라 한다. 회기란 입법기 내에서 국회가 실제로 활동능력을 가지는 일정한 기간을 말한다. 국회의 회기는 소집일(집회일)로부터 기산하여 폐회일까지이다. 국회는 상시로 개회하는 것이 아니라 일정한 기간 동안에만 활동한다. 헌법은 정기회의 회기는 100일을, 임시회의 회기는 30일을 초과할 수 없다고 규정하고 있다(제47조 제2항).

국회는 회기중이라도 의결로써 일정한 기간을 정하여 활동을 중지할 수 있다. 이것을 휴회라 한다. 휴회일수도 회기에 산입한다. 국회가 휴회중이라도 대통령의 요구가 있을 때, 의장이 긴급한 필요가 있다고 인정할 때 또는 국회재적의원 4분의 1 이상의 요구가 있을 때에는 회의를 재개한다(국회법 제8조 제2항). 회기가 종료하면 폐회하며, 폐회로 국회는 활동을 중지한다.

2. 정기회와 임시회

(1) 정기회

매년 1회 정기적으로 소집되는 국회를 정기회라 한다. 국회의 정기회는 법률이 정하는 바에 의하여 매년 9월 1일에 집회한다. 정기회에서는 예산안을 심의·확정하고, 법률안 또는 그밖의 의안을 심의·의결하며 정부의 시정연설을 듣고 대정부질문을 한다. 특히 법률안의 효율적인 심사를 위하여 정기국회기간 중에는 원칙적으로 예산부수법안만 처리하되, 긴급하고 불가피한 사유로 인한 위원회 또는 본회의의 의결이 있는 때에는 예산부수법안이 아닌 법안도 처리할 수 있다. 정기회의 회기는 100일을 초과할 수 없다.

(2) 임시회

임시회는 임시집회의 필요가 있을 때에 집회하는 회의를 말한다. 국회는 2월·4월·6월의 1일에 임시회를 집회한다. 또한 국회의 임시회는 대통령 또는 국회의 재적의원 4분의 1 이상의 요구로 집회한다. 임시회의 회기는 30일을 초과할 수 없다.

(3) 회기의 운영

회기의 운영은 주단위로 하되, 매주 월요일부터 수요일까지는 위원회 활동을 하고 목요일은 본회의 활동을 하도록 한다.

Ⅱ 국회의 의사절차

1. 의사절차에 관한 원칙

국회에서 의안을 심의하고 의사를 결정하는 과정과 절차는 민주적이고 능률적이어야 하므로, 의사절차에 관해서는 의사공개의 원칙, 회기계속의 원칙, 일사부재의의 원칙, 다수결의 원칙 등이 존중되어야 한다.

(1) 의사공개의 원칙

국회의 의안심의 과정을 일반인에게 공개하는 것을 의사공개라 한다. 의사공개의 원칙은 의사진행의 내용과 의원의 활동을 국민에게 공개함으로써 민의에 따른 국회운영을 실천한다는 민주주의적 요청에서 유래하는 것이다. 헌법도 "국회의 회의는 공개한다."고 규정(제50조 제1항)하여 이 원칙을 명시하고 있다. 의사의 공개는 방청의 자유, 국회의사록의 공표, 보도의 자유 등을 그 내용으로 한다. 그러나 의사공개의 원칙도 출석의원 과반수의 찬성이 있거나 국회의장이 국가의 안전보장을 위하여 필요하다고 인정할 때에는 공개하지 아니할 수 있다(헌법 제50조 제1항 단서).

(2) 회기계속의 원칙

회기계속의 원칙이란 회기중에 의결되지 못한 의안도 폐기되지 아니하고 다음 회기에 계속 심의할 수 있다는 원칙이다(헌법 제51조). 이것은 국회가 매 회기마다 독립된 별개의 국회가 아니라, 임기 중에는 일체성과 동일성을 가지는 국회로서 존재한다는 것을 의미한다.

(3) 일사부재의의 원칙

일사부재의의 원칙이란 의회에서 일단 부결된 의안은 동일회기 중에 다시 발의하거나 심의하지 못한다는 원칙을 말한다(국회법 제92조). 이 원칙은 의회의 결정이 있은 이상 의회의 의사가 확정된 것이므로, 동일회기 중에 거듭 발의하거나 심의하게 되면, 회의의 원활한 운영이 방해된다는 것을 논거로 하며, 소수파에 의한 의사방해를 배제하려는 데에 그 목적이 있다.

다만 동일의안이라도 사정변경으로 목적 · 방법 · 수단이 변경되면 동일사안으로 볼 수 없으므로 재의가 가능하다.

2. 정족수

(1) 정족수의 의의

정족수라 함은 다수인으로 구성되는 회의체에서 회의를 진행하고 의사를 결정하는 데 소요되는 출석자의 수를 말한다. 정족수에는 의사능력에 관한 의사정족수와 의결능력에 관한 의결정족수가 있다. 의사정족수는 의안을 심의하는 데 필요한 출석자의 법정수를 말하고, 의결정족수는 의결에 필요한 출석자의 법정수를 말한다.

(2) 일반정족수

헌법은 "재적의원 과반수의 출석과 출석의원 과반수의 찬성으로 의결한다."라고 의결에 필요한 일반정족수를 규정하고 있다(헌법 제49조). 본 회의는 재적의원 5분의 1 이상의 출석으로 개의한다(국회법 제73조 제1항).

(3) 특별정족수

헌법에서 의결에 관하여 특별정족수가 규정되어 있다. (ㄱ) 법률안의 재의결은 국회재적의원 과반수의 출석과 출석의원 3분의 2이상의 찬성(헌법 제53조 제4항), (ㄴ) 헌법개정안의 의결 · 의원의 제명 · 의원의 자격심사 · 대통령에 대한 탄핵소추의 의결 등은 국회재적의원 3분의 2 이상의 찬성, (ㄷ) 계엄의 해제요구 · 헌법개정안 발의 · 국무총리 및 국무위원의 해임건의 · 대통령에 대한 탄핵소추의 발의 · 대통령 이외의 자에 대한 탄핵소추의결 · 국회의장의 선출 등은 국회재적의원 과반수, (ㄹ) 국무총리 등에 대한 해임건의안발의 · 대통령 이외의 자에 대한 탄핵소추발의 등은 국회 재적의원 3분의 1 이상의 찬성으로 하고, 그 의결은 재적의원 과반수의 찬성으로 한다.

제6항 · 국회의 권한

I 국회의 권한의 분류

국회의 권한은 그 성질이나 그 내용을 기준으로 할 때, 입법에 관한 권한, 재정에 관한 권한, 헌법기관구성에 관한 권한, 국정통제에 관한 권한, 국회내부사항에 관한 권한 등으로 분류할 수 있고(실질적 분류), 권한행사의 형식을 기준으로 할 때, 의결권, 동의권, 승인권, 통고권, 통제권 등으로 분류할 수 있다(형식적 분류). 여기에서는 실질적 분류에 따라 살펴보고자 한다.

II 입법에 관한 권한

국회의 입법에 관한 권한으로 헌법개정에 관한 권한, 법률제정에 관한 권한, 조약의 체결·비준에 대한 동의권, 국회규칙제정에 관한 권한 등이 있다.

III 재정에 관한 권한

국회의 재정에 관한 권한으로 예산심의·확정권, 결산심사권, 그 밖의 정부재정행위에 대한 권한(긴급재정경제처분·명령에 대한 승인권, 예비비지출에 대한 승인권 등) 등이 있다.

IV 헌법기관구성에 관한 권한

대통령선출권(대통령선거에서 최고득표자가 2인 이상인 경우), 헌법기관선출권(헌법재판관 9인 중 3인), 헌법기관구성에 대한 동의권(국무총리임명에 대한 동의권 등)

V 국정통제에 관한 권한

1. 국정통제권의 의의와 유형

(1) 국정통제권의 의의

국정통제권이라 함은 의회가 그 밖의 국가기관들을 감시하고 비판하고 견제할 수 있는 권한을 말한다.

(2) 국정통제권의 유형

의회의 국정통제에는 (ㄱ) 사전통제와 사후통제, (ㄴ) 직접통제와 간접통제, (ㄷ) 일반적 통제와 개별적 통제로 나눌 수 있다. 현행헌법은 법치행정의 원칙과 행정에 있어서 적법절차를 구현하기 위하여 국회로 하여금 법률제정의 방법으로 국정을 통제하는 방법 외에 고전적인 국정통제권을 의미하는 탄핵소추권을 비롯하여 국정감사·조사권, 긴급명령 등에 대한 승인권, 계엄해제요구권, 국방·외교정책에 대한 동의권, 일반사면에 대한 동의권, 국무총리·국무위원에 대한 해임건의권 등이 있다.

2. 탄핵소추권

(1) 탄핵제도

(가) 탄핵제도의 의의

탄핵제도라 함은 일반사법절차에 따라 소추하거나 징계절차로써 징계하기가 곤란한 고위직 행정공무원이나 법관 등 신분이 보장된 공무원이 직무상 중대한 비위(非違)를 범한 경우에, 이들을 의회가 소추하여 처벌하거나 파면하는 제도를 말한다. 현행 헌법에서의 탄핵제도는 형사제재적 성질의 것이 아니고, 헌법 제65조 제4항이 "탄핵결정은 공직으로부터 파면함에 그친다."고 하고 있기 때문에, 미국·독일 등과 마찬가지로 징계적 처벌의 성질을 가지는 것이다.

(나) 탄핵제도의 연혁

탄핵제도는 그리스와 로마에서 기원한 것이라고 하나, 근대적 의미의 탄핵제도는 14세기 말 에드워드 3세 치하의 영국에서 발단한 것으로 보고 있다. 고위공직자들의 비행과 부정을 통제하기 위한 탄핵제도가 법적 형태를 갖추게 된 후, 영국에서는 1805년의 멜빌(Melville)사건에 이르기까지 70여건에 달하는 탄핵소추가 이루어졌다고 한다. 미국의 경우는 헌법시행 이후 13건의 탄핵소추가 이루어지고, 유죄의 결정으로 피소추자들이 공직에서 파면된 경우도 4건에 이르고 있다.

(다) 탄핵제도의 정치적 가치

(ㄱ) 개 설

탄핵제도는 의회의 대집행부·대사법부 통제수단이기는 하나, 그 정치적 가치에 관해서는 유용론과 무용론이 엇갈리고 있다.

(ㄴ) 탄핵제도 유용론

탄핵제도 유용론은 고위공직자들이 탄핵을 두려워하는 나머지 비행(非行)을 자제하게 될 것이고, 공분(公憤)을 발산할 수 있는 합법적 수단을 강구해 두지 않으면, 국민이 혁명이나 폭력과 같은 비상수단에 호소할지 모른다는 이유로 탄핵제도가 유용한 제도라고 한다.

(ㄷ) 탄핵제도 무용론

탄핵제도 무용론은 역사적인 경험에 비추어 볼 때, 대통령제 국가에서는 탄핵제도가 거의 운용되지 않고 있으며, 의원내각제 국가에서는 내각불신임제도에 의하여 탄핵제도의 목적을 달성할 수 있으므로, 탄핵제도는 심리적·사회적 효과를 가지는 것일 뿐 비현실적인 제도로서 헌법의 장식물에 지나지 않는 것이라고 한다.

(ㄹ) 소 결

생각건대 대통령제 국가인 경우에 정치적으로 아무런 책임을 지지 아니하는 대통령까지도 헌법과 법률의 지배는 받아야 하고, 의원내각제 국가일지라도 일반형사법원에 의한 통제가 곤란한 고위직공무원·법관 등의 권력남용과 부패를 방지하기 위해서는 탄핵제도가 전혀 무용한 제도라고 할 수는 없다. 현행 헌법하에서도 탄핵제도는 이념적으로 국민주권의 원리를 구현하는 것이고, 제도적으로는 집행부와 사법부에 대한 감시·통제기능 외에 헌법수호기능까지 수행하는 것이므로 유용한 제도이다.

실제 우리나라에서 탄핵사건이 노무현 대통령 탄핵사건[393]과 박근혜 대통령 탄핵사건[394]이 있었는데 두 개의 생생한 사건을 통하여 집행부에 대한 감시·통제기능과 헌법수호 기능을 충분히 다하였다고 판단된다.

第16대 국회당시 2004년 3월 9일 한나라당의원과 민주당의원 159명이 공동명의로 "대통령노무현에 대한 탄핵소추안"을 발의하였다. 이 탄핵소추안은 동년 3월 12일 재적의원 271인 가운데 표결에 참석한 195명 중 193명이 찬성하여, 대통령탄핵소추안의 의결정족수인 재적의원 3분의 2선(181인)을 12표나 초과하여 헌정사상 처음으로 가결하였다. 그러나 동년 5월 14일 헌법재판소는 노무현 대통령이 범한 위헌적 행위가 여러 가지였음을 확인하였음에도 불구하고 "파면결정을 통하여 헌법을 수호하고 손상된 헌법질서를 다시 회복하는 것이 요청될 정도로, 대통령의 법위반행위가 헌법수호의 관점에서 중

393) 헌재 2004. 5. 14. 2004헌나1 [기각].

394) 헌재 2017. 3. 10. 2016헌나1 [인용(파면)].

대한 의미를 가진다고 볼 수 없고, 또한 대통령에게 부여한 국민의 신임을 임기 중 다시 박탈해야 할 정도로 국민의 신임을 저버린 경우에 해당한다고도 볼 수 없으므로, 대통령에 대한 파면결정을 정당화하는 사유가 존재하지 않는다."고 판시함으로써, 심판청구를 기각하는 결정을 하였다.

국회는 박근혜 정부의 비선실세 최○실 등 민간인에 의한 국정농단 의혹으로 우○호·박○원·노○찬 등 171명의 의원이 2016. 12. 3. 발의한 '대통령(박근혜)탄핵소추안'을 8일 본회의에 상정하였다. 12. 9. 피청구인에 대한 탄핵소추안이 제346회 국회(정기회) 제18차 본회의에서 재적의원 300인 중 234인의 찬성으로 가결되었고, 소추위원은 헌법재판소법 제49조 제2항에 따라 소추의결서 정본을 헌법재판소에 제출하여 피청구인에 대한 탄핵심판을 청구하였다. 이에 헌법재판소는 피청구인의 법위반사실을 확인한 후에 "피청구인의 이 사건 헌법과 법률 위배행위는 국민의 신임을 배반한 행위로서 헌법수호의 관점에서 용납될 수 없는 중대한 법 위배행위라고 보아야 한다. 그렇다면 피청구인의 법위배행위가 헌법질서에 미치게 된 부정적 영향과 파급 효과가 중대하므로, 피청구인을 파면함으로써 얻는 헌법수호의 이익이 대통령 파면에 따르는 국가적 손실을 압도할 정도로 크다고 인정된다."고 판시함으로써 헌정사상 처음으로 피청구인을 파면하는 결정을 하였다.[395]

윤석열 대통령 탄핵사건[396]에서 헌법재판소는 "피청구인은 위와 같은 헌법·법률 위

395) 헌재 2017. 3. 10. 2016헌나1; 여기에 대한 평석으로는 양건, 『헌법의 이름으로』, 사계절출판사, 2018, 378-385쪽 참조.

396) 헌재 2025. 4. 4. 2024헌나8, 공보 343, 468 2024헌나8 대통령(윤석열) 탄핵 (대통령에 대한 탄핵심판 사건) 피청구인(윤석열 대통령)은 2024. 12. 3. 22:27경 대통령실에서 대국민담화를 통해 비상계엄을 선포하였다(이하 2024. 12. 3.자 비상계엄을 '이 사건 계엄'이라 한다). 대국민담화의 내용은 '대한민국은 야당의 탄핵과 특검, 예산삭감 등으로 국정이 마비된 상태이며, 북한 공산세력의 위협으로부터 자유대한민국을 수호하고 헌정질서를 지키기 위해 비상계엄을 선포한다'는 것이었다(이하 '제1차 대국민담화'라 한다). 피청구인은 육군참모총장(이하 각 행위 당시의 직책을 기재한다) 박안수를 계엄사령관으로 임명하였고, 박안수는 같은 날 23:23경 계엄사령부 포고령 제1호(이하 '이 사건 포고령'이라 한다)를 발령하였다.
2024. 12. 4. 01:02경 제418회 국회(정기회) 제15차 본회의에서 박찬대 의원 등 170인이 발의한 비상계엄 해제요구 결의안이 재석 190인 중 찬성 190인으로 가결되었다. 피청구인은 2024. 12. 4. 04:20경 대통령실에서 비상계엄을 해제하겠다는 내용의 대국민담화를 발표하였고, 같은 날 04:29경 국무회의에서 이 사건 계엄 해제안이 의결되었다.
피청구인의 이 사건 계엄 선포와 관련하여 2024. 12. 4. 국회에서 피청구인에 대한 탄핵소추안(이하 '1차 탄핵소추안'이라 한다)이 발의되었고, 같은 달 7. 피청구인은 '계엄으로 인하여 국민들께 불안과 불편을 끼쳐드린 점에 사과하며, 임기를 포함하여 정국 안정 방안을 국민의힘에 일임하겠다.'는 취지의 대국민담화를 발표하였다. 2024. 12. 7. 제418회 국회(정기회) 제17차 본회의에서 1차 탄핵소추안에 대한 표결을 실시하였지만, 의결정족수 부족으로 투표가 불성립하였다.

반 행위로 국민주권주의 및 민주주의를 부정하고 헌법이 정한 통치구조를 무시하였으며 국민의 기본권을 광범위하게 침해하였다. 이는 법치국가원리와 민주국가원리의 기본원칙들을 위반한 것으로서, 헌법질서를 침해하고 민주공화정의 안정성에 심각한 위해를 끼쳤으므로 헌법수호의 관점에서 용납될 수 없는 중대한 법 위반에 해당한다. 국회가 신속하게 비상계엄해제요구 결의를 할 수 있었던 것은 시민들의 저항과 군경의 소극적인 임무수행 덕분이었으므로, 피청구인의 법 위반이 중대하지 않다고 볼 수는 없다.

피청구인은 국가긴급권 남용의 역사를 재현하여 국민을 충격에 빠트리고, 사회적·경제적·정치적·외교적으로 엄청난 파장을 불러일으켰으며, 대통령으로서의 권한행사에 대한 불신을 초래하였다.

피청구인의 이 사건 헌법과 법률 위배 행위는 국민의 신임을 배반한 행위로서, 헌법수호의 관점에서 용납될 수 없는 중대한 법 위배 행위에 해당한다. 피청구인의 법 위배 행위가 헌법질서에 미친 부정적 영향과 파급 효과가 중대하므로, 피청구인을 파면함으로써 얻는 헌법수호의 이익이 대통령 파면에 따르는 국가적 손실을 압도할 정도로 크다고 인정된다.

피청구인은 야당이 중심이 된 국회의 권한행사가 권력 남용이라거나 국정 마비를 초

2024. 12. 12. 피청구인은 또다시 대국민담화를 발표하였는데, 담화의 요지는 다음과 같다.『① 거대 야당의 탄핵 남발, 특검법안 발의 등으로 국정이 마비되었고 국가 위기 상황에 처하였다. ② 거대 야당은 형법의 간첩죄 조항 개정을 방해하고 국가보안법 폐지도 시도하는 등 국가안보와 사회 안전까지 위협하고 있다. ③ 거대 야당이 검찰과 경찰의 내년도 특경비·특활비 예산을 0원으로 깎고 다른 예산들도 대폭 삭감하는 등으로 인하여 국정이 마비되고 사회질서가 교란되어 행정과 사법의 정상적인 수행이 불가능하다. ④ 선거관리위원회에 대한 국가정보원의 전산시스템 점검시 얼마든지 데이터 조작이 가능하고 방화벽도 사실상 없는 것이나 마찬가지라는 사실을 알게 되어, 국방부장관에게 선거관리위원회 전산시스템을 점검하도록 지시한 것이다. ⑤ 현재의 국정 마비 상황을 사회 교란으로 인한 행정·사법의 국가기능 붕괴 상태로 판단하여 계엄령을 발동하되, 그 목적은 국민에게 이러한 상황을 알려 이를 멈추도록 경고하는 것이었다. ⑥ 국회에 병력을 투입한 이유는 계엄 선포 방송을 본 국회 관계자와 시민들이 대거 몰릴 것을 대비하여 질서유지를 하기 위한 것이지, 국회를 해산시키거나 기능을 마비시키려 한 것이 아니다. ⑦ 거대 야당이 거짓으로 탄핵을 선동하는 이유는 당대표의 유죄 선고가 임박하자 대통령 탄핵을 통해 이를 회피하고 조기 대선을 치르려는 것이다. ⑧ 대통령의 비상계엄 선포권 행사는 사법심사의 대상이 되지 않는 통치행위이며, 오로지 국회의 해제 요구만으로 통제할 수 있다.』

박찬대, 황운하, 천하람, 윤종오, 용혜인, 한창민 등 190명의 국회의원이 이 사건 계엄과 관련하여 피청구인이 그 직무집행에 있어서 헌법이나 법률을 위배하였다는 이유로 2024. 12. 12. 대통령(윤석열) 탄핵소추안(이하 '이 사건 탄핵소추안'이라 한다)을 발의하였다. 국회는 2024. 12. 14. 제419회 국회(임시회) 제4차 본회의에서 이 사건 탄핵소추안을 재적의원 300인 중 204인의 찬성으로 가결하였고, 소추위원은 같은 날 헌법재판소법 제49조 제2항에 따라 소추의결서 정본을 헌법재판소에 제출하여 피청구인에 대한 탄핵심판을 청구하였다.

래하는 행위라고 판단하였더라도, 민주주의의 본질과 조화될 수 있는 범위에서 보다 적극적인 대화와 타협에 나서는 한편 헌법이 예정한 자구책을 통해 견제와 균형이 실현될 수 있도록 하였어야 한다. 그러나 피청구인은 국민의 대표인 국회를 협치의 대상이 아닌 배제의 대상으로 삼음으로써 민주정치의 전제를 허물었을 뿐만 아니라, 국민 모두의 대통령으로서 자신을 지지하는 국민을 초월하여 사회공동체를 통합시켜야 할 책무를 위반하였다.

결국 피청구인은 헌법과 법률을 위배하여, 헌법수호의 책무를 저버리고 민주공화국의 주권자인 대한국민의 신임을 중대하게 배반하였다. 그러므로 피청구인을 대통령직에서 파면한다."고 판시하였다.

(라) 국회의 탄핵소추권

(ㄱ) 탄핵소추기관

대체로 의회를 소추기관으로 하고 있는데 양원제인 경우에는 하원을 소추기관으로 한다. 현행 헌법은 국회를 탄핵소추기관으로 하고 있다(제65조 제1항).

(ㄴ) 탄핵소추 대상자

헌법은 탄핵소추 대상자로서 ㉠ 대통령·국무총리·국무위원·행정각부의 장, ㉡ 헌법재판소 재판관과·사법부의 법관, ㉢ 중앙선거관리위원회 위원·감사원장·감사위원, ㉣ 기타 법률이 정한 공무원을 들고 있다(제65조 제1항). 기타 법률이 정한 공무원의 범위는 향후의 입법으로 구체화되겠지만, 일반사법절차에 의한 소추가 곤란한 고위직 내지 특정직공무원이 될 것이다.

(ㄷ) 탄핵소추사유

헌법은 '직무집행에 있어서 헌법이나 법률을 위배한 때'라고 규정하여(제65조 제1항) 탄핵소추사유를 포괄적으로 규정하고 있다. 우리 헌법재판소는 여기에 대하여 " '직무집행에 있어서'의 '직무'란, 법제상 소관 직무에 속하는 고유 업무 및 통념상 이와 관련된 업무를 말한다. 따라서 직무상의 행위란, 법령·조례 또는 행정관행·관례에 의하여 그 지위의 성질상 필요로 하거나 수반되는 모든 행위나 활동을 의미한다. 헌법은 탄핵사유를 "헌법이나 법률에 위배한 때"로 규정하고 있는데, '헌법'에는 명문의 헌법규정뿐만 아니라 헌법재판소의 결정에 의하여 형성되어 확립된 불문헌법도 포함된다. '법률'이란 단지 형식적 의미의 법률 및 그와 등등한 효력을 가지는 국제조약, 일반적으로 승인된 국제법규 등을 의미한다."라고 판시하였다.[397] 따라서 직무집행과 관련이 없는 사생활에 관한 사항은 물론이고 당선 전이나 퇴직 후의 행위는 탄핵소추사유가 되지 아니한다. 또한 단순한 부도덕이나 정치적 무능력 또는 정책결정상의 과오는 탄핵사유가 될 수 없다. 바로 이 점에서 탄핵소추사유와 해임건의사유는 구별된다.

〔ㄹ〕 탄핵소추의 발의와 의결

대통령을 탄핵소추하는 경우에 국회재적의원 과반수의 발의가 있어야 하고, 의결은 재적의원 3분의 2 이상의 찬성이 있어야 한다. 그 외의 자를 탄핵소추하는 경우에 국회재적의원 3분의 1 이상의 발의와 재적의원 과반수의 찬성으로 의결한다(헌법 제65조 제2항).

〔ㅁ〕 탄핵소추의 효과

탄핵소추가 의결된 피소추자는 소추의결서가 본인에게 송달된 때로부터 헌법재판소의 탄핵심판이 있을 때까지 권한행사가 정지된다(헌법 제65조 제3항). 이는 공적 직무의 권위를 유지하기 위한 것으로 이 기간 중에 직무행위를 하는 것은 위헌·무효가 된다. 소추의결서가 송달되면 임명권자는 피소추자의 사직원을 접수하거나 해임할 수 없다(국회법 제134조 제2항).

(마) 헌법재판소의 탄핵심판권

〔ㄱ〕 탄핵심판의 개시

소추위원이 소추의결서의 정본을 헌법재판소에 제출하면 탄핵심판청구의 효력이 발생한다. 탄핵심판에서는 국회법제사법위원회의 위원장이 소추위원이 된다(헌법재판소법 제49조 제1항).

〔ㄴ〕 탄핵심판의 절차

탄핵사건의 심판은 심리공개주의와 구두변론주의를 원칙으로 하며, 변론의 전취지와 증거조사의 결과를 종합하여 정의 및 형평의 원리에 입각하여 행한다. 증거 및 증거조사에 관해서는 형사소송에 관한 법령의 규정을 준용한다(헌법재판소법 제40조 제1항).

〔ㄷ〕 탄핵의 결정

A. 탄핵결정의 의결정족수

탄핵심판사건은 헌법재판소의 재판관 전원(9인)으로 구성되는 재판부에서 관장한다. 재판장은 헌법재판소장이 된다. 재판부는 재판관 7인 이상의 출석으로 사건을 심리하고,

397) 헌재 2004. 5. 14. 2004헌나1, 609.

탄핵의 결정을 할 때에는 재판관 6인 이상의 찬성이 있어야 한다(헌법 제113조 제1항). 이와 같은 의결정족수의 가중은 탄핵결정에 있어 신중을 기하려는 것이다.

B. 탄핵결정의 효과

탄핵결정은 공직자를 공직으로부터 파면함에 그친다.[398] 그러나 탄핵의 결정으로 민사상의 책임이나 형사상의 책임이 면제되는 것은 아니다(헌법 제65조 제4항). 탄핵의 결정은 징계적 처벌이므로 탄핵결정과 민·형사재판간에는 일사부재리의 원칙이 적용되지 아니한다(헌법재판소법 제54조 제1항).

탄핵결정을 받은 자에 대하여 대통령이 사면할 수 있는지 여부가 문제되고 있다. 미국의 경우처럼 헌법이 명문으로 이를 금지하고 있는 경우도 있지만(미연방헌법 제2조 제2항 제1호), 명문의 규정이 없는 현행 헌법의 경우에도 탄핵결정에 대하여는 사면이 인정되지 아니한다고 본다. 사면이 가능하다면 탄핵결정은 대통령의 사면으로 유명무실한 것이 되고 말 것이기 때문이다.

3. 국정감사·조사권

(1) 국정감사·조사권의 의의

국정감사권이라 함은 국회가 매년 정기적으로 국정전반에 대하여 감사할 수 있는 권한을 말하고, 국정조사권이라 함은 의회가 그 입법 등에 관한 권한을 유효적절하게 행사하기 위하여 특정한 국정사안에 대하여 조사할 수 있는 권한을 말한다. 국정조사권 발동은 1689년 영국의 의회가 특별위원회를 구성하여 아일랜드전쟁에서의 패전원인을 조사

398) 피청구인은 최○원에게 공무상 비밀이 포함된 국정에 관한 문건을 전달했고, 공직자가 아닌 최○원의 의견을 비밀리에 국정 운영에 반영하였다. 피청구인의 이러한 위법행위는 피청구인이 대통령으로 취임한 때부터 3년 이상 지속되었다. 피청구인은 국민으로부터 위임받은 권한을 사적 용도로 남용하여 적극적·반복적으로 최○원의 사익 추구를 도와주었고, 그 과정에서 대통령의 지위를 이용하거나 국가의 기관과 조직을 동원하였다는 점에서 법 위반의 정도가 매우 중하다. 대통령은 공무 수행을 투명하게 공개하여 국민의 평가를 받아야 한다. 그런데 피청구인은 최○원의 국정 개입을 허용하면서 이 사실을 철저히 비밀에 부쳤고, 그에 관한 의혹이 제기될 때마다 이를 부인하며 의혹 제기 행위만을 비난하였다. 따라서 권력분립원리에 따른 국회 등 헌법기관에 의한 견제나 언론 등 민간에 의한 감시 장치가 제대로 작동될 수 없었다. 이와 같은 피청구인의 일련의 행위는 대의민주제의 원리와 법치주의의 정신을 훼손한 것으로서 대통령으로서의 공익실현의무를 중대하게 위반한 것이다.

결국 피청구인의 이 사건 헌법과 법률 위배행위는 국민의 신임을 배반한 행위로서 헌법수호의 관점에서 용납될 수 없는 중대한 법 위배행위라고 보아야 한다. 그렇다면 피청구인의 법 위배행위가 헌법질서에 미치게 된 부정적 영향과 파급 효과가 중대하므로, 피청구인을 파면함으로써 얻는 헌법수호의 이익이 대통령 파면에 따르는 국가적 손실을 압도할 정도로 크다고 인정된다. 헌재 2017. 3. 10. 2016헌나1 [인용(파면)].

하고 책임소재를 규명한 것이 효시이다. 그 후 국정조사권은 집행부와 사법부에 대한 의회의 감독·통제권의 하나로서 각국에 전파되었다. 미연방헌법에는 여기에 관한 명문의 규정이 없지만, 의회의 권한행사를 위하여 필요한 보조적 권한으로 인식되어 일찍부터 학설과 판례를 통하여 인정되어 오고 있다. 국정조사권을 헌법의 차원에서 최초로 규정한 헌법은 바이마르헌법이고, 제2차 대전 이후에는 독일기본법과 일본헌법 등이 이것을 명문화하고 있다.

국정조사권과 국정감사권 양자는 전자가 특정한 국정사안을 대상으로 하여 수시로 행하는 부정기적 특정국정조사라면, 후자는 국정전반을 대상으로 하여 정기적으로 행하는 정기적 일반국정조사라는 점에서 구별(시기와 기간 및 대상)될 뿐, 그 본질·주체·행사방법·한계·효과에서는 거의 같다.

(2) 국정감사·조사권의 법적 성격

(가) 국정감사·조사권의 본질

독립적 권한설은 국정감사·조사권은 의회의 최고기관성에서 유래하는 독립된 권한으로서 국정전반에 걸친 조사권을 의미하고, 입법권·국정통제권·예산심의권과 더불어 의회의 4대 권한이라고 한다. 이에 대하여 보조적 권한설은 국정감사권을 포함한 국정조사권은 독자적인 기능을 수행하는 권한이 아니라 의회가 보유하는 헌법상의 권한들을 유효적절하게 행사하는 데 필요한 보조적 권한에 지나지 않는 것이라고 보는 견해로서 영국·미국·일본·독일 등에서의 학설과 판례의 입장이다. 생각건대 국정조사권은 물론 국정감사권도 그 기능과 성격은 국회가 가지는 헌법상의 권한들을 유용하고 실효적인 것이 되게 하기 위한 보조적 권한에 지나지 아니하는 것으로 보아야 한다.

(나) 국정감사·조사권의 기능

국정감사·조사권을 통하여 첫째, 국정의 실태를 정확하게 파악함으로써 새로운 입법이나 예산심의의 자료로 삼는다는 적극적 기능, 둘째, 집행부의 시정(施政)을 감시하고 비판하며 집행부와 사법부의 비행(非行)을 적발·시정한다는 소극적 기능, 셋째, 국정에 관한 국민의 알 권리를 충족시켜 주는 정보제공적 기능 등을 수행한다.

(3) 국정감사·조사의 시기와 기간

(가) 국정감사의 시기와 기간

국정감사는 소관 상임위원회별로 매년 9월 10일부터 20일간 실시한다. 감사기간인

20일은 법정기간으로 이를 연장하거나 단축할 수 없다. 다만 본회의의 의결로써 그 시기를 변경할 수는 있다.

(나) 국정조사의 시기와 기간

국정조사는 국회재적의원 4분의 1 이상의 요구가 있는 때에 특별위원회 또는 상임위원회가 특정의 국정사안에 관하여 행한다. 조사요구는 조사의 목적·조사할 사안의 범위·조사할 위원회 등을 기재한 조사요구서로써 해야 한다.

(4) 국정감사·조사의 대상기관

(가) 국정감사의 대상기관

국회의 국정감사는 국정전반에 관하여 실시할 수 있도록 포괄적으로 규정하고 있지만, 국정감사및조사에관한법률은 국정감사의 대상기관을 구체적으로 명시하고, 상임위원회가 자체적으로 선정할 수 있도록 하고 있으며, 특별히 필요한 경우에는 본회의의 의결을 얻도록 하고 있다. 따라서 국정감사의 대상기관은 위원회 선정대상기관과 본회의 승인대상기관으로 나누어진다.

(나) 국정조사의 대상기관

국정조사의 대상기관은 국회본회의가 의결서로써 승인한 조사계획서에 기재된 기관에 국한된다.

(5) 국정감사·조사권의 한계

(가) 권력분립상의 한계

(ㄱ) 행정작용에 대한 간섭

국회가 집행부에 대하여 감사·조사를 하는 경우에 국회가 스스로 구체적인 행정처분을 하거나 행정처분의 취소를 명하는 것은 물론이고, 집행부에 정치적 압력을 가하는 것과 같은 감사·조사는 할 수 없다.

(ㄴ) 사법권독립의 침해

첫째, 법원에 계속 중인 사건에 대하여 정치적 압력을 가하거나 재판내용에 개입하는 것은 허용되지 아니한다.

둘째, 판결의 전후를 불문하고 담당법관을 상대로 재판의 내용을 감사·조사·비판하는 것은 법관의 자유로운 심증형성에 영향을 미치는 것이 되므로 허용되지 아니하나, 다만 법원과 병행하여 동일사건을 다른 목적(탄핵소추·해임건의 등)을 위하여 독자적으로 감사·조사하는 것은 무방하다.

(ㄷ) 수사·소추 등 검찰사무에 대한 간섭

검찰사무는 상당부분이 행정작용이므로 감사·조사의 대상이 될 수 있지만, 수사나 공소진행은 실질적으로 준사법적 성질을 가지는 것이므로, 현재 진행 중인 수사의 속행을 방해하거나 소추에 간섭하는 감사·조사는 형사사법의 공정을 기하기 위하여 허용되지 아니한다.

(ㄹ) 지방자치단체의 고유사건에 대한 간섭

지방자치단체의 고유업무는 당해 지방의회가 감사·조사하는 것이 지방자치제의 헌법정신에 합치하므로 국회의 감사·조사대상에서 제외된다.

(ㅁ) 감사원의 준사법적 감사행위에 대한 간섭

감사원의 업무도 국회의 감사·조사의 대상이 되지만 그 변상책임의 판정이나 징계처분과 문책의 요구 등 준사법적 판단작용은 감사원의 독립기관성에 비추어 국정감사·조사의 대상에서 제외된다.

(나) 기본권보장상의 한계

국회의 국정감사·조사권은 국정에 관한 것이므로 국정과 관계없는 개인의 사생활사항에 관해서는 이를 감사·조사할 수 없다. 다만 사생활에 관한 사항일지라도 정치자금의 출처나 용도와 같은 국가작용과 관련이 있는 사항은 감사·조사할 수 있다.

(다) 국가이익상의 한계

공무원 또는 공무원이었던 자가 국회로부터 증언의 요구를 받거나 국가기관이 서류제출을 요구받은 경우에, 그 내용이 직무상 비밀에 속한다는 이유로 이를 거부할 수가 없다. 다만, 군사·외교·대북관계의 국가기밀에 관한 사항으로서 그 발표가 국가안위에 중대한 영향을 미친다는 주무부장관의 소명이 증언 등의 요구를 받은 날로부터 5일 이내에 있으면 거부할 수 있다.

제7항 ‣ 국회의원의 헌법상 지위와 권한과 의무

I 국회의원의 헌법상 지위와 신분

1. 국회의원의 헌법상 지위

(1) 국회의 구성원으로서의 지위

헌법이 "국회는 국회의원으로 구성한다."라고 규정(제41조 제1항)하고 있으므로 국회의원은 국회구성원으로서의 지위를 가진다.

(2) 국민의 대표자로서의 지위

대의제 민주주의에서는 국회의원은 국민을 "대표한다(represent)"라고 한다. 그러나 국회의원을 국민대표로 보는 경우에도, 그 대표의 성격에 관해서는 정치적 대표기관설과 법적 대표기관설이 대립하고 있다. 생각건대 국회가 국민의 대표기관임에는 이론의 여지가 없지만, 그 대표의 성격은 법적 대표가 아니라 정치적 대표로 보아야 한다.

(3) 정당의 대표자로서의 지위

오늘날 정당제민주주의에 있어서는 국회의원의 특정정당에 소속하는 정당원으로서 소속정당을 대표하는 지위에 있고, 의원의 정당에의 기속이 특징이 되고 있다. 오늘날 국회에 있어서 그 의사의 결정은 국회의원들이 자유로운 토론과 표결로써 이루어지는 것이 아니라, 각 정당대표들이 사전에 합의한 바에 따라 결정되고, 의원들은 당수뇌부의 지시와 명령 또는 의원총회의 결정에 따라 움직이는 거수기에 불과하다. 따라서 국회의원은 전체국민의 대표자로서의 지위와 소속정당의 이익을 위하여 활동하는 정당의 대표자로서의 지위라는 2중적 지위를 가진다.

(4) 국민대표자의 지위와 정당공무원의 지위와의 관계

위와 같은 2중적 지위에 있는 국회의원은 현실적으로 2중적 지위가 충돌할 때에 어느 지위를 우선시켜야 하는지가 문제된다. 의원은 국가이익을 우선할 의무가 있으며(헌법 제46조 제2항), 탈당의 자유가 있고, 표결에 있어 비밀투표가 보장되어 있으므로 양심에 따라 소속정당의 결정과 반대되는 발언이나 표결을 할 수가 있다. 다만, 소속 정당으로부터 제명을 받을 수 있어서 쉽게 행동하지 못할 것이다.[399]

399) 헌재 2003. 10. 30. 2002헌라1.

Ⅱ 국회의원의 특권

의원이 국민의 대표로서 그 책무를 완수하고 헌법상의 권한들을 적절하게 행사할 수 있도록 하기 위해서는 그것을 위한 제도적 뒷받침이 필요하다. 이러한 제도로서 면책특권과 불체포특권을 보장하고 있다.

1. 면책특권

(1) 면책특권의 의의

의원의 면책특권이라 함은 국회의원이 국회에서 직무상 행한 발언과 표결에 관하여 국회 외에서 책임을 지지 아니하는 특권을 말한다. 면책특권을 보장하는 제도적 의의는 권력분립의 원리에 입각하여 의회의 독립성과 자율성을 제도적으로 보장하고, 집행부가 그에 대한 비판·통제기관인 의회의 의원들에게 가할지도 모르는 부당한 탄압을 배제하며, 전체국민의 대표자로서의 의원이 선거민이나 그 밖의 세력의 압력을 받음이 없이 오로지 자신의 양심에 따라 활동할 수 있도록 하려는 데에 있다.

(2) 면책특권의 법적 성질

면책특권은 범죄성립의 요건은 충족하나 그에 관한 형벌권의 발생이 저지되는 경우이므로 인적 처벌조각사유이다.

(3) 면책특권의 주체

면책특권을 누리는 자는 국회의원이다. 국회의원이 아닌 국무총리·국무위원·정부위원 등은 비록 원내에서 행한 발언일지라도 그에 관하여 면책특권을 누릴 수 없다. 의원직을 겸한 국무총리·국무위원에 대하여 견해가 갈리고 있지만 의원의 자격에서 행한 원내발언에 대하여는 면책특권을 인정해야 한다.

(4) 면책특권의 내용

(가) 면책의 대상과 범위

A. 발언과 표결

발언이라 함은 의제에 관한 의사의 표시를 말한다. 의제에 관한 발의·토론·연설·질문·진술 등 모든 의사표시가 이에 해당한다. 표결이라 함은 의제에 관하여 찬·반의 의사를 표시하는 것을 말하며, 그 방법에는 제한이 없다.

B. 국회 내에서의 발언과 표결

국회라 함은 국회의사당이라는 건물만을 지칭하는 것이 아니라, 국회의 본회의나 위원회가 개최되고 있는 모든 장소를 말한다.

C. 직무행위

면책의 대상이 되는 행위는 직무상 행위이기 때문에, 의사당 내에서 행한 발언일지라도 의제(議題)와 관계없는 발언은 면책의 대상이 되지 아니한다. 직무상 행위에는 직무집행 그 자체는 물론이고 직무행위와 관련이 있는 그 선후의 행위와 직무집행에 부수된 행위도 포함된다. 판례도 유성환의원 사건에서 같은 취지로 판시하고 있다.[400]

(나) 면책의 효과

A. '국회외'에서의 면책

발언과 표결에 관한 면책특권은 '국회외'에서 책임을 지지 아니하는 것이지만 국회 내에서는 책임을 물을 수 있다.

B. 책임의 면제

면책이라 함은 일반국민이면 당연히 져야 할 민사상 또는 형사상의 책임은 물론이고 공직자로서 지는 징계상의 책임을 지지 아니한다는 뜻이다. 책임은 법적 책임을 의미하므로 정치적 책임을 물을 수 있다.

C. 면책의 기간

면책은 재임 중에 국한되는 것이 아니고 임기만료 후에도 적용된다.

---

400) 유성환 피고인이 신한민주당 소속 제12대 국회의원으로서 1986. 7.경 제131회 정기국회 본회의에서의 정치분야 대정부 질문자로 내정되어 그 질문 원고를 작성함에 있어 우리나라의 통일정책과 관련하여 "이 나라의 국시는 반공이 아니라 통일이어야 한다." "통일이나 민족이라는 용어는 공산주의나 자본주의보다 그 위에 있어야 한다."는 등 통일을 위해서라면 공산화통일도 용인하여야 한다는 취지 등을 담은 원고를 완성하고 비서인 공소외 양순석으로 하여금 50부를 복사하게 한 다음, 같은 해 10. 13. 13:30 국회의사당 내 기자실에서 위 양순석을 통하여 그중 30부를 국회 출입기자들에게 배포함으로써 반국가단체인 북괴의 활동에 동조하여 이를 이롭게 한 것이라는 공소사실에 대하여, 피고인이 배포한 원고의 내용이 공개회의에서 행할 발언내용이고(회의의 공개성), 원고의 배포시기가 당초 발언하기로 예정된 회의시작 30분 전으로 근접되어 있으며(시간적 근접성), 원고배포의 장소 및 대상이 국회의사당 내에 위치한 기자실에서 국회출입기자들만을 상대로 한정적으로 이루어졌고(장소 및 대상의 한정성), 원고배포의 목적이 보도의 편의를 위한 것이라는(목적의 정당성) 등의 사실을 인정한 후 이와 같은 사실을 종합하여 피고인이 국회 본회의에서 질문할 원고를 위와 같이 사전에 배포한 행위는 국회의원의 면책특권의 대상이 되는 직무부수행위에 해당한다고 판시한 원심 판결(서울고등법원 1991. 11. 14. 선고 87노1386 판결)을 수긍한 사례이다. 대법원 1992. 9. 22. 선고 91도3317 판결(국가보안법위반).

(5) 면책특권의 한계

국회 내에서 행한 발언과 표결이라 하더라도 그것을 다시 '원외(院外)'에서 발표하거나 출판하는 경우에는 면책되지 아니한다.

2. 불체포특권

(1) 불체포특권의 의의

불체포특권이라 함은 현행범인이 아닌 한 의원은 회기 중 국회의 동의 없이 체포 또는 구금되지 아니하고, 회기 전에 체포 또는 구금된 경우라도 국회의 요구가 있으면 회기 중 석방될 수 있는 특권을 말한다. 불체포특권은 의회의 자주적 활동과 의원의 대집행부통제 등 그 직무수행을 원활하게 하고, 집행부에 의한 불법·부당한 탄압을 방지하려는 데에 그 제도적 의의가 있다. 따라서 정당한 이유가 있고 적법한 절차에 따라 정부가 의원을 체포하는 경우에는 불체포특권이 인정되지 아니한다. 또한 의회에 대한 집행부의 우위가 이루어지고 있는 권위주의체제의 국가에서는 불체포특권이 보다 강화될 필요가 있지만, 집행부에 대한 의회의 우위가 유지되고 있는 경우에는 불체포특권의 존재이유가 희박하고 오히려 의원을 과잉보호하는 것이 되어 형사사법(刑事司法)의 기능을 저해할 우려가 있다.

(2) 불체포특권의 연혁과 입법례

불체포특권은 영국의 하원이 전제군주의 대권에 대항하여 일찍부터 주장한 바 있지만, 그것이 법적으로 보장되기는 제임스 1세(1566-1625) 치하에서였다. 미연방헌법이 의원의 불체포특권을 최초로 명문화한 이래 오늘날 민주국가의 헌법은 예외 없이 이것을 규정하고 있다.

(3) 불체포특권의 법적 성격

의원의 불체포특권은 의회의 자주적 활동을 보장하고 의원의 자유로운 직무수행을 보장하기 위한 것이므로 이것은 의회구성원으로서의 의원의 특권을 의미한다. 불체포특권은 의원이 범법행위를 한 경우에도 회기 중에는 체포당하지 아니하는 특권을 의미할 뿐, 범법행위에 대한 형사책임의 면제를 의미하는 것은 아니다. 이와 같이 불체포특권은 의원의 신분에 대한 특권을 의미하지만, 그것은 회기 중에 한하여 체포를 일시적으로 유예 받는 특권에 지나지 않는 것이므로 면책특권과는 구별된다. 불체포특권은 의회의 자주성과 의원의 원활한 직무수행을 보장하기 위한 것으로 합리적인 이유가 있는 것이므로 평등의 원칙에 위배되지 아니한다.

(4) 불체포특권의 내용

(가) 불체포특권에 관한 원칙

첫째, 회기 중에는 의원을 체포·구금할 수 없다. 회기 중이라 함은 집회일부터 폐회일까지의 기간을 말하며, 휴회 중도 여기에 포함된다. 체포·구금이라 함은 일정기간 신체의 자유를 박탈하여 일정한 장소에 유치하는 강제처분을 말하므로 체포·구금에는 형사소송법상의 강제처분뿐만 아니라 경찰관직무집행법에 의한 보호조치나 감호조치·격리처분과 같은 행정상의 강제처분도 포함된다.

둘째, 회기 전에 체포·구금한 때에도 국회의 요구가 있으면 석방해야 한다. 회기 전이라 함은 회기시작 이전뿐 아니라 전회기도 이 중에 포함된다. 따라서 전회기에 국회의 동의가 있는 경우에도 현회기에는 석방을 요구할 수 있다. 회기 전에 현행범인으로 체포·구금된 자에 대해서는 불체포특권이 인정되지 아니한다. 석방은 회기 중에 한하므로 회기가 끝난 후에는 다시 구금할 수 있다.

(나) 불체포특권의 예외

첫째, 현행범인에게는 불체포특권이 인정되지 아니한다. 준현행범인은 여기서 말하는 현행범의 범주에 포함되지 아니한다.

둘째, 국회의 동의가 있는 경우에는 불체포특권이 인정되지 아니한다. 국회의 동의가 있으면 회기 중에도 의원을 체포·구금할 수 있다. 체포나 구금에 대한 동의를 함에 있어 조건이나 기한을 붙일 수 있는가가 문제되고 있지만, 체포·구금의 이유가 있다고 하여 동의를 하는 이상 조건이나 기한은 붙일 수 없다고 보는 것이 다수설이다.

셋째, 회기 전에 체포·구금되고 현행범인이 아닌 경우에도 국회의 석방요구가 없으면 불체포특권은 인정되지 아니한다.

제3절 집행부

제1항 ‣ 헌법 제66조 제4항의 행정권

I 행정권의 의의

헌법은 "행정권은 대통령을 수반으로 하는 정부에 속한다."(제66조 제4항)고 규정하여 행정권을 정부의 권한에 속한다고 하고 있다. 헌법 제66조 제4항은 헌법 제40조(입법권) 및 제101조(사법권)와 함께 헌법상 권력분립의 원칙의 직접적인 표현이다.

헌법 제66조 제4항의 행정권은 법률의 집행에 관한 권한인 '협의의 행정작용'과 고도의 정치적 성격을 가진 '통치행위'를 포괄하는 광의의 행정권, 즉 집행권을 말한다. 집행부는 법률의 형식으로 표현되는 의회의 결정을 집행한다는 점에서, 행정권을 일반적으로 '집행권'이라고 한다. 행정권이란 실체적 의미에서 정의하면 "법에 따라 국가목표나 공익의 실현을 위하여 구체적으로 행해지는 적극적·능동적인 형성적 국가작용"이라고 정의할 수 있다.

II 정부의 개념

헌법 제66조 제4항에서 행정권이 행정기능과 통치기능을 포괄하는 광의의 집행권을 의미하는 것과 같이, 행정권의 주체인 '정부'란 협의의 정부가 아니라 입법부와 사법부에 대응하는 집행부를 말한다.

헌법 제4장 정부는 제1절 대통령, 제2절 행정부(제1관 국무총리와 국무위원·제2관 국무회의·제3관 행정각부·제4관 감사원)로 구성된다. 제2절 행정부에서 국무회의의 의장은 대통령이며, 감사원은 대통령의 직속기관이다. 헌법 제8장 지방자치와 제7장 선거관리는 그 기능이 집행부적 성격을 가지고 있다.

제2항 · 대통령

I 대통령의 헌법상 지위

1. 의 의

대통령이라는 용어 속에는 이미 국가원수라는 관념이 포함된다. 국가원수로서 대통령의 지위와 권한은 헌법의 정부형태에 따라 다르다. 대통령제 국가에서의 대통령은 국가원수이자 동시에 집행부의 수반이다. 이원정부제의 대통령도 국민적 정당성을 가지므로 수상을 중심으로 한 정부와 집행권을 공유한다. 반면에 의원내각제의 경우, 군주제도를 가진 국가에서는 군주(왕)가, 군주가 없는 국가에서는 대통령이 국가원수가 되며, 국가원수는 명목적·의례적·상징적 지위에 머물며 국정에 관한 실질적 권한을 가지지 못한다.

2. 대통령의 헌법상 지위

대통령은 현행헌법상 국민을 대표하는 기관이면서 국가원수로서의 지위와 집행부 수반으로서의 지위를 겸하도록 되어 있다.

(1) 국민대표기관으로서의 지위

대의제 민주주의에 있어 대통령은 국회와 더불어 국민을 대표하는 기관으로 의제되고 있다. 현행헌법에는 대통령의 국민대표기관으로서의 지위를 시사하는 규정이 없지 아니하다. 대통령은 국민에 의하여 직접선출된다는 직선제조항(제67조)과 대통령은 임기중 탄핵결정에 의하지 아니하고는 퇴임하지 아니한다는 정치적 무책임조항(제65조) 그리고 국가원수조항(제66조 제1항) 등이 그 예이다. 그러므로 현행헌법에 있어서도 대통령은 국회와 더불어 대내적인 국민대표를 의미한다. 다만, 국회가 다원적 집단이익의 대표를 의미한다면, 대통령은 통일적 국가이익의 대표를 의미한다.

(2) 국가원수로서의 지위

헌법 제66조 제1항은 "대통령은 국가의 원수이며, 외국에 대하여 국가를 대표한다." 라고 하여, 대통령을 국가원수인 동시에 외국에 대한 국가대표로 규정하고 있다. 국가의 원수(HEAD OF STATE)라 함은 대외적으로는 국가를 대표하고, 대내적으로는 국민의 통일성과 전체성을 대표할 자격을 가진 국가기관을 말한다. 현행헌법상 대통령의 국가원수로서의 지위는 다시 (ㄱ) 대외적으로 국가를 대표할 지위, (ㄴ) 국헌수호자로서의 지위, (ㄷ) 국정의 통합조정자로서의 지위. (ㄹ) 헌법기관구성권자로서의 지위 등으로 분류된다. 아무튼 국가원수로서의 대통령의 지위는 입법부와 사법부에 대하여 우월한 지위로서, 그것은 20세기적 대통령제의 성격을 보여주는 것이다.

(가) 대외적으로 국가를 대표하는 지위

대통령은 외국에 대하여 국가를 대표한다(제66조 제1항). 대통령은 대한민국의 대표로서 외국과 조약을 체결·비준하고, 외교사절을 신임·접수 또는 파견하며, 외국에 대하여 선전포고와 강화를 한다(제73조). 대통령은 국가대표의 지위에서 일정한 국제법상의 특권을 누린다.

(나) 국헌수호자로서 지위

대통령은 국가와 헌법의 수호자로서의 지위를 가진다. 헌법 제66조 제2항이 "대통령은 국가의 독립·영토의 보전·국가의 계속성과 헌법을 수호할 책무를 진다."라고 하고 있고, 제69조가 "헌법을 준수하고 국가를 보위하며"라고 선서하게 하는 것은 대통령이 국가와 헌법의 수호자라는 것을 명백히 한 것이다.

(다) 국정의 통합·조정자로서의 지위

헌법은 권력분립의 원리에도 불구하고 국가기능의 효율성을 유지하고 국론을 통일하기 위하여 국정의 통합·조정권을 대통령에게 부여하고 있다. 헌법개정안 제안권(제128조 제1항), 국가안위에 관한 중요정책에 대한 국민투표부의권 등이 바로 통합·조정자로서 대통령이 행사하는 권한이다.

(라) 헌법기관구성권자로서의 지위

헌법은 국가원수로서의 대통령에게 그 밖의 헌법기관을 구성할 권한을 부여하고 있다. 국회의 동의를 얻어 대법원장과 헌법재판소장 및 감사원장을 임명하고, 대법원장의 제청으로 국회의 동의를 얻어 대법관을 임명한다.

(3) 집행부 수반으로서의 지위

헌법 제66조 제4항은 "행정권은 대통령을 수반으로 하는 정부에 속한다."라고 규정하여 집행부 수반으로서의 대통령의 지위를 규정하였다. 대통령의 집행부 수반으로서의 지위는 다시 (ㄱ) 집행에 관한 최고지휘권자·최고책임자로서의 지위, (ㄴ) 집행부 조직권자로서의 지위, (ㄷ) 국무회의의장으로서의 지위 등으로 분류된다.

Ⅱ 대통령의 권한

1. 의 의

대통령은 국가원수이자 행정권의 수반이다(제66조 제4항). 따라서 국정의 모든 부분에 걸쳐서 권한을 행사할 수 있다. 그러나 실제 권한행사에 있어서는 국무총리를 중심으로 하는 좁은 의미의 정부와 상당부분 권한을 공유한다.

2. 헌법기관구성에 관한 권한

(1) 국가원수로서 헌법기관구성권자

국정책임자로서의 대통령은 정부 이외의 헌법기관구성에 관한 권한을 가진다. 헌법재판소장 및 헌법재판관, 대법원장 및 대법관, 중앙선거관리위원회 위원(3인)의 임명권자이다(헌법 제104조, 제111조, 제114조).

(2) 행정권수반으로서 행정기관구성권자

대통령은 국무총리·국무위원, 감사원장, 행정각부의 장 및 중요공직자 임명권을 가진다. 국무총리는 국회의 사전동의를 얻어 임명한다(헌법 제86조 제1항). 국무위원 및 행정각부의 장은 국무총리의 제청으로 임명한다(제87조 제1항, 제94조). 감사원장은 국회의 동의를 얻어 임명한다(제98조 제2항). 감사위원은 감사원장의 제청으로 임명한다(제98조 제3항).

3. 국민투표부의권

(1) 의의

국민투표제도는 집행권이 의회나 정당에 대하여 가지는 독자적인 수단이다. 그러나 국민투표제도가 독재자의 개인적 권력을 위한 도구로 남용되기도 한다.

(2) 국민투표의 유형

국민투표의 유형에는 넓은 의미의 국민투표(국민소환, 국민발안)와 좁은 의미의 국민투표(레퍼렌덤)가 있는데 앞에서 이미 서술하여 여기에서는 생략하고 국민투표부의권에 대하여 자세히 살펴본다.

(3) 국민투표부의권

(가) 국가의 중요정책에 대한 국민투표제의 연혁

한국의 헌정사상 국가의 중요정책에 대한 국민투표제가 최초로 도입된 것은 1952년 7월의 제2차 개정헌법이다. 동헌법 제7조의2에서는 '주권의 제약 또는 영토의 변경을 가져올 국가안위에 관한 중요사항'에 대한 국민투표제를 규정하였다. 1972년 헌법은 그 대상을 '국가의 중요정책'이라고 함으로써 이를 좀 더 포괄적으로 규정하였는데, 1980년 헌법과 현행 헌법이 이를 계승하여 그와 동일한 내용을 규정하고 있다.

(나) 국민투표부의권의 의의와 법적 성격

헌법 제72조의 국민투표부의권은 대통령이 국가안위에 관한 중요정책을 국회의 의결로써 결정하지 아니하고, 직접 국민의 의사를 물어 결정할 수 있는 권한이다. 이때의 국민투표제는 헌법 제130조 제2항의 헌법개정안에 대한 국민투표제와 더불어 현행 헌법에 있어서 대의제의 원칙에 대한 예외가 되는 직접민주제의 요소이다. 국민투표제는 대통령이 국회의 의사 여하에 개의치 아니하고 국민의 의사에 따라 국가적 중대사안을 결정하는 제도이므로, 제72조의 국민투표부의권은 국가의사를 결정함에 있어 좀 더 민주적 정당성을 확보할 수 있는 제도일 뿐 아니라, 국회에 대한 대통령의 우월적 지위를 보장해 주는 제도이기도 하다.

(다) 국민투표의 대상

헌법 제72조는 국민투표의 대상을 '외교·국방·통일 기타 국가안위에 관한 중요정책'이라고 규정하고 있다. '국가안위에 관한 중요정책'이란 막연하고 추상적 개념일 뿐 아니라 '기타'라고 하고 있으므로, 국가안위에 관계되는 것이면 비단 외교·국방·통일 등의 정책에 국한되지 아니하고 그 밖의 정책까지 포함될 수 있다. 따라서 동규정은 제한적 규정이 아니라 예시적 규정으로 보아야 한다.

구체적으로 무엇이 '국가안위에 관한 중요정책'인가의 판단과 그것을 국민투표에 부칠 것인가 여부의 결정은 대통령의 재량에 속한다. 그러므로 헌법개정안에 대한 국민투표가 필수적 국민투표제라면, 헌법 제72조에 의한 국민투표는 임의적 국민투표제라고 할 수 있다. 아무튼 국민투표가 정책의 결정이나 법안의 의결을 대상으로 할 때에는 레퍼렌덤(Referendum)의 성격을 띠게 될 것이고, 영토의 변경이나 주권의 제약 또는 정권의 정통성 내지 신임 여부를 대상으로 할 때에는 플레비시트(Plebiscite)의 성격을 띠게 될 것이다. 국민투표제와 관련하여 국민이 구체적이고 세부적인 입법까지도 국민투표로써 할 수 있는가(국민입법)에 관해서는 견해가 갈리고 있으나, 이는 대의제의 원리에 모순될 뿐만 아니라 기술적으로도 어려운 점이 많다고 하겠다.

(라) 국민투표의 방법과 절차

중요한 국가정책에 대한 국민투표는 찬반투표로 결정하는 것이 일반적이다. 국민투표의 방법과 절차는 국민투표법에 규정되어 있다.

「국민투표법」에 의하면, 국민투표에 관한 사무는 중앙선거관리위원회가 통할·관리한다. 대통령은 국민투표일 전 18일까지 국민투표일과 국민투표안을 동시에 공고해야 한다. 투표권자는 국민투표일 현재 만 19세 이상의 국민으로서 결격사유가 없는 자로 한다(「국민투표법」 제7조)[401]. 국민투표는 기표(記票)방법에 의한 표로써 한다. 중앙선거관리위원회는 투표의 집계가 끝난 후 즉시 그 결과를 공표하고 이를 대통령과 국회의장에게 통보해야 한다. 대통령은 중앙선거관리위원회로부터 국민투표의 결과를 통보받은 때에는 즉시 이를 공포해야 한다.

국민투표의 효력에 관하여 이의가 있는 투표인은 투표인 10만인 이상의 찬성을 얻어 중앙선거관리위원회 위원장을 피고로 하여 투표일부터 20일 이내에 대법원에 제소할 수 있다.

4. 입법에 관한 권한

(1) 헌법개정에 관한 권한

대통령은 헌법개정안을 제안할 수 있다(제128조 제1항). 헌법개정안이 제안되면 대통령은 20일 이상 이를 공고하여야 한다(제129조). 헌법개정안이 국민투표로써 확정되면 대통령은 즉시 이를 공포하여야 한다(제130조).

(2) 법률제정에 관한 권한

법률제정에 관한 권한에는 법률안제출권, 법률안거부권 및 법률안공포권이 있다. 대통령은 국무회의의 심의를 거쳐 국회에 법률안을 제출할 수 있다(제52조, 제89조 제3호). 법률안거부권은 국회에서 의결하여 정부에 이송한 법률안에 대하여 대통령이 이의를 제기하여 국회에 재의를 요구하는 권한이다. 국회의 고유권한인 법률제정권에 대한 대통령의 직접적이고 실질적인 개입권이다. 대통령의 법률안거부권은 국회의 법률제정에 대한

401) 공직선거법상 선거권 연령은 18세(제15조 제1항).

독점권을 방지하려는 것이다. 특히 한국과 같은 단원제 국회에서 경솔한 국회입법에 대한 통제수단으로 기능할 수 있다. 국회에서 의결된 법률안은 정부로 이송되어 15일 이내에 대통령이 공포한다(제53조 제1항).

대통령의 법률안거부권에 대하여 자세히 살펴보면 다음과 같다.

(가) 법률안거부권의 의의

법률안거부권(right of veto)이라 함은 국회가 의결하여 정부에 이송한 법률안에 대하여 대통령이 이의가 있는 경우에, 법률안의 확정을 저지하기 위하여 이 법률안을 국회의 재의(再議)에 부칠 수 있는 권한으로서 법률안재의요구권이라고도 한다. 이 거부권으로 말미암아 대통령의 법률안에 대한 서명권에는 국회를 통과한 법률안에 대한 형식적 심사권뿐만 아니라 그 내용의 적부에 관한 실질적 심사권까지 포함된다. 법률안거부권은 미연방헌법 제1조 제7항 제2호에서 유래하여 오늘날 많은 나라에서 이 제도를 채택하고 있다.

(나) 법률안거부권의 제도적 의의

대통령제 정부형태에서 법률안거부권이 인정되는 이유는, 법률의 제정은 국회의 권한이고 법률의 집행은 입법과정에 참여하지 못하는 집행부의 책임이므로, 집행부의 입장에서 법률안에 이의가 있을 수 있기 때문이다. 대통령의 법률안거부권의 이론적 근거는 다음과 같다.

첫째, 엄격한 삼권분립의 구조하에서 법률안의결권을 독점하고 있는 의회가 헌법에 위반되거나 실행불가능하거나 부당한 입법을 자행할 경우, 대통령으로 하여금 이를 견제하게 할 필요가 있다.

둘째, 의회가 그 입법권을 악용하여 집행부의 권한을 부당하게 침해하거나 간섭할 경우, 집행부로 하여금 자기방어를 위한 대항수단으로서 법률안거부권을 활용하게 함으로써, 양부(兩府)간에 권력적 균형을 유지하게 하고, 대통령의 임기동안 집행부를 안정시킬 필요가 있다.

그러나 법률안거부권을 남용하게 되면, 국회의 법률안의결권이 유명무실하게 될 위험이 있다. 현행 헌법은 대통령에게 법률안제출권까지 인정하고 있기 때문에 대통령의 법률안거부권은 단지 단원제 국회의 경솔과 횡포를 방지하기 위한 것에 지나지 않는 것임을 유의하여, 정당하게 행사되어야 하고 남용되어서는 아니 된다.

(다) 법률안거부권의 법적 성격

대통령의 법률안거부권이 법률의 완성에 대하여 어떠한 의미를 가지는가에 관해서는 정지조건설과 해제조건설 등이 있다. 생각건대 대통령의 법률안거부권은 국회가 재의결하기까지 그 법률안에 대하여 법률로서의 확정을 정지시키는 소극적인 조건부 정지권의 성질을 가지는 것이다. 국회의 재의결이라는 일정한 조건이 성취되면 그 법률안은 법률로서 확정되기 때문이다. 따라서 재의에 부쳐진 법률안을 국회가 재의결하기 전에는 대통령은 재의결의 요구를 언제든지 철회할 수 있다.

(라) 법률안거부권의 행사요건

A. 실질적 요건

어떠한 경우에 어떠한 사유로 법률안 거부권을 행사할 수 있는가에 관해서 헌법상 규정이 없지만 법률안거부권의 행사는 정당한 이유가 있고 객관적으로 납득할 수 있는 경우라야 한다. 객관적 타당성이 있는 정당한 경우로는 ㉠ 그 법률안이 헌법에 위반된다고 판단되는 경우, ㉡ 그 법률안의 집행이 불가능한 경우, ㉢ 그 법률안이 국가적 이익에 반하는 것을 내용으로 하고 있는 경우, ㉣ 그 법률안이 집행부에 대한 부당한 정치적 공세를 내용으로 하는 경우 등을 들 수 있다. 정당한 이유가 없는 법률안거부권의 남용은 탄핵소추의 사유가 된다.

B. 절차적 요건

대통령이 법률안거부권을 행사하는 절차는 ㉠ 법률안이 정부로 이송되어 온 날로부터 15일 이내에, ㉡ 국무회의의 심의를 거친 후, ㉢ 그 법률안에 이의서를 첨부하여, ㉣ 국회로 환부하여 재의를 요구하는 것이다.

(마) 법률안거부의 유형

A. 환부거부(還付拒否)

환부거부(direct veto)라 함은 국회가 의결하여 정부에 이송한 법률안을 지정된 기일 내에 대통령이 이의서를 첨부하여 국회에 환부하고 재의를 요구하는 것을 말하는 것으로서 헌법 제53조 제2항은 환부거부를 인정하고 있다. 이에 따라 국회가 이미 폐회한 후에도 법률안에 대하여 이의가 있으면, 대통령은 15일 이내에 그 법률안을 국회에 환부해야 한다. 대통령이 그 법률안을 국회에 환부하지 아니하고 공포도 하지 아니할 경우에는, 15일이 경과함으로써 그 법률안은 법률로서 확정된다. 다만 법률안 거부에 있어 일부거부(item veto)와 수정거부가 인정되는가에 관해서는 견해가 갈리고 있는데, 일부거부는 법률안의 유기적 관련성을 파괴하고, 수정거부는 거부권의 소극적 성격에 반할 뿐 아니라 정부가 법률안제출권까지 가지고 있는 현행 헌법에서는 이를 인정할 이유가 없다고 하겠다. 현행 헌법도 이를 명문으로 금지하고 있다(제53조 제3항).

B. 보류거부[保留拒否]

보류거부(pocket veto)라 함은 국회의 폐회나 해산으로 말미암아 대통령이 지정된 기일 내에 법률안을 국회에 환부하고자 하여도 환부할 수 없는 경우에, 대통령이 그 법률안을 거부하기 위하여 법률안을 공포하지 아니한 채 가지고 있으면, 법률안이 자동적으로 폐기되는 것을 말한다. 현행 헌법에서 보류거부가 인정되는지 여부에 대하여 학설이 갈리고 있다. 전면부정설에 의하면 보류거부는 인정되지 않는다고 한다. 부분긍정설은 원칙적으로 보류거부는 인정되지 않지만, 국회가 의결한 법률안이 정부에 이송된 후 15일 이내에 그 법률안을 의결한 의원의 임기가 만료하여 국회가 종국적으로 폐회한 경우에는, 환부하고자 하여도 환부할 국회가 존재하지 않으며, 대통령은 그 법률안에 대하여 이의를 가지고 있는 경우이므로, 이때에 그 법률안은 당연히 폐기될 수밖에 없다고 한다. 그러므로 이런 경우는 예외적으로 보류거부가 인정되는 경우로 보아야 한다고 한다. 생각건대 현행 헌법은 회기마다 보류거부를 인정하고 있는 미연방헌법과 같은 보류거부제(제1조 제7항 제2호)는 인정하고 있지 않다. 이 점에 관한 한 긍정설도 부정설도 견해차이는 없다. 그러나 의원의 임기가 만료하여 국회가 폐회된 경우에는, 대통령이 법률안을 환부하고 싶어도 환부할 국회가 존재하지 아니한다. 헌법해석상 문제가 되는 것은 이러한 경우인데, 이 경우에 대통령이 법률안을 거부하려고 한다면 그 거부의 법적 성격이 문제된다. 이때에는 대통령이 법률안에 대하여 이의를 가지고 있는 경우지만, 환부할 국회가 없으므로 그 법률안은 폐기되지 않을 수 없고, 이런 경우의 대통령의 법률안에 대한 거부는 그 성질상 보류거부에 해당한다고 볼 수밖에 없다. 이렇게 본다면 부분긍정설이 논리적이라 할 수 있다.

(바) 법률안거부권에 대한 통제

헌법은 대통령의 법률안거부권 남용을 막기 위한 제도적 장치로서 국회의 재의결과 국회의장의 법률안공포권을 규정하고 있다. 대통령이 법률안거부권을 행사하면, 국회는 그 법률안을 재의에 회부하고 재적의원 과반수의 출석과 출석의원 3분의 2 이상의 찬성으로 전과 같이 의결함으로써, 그 법률안을 법률로서 확정할 수 있다(제53조 제4항). 그리고 확정된 법률을 대통령이 5일 이내에 공포하지 아니할 때에는 국회의장이 이를 공포하도록 하고 있다(제53조 제6항 제2문).

(3) 행정입법에 관한 권한

행정입법이란 행정기관이 정립하는 일반적·추상적 법규범이다. 국민의 권리·의무에 관한 법규사항은 법률로 정하여야 한다(제37조 제2항). 대통령은 법률에서 구체적으로 범위를 정하여 위임받은 사항과 법률을 집행하기 위하여 필요한 사항에 관하여 대통령령을 발할 수 있다(제75조).

(가) 행정입법의 의의

헌법은 제75조에서 "대통령은 법률에서 구체적으로 범위를 정하여 위임받은 사항과 법률을 집행하기 위하여 필요한 사항에 관하여 대통령령을 발할 수 있다."라고 하여, 대통령이 대통령령으로서의 위임명령과 집행명령을 발할 권한을 규정하고 있는데, 이를 대통령의 명령제정권 또는 행정입법권이라 한다. 입헌민주국가에서는 국민의 자유와 권리에 관한 사항은 법규사항이라 하여 의회가 법률의 형식으로 규율하는 것을 원칙으로 하여 왔지만, 오늘날의 행정국가·사회국가에서는 의회입법의 원칙과 법률에 의한 기본권 제한의 원칙을 고수할 수 없게 되었을 뿐만 아니라 모든 법규사항을 의회가 법률로써 직접 규정한다는 것은 부적당하기도 하고 불가능하기도 하게 되어 행정입법을 하는 것이 불가피하게 되었다.

(나) 행정입법의 유형

행정입법은 그 제정주체·제정절차·성질·내용·효력 등을 기준으로 하여, 본래의 행정입법과 자치입법, 대통령령·총리령·부령, 법규명령과 행정명령, 위임명령과 집행명령, 시행령(대통령령)과 시행규칙(부령) 등 여러 가지 유형으로 분류할 수 있다. 이 중 행정입법의 중심을 이루는 것은 대통령이 발하는 법규명령으로서의 위임명령과 집행명령이다.

A. 본래의 행정입법과 자치입법

본래의 행정입법이라 함은 대통령·국무총리·행정각부의 장 등 중앙행정기관이 제정하는 법규명령과 행정명령을 말한다. 자치입법이라 함은 헌법 제117조 제1항에 따라 지방자치단체가 법령의 범위 안에서 정립하는 자치에 관한 규범을 말하는 것으로, 이에는 지방자치단체의 의회가 제정하는 조례(條例)와 지방자치단체의 장이 제정하는 규칙 그리고 교육감이 법령 또는 조례의 범위 안에서 제정하는 교육규칙이 있다.

B. 대통령령·총리령·부령

본래의 행정입법은 그 제정권자가 누구냐에 따라 대통령령·총리령·부령으로 나눌 수 있다. 대통령령은 헌법 제75조가, 총리령과 부령은 헌법 제95조가 규정하고 있다. 이때의 대통령령·총리령·부령은 법규명령이지만 법규명령은 다시 위임명령과 집행명령으로 나누어진다.

C. 법규명령과 행정명령

(ㄱ) 법규명령

ⓐ 법규명령의 의의

법규명령이라 함은 행정기관이 헌법에 근거하여 국민의 권리·의무에 관한 사항(법규사항)을 규정하는 것으로, 대국민적 구속력을 가지는 법규적 명령을 말한다. 법규적이라 함은 그 내용이 일반적·추상적 규정이어서 일반적 구속력을 가진다는 의미이다. 헌법은 법규명령으로서 대통령령(제75조), 총리령과 부령(제95조) 외에 국회규칙(제64조 제1항), 대법원규칙(제108조), 헌법재판소규칙(제113조 제2항), 중앙선거관리위원회규칙(제144조 제6항) 등을 규정하고 있다.

ⓑ 법규명령의 종류

법규명령은 그 내용을 기준으로 하여 위임명령과 집행명령으로 분류되고, 발령기관을 기준으로 하여 대통령령·총리령·부령 등으로 분류할 수 있다.

ⓒ 법규명령의 형식과 효력

법규명령은 일반국민의 권리·의무와 관련이 있는 사항까지 그 대상으로 할 수 있고, 계속적 효력을 가지는 추상적 규범이기 때문에 일정한 형식을 구비하여야 한다. 법규명령은 조문의 형식을 갖추고, 일자를 명기하고 서명·날인하며, 번호를 부여한다. 법규명령은 공포됨으로써 유효하게 성립하는데, 공포는 관보에 게재함으로써 한다.

(ㄴ) 행정명령

ⓐ 행정명령의 의의

행정명령 내지 행정규칙이라 함은 행정기관이 헌법상 근거를 요하지 아니하고, 그 고유권한으로써 국민의 권리·의무와 직접 관계가 없는 비법규사항(非法規事項)을 규정하는 것으로, 행정조직 내부에서만 효력을 가질 뿐 대외적 구속력을 가지지 아니하는 규칙을 말한다.

ⓑ 행정명령의 종류

행정명령은 그 내용을 기준으로 하여 조직규칙·근무규칙·영조물규칙 등으로 분류되고, 그 형식을 기준으로 하여 훈령·예규·지시·일일명령(日日命令) 등으로 분류할 수 있다.[402]

ⓒ 행정명령의 형식과 효력

행정명령이 구비해야 할 형식과 절차에 관한 일반규정은 따로 없다. 행정명령은 원칙적으로 공포를 요하지 아니하나, 우리나라의 실무관행은 행정명령도 공포절차를 거친다.

D. 위임명령과 집행명령

(ㄱ) 위임명령

ⓐ 위임명령의 의의

위임명령이라 함은 헌법에 근거하고 법률의 위임에 따라 발하는 명령으로서, 법률의 위임이라 함은 일정한 사항에 관하여 법률이 스스로 규정하지 아니하고 명령으로써 규정하도록 수권(授權)하는 것을 말한다.

ⓑ 위임명령의 성질

위임명령은 법률의 위임에 따른 명령이므로, 위임한 법률에 종속한다. 위임명령의 발효시기·내용·효력상실 등은 모법(母法)을 전제로 하므로, 위임명령은 모법에 위반하는 것을 규정할 수 없으며, 모법이 개정되거나 소멸한 때에는 위임명령도 개정되거나 소멸한다.

ⓒ 위임의 형식·범위와 한계

법률이 명령에 위임하는 형식에는 법률이 위임하는 사항과 범위를 구체적으로 한정하지 아니하고, 특정의 행정기관에게 입법권을 일반적·포괄적으로 위임하는 형식인 일반적·포괄적 위임과 법률이 위임하는 사항과 범위를 구체적으로 한정하여 특정의 행정기관에게 입법권을 위임하는 형식인 개별적·구체적 위임이 있다. 일반적·포괄적 위임은

---

402) (1) 훈령: 상급기관이 하급기관에 대하여 상당히 장기간에 걸쳐서 그 권한의 행사를 일반적으로 지휘·감독하기 위하여 발하는 명령이다. 훈령은 행정기관에 대한 명령이므로 기관구성원인 자연인이 변동되더라도 이미 발한 훈령의 효력에 영향을 미치지 않는다. 그러나 상관이 부하에게 발하는 직무명령은 기관구성원이 변동되면 이미 발한 직무명령의 효력에 영향을 미친다. (2) 지시: 상급기관이 직권 또는 하급기관의 문의·신청에 대하여 개별적·구체적으로 발하는 명령이다. (3) 예규(例規): 법규문서 이외의 문서로서 상급 행정청이 하급 행정청에 대하여 반복적인 행정사무의 통일을 기하기 위한 기준을 제시한 것이다(예: 농림부예규 제183호 농지취득자격증명발급심사요령). (4) 일일명령: 당직, 출장, 시간외 근무, 휴가 등 일일업무에 관하여 발하는 명령이다.

사실상 입법권의 백지위임(白紙委任)과 다를 것이 없으며, 의회입법의 원칙을 부인하는 것이 될 뿐 아니라, 집행부의 독재와 기본권의 무제한적 침해를 초래할 위험이 있기 때문에 허용되지 아니한다(포괄적 위임입법금지의 원칙). 헌법 제75조는 위임의 범위와 한계에 대하여 '구체적으로', '범위를 정하여'라고 한정하고 있다. 구체적이라는 것은 일반적·추상적이어서는 아니 된다는 의미이고, 범위를 정한다는 것은 포괄적·전면적이어서는 아니 된다는 의미이다.

(ㄴ) 집행명령

ⓐ 집행명령의 의의

집행명령이라 함은 헌법에 근거하여 법률을 집행하는 데 필요한 세칙을 정하는 명령으로서, 법률을 집행한다는 것은 법률을 구체적인 경우에 적용하여 법을 완성시키는 것을 말한다.

ⓑ 집행명령의 성질

집행명령은 특정의 법률[모법(母法)]에 종속한다(법률에의 종속성). 집행명령은 모법을 변경하거나 보충할 수가 없으며, 모법에 규정이 없는 새로운 입법사항을 규정하거나 국민의 새로운 권리·의무를 규정할 수도 없다.

ⓒ 집행명령의 한계

집행명령은 특정의 법률이나 상위명령을 시행하기 위하여 필요한 구체적 절차와 방법 등을 규정하는 것이므로, 새로운 입법사항을 규정할 수 없다.

5. 사법에 관한 권한

헌법에서 대통령의 사법에 관한 권한으로서는 헌법재판소 및 대법원 구성권·위헌정당해산제소권·사면권 등이 있다. 여기에서는 사면권만 설명하고 다른 쟁점은 관계되는 곳에서 설명한다.

(1) 사면권의 의의

협의의 사면이라 함은 형사소송법이나 그 밖의 형사법규의 절차에 의하지 아니하고 형의 선고의 효과 또는 공소권을 소멸시키거나 형집행을 면제시키는 국가원수의 특권을 말한다. 광의의 사면은 협의의 사면은 물론이고 감형과 복권까지 포괄하는 개념이다. 대통령의 사면권은 사법부의 판단을 변경하는 권한으로 권력분립의 원리에 대한 예외가 된다. 형벌의 선고는 사법부의 고유권한임에도 불구하고, 대통령이 사법권행사에 개입하여 그 효과에 변경을 가할 수 있는 제도이기 때문이다.

(2) 사면권의 내용

(가) 협의의 사면권

사면에는 일반사면과 특별사면이 있다. 일반사면[대사(大赦)]이라 함은 범죄의 종류를 지정하여, 이에 해당하는 모든 범죄인에 대하여 형의 선고의 효과를 전부 또는 일부 소멸시키거나, 형의 선고를 받지 아니한 자에 대하여 공소권을 소멸시키는 것을 말한다. 이에 대하여 특별사면[특사(特赦)]이라 함은 이미 형의 선고를 받은 특정인에 대하여 형의 집행을 면제하는 것을 말한다. 일반사면은 대통령령으로써 하되 국무회의의 심의를 거치고 국회의 동의를 얻어야 한다(헌법 제89조의 제9호, 제79조 제2항). 특별사면은 대통령의 명(命)으로써 한다. 다만 법무부장관이 대통령에게 특별사면, 특정한 자에 대한 감형 및 복권을 상신(上申)할 때에는 사면심사위원회의 심사를 거쳐야 한다(사면법 제10조).[403] 특별한 규정이 없는 한 일반사면으로 형의 선고는 그 효력을 상실하고[형의 실효(失效)], 형의 선고를 받지 아니한 자에 대하여는 그에 관한 공소권이 상실된다. 특별사면에 의해서는 형의 집행이 면제된다. 그러나 형의 선고에 의한 기성(旣成)의 효과는 사면으로 변경되지 아니한다(사면법 제5조 제2항).

(나) 감형권(減刑權)

감형권이라 함은 선고를 받은 자에 대하여 선고받은 형을 경감하거나 형의 집행을 감경시켜 주는 국가원수의 특권을 말한다(사면법 제5조 제1항 제3호, 제4호). 감형에는 죄 또는 형의 종류를 정하여 일반적으로 행하는 일반감형과 특정인에 대한 특별감형의 두 종류가 있다. 일반감형은 국무회의의 심의를 거쳐 대통령령으로써 하고, 특별감형은 법무부장관의 상신으로 국무회의의 심의를 거쳐 대통령이 명으로써 한다(헌법 제89조의 제9호,

---

403) 이명박정부는 광복 64주년·건국 61년을 기념하는 한편 경제위기 상황에서 서민들의 어려움을 덜어주기 위해 농어민과 자영업자, 음주운전자 등 152만7천779명을 2009년 8월 15일을 기하여 특별사면·감형·복권한다고 밝혔다. 이명박정부가 출범한 지 1년 6개월도 되지 않았음에도 불구하고 벌써 3번에 걸쳐 합계 468만 명이나 사면을 단행하여 노무현정부 5년간 사면 숫자 437만 명을 훌쩍 넘어섰고, 2007년 사면법 개정에서 사면심사위원회를 신설한 의미가 전혀 효과를 발휘하지 못하고 있다. 특히 김우중씨와 최원석씨는 특별사면을 3번이나 받은 사면 3관왕이다. 이를 막기 위해서 사면심사위원회의 구성시 외부위원이 과반수가 되도록 하고 사면심사위원회의 회의사항 중 의견이 갈리는 부분에 대하여 10년이 지나서야 공개하도록 한 규정도 개정하여 사면공화국이 되지 않도록 막아야 할 것이다. 고문현, "한국의 사면 현황과 개정 사면법령에 대한 평가", 「세계헌법연구」, 국제헌법학회 한국학회, 2008. 7, 29-58쪽; 영남일보, "광복절 특사를 계기로 본 사면", Weekly Special, 박주희기자, 2009. 8. 14. http://www.yeongnam.com/ yeongnam/html/weekly/special/article.shtml?id=20090814.010340745300001 참조.

사면법 제5조 제1항 제3호, 제4호, 제8조, 제9조). 어떠한 경우든 형의 선고에 의한 기성의 효과는 감형으로 인하여 변경되지 아니한다(사면법 제5조 제2항).

(다) 복권에 관한 권한

복권이란 죄를 범하여 형의 선고를 받은 자가 그 형의 선고의 부수적 효력으로서 다른 법령에 의하여 자격이 상실 또는 정지된 경우에 그 상실 또는 정지된 자격을 회복시켜 주는 것을 말한다. 복권은 자격이 상실 또는 정지된 자 중에서 형의 집행이 종료하거나 집행을 면제받은 자에 대해서만 행해진다(사면법 제6조). 복권에는 죄 또는 형의 종류를 정하여 일반적으로 행하는 일반복권과 특정한 자에 대하여 하는 특별복권이 있다. 일반복권은 대통령령으로써 하고(사면법 제8조 제1항), 특별복권은 법무부장관의 상신에 따라 대통령이 명으로써 한다(사면법 제9조).

(3) 사면권의 한계

(가) 헌법내재적 한계

대통령의 사면권행사에 관하여는 헌법에도 또 사면법에도 사면의 사유에 관해서는 명문규정을 두고 있지 아니하지만 대통령의 사면권 행사에는 다음과 같은 헌법내재적 한계가 있다.

㉠ 사면권은 국가이익과 국민화합의 차원에서 행사되어야 하고, 정치적으로 남용되거나 당리당략적 차원에서 행사할 수 없다.

㉡ 권력분립의 원리에 비추어 사법권의 본질적 내용을 침해하는 결과가 될 정도의 사면권행사는 허용되지 아니한다. 사면권은 사법부의 권위를 훼손하지 아니하는 범위 내에서 합리적인 기준과 원칙에 따라 적정하게 행사되어야 한다.

㉢ 국회는 일반사면에 대한 동의 여부를 심리함에 있어 대통령이 제안하지 아니한 죄의 종류를 추가할 수 없다.

(나) 사면의 결정 및 거부에 대한 사법심사

대통령이 사면권을 남용하는 경우에 사법적 통제가 가능한가가 문제되고 있다. 독일에서는 특별사면의 거부와 관련하여 학설과 판례가 부정설과 긍정설로 갈리고 있다. 부정설은 사면은 권력분립의 원리와 무관한 제도이고, 법으로부터 자유로운 행위이며, 통치행위의 일종이기 때문에 사법심사의 대상이 되지 아니한다고 한다. 이에 대하여 긍정설은 사면이 권력분립의 원리와 무관하다는 부정설의 주장은 현대 민주국가의 헌법체계에서는 받아들일 수 없는 것이고, 사면권의 행사를 사법심사의 대상에서 제외되는 통치행위라고 하는 것은 법적 오해라고 비판하고 있다. 생각건대 부정설이 타당하다고 본다.

6. 행정에 관한 권한

(1) 행정권의 의의

대통령은 행정부의 수반(제66조 제4항)으로서 행정에 관한 최고의 정책결정 및 집행권자이다. 행정이란 본질적으로 법 아래에서 법의 집행을 의미하기 때문에 대통령에게 명령제정권(제75조)을 부여한다.

(2) 국군통수권

(가) 의의

대통령은 헌법과 법률이 정하는 바에 의하여 국군을 통수한다(제74조 제1항).

(나) 국군통수권의 내용

대통령은 군정·군령 일원주의에 따른 최고통수권자이다. 군정이란 군을 조직·편성하고 병력을 취득·관리하는 작용으로서, 국가가 통치권에 의거하여 국민에게 명령·강제하고 부담을 과하는 작용이다. 군령이란 국방목적을 위하여 군을 현실적으로 지휘·명령하고 통솔하는 작용이다. 군정·군령일원주의는 군정과 군령을 모두 일반행정기관이 관장하게 하여 문민통제를 확보하는 제도이다. 헌법에서는 군에 대한 문민통제의 원칙에 따라 군정·군령 일원주의를 채택한다.

(3) 공무원임면권

대통령은 헌법과 법률이 정하는 바에 의하여 공무원을 임면한다(제78조). 임면(任免)은 임명·파면·휴직·전직·징계처분을 포함하는 넓은 개념이다.

(4) 재정에 관한 권한

대통령은 예산안을 편성하여 매 회계연도 개시 90일 전까지 국회에 제출하여야 한다(제54조 제2항). 그 외에도 추가경정예산안제출권을 가지며, 계속비·예비비·기채 및 예산 외 국가부담이 될 계약 등에 대하여 국회의 동의나 승인을 얻어야 한다. 대통령은 재정·경제상의 위기를 극복하기 위하여 국가긴급권의 일종인 긴급재정·경제명령 및 처분권을 가진다(제76조 제1항). 여기에 대하여는 제4절에서 기술한다.

(5) 영전수여권

대통령은 법률이 정하는 바에 의하여 훈장 기타 영전을 수여한다(제80조). 이를 구체화한 법률이 상훈법이다. 영전수여는 국무회의의 심의를 거쳐야 하며, 영전에는 어떠한 특권도 부여될 수 없다.

7. 국가긴급권

국가비상사태와 같은 국가적 위기에 능동적으로 대처하기 위하여 헌법보장수단으로서 대통령에게 국가긴급권을 부여한다. 대통령은 긴급명령권, 긴급재정경제명령권·긴급재정경제처분권(제76조)과 계엄선포권(제77조)을 가진다. 여기에 대하여는 긴급명령권과 계엄선포권을 중심으로 기술한다.

(1) 긴급명령권

(가) 긴급명령의 의의

협의의 긴급명령이라 함은 통상적인 입법절차로써는 대처할 수 없는 국가안위에 관계되는 비상사태가 발생하고, 국회의 집회가 불가능한 때에, 국가원수 또는 집행부수반이 비상사태를 극복하기 위하여 법률의 효력을 가지는 명령을 발하고, 사후에 의회의 승인을 얻는 긴급입법제도를 말한다. 이에 대하여 광의의 긴급명령이라 함은 비상사태가 발생한 경우에 의회의 소집 가능성 여부에 관계없이 국가원수 또는 집행부수반이 법률의 효력을 가지는 명령을 발하고 사후에 의회의 승인을 얻는 긴급입법제도를 말한다. 양자의 차이는 의회의 소집이 불가능한 경우이냐 아니냐에 있다. 결국 광의의 긴급명령은 협의의 긴급명령 외에 일련의 비상명령까지 그 내포로 하는 개념이다. 현행 헌법 제76조 제2항의 긴급명령은 협의의 긴급명령에 해당하는 것이다.

(나) 긴급명령의 법적 성질

대통령의 긴급명령은 비상사태가 발생하고 국회의 집회가 불가능한 때에 명령으로써 법률사항을 규정할 수 있는 긴급입법제도이므로 긴급명령은 국회입법의 원칙에 대한 중대한 예외를 의미하는 것으로 국가긴급권의 일종이다. 현행 헌법의 긴급명령의 성격과 특징은 이것을 헌법 제77조의 계엄제도와 비교하여 봄으로써 보다 명확하게 이해할 수 있다.

A. 상황적 전제

상황적 전제로서 계엄은 전시·사변 또는 이에 준하는 국가비상사태이지만, 긴급명령은 국가의 안위에 관계되는 중대한 교전상태이다.

B. 동원되는 공권력

동원되는 공권력은 계엄의 경우는 병력인 데 대하여, 긴급명령의 경우는 경찰력이다.

C. 국회의 집회 여부

계엄은 국회의 집회 여부와 관계가 없는 것인 데 대하여, 긴급명령은 국회의 집회가 불가능한 경우에 한한다.

D. 국회의 승인 요부

계엄의 경우는 국회에 통고하되 그 승인을 얻을 필요가 없는 대신 국회는 해제를 요구할 수 있지만, 긴급명령의 경우는 국회에 통고하고 승인을 얻어야 하는 대신 국회가 해제를 요구할 수 없다.

E. 기본권 제한에 관한 명문규정 유무

기본권의 제한과 관련하여 계엄은 영장제도, 언론·출판·집회·결사의 자유에 한하여 특별한 조치를 할 수 있지만, 긴급명령은 그 대상에 관해 제한규정이 없다.

(다) 긴급명령의 발포요건

A. 실질적 요건

(ㄱ) 긴급명령을 발할 수 있는 상황

국가의 안위에 관계되는 중대한 교전상태에 있어서 국가를 보위하기 위하여 긴급한 조치가 필요하고 국회의 집회가 불가능한 경우이다. 중대한 교전상태란 외국과의 전쟁이나 이에 준하는 사태 또는 내란 등을 말한다. 국가를 보위하기 위한 긴급한 조치란 국가를 보위하기 위하여 필수불가결한 조치이면 그 내용에는 제한이 없다. 국회의 집회가 불가능한 때란 국회의 집회가 사실상 불가능한 경우는 물론이고 국회의원의 과반수가 집회에 불응하는 경우를 의미하고, 국회가 휴회 중인 경우는 여기에 해당하지 아니한다.

(ㄴ) 긴급명령의 목적

국가를 보위할 목적이라고 하는 소극적인 목적을 위해서만 긴급명령을 발할 수 있다.

(ㄷ) 긴급명령의 필요성에 대한 판단

긴급명령은 긴급한 조치가 필요한 경우에 발동될 수 있는 것이지만, 그 필요성유무에 대한 판단은 제1차적으로 대통령이 하되, 그 판단은 객관성이 있어야 한다.

B. 절차적 요건

(ㄱ) 국무회의 심의사항

대통령이 긴급명령을 발동하려면 반드시 국무회의의 심의를 거쳐야 한다(헌법 제89조의 5호).

(ㄴ) 문서의 형식으로 발동

긴급명령은 문서의 형식으로써 해야 하며, 이 문서에는 국무총리와 관계국무위원의 부서가 있어야 한다.

(ㄷ) 국회에 보고하여 승인을 얻을 것

대통령이 긴급명령을 발한 때에는 지체 없이 국회에 보고하여 그 승인을 얻어야 한다. 이때의 지체 없이는 즉시라는 뜻이다. 국회가 폐회 중일 경우에는 국회의 집회를 요구해야 하며, 이때의 국회는 임시회를 의미한다.

(라) 긴급명령의 내용

긴급명령의 내용이 되는 것은 국가를 보위하기 위한 긴급한 조치이지만, 이때의 조치가 구체적으로 어떤 조치를 의미하는가가 문제된다. 특히 긴급명령의 내용으로서 ① 대통령이 헌법을 개정할 수 있는가, ② 국회를 해산할 수 있는가, ③ 국회나 헌법재판소·법원에 대하여 특별한 조치를 할 수 있는가 등이 문제이다.

① 긴급명령으로써 헌법을 개정할 수 있는가에 대하여는 부정설이 통설이다. 긴급명령은 법률적 효력을 가지는 것에 지나지 아니하므로 긴급명령으로써 헌법을 개정하거나 폐지할 수는 없다고 본다.

② 국회를 해산할 수 있는가에 관해서는, 긴급명령을 발한 때에는 지체 없이 국회에 보고하여 그에 대한 승인을 얻어야 하기 때문에 긴급명령으로써 국회를 해산할 수 없다.

③ 국회·헌법재판소·법원의 권한에 관하여 특별한 조치를 할 수 있는가가 문제될 수 있다. 국회의 경우 긴급명령의 대상이 되어 있지 아니한 사항에 관해서는 입법권과 정부통제권 등을 행사할 수 있어야 하므로 긴급명령으로써 국회의 권한에 관하여 특별한 조치를 할 수 없다. 헌법재판소도 긴급명령에 대한 위헌심사제청이 있는 경우에는 위

헌심사를 해야 하므로, 긴급명령으로써 헌법재판소의 권한에 대하여 특별한 조치를 할 수 없다. 법원도 긴급명령에 대한 위헌법률심판제청권을 가지므로 그 권한에 관하여 특별한 조치를 할 수 없다.

(마) 긴급명령의 효력

A. 국회의 승인을 얻지 못한 경우

긴급명령이 국회의 승인을 얻지 못한 때에는 긴급명령은 그 이후부터 효력을 상실하지만 그때까지의 효력에는 변함이 없으며, 긴급명령에 의하여 개정되거나 폐지된 법률은 그 명령이 승인을 얻지 못한 때로부터 당연히 효력을 회복한다.

B. 국회의 승인을 얻은 경우

긴급명령이 국회의 승인을 얻으면 그 명령은 형식면에서는 명령이지만 실질적으로는 국회가 제정한 법률과 동일한 효력을 지닌다.

(바) 긴급명령에 대한 통제

A. 국회에 의한 통제

대통령이 긴급명령을 발한 경우에는 지체 없이 국회에 보고하여 승인을 얻어야 한다. 승인을 얻지 못하면 그때부터 긴급명령은 효력을 상실하고, 국회의 승인권에는 수정승인권이 포함된다.

B. 법원에 의한 통제

국회의 승인을 얻은 긴급명령이라 하더라도 그 위헌 여부가 재판의 전제가 되는 경우에는 법원이 헌법재판소에 위헌심판을 제청할 수 있다.

C. 헌법재판소에 의한 통제

헌법재판소는 긴급명령이 국회의 승인을 얻어 법률과 동일한 효력을 가지게 된 때에는 법원의 제청이 있는 경우에 긴급명령의 위헌 여부에 대하여 심판할 수 있다.

(2) 계엄선포권

(가) 계엄의 의의

계엄이라 함은 전시·사변 또는 이에 준하는 국가비상사태에 있어서 군사상의 필요가 있거나(군사계엄), 공공의 안녕질서를 유지할 필요가 있을 때에(행정계엄), 대통령(국가원수)이 전국 또는 일정한 지역을 병력으로써 경비하고, 당해 지역의 행정사무와 사법사무의 일부 또는 전부를 군의 관할하에 두며, 국민의 기본권까지도 제한할 수 있는 국가긴급권 제도를 말한다. 계엄선포권도 긴급명령권 등과 마찬가지로 국가긴급권의 하나이기는 하지만, 계엄선포는 특히 군사상의 필요에 응하거나 공공의 안녕질서의 회복을 목적으로 하고(현상유지적 조치), 병력의 사용을 그 수단으로 한다는 점(비상집행적 조치)에서 고전적 국가긴급권을 대표하는 것이다.[404]

(나) 계엄선포의 요건

A. 실질적 요건

첫째, 계엄의 선포는 전시(戰時)·사변(事變) 또는 이에 준하는 국가비상사태가 발생한 경우라야 한다. 전시라 함은 전쟁시를 말하고, 전쟁이라 함은 무력을 중심으로 한 국가 간의 투쟁상태를 말한다. 사변이라 함은 국토를 참절하거나 국헌을 문란하게 할 목적을 가진 무장반란집단의 폭동을 말한다. 그러나 계엄선포요건으로서의 전시와 사변의 구별이 실정법 운영면에서는 실익이 없다. 어느 경우든 계엄선포의 요건이 충족되기 때문이다. '이에 준하는 국가비상사태'라 함은 전시 또는 사변에 해당하지 아니하는 경우로서, 무장 또는 비무장의 집단이나 군중에 의한 사회질서 교란상태와 자연적 재난으로 인한 사회질서 교란상태를 말한다. 계엄은 사후진압적인 것이기 때문에 비상적 사태는 이미 발생한 경우라야 하고, 비상적 사태의 발생이 예견되는 데 지나지 아니하는 경우는 여기에 포함되지 아니한다.

둘째, 계엄의 선포는 병력으로써 군사상의 필요에 응하거나 공공의 안녕질서를 유지할 필요가 있는 경우라야 한다. 군사상의 필요라 함은 군대의 안전을 위한 군작전상의 필요를 말하고, 공공의 안녕질서의 유지라 함은 사회적 안전이나 평온과 같은 공안질서의 유지를 말한다.

B. 절차적 요건

대통령이 계엄을 선포하려면 국무회의의 심의를 거쳐야 한다(헌법 제89조의 5호). 국방부장관 또는 행정안전부장관은 계엄선포의 요건에 해당하는 사유가 발생하면, 국무총리를 거쳐 대통령에게 계엄의 선포를 건의할 수 있다(계엄법 제2조 제6항). 대통령이 계엄을 선포할 때에는 계엄선포의 이유·계엄의 종류·계엄의 시행일시·시행지역 및 계엄사령관을 공고해야 한다(계엄법 제3조). 대통령이 계엄을 선포한 때에는 지체 없이 국회에 통고

404) 계엄에 대하여 자세한 것은 고문현·고문철, "계엄에 관한 연구", 「법학논총」, 제47집, 숭실대학교 법학연구소, 2020. 5., 517-558쪽 참조.

해야 하며, 국회가 폐회 중이면 지체 없이 임시회의 집회를 요구해야 한다.

(다) 계엄의 선포권자와 지휘·감독권자

계엄을 선포할 수 있는 권한은 대통령만 가진다. 계엄이 선포되면 계엄사령관은 계엄의 시행에 관하여 국방부장관의 지휘·감독을 받는다. 그러나 전국을 계엄지역으로 하는 경우와 대통령이 직접 지휘·감독할 필요가 있는 경우에는 대통령의 지휘·감독을 받는다.

(라) 계엄의 종류와 변경

계엄에는 경비계엄과 비상계엄의 두 종류가 있다. 경비계엄은 전시·사변 또는 이에 준하는 국가비상사태에 있어서 사회질서가 교란되어, 일반행정기관만을 가지고는 치안을 확보할 수 없는 경우에, 공공의 안녕질서를 유지하기 위하여 선포하는 계엄인 데 비하여, 비상계엄은 전시·사변 또는 이에 준하는 국가비상사태에 있어서 적과 교전상태에 있거나 사회질서가 극도로 교란되어 행정기능과 사법기능의 수행이 현저히 곤란한 경우에, 군사상의 필요에 응하거나 공공의 안녕질서를 유지하기 위하여 선포하는 계엄이다. 계엄은 국무회의의 심의를 거쳐 종류를 변경할 수 있고, 시행지역을 확대 또는 축소할 수 있으며, 계엄사령관을 경질할 수도 있다.

(마) 계엄의 효력

계엄의 효력은 경비계엄인가 비상계엄인가에 따라 다르다.

A. 경비계엄의 효력

경비계엄의 선포와 동시에 계엄사령관은 계엄지역 내의 군사에 관한 행정사무와 사법사무를 관장한다. 그러나 경비계엄은 공공의 안녕질서를 회복하기 위한 소극적인 치안유지를 목적으로 하는 것이기 때문에 경비계엄하에서는 헌법과 법률에 의하지 아니한 특별조치로써 국민의 자유와 권리를 제한할 수 없다.

B. 비상계엄의 효력

헌법 제77조 제3항은 "비상계엄이 선포된 때에는 법률이 정하는 바에 의하여 영장제도, 언론·출판·집회·결사의 자유, 정부나 법원의 권한에 관하여 특별한 조치를 할 수 있다."라고 하고 있는데, 여기에서 정부나 법원의 권한에 관한 특별한 조치라 함은 집행권과 사법권의 행사가 군대의 관할하에 들어가게 된다는 것을 의미한다. 비상계엄의 선포와 동시에 계엄사령관은 계엄지역 내의 모든 행정사무와 사법사무를 관장한다.

또한 헌법 제77조 제3항과 관련하여 계엄법에서는 "비상계엄지역 안에서 계엄사령관은 군사상 필요한 때에는 체포·구금·압수·수색·거주·이전·언론·출판·집회·결사 또는 단체행동에 대하여 특별한 조치를 할 수 있다."고 규정하고 있는바, 여기에서 헌법 제77조 제3항에 규정되어 있지 아니한 거주·이전의 자유 등의 제한이 계엄법 제9조에 규정되어 있는 것은 위헌이 아니냐는 문제가 있다. 헌법 제77조 제3항이 예시적 규정이므로 비상계엄하에서는 계엄의 목적을 달성하기 위하여 불가피한 경우에는 주민의 거주·이전의 자유까지도 제한하지 않을 수 없다고 보는 합헌설과 헌법 제77조 제3항은 제한적 규정이고 계엄제도가 비록 긴급권적 조치이기는 하지만 국민의 기본권보장에 중대한 예외가 되는 것이므로 엄격하게 해석해야 한다는 위헌설로 갈리는데, 기본권제한에 관한 규정은 확대해석이 허용될 수 없으므로, 비단 거주·이전의 자유만이 아니라 헌법에 규정이 없는 기본권제한을 계엄법으로 규정한다는 것은 위헌의 소지가 있다고 하겠다.

(바) 계엄의 해제

비상사태가 평상사태로 회복되면 대통령은 계엄을 해제하고 이를 공고하여야 한다. 국방부장관이나 행정안전부장관이 계엄의 목적이 달성되었음을 이유로 국무총리를 거쳐 계엄의 해제를 건의하거나, 국회가 재적의원 과반수의 찬성으로 계엄의 해제를 요구한 때에는 대통령은 국무회의의 심의를 거쳐 계엄을 해제하여야 한다. 계엄이 해제되면 해제된 날로부터 모든 행정사무와 사법사무는 평상상태로 복귀한다.

제3항 · 국무총리의 헌법상 지위

1. 서 설

헌법은 제86조에서 "① 국무총리는 국회의 동의를 얻어 대통령이 임명한다. ② 국무총리는 대통령을 보좌하며, 행정에 관하여 대통령의 명을 받아 행정각부를 통할한다. ③ 군인은 현역을 면한 후가 아니면 국무총리로 임명될 수 없다."라고 규정하여 국무총리제를 규정하고 있다.

2. 국무총리제 내지 수상제의 유형

(1) 의원내각제의 수상제

수상제는 의원내각제의 본질적 요소이다. 의원내각제에서는 집행에 관한 실질적인 권한은 수상과 그가 구성하는 내각에 귀속되고, 대통령이나 군주는 명목적인 국가원수로서 형식적이고 의례적인 권한을 행사할 따름이다. 의원내각제에 있어서 수상은 집행부의 실질적 수반이고, 집행에 관한 최고의 권한을 가지며, 최종적인 책임을 지는 집행부의 제1인자이다. 수상은 대통령제의 대통령과 유사한 권한과 지위를 가진다.

(2) 대통령제의 국무장관제

대통령제 정부형태에서는 대통령의 유고에 대비하여 부통령제를 두고, 수상제는 두지 아니하는 것이 보통이다. 미국의 국무장관은 집행에 관하여 대통령을 보좌하는 보좌기관이다.

(3) 변형된 대통령제의 총리(수상)제

바이마르공화국이나 프랑스 제5공화국헌법처럼 대통령제와 의원내각제를 혼합한 변형된 대통령제에서는 평상시에는 국정이 의원내각제의 형태로 운영되기 때문에, 총리(수상)의 헌법상 지위와 권한은 의원내각제의 수상과 거의 같다. 비상시에는 집행에 관한 모든 권한은 대통령에게 이관되고, 수상은 그 집행기관에 지나지 않는 것이 되기 때문에, 이때에는 총리의 지위가 대통령의 보좌기관과 비슷한 성격을 띠게 된다.

3. 국무총리제의 제도적 의의

현행 헌법은 대통령제를 기본으로 하고 있기 때문에, 대통령의 궐위시에 대비하여 부통령제를 두는 것이 순리일 것임에도 불구하고 부통령제를 두는 대신 의원내각제의 본질적 요소로 간주되는 국무총리제를 두고 있다. 이 때문에 국무총리제의 제도적 의의 여하가 문제되고 있는바, ① 의원내각제의 수상으로 이해하려는 입장, ② 대통령제의 부통령으로 이해하려는 입장, ③ 미국형 대통령제의 국무장관으로 이해하려는 입장, ④ 국무총리제를 장식적 제도로 파악하려는 입장 등으로 갈리고 있다. 생각건대 현행 헌법의 국무총리제는 위의 어느 한 가지 성격만을 띠고 있는 것이 아니라 복합적인 것이다. 현행 헌법이 국무총리제를 채택한 제도적 의의는 ① 부통령제를 두고 있지 않으므로 대통령 유고시에 그 권한대행자가 필요하다는 점(대통령제에서의 부통령의 성격), ② 대통령을 대신하여 국회에 출석하여 국정처리상황을 보고하거나 의견을 진술하고 질문에 응답함으로써 입법부와 집행부의 공화를 유지할 대행자의 기능을 수행하게 하려는 점(의원내각제에서의 수상의 성격), ③ 대통령제의 능률을 극대화하기 위하여 대통령을 보좌하고 또 대통령의 뜻을 받들어 집행부를 통할하고 조정하는 보좌기관이 필요하다는 점(대통령제에서의 국무장관의 성격) 등에서 찾을 수 있다.[405]

4. 국무총리의 헌법상 지위

(1) 대통령의 권한대행자로서의 지위

국무총리는 대통령이 궐위되거나 사고로 인하여 직무를 수행할 수 없을 경우에 제1순위의 권한대행권을 가지고 있다(헌법 제71조). 따라서 대통령의 유고시에는 국무총리가 대통령의 권한을 대행하고 국무회의에서도 의장의 권한을 대행한다.

(2) 대통령의 보좌기관으로서의 지위

국무총리는 독자적인 정치적 결정권을 행사하지 못하고, 집행에 관하여 대통령을 보좌하는 대통령의 보좌적 기관이라는 점에 특징이 있다. 국무총리는 ㉠ 집행에 관하여 대통령을 보좌하기 위하여 대통령의 명을 받아 행정각부를 통할하고, ㉡ 집행부의 권한에 속하는 중요한 정책을 심의함에 있어서도 국무회의의 부의장으로서 대통령을 보좌하며, ㉢ 대통령의 모든 국법상 행위에 부서를 한다.

(3) 집행부 제2인자로서의 지위

국무총리는 대통령 다음가는 집행부 제2인자의 지위를 점하고 있다. 이와 같은 집행부 제2인자의 지위는 국무총리가 대통령의 명을 받아 행정각부를 통할하고, 국무회의의 부의장이 되며, 국무위원과 행정각부의 장의 임명을 대통령에게 제청하고, 국무위원의 해임을 대통령에게 건의하며, 국무위원은 대통령이 행하는 관계 국무행위에만 부서하는 데 대하여, 국무총리는 대통령이 행하는 모든 국무행위에 부서해야 한다는 점 등이 이를 뒷받침한다.

(4) 국무회의 부의장으로서의 지위

국무총리는 집행부의 권한에 속하는 중요정책을 심의하는 국무회의의 구성원이며, 특히 그 부의장으로서 대통령을 보좌할 권한과 책무를 지고 있다. 국무총리는 국무회의의 심의에 있어서는 대통령 및 국무위원들과 법적으로 대등한 지위에 있지만, 국무회의의 운영에 있어서는 부의장으로서 다른 국무위원들보다 우월한 지위에 있다. 국무총리는 국무회의 부의장의 지위에서 의장인 대통령의 유고시에, 의장의 직무를 제1순위로 대행할 권한을 가지고 있다.

405) 권영성, 앞의 책, 1022쪽.

(5) 대통령 다음가는 상급행정관청으로서의 지위

국무총리는 국무위원과의 관계에서와는 달리 행정각부와의 관계에서는 상급행정관청으로서의 지위를 가진다. 국무총리는 대통령의 명을 받아 상급행정관청으로서 행정각부를 통할할 권한을 가지면서도, 행정각부와 동등한 지위를 가지는 독임제 행정관청으로서 그 소관사무에 관한 직무를 처리한다. 국무총리의 직무를 보좌하기 위하여 국무총리 산하에 국무조정실·비서실을 두며, 그 소속기관으로서 법제처, 식품의약품안전처 등을 두고 있다.

제4절 법원

제1항 · 사법권의 독립

I 사법권의 독립의 의의

1. 사법권의 독립의 개념

사법권의 독립이라 함은 형식적 의미에서는 권력분립의 차원에서 사법부를 입법부와 집행부로부터 조직상 그리고 운영상 분리·독립시킨다는 것을 의미한다. 실질적 의미에서는 사법권을 행사하는 법관이 구체적 사건을 재판함에 있어, 누구의 지시나 명령에도 구속당하지 아니하고 독자적으로 심판한다는 원리를 말한다. 사법권의 독립은 궁극적으로 재판독립의 원칙 내지 판결의 자유를 목표로 하는 것이며, 재판(심판)독립의 원칙 내지 판결의 자유는 입법부나 집행부로부터의 법원의 독립, 법원의 자율성, 구체적 재판에 있어 내외적 간섭을 받지 아니하는 법관의 재판상 독립과 신분상 독립에 의하여 실현된다.[406)]

2. 사법권의 독립의 연혁과 입법례

전제군주국가에서는 국가권력이 군주 일인의 수중에 집중되어 공정해야 할 재판까지도 왕권의 일부로 의제(擬制)되고 그 때문에 군주의 관방(官房)에 의한 관방사법(官房司法: Kabinettsjustiz)의 형태로 재판이 이루어졌다. 관방사법에 의한 자의적 재판으로 말미암아 개인의 자유와 권리가 얼마나 위협을 받았는가는 각국의 재판사(裁判史)가 이를 말해 주

406) 권영성, 앞의 책, 1060쪽.

고 있다. 그 결과 전제군주나 행정기관에 의한 자의적인 재판을 배제하고, 독립된 법원에 의한 재판을 통하여 시민의 자유와 권리를 보장해야 한다는 자각이 싹트게 되었다. 그러나 정치적 중립기관으로서의 법원이 독립적 지위에서 재판권을 행사하도록 제도화된 것은 근대시민국가에 와서 실현되었다.

이론적인 차원에서 사법권이 입법권과 집행권으로부터 조직상 및 운영상 분리·독립되어야 한다는 주장은 몽테스키외(Montesquieu, C. L.)에서 비롯되었다. 몽테스키외의 권력분립론과 사법권독립론을 헌법의 차원에서 성문화한 것은 미국의 버지니아 권리장전(Virginia Bill of Rights)과 프랑스 인권선언이다. 그 후 민주적인 헌정제도가 보편화되면서 권력분립의 원리는 자명한 헌법원리로 인식되고, 사법권의 독립을 위해서는 통치구조면에서 법원의 분리·독립보다는 오히려 법관의 재판상 독립과 신분상 독립을 보장하는 것이 보다 중요하다는 데 인식을 같이하게 되었다. 이리하여 민주사법이라는 이름으로 성취한 사법권의 독립은 민주헌법의 보편적 원리로서 공인되기에 이르렀다. 뢰벤슈타인(Loewenstein, K.)도 사법권의 독립을 "입헌민주주의와 법치국가의 초석"이라고 하였다.

3. 사법권의 독립의 제도적 의의

재판독립의 원칙을 핵심내용으로 하는 사법권의 독립은 원래 전제군주에 의한 자의적인 관방사법이나 행정기관에 의한 행정재판을 배제함으로써 민주사법(民主司法)을 실현하려는 것이었다. 그러므로 사법권의 독립은, 집행부의 영향하에 있는 특별법원이나 행정기관이 종심(終審)을 담당하는 재판제도를 배격하고, 입법권과 집행권으로부터 독립한 법원이 법과 양심에 따라 판단하는, 공정하고 정당한 재판제도를 확보하려는 데에 그 제도적 의의가 있는 것이다. 사법권의 독립은 그 자체가 목적이 아니라 공정하고 정당한 재판을 통하여 인권보장과 법질서유지와 헌법수호라는 목적을 달성하려는 수단적 헌법원리라 할 수 있다.[407]

Ⅱ 사법권의 독립의 내용

1. 개 설

사법권의 독립은 법원의 자율을 위한 법원의 독립과 재판의 독립을 위한 법관의 독립을 그 내용으로 한다. 법원의 독립은 권력분립의 원리에 따라 공정한 재판을 사명으로

407) 권영성, 앞의 책, 1061-1062쪽.

하는 법원이 그 조직·운영 및 기능면에서 입법부와 집행부 등으로부터 독립해야 한다는 것을 의미하는바, 헌법 제101조 제1항이 "사법권은 법관으로 구성된 법원에 속한다."라고 하고 있는 것도 법원의 조직·운영 및 기능면에서의 독립을 강조한 것이다. 법관의 독립은 법관이 재판을 함에 있어 내외의 간섭으로부터 독립한다는 재판상의 독립과 이를 위한 법관의 신분상의 독립을 의미한다. 이 중 법원의 독립은 권력분립의 이념에 따라 자명한 원칙이 되었으므로, 오늘날에는 사법권의 독립에 있어 법관의 독립이 보다 강조되고 있다.

2. 법원의 독립

(1) 법원의 독립의 내용

(가) 입법부로부터의 독립

법원의 독립은 입법부(의회)로부터의 독립을 의미한다. 그러므로 의회와 법원은 조직·구성·운영·기능면에서 상호 독립적이어야 한다. 의원은 법관을 겸직할 수 없고, 의회는 법률에 의해서만 법원을 조직하고 법률에 의해서만 법원의 기능을 규제할 수 있다. 의회가 법원의 재판과정에 개입하거나 재판의 내용에 간섭하거나 특정인을 처벌하는 내용의 법률(처분적 법률)을 제정할 수는 없다. 의회의 법관에 대한 탄핵소추권도 법관이 헌법과 법률에 위배한 사실을 요건으로 하는 것이므로, 의회에 대한 법원의 예속을 의미하는 것이 아니다. 오히려 헌법은 법원이 독자성과 자율성을 유지할 수 있도록, 법률에 저촉되지 아니하는 범위 안에서 소송절차 등에 관한 규칙제정권을 대법원에 부여함으로써 국회에 대한 법원의 독립성을 보장하고 있다.

(나) 집행부로부터의 독립

법원의 독립은 또한 집행부로부터의 독립을 의미한다. 법원의 독립은 전제군주국가에서의 관방사법에 대한 투쟁과정에서 쟁취한 것이기 때문에, 집행부로부터의 법원의 독립이 사법권의 독립에 있어 본질적 요소라고 할 수 있다. 집행부와 법원은 조직·운영·구성 및 기능 면에서 상호 독립적이어야 한다. 그러므로 집행부의 구성원과 법관의 겸직은 금지되며, 법원이 행정처분을 할 수 없는 것과 마찬가지로 집행부도 재판에 간섭하거나 영향력을 행사할 수 없다.

(다) 법원의 자율성

법원의 독립성이 유지되려면, 법원의 내부규율과 사무처리가 다른 국가기관의 간섭을 받지 아니하고, 법원이 이를 자율적으로 처리할 수 있는 사법자치제가 확립되어야 한다. 헌법은 제108조에서 "대법원은 법률에 저촉되지 아니하는 범위 안에서 소송에 관한 절차, 법원의 내부규율과 사무처리에 관한 규칙을 제정할 수 있다."고 하여, 법원의 자치와 자율성을 보장하기 위하여 대법원에 사법(司法)규칙제정권을 부여하고 있다.

(2) 법원의 독립의 한계

법원의 조직은 의회가 제정하는 법률에 의거하고 법관의 재판도 의회가 제정한 법률에 구속되기 때문에, 사법부의 입법부로부터의 독립에는 법치국가적 요청에서 오는 일정한 한계가 있다. 또한 대법원장과 대법관을 대통령이 임명하도록 하고 있다든가, 법원의 예산안을 정부가 편성하고 국회가 심의·확정하게 하고 있는 것은, 법원의 조직상 독립에도 일정한 한계가 있음을 말해주는 것이다.

3. 법관의 독립

(1) 법관의 재판상 독립

(가) 법관의 재판상 독립의 의의

헌법 제103조에서 "법관은 헌법과 법률에 의하여 그 양심에 따라 독립하여 심판한다."고 규정하고 있듯이 법관의 재판상 독립은 ㈀ 헌법과 법률 및 양심에 따른 심판과 ㈁ 내외부작용(內外部作用)으로부터 독립한 심판을 그 내용으로 한다. 법관이 재판에 관한 직무를 수행함에 있어서는 오로지 헌법과 법률 그리고 자신의 양심에 따를 뿐, 국회나 집행부는 물론 사법부 내에서도 상급법원이나 소속법원장의 지시 또는 명령을 받지 않으며,[408] 소송당사자나 그 밖의 사회적·정치적 세력으로부터도 영향을 받지 않아야 한다. 이것을 법관의 재판상 독립 내지 직무상 독립이라 한다.

(나) 헌법과 법률 및 양심에 따른 심판

① 헌법과 법률에 의한 심판

법관은 심판을 함에 있어 헌법과 법률에 구속된다(법적 기속의 원리). 법관이 재판을 함에 있어 헌법과 법률에 구속되는 것은 법치국가의 원리에 비추어 당연한 것이지만, 실천적으로는 헌법을 정점으로 하는 법질서의 통일성을 유지하고 재판의 정당성을 보장하기 위한 것이다.[409]

---

408) 여기에 관하여 신영철 중앙지방법원장(후에 대법관이 되심)이 당해 법원 판사들에게 신속하게 재판하라고 한 사건을 생각해 보라.

헌법에는 성문헌법은 물론이고 헌법적 관습까지 포함된다. 그러나 법률의 경우에는 형사재판이냐 민사재판이냐 또는 행정재판이냐에 따라 그 의미가 동일하지 아니하다. 형사재판에서는 죄형법정주의가 지배하므로, 그 실체법은 형식적 의미의 법률이어야 한다. 그러나 민사재판과 행정재판에서는 실체법은 형식적 의미의 법률에 한정되지 아니하고, 일체의 성문법과 이에 저촉되지 아니하는 관습법 또는 조리와 같은 불문법도 포함된다. 이와는 달이 모든 재판은 절차법에 관한 한 형식적 의미의 법률에 따라야 한다.

법관이 헌법과 법률에 의하여 재판하는 경우에 (ㄱ) 법률에 대해서는 그 존속 또는 폐지 여부, 신법 또는 구법 여부, 일반법 또는 특별법 여부, 위헌 여부 등을 심사해야 하고, (ㄴ) 법률 이외의 법규일 때에는 타법규와의 효력상의 위계 여하와 위헌·위법 여부를 심사해야 한다.

② 양심에 따른 심판

법관은 양심에 따라 독립하여 심판한다(양심적 기속의 원리). 여기에서의 양심이라 함은 도덕적·윤리적 확신(양심)이 아니라 공정성과 합리성에 바탕한 법해석을 직무로 하는 자의 법조적(法曹的) 양심인 법리적 확신을 말한다(객관적·법리적 양심). 인간으로서의 도덕적·윤리적 확신과 법관으로서의 법리적 확신이 일치하지 아니할 경우 법관은 법리적 확신을 우선시켜야 한다.[410]

③ 심판에서의 독립

"독립하여 심판한다."라고 함은 법관이 재판에 있어 헌법과 법률 그리고 자신의 양심 이외에는 타국가기관이나 소송당사자, 사회적·정치적 세력, 사법부 내부 등과 같이 어떠한 간섭이나 영향도 받지 아니하며, 재판결과에 대해서도 형사상·징계상의 책임을 추궁당하지 아니함을 뜻한다.

(2) 법관의 신분상 독립

(가) 법관의 신분상 독립의 의의

법관의 신분상의 독립이란 재판의 독립을 확보하기 위하여 법관의 인사(人事)의 독립과, 법관의 자격과 임기를 법률로 규정함으로써 법관의 신분을 보장한다는 것을 의미한다. 재판의 독립은 결국 재판을 담당하는 법관의 독립을 그 본질로 하고, 법관의 독립은

---

409) 권영성, 앞의 책, 1064쪽.

410) 『무상을 넘어서』로 유명한 사도법관 김홍섭판사님의 반공법위반 사건 판결시의 피고인에 대하여 행한 언행을 생각해 보자.

법관의 신분이 보장될 때에만 가능하기 때문이다.

(나) 법관인사의 독립

법관의 독립성을 확보하기 위해서는 법관의 임용·임기·보직 등 법관인사가 객관적이고 공정해야 한다. 법관의 인사가 객관적이고 공정한 것이 되려면, 그 인사가 법원의 자율적 결정에 맡겨져야 한다.

(다) 법관자격의 법정주의

법관의 신분상 독립을 보장하기 위하여 법관의 자격은 법률로 정한다(헌법 제101조 제3항). 법률에 의한 법관의 자격규정은 집행권으로부터 법관의 독립성을 유지하기 위해 필수적이다. 법관의 자격을 규정한 법률로서 법원조직법이 있다. 대법원장과 대법관은 20년 이상 판사·검사·변호사의 직에 있던 자와, 변호사의 자격이 있는 자로서 일정한 기관에서 법률에 관한 사무에 종사하거나 공인된 대학의 법률학 조교수 이상의 직에 있던 자로서, 45세 이상의 자 중에서 임용한다. 법관은 법학전문대학원을 졸업한 후 변호사시험에 합격한 후, 법원에서 일정 기간(약 6개월 정도) 실무 수습을 마친 후, 법관 임용시험에 합격하면 임용된다.

(라) 법관의 임기제와 정년제

대법관의 임기는 6년이고 일반법관의 임기는 10년이지만 법률이 정하는 바에 의하여 연임할 수 있다. 다만 대법원장의 임기는 6년으로 하며 중임할 수 없다(헌법 제105조). 법관의 임기를 종신제로 하지 아니하고 6년 또는 10년으로 한 것은, 법관의 지위가 고정되는 데에서 오는 법관의 보수화와 관료화를 방지할 수 있다는 긍정적인 측면도 없지 않으나, 법관의 신분보장이 그만큼 위협을 받게 되어 사법부의 독립이 약화될 수 있다는 부정적인 측면도 가지고 있다.

법관의 정년제(停年制)는 사법부의 노쇠화를 방지하기 위하여 법률이 정한 연령에 도달하면 퇴직하게 하는 제도로서, 대법원장과 대법관의 정년은 70세, 법관의 정년은 65세이다(법원조직법 제45조 제4항).[411]

---

411) 헌재 2002. 10. 31. 2001헌마557 전원재판부(법원조직법 제45조 제4항 위헌확인)

1. 판시사항: 법관의 정년을 규정하고 있는 법원조직법 제45조 제4항(이하 '이 사건 법률조항'이라 한다)이 청구인의 평등권, 직업선택의 자유 내지 공무담임권을 침해하거나 헌법 제106조의 법관 신분보장 규정에 위배되는지 여부(소극).

2. 결정요지: 가. 이 사건 법률조항은 법관의 정년을 직위에 따라 대법원장 70세, 대법관 65세, 그 이외의 법관 63세로 하여 법관 사이에 약간의 차이를 두고 있는 것으로, 헌법 제11조 제1항에서 금지하고 있는 차

(마) 법관의 신분보장

재판의 독립이 확보되려면 법관의 신분이 보장되어야 한다. 사법권의 독립을 위하여 법관의 신분을 보장하는 것은 각국에 공통된 현상이지만, 그 형태는 각양각색이다. 현행 헌법은 법관의 신분보장을 위하여 파면·불리한 처분·강제퇴직의 제한 등을 명시하고 있다. 헌법에 의하여 신분이 보장되는 법관이 적법절차에 의하지 아니하고 그 의사에 반하여 해직된다면 사법권의 독립과 법치주의에 대한 중대한 위협이 될 것이다.

Ⅲ 사법권의 독립에 대한 제한(예외)

헌법은 사법권의 독립을 구현하기 위하여 상세한 규정을 두고 있지만, 사법권의 독립을 제한하는 예외적인 규정도 다음과 같이 두고 있다.

첫째, 법원에 대한 국회의 통제 및 간섭으로서, 국회의 대법원장·대법관 임명에 대한

별의 요소인 '성별', '종교' 또는 '사회적 신분' 그 어디에도 해당되지 아니할 뿐만 아니라, 그로 인하여 어떠한 사회적 특수계급제도를 설정하는 것도 아니고, 그와 같이 법관의 정년을 직위에 따라 순차적으로 낮게 차등하게 설정한 것은 법관 업무의 성격과 특수성, 평균수명, 조직체 내의 질서 등을 고려하여 정한 것으로 그 차별에 합리적인 이유가 있다고 할 것이므로, 청구인의 평등권을 침해하였다고 볼 수 없다.

나. 이 사건 법률조항과 같이 법관의 정년을 설정한 것은 법관의 노령으로 인한 정신적·육체적 능력 쇠퇴로부터 사법이라는 업무를 제대로 수행함으로써 사법제도를 유지하게 하고, 한편으로는 사법인력의 신진대사를 촉진하여 사법조직에 활력을 불어넣고 업무의 효율성을 제고하고자 하는 것으로 그 입법목적이 정당하다. 그리고 일반적으로 나이가 들어감에 따라 인간의 정신적·육체적 능력이 쇠퇴해 가게 되는 것은 과학적 사실이고, 개인마다 그 노쇠화의 정도는 차이가 있음도 또한 사실이다. 그런데, 법관 스스로가 사법이라는 중요한 업무수행 감당능력을 판단하여 자연스럽게 물러나게 하는 제도로는 사법제도의 유지, 조직의 활성화 및 직무능률의 유지향상이라는 입법목적을 효과적으로 수행할 수 없고, 어차피 노령에 따른 개개인의 업무감당능력을 객관적으로 측정하기 곤란한 마당에, 입법자가 법관의 업무 특성 등 여러 가지 사정을 고려하여 일정한 나이를 정년으로 설정할 수밖에 없을 것이므로, 그 입법수단 역시 적절하다고 하지 않을 수 없다. 또한 이 사건 법률조항이 규정한 법관의 정년은 60세 내지 65세로 되어 있는 다른 국가공무원의 정년보다 오히려 다소 높고, 정년제를 두고 있는 외국의 법관 정년연령(65세 내지 70세)을 비교하여 보아도 일반법관의 정년이 지나치게 낮다고 볼 수도 없다. 그렇다면, 이 사건 법률조항은 직업선택의 자유 내지 공무담임권을 침해하고 있다고 할 수 없다.

다. 헌법규정 사이의 우열관계, 헌법규정에 대한 위헌성 판단은 인정되지 아니하므로, 그에 따라 헌법 제106조 법관의 신분보장 규정은 헌법 제105조 제4항 법관정년제 규정과 병렬적 관계에 있는 것으로 보아 조화롭게 해석하여야 할 것이고, 따라서, 정년제를 전제로 그 재직 중인 법관은 탄핵 또는 금고 이상의 형의 선고에 의하지 아니하고는 파면되지 아니하며, 징계처분에 의하지 아니하고는 정직, 감봉 기타 불리한 처분을 받지 아니한다고 해석하여야 하고, 그러한 해석하에서는 헌법 제105조 제4항에 따라 입법자가 법관의 정년을 결정한 이 사건 법률조항은 그것이 입법자의 입법재량을 벗어나지 않고 기본권을 침해하지 않는 한 헌법에 위반된다고 할 수 없고, 위에서 본 바와 같이 그 입법 자체가 평등권, 직업선택의 자유나 공무담임권 등 기본권을 침해하였다고 볼 수 없어, 결국 신분보장 규정에도 위배된다고 할 수 없다.

동의권, 법원예산의 심의·확정권, 국정감사·조사권, 법관탄핵소추권 등을 두고 있다.

둘째, 법원에 대한 집행부의 통제·간섭으로서 대통령에 의한 대법원장·대법관의 임명, 비상계엄에 있어 법원의 권한에 대한 특별조치, 집행부에 의한 법원의 예산편성, 대통령의 사면권 행사 등을 규정하고 있다.

제2항 ‣ 명령·규칙심사권

I 명령·규칙심사권의 개념

법원의 명령·규칙심사권이라 함은 법원이 재판의 대상이 되고 있는 구체적 사건에 적용할 명령·규칙의 효력을 심사하여 이를 무효라고 판단할 경우 당해 명령·규칙을 당해 사건에 적용함을 거부하는 권한을 말한다.[412] 헌법 제107조 제2항은 "명령·규칙이 헌법이나 법률에 위반되는 여부가 재판의 전제가 된 경우에는 대법원은 이를 최종적으로 심사할 권한을 가진다."라고 하여, 법원의 명령·규칙심사권을 규정하고 있다.

II 명령·규칙심사권의 제도적 의의

법원은 헌법의 최고법규성을 존중해야 하고, 법관은 헌법과 법률에 따라 심판을 해야 한다(헌법 제103조). 그러므로 법원은 명령·규칙이 상위규범인 헌법과 법률에 형식적 또는 실질적으로 합치하는가를 심사하고, 심사의 결과 위헌 또는 위법이라고 판단하면, 그 명령이나 규칙을 당해 사건에 적용하는 것을 거부할 수 있어야 한다. 그렇게 함으로써 법원은 국법질서의 통일성을 유지하고, 위헌·위법한 명령·규칙으로 인한 국민의 기본권 침해를 방지하게 된다. 이렇게 본다면 법원에 의한 명령·규칙심사제는 명령·규칙의 합헌성과 합법성을 보장하는 것이면서(헌법수호와 법률의 실효성 보장), 위헌 또는 위법한 명령·규칙으로 말미암아 개인의 자유나 권리가 침해되는 것을 방지하려고 하는 데(기본권 보장)에 그 제도적 의의가 있다고 할 수 있다.[413]

---

412) 권영성, 앞의 책, 1088쪽.

413) 권영성, 앞의 책, 1088-1089쪽.

Ⅲ 명령·규칙심사권의 주체

대법원을 비롯한 각급법원(군사법원 포함)은 명령·규칙을 심사할 수 있다. 그러나 최고법원은 대법원이므로, 명령·규칙의 위헌·위법 여부를 최종적으로 심사할 권한은 대법원이 가진다(헌법 제107조 제2항). 각급법원은 전심(前審)으로서만 명령·규칙을 심사한다. 헌법재판소가 명령·규칙에 대한 위헌심사권을 가지는가에 관해서는 긍정설과 부정설이 갈리고 있다. 헌법재판소는 대법원규칙인 법무사법시행규칙에 대한 헌법소원을 인용함으로써 긍정설의 입장에 서고 있다. 헌법재판소는 "헌법 제111조 제1항 제1호에서 법률의 위헌여부심사권을 헌법재판소에 부여한 이상, 통일적인 헌법해석과 규범통제를 위하여 공권력에 의한 기본권 침해를 이유로 하는 헌법소원심판청구사건에 있어서, 법률의 하위법규인 명령·규칙의 위헌여부심사권이 헌법재판소의 관할에 속함은 당연한 것으로서, 헌법 제107조 제2항의 규정이 이를 배제한 것이라고는 볼 수 없다. 그러므로 법률의 경우와 마찬가지로 명령·규칙 그 자체에 의하여 직접 기본권이 침해되었음을 이유로 하여 헌법소원심판을 청구하는 것은 위 헌법규정과는 아무런 상관이 없는 문제이다."라고 판시하였다.[414)]

Ⅳ 명령·규칙심사권의 요건

법원이 명령·규칙을 심사하기 위해서는 명령 또는 규칙이 헌법이나 법률에 위반되는 여부가 재판의 전제(前提)가 되는 경우라야 한다(헌법 제107조 제2항). 이것은 헌법이 구체적 규범통제만을 인정하고, 구체적 사건과 관계없이 명령·규칙의 효력 그 자체만을 문제로 삼는 추상적 규범통제를 인정하지 않는다는 의미이다. '재판의 전제가 된다.'함은 구체적인 사건을 재판함에 있어서 그 사건에 적용할 명령·규칙의 위헌·위법 여부에 따라 당해 사건을 담당한 법원이 다른 내용의 재판을 하게 되는 경우를 말한다.

Ⅴ 명령·규칙심사권의 기준

명령·규칙을 심사함에 있어 심사기준은 헌법과 법률이다. 헌법에는 형식적 의미의 헌법만이 아니라 헌법적 관습까지 포함되고, 법률에는 형식적 의미의 법률만이 아니라 헌법 제60조 제1항에 따라 국회의 비준동의를 얻은 조약과 헌법 제76조의 긴급명령·긴

414) 헌재 1990. 10. 15. 89헌마178.

급재정경제명령도 포함된다.

Ⅵ 명령·규칙심사의 대상

심사의 대상은 명령과 규칙이다. 명령이라 함은 법규명령을 말한다. 법규명령이면 위임명령인가 집행명령인가를 가리지 아니하고, 대통령령·총리령·부령 여부를 가리지 아니한다. 계엄령이 여기서 말하는 명령 중에 포함되는가에 관해서는 견해가 갈리고 있다. 계엄령도 형식적으로는 명령의 범주에 속하고, 실질적으로는 이른바 상대적 통치행위의 일종이므로 그 사법적 심사 여부는 긍정적으로 해석할 여지가 있다.

규칙이라 함은 국가기관에 의하여 정립되고 규칙이라는 명칭을 가진 법규범을 의미하지만, 위헌·위법심사의 대상이 되는 것은 국민에 대하여 일반적 구속력을 가지는 규칙이다. 행정명령에 해당하는 규칙에 관해서는 이론이 없지 않으나, 그것은 기관내규(機關內規)로서의 성질을 가지는 것이므로 여기에서 제외되는 것으로 보아야 한다. 또 국제법의 형식을 띠고 있는 조약이나 협정도 명령과 동일한 효력을 가진 것은 심사의 대상에 포함된다.

Ⅶ 명령·규칙심사의 범위

심사라 함은 명령·규칙의 형식이나 내용이 헌법과 법률에 합치하는가를 법원이 해석하고 결정하는 것을 말한다. 법원의 명령·규칙심사에는 형식적 효력에 관한 심사는 물론이고 실질적 효력에 관한 심사도 포함된다. 형식적 효력의 심사라 함은 명령·규칙이 적법한 제정 및 공포절차에 따라 성립한 것인지 그 형식적인 흠[하자(瑕疵)]의 유무를 심사하는 것을 말한다. 이에 대하여 실질적 효력의 심사라 함은 명령·규칙의 내용이 상위규범에 위반하는 것은 아닌지 그 실질적인 흠의 유무를 심사하는 것을 말한다. 다만 실질적 효력의 심사는 합헌성과 합법성의 심사에 머무는 것이어야 하고, 합목적성의 심사까지는 할 수 없다.

Ⅷ 명령·규칙심사의 방법과 절차

명령·규칙에 대한 위헌·위법 여부의 심사는 각급법원이 이를 할 수 있으나, 최종적인 심판은 대법원이 한다. 대법원이 명령이나 규칙이 위헌 또는 위법임을 인정하는 경우에는, 대법관 전원의 3분의 2 이상이 출석하고 대법원장이 재판장이 되는 합의체에서 출석대법관 과반수의 찬성으로써 이를 결정하고, 명령·규칙이 헌법과 법률에 합치됨을 인정하는 경우에는, 대법관 3인 이상으로 구성된 부(部)에서 이를 심판한다(법원조직법 제7조 제1항). 행정소송에 관한 대법원의 판결에서 명령·규칙이 헌법 또는 법률에 위반된다는 것이 확정된 경우에는 그 위헌·위법판결공고제를 채택하고 있다(행정소송법 제6조).

Ⅸ 위헌·위법한 명령·규칙의 효력

명령 또는 규칙이 헌법이나 법률에 위반된다고 인정하는 경우에, 법원은 그 명령 또는 규칙을 당해 사건에 적용하는 것을 거부할 수 있을 뿐(개별적 효력의 부인), 무효를 선언할 수는 없다. 법원의 본래의 임무는 구체적 사건의 심판이지, 명령·규칙의 효력 그 자체를 심사하는 것이 아니기 때문이다. 법원이 적용거부에 그치지 아니하고 무효선언을 한다면, 그것은 법원의 명령·규칙위헌·위법심사의 한계를 벗어나는 것이 된다. 다만 명령 또는 규칙이 위헌·위법인 경우에 그 명령·규칙에 의거하여 한 행위도 무효가 되는가 하는 문제가 제기될 수 있다. 다시 말하면 위헌·위법한 명령·규칙에 의거하여 한 행정처분은 당연히 무효가 되거나 취소의 대상이 되지만, 위헌·위법한 국회규칙에 의거한 국회의 법률제정이나 위헌·위법한 헌법재판소규칙에 의거한 헌법재판소결정의 효력은 어떻게 되는가가 문제될 수 있다. 이 문제는 위헌법률심사권과 명령·규칙심사권이 별개의 기관에게 귀속됨으로써 헌법해석에 있어서 충돌이 발생할 경우, 그것을 어떻게 조정할 것인가 하는 문제로서 헌법질서의 통일성 확보와 관련이 있는 문제이다.[415]

제3항 ‣ 위헌법률심판제청권

Ⅰ 위헌법률심판제청권의 의의

위헌법률심판제청권이라 함은 법률의 위헌 여부가 재판의 전제가 되는 경우에, 법원이 직권으로 또는 당사자의 신청에 따른 결정으로 헌법재판소에 위헌법률심판을 제청할 수 있는 권한을 말한다. 헌법 제107조 제1항은 "법률이 헌법에 위반되는 여부가 재판의 전제가 된 경우에는 법원은 헌법재판소에 제청하여 그 심판에 의하여 재판한다."라고 하여, 법원의 위헌법률심판제청권을 규정하고 있다.

415) 권영성, 앞의 책, 1091-1092쪽.

Ⅱ 위헌법률심판제청권의 주체

대법원과 각급법원은 물론 군사법원도 위헌법률심판제청을 할 수 있다. 위헌법률에 대해서는 재판부가 직권에 의한 제청뿐만 아니라 당사자의 신청에 의한 제청결정도 할 수 있으나, 제청할 권한은 당해 사건을 담당하는 법원(재판부)의 권한이다.

Ⅲ 위헌법률심판제청권의 성격

위헌법률심판제청권의 성격과 관련하여 법원의 위헌법률심판제청권 중에 법률의 합헌결정권 내지 합헌판단권이 포함되는가가 문제되고 있다.

1. 긍정설

헌법 제107조 제1항에 따라 법률의 위헌결정은 할 수 없지만 합헌결정을 할 수 있다는 긍정설은 ① 사법권의 본질상 법률의 효력에 대한 심사권은 법관의 고유권한이라는 점, ② 헌법재판소법 제43조 제4호가 법원이 위헌심판제청을 할 때에 제청서에 위헌이라고 해석되는 이유를 기재하도록 규정하고 있는 점, ③ 헌법재판소법 제68조 제2항이 당사자의 제청신청이 기각된 때에는 당사자로 하여금 헌법재판소에 직접 헌법소원심판을 제기할 수 있도록 하고 있는 점 등을 논거로 들고 있다(다수설).

2. 부정설

합헌결정권을 가지지 않는다는 부정설은 ① 현행 헌법은 구헌법 제108조 제1항의 '법률이 헌법에 위반된 것으로 인정할 때'라는 문구를 삭제하였다는 점, ② 구헌법 당시 하급법원의 위헌심사제청에 대한 실질적 심사권(합헌결정권)을 대법원에 부여하였던 헌법위원회법 제15조 제2항과 법원조직법 제7조 제1항 제4호를 현행 헌법하에서는 삭제하였다는 점을 그 논거로 들고 있다.

3. 결 론

생각건대 ① 법원은 사법작용의 본질상 구체적 사건에 적용할 법규범에 대한 독자적 해석권을 고유권한으로 하고 있을 뿐만 아니라, ② 일반법원은 실정법상 당사자의 제청신청을 기각하여 합헌결정을 할 수 있고, ③ 법원의 위헌심판제청서에 위헌이라고 해석되는 이유를 기재하도록 하고 있는 점 등에 비추어 법원이 법률에 대한 합헌판단권을 갖는 것으로 보아야 할 것이다. 그러나 법원은 당해 법률에 관하여 위헌의 여지가 조금이라도 있다고 인정되는 경우에는 합헌결정으로 제청신청을 기각할 것이 아니라, 헌법해석의 통일성을 위하여 적극적으로 위헌심판제청을 하여야 한다.416)

Ⅳ 위헌법률심판제청의 요건

위헌법률심판을 제청하려면 첫째, 법률의 위헌 여부가 '재판의 전제가 되는 경우'라야 한다. 위헌법률심판제청의 적법요건인 재판의 전제성이라 함은 구체적인 사건이 법원에 계속 중이어야 하고, 위헌 여부가 문제되는 법률이 당해 소송사건의 재판에 적용되는 것이어야 하며, 그 법률이 헌법에 위반되는지의 여부에 따라 당해 사건을 담당한 법원이 다른 내용의 재판을 하게 되는 경우를 말한다. 둘째, 위헌법률심판을 제청하려면, 재판의 전제성 외에 구체적 사건성, 당사자적격성, 소의 이익 등 사법권의 발동을 위한 요건을 충족해야 한다.

Ⅴ 위헌법률심판제청의 대상

헌법 제107조 제1항은 '법률'이 헌법에 위반되는 여부라고 하고 있기 때문에 법률이 심판제청의 대상이 된다는 점에는 이론이 없다. 그러나 심판제청의 대상이 되는 법률이 형식적 의미의 법률만이냐 실질적 의미의 법률까지 포함하느냐가 문제될 수 있지만, 여기서의 법률은 형식적 의미의 법률뿐만 아니라, 법률과 동일한 효력을 가지는 법규범까지 포함하는 것으로 보아야 한다.

Ⅵ 위헌법률심판제청의 절차

법원이 헌법재판소에 위헌법률심판을 제청하려면, 법률의 위헌 여부가 재판의 전제가 되어야 될 뿐만 아니라, 당해 사건을 담당하는 법원이 직권으로써 하거나 당사자의 제청신청이 있어야 한다. 대법원 외의 법원이 위헌법률심판을 제청할 때에는 대법원을 거쳐야 하는데, 이때의 경유는 단지 형식적인 절차일 뿐이다.

416) 권영성, 앞의 책, 1099-1100쪽.

Ⅶ 위헌법률심판제청의 효과

법원이 법률의 위헌심판을 헌법재판소에 제청한 때에는 당해 소송사건의 재판은 헌법재판소의 위헌 여부의 결정이 있을 때까지 정지된다(재판의 정지). 법원으로서는 헌법재판소의 위헌심판의 결과를 기다려서 재판을 해야 할 것이며, 만일에 위헌결정이 있을 경우에는 그에 따른 입법시정의 결과를 감안하여 재판을 해야 할 것이다.

제4항 · 사법의 절차와 운영

Ⅰ 개 설

사법의 절차와 운영이라 함은 법원 등 사법기관이 사법권을 구체적으로 행사하는 절차와 방식을 말하며, 재판이나 소송이 진행되는 절차와 방식이라고도 말할 수 있다. 사법의 절차와 운영은 법원조직법을 비롯하여 헌법재판소법·민사소송법·형사소송법·행정소송법 등에 자세히 규정되어 있다. 여기서는 사법의 절차와 운영 중 기본이 되는 재판의 심급제·공개제·배심제에 관하여 살펴보기로 한다.

Ⅱ 재판의 심급제

헌법은 법원을 최고법원인 대법원과 각급법원으로 조직하게 함으로써 간접적으로 상하의 심급제를 규정하고 있고(제101조 제2항), 법원조직법은 법원의 심판권과 관련하여 삼심제(三審制)를 규정하고 있다. 헌법과 법원조직법이 심급제를 규정한 것은 소송절차를 신중하게 함으로써 공정한 재판을 확보하려는 데에 그 목적이 있다. 헌법과 관계 법률의 규정을 보면, 삼심제의 원칙은 민사·형사·행정재판에만 적용되고, 특허재판과 지방의회의원 및 기초자치단체장의 선거쟁송에 관한 재판은 이심제(二審制)로 하고 있으며, 대통령·국회의원·시·도지사의 선거쟁송에 관한 재판과 사형선고의 경우를 제외한 비상계엄하의 군사재판은 단심제(單審制)로 하여, 삼심제에 대한 예외를 인정하고 있다.

1. 삼심제의 원칙

헌법은 상하의 심급제만을 규정하고 있을 뿐 반드시 삼심제를 요구하고 있는 것은 아니지만, 법원조직법은 삼심제의 원칙을 규정하고 있다. 이에 따라 민사·형사·행정사건에 관한 소송 중 합의부 관할사건은 지방법원(행정법원) 합의부를 거쳐, 고등법원, 대법원의 순으로 진행되고, 단독판사 관할사건(소액사건심판법에 의한 소액사건 또는 경미한 사건에 관한 소송)은 지방법원[지원(支院)]단독부를 거쳐, 지방법원(본원)합의항소부, 대법원의 순으로 진행된다.

2. 삼심제에 대한 예외

(1) 이심제

특허소송에서는 제1심을 특허법원(고등법원급)의 관할로 하고, 제2심을 대법원의 관할로 하는 이심제를 규정하고 있다. 선거소송의 경우에도 지방의회의원선거와 자치구·시·군의 장의 선거에 관련된 선거소송의 제1심은 고등법원의 관할로 하고, 제2심은 대법원의 관할로 하는 이심제를 채택하고 있다(공직선거법 제222조 제2항).

(2) 단심제

대통령과 국회의원 및 시·도지사의 선거소송은 대법원의 전속관할로 하고 있으므로 단심제라고 할 수 있다. 이들 선거에 관한 소송을 단심제로 한 것은 선거에 관한 소송은 조속한 시일 내에 확정할 필요가 있기 때문이다. 따라서 대통령선거와 국회의원선거에 관한 소송은 다른 소송에 우선하여 신속히 재판하여야 하며, 수소법원(受訴法院)은 소가 제기된 날로부터 180일 이내에 처리하여야 한다(공직선거법 제225조). 군사재판도 평상시에는 삼심제의 원칙을 따르지만, 비상계엄하의 군사재판은 군인·군무원의 범죄나 군사에 관한 간첩죄의 경우와 초병·초소·유독음식물공급·포로에 관한 죄 중 법률이 정한 경우에 한하여 단심으로 할 수 있다. 다만 사형을 선고한 경우에는 그러하지 아니하다(헌법 제110조 제4항).

Ⅲ 재판의 공개제

1. 재판공개제의 의의

헌법 제109조 본문은 "재판의 심리와 판결은 공개한다."라고 하여, 재판공개의 원칙을 천명하고 있다. 재판의 공개주의는 비밀재판에 대립하는 개념이다. 재판의 공개주의는 소송의 심리와 판결을 공개함으로써 여론의 감시하에 재판의 공정성을 확보하고 소송당사자의 인권을 보장하며, 나아가 재판에 대한 국민의 신뢰를 확보하려는 데 그 제도

적 의의가 있다.[417)]

2. 재판공개제의 내용

헌법 제109조에서의 심리라 함은 법관 앞에서 원고와 피고가 신문을 받으며, 증거를 제시하고 변론을 전개하는 것을 말한다. 특히 민사사건에 있어서 심리의 요체는 구두변론이고, 형사사건에서의 요체는 공판절차이다. 판결이라 함은 심리의 결과에 따라 사건의 실체에 대하여 법관이 내리는 판단을 말한다. 공개라 함은 사건과 직접 관계가 없는 일반인에게도 방청을 허용하는 일반공개를 의미하지만 누구든 언제나 방청이 허용되어야 한다는 뜻은 아니다. 재판에 관한 보도의 자유도 공개의 내용 중에 포함된다.

3. 재판공개제의 예외

재판은 공개를 원칙으로 하지만, 국가의 안전보장 또는 안녕질서를 방해하거나 선량한 풍속을 해할 염려가 있을 때(재판 비공개사유)에는 심리에 한하여 법원의 결정으로 공개하지 아니할 수 있다(헌법 제109조 단서). 이러한 경우까지 공개한다면, 민심을 자극하여 공공의 안녕을 위태롭게 하거나 외설 등으로 도덕적 풍속이 손상될 우려가 있기 때문이다. 공개 여부의 결정은 법원의 재량에 속하지만, 비공개로 할 객관적 사유가 있는 경우에만 공개를 정지할 수 있다. 그러므로 국가의 안전보장 또는 안녕질서를 방해하거나 선량한 풍속을 해할 우려가 있는가의 판단은 객관성이 요구되는 기속재량에 속한다(재판 비공개의 요건). 공개의 정지 또는 비공개는 심리에 관해서만 가능하고 판결은 언제나 공개하여야 한다.

Ⅳ 재판의 배심제

배심제라 함은 법률전문가가 아닌 국민 중에서 선출된 일정수의 배심원으로 구성되는 배심이 기소하거나 심판하는 제도를 말한다. 기소를 행하는 것을 기소배심 또는 대배심이라 하고, 심판을 행하는 것을 심리배심 또는 소배심이라 한다. 기소배심은 프랑스의 경우, 혁명 당시에 채용된 일이 있을 뿐이고, 영국에서도 1933년에 와서 이 제도가 폐지되고 말았다. 미국의 경우에는 헌법에서 기소배심제는 물론이고 계쟁(係爭)가격이 20불을 초과하는 경우와 중죄(重罪)에 관하여 심리배심제를 규정하고 있다(미연방헌법 수정 제5조, 제7조). 독일은 1848년에 심리배심제를 도입한 바 있지만, 현재는 이를 폐지하고 참심제

417) 권영성, 앞의 책, 1100쪽.

(參審制)만을 채택하고 있다.[418)]

참심제라 함은 선거나 추첨에 의하여 국민 중에서 선출된 자, 즉 참심원이 직업적인 법관과 함께 합의체를 구성하여 재판하는 제도를 말한다. 참심제는 독일에서 발달한 것으로 오늘날 독일의 구법원(區法院)에서 이를 채택하고 있다. 참심제는 참심원이 법관과 더불어 합의체를 구성하여 재판하는 제도인 데 대하여, 배심제는 배심원이 법관으로부터 독립하여 판정을 내리는 제도라는 점에서 양자는 구별된다.

현행 헌법은 심리배심이나 기소배심의 어느 것도 채택하고 있지 아니하다. 그러나 배심제는 사법과정의 민주성을 보장하고, 법관의 관료화를 억제할 수 있으며, 사법절차를 인권보장에 적합한 것이 되게 할 뿐 아니라, 국민이 재판에 친근해질 수 있도록 하는 데 유익한 제도이고,[419)] 국민의 사법참여제도는 사법의 민주적 정당성을 강화하고 투명성을 제고함으로써 궁극적으로 국민으로부터 신뢰받고 존중받는 사법을 확립하는 밑거름이 될 것이지만 사법참여제도의 도입은 현행 사법제도의 근간을 바꾸는 중요한 문제이므로, 우리나라의 법체계와 현실에 가장 적합한 사법참여의 형태를 신중하게 탐구하고 설계해 나갈 필요가 있으므로 사법개혁위원회의 건의[420)]를 받아들여 「국민의 형사재판참여에 관한 법률」을 근거로 2008년 1월 1일부터 국민이 형사재판에 배심원 또는 예비배심원으로 참여하는 국민참여재판제도가 시행되고 있다.

제5항 ‣ 대법원의 규칙제정권[421)]

I 대법원규칙의 의의

대법원규칙이라 함은 대법원이 헌법 제108조에 따라 법률에 저촉되지 아니하는 범위 안에서 소송에 관한 절차나 법원의 내부규율 또는 사무처리에 관하여 제정하는 규칙으로서, 그 형식적 효력이 법규명령에 해당하는 규칙 또는 행정명령에 해당하는 규칙(행정규칙)을 말한다.

418) 권영성, 앞의 책, 1102쪽.

419) 권영성, 앞의 책, 1102쪽.

420) 사법개혁위원회, 『사법개혁을 위한 건의문』, 2004. 12. 31, 27-33쪽.

421) 권영성, 앞의 책, 1105-1107쪽.

Ⅱ 대법원규칙제정권의 제도적 의의

대법원에 규칙제정권을 인정한 것은 첫째, 법원의 자주성과 독자성을 확보하고, 둘째, 법원의 사무처리에 관한 사항이라든가 법원의 내부규율에 관한 사항은 국민의 권리·의무와 직접 관계가 희박할 뿐 아니라 전문적·기술적 사항이므로, 재판의 실정에 정통한 대법원이 실정에 적합한 규칙을 제정할 수 있도록 하며, 셋째, 사법부 내에서는 대법원의 통제권과 감독권을 강화하고 그 실효성을 확보하기 위해서이다.

Ⅲ 대법원규칙제정권의 대상과 범위

대법원이 제정하는 규칙은 소송에 관한 절차, 법원의 내부규율과 사무처리에 관한 사항을 그 대상으로 한다. 생각건대 사법행정상의 감독을 내용으로 하는 법원의 내부규율에 관한 사항이라든가 재판사무의 분배 등 사무처리방법에 관한 사항은 사법부의 내부사항에 속하는 것이므로, 이들 사항에 관하여 대법원이 규칙(행정규칙)을 제정할 권한을 갖는 것은 당연하다. 그러나 소송절차에 관한 사항[감치(監置) 또는 과태료에 처하는 재판절차] 등은 단순히 사법부 내부의 사항에 그치는 것이 아니라 법원소속 공무원이나 소송관계인까지도 구속하는 것이므로, 법률 또는 법규명령으로써 제정해야 할 성질의 사항이다. 따라서 소송절차에 관한 대법원규칙 중에서 국민에 대하여 일반적 구속력을 가지는 성질의 규칙은 법규명령의 성질을 가지는 것이다.

법원조직법은 대법원규칙으로 규정할 수 있는 사항을 예시하고 있는데 이를테면 형사소송에 관한 규칙, 각급법원에 배치할 판사의 수, 대법관회의의 운영, 법원도서관의 조직과 운영, 판사회의·법관인사위원회·사법정책자문위원회의 조직과 운영, 판례심사위원회, 사법연수원의 운영, 법원행정처의 기구와 사무분장, 법정에서의 방청·촬영, 법원직원의 보수 등이 그것이다.

Ⅳ 대법원규칙제정의 절차와 공포

대법원의 규칙제정은 실질적으로 입법작용에 해당하는 것이지만, 헌법 제108조에 근거하여 법원조직법은 대법관회의의 의결사항으로 하고 있다. 대법원규칙의 공포는 대법원규칙의공포에관한규칙에 의하는데, 대법관회의에서 의결된 규칙은 의결 후 15일 이내에 법원행정처장이 공포절차를 밟는다. 대법원규칙의 공포는 관보에 게재함으로써 한다(동규칙 제4조).

Ⅴ 대법원규칙의 효력

대법원규칙은 특별한 규정이 없는 한 공포한 날로부터 20일을 경과함으로써 효력을 발생한다(동규칙 제6조). 대법원규칙과 법률이 경합할 경우에 그 효력의 우열에 관해서는 법률우위설·동위설(同位說)·대법원규칙우위설 등이 있다. 헌법 제108조가 "대법원은 법률에 저촉되지 아니하는 범위 안에서 규칙을 제정할 수 있다."라고 하고 있기 때문에 법률우위설이 타당하다.

Ⅵ 대법원규칙에 대한 통제

대법원규칙에 대한 위헌심사권이 대법원에 있는가 아니면 헌법재판소에 있는가에 관해서는 견해의 대립이 있을 수 있으나, 헌법재판소는 법무사법시행규칙에 관한 헌법소원심판사건에서 헌법재판소도 경우에 따라서는 명령·규칙에 대한 위헌심사권을 갖는다고 획기적인 결정을 한 바 있다.[422]

제5절 헌법재판소

제1항 · 헌법재판의 기능과 본질[423]

Ⅰ 헌법재판의 의의

협의의 헌법재판이라 함은 사법적 기관이 법률의 위헌 여부를 심사하고, 그 법률이 헌법에 위반되는 것으로 판단하는 경우에, 그 효력을 상실하게 하든가 그 적용을 거부하는 제도를 말한다. 광의의 헌법재판이라 함은 헌법에 관한 쟁의(爭議)나 헌법에 대한 침해를 헌법규범을 준거로 하여 사법적 절차에 따라 해결하는 작용으로서, 위헌법률심사뿐만 아니라 명령·규칙심사, 정당해산심판, 탄핵심판, 권한쟁의심판, 헌법소원심판, 선거소송심판 등을 말한다. 우리나라에서는 광의의 헌법재판 중에서 대법원에서 관할하는 명령·규칙심사와 선거소송심판을 제외한 나머지에 대하여 헌법재판소가 관할하고 있다.

422) 헌재 1990. 10. 15. 89헌마178.

423) 권영성, 앞의 책, 1114-1117쪽.

Ⅱ 헌법재판의 기능

입헌민주국가에 있어서 헌법재판제도는 긍정적인 측면과 부정적인 측면을 아울러 가지고 있다. 헌법재판의 긍정적 기능으로는 1) 헌법규범의 유권적 해석을 통하여 민주헌법에 내재하는 민주주의이념을 구현하는 기능(민주주의 이념구현의 기능), 2) 헌법의 관점에서 국가의 의사형성과 정책을 조정하고 통제함으로써 헌법질서를 수호하는 기능(헌법질서 수호의 기능), 3) 권력의 통제와 권력적 균형의 원리에 입각하여 개인의 자유와 권리를 보장하는 기능(기본권 보장의 기능), 4) 공권력 행사의 합헌성(合憲性)을 보장함으로써 다수의 전제와 횡포로부터 소수를 보호하는 기능(소수자보호의 기능), 5) 정치적 갈등을 사법적 절차에 따라 해결함으로써 정치적 평화를 유지하는 기능(정치적 평화유지의 기능), 6) 연방제 국가의 경우에 연방과 지방(支邦)간의 관할에 관한 분쟁을 조정함으로써 연방제를 유지하는 기능(연방제 유지의 기능) 등이 있는 데 반하여, 부정적 측면은 1) 일반법원이 위헌법률심사권 등을 행사하는 경우에 사법부의 정치기관화를 초래할 수 있는 점, 2) 보수적인 사법부로 말미암아 사회발전이 지연될 수 있다는 점 등이 있다.

Ⅲ 헌법재판의 본질

헌법재판도 본질적으로 사법작용이라는 점에서는 민사·형사 등 일반재판과 공통성을 가지고 있지만, 헌법재판은 특히 헌법적 문제에 관한 분쟁을 계기로 헌법의 의미와 내용을 해석하고 확정하는 것을 그 본래의 목적으로 삼는 데 대하여, 일반재판은 구체적인 법적 분쟁의 해결을 위하여 법규를 적용하는 것을 원칙으로 한다는 점에서 양자는 구별된다.

헌법재판은 헌법규범을 적용하여 입법부나 집행부의 의사를 법적으로 통제하고 구속하는 기능을 수행하는 것이므로, 헌법재판이 국민주권의 원리나 권력분립의 원리와 모순되는 것이 아닌가 하는 의문이 제기될 수 있다.

즉, 의회가 주권자인 국민을 대표하는 기관이라면, 의회가 제정한 법률을 심사한다는 것은 국민주권의 원리와 모순되는 것으로 볼 수도 있다. 그러나 국민주권의 원리에 있어서도 입법권·집행권·사법권이 주권으로부터 유래한 권력인 것처럼, 헌법재판기관도 주권자가 위임한 헌법재판권을 주권자인 국민의 이름으로 행사하는 것이므로, 헌법재판은 국민주권의 원리와 모순되는 것이라 할 수 없다. 또한 어떠한 기관이 의회가 제정한 법률을 심사하여 무효로 선언할 수 있다면, 그 기관은 사실상 입법기능을 행사하는 것이 되기 때문에, 헌법재판은 권력분립의 원리와 모순되는 것이 아닌가 하는 의문이 제기될 수 있다. 그러나 권력분립의 원리를 단순히 권력의 분리나 분할로 보지 아니하고 권력 상호간의 견제와 균형관계라는 관점에서 파악한다면, 헌법재판은 권력의 조정적·통제적 기능을 수행하는 것이므로, 권력분립의 원리와 모순된다고 볼 수 없다. 더욱이 권력분립의 목적이 궁극적으로 개인의 자유와 권리를 보장하는 데 있는 것이라면, 입법 등에 대한 사법적 통제를 의미하는 헌법재판도 결국은 국민의 기본권 보장에 봉사하는 국가작용이라는 점에서, 권력분립의 원리에 못지않은 헌법적 의미를 가지는 것이다.

헌법재판의 본질에 관해서는 학설이 나누어지는바, 1) 헌법재판은 헌법규범에 대한 해석을 그 본질로 하는 사법적 법인식 작용인만큼 사법작용으로 보아야 한다는 사법작용설, 2) 헌법재판의 대상이 되는 분쟁은 법적 분쟁이 아닌 정치적 분쟁이므로 그 해결작용은 사법작용이 아니라 정치적 작용일 수밖에 없다는 정치작용설, 3) 헌법재판에 있어서 헌법해석은 일반법률의 해석과는 달리 헌법을 보충하고 그 내용을 형성하는 기능을 가지므로, 헌법재판은 일종의 입법작용이라는 입법작용설, 4) 헌법재판은 입법·집행·사법 등 모든 국가작용을 통제하는 기능을 가지므로 제4의 국가작용으로 보아야 한다는 제4국가작용설 등이 그것이다. 생각건대 사법작용의 최소한의 개념적 징표를 1) 재결행위가 사법적 절차에 따라 행해지고, 2) 재결이 결정적인 것이며, 3) 재결이 중립적 기관에 의하여 행하여진다는 점 등에서 구한다면 헌법재판도 일종의 사법작용이라 할 수 있다. 하지만 헌법재판은 순수한 사법작용이 아니라 정치적 성격을 아울러 가지고 있는 정치적 사법작용이라는 데 그 특징이 있다. 그러한 의미에서 헌법재판은 1) 헌법이 정치성이 강한 법규범이므로 그 재판도 정치형성적이라는 점(정치형성적 재판성), 2) 그 판결이나 결정의 내용을 국가가 강제로 집행하기가 곤란하다는 점(강제집행의 곤란성) 등을 특성으로 하는 정치적 사법작용이라 할 수 있다.

제2항 › 헌법재판에 있어서 소극주의와 적극주의424)

I 개 설

사법적 심사에 회부된 헌법사안을 판단하는 경우, 헌법규범의 간결성·개방성·추상성 등 그 규범구조적 특성 때문에 구체적 사안에 관한 판단이 곤란한 경우가 많다. 이런 경

424) 권영성, 앞의 책, 1117-1120쪽.

우에 헌법재판기관이 선택해야 할 헌법해석의 방향과 태도가 문제된다. 그것은 곧 사법적 심사방식에 관한 문제라고 할 수 있다. 이 점에 관해서는 두 가지 사법철학 내지 헌법재판적 철학이 있다. 사법소극주의와 사법적극주의가 바로 그것이다.

Ⅱ 사법소극주의

1. 사법소극주의의 의의

사법소극주의(Judicial Passivism)라 함은 입법부와 집행부의 의사결정은 그것이 국민의 법의식이나 정서에 근본적으로 배치되거나 기존의 판례에 명백히 위반되는 것이 아니라면, 최대한 존중되어야 한다는 의미에서 사법부가 그에 관한 가치판단을 자제하는 것이 바람직하다고 인식하는 사법철학 내지 헌법재판적 철학을 말한다.

2. 사법소극주의의 이론적 근거

(1) 사법부 구성의 비민주성

국민에 의한 선거를 통하여 구성되는 기관도 아니고 국민에게 직접 정치적 책임을 지는 기관도 아닌 사법부가 국민의 대표기관인 의회가 제정한 법률을 무효로 한다는 것은 비민주적이다.

(2) 사법부의 비전문성

정치적·경제적 쟁점이라는 성격을 가지는 헌법문제에 관하여 정치나 경제분야에 그다지 전문적 지식을 가지지 못한 사법부가 입법이나 행정처분을 심사하고 판단한다는 것은 적절하지 못하다.

(3) 고전적 권력분립론

사법부가 고도의 정치성을 띤 타국가기관의 행위에 개입함으로써 사법부의 정치화를 초래하게 되면 그 독립적 지위를 위협당할 우려가 있으므로, 사법부는 정치적 사건에 관한 판단을 자제하거나 회피하는 경향으로 나아가야 한다.

(4) 합헌성 추정의 강조

입법부와 집행부의 행위에 대해서는 합헌성이 추정되어야 하므로, 그에 관한 헌법재판은 바람직하지 않다.

3. 사법소극주의에 대한 비판

사법소극주의는 사법부가 헌법으로부터 부여받은 사법적 심사권을 포기하는 것이 되므로, 그것은 위헌일 뿐 아니라 이러한 고의의 심사회피 내지 심사거부는 그 자체가 어느 쪽의 정치적 입장을 대변하거나 기정사실화하는 것이 된다는 비판을 받고 있다. 그리고 중립적 권력론 등을 명분으로 하는 사법소극주의에 대하여, 정치적 법학자들은 가치중립적 판결이라는 것은 허구에 불과한 것으로 모든 판결에서 가치판단의 불가피성을 역설한다.

Ⅲ 사법적극주의

1. 사법적극주의의 의의

사법적극주의(Judicial Activism)라 함은 사법부도 역사발전과 진보적인 사회정책 형성에 기여해야 하고, 그러기 위해서는 사법적 선례에 지나치게 기속될 것이 아니라, 헌법규범을 시대적 변화에 적응할 수 있도록 탄력적으로 해석함으로써, 입법부나 집행부의 행위를 적극적으로 판단하는 것이 바람직하다고 인식하는 사법철학 내지 헌법재판적 철학을 말한다.[425)]

2. 사법적극주의의 이론적 근거

(1) 사법적 심사의 민주성

사법부의 구성은 비록 비민주적일지라도 사법적 심사는 원내 다수파의 횡포를 방지하는 역할을 하므로, 사법부도 민주적 성격을 띠고 있다.

(2) 사법부의 헌법수호적 기능

현대에 와서 입법부와 집행부의 공화 및 집행권력의 강화현상은, 그에 대한 견제세력으로서뿐만 아니라 헌법의 수호자로서 사법부의 기능적 적극성을 요구하고 있다.

---

425) 구 민법 제809조 동성동본금혼규정에 대한 헌법불합치결정과 선거구인구획정에 관한 결정이 그 대표적인 예이다. 民法 제809조 제1항 違憲提請(1997. 7. 16. 95헌가6 내지 13(병합) 전원재판부)[판례집 9-2, 1~31]; 公職選擧및選擧不正防止法 [別表1]의 「國會議員地域選擧區區域表」 違憲確認(1995. 12. 27. 95헌마224·239·285·373(병합) 全員裁判部)[판례집 7-2, 760]

(3) 사법부의 양심적 역할과 국민의사의 대변

사법부는 도덕적 원리를 객관적으로 담보하는 기능을 수행할 뿐 아니라, 역사적으로도 헌법적 질서를 유지하고 수호하기 위한 양심적 역할을 담당하여 왔으며, 오늘날에도 국민의 의사를 대변하고 있다.

3. 사법적극주의에 대한 비판

최고법원은 최종적인 법정(法廷)일 뿐 결코 초실정법적 기구가 될 수는 없는 것이라고 역설한 Frankfurter 대법관의 경고에서 사법적극주의의 한계를 엿볼 수 있다.

Ⅳ 결 어

모든 권력은 월권적(越權的) 경향을 가지기 마련이지만, 사법권의 경우에도 권력분립의 원리를 유린하는 월권행위는 용납될 수 없는 것이며, 그 월권적 행위에 대한 유일한 제어방법은 사법부의 자제일 수밖에 없다. 그러나 오늘날 입법부와 집행부의 융화현상, 고도의 정당국가적 경향, 다수의 횡포 등으로 말미암아 입법과 법집행과정에서 드러나는 여러 문제점들은, 사법부로 하여금 헌법질서의 수호와 국민의 기본권 보장이라는 역할을 보다 적극적으로 수행할 것을 요구하고 있다. 요컨대 사법부는 한편으로는 권력분립의 원리를 존중해야 한다는 소극적 측면과 또 다른 한편으로는 민주주의 이념과 국민의 기본권 보장이라는 사명을 완수해야 한다는 적극적 측면을 그때그때의 상황에 적합하도록 조화시켜 나가야 할 것이다.

제3항 ‣ 헌법재판제도의 유형426)

Ⅰ 개 설

헌법재판제도의 유형은 크게 재판기관을 기준으로 하는 분류와 재판사항을 기준으로 하는 분류가 있는데, 전자는 다시 헌법재판소형, 일반법원형, 특수기관형으로 갈리고, 후자는 다시 위헌법률심사제, 정당해산심판제, 탄핵심판제, 권한쟁의심판제, 헌법소원심판제 등으로 갈린다.

426) 권영성, 앞의 책, 1120-1126쪽.

Ⅱ 재판기관을 기준으로 한 분류

1. 헌법재판소형

헌법재판소형은 일반법원으로부터 독립된 헌법재판소를 설치하여 헌법재판을 담당하게 하는 유형이다. 독일·프랑스·오스트리아·이탈리아·포르투갈·스페인·러시아 등이 그 대표적인 예이다. 헌법재판소형에서는 헌법재판소가 법률의 위헌심사뿐만 아니라 탄핵심판·권한쟁의심판·정당해산심판·헌법소원심판·선거소송심판까지 관할하는 것이 일반적이다. 법률의 위헌 여부를 심사하는 경우에도 구체적 규범통제는 물론이고 추상적 규범통제까지 인정하는 것이 보통이다. 또한, 법률의 위헌성을 인정하는 경우에는 그 법률의 효력을 전면적으로 상실하게 하는 것이 그 특징이다.

(1) 독일의 연방헌법재판소

독일의 연방헌법재판소는 제1부회(部會)와 제2부회로 조직되며, 각 부회는 8인의 재판관으로 구성된다. 이들 재판관은 연방참의원과 연방의회에서 각각 반수씩 선출되며 연방대통령이 임명한다. 재판관의 임기는 12년이고 연임은 허용되지 아니한다. 제1부회는 대체로 규범심사와 헌법소원을, 제2부회는 기관쟁의와 연방쟁의를 관장한다. 제1·2부회의 연합부회는 각 부회의 법해석이 충돌하는 경우에 이를 조정하기 위하여 예외적으로 개최된다. 연방헌법재판소의 권한과 관할은 연방과 지방(支邦)간의 헌법쟁의와 권한쟁의의 심판, 추상적 규범통제와 구체적 규범통제, 헌법소원심판, 기본권의 상실·정당의 해산·연방대통령의 탄핵·의원자격의 심사 등이 그 중요한 내용이다.

(2) 프랑스의 헌법원

프랑스의 헌법원은 공화국 대통령·국민의회 의장·상원의장이 각 3인씩 임명하는 9인의 위원(임기 9년)과 공화국 전직 대통령이 당연직 종신위원으로 그 구성원이 된다. 1958년의 제5공화국 헌법은 헌법원을 설치하여 법률·조약·의회의사규칙 등에 대한 합헌성 통제를 담당하게 하고 있다. 헌법원은 공권력의 행사를 통제하고, 국민의 기본권을 보장하며, 정치적 분쟁을 해결하는 기능을 수행하는 헌법재판기관이다. 그러나 그것이 대통령과 의회에 의하여 임명된 자로 구성된다는 점, 법률의 합헌성 심사도 법률이 공포되기 이전에 심사하는 사전예방적 합헌성 심사라는 점에서 통상적인 헌법재판기관과는 구별되고 있다.

프랑스 제5공화국의 헌법원의 성격에 관해서는 ㈀ 헌법에 관한 자문기관설, ㈁ 정치적 기관설, ㈂ 제도적 통제기관설, ㈃ 사법기관설 등으로 갈리고 있다. 생각건대 사법기관의 요건을 ㈀ 법률문제의 판단, ㈁ 사법절차의 준용, ㈂ 독립적 지위, ㈃ 판단의 기판력이라고 한다면, 1974년 헌법개정(제61조 제2항) 이후 프랑스 헌법원은 이러한 요건들을 충족하고 있으므로 사법기관이라 할 수 있고, 그 관할이 헌법적 쟁의를 주된 대상으로 하므로 헌법재판기관이라 할 수 있다. 프랑스에서의 다수학설과 꽁세유데타 및 파기원도 헌법원의 사법기관설을 인정하고 있다.

프랑스에서 오랫동안 사법적 위헌심사제가 채택되지 아니한 이유로는 ㈀ 국민주권의 사상과 의회만이 국민의 대표기관이라는 관념 때문에, 의회가 제정한 법률은 제3기관에 의하여 심사될 수 없다고 보는 점, ㈁ 법관의 보수성과 법관에 대한 불신이 농후하다는 정치문화적 특성 등을 들 수 있다.

헌법원의 권한은 크게 행정적 권한과 사법적 권한으로 갈리는데, 전자로는 국민투표와 대통령 선거의 일반적 감독권, 대통령 선거 후보자의 명부확정권, 대통령의 유고확인권 등이 있고, 후자로는 의회의원의 겸직금지에 관한 심판권, 대통령 선거와 상·하의원 선거 그리고 국민투표의 전부 또는 일부무효판정권, 위헌법률심사권, 조약과 국제협정의 비준동의 전(前)의 위헌심사권 등이 있다.

2. 일반법원형

일반법원형은 일반법원으로 하여금 헌법재판을 담당하게 하는 유형이다. 미국을 비롯한 중남미제국·호주·캐나다·일본·인도 등이 이러한 유형을 채택하고 있다. 일반 법원형에서는 헌법재판이 위헌법률심사에 국한되어 있고, 위헌심사도 구체적 규범통제에 한정되어 있다. 법률의 위헌성을 인정하는 경우에도 당해 사건에 그 법률의 적용을 거부할 수 있을 뿐, 그 효력을 전면적으로 상실시키지 않는 것이 특색이다.

(1) 미국의 연방대법원

미국의 위헌법률심사제는 국가차원의 사법심사·연방차원의 사법심사·주차원의 사법심사로 세분되지만, 어느 경우이든 헌법이 명문으로 규정하고 있지 아니하다. 연방법원에 의한 연방법률의 위헌심사라고 하는 국가차원의 사법심사제가 확립된 것은 1803년의 Marbury v. Madison사건에 관한 Marshall 대법원장의 판결이 결정적인 계기가 되었다. 그러나 그 법사상적 배경은 다음과 같다. ㈀ 연방헌법의 제정을 전후하여 의회의 무능과 부패 그리고 그 권력남용의 가능성 때문에 의회에 대한 불신사조가 팽배하였다. 이러한 상황에서 의회를 통제하기 위한 제도의 하나로 등장한 것이 위헌법률심사제이다. (ㄴ) 미국민은 권력의 집중은 국민의 자유와 권리의 보장에 위협이 되는 것으로 인식하고, 사법부보다 집행부와 입법부에 의한 권력남용을 더욱 경계하였다. (ㄷ) 사법권과 입법권은 국민주권의 원리에서 파생된 동격의 권력이므로, 구체적 사건을 재판함에 있어 법률이 헌법에 위반되는가가 문제될 경우에는, 법원이 독자적으로 위헌 여부를 심사할 수 있어야 한다고 생각했다. (ㄹ) 법률이 헌법에 저촉될 경우에는 상위법인 헌법이 우선적으로 적용되어야 함은 당연하다는 논리 등이 바로 그 배경이었다.

그러나 미국에서도 위헌법률심사제에 대한 비판이 전혀 없는 것은 아니다. 1930년대 루즈벨트정부의 뉴딜정책을 견제하는 판결들이 이어졌을 때, 그 비판은 절정에 달하였다. 위헌법률심사제에 대한 비판은 (ㄱ) 법관의 개인적 세계관이나 정치관에 따른 헌법해석을 가능하게 함으로써 헌법해석의 객관성을 위협하고, (ㄴ) 실정법적용을 임무로 하는 법관이 정치적 문제에 개입함으로써 사법권의 정치권력화를 초래하며, (ㄷ) 권력분립에 의한 권력의 균형을 파괴하여 사법권의 우위를 초래하고, (ㄹ) 법관들의 보수성 때문에 사회개혁이 저해될 것이라는 점 등이다.

(2) 일본의 최고재판소

일본의 최고재판소는 최고사법기관으로서 그 장(長)인 최고재판소 장관과 법률이 정하는 14인의 재판관으로 구성된다. 최고재판소 장관은 내각의 지명에 따라 국왕인 천황이 임명한다. 그 외의 재판관은 최고재판소 판사라 하고 내각이 임명한다. 최고재판소는 대법정과 소법정으로 나누어 심리하고 재판한다. 대법정은 판사전원으로 구성되고, 소법정은 3인 이상의 판사로 구성된다. 일본에서 헌법재판을 담당하는 기관은 최고재판소이며, 최고재판소의 헌법재판은 법률·명령·규칙에 대한 위헌 여부의 심판에 한정되어 있다. 법령의 위헌심판은 대법정에서 행하고, "헌법에 적합하지 아니하다."는 재판을 함에는 판사 8인 이상의 의견이 일치해야 한다.[427]

3. 특수기관형

특수기관형은 순수한 헌법재판소형도 아니고 순수한 일반법원도 아닌 특수한 성격을 가진 기관으로 하여금 헌법재판을 담당하게 하는 유형이다. 그리스의 특별최고법원·이

427) 일본에서 1949년 헌법 개정이후 지금까지 위헌으로 결정된 사건은 10여 건밖에 되지 아니하다. 그중에서 일본 최고재판소가 1973년 형법상 존속살인 가중처벌 규정에 대하여 위헌 결정한 뒤 1995년 형법개정을 통해 가중처벌 규정을 모두 폐지하였다.

란의 헌법수호위원회 등이 이 유형에 해당한다. 또한, 사회주의국가에서는 철저한 권력통합주의와 법률을 인민의 의사로 보는 논리 때문에 법률의 위헌심사가 배제되고 있다. 사회주의국가에서 법률에 대한 위헌심사제가 외형상 인정되고 있는 경우에도, 그것은 특수기관에 의하여 이루어진다는 데에 특징이 있다.

(1) 그리스의 특별최고법원

그리스의 특별최고법원은 원장과 10인의 위원으로 구성된다. 법원장은 국가평의회의 의장이 담당하고, 위원은 대법원장·회계검사원장·국가평의회의원 4인·대법원판사 4인으로 구성된다. 이 특별최고법원은 총선거의 부정 또는 유효 여부에 대한 상고심, 국민투표의 유효성 여부에 대한 심사, 국회의원의 겸직금지와 의원직 상실에 대한 심판, 국가기관간의 권한쟁의심판 등을 관장한다.

(2) 이란의 헌법수호위원회

이란에는 국회의 의결이 회교원리와 헌법에 위배되는지의 여부를 판정하기 위하여 헌법수호위원회를 설치하고 있다. 헌법수호위원회는 회교율법에 의한 자격보유자로서 지도자 또는 지도자회의가 임명한 6인과 법률지식이 풍부한 회교율사(回敎律師) 중에서 고등사법위원회가 제청하여 국회의 동의를 얻은 6인 등 12인으로 구성된다. 헌법수호위원회는 국회에서 의결된 모든 법률을 심사한다. 헌법수호위원회가 법률의 내용이 회교율법이나 헌법에 위반된다고 확인하는 경우에는 국회가 재의결을 해야 한다. 헌법의 해석은 헌법수호위원회 위원 4분의 3 이상의 찬성으로써 결정한다. 또한, 헌법수호위원회는 대통령선거와 국회의원총선거 및 국민투표를 감독한다.

Ⅲ 재판사항을 기준으로 한 분류

1. 위헌법률심사제

(1) 위헌법률심사의 의의

위헌법률심사라 함은 사법기관이 국회가 의결한 법률이 헌법에 위반되는가의 여부를 심사하고, 헌법에 위반되는 것으로 판단하는 경우에, 그 법률의 효력을 상실하게 하거나 그 적용을 거부하는 제도를 말한다. 위헌법률심사제를 법률의 사법적 심사제(司法的 審査制) 또는 협의의 헌법재판이라고도 한다.

현대민주국가에서 위헌법률심사제는 첫째, 헌법의 최고법규성과 헌법질서를 수호하고 유지하는 기능, 둘째, 국민의 자유와 권리를 보장하는 기능, 셋째, 원내다수파가 다수의 세력을 이용하여 소수를 탄압하기 위한 법률을 제정할 경우에, 그 법률을 위헌으로 선언함으로써 다수의 횡포를 억제하는 기능, 넷째, 다수결에 의하여 의결된 법률일지라도 그것이 위헌법률심사에 의하여 효력이 부인될 수 있다면, 다수가 소수의 의견을 무시하고 일방적으로 법률의 의결을 강행할 필요가 없게 되어, 대립된 정치세력간에 타협을 촉진하는 기능 등의 제도적 의의를 가진다.

(2) 위헌법률심사제의 연혁

위헌법률심사제의 사상적 배경은 대체로 중세의 자연법사상과 근본법사상이라 보고 있다. 미국의 경우는 그러한 법사상에다 미국 특유의 법률문화와 정치사상이 가미되어 위헌법률심사제가 발달하였다. 1803년의 Marbury v. Madison사건에서 Marshall 대법원장이 사법쿠데타라고도 불리는 논리를 구성함으로써 위헌법률심사제가 확립되었다. 이 판결에서 "법원은 헌법에 구속되기 때문에 헌법에 위반하는 법률은 무효로 볼 수밖에 없다."라고 하는 헌법원칙을 확인하였다. 이와 같이 미국에서의 위헌법률심사제는 헌법의 명문규정에 의해서 제도화된 것이 아니라, 연방대법원의 판례를 통하여 확립되었다는 데에 그 특색이 있다.

(3) 위헌법률심사제의 이론적 근거

헌법은 국가의 최고법규이므로 법률이 헌법에 위반되면 그 효력이 부인되어야 한다(헌법의 최고법규성의 보장). 또한, 의회의 자의적(恣意的) 입법으로부터 국민의 자유와 권리를 수호하기 위해서는 헌법에 위반되는 법률의 효력을 부인하지 않으면 아니 된다(의회에 대한 불신). 나아가 입법·집행·사법의 3권은 그 모두가 국민으로부터 유래하는 동격(同格)의 권력일 뿐 아니라 헌법에 구속된다. 사법부도 입법부와 마찬가지로 헌법에 관한 해석권을 가지므로, 입법부로부터 독립하여 헌법을 해석하고 적용하지 않으면 아니 된다. 이것은 입법권에 대한 사법권의 자기방어를 위해서도 또 입법권의 전단(專斷)으로부터 헌법을 수호하기 위해서도 불가피하다(권력분립의 원리).

(4) 위헌법률심사제의 유형

위헌법률심사제의 유형은 사전예방적 위헌심사제와 사후교정적 위헌심사제로 크게 갈린다.

(가) 사전예방적 위헌심사제

법률이 일단 시행된 후에 무효가 선언된다면, 이에 따른 사회적 혼란이 매우 크므로 프랑스에서는 일정한 법률에 관하여 그것이 공포되기 이전에 합헌성을 심사하고, 위헌으로 판정되면 그 공포와 시행을 유보하는 제도를 채택하고 있다. 이것이 사전예방적 위헌심사제가 필요한 이유이다. 프랑스 제5공화국헌법의 헌법위원회에 의한 법률·조약·의회의사규칙 등에 대한 사전적 합헌성심사제가 바로 이것이다.

(나) 사후교정적 위헌심사제

사후교정적 위헌심사제는 다시 구체적 규범통제(konkrete Normenkontrolle)와 추상적 규범통제(abstrakte Normenkontrolle)로 크게 갈린다. 구체적 규범통제라 함은 구체적 소송사건을 심리·판단함에 있어 법률의 위헌 여부가 문제되는 경우에, 선결문제(先決問題)로서 적용법률의 헌법적합성을 심사하고 위헌이라고 판단될 경우에 그 법률을 적용하지 아니하는 제도를 말한다. 구체적 규범통제에 있어서 심판청구의 주체는 당해법률로 말미암아 자신의 권리를 침해당한 자에 한정하는 것이 원칙이다. 즉, 구체적 규범통제에 있어서 청구인적격은 엄격하게 해석하여 자기관련성, 침해의 현재성, 직접성을 그 요건으로 한다. 위헌심사의 결과 위헌이라고 결정된 법률은 미국이나 일본과 같은 일반법원형에서는 당해사건에 적용하지 않을 뿐(개별적 효력부정) 그 법률 자체를 폐지하는 효과(일반적 효력부정)는 없다. 따라서 위헌으로 결정된 법률일지라도 입법기관이 폐지할 때까지는 유효한 법률로서 존속하며, 당해사건의 당사자 이외의 자에 대하여는 여전히 구속력을 가진다. 이에 반하여 독일이나 오스트리아와 같은 헌법재판소형에서는 위헌으로 결정된 법률은 일반적으로 효력을 상실한다. 추상적 규범통제라 함은 구체적 소송사건과는 관계없이 법률 그 자체의 위헌 여부를 추상적으로 심사하고, 위헌으로 결정되면 법률의 효력을 상실하게 하는 제도를 말하는 것으로 추상적 위헌심사 또는 추상적 규범심사라고도 한다. 추상적 규범통제는 헌법재판소형에서 행해지는 것이 통례로 되어 있다. 추상적 규범통제가 인정될 경우에는, 구체적인 소송사건을 매개로 하지 아니하고 일정한 조건을 구비한 제소권자에게 위헌심사청구권을 부여한다. 이 경우 위헌심사청구의 주체는 위헌법률에 의하여 자신의 권리가 침해당한 자에 한정되지 아니하며, 기본권의 침해가 없는 자도 위헌심사의 청구가 가능하다. 그리고 위헌심사청구자의 범위를 확대하면 헌법침해를 감시하는 자의 범위가 확대되어 헌법수호가 강화될 수 있지만 남소(濫訴)의 우려가 있다.

2. 정당해산심판제

(1) 정당해산심판제의 의의

어떤 정당의 목적이나 활동이 민주적 기본질서에 위배될 때에 정부는 헌법재판소에 그 해산을 제소할 수 있고, 당해 정당은 헌법재판소의 심판에 의하여 해산되도록 한 제도가 정당해산심판제이다. 이 제도는 민주주의의 이름으로 민주주의 그 자체를 파괴하거나 자유의 이름으로 자유의 체계 그 자체를 말살하려는 민주적·법치국가적 헌법질서의 적(敵)으로부터 민주주의가 그 자신을 효과적으로 방어하고 그와 투쟁하기 위한 방어적 민주주의를 위한 실정제도의 하나이다(헌법 제8조 제4항, 제111조 제1항 제3호).

(2) 정당해산심판의 실질적 요건

(가) 정 당

정당해산심판의 대상이 되는 정당은 정당으로서 등록을 필한 기성정당(旣成政黨)을 말한다. 따라서 정당의 방계조직·위장조직·대체정당 등은 여기서 말하는 정당에 해당하지 아니하고, 헌법 제21조의 일반결사에 해당한다. 정당성립의 시기는 중앙당이 중앙선거관리위원회에 등록을 필한 때이다.

(나) 목적과 활동

정당은 그 목적이나 활동이 자유민주적 기본질서에 위배될 때에 한하여 해산된다. 정당의 목적을 인식할 수 있는 자료는 정당의 강령(綱領)이나 기본정책 또는 당헌(黨憲), 당수와 당간부의 연설·당기관지·출판물·선전자료 등이다. 정당의 활동에는 당수와 당간부의 활동은 물론이고 평당원의 활동도 포함된다.

(다) 민주적 기본질서

헌법 제8조 제4항에서 말하는 민주적 기본질서는 자유민주적 기본질서를 의미한다고 보는 것이 통설이다.

(3) 정당해산심판의 형식적 요건

(가) 해산의 제소

정당의 목적이나 활동이 민주적 기본질서에 위배될 때에는 정부는 헌법재판소에 해산을 제소할 수 있다. 위헌정당의 해산제소권은 집행부 수반인 대통령의 권한에 속하지만 대통령은 제소에 앞서 국무회의의 심의를 거쳐야 한다(헌법 제89조 제14호). 정부에 정당해산심판제소권을 부여한 결과, 특정 정당에 대한 위헌 여부의 제1차적 판단은 정부의 권한이고 의무이다. 정부는 정당의 해산심판에 있어서 청구인의 지위에 선다. 정당해산심판청구서에는 해산을 요구하는 정당을 표시하고, 청구의 이유를 기재해야 한다(헌법재판소법 제56조). 헌법재판소가 정당의 위헌 여부를 심리한 결과, 일단 위헌이 아니라고 결정한 경우에는 동일한 정당에 대하여 동일한 사유로 다시 제소할 수 없다(일사부재리의 원칙, 헌법재판소법 제39조).

(나) 헌법재판소의 해산결정

헌법재판소는 9인의 재판관 중 6인 이상의 찬성으로 정당의 해산결정을 할 수 있다(헌법 제113조 제1항). 정당해산심판에는 헌법재판소법에 특별한 규정이 있는 경우를 제외하고는 민사소송에 관한 법령과 행정소송법을 준용한다(헌법재판소법 제40조).

(다) 해산결정의 집행

헌법재판소가 해산결정을 한 때에는 결정서를 피청구인(정당의 대표자)과 국회·정부·중앙선거관리위원회에 송달하여야 한다. 헌법재판소의 해산결정은 중앙선거관리위원회가 정당법에 따라 집행한다. 해산결정의 통지를 받은 중앙선거관리위원회는 그 정당의 등록을 말소하고 그 뜻을 지체없이 공고한다. 해산결정을 받은 정당은 선고와 동시에 불법결사가 된다.

(라) 정당해산결정의 효과

헌법재판소의 해산결정이 있으면 당해 정당은 그 시점에서부터 정당으로서 누리던 모든 특권을 상실한다. 그 효과는 다음과 같은 세 가지로 간추릴 수 있다. 첫째, 해산된 정당의 대표자와 간부는 해산된 정당의 강령 또는 기본정책과 동일하거나 유사한 대체정당을 창설하지 못하며, 해산된 정당의 명칭과 동일한 명칭을 정당의 명칭으로 다시 사용하지 못한다. 둘째, 해산된 정당의 잔여재산은 국고(國庫)에 귀속된다. 셋째, 해산된 정당의 소속의원이 자격을 상실하는가에 관해서는 명문의 규정이 없어서 학설이 대립되는바, 우리 헌법상 무소속입후보금지규정이 없고 현행 공직선거법에서도 무소속입후보를 허용하고 있으므로 국회의원의 자격은 그대로 유지되며 무소속의원으로 남는다는 견해와 헌법재판소의 결정에 의하여 강제해산된 경우에는 방어적 민주주의의 자연스러운 귀결에 따라 당연히 의원직을 상실한다는 견해로 갈린다. 생각건대 오늘날의 정당제 민주주의 국가하에서는 유권자가 각급 공직선거에서 후보자 개인의 인물보다는 그가 소속하는 정당을 투표의 기준으로 하는 것이 일반적이다. 따라서 위헌정당임을 이유로 해산된 정당에 소속하는 의원들로 하여금 계속 의원직을 보유하게 한다면, 그것은 정당제 민주주의원리와 모순되고 방어적 민주주의의 원리에도 위배될 뿐만 아니라 헌법재판소의 위헌결정 그 자체를 무의미한 것이 되게 할 것이기 때문에 의원직을 상실한다고 봄이 타당하다.

3. 탄핵심판제

(1) 탄핵제도의 의의

탄핵이란 일반적인 사법절차에 의해서는 책임을 추궁하기 어려운 고위공무원의 위헌행위에 대하여 의회가 소추(하원)하여 심판(상원)하거나 의회가 소추하고 다른 기관이 심판하는 제도를 말한다. 탄핵제도는 국민주권의 원리를 구현하는 것이고 집행부나 사법부에 대한 감시·통제기능 외에 헌법수호기능까지 수행하고 있으므로 유용한 제도이다.

(2) 국회의 탄핵소추권

(가) 탄핵소추기관

탄핵을 소추할 수 있는 기관은 국가에 따라 동일하지 아니하지만 대체로 의회를 소추기관으로 하고 있다. 의회가 양원제인 경우에는 하원을 소추기관으로 한다. 우리 헌법은 국회를 탄핵소추기관으로 하고 있다(제65조 제1항).

(나) 탄핵소추의 대상자

탄핵소추의 대상자는 대통령·국무총리·국무위원·행정각부의 장, 헌법재판소의 재판관과 사법부의 법관, 중앙선거관리위원회 위원·감사원장·감사위원, 기타 법률이 정한 공무원 등이다(헌법 제65조 제1항). 여기서 "기타 법률이 정한 공무원"의 범위는 입법으로 구체화되겠지만 대체로 일반사법절차에 의한 소추가 곤란한 고위직 내지 특정직 공무원이 될 것이다.

(다) 탄핵소추의 사유

헌법은 "직무집행에 있어서 헌법이나 법률을 위배한 때"라고 하여 탄핵소추의 사유를 포괄적으로 규정하고 있다(헌법 제65조 제1항).

(라) 탄핵소추의 발의와 의결

대통령을 탄핵소추하는 경우에는 국회재적의원 과반수의 발의가 있어야 하고, 의결은 재적의원 3분의 2 이상의 찬성이 있어야 하지만, 그 외의 자를 탄핵소추하는 경우에는 국회재적의원 3분의 1 이상의 발의와 재적의원 과반수의 찬성으로 의결한다(헌법 제65조 제2항).

(마) 탄핵소추의 효과

탄핵소추가 의결된 피소추자는 국회의장 명의의 탄핵소추의결서의 등본이 본인에게 송달된 때로부터 헌법재판소의 탄핵심판이 있을 때까지 권한행사가 정지된다(헌법 제65조 제3항, 국회법 제134조 제2항).

(3) 헌법재판소의 탄핵심판권

(가) 탄핵심판기관

탄핵심판은 실질적 의미에서 사법작용에 해당하므로, 공정하고 중립성이 보장된 기관으로 하여금 담당하게 해야 한다. 탄핵심판기관에 관한 입법례로는 상원으로 하는 예(영국·미국), 헌법재판소로 하는 예(독일·이탈리아), 독립된 탄핵법원으로 하는 예(일본) 등이 있다. 우리 헌법은 헌법재판소를 탄핵심판기관으로 하고 있다(제111조 제1항).

(나) 탄핵심판의 개시

소추위원은 소추의결서의 정본을 헌법재판소에 제출하여 탄핵심판을 청구한다. 헌법재판소가 이 소추의결서를 접수하면 그때부터 탄핵심판절차는 개시된다. 탄핵심판에서는 국회법제사법위원회의 위원장이 소추위원이 된다(헌법재판소법 제49조).

(다) 탄핵심판의 절차

탄핵사건의 심판은 심리공개주의와 구두변론주의를 원칙으로 하며, 변론의 전취지와 증거조사의 결과를 종합하여 정의 및 형평의 원리에 입각하여 진행한다. 동일한 사유로 형사소송이 진행되고 있는 때에는 재판부는 심판절차를 정지할 수 있다(헌법재판소법 제51조). 소추위원은 심판의 변론에 있어 피청구인을 신문할 수 있다. 당사자가 변론기일에 출석하지 아니한 때에는 다시 기일을 정해야 하나, 다시 정한 기일에도 당사자가 출석하지 아니한 때에는 그 출석 없이 심리할 수 있다(헌법재판소법 제52조). 증거 및 증거조사에 관해서는 형사소송에 관한 법령의 규정을 준용한다(헌법재판소법 제40조).

(라) 탄핵심판의 기간

헌법재판소는 심판사건을 접수한 날로부터 180일 이내에 종국결정의 선고를 해야 한다. 다만 재판관의 궐위로 7인의 출석이 불가능한 때에는 그 궐위된 기간은 심판기간에 산입하지 아니 한다(헌법재판소법 제38조).

(마) 탄핵의 결정

① 탄핵결정의 의결정족수

탄핵심판사건은 헌법재판소의 재판관 전원(9인)으로 구성되는 전원재판부에서 관장한다. 재판장은 헌법재판소장이 된다. 재판부는 재판관 7인 이상의 출석으로 사건을 심리하고, 탄핵의 결정을 할 때에는 재판관 6인 이상의 찬성이 있어야 한다(헌법 제113조 제1항). 이와 같은 의결정족수의 가중은 탄핵결정에 있어서 신중을 기하게 하려는 것이다.

② 탄핵결정의 내용

탄핵심판청구가 이유 있는 경우에는 헌법재판소는 피청구인을 당해 공직에서 파면하는 결정을 선고한다. 그러나 피청구인이 결정선고 이전에 당해 공직에서 파면된 때에는 심판청구를 기각해야 한다(헌법재판소법 제53조).

③ 탄핵결정의 효과

탄핵결정은 공직자를 공직으로부터 파면함에 그친다. 그러나 탄핵의 결정으로 민사상의 책임이나 형사상의 책임이 면제되는 것은 아니다(헌법 제65조 제4항). 탄핵의 결정은 징계적 처벌이므로 탄핵결정과 민·형사재판간에는 일사부재리(一事不再理)의 원칙이 적용되지 아니한다(헌법재판소법 제54조 제1항). 탄핵결정에 의하여 파면된 자는 결정선고가 있은 날로부터 5년이 경과하지 아니하면 공무원이 될 수 없다(헌법재판소법 제54조 제2항). 탄핵결정을 받은 자에 대하여 대통령의 사면이 가능한가 여부에 대하여 논란이 되는데, 사면이 가능하다면 대통령의 사면결정으로 탄핵결정이 유명무실한 것이 되고 말 것이므로, 탄핵결정에 대해서는 명문으로 사면을 금지하는 경우는 당연하고, 설혹 명문의 금지규정이 없는 우리나라와 같은 경우에도 사면이 인정되지 아니한다.

4. 권한쟁의심판제

(1) 권한쟁의심판의 의의

권한쟁의심판이라 함은 국가기관간 또는 지방자치단체 등간에 권한의 존부(存否)나 그 범위에 대하여 적극적 또는 소극적 분쟁(관할상의 분쟁)이 발생한 경우에, 독립적인 지위를 가진 제3의 기관이 그 권한의 존부·내용·범위 등을 명백히 함으로써 기관간의 분쟁을 해결하는 제도이다. 권한쟁의제도는 제2공화국 헌법이 처음으로 도입하였으나, 당시에는 국가기관 상호간의 권한쟁의만 허용하였으므로 현행 헌법보다는 그 범위가 협소했다. 권한쟁의심판은 객관소송으로서의 특징과 사전적 헌법보장의 성격이 있다.

(2) 권한쟁의심판의 유형

(가) 국가기관 상호간의 권한쟁의

국회, 정부, 법원, 중앙선거관리위원회 상호간의 권한쟁의가 여기에 속한다.

① 국회의장과 국회의원 사이의 권한쟁의

국회에서 날치기 통과가 행해진 경우에 이를 다툴 수 있는지, 다툴 수 있다면 어떤 형태의 헌법재판이 타당한지가 문제된다. 헌법재판소는 "권한쟁의의 당사자로서의 '국가기관'에 해당하는가 여부는 그 국가기관이 헌법에 의하여 설치되고, 헌법과 법률에 의하여 독자적인 권한을 부여받고 있는지, 헌법에 의하여 설치된 국가기관 상호간의 권한쟁의를 해결할 수 있는 적당한 기관이나 방법이 있는지 등을 종합적으로 고려하여야 할 것인바, 이러한 의미에서 국회의장과 국회의원은 헌법 제111조 제1항 제4호 소정의 '국가기관'에 해당하므로 권한쟁의심판의 당사자가 될 수 있다."라고 판시하였다.[428]

② 대통령과 국회의원 사이의 권한쟁의

헌법재판소는 국무총리 임명동의안의 처리가 국회에서 무산된 후 대통령이 국회의 동의 없이 국무총리서리를 임명한 경우, 다수당 소속 국회의원들은 국회 또는 자신들의 권한 침해를 주장하면서 권한쟁의심판을 청구할 수 없다고 판시하였다.[429]

③ 정부 내 부분기관 사이의 권한쟁의

정부 내 부분기관간의 권한쟁의는 행정조직의 상명하복관계에 따라 상급기관에 의하여 조정되며, 최종적으로 대통령에 의해 자체적으로 해결될 수 있는 경우에는 권한쟁의가 허용될 수 없다.

(나) 국가기관과 지방자치단체간의 권한쟁의

정부와 특별시·광역시·도간의 권한쟁의와 정부와 시·군·자치구간의 권한쟁의가 있다.

(다) 지방자치단체 상호간의 권한쟁의

특별시·광역시 또는 도 상호간의 권한쟁의, 시·군 또는 구 상호간의 권한쟁의, 특별시·광역시 또는 도와 시·군 또는 구간의 권한쟁의가 있다.

(3) 권한쟁의심판의 청구사유

기관간에 권한의 존부나 범위에 관하여 다툼이 있으면, 국가기관이나 지방자치단체

428) 헌재 1997. 7. 16. 96헌라2.

429) 헌재 1998. 7. 14. 98헌라1.

는 헌법재판소에 권한쟁의심판을 청구할 수 있다. 심판청구는 피청구인의 처분 또는 부작위가 헌법이나 법률에 의하여 부여받은 청구인의 권한을 침해하였거나 침해할 현저한 위험이 있는 때에 한하여 할 수 있다(헌법재판소법 제61조 제2항).

(4) 권한쟁의심판의 청구기간

권한쟁의심판은 그 사유가 있음을 안 날로부터 60일 이내에, 그 사유가 있은 날로부터 180일 이내에 청구해야 한다. 이 기간은 불변기간이다.

(5) 권한쟁의심판의 심리

권한쟁의의 심판은 구두변론에 의하며, 심판의 변론과 결정의 선고는 공개한다. 다만 서면심리와 평의는 공개하지 아니한다.

(6) 권한쟁의심판의 결정

권한쟁의심판은 재판관 7인 이상이 참석하고, 참석재판관 중 과반수의 찬성으로써 한다. 헌법재판소는 심판의 대상이 된 국가기관 또는 지방자치단체의 권한의 존부 또는 범위에 관하여 판단한다. 피청구인의 처분이나 부작위가 청구인의 권한을 침해한 때에는 이를 취소하거나 무효를 확인할 수 있다. 헌법재판소의 권한쟁의심판의 결정은 모든 국가기관과 지방자치단체를 기속한다.

5. 헌법소원심판제도

(1) 헌법소원심판의 의의

헌법소원심판제도라 함은 공권력의 행사 또는 불행사로 말미암아 헌법상 보장된 기본권이 직접 그리고 현실적으로 침해당한 자가 헌법재판기관에 당해 공권력의 위헌 여부의 심사를 청구하여 기본권을 구제받는 제도를 말한다. 헌법소원심판제도는 개인의 주관적 기본권을 보장한다는 기본권 보장기능과 위헌적인 공권력행사를 통제함으로써 객관적인 헌법질서를 수호한다는 헌법보장기능을 수행한다. 이것을 헌법소원심판제도의 이중적 기능이라 한다.

(2) 헌법소원심판제도의 종류

(가) 권리구제형 헌법소원심판

권리구제형 헌법소원심판이라 함은 공권력의 행사 또는 불행사로 말미암아 헌법상 보장된 기본권을 침해당한 자가 청구하는 헌법소원심판이다(헌법재판소법 제68조 제1항). 이것이 본래의 헌법소원심판이다. 권리구제형 헌법소원심판은 그 대상에 따라 입법작용에 대한 헌법소원·집행작용에 대한 헌법소원·사법작용에 대한 헌법소원 등으로 나누어진다.

(나) 위헌심사형 헌법소원심판

위헌심사형 헌법소원심판이란 위헌법률심판의 제청신청이 법원에 의하여 기각된 경우에 제청신청을 한 당사자가 청구하는 헌법소원을 말한다(헌법재판소법 제68조 제2항). 이를 규범통제형 헌법소원 또는 위헌소원이라고도 한다.

위헌심사형 헌법소원심판의 성격 여하에 관해서는 견해가 갈리고 있다. 위헌재판심사설은 법원의 재판에 대해서는 원칙적으로 헌법소원이 인정되지 않으나, 위헌심판제청신청에 대한 법원의 기각결정에 대해서는 예외적으로 헌법소원심판을 허용함으로써 위헌재판심사를 인정한 것이 바로 위헌심사형 헌법소원심판이라고 한다. 이에 대하여 위헌법률심사설은 법률의 위헌심판제청신청이 기각된 경우에는, 헌법소원의 전제요건인 침해된 기본권이 없으므로, 위헌심사형 헌법소원은 그 본질상 위헌법률심판에 해당하는 것이라고 한다. 생각건대 위헌심사형 헌법소원심판은 위헌재판에 대한 헌법소원으로서의 성격과 위헌법률심판으로서의 성격을 아울러 가진 것이라고 본다.

(3) 헌법소원심판의 청구

(가) 심판의 청구권자(청구인적격성)

권리구제형 헌법소원심판을 청구할 수 있는 자는 공권력의 행사 또는 불행사로 말미암아 헌법상 보장된 자신의 기본권이 침해되었다고 주장하는 모든 국민이다. 이때의 국민 중에는 자연인만이 아니라 법인[국내사법인(國內私法人)]도 포함되며, 권리능력없는 사단도 일정한 범위 안에서 헌법소원심판을 청구할 수 있다. 국민의 기본권을 보호 내지 실현할 책임과 의무를 지는 국가기관이나 그 일부 또는 공무원은 헌법소원을 청구할 수 없다. 이에 대하여 위헌심사형 헌법소원심판을 청구할 수 있는 자는 위헌제청신청을 한 당사자이다.

(나) 헌법소원심판청구의 형식과 절차

① 심판청구의 형식

권리구제형 헌법소원심판의 청구는 서면으로써 해야 하고, 심판청구서에는 청구인 및 대리인, 침해된 권리, 침해의 원인이 되는 공권력의 행사 또는 불행사, 청구이유 등을 기재해야 한다. 위헌심사형 헌법소원의 경우, 심판청구서의 기재사항은 위헌법률심판의 제청서에 준한다.

② 대리인의 선임(변호사 강제주의)

헌법소원심판절차에 있어서 당사자인 사인은 변호사를 대리인으로 선임하지 아니하면 심판청구를 하지 못한다. 다만 그가 변호사의 자격을 가진 때에는 그러하지 아니하다. 헌법소원심판을 청구하려는 자가 변호사를 대리인으로 선임할 자력(資力)이 없는 경우에는, 헌법재판소에 국선대리인 선임을 신청할 수 있다. 그러나 헌법소원심판청구가 명백히 부적법하거나 이유 없는 경우 또는 권리의 남용이라고 인정되는 경우에는 국선대리인을 선정하지 아니할 수 있다(헌법재판소법 제70조 제2항~제3항).

③ 청구기간

권리구제형 헌법소원심판은 기본권 침해의 사유가 발생하였음을 안 날로부터 90일 이내에, 사유가 발생한 날로부터 1년 이내에 청구하여야 한다. 여기서 '사유가 발생한 날'이라는 것은 당해 법령이 청구인의 기본권을 명백히 구체적·현실적으로 침해하였거나 그 침해가 확실히 예상되는 등 실체적 제 요건이 성숙하여 헌법판단에 적합하게 된 때를 말한다. 청구기간이 도과한 이후의 헌법소원심판청구는 부적법한 청구가 되어 각하된다.

위헌심사형 헌법소원은 위헌법률심판의 제청신청이 기각된 날로부터 30일 이내에 청구하여야 한다. '위헌제청신청이 기각된 경우'라는 것은 반드시 합헌판단에 따른 기각결정만이 아니라 재판의 전제성을 인정할 수 없어 하는 기각결정도 포함하며, '제청신청이 기각된 날'이란 특별한 사정이 없어서 내린 기각결정을 송달받은 날이라고 해석하여야 한다. 그러나 정당한 사유가 있는 때에는, 제소기간이 지난 후에도 헌법소원을 제기할 수 있다.

④ 공탁금의 납부

헌법재판소는 헌법소원심판의 청구인에 대하여 헌법재판소규칙으로 정하는 공탁금의 납부를 명할 수 있다.

(4) 헌법소원심판청구의 실질적 요건

헌법재판소법 제68조 제1항의 규정에 의한 권리구제형 헌법소원심판을 청구하기 위한 실질적 요건은 다음과 같다.

(ㄱ) 공권력의 행사 또는 불행사가 존재할 것(공권력의 존재), (ㄴ) 공권력의 행사 또는 불행사로 말미암아 헌법상 보장된 자신의 기본권이 직접적이고 현실적으로 침해되었을 것(당사자적격성: 자기관련성과 직접성 및 현재성의 원칙), (ㄷ) 다른 법률에 구제절차가 있는 경우에는 그 절차를 모두 마친 후일 것(보충성의 원칙), (ㄹ) 권리보호의 필요성이 있을 것(권리보호의 이익) 등이다.

헌법재판소법 제68조 제2항의 규정에 의한 위헌심사형 헌법소원(위헌소원)심판을 청구하기 위해서는 (ㄱ) 문제된 법률의 위헌 여부가 재판의 전제가 되어야 하고(재판의 전제성), (ㄴ) 법원이 청구인의 위헌제청신청을 기각한 경우(제청신청의 기각)라야 한다.

재판의 전제성이라 함은 첫째, 구체적인 사건이 법원에 현재 계속 중이어야 하고, 둘째, 위헌 여부가 문제되는 법률 또는 법률조항이 당해 소송사건의 재판과 관련하여 적용되는 것이어야 하며, 셋째, 그 법률이 헌법에 위반되는지의 여부에 따라 당해사건을 담당한 법원이 다른 내용의 재판을 하게 되는 경우를 말한다. 여기에서 재판의 전제로서의 '재판'은 판결·결정·명령 등 그 형식 여하를 묻지 아니하고, 본안에 관한 재판인가 소송절차에 관한 재판인가를 불문하며, 심급을 종국적으로 종결시키는 종국재판뿐만 아니라 중간재판도 여기에 포함된다. 따라서 이때의 재판에는 형사소송법 제201조에 의한 지방법원판사의 영장발부 여부에 관한 재판이라든가 형사소송법 제295조에 의하여 법원이 행하는 증거채부결정(證據採否決定)까지도 포함된다. 또한, 법원이 '다른 내용의' 재판을 하게 되는 경우라 함은 원칙적으로 법원이 심리 중인 당해사건의 재판의 결론이나 주문(主文)에 어떠한 영향을 주는 것뿐만이 아니라, 문제된 법률의 위헌 여부가 비록 재판의 주문 자체에는 아무런 영향을 주지 않는다고 하더라도, 재판의 결론을 이끌어 내는 이유를 달리하는 데 관련되어 있거나, 또는 재판의 내용과 효력에 관한 법률적 의미가 전혀 달라지는 경우도 포함한다. 재판의 전제성 여부를 판단함에 있어서 대법원은 판결주문이 달라지는 경우만을 인정함으로써[430] 헌법재판소보다 이를 좁게 해석하는 경향이 있는 듯하다. 아무튼 법률의 위헌 여부와 관련하여 재판의 전제가 되는 요건을 갖추고 있는지의 여부는 법원의 견해를 존중하는 것이 원칙이다. 그러나 재판의 전제성과 관련된 법원의 법률적 견해가 유지될 수 없는 것으로 보이면, 헌법재판소가 직권으로 조사할 수도 있는 것이다.

---

430) 대법원 1999. 12. 28. 99도4027.

위헌심사형 헌법소원은 바로 뒤에서 살펴보기로 하고 여기에서는 권리구제형 헌법소원을 염두에 두고 그 실질적 요건 중 공권력의 행사·불행사를 중심으로 살펴보기로 한다.

(가) 공권력의 행사 또는 불행사

헌법소원심판은 원칙적으로 헌법에 위반하는 모든 공권력의 행사 또는 불행사, 즉 입법권·집행권·사법권을 행사하는 모든 국가기관의 적극적인 작위행위와 소극적인 부작위행위를 총칭한다. 헌법소원심판의 대상이 되는 공권력의 행사는 국민의 권리와 의무에 대하여 직접적인 법률효과를 발생시켜야 하고 청구인의 법적 지위를 그에게 불리하게 변화시키기에 적합한 것이어야 한다. 다시 말하면 모든 국가기관의 입법작용·집행작용·사법작용뿐만 아니라, 간접적인 국가행정작용, 예컨대 공법상의 사단·재단 등의 공법인, 국립대학교와 같은 영조물 등의 공적 작용도 여기에 포함된다. 다만 법원의 재판은 여기에서 제외되며, 행정기관에 의한 것일지라도 공권력의 행사가 아니라 사법상(私法上)의 행위일 때에는 그것은 헌법소원의 대상이 되지 아니한다. 공권력의 불행사에 대한 헌법소원은 공권력의 주체에게 헌법에서 직접 도출되는 작위의무가 특별히 구체적으로 규정되어 있어, 이에 의거하여 기본권의 주체가 공권력의 행사를 청구할 수 있음에도 공권력의 주체가 그 의무를 해태(懈怠)하는 경우에 허용되는 것이다. 그러므로 작위의무가 없는 공권력의 불행사에 대한 헌법소원은 부적법하다.

(나) 입법작용

입법작용에 대한 헌법소원은 법률, 명령, 규칙, 조례 그리고 입법부작위를 그 대상으로 하는 것이다. 국민이 어떤 법률 또는 법률조항에 의하여 직접 자신의 기본권이 침해되는 경우에는, 그 법률 또는 법률조항에 대하여, 바로 헌법재판소법이 정한 절차에 따라 헌법소원을 청구할 수 있다. 명령·규칙·조례 등에 기인하는 기본권 침해는 원칙적으로 법원에 의하여 구제받아야 할 사항이므로, 명령·규칙·조례 그 자체에 의하여 직접 기본권이 침해되었을 경우에는 그 명령이나 규칙 또는 조례를 대상으로 하여 헌법소원심판을 청구할 수 있다. 입법부작위에는 단순입법부작위(본래의 입법부작위)와 위헌적 입법부작위가 있는데, 원칙적으로 단순입법부작위는 인정되지 않는다. 위헌적 입법부작위라 함은 헌법이 입법자에게 입법의무를 부과하였음에도 불구하고 입법자가 이를 이행하고 있지 아니한 법적 상태를 말하는 것으로서 이에는 진정(절대적)입법부작위와 부진정(상대적)입법부작위가 있다. 전자는 입법자가 헌법상 입법의무가 있는 어떤 사항에 관하여 전혀 입법을 하지 아니함으로써 입법행위의 흠결(欠缺)이 있는 경우(입법권의 불행사)를 말하는 것으로 이에 대하여 우리 헌법재판소는 한정된 범위 안에서 예외적으로만 헌법소원을 인정하는 입장을 취하고 있고, 후자는 입법자가 어떤 사항에 관하여 입법은 하였으나 그 입법의 내용·범위·절차 등이 당해 사항을 불완전, 불충분 또는 불공정하게 규율함으로써 입법행위에 결함이 있는 경우(결함이 있는 입법권의 행사)를 말하는 것으로서 부진정입법부작위를 대상으로 하여 헌법소원을 제기하려면 결함이 있는 당해 입법규정 그 자체를 대상으로 하여 그것이 평등의 원칙에 위배된다는 등 헌법위반을 내세워 적극적인 헌법소원을 제기해야 한다. 입법행위에 헌법규정이 포함되는가 여부가 문제되나 헌법은 국민적 합의를 규범체계로 정립한 것이기 때문에 헌법에 의하여 설치되고 구성된 기관이 그 존립의 기초가 되는 헌법규정을 심사하여 무효화한다는 것은 국민주권의 원리와 모순될 뿐만 아니라 헌법규정으로써 헌법규정을 심사한다는 것은 논리적으로도 불가능하다.

(다) 집행작용

헌법소원의 대상이 되는 공권력 중에서 가장 큰 비중을 차지하고 있는 것은 집행작용인데, 집행작용은 행정권의 행사(적극적인 행정처분)와 불행사(행정부작위)가 있다. 행정처분에 대한 헌법소원은 보충성의 원칙 때문에, 행정소송을 통한 권리구제절차를 거치지 아니하고는 제기할 수 없다. 그러나 행정소송을 거치는 경우, 그것은 법원의 재판으로 끝날 수밖에 없는 것이고, 법원의 재판은 헌법소원의 대상에서 제외하고 있기 때문에, 행정처분에 대한 헌법소원은 불가능하다. 행정소송으로 행정처분의 취소를 구한 청구를 받아들이지 아니한 법원의 판결에 대한 헌법소원심판의 청구가 '예외적으로 허용되어 그 재판이 헌법재판소법 제75조 제3항에 따라 취소되는 경우'에는 원래의 행정처분에 대한 헌법소원심판의 청구가 가능하다. 검사의 불기소처분이 자의적(恣意的)으로 행사된 경우에, 범죄피해자는 헌법소원심판을 청구할 수 있다. 또한, 검사의 기소유예처분에 대하여도 헌법소원심판을 청구할 수 있다. 행정계획도 헌법소원의 대상이 되는 공권력에 해당된다. 행정부작위에 대한 헌법소원은 공권력의 주체에게 헌법에서 유래하는 작위의무가 특별히 구체적으로 규정되어, 이에 의거하여 기본권의 주체가 행정행위를 청구할 수 있음에도 불구하고 공권력의 주체가 그 의무를 해태하는 경우에는 가능하다.

(라) 사법작용

사법권의 행사·불행사에 대한 헌법소원은 법원의 재판, 재판부작위, 소송지휘·재판진행 등 재판관련 조치 등을 그 대상으로 하는 것이다. 재판은 헌법재판소법 제68조 제1항에서 헌법소원의 대상에서 제외되고 있다. 법원의 재판에는 판결뿐만 아니라 소송절차의 파생적 및 부수적 사항에 대한 공권적 판단도 포함된다. 재판부작위, 즉 재판의 지연은 법원의 재판절차에 관한 것이므로, 헌법소원의 대상이 될 수 없다. 행정청이 우월적 지위에서 일방적으로 강제하는 권력적 사실행위는 헌법소원의 대상이 되는 공권력의 행사에 해당한다. 그리고 사실행위 그 자체는 법적 효과를 발생하지 않는 것이지만, 계속적인 성질을 가진 권력적 사실행위는 그것이 국민의 권익을 침해하는 경우, 행정소송법상의 처분의 일종으로 이해하여, 그에 대한 적절한 구제수단이 강구되어야 할 것이다.

6. 위헌심사형 헌법소원심판제도

(1) 의 의

헌법재판소법 제68조 제2항에 규정하고 있는 헌법소원심판이란 당해사건의 당사자가 재판에 적용되는 법률에 대해 위헌제청신청을 하였으나 법원이 이를 기각하였을 때 헌법소원의 형식으로 헌법재판소에 그 법률의 위헌 여부를 가려줄 것을 청구할 수 있도록 규정하고 있는 제도이다. 이 제도는 법원 재판에 대한 헌법소원이 배제됨으로 인한 규범통제의 결함을 보완하여 규범통제의 통일성과 활성화를 도모한 제도이다.

(2) 법적 성격

헌법재판소법 제68조 제2항에 규정하고 있는 헌법소원심판의 법적 성격을 보면, 일반국민이 직접 청구인이 되어 청구한다는 점, 지정재판부에 의한 사전심사를 거쳐야 하고, 변호사강제주의 및 국선대리인 제도가 적용된다는 점 등에서 헌법재판소법 제68조 제1항의 헌법소원과 같은 점이 있으나, 법원의 재판을 계기로 구체적 규범통제가 행해진다는 점에서 위헌법률심판과 본질적으로 다르지 않다. 헌법재판소는 이 헌법소원을 '위헌심사형(규범통제형) 헌법소원(이하에서는 '위헌심사형 헌법소원'이라 한다)'이라고 부르는데 그 본질을 위헌법률심판으로 보고 있다. 이 헌법소원은 일반국민이 헌법재판소에 직접 규범통제를 신청함에 따라 일반국민 – 법원 – 헌법재판소 간의 3자관계가 성립한다는 점이 특징이다.

이하에서, 위헌법률심판과 차이를 보이는 위헌심사형 헌법소원의 요건, 효과 등에 관하여 살펴보기로 한다.

(3) 절차와 요건

(가) 대상규범

위헌법률심판에서 심판의 대상이 되는 법률은 형식적 의미의 법률은 물론이고 그와 동일한 효력을 가지는 법규범까지 모두 포함한다(실질적 법률설). 따라서 긴급명령과 긴급재정경제명령은 물론이고 조약도 위헌법률심판의 대상에 포함된다. 폐지된 법률이라도 청구인들의 침해된 법익을 보호하기 위하여 그 위헌여부가 가려져야 할 필요가 있는 경우에는 대상이 될 수 있다(헌재 2016. 4. 28. 2013헌바396). 헌법이 대상이 되는가에 대하여는 견해가 갈린다. 여기에 대한 자세한 것은 위헌법률심판의 대상 부분을 참고하기 바란다.

(나) 위헌제청신청 기각 또는 각하 결정

위헌심사형 헌법소원은 법원에 위헌제청신청을 하였다가 기각 또는 각하결정을 받은 당사자만 청구할 수 있고, 제청신청을 하지 않았던 당사자의 청구, 위헌제청신청이나 기각·각하결정의 대상이 되지 않았던 법률조항에 대한 청구는 부적법하다.

(다) 한정위헌청구의 허용 여부

한정위헌청구란 법률조항을 "…는 것으로 해석하는 한 위헌"이라는 판단을 구하는 청구를 말한다.

한정위헌청구는 원칙적으로 허용된다. 법률의 의미는 결국 개별·구체화된 법률해석에 의해 확인되는 것이므로 법률과 법률의 해석을 구분할 수는 없고, 재판의 전제가 된 법률에 대한 규범통제는 해석에 의해 구체화된 법률의 의미와 내용에 대한 헌법적 통제로서 헌법재판소의 고유권한이며, 헌법합치적 법률해석의 원칙상 법률조항 중 위헌성이 있는 부분에 한정하여 위헌결정을 하는 것은 입법권에 대한 자제와 존중으로서 당연하고 불가피한 결론이므로, 이러한 한정위헌결정을 구하는 한정위헌청구는 원칙적으로 적법한 것이다.

(라) 재판의 부정지

재판의 당사자가 위헌제청신청을 하거나, 위헌심사형 헌법소원을 청구하더라도 법원의 재판은 정지되지 않는다. 이에 따라 이 헌법소원에 대한 헌법재판소의 결정이 있기 전에 당해사건의 법원 재판이 확정될 수 있다. 법원에서 패소로 확정된 후 헌법재판소의 위헌결정이 내려지면 당해 청구인의 구제는 재심절차를 통해 이루어진다(헌법재판소법 제

75조 제7항).

(마) 재판의 전제성

위헌심사형 헌법소원을 적법하게 청구하려면, 청구된 법률(조항)의 위헌 여부가 당해 사건에 대한 법원 재판의 전제가 되어야 한다. 재판의 전제성의 의미와 구체적 요건은 위헌법률심판의 내용과 같으므로 여기에 대한 자세한 것은 위헌법률심판의 대상 부분을 참고하기 바란다. 다만, 위헌법률심판절차와 달리 법원 재판이 헌법소원의 제기로 정지되지 않는 것이 이 헌법소원의 독특한 점이다.

헌법재판소의 결정이 있기 전에 당해사건의 법원 재판이 확정되어 종료됨으로써 법원에 계속 중인 사건이 더 이상 존재하지 않더라도 헌법소원 청구 시에 존재하였던 재판의 전제성이 소멸되지 않는다. 당사자는 확정된 재판에 대해 재심을 청구할 수 있기 때문이다.

(바) 청구기간

위헌심사형 헌법소원은 법원이 제청신청을 기각하는 결정을 통지받은 날로부터 30일 이내에 청구하여야 한다(헌법재판소법 제69조 제2항). 여기의 '기각하는 결정'에는 법원이 기각결정을 해야 함에도 각하결정한 경우도 포함된다(헌재 2001. 4. 26. 99헌바96).

(사) 변호사강제주의, 국선대리인

위헌심사형 헌법소원에도 변호사 강제주의가 적용되고, 국선대리인제도가 있다.

(4) 결정의 효력

위헌심사형 헌법소원에서 내려진 법률에 대한 위헌결정의 효력은 위헌법률심판절차에서 내려진 위헌결정의 그것과 같다. 위헌법률심판에서의 위헌결정의 범위 및 효력에 관한 헌법재판소법 제45조 및 제47조가 이 헌법소원심판에도 준용된다(제75조 제6항).

이 헌법소원이 인용된 경우에 해당 헌법소원과 관련된 법원의 당해사건이 이미 확정된 때에는 당사자는 재심을 청구할 수 있다(제75조 제7항), 여기서 말하는 "헌법소원이 인용된 경우"에는 단순위헌결정, 헌법불합치결정은 물론 한정위헌결정도 포함된다고 할 것이다. 그러나 한정위헌결정의 기속력을 인정하지 않고 있는 법원은 한정위헌결정의 경우에는 재심청구를 할 수 없다(대법원 2001. 4. 27. 95재다14)고 새기는데 이러한 태도는 타당하지 못하다.[431]

---

431) 김광재, 『실무가를 위한 헌법소송-이론과 작성례-』, 윌비스, 2017, 101쪽.

제4항 · 헌법재판소의 심판절차

Ⅰ 일반심판절차

헌법은 헌법재판의 심판절차와 관련하여 위헌결정과 인용결정의 정족수(제113조 제1항)만 명시하고 있을 뿐 일체의 심판절차에 대하여는 규정을 두고 있지 아니하다. 헌법재판소법은 헌법재판에 관한 모든 소송절차를 규정하고 있다. 헌법재판소법은 심판절차를 일반적으로 적용되는 일반심판절차와 개별 사건에 적용되는 특별심판절차로 나누어 규정하고 있다. 헌법재판소의 심판절차에 관하여는 헌법재판소법에 특별한 규정이 있는 경우를 제외하고는 헌법재판의 성질에 반하지 않는 한도 내에서 민사소송에 관한 법령을 준용한다. 또한, 탄핵심판의 경우에는 형사소송에 관한 법령을, 권한쟁의심판 및 헌법소원심판의 경우에는 행정소송법을 함께 준용한다(헌재법 제40조). 이때, 형사소송에 관한 법령 또는 행정소송법이 민사소송에 관한 법령과 저촉될 때에는 민사소송에 관한 법령은 준용하지 아니한다. 이하에서는 일반심판절차를 중심으로 설명한다.

Ⅱ 재판부

1. 전원재판부

헌법재판소의 심판은 재판관 전원으로 구성되는 재판부에서 관장한다(헌재법 제22조). 헌법재판소장이 재판부의 재판장이 된다. 전원재판부는 헌법재판을 담당하는 기관이라는 점에서 헌법재판소의 사법행정업무를 처리하는 재판관회의와 구별된다. 전원재판부는 재판관 7인 이상의 출석으로 사건을 심리하며, 법률의 위헌결정, 탄핵의 결정, 정당해산의 결정 또는 헌법소원에 관한 인용결정을 하는 경우와 종전에 헌법재판소가 판시한 헌법 또는 법률의 해석·적용에 관한 의견을 변경하는 경우에는 재판관 6인 이상의 찬성을 얻어야 한다(헌재법 제23조). 미국 연방대법원의 경우 과반수 찬성으로 족하며, 독일 연방헌법재판소 역시 과반수 찬성을 원칙으로 하고 있다.

현재 우리의 6인 찬성제도는 문제가 크다.[432] '6인 찬성'제도를 마치 위헌(인용)결정으로 나타나는 법질서의 혼란을 억제하고 타 헌법기관, 특히 국회를 존중하기 위한 것으로 포장해서는 안 된다. 이는 헌법재판을 터부시하고 위헌결정을 억제했던 권위주의 시대의

432) 김학성, 『헌법학원론』, 피앤씨미디어, 2017, 1122쪽.

폐습을 무비판적으로 그대로 답습한 것에 불과하다. 재판관 과반수가 법률을 위헌으로 인정하거나 공권력행사가 기본권을 침해하였다고 인정한다면 위헌(인용)으로 되어 헌법을 수호하고, 기본권침해를 구제해야 한다. 과반수 찬성은 민주주의 및 법치주의 헌법원리에 비추어 보아도 당연한 요청이 아닐 수 없다. 법질서의 혼란이나 타 헌법기관에 대한 배려는 결정의 효력을 제한(특히 소급을 제한)하는 등의 방법을 통해 보완하면 되는 것이지 이러한 이유로 결정 자체에 영향을 주는 것은 타당하지 않다. 6인 찬성을 요하고 있기에 5인의 위헌의견과 4인의 합헌의견이 개진된 경우에도 합헌(기각)결정이 될 수밖에 없는 기이한 현상이 나타나게 된다.

2. 지정재판부

전원재판부의 과도한 부담을 줄이기 위해 재판관 3인으로 구성된 지정재판부를 두어 사전심사를 담당하게 하고 있다(헌재법 제72조). 지정재판부는 대법원의 부와 그 지위와 권한면에서 차이가 있다. 헌법재판소의 지정재판부는 헌법소원심판만을 그 대상으로 그것도 전원일치의 각하결정만 할 수 있다는 점에서, 대법원전원합의체와 동등한 지위를 지니나 그 관할에서만 차이가 있는 대법원의 부와 구별된다.

Ⅲ 재판관에 대한 제척, 기피, 회피

헌법재판에 있어 재판관에 대한 제척, 기피, 회피가 허용된다. 다만 헌법재판은 단일재판부로 되어 있고, 재판부를 교체할 수 없으며, 예비재판관제도가 없기에 민사재판보다 제척, 기피, 회피제도의 적용 정도가 완화될 수밖에 없다.

1. 제 척

제척이란 재판관이 당사자이거나 당사자의 배우자인 경우와 같이 구체적 사건에서 법률이 정하는 특수한 관계에 있을 때 해당 사건으로부터 당연히 배제되는 제도를 말한다. 제척의 원인이 있는 경우 헌법재판소는 직권 또는 당사자의 신청에 의하여 제척의 결정을 한다(헌재법 제24조 제2항). 보조참가인은 제척신청을 할 수 없다. 한 사건에서 3인 이상의 제척사유가 있는 경우 헌법재판소가 기능할 수 없게 되므로, 이에 대한 대비책이 입법으로 보완되어야 한다.

2. 기 피

기피란 제척사유 이외에 심판의 공정을 기하기 어려운 사정이 있는 재판관에 대하여 재판관여를 배제하는 제도를 말한다. 심판의 공정을 기대하기 어려운 사정이란 객관적인 사정을 말하며 주관적 의혹은 이에 해당되지 않는다. 다만 변론기일에 출석하여 본안에 관한 진술을 할 때에는 기피신청을 할 수 없고, 당사자는 동일한 사건에 대하여 2인 이상의 재판관을 기피할 수 없다(헌재법 제24조4항). 헌법재판소는, 기피신청 이유의 구체적 주장 없이 단순히 재판관이 검사로 재직한 경력이 있다는 사실만으로 검찰의 불기소처분을 다투는 사건에 관하여 심판의 공정을 기대하기 어려운 객관적 사정이 있다고 할 수는 없다고 판시(헌재 2001헌사309)하였다.

3. 회 피

회피란 재판관 스스로가 제척이나 기피사유가 된다고 판단하여 특정 사건의 직무 집행을 피하는 제도를 말한다. 재판관은 제척이나 기피사유가 있는 때에는 재판장의 허가를 얻어 회피할 수 있다(헌재법 제24조 제5항).

Ⅳ 헌법재판의 당사자

1. 당사자

헌법재판절차에서 자기 이름으로 심판을 청구하는 자를 청구인이라 하고 그 상대방을 피청구인이라 하는데, 청구인과 피청구인이 당사자가 된다. 구체적으로 누가 당사자가 되는가에 관해서는 헌법재판의 유형별로 다르다.

(1) 위헌법률심판

위헌법률심판은 법원이 직권으로 제청하거나 또는 당해 사건의 당사자의 제청신청을 법원이 받아들여 법원이 제청할 때 개시된다. 법원은 위헌제청결정서를 제출하는 것 외에 당사자로서 심판에 관여하는 것이 아니며, 당해 사건의 당사자 역시 제청신청권만 가지고 있고 직접 사건을 청구한 주체가 아니어서 당사자로 볼 수 없다. 그렇다면 위헌법률심판의 경우에는 청구인과 피청구인 모두 존재하지 않는다고 보아야 한다. 한편 헌법재판소법 제68조 제2항의 헌법소원(위헌소원)의 경우 신청인이 청구인이 되며, 위헌소원의 본질이 규범통제이므로 피청구인은 존재하지 않는다.[433]

(2) 탄핵심판, 정당해산심판, 권한쟁의심판

탄핵심판, 정당해산심판 및 권한쟁의심판은 '대심(對審)소송절차의 구조'를 취하고 있으므로 당사자 개념이 분명하다. 탄핵의 경우에는 소추인과 피소추인, 정당해산의 경우에는 정부와 정당, 권한쟁의의 경우에는 침해기관과 피침해기관이 당사자이다.

(3) 헌법소원심판

본래의 헌법소원심판(헌법재판소법 제68조 제1항)의 경우 청구인은 분명하지만 피청구인에 관하여는, 기본권을 침해한 공권력의 행사자가 피청구인이 되며, 법령소원의 경우 위헌법률심판과 마찬가지로 피청구인이 존재하지 않게 된다.

2. 당사자의 권리

당사자는 헌법재판을 청구하고 심판절차에 참여할 수 있는 권리를 가진다. 변론이 열릴 경우 변론의 주체로 절차에 참여할 수 있고, 청구서 및 답변서를 제출하며, 증거조사를 신청하는 등 각종의 소송법상 권리를 행사할 수 있다.

3. 당사자의 변경

헌법재판에서 당사자변경이 허용될 것인가가 문제된다. 당사자변경을 자유롭게 허용한다면 심판절차의 안정성을 해하게 되므로, 헌법소원의 경우 당사자의 동일성을 해하는 임의적 당사자변경(특히 청구인 변경)은 허용되지 않는 것이 원칙이다.

V 대표자 및 대리인

1. 정부가 당사자인 경우

헌법재판에서 정부가 당사자인 경우 법무부장관이 이를 대표한다(헌재법 제25조 제1항).

2. 국가기관 및 지방자치단체가 당사자인 경우

헌법재판에서 당사자인 국가기관 또는 지방자치단체는 변호사 또는 변호사의 자격이 있는 소속직원을 대리인으로 선임하여 심판을 수행하게 할 수 있다(헌재법 제25조 제2항).

---

433) 김학성, 앞의 책, 1124쪽.

3. 사인이 당사자인 경우

(1) 변호사강제주의

헌법재판에서 당사자인 사인은 자신이 변호사의 자격이 있는 경우를 제외하고는 변호사를 대리인으로 선임하지 아니하면 심판청구를 하거나 심판수행을 하지 못한다(헌재법 제25조 제3항)고 규정하여 변호사강제주의를 채택하고 있다. 헌법재판소는 변호사강제주의가 재판을 받을 권리에 대한 본질적 침해가 아니라 하면서, 변호사강제주의가 적용되는 것은 사인이 당사자로 되는 탄핵심판과 헌법소원심판이라고 하였다. 위헌소원심판의 경우에도 변호사강제주의가 적용된다.

(2) 국선대리인

헌법소원을 청구하고자 하는 자가 변호사를 대리인으로 선임할 자력이 없는 경우에는 헌법재판소에 국선대리인의 선임을 신청할 수 있다(헌재법 제70조 제1항). 헌법재판소는 공익상 필요하다고 인정할 때에는 국선대리인을 선임할 수 있다(헌재법 제70조 제2항). 헌법재판소는 변호사 중에서 국선대리인을 선정하나, 심판청구가 명백히 부적법하거나 이유 없는 경우 또는 권리의 남용이라고 인정되는 경우에는 국선대리인을 선정하지 아니할 수 있다(헌재법 제70조 제3항).

(3) 청구인의 심판수행행위와 (국선)대리인의 관계

헌법재판소는 변호인 없이 청구된 헌법소원의 경우 각하하지 않고 대리인을 선임하도록 보정명령을 발하며, 자력이 없는 경우에는 국선대리인의 선임을 신청하도록 안내하고 있다.

1) 변호사의 추인

사인이 청구한 헌법소원의 경우, 사인의 주장이나 심판수행은 변호사인 '대리인이 추인한 경우'에 한하여 적법한 청구나 심판수행의 효력이 있다. 또한 국선대리인의 심판청구서에 기재되어 있지 않은 청구인의 그 전의 심판청구내용이나, 국선대리인의 심판청구 이후에 청구인이 추가로 제출한 별개의 심판청구 및 주장은 헌법소원심판대상이 되지 않는다.

2) 변호사의 사임

변호사인 대리인이 심리과정에서 '사임한 경우', 다른 대리인을 선임하지 않았더라도 헌법소원심판청구를 비롯하여 기왕의 대리인의 소송행위가 무효로 되지 않는다. 또한 대리인 변호사가 핵심적 쟁점사항에 대하여 상세히 주장하였고 피청구인도 청구기각의견 외에 별다른 주장이 없다면 피청구인의 답변서 제출 전에 청구인의 대리인이 사임하였다 하더라도 구태여 새로운 대리인을 선임하여 수행하게 할 필요는 없다.

Ⅵ 심판의 청구

심판청구는 심판사항별로 정하여진 청구서를 헌법재판소에 제출함으로써 한다. 다만 위헌법률심판에 있어서는 법원의 제청서, 탄핵심판에 있어서는 국회의 소추의결서의 정본으로 이에 갈음한다(헌재법 제26조 제1항). 심판서류를 접수한 공무원은 바로 접수증을 교부하여야 한다. 헌법재판소가 청구서를 접수한 때에는 지체 없이 그 등본을 피청구기관 또는 피청구인에게 송달하여야 한다(헌재법 제27조 제1항). 위헌법률심판의 제청이 있은 때에는 법무부장관 및 당해 소송사건의 당사자에게 그 제청서의 등본을 송달한다(헌재법 제27조 제2항). 청구서의 송달을 받은 피청구인은 헌법재판소에 답변서를 제출할 수 있다(헌재법 제29조).

Ⅶ 심 리

1. 심리의 방식

(1) 구두변론과 서면심리

탄핵심판, 정당해산심판 및 권한쟁의심판은 구두변론에 의한다. 위헌법률심판과 헌법소원심판은 서면심리에 의하되, 재판부가 필요하다고 인정하는 경우에는 변론을 열어 당사자·이해관계인 기타 참고인의 진술을 들을 수 있다(헌재법 제30조).

(2) 의견서 제출

위헌법률심판이 제청되거나 위헌소원심판이 제기된 경우, 당해 소송사건의 당사자 및 법무부장관은 헌법재판소에 법률의 위헌 여부에 대한 의견서를 제출할 수 있다(헌재법 제44조, 제74조 제2항). 헌법소원의 심판에 이해관계가 있는 국가기관 또는 공공단체와 법무부장관은 헌법재판소에 그 심판에 관한 의견서를 제출할 수 있다(헌재법 제74조 제1항).

(3) 증거조사와 자료제출 요구

재판부는 사건의 심리를 위하여 필요하다고 인정하는 경우에는 당사자의 신청 또는 직권에 의하여 증거조사를 할 수 있다(헌재법 제31조 제1항). 재판장은 필요하다고 인정할 경우에는 재판관 중 1인을 지정하여 증거조사를 하게 할 수 있다(헌재법 제31조 제2항). 지정된 재판관을 수명재판관이라 한다. 지정재판부도 증거조사를 할 수 있고 수명재판관으로 하여금 증거조사를 하게 할 수 있다. 또한 재판부는 결정으로 다른 국가기관 또는 공공단체의 기관에 대하여 심판에 필요한 사실을 조회하거나, 기록의 송부나 자료의 제출을 요구할 수 있다(헌재법 제32조).

2. 심리정족수

재판부는 재판관 7인 이상의 출석으로 사건을 심리한다(헌재법 제23조 제1항).

3. 심판의 장소와 공개

심판의 변론과 종국결정의 선고는 심판정에서 행한다(헌재법 제33조). 다만 헌법재판소장이 필요하다고 인정하는 경우에는 심판정 외의 장소에서 변론 또는 종국결정의 선고를 할 수 있다. 심판의 변론과 결정의 선고는 공개한다. 다만 서면심리와 평의는 공개하지 않는다(헌재법 제34조 제1항). 평의에서의 최종적 표결을 의미하는 평결 역시 공개하지 않는다.

4. 심판비용과 공탁금

헌법재판이 객관적 헌법질서의 유지·수호기능을 담당하기 때문에 심판비용은 국가가 부담한다(헌재법 제37조 제1항). 따라서 헌법재판을 청구할 경우 인지는 첩부하지 않는다. 다만 당사자의 신청에 의한 증거조사의 비용에 대하여는 그 신청인에게 부담시킬 수 있다. 청구서 등의 소송서류 작성료는 당사자가 소송수행을 위해 자신이 지출하는 비용으로 본인이 부담한다.

헌법재판소는 헌법소원의 남소를 방지하기 위하여 헌법재판소규칙이 정하는 바에 따라 공탁금의 납부를 명할 수 있다(헌재법 제37조 제2항). 위헌법률심판의 경우에는 공탁금의 납부를 명할 수 없다. 헌법소원의 심판청구를 각하하거나 또는 기각할 경우 그 청구가 남용이라고 인정되는 경우 헌법재판소규칙이 정하는 바에 따라 공탁금의 전부 또는 일부의 국고귀속을 명할 수 있다(헌재법 제37조 제3항).

5. 심판기간

헌법재판소는 심판사건을 접수한 날부터 180일 이내에 종국결정의 선고를 하여야 한다(현재법 제38조). 심판기간에 관한 헌법재판소법 제38조의 법적 성격은 훈시규정으로 보는 것이 타당하다. 다만, 재판관의 궐위로 7인의 출석이 불가능한 때에는 그 궐위된 기간은 심판기간에 산입하지 않는다. 또한 재판장의 보정명령이 있을 경우 보정기간도 심판기간에 산입하지 않는다.

Ⅷ 평 의

재판부는 심리를 마치면 결정을 내리기 위해 평의를 갖게 된다. 평의란 재판관들이 사건에 관하여 자신의 의견을 개진하고, 반대의견을 청취하면서 결정의 결론을 만들어내는 과정을 말한다.

1. 평의절차

주심재판관은 평의에 회부하려고 하는 관련 사건에 관한 평의요청서를 재판관에게 배포하며, 재판장은 평의일정을 정해 재판관에게 통지한다. 평의에서는 주심재판관이 사건에 대한 검토내용을 발표하고 평의를 진행한 후 최종적으로 평결(評決)하게 된다.

2. 평의방법

재판의 평의에 관한 평결방식에는 쟁점별 평결방식과 주문별 평결방식이 있다. 쟁점별 평결방식이란 적법요건과 본안문제를 구별하여 쟁점별로 결론을 도출하는 방법이다. 주문별 평결방식은 결론을 중심으로 전체적으로 평결하는 방법으로 우리 헌법재판소가 취하는 방식이다.[434] 생각건대, 적법요건과 본안을 구별하여 비록 적법요건에서 각하의견을 제시하였다 하여도 본안판단에 다시 참여할 수 있도록 하는 방법이 헌법수호와 기본권구제에 더 충실하다고 하겠다. 더 나아가 위헌결정이나 인용결정에 6인 재판관의 찬성을 요하는 현행 제도하에서 쟁점별 평결방식으로 문제점을 보완할 수 있으므로 주문별 평결방식은 문제가 있다.

434) 독일 연방헌법재판소는 위헌법률심판·헌법소원심판·권한쟁의심판에서는 쟁점별 합의방식(재판관 과반수의 찬성 요구)을 취하고 있고, 형사소송절차와 유사한 기본권실효·정당해산·탄핵절차에서는 주문별 합의방식(재판관 3분의 2 이상의 찬성 요구)을 취하고 있다.

3. 주문결정 방법

(1) 원 칙

평의에 관여한 재판관의 최종의견이 다양한 형태로 제시되었을 때 어떤 형태의 주문을 낼 것인가가 문제된다. 이에 관하여 헌법재판소법에서 직접적인 규정을 두고 있지 않다. 그러나 헌법재판에 관하여 헌법재판소법에 특별한 규정이 없는 경우 민사소송에 관한 법령을 준용한다는 규정(헌법재판소법 제40조)에 의하여 법원조직법 제66조를 준용한다. 따라서 청구인에게 가장 유리한 견해를 가진 수에 순차로, 그 다음으로 유리한 견해를 가진 수를 더하여 필요한 정족수(과반수 또는 6인)에 이르게 된 때의 견해를 재판부의 견해로 하게 된다. 예를 들어 평의결과 위헌 2인, 헌법불합치 2인, 한정합헌 2인, 합헌 3인인 경우, 주문은 6인에 이르게 된 때의 견해인 한정합헌결정이 된다. 위헌법률심판의 경우에는 이 원칙이 일반적으로 적용되나, 권한쟁의심판이나 헌법소원심판의 경우에는 실질적인 판단으로 보충된다. 실질적 판단은 아래에서 설명한다.

(2) 위헌법률심판, 권한쟁의심판, 헌법소원심판과 주문결정

헌법재판소는 위헌법률심판의 경우, 전부위헌 1인, 한정합헌 5인, 합헌 3인인 경우 한정합헌결정을 하였으며, 위헌 5인, 헌법불합치 2인, 합헌 2인인 경우 헌법불합치결정을 하였고, 헌법불합치 1인, 한정위헌 5인, 합헌 3인 경우 한정위헌을 선고하였다.

권한쟁의심판에서 기각 3인, 인용 3인, 각하 3인으로 대립된 경우 헌법재판소는 주문별 평결방식에 따라 인용결정에 필요한 과반수에 미치지 못해 기각의 주문을 내었다.

본래의 의미에서의 헌법소원심판에서 인용 5인, 각하 4인으로 대립된 경우, 헌법소원의 인용결정에 필요한 정족수 6인에 미달된다고 보아 심판청구가 기각되었다. 또한 위헌소원심판에서 위헌 1인, 헌법불합치 4인, 각하 4인으로 대립된 경우, 법률의 위헌결정에 필요한 정족수 6인에 미달된다고 보아 합헌결정을 하였다.

Ⅸ 가처분

1. 의 의

가처분이란 종국결정의 실효성을 확보하기 위해 임시적 지위를 정하는 잠정적 조치를 말한다. 종국결정이 이루어지기까지는 상당한 기간이 소요되고, 쟁점이 되는 법률관계나 사실관계가 기정사실로 확정되어 돌이킬 수 없는 단계에 이르게 되면, 비록 종국결정에서 승소하여도 회복하기 어려운 손해가 발생하게 되어 결국은 실익이 없는 재판이 될 수 있어 이러한 위험을 방지할 응급·잠정적 조치가 필요하게 된다.

2. 허용 여부

헌법재판소법(제57조, 제65조)은 정당해산심판과 권한쟁의심판에 대해서만 가처분규정을 두고 있어 정당해산심판과 권한쟁의심판 외에 헌법소원심판 등 다른 심판절차에서 가처분이 허용되는가가 문제된다. 비록 헌법재판소법에 가처분을 허용하는 명문의 규정이 없다 하여도 위헌법률심판이나 헌법소원심판에서 가처분의 필요성이 있으며, 또 이를 허용하지 않을 이유가 없으므로 공권력행사는 물론 법령의 효력까지도 정지시키는 가처분이 허용되어야 한다. 헌법재판소도 헌법소원심판절차에서 법률의 효력을 정지(헌재 2005헌사754 결정)하거나 또는 명령의 효력을 정지(헌재 2000헌사471 결정)하는 가처분을 허용하고 있다.

3. 요 건

(1) 본안소송과의 관계

가처분은 본안소송이 헌법재판소에 계속(繫屬)되어야 한다. 본안소송이 계속되어 있지 않아도 가처분이 허용되어야 하지만 적어도 본안소송에 대한 청구가 확실히 전제되는 상황이어야 한다. 동시에 본안소송은 적법하여야 한다. 만일 본안소송이 명백히 부적법하거나 명백하게 이유 없는 경우에는 가처분은 허용될 수 없다. 한편 본안소송에서의 승소 가능성은 가처분의 요건이 될 수 없고, 가처분은 그 본질상 본안소송의 소송물의 범위를 초과할 수 없다. 또한 가처분의 목적이 본안판단을 선취하려고 하거나 본안판단의 결과를 예단하려는 것은 허용되지 않는다.

(2) 중대한 불이익의 방지(필요성)

가처분은 공권력행사가 그 집행 등 절차의 속행으로 회복하기 어려운 손해를 방지할 필요가 있거나, 또는 회복이 가능하더라도 중대한 손해를 방지할 필요가 있을 때 허용된다. 즉 본안판단에서 위헌이 되거나 인용되더라도 청구인에게 돌이킬 수 없는 손해가 발생하거나 또는 회복할 수 있어도 심각한 손해가 예상되는 경우, 이를 방지할 필요가 있어야 한다.

1) 회복하기 어려운 손해발생의 방지

회복하기 어려운 손해발생을 방지할 목적의 가처분으로는 공직선거나 사법시험의 응시자격을 4회로 제한하는 사법시험의 법적 근거를 다툴 경우, 법적 근거의 위헌 여부를 판단하기 위하여 법령의 집행을 중단하는 가처분이 이에 해당한다. 만일 다툼이 있는 법적 근거의 위헌 여부를 판단하지 않고 공직선거나 사법시험을 실시한 경우 나중에 법적 근거가 위헌으로 선고되면, 선거나 시험을 다시 실시해야 하므로, 이와 같이 회복하기 어려운 손해를 방지하기 위해서 가처분이 요구되고 또한 필요하다.

대통령 권한대행 국무총리(이하 '피신청인'이라 한다)가 임기만료로 퇴임할 예정인 헌법재판소 재판관(이하 '재판관'이라 한다)의 후임자로 2인(이완규, 함상훈)을 지명한 사안에서(이하 후임자로 지명된 2인을 '이 사건 후보자'라 한다), 가처분을 인용할 경우 재판관 2인의 임명이 지연될 것이나, 7인의 재판관이 사건을 심리하여 결정할 수 있다. 반면 가처분이 기각되었다가 종국결정에서 청구가 인용될 경우 이 사건 후보자가 관여한 결정 등의 효력에 의문이 제기되는 등 헌법재판소의 심판 기능 등에 극심한 혼란이 발생하게 되고, 만일 재심이 허용되지 않는다면 헌법재판의 규범력이 현저히 약화될 것이며, 재심이 허용되는 경우에도 법적 안정성을 심각하게 저해할 수 있다. 결국 이 사건에서 가처분을 인용한 뒤 종국결정에서 청구가 기각되었을 때 발생하게 될 불이익보다 가처분을 기각한 뒤 청구가 인용되었을 때 발생하게 될 불이익이 더 크므로, 이 사건 신청을 인용함이 상당하다.[435]

2) 중대한 손해를 방지할 목적

회복할 수 있으나 중대한 손해를 방지할 목적의 가처분으로는 법적 근거에 관하여 첨예하게 대립되는 가운데 시행하려는 새만금간척공사와 같은 대규모사업의 시행을 정지하려는 것이 이에 해당된다.

(3) 긴급성

가처분은 회복하기 어려운 중대한 손해를 방지해야 할 필요성이 있다고 하여도 집행작용의 효력을 정지하지 않으면 안 될 긴급성이 있어야 한다. 즉 가처분은 회복하기 어려운 중대한 피해의 방지가 본안소송을 통해서는 도저히 달성될 수 없다고 판단될 정도의 긴급성이 있어야 한다. 따라서 본안심판이 종결되었거나 본안심판절차가 충분하게 진행되어 종국결정이 임박한 시점에서는 가처분은 허용되지 않는다.

---

435) 헌재 2025. 4. 16. 2025헌사399 효력정지가처분신청. 종국일자 2025. 4. 16. 종국결과 인용.

대통령 권한대행 국무총리(이하 '피신청인'이라 한다)가 임기만료로 퇴임할 예정인 헌법재판소 재판관(이하 '재판관'이라 한다)의 후임자로 2인(이완규, 함상훈)을 지명한 사안에서(이하 후임자로 지명된 2인을 '이 사건 후보자'라 한다), 피신청인이 이 사건 후보자를 재판관으로 임명하고 나면, 신청인이 적시에 이 사건 후보자의 재판관 지위를 다투거나 이 사건 후보자가 심리에 관여하는 것을 막을 수 있을지 불분명하고, 종국결정이 선고되는 경우 재심이 허용되지 않을 가능성도 존재하므로, 신청인은 회복하기 어려운 중대한 손해를 입을 위험이 있고, 손해를 방지할 긴급한 필요도 인정된다.[436]

(4) 공공복리에 대한 중대한 영향을 미칠 우려가 없을 것

법령의 효력을 정지시키는 가처분은 사인 간의 법률관계나 행정청의 구체적 처분에 대한 정지와 달리 정지로 인한 파급효과가 크므로 공공복리에 중대한 영향을 미칠 우려가 있을 때에는 허용되지 아니한다(행정소송법 제23조 제3항). 따라서 법령에 대한 가처분은 필요성과 긴급성 이외에 '공공복리에 중대한 영향을 미칠 우려가 없을 것'을 요건으로 한다.

4. 절 차

가처분은 본안소송이 계속 중인 경우, 신청 또는 직권으로 명할 수 있다. 변호사강제주의는 가처분절차에도 적용된다. 본안의 피청구인(대통령)과 가처분의 피신청인(국무총리 서리)은 반드시 동일할 필요가 없다(헌재 98헌사31). 재판관 과반수의 찬성으로 의결한다. 가처분결정은 구두변론 없이도 가능하다.

5. 결 정

(1) 결정의 내용

가처분은 소극적으로, 문제된 처분 등의 효력정지, 그 집행이나 절차의 속행의 정지를 내용으로 하는 가처분(행정소송법 제23조 제2항)도 가능하고, 적극적으로 임시의 지위를 정하는 가처분(민사집행법 제300조 제2항)도 가능하다. 법령의 효력을 정지시키는 가처분도 가능하다(헌재 2006. 2. 23. 2005헌사754). 가처분은 본안소송의 결정이 이루어질 때까지 현상을 유지하거나 잠정적인 지위를 정하는 것이므로 종국결정이 선고될 때까지만 그 효력을 갖는다. 따라서 본안재판에 대한 결정이 있으면 가처분결정은 당연히 실효된

436) 헌재 2025. 4. 16. 2025헌사399 효력정지가처분신청. 종국일자 2025. 4. 16. 종국결과 인용.

다. 또한 가처분결정에도 이유를 기재하며, 가처분결정의 본질적 성격 때문에 '종국결정 선고시까지'라는 문구가 주문에 들어간다.

(2) 인용결정(이익형량)

가처분결정에는 필연적으로 이익형량이 수반된다. 가처분이 인용된 뒤 종국결정에서 청구가 기각되었을 때의 불이익과 가처분이 기각된 뒤 청구가 인용되었을 때의 불이익을 비교형량(이른바 '이중가설공식', 헌재 1999. 3. 25. 98헌사98)하여, 후자의 불이익이 전자의 불이익보다 클 경우 가처분은 정당화되며 허용될 수 있다.

사법시험 제1차시험에 4회 응시한 자에 대하여 일정한 응시자격을 제한하고 있는 사법시험령(제4조 제3항)에 대한 효력정지 가처분신청에서, 헌법재판소는 사법시험령이 효력을 유지하면, 신청인들은 곧 실시될 차회 사법시험에 응시할 수 없어 합격기회를 봉쇄당하는 돌이킬 수 없는 손해를 입게 되어 이를 정지시켜야 할 긴급한 필요가 인정되는 반면 효력정지로 인한 불이익은 별다른 것이 없으므로, 가처분신청은 허용함이 상당하다고 판시하였다(헌재 2000헌사471).

(3) 가처분결정의 효력

가처분결정이 내려지면 피청구인의 행위 없이도 본안결정이 있을 때까지 가처분 결정의 내용대로 법률관계가 형성된다. 가처분은 일종의 형성력을 지니며, 가처분결정은 당사자는 물론 국가기관을 기속한다.

X 종국결정

1. 개 관

(1) 의의, 방식

재판부가 심리를 마친 때에는 종국결정을 한다(헌재법 제36조 제1항). 종국결정을 할 때에는 결정서를 작성하고 심판에 관여한 재판관 전원이 이에 서명·날인하여야 한다(헌재법 제36조 제2항). 종국결정은 헌법재판소규칙으로 정하는 바에 따라 관보에 게재하거나 그 밖의 방법으로 공시한다(헌재법 제36조 제5항).

(2) 소수의견의 공표

심판에 관여한 재판관은 결정서에 의견을 표시하여야 한다(헌재법 제36조 제3항). 이에 따라 헌법재판소의 모든 심판절차에서 '재판부'의 견해와 의견을 달리하는 개별 재판관들은 결정서에 그 의견을 표시할 의무를 부담한다. 이런 의견에는 반대의견, 별개의견, 보충의견 등이 있다.

이러한 소수의견의 공표제도는 다음과 같은 장점, 즉, 첫째, 논증의 투명성과 개방성, 둘째, 재판관의 양심과 개성의 강화, 셋째, 법 발전, 넷째, 민주화 효과 등이 있다. 단점으로는 첫째, 재판소의 권위 약화, 둘째, 외부적 영향에 종속될 위험성, 셋째, 동료와의 대립을 피하여 설득과 합의의 과정 포기 등이 있다.[437]

(3) 심판확정기록의 열람·복사

당사자나 이해관계인이 아닌 일반인도 헌법재판소에서 심판이 확정된 사건기록을 열람·복사할 수 있는데(헌재법 제39조의2), 그 취지는 헌법재판에 대한 국민의 알 권리를 보장하려는 데 있다. 열람·복사의 목적은 권리구제, 학술연구 또는 공익 목적 중의 하나여야 한다.

2. 종국결정의 효력

(1) 일사부재리

"헌법재판소는 이미 심판을 거친 동일한 사건에 대하여는 다시 심판할 수 없다."(헌법재판소법 제39조)고 규정함으로써 일사부재리의 원칙을 선언하고 있다. 일사부재리는 법치주의에서 비롯되는 법적 안정성의 요청에 기초하고 있다. 일사부재리는 종국결정이 지닌 자기구속력 및 형식적 확정력의 실정법적 근거가 되고, 나아가 기판력의 실정법적 근거가 될 수도 있다.[438]

(2) 자기구속력(불가변력)

헌법재판소의 종국결정이 내려지면 헌법재판소는 자기구속력 때문에 종국결정을 더 이상 취소하거나 변경할 수 없으며 이는 법적 안정성을 위하여 불가피한데, 이를 자기구속력 또는 불가변력이라고 한다.

(3) 형식적 확정력(불가쟁력)

형식적 확정력이란 일정한 기간 내에 불복하지 않음으로써 판결의 취소·변경을 더

---

437) 김하열, 앞의 책, 929쪽.

438) 김하열, 앞의 책, 930쪽.

이상 다툴 수 없는 상태를 말한다. 판결이 형식적으로 확정되었다고 하여 형식적 확정력이라 한다. 헌법재판소는 단심이고 상급심이 없으므로 헌법재판소의 종국결정이 내려지면 당사자는 더 이상 그 결정에 불복하여 다툴 수 없다. 이를 형식적 확정력 또는 불가쟁력이라고 한다.

당사자는 이의신청, 즉시항고, 재심청구, 헌법소원 등 어떤 명칭과 형식으로든 헌법재판소의 종국결정에 대해 불복할 수 없다. 지정재판부의 각하결정에 대하여 재판부에 불복할 수도 없다. 형식적 확정력은 재심제도를 통해서만 배제될 수 있다.

(4) 기판력(실질적 확정력)

기판력(실질적 확정력)이란 재판이 형식적으로 확정되면 당사자와 법원을 구속하는 재판의 구속력을 말한다. 자기구속력, 형식적 확정력이 당해 심판과의 관계에서 헌법재판소 자신 또는 당사자에 대해 미치는 효력임에 반해, 기판력은 후행 심판에서 당사자 및 헌법재판소를 구속하는 효력이다. 당사자는 선행심판에서 판단한 동일사항을 재차 심판의 대상으로 삼을 수 없고, 헌법재판소는 후행심판에서 선행심판과 모순·저촉되는 판단을 할 수 없다. 기판력은 소송절차의 반복과 모순된 재판을 방지함으로써 법적 안정성 내지 법적 평온을 도모하려는 것이어서 법치주의원리에 기반을 두고 있다.

(5) 기속력

1) 의 의

헌법재판소법은 헌법재판소의 법률에 대한 위헌결정(제47조 제1항), 권한쟁의결정(제67조 제1항), 헌법소원 인용결정(제75조 제1항)에 대하여 기속력을 부여하고 있다. 헌법재판소 결정에 기속력을 부여하는 것은 헌법의 우위를 확보하기 위한 것이다. 헌법의 우위를 법적으로 관철하는 수단이 헌법재판이고 이를 담당하는 기관이 헌법재판소이므로 헌법재판소가 내린 결정에 구속력을 부여하지 않고서는 헌법의 우위가 보장되지 않는다.

기판력이 심판절차의 당사자에게만 그 효력이 미치는 것임에 반하여 기속력은 그 효력의 인적 범위를 모든 국가기관으로 확장하고 있다.

법률에 대한 합헌결정, 헌법소원의 기각결정에는 기속력이 인정되지 않는다.

2) 기속력의 범위

기속력의 객관적 범위는 결정주문이며 결정이유에는 기속력이 없다고 보지만 '핵심적인 결정이유'에 대하여는 기속력이 인정된다. "기각 또는 취소한다."는 주문만으로는 결정의 내용을 정확하게 알 수 없기 때문이다. 결정에 이르게 된 논리적이고 핵심적인 이유를 알 수 없다면 기속력은 내용 없는 것이 되며, 결정의 정확한 내용을 알 수 없다면 국가기관에 부여된 결정준수의무나 반복금지의무를 확보할 수 없게 된다. 헌법재판소는 결정이유에 기속력을 인정할지에 관하여 유보적인 입장을 보였다(헌재 2008. 10. 30. 2006헌마1098). 기속력은 법원, 지방자치단체를 포함한 모든 국가기관에 미치나, 일반 사인에게는 미치지 않는다.

3) 기속력과 반복입법

법률에 대한 위헌결정의 기속력과 관련해서 특히 논란 있는 문제는 헌법재판소가 위헌으로 결정한 법률과 동일하거나 유사한 내용의 법률을 입법기관이 다시 입법하는 것('반복입법')이 금지되는지의 문제이다.

입법기관은 그 특성상 다른 국가기관과 달리 반복입법에 관한 한 기속력의 구속을 받지 않아야 한다는 견해가 있으나, 헌법의 우위, 헌법재판제도의 취지, 헌법재판소법 제47조 제1항의 문언상 국회가 제외되어 있지 않은 점 등을 고려할 때, 법률에 대한 위헌결정의 기속력은 입법자에 대한 규범반복금지를 수반한다고 보는 것이 타당하다.

4) 기속력의 내용

기속력은 다른 국가기관으로 하여금 헌법재판소결정의 취지를 존중하고 이를 실현시키는 방향으로 행동할 것을 요구한다.

먼저, 기속력의 객체인 국가기관은 당해 사건의 결론과 관련하여 헌법재판소가 내린 결정에 저촉되는 행위를 해서는 아니 된다. 예를 들어, 위헌결정된 법률을 더 이상 적용해서는 아니 되고, 위헌성이 확인된 공권력 행사에 터 잡은 후속집행을 해서는 아니 된다.

또한, 당해사건의 결론과 관련하여 헌법재판소가 내린 결정의 내용을 적극적으로 실현시켜야 한다. 그리하여 입법부작위나 공권력 불행사에 대하여 위헌이 확인되면 작위의무 있는 국가기관은 결정취지에 따라 입법을 하거나 공권력을 행사해야 한다(헌법재판소법 제66조 제2항, 제75조 제1항). 불기소처분이 취소되면 기소를 하든지, 신속히 재수사에 착수해야 하는 것도 여기에 해당한다. 나아가, 경우에 따라서는 위헌으로 확인된 공권력 행사로 초래된 법적·사실적 결과를 제거할 의무도 부담한다.

마지막으로, 국가기관은 동일·유사한 후속 사안에서 헌법재판소의 결정 취지에 저촉되는 행위를 해서는 아니 된다. 예컨대, 특정 수형자에 대한 서신 검열에 대하여 위헌결정이 선고되면 교도소장은 추후 그 수형자를 비롯하여 다른 수형자들의 서신을 검열해서는 아니 된다.

(6) 재 심

재심이란, 확정된 종국판결에 중대한 흠이 있는 경우에 판결을 한 법원에 대해 그 판결의 취소와 사건의 재심판을 구하는 비상의 불복신청방법을 말한다.

헌법재판소법은 재심의 허용 여부에 관하여 명문규정을 두고 있지 않다. 헌법재판소는 심판절차의 종류에 따라 그 재판의 기능, 종국결정의 내용과 효력 등이 다르므로 재심의 허용 여부 내지 정도 또한 심판절차의 종류에 따라서 개별적으로 판단할 수밖에 없다.

먼저, 규범통제결정, 즉 위헌법률심판 및 헌법재판소법 제68조 제2항의 헌법소원심판(헌재 1992. 6. 26. 90헌아1), 그리고 제68조 제1항 헌법소원 중 법령에 대한 헌법소원심판(헌재 2004. 11. 23. 2004헌아47)에서 내린 결정에 대해서는 재심을 허용하지 않는다.

다음으로, 제68조 제1항에 의한 헌법소원 중 개별적·구체적 공권력작용을 대상으로 하는 권리구제형 헌법소원에서는 민사소송법의 재심규정을 준용하여 재심이 허용될 가능성이 있다. 민사소송법에 규정된 여러 재심사유 중 분명하게 허용 가능성이 인정된 것은 '판단유탈'이다(헌재 2001. 9. 27. 2001헌아3).

제5항 · 헌법재판소의 권한

I 개 관

헌법재판소의 권한에는 위헌법률심판권, 탄핵심판권, 정당해산심판권, 권한쟁의심판권, 헌법소원심판권 등이 있다. 여기에서는 위헌법률심판권에 대해서만 살펴보고 나머지 권한들은 본서 제5장 제3절 헌법재판제도의 유형 중 제3항 재판사항을 기준으로 한 분류를 참조하기 바란다.

II 위헌법률심판권

1. 위헌법률심판의 의의와 성질

(1) 위헌법률심판의 의의

위헌법률심판이란 헌법재판소가 국회가 의결한 법률이 헌법에 위반되는가의 여부를 심사하고, 그 법률이 헌법에 위반되는 것으로 인정하는 경우에, 그 효력을 상실하게 하는 제도를 말한다. 법률이 헌법에 위반되는 유형에는 제정당시에는 합헌이었으나 사후의 사정변경으로 인하여 위헌이 되는 경우(①)와 제정당시부터 시원적으로 위헌인 경우(②) 등이 있다.

(2) 위헌법률심판의 성질

현행 헌법에 있어서 위헌법률심판은 위헌심사이며, 특히 구체적 규범통제로서의 성격을 가지는 것이다. 그러나 위헌으로 결정된 법률 또는 법률조항은 일반적으로 효력을 상실하여 그 법률이 폐지된 것과 동일한 효과를 낳게 하고 있다(헌법재판소법 제47조).

2. 위헌법률심판의 요건

(1) 개 관

위헌법률심판이란 법률이 헌법에 위반되는 여부가 재판의 전제가 된 경우에, 당해 사건을 심리하는 법원의 제청에 따라, 헌법재판소가 그 법률의 위헌여부를 심판하는 구체적 규범통제제도이다. 따라서 헌법재판소가 법률 또는 법률조항에 대한 위헌여부의 심판을 하려면, 재판의 전제성과 법원의 제청이라는 요건이 구비되어야 한다.

(2) 실질적 요건: 재판의 전제성

(가) 재 판

재판의 전제가 된 때의 「재판」은 판결·결정·명령 등 그 형식 여하를 묻지 아니하고, 본안에 관한 재판인가 소송절차에 관한 재판인가를 불문하며, 심급을 종국적으로 종결시키는 종국재판뿐만 아니라 중간재판도 여기에 포함된다.[439] 따라서 이때의 재판에는 상소심소송절차는 물론 형사소송법 제201조에 의한 지방법원판사의 영장발부 여부에 관한 재판이라든가 형사소송법 제295조에 의하여 법원이 행하는 증거채부결정까지도 포함된다.

(나) 전제성

법률의 위헌심판을 위해서는 당해 법률 또는 법률조항의 위헌 여부가 제청법원에 계속 중인 당해 사건의 재판의 전제문제가 되어야 한다. 헌법재판소는 "재판의 전제성이라 함은 첫째 구체적인 사건이 법원에 현재 계속 중이어야 하고, 둘째 위헌 여부가 문제되는 법률 또는 법률조항이 당해 소송사건의 재판과 관련하여 적용되는 것이어야 하며, 셋

439) 헌재 1996. 12. 26. 94헌바1.

째 그 법률이 헌법에 위반되는지의 여부에 따라 당해사건을 담당한 법원이 다른 내용의 재판을 하게 되는 경우를 말한다."라고 하고, 여기에서 "법원이 '다른 내용의' 재판을 하게 되는 경우라 함은 원칙적으로 법원이 심리 중인 당해사건의 재판의 결론이나 주문에 어떠한 영향을 주는 것뿐만이 아니라, 문제된 법률의 위헌 여부가 비록 재판의 주문 자체에는 아무런 영향을 주지 않는다고 하더라도, 재판의 결론을 이끌어 내는 이유를 달리하는 데 관련되어 있거나, 또는 재판의 내용과 효력에 관한 법률적 의미가 전혀 달라지는 경우도 포함한다."[440]고 판시하였다.

(다) 재판의 전제성요건에 대한 판단

재판의 전제성 여부를 판단함에 있어 대법원은 판결주문이 달라지는 경우에만 전제성을 인정하고 있어 헌법재판소보다 이를 좁게 해석하고 있다. 아무튼 법률의 위헌 여부와 관련하여 재판의 전제가 되는 요건을 갖추고 있는지의 여부는 법원의 견해를 존중하는 것이 원칙이다. 그러나 재판의 전제성과 관련된 법원의 법률적 견해가 유지될 수 없는 것으로 보이면, 헌법재판소가 직권으로 조사할 수도 있다.

(3) 형식적(절차적) 요건: 법원의 제청

법원의 위헌법률심판제청은 직권 또는 당사자의 신청에 의한 결정으로써 한다.

법원의 제청은 서면(제청서)으로써 해야 하고, 하급법원이 제청하는 경우에는 대법원을 경유해야 한다.

3. 위헌법률심판의 대상

위헌법률심판에서 심판의 대상이 되는 법률은 형식적 의미의 법률은 물론이고 그와 동일한 효력을 가지는 법규범까지 모두 포함한다(실질적 법률설).

따라서 긴급명령과 긴급재정경제명령은 물론이고 조약도 위헌법률심판의 대상에 포함된다. 더 나아가 헌법이 대상이 되는가에 대하여는 견해가 갈린다.

(1) 헌 법

헌법전에 규정되어 있는 규범 중에는 근본규범이 아닌 헌법률적 가치를 가지는 규범(헌법 제29조 제2항)이 있다. 이러한 헌법률에 해당하는 규범이 헌법핵에 위반할 경우에 위헌법률심판이 가능할 것인가에 대하여 헌법핵에 위반되는 헌법률은 위헌적인 것으로

440) 헌재 1994. 12. 29. 92헌바1.

무효라는 견해[441]도 있지만 헌법재판소는 부정적이다.[442] 특히 헌법 제29조 제2항은 대법원의 위헌의 판결이 내려졌던[443] 구 국가배상법 제2조 제1항 단서의 내용과 동일한바, 1972. 12. 27. 유신헌법은 위헌시비를 제거하려는 의도에서 법률에서 헌법전으로 끌어올려 명문화 것이어서 문제가 있다.[444]

(2) 법 률

위헌제청의 대상이 되는 법률은 국회가 제정한 법률로서, 원칙적으로 이미 시행되어 효력이 발생하고 현재 시점에서 유효한 법률이어야 한다. 따라서 헌법규정[445]이나 명령·규칙·조례 그리고 외국의 법률은 위헌법률심판의 대상이 되지 아니한다.

(가) 현행 법률

위헌심판의 대상이 되는 법률은 국회가 제정한 형식적 의미의 법률이다. 이때의 법률은 공포된 것이어야 하고, 위헌심판시를 기준으로 하여 현재 효력을 가지고 있는 법률이어야 한다.

(나) 폐지되거나 개정된 법률

폐지되거나 개정된 법률은 위헌심사의 대상이 되지 않는 것이 원칙이다. 거듭 그 효력을 상실시킬 실익이 없다고 보기 때문이다. 그러나 폐지되거나 개정된 법률에 의하여 권리가 침해되고, 그것이 비록 과거의 것이라고 하더라도 그 결과로 인하여 발생한 국민의 법익침해와 그로 인한 법률상태는 재판시까지 계속되고 있는 경우가 있을 수 있다. 헌법재판소도 "당해 법률이 효력을 상실하였다 하더라도 당해 사건에 대하여 효력을 미치는 경우(그 위헌 여부가 재판의 전제가 되는 경우)에는 심판대상이 된다."는 입장이다.[446]

(다) 입법의 부작위

언제·어떠한 입법을 할 것인가 말 것인가의 판단은 원칙적으로 국회의 재량에 속한다. 그러나 헌법이 일정한 입법을 하도록 규정하고 있는 경우(①)와 헌법해석상 일정한 입법을 해야 할 결론이 도출될 경우(②)에 국회는 일정한 입법을 해야 할 의무를 지게 된

441) 김철수, 『헌법학개론』, 박영사, 2007, 1673쪽.
442) 헌재 1995. 12. 28. 95헌바3.
443) 대법원 1971. 6. 22. 70다1010, 집19(2민), 110.
444) 김철수, 『헌법학개론』, 박영사, 2007, 1116-1117쪽.
445) 헌재 1999. 6. 13. 94헌바20.
446) 헌재 1995. 5. 25. 91헌마67.

다. 이와 같은 경우에 입법의 부작위는 위헌이 된다.

그러나 넓은 의미의 입법부작위에는, 입법자가 헌법상 입법의무가 있는 어떤 사항에 관하여 전혀 입법을 하지 아니함으로써 입법행위에 흠결(欠缺)이 있는 경우[진정(절대적)입법부작위]와 입법자가 어떤 사항에 관하여 입법은 하였으나 그 입법의 내용·범위·절차 등이 당해 사항을 불완전·불충분 또는 불공정하게 규율함으로써 입법행위에 결함이 있는 경우[부진정(상대적)입법부작위]가 있다. 아무튼 부진정입법부작위, 즉 불완전입법을 재판상 다툴 경우에는 그 불완전한 법률조항 자체를 대상으로 하여 위헌제청을 해야 한다는 것이 판례의 입장이다.[447)]

(3) 긴급명령·긴급재정경제명령

일단 적법하게 성립한 긴급명령 또는 긴급재정경제명령은 법률과 동일한 효력을 가지므로 위헌심판의 대상이 된다.

(4) 조　약

조약이 위헌심판의 대상이 되는가 여부에 대해서는 조약심사불가설과 조약심사긍정설로 나뉜다. 생각건대 ① 일반적으로 헌법이 조약보다 상위규범이라는 점,[448)] ② 헌법개정절차는 조약체결절차와 구별되므로, 조약으로 헌법을 개정할 수는 없다는 점, ③ 사법부는 헌법을 준수할 의무가 있으므로, 위헌조약을 적용할 수는 없다는 점, ④ 특히 체결과 비준을 함에 있어 국회의 동의가 있어야 하는 조약은 그 동의가 일종의 입법행위를 의미한다는 점, ⑤ 조약이 국민의 권리·의무를 내용으로 할 경우에는 실질적으로 법규를 의미한다는 점 등에 터잡아 조약도 그 해석이 재판의 전제가 되는 경우에는 조약도 위헌심사의 대상이 된다(조약심사긍정설).[449)]

---

447) 헌재 1996. 3. 28. 93헌바27.

448) EU 조약(헌법)은 EU구성국의 헌법(예: 프랑스 헌법)보다 상위규범이다.

449) 이 사건 조항 [국제통화기금협정 제9조(지위, 면제 및 특권) 제3항(사법절차의 면제) 및 제8항(직원 및 피용자의 면제와 특권), 전문기구의특권과면제에관한협약 제4절, 제19절(a)]은 각 국회의 동의를 얻어 체결된 것으로서, 헌법 제6조 제1항에 따라 국내법적, 법률적 효력을 가지는바, 가입국의 재판권 면제에 관한 것이므로 성질상 국내에 바로 적용될 수 있는 법규범으로서 위헌법률심판의 대상이 된다(헌재 2001. 9. 27. 2000헌바20).

4. 위헌법률심판의 기준과 내용

(1) 위헌법률심판의 기준

(가) 헌 법

위헌법률심판은 '법률이 헌법에 위반되는 여부'를 심판하는 것이므로, 심판의 기준은 헌법이어야 한다. 이때의 헌법에는 개별 헌법조항들뿐만 아니라 헌법 전문(前文)을 비롯하여 헌법전에서 도출되는 헌법의 기본원리나 헌법원칙,[450] 실질적 의미의 헌법에 해당하는 헌법적 관습까지 포함된다.

(나) 자연법과 정의

자연법이나 정의의 관념도 위헌법률심판에서 심판의 기준이 될 수 있다. 그것은 비록 형식적 의미의 헌법인 헌법전에 명문의 규정이 없다 하더라도, 헌법이 지향하는 기본적인 이념이나 원리인 자연법의 원리나 정의의 원리에 반하는 입법은 허용할 수 없다는 것을 뜻함과 동시에 헌법전상의 규범적인 공백을 보충할 수 있는 유일한 기준은 자연법과 정의이기 때문이다.[451]

(2) 위헌법률심판의 내용

(가) 합헌성의 판단

위헌법률심판은 법률이 헌법에 합치하는가 여부의 판단을 그 내용으로 한다. 법률의 합헌성 여부의 판단에는 법률의 형식적 합헌성(성립절차 등)뿐만이 아니라 실질적 합헌성(내용 등)에 관한 판단까지 포함된다. 다만 합헌성판단에 있어서 국회가 입법에 있어 명백히 오류를 범한 경우가 아니면 위헌결정을 하지 않는다는 합헌성추정의 원칙이 존중되어야 한다. 그러나 입법목적달성을 위한 수단의 합리성 여부는 판단의 대상이 된다.

(나) 판단의 범위

위헌법률심판에 있어서 헌법재판소의 심리대상은 당해 사건에서 그 효력에 의문이 제기된 법률 또는 법률조항에 한정되지만, 일부조항의 위헌결정으로 당해 법률 전부를 시행할 수 없다고 인정할 때에는, 그 법률 전부에 대하여 위헌결정을 할 수 있다.[452] 그리고 위헌제청되지 아니한 법률조항이라 하더라도 위헌제청된 법률조항과 일체를 형성

---

450) 김하열, 『헌법강의』, 박영사, 2018, 938쪽.

451) 김철수, 『헌법학개론』, 박영사, 2007, 1678쪽; 성낙인, 『헌법학』, 법문사, 2019, 768쪽.

452) 헌재 2001. 7. 19. 2000헌마91 등(병합).

하고 있는 경우에는 그에 대한 판단을 할 수 있다.[453]

(다) 판단(심사)의 관점

위헌법률심판에 있어서 헌법재판소의 심사의 관점은 제청법원이 제청이유로서 제시한 헌법규정이나 헌법원칙 또는 침해된 기본권에 한정되지 아니하고 모든 헌법적 관점을 동원하여 심리할 수 있다. 헌법재판소가 같은 입장이다.[454]

5. 위헌법률심판의 결정

(1) 결정의 의결정족수

헌법재판소가 법률에 대한 위헌결정(헌법불합치결정·한정위헌결정 등 포함)을 하려면, 9인의 재판관 중 6인 이상의 찬성이 있어야 한다(헌법 제113조 제1항). 그 밖의 경우에는 재판관 과반수의 찬성으로 결정한다.

(2) 결정의 유형과 내용

위헌법률심판청구가 적법요건을 갖추지 못하여 부적법한 것이면 각하결정을 한다. 각하결정도 한 유형(적법요건에 관한 결정)이지만 여기에서는 본안에 관한 결정유형을 중심으로 살펴보기로 한다,

(가) 합헌결정

ㄱ) 단순합헌결정(본래의 합헌결정)

헌법재판소가 법률의 위헌 여부를 심리한 결과 5인 이상의 재판관이 합헌이라고 판단하는 경우에 관하여, 헌법재판소법은 명백한 규정을 두고 있지 아니하다. 독일은 이러한 경우에 “기본법에 합치한다.”는 선언을 하고, 오스트리아는 제청신청을 기각하는 선고를 한다. 우리 헌법재판소는 “법률은 헌법에 위반되지 아니한다.”라는 주문형식을 채택하고 있다.

ㄴ) 위헌불선언결정(결과적으로 합헌결정)

위헌불선언결정은 재판관 5인이 위헌의견을 제시하고 4인이 합헌의견을 제시한 경우에, 위헌의견이 다수임에도 위헌결정정족수(재판관 6인 이상) 미달로 위헌선언을 할 수 없기 때문에, 우리 헌법재판소가 채택한 바 있는 독특한 결정형식이다. 헌법재판소는 위헌

453) 헌재 1999. 9. 16. 99헌가1.

454) 헌재 1996. 12. 26. 96헌가18.

결정에 찬성하는 재판관이 과반수이면서도 위헌결정정족수 6인에 미달하기 때문에 위헌결정을 선고할 수 없어, 부득이 "헌법에 위반된다고 선언할 수 없다."라는 주문을 선고함으로써, 단순합헌결정과 구별되는 이러한 결정형식을 택하였다.[455)]

이러한 형태의 주문은 앞에서 본 "헌법에 위반되지 아니한다."라는 단순합헌결정의 주문과 실질적인 면에서 차이가 없다. 따라서 위헌불선언결정은 결과적으로 합헌선언의 일종이라 볼 수 있다. 1996년 이후에는 위헌불선언결정의 형식을 택하지 아니하고 단순합헌결정의 형식(주문예: "헌법에 위반되지 아니한다.")을 택하고 있다.

(나) 위헌결정

위헌결정은 제청된 법률이 위헌인 경우에 하는 것으로서 위헌결정에는 (단순)위헌결정, 헌법불합치결정, 한정위헌·한정합헌결정이 있다.

ㄱ) 위헌결정의 효력

㉠ 기속력

위헌결정은 법원과 그 밖의 국가기관 및 지방자치단체를 기속한다(헌법재판소법 제45조 제1항). 법률에 대한 위헌결정의 기속력과 관련하여, 헌법재판소가 위헌으로 결정한 법률과 동일하거나 유사한 내용의 법률을 입법기관이 다시 입법하는 것이 금지되는지 문제된다.

㉡ 일반적 효력

위헌으로 결정된 법률 또는 법률조항은 결정이 있는 날부터 효력을 상실한다(제47조 제2항). 여기서 "효력을 상실한다."의 의미는 일반적·대세적으로 효력을 상실한다는 것이다(일반적 효력 혹은 법규적 효력). 위헌결정된 법률은 법질서에서 더 이상 아무런 작용과 기능을 할 수 없으며, 누구도 그 법률이 유효함을 주장할 수 없다. 위헌결정의 기속력은 국가기관에만 미치지만, 일반적 효력은 헌법재판소자신을 포함한 모든 국가기관뿐만 아니라 일반국민에게도 미친다.[456)] 합헌결정에는 일반적 효력이 없다.

ㄴ) 위헌결정의 효력의 시간적 범위

㉠ 원칙적 장래효

위헌결정된 법률은 결정이 있는 날부터 효력을 상실한다(헌법재판소법 제47조 제2항). 이로써 입법자는 위헌결정된 법률의 효력이 언제부터 상실되는지에 관하여, 장래효의 입

455) 헌재 1993. 5. 13. 90헌바22 등(병합), 헌판집 5권 1집, 253쪽 이하.

456) 김하열, 『헌법강의』, 박영사, 2018, 939쪽.

장을 원칙으로 택하였다. 헌법재판소는 위헌결정의 원칙적 장래효를 규정한 위 법률조항이 헌법에 위배되지 않는다고 하였다(헌재 1993. 5. 13. 92헌가10).

㉡ **예외적 소급효**

ⓐ 형벌에 관한 법률의 경우

형벌에 관한 법률(법률조항)은 소급하여 효력을 상실하며, 유죄의 확정판결에 대한 재심청구가 가능하다(제47조 제3항 본문, 제4항), 입법자는 형벌조항에 관한 한 원칙적으로 법적 안정성보다 구체적 정의를 더 중시한 것이다. 그러나 2014년의 개정을 통하여, 종전에 합헌으로 결정한 사건이 있는 경우에는 그 결정이 있는 날의 다음 날로 소급하여 효력을 상실하도록 하는 단서가 신설됨으로써(동조 제3항 단서) 소급효의 시간적 범위가 제한되었다(헌재 2016. 4. 28. 2015헌바216).

ⓑ 비형벌법률의 경우

헌법재판소는 구체적 규범통제의 실효성 보장 및 당사자의 권리구제의 견지에서 다음과 같은 경우에 소급효를 인정하고 있다(헌재 1993. 5. 13. 92헌가10).

- 법원의 제청을 통하여 헌법재판소에 법률의 위헌결정을 위한 계기를 부여한 당해 사건.
- 위헌결정이 있기 전에 이와 동종의 위헌여부에 관하여 헌법재판소에 위헌제청을 하였거나 법원에 위헌제청신청을 한 사건.
- 따로 위헌제청신청을 하지 아니하였지만 당해 법률 또는 법률의 조항이 재판의 전제가 되어 법원에 계속 중인 사건.
- 당사자의 권리구제를 위한 구체적 타당성의 요청이 현저한 반면, 소급효를 인정하여도 법적 안정성을 침해할 우려가 적은 경우(그 해당 여부는 헌법재판소 또는 법원이 개별적으로 결정한다).

ㄷ) 위헌결정의 유형(이른바 '변형결정')

㉠ **한정위헌·한정합헌결정**

한정위헌·한정합헌결정은 심판의 대상이 된 법률(조항)의 문언이 다의적으로 해석가능한 경우 특정한 내용으로 해석·적용되는 한 위헌 또는 합헌이라고 하는 결정형식이다.

한정위헌·한정합헌결정은 합헌적 법률해석의 토대 위에 성립하는 것이며, 합헌적 법률해석이 결정주문의 형태로 나타난 것이다.

한정위헌·한정합헌결정은 '규범문언의 축소 없는 질적 일부위헌결정'으로서, 단순한 법률해석이 아니라 위헌결정으로서의 효력을 지닌다.[457] 한정위헌이든 한정합헌이든, 질적인 일부 위헌의 판단이 포함되어 있다면 그 범위에서 위헌결정으로서의 성격과 효력을 가진다.

한정위헌·한정합헌결정은 위헌결정의 일종으로서 법원을 비롯한 모든 국가기관에 대한 기속력을 가진다.[458] 그러나 법원은 이에 관하여 다른 입장을 취하고 있다.[459]

㉡ 헌법불합치결정

ⓐ 의 의

헌법불합치결정은 법률의 위헌성을 확인하되 그 형식적 존속을 유지시키면서, 입법자에게 법률의 위헌성을 제거할 의무를 부과하고, 입법자의 입법개선이 있기까지 위헌적 법률의 적용을 중지시키거나 잠정적인 적용을 허용하는 결정이다.

(단순) 위헌결정과는 달리, 헌법불합치결정만으로는 합헌적 질서가 회복되지 않고 국회의 입법적 보충이 필연적으로 요구된다. 국회 입법의 매개는 헌법불합치결정의 본질적 징표이다.[460]

ⓑ 사 유

헌법재판소는 헌법불합치결정을 할 수 있는 사유로 다음과 같은 것을 제시하고 있다. 첫째, 법적 공백과 그로 인한 혼란을 방지하기 위하여 잠정적용을 명하여 법적 안정성을 보장하여야 할 경우, 둘째, 수혜적(授惠的) 법률이 평등원칙에 위배되는 경우, 셋째, 합헌 부분과 위헌 부분의 경계가 불분명하여 입법형성권을 존중하여야 할 경우를 들고 있다.

형벌조항에 대하여 헌법불합치결정이 가능한지 여부에 대하여 견해가 갈리는바, 헌법불합치결정을 내린 헌법재판소 결정례[461]가 있다.

ⓒ 효 력

법적용기관은, 잠정적용 헌법불합치결정이 아닌 한, 위헌법률의 적용을 중지하여야 한다. 이 적용중지는 절차 중지(판단 중지)의 형태로 나타난다.

입법자는 입법개선의무를 지며, 개선입법은 소급적용된다. 소급의 범위는 입법자가

---

457) 헌재 2003. 2. 11. 2001헌마380.

458) 헌재 2012. 12. 27. 2011헌바117.

459) 법률의 해석기준을 제시하는 헌법재판소의 한정위헌결정은 법원에 전속되어 있는 법령의 해석·적용 권한에 대하여 기속력을 가질 수 없는 것이다. 대법원 1996. 4. 9. 선고 95누11405 참조.

460) 김하열, 『헌법강의』, 제6판, 박영사, 2022, 965쪽.

461) 잠정적용 헌법불합치결정(헌재 2009. 9. 24. 2008헌가25), 적용중지 헌법불합치결정(헌재 2004. 5. 27. 2003헌가1).

정하나, 적어도 당해사건과 병행사건의 경우 개선입법에서 소급적용을 명문으로 규정하고 있지 않더라도 소급효가 미친다(헌재 2006. 6. 29. 2004헌가3).

헌법재판소가 헌법불합치결정의 주문에서 명시한 개선입법의 기한이 지나면 해당 위헌법률의 효력은 상실된다.

제6항 ‣ 헌법재판소 구성에 관한 개선방안

I 문제의 제기

헌법재판은 개방성·불확정성이 두드러진 헌법규정을 매개로 헌법규범과 헌법현실 사이의 최적점을 찾는 것을 과제로 한다는 점에서 통상의 재판절차에서 이루어지는 법률해석 또는 법발견과는 구별된다. 이와 같은 헌법해석의 과제는 또한 헌법재판관의 선이해에 기초한 선입판단구조를 가질 수밖에 없고, 따라서 이를 통제할 수 있는 헌법재판절차의 공정성·투명성과 더불어 민주적 정당성을 갖춘 공정한 헌법재판관의 확보가 헌법재판의 성패를 좌우하는 전제조건이라고 할 수 있다. 헌법재판기관이 기본권 보호기관 또는 헌법 보호기관으로서 정상 가동할 수 있는가 여부는 정당한 헌법을 가지고 있는가 여부에도 달려있지만, 그에 못지않게 민주적 정당성을 갖춘 공정한 재판관에 의한 공평무사한 운영에도 달려 있다.

이하에서는 우리의 현행 헌법 및 헌법재판소법에 따른 헌법재판소의 구성이 이러한 요청에 부합할 수 있는지를 살펴본 후, 미흡한 점이 있다면 그 개선방안을 모색하여 봄으로써 앞으로 있을 헌법재판관 구성에 관한 헌법 개정과 헌법재판소법 개정에 이바지하려고 한다.

II 현행 헌법상 헌법재판소의 구성방법

1. 헌법재판소 재판관의 자격

헌법재판소는 법관의 자격을 가진 9인의 재판관으로 구성되는데(헌법 제111조 제1항), 재판관은 40세 이상으로서 15년 이상 ① 판사·검사·변호사, ② 변호사의 자격이 있는 자로서 국가기관, 국·공영기업체, 정부투자기관 기타 법인에서 법률에 관한 사무에 종사한 자, ③ 변호사의 자격이 있는 자로서 공인된 대학의 법률학조교수 이상의 직에 있던 자 중에서 임명된다(헌법재판소법 제5조 제1항). 그러나 ① 다른 법령에 따라 공무원으로 임용하지 못하는 사람, ② 금고 이상의 형을 선고받은 사람, ③ 탄핵에 의하여 파면된 후 5년이 지나지 아니한 사람 등은 재판관으로 임명할 수 없다(헌법재판소법 제5조 제2항).

2. 재판관 선출 및 임명절차

헌법재판소 재판관은 대통령이 임명하는데, 그중 3인은 국회에서 선출하는 자를, 3인은 대법원장이 지명하는 자를 임명하고, 헌법재판소의 장은 국회의 동의를 얻어 재판관 중에서 대통령이 임명한다(헌법 제111조).

3 재판관의 임기와 정년

헌법재판소 재판관의 임기는 6년이고 법률이 정하는 바에 의하여 연임할 수 있다(헌법 제112조 제1항, 헌법재판소법 제7조 제1항). 재판관의 정년은 70세이다(헌법재판소법 제7조 제1항).

Ⅲ 헌법재판소 구성에서의 문제점

1. 헌법재판소 재판관의 자격에서의 문제점

헌법 제111조 제2항은 헌법재판관의 자격을 "법관의 자격을 가진 (자)"로 한정하고 있다. 이 규정은 헌법재판소에 사법기관적 성격을 부여하기 위한 취지라고 볼 수 있지만 다음과 같은 문제가 제기된다.

첫째, 헌법소송에서는 일반소송과 달리 정치적 또는 정책적 고려가 중요한 비중을 차지하는 만큼, 일반소송을 다루는 법관의 자격을 가진 자에 한정시키는 것이 타당한가 하는 의문이다.

둘째, 위의 지적과 연관되는 것으로, 현실적으로 헌법학교수를 포함하여 일반적으로 법학교수 중에 법관자격을 가진 자가 소수이므로, 법관자격이 없는 법학교수를 헌법재판소 재판관자격에서 배제하는 것이 적절한가 하는 의문이다.

헌법재판에서는 소송절차 등에 관한 기술적 지식이나 경험보다는 헌법정책적 판단이 중요하고 이와 관련하여 이론적 토대가 특히 큰 비중을 차지하는데, 현실적으로 법관 자격을 가진 자 중에서 이러한 소양을 갖춘 자를 찾기는 쉽지 않다. 그렇기 때문에 법학교수가 재판관으로 참여할 필요성이 매우 크다고 할 수 있다. 외국의 경우를 보더라도 법학교수가 헌법재판소에 참여하고 있지 않은 예는 찾아보기 힘들다.

2. 헌법재판소 재판관의 임명에서의 문제점

첫째, 재판관의 민주적 정당성의 토대가 취약하다. 특히 대법원장이 3인을 지명하게 한 것은 문제이다. 대법원장은 국민의 선거에 의해 선출된 것이 아니므로 그 자신이 직접적인 민주적 정당성의 토대를 지니고 있지 못하다. 대통령이 실질적으로 3인을 임명하게 한 것은 대통령이 국민의 직선에 의해 선출된 만큼 나름대로 정당성의 토대가 있다고 볼 수 있으나, 모든 대법관의 임명에 국회의 동의를 얻도록 하고 있는 것과 비교하면 정당성의 면에서 상대적으로 취약하다고 할 수 있다.

둘째, 대법원장에게 지명권을 주고 있는 것이 문제이다. 대법원장에게 지명권을 줌으로써 대법원과 헌법재판소의 관계에서 마치 헌법재판소가 대법원보다 하위에 있는 듯한 결과를 초래할 위험이 있다. 다만 한 가지 그 근거를 찾아볼 수 있다면 헌법재판소가 기본적으로 사법기관인 만큼, 대법원장이 전문적인 관점에서 적절한 인사를 할 수 있는 위치에 있다는 점을 생각해 볼 수 있지만, 이 점을 감안하더라도, 마치 헌법재판소가 대법원보다 하위에 있는 듯한 인상을 주지 않도록 보완적인 제도적 개선책이 필요하다.

3. 헌법재판소 재판관의 임기에서의 문제점

첫째, 헌법 및 헌법재판소법에 의하면 재판관이 연임할 수 있도록 규정하고 있는데, 연임제는 헌법재판의 독립성 확보를 위해 적절치 못하다.

둘째, 재판관이 결원된 경우에 후임자의 임기가 잔임기간인지 아니면 새로 임기가 개시되는지에 관하여 명시적 규정을 둘 필요가 있다.

Ⅳ 개선방안

1. 헌법재판소 재판관의 자격에서의 개선방안

헌법재판에서는 헌법정책적 판단이 중요하고 이와 관련하여 이론적 토대가 특히 큰 비중을 차지하는데, 현실적으로 법관 자격을 가진 자 중에서 이러한 소양을 갖춘 자를 찾기가 쉽지 않으므로 공법학교수에게 헌법재판소 재판관자격을 부여하는 방안이 필요하다. 이를 위해서는 일정한 경력을 지닌 법학교수에게 법관자격을 인정하는 법률개정을 통해 해결하는 것이 적절하다. 법원조직법 제42조에 의하면 변호사자격이 있는 자에게 법관자격을 인정하고 있으므로, 변호사법을 개정하여 일정한 자격을 지닌 법학교수에게도 변호사자격을 인정하면 굳이 헌법재판소법을 개정하지 않더라도 변호사자격을 지닌

법학교수가 법관자격도 갖게 되고 그에 따라 헌법재판관 자격도 인정받게 된다.

2. 헌법재판소 재판관의 임명에서의 개선방안

첫째, 재판관의 민주적 정당성을 확보하기 위해서는 대통령이 실질적으로 임명하는 3인 및 대법원장이 지명하는 3인에 대하여 국회의 동의를 얻도록 하여야 할 것이다. 그러나 이 방안은 헌법개정을 필요로 하는 방안이다.

둘째, 대법원장에게 지명권을 주는 데에서 오는 문제점을 보완하기 위해서는 이를 국회에게 넘기는 것이 가장 바람직하나 이렇게 하려면 헌법개정이 필요하므로 차선책으로는 대법원장이 지명하는 3인 중, 적어도 2인은 전직 또는 현직 대법관 중에서 선정하도록 한다. 이렇게 하면 헌법재판소의 위상 측면에서나 전문성 확보의 측면에서나 긍정적 효과를 기대할 수 있다.

3. 헌법재판소 재판관의 임기에서의 개선방안

첫째, 연임제를 폐지하는 경우에 단임제로 하면서 정년을 두는 방안과 종신제로 하는 방안이 있는데, 종신제로 하는 경우에는 헌법재판의 경향이 지나치게 보수화하고 정체될 위험성이 있으므로 전자가 타당하다. 단임제로 바꾸는 경우 임기는 현재의 6년보다 연장하여 9년으로 하는 것이 적절하다고 본다.

둘째, 재판관 결원시에 후임자의 임기가 새로 개시됨을 명시한다. 여러 재판관들이 동시에 퇴임하고 동시에 취임하는 것보다는 재판관에 따라 임기 개시일이 상이할수록 상대적이나마 재판관 구성의 다양성을 위해 바람직할 것이다.

다만 위의 방안 중 첫째의 내용은 헌법개정을 필요로 한다.

제7항 › 헌법재판소에 의한 규범통제와 그 주요사례

I 헌법재판소의 판단을 받은 법규개관

1. 개 관

1988. 9. 1.부터 2025. 6. 30.까지 헌법재판소의 위헌성결정은 2,193건이다.[462] '위헌

462) 이 통계는 헌법재판소 개소(1988. 9. 1.) 이래 현재(2025. 6. 30.)까지 처리된 사건 중 위헌성 결정에 대한 처리 건수이다. https://www.ccourt.go.kr/site/kor/stats/newEventStaticBoard1.do[2025. 7. 15. 검색].

성결정'이란 법률 또는 명령, 규칙, 처분 등이 헌법의 조항이나 정신에 위배되는 경우에 내리는 결정을 의미한다. 헌법재판의 결정유형은 '위헌, 헌법불합치, 한정위헌, 한정합헌, 인용, 합헌, 기각, 각하, 기타'로 분류되며, 이 중 위헌성결정이란 '위헌, 헌법불합치, 한정위헌, 한정합헌, 인용'으로 결정된 사건으로 헌법재판청구가 받아들여진 경우를 의미한다. 여기에서는 편의상 결정일자를 기준으로 합헌결정과 위헌성결정 중 중요결정을 중심으로 간단히 소개한다.

2. 주요 합헌결정 목록

89. 12. 22. 국토이용관리법 제21조의3 제1항, 제31조의2의 위헌심판(88헌가13, 토지거래허가제사건)

90. 1. 15. 노동쟁의조정법 제13조의 등에 의한 위헌심판(89헌가103, 노동쟁의 제3자개입금지사건)

90. 4. 2. 국가보안법 제7조에 대한 위헌심판(89헌가113, 찬양·고무죄사건, 한정합헌)

90. 9. 3. 헌법재판소법 제25조 제3항에 관한 헌법소원(89헌마120,212(병합), 변호사 강제주의위헌여부)[463)]

91. 7. 22. 사립학교법 제55조, 제58조 제1항 제4호에 관한 위헌심판(89헌가106, 전교조사건)

91. 9. 16. 정기간행물의등록등에관한법률 제16조 제3항, 제19조 제3항의 위헌여부에 관한 헌법소원(89헌마165, 정정보도청구사건)

92. 10. 1. 1994학년도 신입생선발입시안에 대한 헌법소원(92헌마68등, 서울대 입시요강사건)

94. 8. 31. 지방자치단체장 선거일불공고위헌확인(92헌마126)

96. 2. 16. 5·18민주화운동등에관한특별법 제2조 위헌제청등(96헌가2등)

96. 11. 28. 형법 제250조등 위헌소원(95헌바1)

97. 5. 29. 1994년 생계보호기준위헌확인(94헌마33)

98. 7. 16. 사립학교법 제53조의2 제2항, 제3항 위헌소원 등(96헌바33등, 사립대학

---

463) 변호사강제주의는 재판업무에 분업화 원리의 도입이라는 긍정적 측면 외에도, 재판을 통한 기본권의 실질적 보장, 사법(司法)의 원활한 운영과 헌법재판의 질적 개선, 재판심리의 부담경감 및 효율화, 사법운영의 민주화 등 공공복리에 그 기여도가 크다 하겠고, 그 이익은 변호사선임 비용지출을 하지 않는 이익보다는 크다고 할 것이며, 더욱이 무자력자에 대한 국선대리인제도라는 대상조치(代償措置)가 별도로 마련되어 있는 이상 헌법에 위배된다고 할 수 없다.

교수 재임용사건)

98. 12. 24. 구 먹는물관리법 제28조 제1항 위헌제청(98헌가1, 수질개선부담금 사건)

99. 1. 28. 공직선거및선거부정방지법 제37조 제1항 위헌확인 등(97헌마253등, 재외국민선거권배제 사건)

99. 9. 16. 상법 제735조의3 제1항 위헌제청(98헌가6, 단체보험사건)[464]

99. 11. 25. 금융실명거래및비밀보장에관한법률 부칙 제12조 위헌 확인(98헌마55, 금융소득분리과세사건)

99. 11. 25. 공직선거및선거부정방지법 제87조단서위헌확인(98헌마14, 단체선거운동금지 사건)

00. 6. 29. 국민건강보험법 제33조 제2항 등 위헌확인(99헌마289, 의료보험통합사건)

00. 6. 29. 국회예산결산특별위원회 계수조정소위원회 방청허가불허 위헌확인등(98헌마443등)

00. 12. 14. 교육공무원법 제47조 제1항 위헌확인(99헌마112등, 교육공무원정년단축사건)

01. 2. 22. 국민연금법 제75조등 위헌확인(99헌마365, 국민연금강제가입사건)

01. 3. 21. 대한민국과일본국간의어업에관한협정비준등 위헌확인(99헌마139등)

01. 6. 28. 백화점셔틀버스운행금지사건(2001헌마132)

01. 8. 30. 공직선거및선거부정방지법 제58조 등 위헌확인(2000헌마12등, 낙선운동불허사건)

01. 9. 27. 제42회 사법시험 제1차시험 시행일자 위헌확인(2000헌마159)

02. 4. 25. 준법서약제 등 위헌확인 등(98헌마425등)

02. 10. 31. 국민건강보험법 제40조 제1항 위헌확인(99헌바76등, 요양기관강제지정사건)

03. 1. 30. 범죄인인도법 제3조 위헌소원(2001헌바95)[465]

---

464) 단체보험에서 타인의 생명보험에서 일반적으로 요구되는 피보험자의 개별적 동의를 요건으로 하지 않은 것이 인간의 존엄과 가치 등을 침해하는 것으로 위헌인지 여부(소극) : 상법 제735조의3 제1항의 입법취지는, 타인의 생명보험계약을 체결함에 있어서 계약체결시 피보험자의 서면동의를 얻도록 하는 개별보험의 일반원칙에서 벗어나 규약으로써 동의에 갈음할 수 있게 함으로써 단체보험의 특성에 따른 운용상의 편의를 부여해 주어 단체보험의 활성화를 돕는다는 것이다. 이 사건 법률조항의 위와 같은 입법취지에 비추어 볼 때, 이 사건 법률조항은 단체구성원들의 복리 증진 등 이익에 기여하는 바가 있고, 단체보험의 특성에 따라 개별적 동의를 집단적 동의로 대체하는 것에 불과하며 그 방법은 합리성을 가지고 있다. 그러므로 이 사건 법률조항이 인간의 존엄성과 가치를 훼손하고 행복추구권을 침해하는 것이며, 국가의 기본권 보장의무에 위배되는 것이라고는 할 수 없다.

465) 범죄인인도법 제3조가 법원의 범죄인인도심사를 서울고등법원의 전속관할로 하고 그 심사결정에 대한 불복절차를 인정하지 않은 것이 적법절차원칙에 위배하거나, 재판청구권 등을 침해한 여부(소극).

03. 6. 26. 청소년의성보호에관한법률 제20조 제2항 제1호 등 위헌제청(2002헌가14, 청소년성매수자 신상공개사건)

03. 7. 24. 구 장애인고용촉진등에관한법률 제35조 제1항 본문 등 위헌소원(2001헌바96, 장애인고용의무제 사건)

03. 7. 24. 구 독점규제및공정거래에관한법률 제24조의2 위헌제청(2001헌가25, 공정거래위원회 과징금사건)

04. 1. 29. 청소년 보호를 위한 인터넷 필터링 사건(2001헌마894)

04. 3. 25. 초·중등교원의 정당가입 등 금지 사건(2001헌마710)

04. 3. 25. 수형자 선거권제한 사건(2002헌마411)

04. 8. 26. 양심적 병역거부 사건(2002헌가1)

04. 8. 26. 금연구역과 흡연권 사건(2003헌마457)[466]

05. 2. 3. 치료감호기간 사건(2003헌바1)

05. 4. 28. 국회의원 피선거권 25세사건(2004헌마219)

05. 5. 26. 지문 수집·전산화·수사목적 이용사건(99헌마513등)

05. 5. 26. 검사작성의 피의자신문조서 증거능력 사건(2003헌가7)

05. 6. 30. 국가기간뉴스통신사 지정사건(2003헌마841)

05. 7. 21. 졸업생 개인정보 보유 사건(2003헌마282등)

05. 10. 27. 공무원의 노동운동 금지사건(2003헌바50등)

05. 11. 24. 법원 인근의 옥외집회 및 시위 금지사건(2004헌가17)

06. 2. 23. 지방자치단체장 3회 연임 제한 사건(2005헌마403)

06. 3. 30. 정당의 등록요건 사건(2004헌마246)

06. 5. 25. 음주운전 삼진아웃제사건(2005헌바91)

06. 6. 29. 신문등의자유와기능보장에관한법률 제16조 등 위헌확인(2005헌마165

---

466) 가. 사건의 개요

(1) 국민건강증진법 제9조 제6항, 제4항은 공중이 이용하는 시설 중 시설의 소유자·점유자 또는 관리자(이하 위 소유자·점유자·관리자를 통칭하여 '시설관리자'라고 한다)가 당해 시설의 전체를 금연구역으로 지정하거나 당해 시설을 금연구역과 흡연구역으로 구분하여 지정하여야 하는 시설을 보건복지부령에 의하여 정하도록 규정하고 있고, 이에 기하여 보건복지부령인 국민건강증진법시행규칙 제7조는 각 해당 시설을 구체적으로 규정하고 있으며, 국민건강증진법 제9조 제5항은 시설이용자가 이와 같이 지정된 금역구역에서 흡연하는 것을 금지하고 있다.

(2) 청구인은 2003. 7. 11. 국민건강증진법시행규칙 제7조가 청구인의 기본권을 침해한다는 이유로 위 조문이 위헌임을 확인하여 달라는 이 사건 심판청구를 하였다.

등, 신문법사건)

06. 6. 29. 소위 집창촌 건물제공자 사건(2005헌마1167)

06. 11. 30. 병역의무이행 후 국적이탈 조항 사건(2005헌마739)

07. 10. 4. 투표용지에 표시되는 후보자 게재순위사건(2006헌마364등)

07. 10. 4. 비디오물 등급분류 사건(2004헌바36)

10. 5. 27. 건설폐기물의 재활용 촉진에 관한 법률 제44조 제1호 등 위헌소원(2007헌바53, 방치폐기물에 대한 토지소유자의 처리책임 사건)

10. 10. 28. 구 문화재보호법 제44조 제7항 위헌소원(2008헌바74, 매장문화재 발굴비용 부담 사건)

10. 11. 25. 병역법 제3조 제1항 등 위헌확인(2006헌마328, 남성에 한정한 병역의무부과 사건)

15. 3. 26. 게임산업진흥에 관한 법률 제12조의3 제1항 제1호 등 위헌확인(2013헌마517; 인터넷게임 관련 본인인증제 위헌확인 사건)

15. 6. 25. 아동·청소년의 성보호에 관한 법률 제2조 제5호 등 위헌제청(2013헌가17, 가상의 아동·청소년이용음란물 사건)

15. 9. 24. 독립유공자예우에 관한 법률 제8조 위헌소원(2015헌바48)

15. 11. 26. 개발제한구역의 지정 및 관리에 관한 특별조치법 제12조 제1항 등 위헌소원(2014헌바359)

16. 12. 29. 최저임금법 제6조 제5항 위헌소원(2015헌바327)

17. 8. 31. 북한이탈주민의 보호 및 정착지원에 관한 법률 제33조 제3항 위헌제청(2015헌가22)

19. 7. 25. 형법 제321조 위헌제청(2018헌가7: 형법상 주거·신체수색죄에 대한 위헌제청 및 위헌소원)

19. 12. 27. 형법 제105조 위헌소원(2016헌바96: 국기모독 행위 처벌 사건)

20. 3. 26. 지방세법 제11조 제1항 제8호 위헌소원[2017헌바363·2019헌바403·2019헌바447(병합): '주택'과'주거용 오피스텔'에 관한 구 지방세법상 취득세율 사건]

21. 2. 25. 형법 제307조 제1항 위헌확인(2017헌마1113: 사실 적시 명예훼손죄 사건)

21. 5. 27. 국민의 형사재판 참여에 관한 법률 제16조 위헌제청(2019헌가19: 배심원 연령 제한 사건)

22. 5. 26. 형법 제314조 제1항 위헌소원(2012헌바66: 위력에 의한 업무방해 사건)

22. 6. 30. 환경개선비용 부담법 제9조 제1항 위헌소원(2019헌바440: 환경개선비용 부담금 위헌소원사건)

22. 6. 30. 전기통신사업법 제30조 등 위헌제청(2019헌가14: 선불폰 개통에 필요한 증서 등의 타인제공 금지 및 처벌 사건)

22. 11. 24. 영화 및 비디오물의 진흥에 관한 법률 제3조의4 등 위헌소원(영화근로자에 대한 근로시간 명시의무 사건)(2018헌바514)

22. 11. 24. 민법 제268조 제1항 위헌소원(2019헌바229)

23. 5. 25. 공직선거법 제104조 위헌제청(2019헌가13)

23. 6. 29. 국세기본법 제27조 제1항 제1호 위헌제청(2019헌가27)

23. 6. 29. 문화재수리 등에 관한 법률 제10조 제3항 등 위헌소원(2020헌바109)

23. 10. 26. 군형법 제92조의6 위헌제청(2017헌가16)

23. 10. 26. 형법 제355조 제1항 위헌소원(2018헌바443)

24. 6. 27. 형법 제305조 제2항 위헌제청(2022헌가40)

24. 8. 29. 국가배상법 제2조 제1항 단서 위헌소원(2021헌바86)

24. 8. 29. 민법 제1112조 등 위헌소원(2024헌바112)

25. 1. 23. 형법 제356조 위헌소원(2024헌바156)

25. 2. 27. 형법 제70조 제2항 위헌제청(2024헌가8)

25. 2. 27. 이자제한법 제2조 제4항 위헌소원(2023헌바143)

25. 4. 10. 금융실명거래 및 비밀보장에 관한 법률 제4조 제4항 등 위헌소원(2019헌바519)

25. 6. 27. 형법 제39조 제1항 등 위헌소원(2020헌바318)

25. 6. 27. 민사소송법 제425조 등 위헌소원(2023헌바173)

3. 주요 위헌결정 목록

89. 1. 25. 소송촉진등에관한특례법 제6조(88헌가7)

89. 5. 24. 금융기관의연체대출금에관한특별조치법 제5조의2[89헌가37·89헌가96(병합)]

89. 7. 14. 구 사회보호법 제5조 제1항의 위헌심판(88헌가8)

89. 11. 20. 변호사법 제10조 제2항(89헌가102)

89. 12. 18. 국가보위입법회의법(89헌마32)
90. 6. 25. 금융기관의연체대출금에관한특별조치법 제7조의3(89헌가98)
90. 9. 3. 국세기본법 제35조 제1항 제3호(89헌가95)
90. 10. 8. 교육공무원법 제11조 제1항(89헌마89)
90. 11. 19. 변호사법 제15조(90헌가48)
91. 7. 8. 복표발행행위기타사행행위단속법 제9조(91헌가4)
91. 11. 25. 지방세법 제31조(91헌가6)
92. 1. 28. 행형법 제62조(91헌마111)
92. 2. 25. 상속세법 제29조의4 제2항(90헌가69)
92. 4. 14. 국가보안법 제19조(90헌마82)
92. 4. 28. 특정범죄가중처벌등에관한법률 제5조의3 제2항 제1호(90헌바24)
92. 12. 24. 형사소송법 제331조 단서(92헌가8)
92. 12. 24. 상속세법 제9조 제2항(90헌바21)
93. 7. 29. 공권력 행사로 인한 재산권침해에 관한 헌법소원(89헌마31: 국제그룹해체지시사건)
93. 7. 29. 반국가행위자의처벌에관한특별조치법 제5조(90헌바35)
93. 12. 23. 국세기본법 제68조 제1항(92헌가12)
93. 12. 23. 형사소송법 제97조 제3항(93헌가12)
94. 6. 30. 국가보위에관한특별조치법 제5조 제4항(92헌가18)
94. 7. 29. 사립학교법 제58조의2 제1항 단서(93헌가3)
94. 7. 29. 대통령선거법 제36조 제1항(93헌가4)
95. 2. 23. 건축사법 제28조 제1항 제2호(93헌가1)
95. 3. 23. 노동조합법 제46조(92헌가14)
95. 5. 25. 국가배상법 제16조(91헌가7)
95. 7. 21. 구 행형법 제62조(92헌마144)
95. 9. 28. 특정범죄가중처벌등에관한법률 제4조(93헌바50)
95. 10. 26. 구 국채법 제7조(93헌마246)
95. 11. 30. 공공용지의취득및손실보상에관한특례법 제6조(94헌가2)
95. 11. 30. 형사소송법 제361조 제1항, 제2항(92헌마44)
95. 11. 30. 음반및비디오물에관한법률 제25조 제2항(94헌가3)

95. 12. 27. 공직선거및선거부정방지법[별표1]의국회의원지역선거구구역표(95헌마224)
96. 1. 25. 반국가행위자의처벌에관한특별조치법 제2조 제1항 제2호 등(95헌가5)
96. 4. 25. 축산업협동조합법 제99조 제2항(92헌바47)
96. 10. 4. 영화법 제12조 등(93헌가13)
96. 10. 31. 음반및비디오물에관한법률 제16조 제1항 등(94헌가6)
96. 12. 26. 주세법(酒稅法) 제38조의7(96헌가18)
96. 12. 26. 형사소송법 제221조의2(94헌바1)
97. 3. 27. 음반및비디오물에관한법률 제16조 제2항(97헌가1)
97. 3. 27. 학교보건법 제6조 제1항 제13호(94헌마196)
97. 4. 24. 행정사법 제35조 제1항 제1호(95헌마90)
97. 5. 29. 구 관세법 제215조(96헌가17)
97. 5. 29. 건축법 제78조 제1항 등(94헌바22)
97. 7. 16. 민법 제809조 제1항 위헌제청(95헌가6등, 헌법불합치)
97. 7. 16. 검찰청법 제12조 제4항(97헌마26)
97. 10. 30. 상속세법 제29조의2 제1항 제1호(96헌바14)
97. 12. 24. 상속세법 제9조 제1항(96헌가19)
98. 3. 26. 노동조합법 제46조의3(96헌가20)
98. 4. 30. 상속세법 제9조 제4항(96헌바78)
98. 4. 30. 상속세법 제34조의4(95헌바55)
98. 5. 28. 국세기본법 제39조 제1항 제2호 가목(97헌가13)
98. 5. 28. 의료보험법 제33조 제1항(96헌가1)
98. 5. 28. 기부금품모집금지법 제3조, 제11조(96헌가5)
98. 5. 28. 구 국가공무원법 제73조의2 제1항 단서(96헌가12)
98. 6. 25. 개발이익환수에관한법률 제10조 제3항 단서(95헌바35)
98. 7. 16. 소송촉진등에관한특례법 제23조(97헌바22)
98. 9. 30. 금융기관의연체대출금에관한특별조치법 제3조(98헌가7)
98. 10. 15. 가정의례준칙에관한법률 제4조 제1항 제7호(98헌마168)
98. 12. 24. 구 음반및비디오물에관한법률 제17조 제1항(96헌가23)
99. 1. 28. 교통안전공단법 제17조(97헌가8)

99. 11. 25. 정치자금법 제12조 제5호(95헌마154)

99. 12. 23. 제대군인지원에관한법률 제8조 제1항·제3항(98헌마363)

00. 2. 24. 음반및비디오물에관한법률 제16조 제1항, 제2항(99헌가17)

00. 2. 24. 음반및비디오물에관한법률 제24조 제1항 제4호 및 제24조 제2항(99헌가17)

00. 3. 30. 건축법 제83조 제1항 제1호, 제69조 제1항(98헌가8)

00. 4. 27. 학원의설립·운영에관한법률 제3호, 제22조 제1항(98헌가16)

00. 6. 1. 귀속재산처리법 제21조의3(98헌가13)

00. 6. 1. 여객자동차운수사업법 제76조 제1항 단서 중 제8호 부분(99헌가11)

00. 6. 29. 변호사법 제81조 제4항 내지 제6항(99헌가9)

00. 7. 20. 약사법 제77조 제1호 중 '제19조 제4항'부분(99헌가15)

00. 7. 20. 지방세법 제31조 제2항 제3호 단서(98헌바91)

01. 1. 18. 새마을금고법 제66조 제1항 제2호(99헌바112)

01. 7. 19. 유치장내 화장실 설치 및 관리행위 위헌확인(2000헌마546등)

01. 7. 19. 공직선거및선거부정방지법 제56조 제1항 제2호(2000헌마91등)

01. 7. 19. 공직선거및선거부정방지법 제57조 제1항 제1호 중 일부(2000헌마91등)

01. 7. 19. 공직선거및선거부정방지법 제189조 제1항 내지 제7항(2000헌마91등)

01. 7. 19. 민법 제999조에 의하여 준용되는 제982조 제2항 중 "상속이 개시된 날부터 10년"부분(99헌바9등)

01. 7. 19. 민법 제999조 제2항 중 "상속이 개시된 날부터 10년"부분(99헌바9등)

01. 8. 30. 영화진흥법 제21조 제4항(2000헌가9)

01. 9. 27. 상속세법 제9조 제4항 제4호(2000헌가5)

02. 1. 31. 독점규제및공정거래에관한법률 제27조(2001헌바43)

02. 2. 28. 변호사법 제100조 제4항 내지 제6항(2001헌가18)

02. 2. 28. 미성년자보호법 제2조의2 제1호 및 제6조의2, 제7조, 아동복지법 제18조 제11호 및 제34조 제4호, 제37조(99헌가8)

02. 6. 27. 국가기술자격법 제12조 제2항 중 "대통령령이 정하는 바에 의하여 일정한 기간"부분 위헌제청(2000헌가10)

02. 6. 27. 구 공무원및사립학교교직원의료보험법 제34조 제1항 위헌제청(2001헌가30)

02. 9. 19. 전기통신사업법 제72조 제6호 등 위헌제청(2002헌가11)
02. 11. 28. 국가보안법 제13조 위헌제청(2002헌가5)
03. 1. 30. 공직선거및선거부정방지법 제47조 제1항 중 앞괄호부분 등 위헌제청(2001헌가4, 기초의회선거 입후보자의 정당표방금지 사건)
03. 4. 24. 구 소득세법 제23조 제1항 제5호 위헌제청(2002헌가6)
03. 4. 24. 구 소송촉진등에관한특례법 제3조 제1항 위헌제청(2002헌가15)
03. 5. 15. 공직선거및선거부정방지법 제84조 위헌제청(2003헌가9)
03. 9. 25. 공무원연금법 제47조 제2호 위헌제청(2001헌가21)
03. 9. 25. 군인연금법 제21조 제5항 제2호 위헌제청(2001헌가22)
03. 12. 18. 구 문화예술진흥법 제19조 제5항 등 위헌제청(2002헌가2)
04. 1. 29. 구 주식회사의외부감사에관한법률 제20조 제1항 제2호 위헌제청(2002헌가20)
04. 5. 27. 학교보건법 제6조 제1항 제2호 위헌제청(2003헌가1)
04. 5. 27. 학교보건법 제19조 등 위헌제청(2004헌가4)
04. 6. 24. 지방세법 제225조 제1항 등 위헌제청(2002헌가27)
04. 7. 15. 공익법인의 설립·운영에관한법률 제14조 제2항 위헌제청(2003헌가2)
04. 9. 23. 구 증권거래법 제209조 제7호 위헌제청(2002헌가26)
04. 9. 23. 구 경찰공무원법 제21조 위헌제청(2004헌가12)
04. 12. 16. 폭력행위등처벌에관한법률 제3조 제2항 위헌제청(2003헌가12)
05. 2. 3. 구 음반·비디오물및게임물에관한법률 제16조 제1항 등 위헌제청(2004헌가8)
05. 5. 26. 수용자에 대한 계구사용 사건(2004헌마49)
05. 11. 24. 자동차 이용 범죄에서의 운전면허 취소사건(2004헌가28)
06. 2. 23. 국가유공자가족 가산점사건(2004헌마675등, 헌법불합치)
06. 5. 25. 과징금 부과시점 사건(2005헌가17등, 헌법불합치)
06. 5. 25. 시각장애인 안마사 독점 사건(2005헌마715등)[467)]
06. 11. 30. 예금자 우선변제제도 사건(2003헌가14등)
07. 3. 29. 공무원연금법 제64조 제1항 제1호 위헌소원(2005헌바33)

---

467) 헌재 2003. 6. 26. 2002헌가16 결정의 합헌의견(헌재판례집 15-1, 663, 669-674) 참조.

07. 3. 29. 공직선거법 제26조 제1항의 의한 [별표2] 위헌확인 등(2005헌마985등)
07. 5. 31. 공직자 병역공개 사건(2005헌마1139, 헌법불합치)
07. 7. 26. 문화재보호법 제81조 제4항 등 위헌확인(2003헌마377)
07. 8. 30. 산업기술연수생 도입기준 완화결정 등 위헌확인(2004헌마670)
07. 11. 29. 보건범죄단속에 관한 특별조치법 제6조 위헌제청(2005헌가10)
07. 11. 29. 군형법 제53조 제1항 위헌제청(2006헌가13)
07. 12. 27. 의료법 제2조 등 위헌확인(2004헌마1021)
09. 10. 29. 공직선거법 제200조 제2항 단서위헌확인(2009헌마350)
09. 10. 29. 의료법 제91조 제2항 위헌제청(2009헌가6)
09. 11. 26. 형법 제304조 위헌소원(2008헌바58, 혼인빙자간음죄사건)
09. 12. 29. 정치자금법 제21조 제3항 제2호 위헌확인(2007헌마1412)
10. 2. 25. 산업안전보건법 제69조 제1호 위헌제청(2008헌가6)
10. 9. 30. 수산자원보호령 제37조 제5호 등 위헌소원(2009헌바2)
10. 10. 28. 조세범 처벌법 제3조 위헌제청(2010헌가14)
10. 10. 28. 청소년보호법 제54조 위헌제청(2010헌가23)
10. 11. 25. 수질 및 수생태계 보전에 관한 법률 제81조 위헌제청(2010헌가88)
10. 12. 28. 아동복지법 제43조 위헌제청(2010헌가94)
10. 12. 28. 전기통신기본법 제47조 제1항 위헌소원[2008헌바157 · 2009헌바88(병합): 공익을 해할 목적의 허위의 통신 금지(미네르바) 사건]
11. 5. 26. 구 식품위생법 제79조 위헌제청(2011헌가16)
11. 6. 30. 고엽제후유의증 환자지원 등에 관한 법률 부칙 제2조 위헌확인(2008헌마715)
11. 6. 30. 구 폐기물관리법 제67조 제1항 위헌제청(2010헌가99)
11. 6. 30. 구 산업안전보건법 제71조 위헌제청(2011헌가7)
12. 8. 23. 정보통신망 이용촉진 및 정보보호 등에 관한 법률 제44조의5 제1항 제2호등 위헌확인[2010헌마47,252(병합), 인터넷상 본인확인제 사건]
13. 12. 26. 민법 제651조 제1항 위헌소원(2011헌바234)
15. 2. 26. 형법 제241조 위헌소원(2009헌바17등, 간통죄사건)
18. 6. 28. 병역법 제88조 제1항 등 위헌소원 등(2011헌바379등, 양심적 병역거부자에 대한 대체복무제 미규정)

19. 4. 11. 형법 제269조 제1항 등 위헌소원(2017헌바127, 헌법불합치)

19. 4. 11. 초·중등교육법 시행령 제80조 제1항 등 위헌확인(2018헌마221)[468)]

19. 7. 25. 변호사시험법 제18조 제1항 본문 등 위헌확인[469)](2017헌마1329)

20. 12. 23. 특정 문화예술인 지원사업 배제행위 등 위헌확인(2017헌마416)[470)]

21. 1. 28. 공직선거법 제82조의6 제1항 위헌확인 등[2018헌마456, 2020헌마406, 2018헌가16(병합)][471)]

21. 9. 30. 공직자윤리법 부칙 제2조 위헌제청(2019헌가3)[472)]

21. 11. 25. 도로교통법 제148조의2 제1항 위헌소원 등(헌재 2019헌바446등)[473)]

22. 1. 27. 국회법 제54조의2 제1항 본문 위헌확인 등[2018헌마1162, 2020헌바428(병합)][474)]

22. 1. 27. 공직선거법 제218조의16 제3항 등 위헌확인(2020헌마895)[475)]

22. 6. 30. 공직선거법 제57조의6 제1항 본문 등 위헌제청(2021헌가24: 지방공사 상근직원의 경선운동 금지 사건)

22. 7. 21. 공직선거법(2014. 2. 13. 법률 제12393호로 개정된 것) 제256조 제3항 제1호 카목 가운데 제103조 제3항 중 '누구든지 선거기간 중 선거에 영향을 미치게 하기 위하여 그 밖의 집회나 모임을 개최할 수 없다' 부분(2018헌바357등)

22. 7. 21. 공직선거법(2010. 1. 25. 법률 제9974호로 개정된 것) 제90조 제1항 제1호 중 '현수막, 그 밖의 광고물 설치·게시'에 관한 부분, 같은 항 제2호 중 '그 밖의 표시물 착용'에 관한 부분(2017헌바100등, 헌법불합치)

22. 8. 31. 해사안전법(2020. 2. 18. 법률 제17056호로 개정된 것) 제104조의2 제2항

---

468) 자사고를 후기학교로 규정하고, 자사고 지원자에게 평준화지역 후기학교 중복지원을 금지한 초·중등교육법 시행령 사건.

469) 변호사시험 성적 공개 청구기간을 개정 변호사시험법 시행일로부터 6개월로 제한하는 변호사시험법 부칙(2017. 12. 12. 법률 제15154호) 제2조 중 '이 법 시행일부터 6개월 내에' 부분은 청구인의 정보공개청구권을 침해하여 헌법에 위반된다(별칭: 변호사시험 성적 공개 청구기간 제한 사건).

470) 문화예술계 블랙리스트의 작성과 지원사업 배제 지시 사건.

471) 선거운동기간 중 인터넷게시판 실명확인 사건.

472) 혼인한 여성 등록의무자의 등록대상재산 사건.

473) 2회 이상 음주운전 시 가중처벌 사건.

474) 국회 정보위원회 회의의 비공개를 규정한 국회법 조항에 관한 사건.

475) 코로나19 귀국투표 제한 사건.

중 '제41조 제1항을 위반하여 2회 이상 술에 취한 상태에서 선박의 조타기를 조작한 운항자'에 관한 부분(2022헌가10)

22. 9. 29. 영유아보육법(2015. 5. 18. 법률 제13321호로 개정된 것) 제16조 제8호 후단 중 아동복지법 제17조 제5호를 위반하여 아동복지법 제71조 제1항 제2호로 처벌받은 경우에 관한 부분(2019헌마813)

22. 10. 27. 민법(2005. 3. 31. 법률 제7427호로 개정된 것) 제815조 제2호(2018헌바115, 헌법불합치)

22. 11. 24. 공직선거법(2014. 2. 13. 법률 제12393호로 개정된 것) 제256조 제3항 제1호 아목 중 '제90조 제1항 제1호의 그 밖의 광고물 게시'에 관한 부분(2021헌바301, 헌법불합치)

22. 12. 22. 집회 및 시위에 관한 법률(2020. 6. 9. 법률 제17393호로 개정된 것) 제11조 제3호 중 '대통령 관저(官邸)' 부분 및 제23조 제1호 중 제11조 제3호 가운데 '대통령 관저(官邸)'에 관한 부분(2018헌바48등, 헌법불합치)

23. 2. 23. 성폭력범죄의 처벌 등에 관한 특례법(2020. 5. 19. 법률 제17264호로 개정된 것) 제3조 제1항 중 '형법 제319조 제1항(주거침입)의 죄를 범한 사람이 같은 법 제298조(강제추행), 제299조(준강제추행) 가운데 제298조의 예에 의하는 부분의 죄를 범한 경우에는 무기징역 또는 7년 이상의 징역에 처한다.'는 부분(2021헌가9등)

23. 3. 23. 식품위생법(2011. 6. 7. 법률 제10787호로 개정된 것) 제96조 중 '제52조 제2항을 위반한 자'에 관한 부분(2019헌바141)

23. 3. 23. 공직선거법(2010. 1. 25. 법률 제9974호로 개정된 것) 제255조 제2항 제5호 중 '제93조 제1항 본문의 인쇄물 살포'에 관한 부분(2023헌가4, 헌법불합치)

23. 8. 31. 군사법원법(2009. 12. 29. 법률 제9841호로 개정되고, 2020. 6. 9. 법률 제17367호로 개정되기 전의 것) 제227조의12 제2항(2020헌바252)

23. 9. 26. 남북관계 발전에 관한 법률(2020. 12. 29. 법률 제17763호로 개정된 것) 제24조 제1항 제3호(2020헌마1724등)

24. 1. 25 공직선거법(2010. 1. 25. 법률 제9974호로 개정된 것) 제255조 제1항 제2호 중 공직선거법(2020. 12. 29. 법률 제17813호로 개정된 것) 제60조 제1항 제5호의 '제53조 제1항 제6호 가운데 지방공사의 상근직원'에 관한 부

분(2021헌가14)

24. 4. 25. 민법(1977. 12. 31. 법률 제3051호로 개정된 것) 제1112조 제4호(2020헌바342등)

24. 6. 27. 공직선거법(1994. 3. 16. 법률 제4739호로 제정된 것) 제251조 중 '후보자가 되고자 하는 자'에 관한 부분(2023헌바78)

24. 6. 27. 민법(2002. 1. 14. 법률 제6591호로 개정된 것) 제999조 제2항의 '상속권의 침해행위가 있은 날부터 10년' 중 민법 제1014조에 관한 부분(2021헌마1588)

24. 8. 29. 저탄소 녹색성장 기본법 제42조 제1항 제1호 위헌확인사건(기후위기 대응을 위한 국가 온실가스 감축목표 사건)[2020헌마389, 2021헌마1264, 2022헌마854, 2023헌마846(병합)]

25. 1. 23. 의료법(2009. 1. 30. 법률 제9386호로 개정된 것) 제43조 제1항(2021헌마886, 헌법불합치)

4. 위헌 선언된 법률들에 대한 분석[476)]

(1) 조세나 경제에 관련된 법률이 많음

조세나 경제에 관련된 법률(예컨대 상속세법, 국세기본법 등)에 대하여 위헌결정이 54건으로 가장 많다.

(2) 신체의 자유에 관련된 법률이 많음

신체의 자유에 관련된 법률(예컨대 국가보안법, 형사소송법 등)에 대하여 위헌결정이 21건으로 많다.

(3) 표현의 자유에 관련된 법률이 많음

표현의 자유에 관련된(예컨대 음반및비디오물에관한법률, 영화법) 법률에 대하여 위헌결정이 16건으로 많다.

(4) 선거에 관한 법률이 많음

선거에 관한 법률(공직선거법, 구 공직선거및선거부정방지법, 구 국회의원선거법, 구 대통령선거법)에 대하여 19건으로 많은 편이다.[477)]

---

476) 권영성, "헌법판례 20선", 「인권과 정의」, 제284호, 2000. 4, 9-49쪽 참조.

Ⅱ 위헌선언된 명령 등 개괄

90. 10. 15. 법무사법시행규칙 제3조 제1항(89헌마178)

93. 5. 13. 체육시설의 설치이용에관한법률시행규칙 제5조(92헌마80)[478)]

00. 3. 30. 식품등의 표시기준(식품의약품안전청고시) 제7조 "별지 1"(99헌마143)

03. 11. 27. 군행형법시행령(1999. 10. 30. 대통령령 제16587호로 전문개정된 것) 제43조 제2항 본문 중 전단 부분(2002헌마193)[479)]

---

477) 09. 3. 26. 공직선거법 제261조 제5항 제1호 위헌제청[공직선거법 위반행위자에 대한 50배 과태료 사건(헌법불합치), 2007헌가22].

478) 모법의 위임이 없는 부령 규정에 대한 위헌결정의 대표적인 예로서 우리 헌법재판소는 교육시설의설치·이용에관한법률시행규칙 제5조에 대한 헌법소원사건에서 "당구장 출입문에 18세 미만자의 출입금지표시를 하도록 규정한 체육시설의 설치·이용에 관한 법률시행규칙 제5조 모법(체육시설의설치·이용에관한법률) 제5조에서 그 표시의무의 근거를 찾기 어렵고 따라서 심판대상규정은 모법의 위임이 없는 사항을 규정하고 있어 결국 위임의 범위를 일탈한 것으로 위헌이라고 판시하였다.

479) 1. 판시사항

(1) 행정입법 의무의 헌법적 성격.

(2) 구 군법무관임용법 제5조 제3항 및 군법무관임용등에관한법률 제6조가 군법무관의 봉급과 그 밖의 보수를 법관 및 검사의 예에 준하여 지급하도록 하는 대통령령을 제정할 것을 규정하였는데, 대통령이 지금까지 해당 대통령령을 제정하지 않는 것이 청구인들(군법무관들)의 기본권을 침해하는지 여부(적극)

2. 결정요지

(1) 우리 헌법은 국가권력의 남용으로부터 국민의 자유와 권리를 보호하려는 법치국가의 실현을 기본이념으로 하고 있고, 자유민주주의 헌법의 원리에 따라 국가의 기능을 입법·행정·사법으로 분립하여 견제와 균형을 이루게 하는 권력분립제도를 채택하고 있어, 행정과 사법은 법률에 기속되므로, 국회가 특정한 사항에 대하여 행정부에 위임하였음에도 불구하고 행정부가 정당한 이유 없이 이를 이행하지 않는다면 권력분립의 원칙과 법치국가의 원칙에 위배되는 것이다.

(2) 가. 구 군법무관임용법 제5조 제3항은 1967. 3. 3. 제정되어 2000. 12. 26. 폐지되었고, 군법무관임용등에관한법률 제6조는 2000. 12. 26. 제정되었다. 그러나 해당 시행령은 지금까지 제정된 바 없다. 위 구법조항과 현행법 조항은 자구 내용만 일부 달라졌을 뿐 기본적으로 내용이 동일하다. 그렇다면 위 구법조항 시행시부터 약 37년간 해당 시행령에 관한 입법부작위 상태가 지속되고 있다.

나. 행정부가 위임 입법에 따른 시행명령을 제정하지 않거나 개정하지 않은 것에 정당한 이유가 있었다면 그런 경우에는 헌법재판소가 위헌확인을 할 수는 없다. 그러한 정당한 이유가 인정되기 위해서는 그 위임입법 자체가 헌법에 위반된다는 것이 명백하거나, 행정입법 의무의 이행이 오히려 헌법질서를 파괴하는 결과를 가져옴이 명백할 정도는 되어야 할 것이다.

다. 위 조항들은 군법무관의 보수 수준에 관한 것으로서 위헌임이 명백할 만큼 자의적이라고 할 수 없고, 군법무관 직무의 특수성을 고려할 때 위 규정이 입법자의 입법형성의 헌법적 한계를 벗어난 것이라고도 볼 수 없다.

라. 이 사건 입법부작위의 정당한 이유로써 거론된 '타 병과 장교와의 형평성 문제'는 시행령 제정의 근거가 되는 법률의 개정을 추구할 사유는 될 수 있어도, 해당 법률에 따른 시행령 제정을 거부하는 사유는 될 수 없다. 또한 '예산상의 제약'이 있다는 논거도 예산의 심의·확정권을 국회가 지니

Ⅲ 위임입법에 관한 중요판례

1. 석유 및 석유대체연료 사업법 제39조 제1항 제8호 등 위헌소원

수시로 변동하는 거래현실에 대처하여 시기적절하게 석유 등의 건전한 유통질서를 저해하는 행위를 규제하기 위해서는 그 행위의 세부적인 규율을 법률에서 직접 규정하기보다는 행정입법에 위임하도록 하는 것이 적절하다. 석유사업법의 입법목적, 석유판매업의 등록에 관한 규정, 석유판매업자에 대한 행위금지에 관한 규정 등을 종합해 볼 때, 심판대상조항의 위임을 받아 대통령령에 규정될 석유 등의 건전한 유통질서를 저해하는 행위란 '석유사업법 제39조 제1항에서 심판대상조항을 제외한 각 호에 준하는 행위로서 석유 등의 수급과 가격의 안정을 해치거나 석유 등의 시장에서의 공정한 경쟁질서에 어긋나는 행위'와 '석유사업법이 정한 석유판매업별 취급석유제품의 범위를 초과하거나 각 석유판매업의 고유한 영업형태를 벗어나 다른 석유판매업자의 영업에 방해를 줄 수 있는 행위' 등이 될 것임을 예측할 수 있다. 따라서 심판대상조항은 죄형법정주의원칙을 고려하여 위임의 필요성과 예측가능성 기준을 보다 엄격하게 해석·적용하더라도 포괄위임금지원칙에 위배되지 아니한다.[480]

재판관 이정미, 재판관 강일원의 반대의견

법률에 의한 처벌법규의 위임은 죄형법정주의의 관점에서 그 요건과 범위 즉, 위임의 필요성과 예측가능성이 보다 엄격하게 적용되어야 한다. 심판대상조항의 경우 신종 수법이 수시로 출현하는 현실을 감안하여 어느 정도 포괄적인 조항 자체의 필요성은 부정할 수 없으나, 그 영업 범위나 영업방법에 위반하는 행위를 규제한다는 점 자체를 미리 법률로써 정할 수 없는 부득이한 사정이 있다고 보기는 어렵다. 또한 심판대상조항 및 관련조항을 살펴보아도, 당해사건에서 문제된 '적재용량 3킬로리터 이하의 차량 사용'과 관련된 내용을 예측하는 것은 불가능하다. 나아가 심판대상조항은 포괄적이고 광범위한 처

고 있는 한 이 사건에서 입법부작위에 대한 정당한 사유라고 하기 어렵다.

마. 한편 법률이 군법무관의 보수를 판사, 검사의 예에 의하도록 규정하면서 그 구체적 내용을 시행령에 위임하고 있다면, 이는 군법무관의 보수의 내용을 법률로써 일차적으로 형성한 것이고, 따라서 상당한 수준의 보수청구권이 인정되는 것이라 해석함이 상당하다. 그러므로 이 사건에서 대통령이 법률의 명시적 위임에도 불구하고 지금까지 해당 시행령을 제정하지 않아 그러한 보수청구권이 보장되지 않고 있다면 그러한 입법부작위는 정당한 이유 없이 청구인들의 재산권을 침해하는 것으로써 헌법에 위반된다.

헌재 2004. 2. 26. 2001헌마718, 헌재판례집 16-1, 313, 313-316.

480) 헌재 2016. 4. 28. 2015헌바123, 판례집 28-1하, 14쪽.

벌 대상을 설정하여, 수범자로서는 법률상 과태료 및 벌칙 조항에 직접 규정된 내용 외의 다른 모든 판매행위도 처벌대상이 되는지 여부를 의심할 수밖에 없다. 따라서 심판대상조항은 포괄위임금지원칙에 위배된다.

2. 모법의 위임이 없는 행정입법

모법의 위임이 없는데도 행정입법이 규정을 둔 경우에는 그 행정입법은 위헌무효가 된다. 예컨대 모법의 위임이 없는 부령 규정에 대한 위헌결정의 대표적인 예로서 우리 헌법재판소는 교육시설의설치·이용에관한법률시행규칙 제5조에 대한 헌법소원사건에서 "당구장 출입문에 18세 미만자의 출입금지표시를 하도록 규정한 체육시설의 설치·이용에 관한 법률시행규칙 제5조 모법(체육시설의설치·이용에관한법률) 제5조에서 그 표시의무의 근거를 찾기 어렵고 따라서 심판대상규정은 모법의 위임이 없는 사항을 규정하고 있어 결국 위임의 범위를 일탈한 것으로 위헌이다."라고 판시하였다.[481)]

481) 헌재 1993. 5. 13. 92헌마80, 헌재판례집 제5권 1집 365쪽.

판례색인

사항색인

ㅇ

ㅈ

ㅊ

기타

저자약력

경북대학교 법과대학 및 동 대학원 졸업
서울대학교 환경대학원 석사과정 수학(1994.3.－1995.2.)
서울대학교 일반대학원 법학과 졸업(법학박사, 환경헌법, 1999.2.)
대법원 판례심사위원회 조사위원(1996.6.－2000.2.)
헌법재판소 헌법연구원(2003.1.－2004.8.)
울산대학교 법학과 교수(2004.9.－2007.10.)
숭실대학교 법학과 교수(2007.10.29.－현재)
법제처 국민법제관(2010－2014)
행정안전부 자문위원(2010.1.－2024.12.)
사법시험 출제위원(제53회, 제54회, 제55회, 제56회)
한국환경법학회 학술상(2011.7.)
국방부 자문위원(2014.1.－2024.12.)
이산화탄소 지중저장(CCS) 법제도기반연구단 단장(환경부지원)(2014.4.－2020.12.)
숭실대학교 기후변화특성화대학원(산업통상자원부지원) 원장(2014.7.－2019.6.)
한국해양수산개발원(KMI) 감사(2014.9.－2018.2.)
환경부장관 표창(2014.11.)
제20대 국회 헌법개정특별위원회 자문위원(2017.2.2.－2018.6.30.)
한국헌법학회 제24대 회장(2018.1.1.－12.31.)
대검찰청 검찰수사심의위원회 위원(2018.1.－2021.1.)
헌법재판소 인사위원회 위원(2018.3.－2020.3.)
지방자치단체 합동평가위원회 위원(2018.4.－2022.4.)
대법원 양형위원회 자문위원(2019.1.1.－2021.12.31.)
Fulbright Visiting Scholar(UC Berkeley, 2021.9.1.－2022.8.31.)
법무부 검사 선발 최종 면접위원(2020.11.16.－17.; 2021.9.30.－10.1.)
한국ESG학회 제2대 회장(2022.11.－2024.12.)

현: 숭실대학교 법과대학 명예교수
서울과학종합대학원대학교(aSSIST) 석좌교수
한국헌법학회 고문
한국ESG학회 제3대 회장
한국입법정책학회 고문
한국환경한림원 정회원
World ESG Forum(WEF) 조직위원회 위원장
국제e모빌리티엑스포 조직위원회 공동위원장
사단법인 세계한인경제무역협회(World OKTA) 윤리위원회 위원
국민건강보험공단 ESG위원회 자문위원
한국농수산식품유통공사 ESG위원회 자문위원
한국가스기술공사 ESG위원회 위원
국립생태원 ESG위원회 위원

주요저서

행정의 법규범과 현실(김철수 외 2인 공저), 집문당, 2004.
세계각국의 헌법재판소, 울산대학교출판부, 2005.
독일환경법, 울산대학교출판부, 2005.
지방자치법의 실제와 주민소환, 울산대학교출판부, 2005.
헌법학, 법원사, 개정판, 2011.
도시 및 주거환경정비법(공저), 한국법제연구원, 2010.
기후변화대응을 위한 에너지 · 자원법(공저), 숭실대학교출판국, 2015.
기후변화와 환경의 미래(공저), 21세기북스, 2019(환경부 추천도서).
EU 기후변화정책의 이해(공저), 박영사, 2019.
기후변화에 대한 법적 대응(공저), 박영사, 2019.
통합환경법 제정에 관한 연구, 박영사, 2021(아산사회복지재단지원).
대전환기 한국사회(공저), 학지사, 2023(대한민국 학술원 우수학술도서).
CCUS법률의 국외 입법동향(공저), 피앤씨미디어, 2024.

제4판
헌법학개론

초판발행 2019년 9월 30일
제2판발행 2020년 3월 10일
제3판발행 2022년 9월 5일
제4판발행 2025년 8월 30일

지은이 고문현
펴낸이 안종만 · 안상준

편 집 이수연
기획/마케팅 김민규
표지디자인 이은지
제 작 고철민 · 김원표

펴낸곳 (주) 박영사
서울특별시 금천구 가산디지털2로 53, 210호(가산동, 한라시그마밸리)
등록 1959. 3. 11. 제300-1959-1호(倫)
전 화 02)733-6771
f a x 02)736-4818
e-mail pys@pybook.co.kr
homepage www.pybook.co.kr
ISBN 979-11-303-2485-2 93360

정 가 35,000원